劉邦

유 劉
방 邦

사타케 야스히코 지음 — 권인용 옮김

이산

유방 劉邦

2007년 6월 15일 초판 1쇄 발행
2011년 2월 25일 초판 2쇄 발행
지은이 사타케 야스히코
옮긴이 권인용
펴낸이 강인황·문현숙
도서출판 이산
서울시 마포구 양화로6길 57-18(서교동 399-11)
Tel : 334-2847/Fax : 334-2849
E-mail : yeesan@yeesan.co.kr
등록 1996년 8월 8일 제2-2233호

인쇄 한영문화사/제본 한영제책

ISBN 978-89-87608-60-0 03910
KDC 912(중국사)

가격은 뒤표지에 있습니다.

RYUUHOU
by SATAKE Yasuhiko
Copyright ⓒ 2005 SATAKE Yasuhiko
All rights reserved.
Originally published in Japan by CHUOKORON-SHINSHA, INC., Tokyo.
Korean translation rights arranged with CHUOKORON-SHINSHA, INC., Japan
through THE SAKAI AGENCY and BOOKPOST AGENCY.
Korean Translation Copyright ⓒ 2007 by Yeesan Publishing Co.

이 책의 한국어판 저작권은 BOOKPOST AGENCY를 통한 CHUOKORON-SHINSHA, INC.와의 독점계약으로
도서출판「이산」에 있습니다. 저작권법에 의해 한국 내에서 보호를 받는 저작물이므로 무단전재와 무단복제를 금합니다.

www.yeesan.co.kr

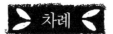

차례

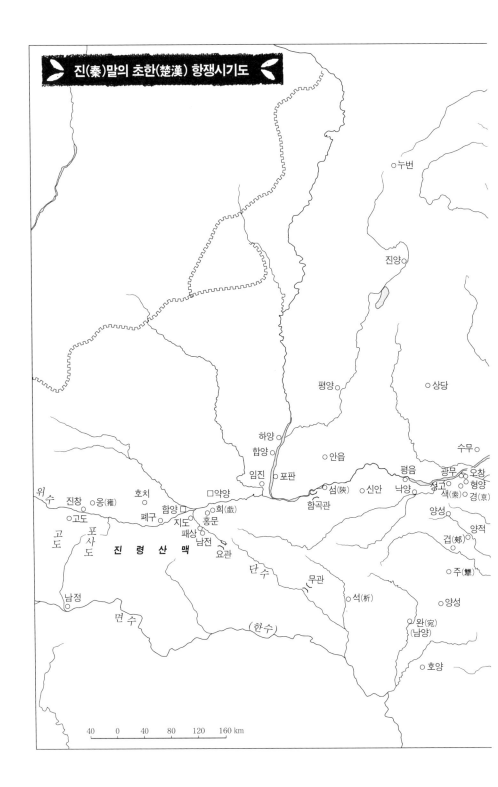

진(秦)말의 초한(楚漢) 항쟁시기도

○누번

진양○

평양○　　　　　○상당

하양○
합양○　　　○안읍　　　　　　수무○
임진○　○포판　　　　　　　평음○　광무○오창
위수　진창○　○옹(雍)　호치○　□약양　　　　　　섬(陝)　○신안　낙양○○성고○색(索)○형양
　　　　　　　　　○　　함양□　○회(戱)　　　함곡관　　　　　　경(京)
　　○고도　페구○　지도○홍문　　　　　　　　　　　　양성○
고도　포사도　　　패상○　　　　　　　　　　　　　　　겹(郟)○　양적
　　　진령산맥　남전○요관　단수　　　　　　　　　　○주(犫)
　　　　　　　　　　　무관　　　　　　　　　　　양성○
　남정○　　　　　　　　　　○석(析)　　　　　완(宛)○
　　　면수　　　　　(한수)　　　　　　　　　　　(남양)
　　　　　　　　　　　　　　　　　　　　　　　○호양

40　0　40　80　120　160 km

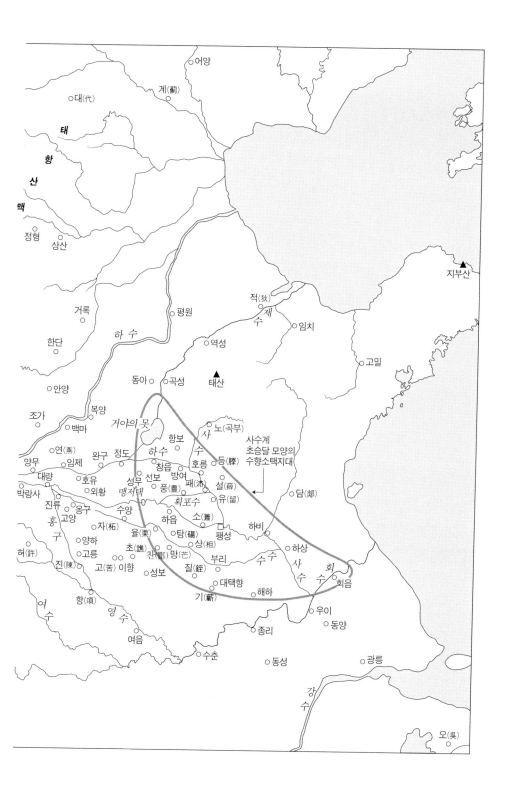

일러두기

1. 이 책은 佐竹靖彦의 『劉邦』(中央公論新社, 2005)을 완역한 것이다.
2. 옮긴이 주는 *†# 등의 기호를 표시하고 각주로 처리했다.
3. 중국 고유명사는 원칙적으로 한자음대로 표기했으나, 20세기 이후의 인물에 한해서는 외래어표
   기법에 따라 표기했다.

劉邦

유방

『사기』에 대하여

『사기』(史記)는, 사마천(司馬遷)이 부친 사마담(司馬談)의 업무를 이어받아 전한(前漢) 왕조 중엽, 즉 기원전 1세기 초 무렵에 완성한, 그 시점에서의 중국 통사(通史)이다.

　『사기』는 현재 우리가 항우(項羽)와 유방(劉邦)의 사투, 그리고 그 결과 성립한 전한 유씨(劉氏) 왕조의 역사를 알기 위한 가장 중요하고도 거의 유일하다고 해도 좋을 실마리이다.

　물론『사기』를 이어받아 후한(後漢) 시대에 반고(班固)가 쓴『한서』(漢書)도, 전한 왕조 일대(一代)의 역사로서『사기』이상으로 정돈된 체제를 갖춘 역사서이지만, 그 내용은 대개『사기』와 동일하고, 거기에는『사기』에 없는 사료는 거의 기록되어 있지 않다. 게다가『한서』에는 한(漢) 왕조의 정통성을 옹호하기 위해『사기』의 표현을 미묘하게 바꾼 부분이 있고, 때로는 그로 인해 현저하게 다른 역사상(歷史像)이 생기는 경우도 있다. 이 점에 대해서는 뒤에서 다시 언급할 것이다.

　『사기』의 서술은 솔직하다. 살아있는 인간의 살아있는 생각을 그대로 전하는 바가 있다. 우리는『사기』를 읽고, 거기에 기록되어 있는 것을 올바르게 이해함으로써 중국고대사의 실상을 접할 수 있다는 확신과 같은 것을 느낄 수 있다. 이런 의미에서『사기』는 비할 데 없는 뛰어난 역사책이다.

그러나 여기에도 두 가지 곤란한 문제가 있다.

첫째는 고대사의 일반적인 문제이지만, 남겨진 사료 혹은 서술의 절대량이 그다지 많지 않다는 점이다.

둘째는 역사 왜곡이라는 문제이다. 특히 『사기』의 이 시기에 대한 역사 서술은, 너무나 생생해서 고쳐 쓴 흔적을 좀처럼 찾기가 어렵다는 문제가 있다.

그래서 이 간결한 묘사 속에서 어느 정도의 내용을 끌어낼 수 있는가, 이 매력적인 서술의 어디가 왜곡되었는지 어떻게 가려낼 수 있는지가 관건이다. 이와 같은 곤란한 작업에 맞서는 우리들에게 용기를 주는 사실이 두 가지 있다.

유방은 현재의 강소성(江蘇省) 패현(沛縣) 풍읍(豐邑)에서 태어나 청년 시대를 패(沛)의 현성(縣城)에서 보냈다. 여기에서 말하는 읍은 화북(華北)에서 화중(華中) 북부에 걸친 대형 취락이다. 그 규모는 우리가 촌이라고 할 때 느끼는 취락보다는 상당히 큰데, 대개는 성곽으로 둘러싸여 있다. 이런 점에서 그것은 정(町)*이라고 번역해야겠지만, 그 거주민의 대부분은 농민이고, 일상생활의 면면을 들여다보면 일본의 정(町)보다는 촌(村)에 가깝다. 그래서 고육지책으로 이 책에서는 읍이 취락을 의미할 때에는 '읍'이라고 하고, 읍의 거주민을 의미할 때에는 '마을'이라고 하겠다.

그는 만년에, 50세 미만으로 추정되는 너무나도 이른 만년에 다시 패를 방문해서, 옛 지인(知人)들이나 부형·자제, 즉 노소의 마을사람들과 함께 보름 정도에 걸쳐 매일 잔치를 벌였다.

> 패의 부형, 제모(諸母),† 옛 벗들이 날마다 즐겁게 술을 마시며 마음껏 즐기고, 옛날이야기를 하면서 웃으며 기뻐했다.

---

* 시(市)보다는 작고 촌(村)보다는 큰 일본의 지방행정단위.
† 부친(父親)과 같은 항렬이거나 나이가 그와 비슷한 부녀(婦女)로서 노부(老婦)라고도 한다.

고향인 패의 어린이 120명에게 노래를 가르쳐, 유방이 직접 축(筑, 작은 현악기)을 연주하면서, 자기가 지은 노래를 그들에게 부르도록 했다. 이때 그들은 환희의 와중에서 확실히 세계의 중심에 앉아 있었다.

큰바람이 일어나 구름이 날아올라가네. 위엄은 천하에 더해져 고향에 돌아오네. 어디서 용사(勇士)를 얻어 사방을 지킬까?

큰바람이 불어 구름이 하늘로 날아올라가듯, 나는 이 패라는 시골에서 일어나 황제의 자리에 올랐다. 세계가 나의 위세에 꿇어 엎드리는 가운데, 나는 고향인 이 패로 돌아왔다. 바라는 바는 용맹한 자를 구하여 나의 이 국토를 영원히 지키고 싶은 것이다.

고조(高祖)는 곧 일어나 춤을 추더니 감정이 격앙되어 눈물을 주르륵 흘렸다.

객지로 나간 자는 고향을 애처롭게 떠올리는 법이다. 나는 관중(關中)* 에 도읍을 정했지만, 설령 죽은 뒤에도, 나의 영혼은 패를 그리워할 것이라고 말한 유방은, 패를 자기의 '탕목(湯沐)의 읍'으로 지정하고, 그 밖의 모든 부담을 면제해주었다. '탕목의 읍'이란, 현지의 수확물을 그 지배자의 목욕 비용으로 충당하는 제도이다. 실질적인 부담은 크게 줄어들면서, 이 경우에는 천자의 목욕을 지원한다는 일종의 명예가 부여되었다.

유방은 고향으로 돌아왔다. 그리고 그는 고향의 옛날친구, 부형, 제모(諸母), 자제들과 마음껏 기쁨을 나누었다. 자기보다 나이 많은 남성은 부형이고, 여성은 제모이다. 마을사람들은 가족에 빗대어 서로 이처럼 불렀다.

그들은 만사를 잊고 즐기면서, 술과 옛날이야기 그리고 노래와 춤으로 하루하루를 보냈다. 거기서는 유방의 여러 가지 일화로 이야기꽃을 피웠을 것이다. 황제 유방의 일화는 그들로서는 역사 그 자체였다.

* 관내(關內)의 땅이란 뜻으로 가리키는 범위는 일정하지 않지만, 대개 전국시대 말기 진나라의 옛 땅, 즉 오늘날 섬서성(陝西省) 위하(渭河)평원에 해당한다. 배인(裵駰)의 『사기집해(史記集解)』에 의하면, 동으로 함곡관(函谷關), 남으로 무관(武關), 서로 산관(散關), 북으로 소관(蕭關)의 중간에 위치하는 땅이기 때문에 이를 관중이라 불렀다고 한다.

　노신(魯迅)의 『아큐정전』(阿Q正傳)에는 뭐든지 자랑하는 아무짝에도 쓸모없는 사내가, 마을영감에게 욕을 먹고 매를 맞는 것을 자랑하는 이야기가 나온다. 마을영감은 마을이라는 세계에서 그 중심이다. 설령 욕을 먹고 매를 맞는다 해도, 마을이라는 세계에서 그 중심과 어떤 관계를 맺었다는 것은 뽐낼 만한 일인 것이다.

　이제는 황제가 되어 중화세계의 중심이 된 유방에게 일찍이 "어이, 땅꼬마!"라고 불린 적이 있다는 것만으로도, 그 자는 자랑스럽게 느낄 것이다. 더구나 유방에게 속거나 유방을 속였던 자, 유방과 맞붙어 싸움을 한 자, 유방에게 애인을 빼앗긴 자, 술에 취한 유방 대신 술값을 내야 했던 자, 시비가 붙었을 때 유방을 편들었거나, 관청의 추궁에 그럴싸한 거짓말을 하여 유방을 도와준 자 등, 패의 사람들이 상기해내는 일화의 재료는 끝이 없고, 기쁨의 재료도 끝이 없다.

　유자(儒者)를 싫어해서 유자를 만나면 그 관(冠)을 벗겨 거기에 오줌을 누었다는 유방이 돌아온 것이다. 여기에서는 어떤 성가신 의례(儀禮)도 필요가 없다. 내가 바로 황제를 둘러싸고 있는 것이다. 패의 모든 남녀노소는 시간을 잊고 축제에 취하여 정신을 잃었다.

　10여 일이 지나 유방이 떠나려 하자, 패의 부형들은 간곡하게 그를 만류했다. 『사기』 고조 본기(本紀)에 의하면, 유방은 "우리는 인원수가 많아서 부형에게는 폐가 될 뿐이다" 하고 떠났지만, 패의 사람들은 읍을 비워두고 그 뒤를 따라가서, 읍의 서쪽 변두리에서 다시 술과 요리를 바쳤다. 유방은 그곳에 머물면서 사흘 동안 주연을 계속했다고 한다.

　유방이 패의 부형들에게 폐를 끼친다고 말한 것은, 이 연회가 패의 마을사람들 부담으로 행해졌음을 의미한다. 사실 패읍(沛邑)은 당시 그의 둘째형 유중(劉仲), 즉 착실하게 농사에 전념하여 유씨 집안을 먹여 살린 유중의 아들 유비(劉濞)의 봉읍(封邑, 영지)으로 지정되어 있었다. 따라서 패읍의 재정은 실제로는 유씨 집안 재정의 일부였지만, 아마도 그에 더하여 마을사람들이 개인적으로 술과 고기를 가져온 일도 있었던 것 같다. 패의 마을사람들이 유방을 사적으로 대접하는 것, 현대중국어로 말하면 한 턱 낸다는 뜻의 '請客'이 용인되었던 것이다.

물론 유방은 이에 호응하여 패를 자신의 '탕목의 읍'으로 지정해줌으로써 패읍에 영원한 은전을 베풀었다. 그러나 본래 이 주연이 패인들의 부담으로 행해졌고, 유방이 그것을 순수하게 받아들여 기뻐해 마지않았다는 점은 주목할 만하다. 이 열흘 남짓 동안 유방은 손님이고, 패인들은 주인이었다.

유방은 마음을 열어 마을사람들의 말을 듣고, 또 마을사람들에게 말을 걸었다. 이 열흘 남짓 동안 그곳에서 벌어진 일과 주고받은 말은 패의 마을사람들에게는 영원히 잊히지 않는 기억이 되었다.

이 패읍의 역사적 향연은, 황제를 둘러싸고 행해진 언설(言說)로서 설령 구술의 역사 차원이었다 해도, 어느 정도의 정통성이 부여된 일군의 언설을 확정했다.

이는 한초(漢初)의 역사와 유방의 역사가 조기에 그 일부를 확정했음을 의미한다. 중국처럼 역사인식과 현실이 강하게 연계되어 있는 나라에서는, 현실은 그 진행에 맞추어 과거의 역사를 고쳐 써 나간다.

비밀결사의 일원인 무뢰한이나 변방의 거친 영웅이, 문헌사료 속의 묘사에서는, 그 세력이 커짐에 따라 성왕(聖王)으로서 천부적인 태연자약하고 조금도 서두르지 않는 행동거지를 몸에 익혀 가는 예가 역사상 드물지 않다.

패읍의 역사적 향연이 어느 정도의 정통성이 부여된 일군의 언설을 확정한 것은, 설령 그것이 구술의 역사 차원이었다 해도, 사후의 역사 왜곡에 대해 중요한 대항(對抗)의 근거가 되었던 것이다.

『사기』는 이렇게 당시 역사의 현실 혹은 실태와 확실히 연계를 맺고 있다. 그리고 이 연계를 지탱하는 요소의 하나는 당시 역사에서 살아간 증인의 말이다. 이를 통하여 『사기』가 전하는 사실은, 거칠기는 하지만 후세의 이차적인 조작이나 그에 대한 평계를 차단한다.

그러나 여기에서 주의할 점이 있다. 그것은, 예를 들면 패의 주연에서 조기에 확정한 한초의 역사적 사실에 대한 언설의 성격이다.

유방은 확실히 솔직한 인물이었다. 그는 유교도덕이나 종래의 지배자의 언설이나 가치관으로 스스로의 행위를 가식할 필요를 인정하지 않았다. 그리고 예를 들면 패의 주연은 그의 진실한 언설을 확정했다. 이것은, 앞에서 말한 바대로, 한초의 역사를 그 후의 왜곡으로부터 지키는 하나의 기준이 되었다.

그렇다면 이들 언설, 혹은 대부분을 문헌사료에 의거하면서도 이들 언설과 호응하는 『사기』의 서술은, 한초 역사의 진실 혹은 진실이라고까지는 말하지 않더라도, 한초 역사의 실상을 그대로 전해주는 것일까?

유감스럽지만, 거기에는 약간의 의문이 있다. 유방의 솔직함은 자기의 욕구와 이익, 욕망을 최대한의 범위에서 긍정하는 데서 우러나는 솔직함이다. 그리고 또 패의 주연에서 마을사람들이 보인 솔직함은, 자기가 동료로서의 황제를 찬미하고, 황제와 자기 사이에 어떤 연계가 있음을 찬미하는 직선적인 솔직함이다. 거기서는 유방의 모든 행위가 정당화된다.

유방은 이미 생애 대부분의 국면에서, 자신의 거의 모든 행위를 항상 정당화해 왔다. 그는 그런 정당화의 천재였지만, 그것은 순식간에 벌어진 적이 많아서, 잘 읽어보면 그 정당화의 논리를 찾아내는 것이 어렵지 않을 정도로 엉성하게 역사에 기록되었다. 패의 주연에서 그들이 행한 언설이 확정되었다는 의미는, 유방이 그때그때마다 천재적으로 그 의미를 고쳐 쓴 역사를 원래의 형태로 확정하는 데 공헌한 점에 있다.

이것은, 이런 형태로 확정한 한초의 역사가 후세에 말소되거나 다시 덧붙여지는 것을 막는다는 의미에서, 역사학에 절대적인 기여를 했다. 반면 그런 역사를 기록된 그대로 받아들이는 것은, 『사기』의 권위에 굴복하여 우리 자신의 올바른 감성을 구덩이에 내팽개치는 것이다.

결국 『사기』가 당시의 구술역사에서 완전히 탈피하지는 않았던 점이, 거기서 기인하는 일종의 한계를 가지면서도, 그 건전함과 확실함을 떠받드는 하나의 요소가 되었던 것이다.

이제 또 하나의 문제는 한초의 역사가 문자화된 말로서도 조기에 그 일부를 확정했다는 점이다. 여기에는 육가(陸賈)라는 인물이 얽혀 있다. 그는 언변에 능했으며 유방의 신하가 되어 늘 제후에게 사자(使者)로 파견되었다. 그는 기회를 보아 유방에게 『시경』이나 『서경』 등 중국의 고전에 나오는 말을 했지만, 유방은 그를 욕했다. "내공(迺公)은 마상(馬上)에서 천하를 얻었다. 시경이나 서경 등이 무슨 쓸모가 있단 말인가!"

이 '내공'은 때로는 '내공'(乃公), '이공'(爾公), '이공'(而公) 등으로도 쓰이는데, 일반적으로는 '이 어르신'이라고 번역된다. 확실히 그런 어감을 갖는 말이지만, '내'(迺), '내'(乃), '이'(爾), '이'(而) 등의 용어는 모두 '너' 혹은 '자네' 등의 뜻이고, '공'(公)은 '부친'의 의미이다. 직역하자면, '자네의 아버지에 해당하는 이 어르신'이라는 말이 된다. 이것은 '수자'(豎子), 즉 '애송이' 혹은 '조무래기'와 짝이 되는 말이다. 가족도덕을 중시하는 중국에서는, 자신을 '아버지'라고 부르고, 상대를 '조무래기'라고 부르는 것은, 상대를 가장 홀대하는 말투이다. 상대와 자기 사이에 가족관계를 설정하고, 그 속에서 항상 자신을 어른의 지위에 두는 유방의 감각을 잘 표현한 이 말을, 이 책에서는 다소 익숙하지 않을지도 모르겠지만, 글자 그대로 '아버지'라고 번역해둔다. "이 아버지는 마상에서 천하를 손에 넣었다. 전쟁도 모르는 겁쟁이들의, 인의(仁義)라든가 성왕(聖王)의 길이라든가 하는 말장난이 무슨 쓸모가 있단 말인가!"

이 '아버지'라는 말이야말로 항상 부하들로부터 폐는 "거만하고 무례하다"는 평을 듣는 유방의 가장 유방다운 말이다.

그런데 유방이 행한 면전에서의 매도에 대하여 육가는 태연히 대답했다. "폐하가 마상에서 천하를 얻으셨다는 것은 잘 알고 있습니다. 그러나 마상에서 천하를 다스릴 수는 없으시겠지요."

그는 다시 말을 이었다. "폐하보다 먼저 천하를 통일한 진(秦)나라가 만약 폐하가 말장난이라고 하신 인의라든가 성왕의 길이라든가 하는 것을 지켰다면, 대체 어떻게 폐하가 천하를 얻으시는 등의 일이 일어날 수 있었겠습니까?"

육가의 이 말에 대한 유방의 반응은 주목할 만하다.

고조는 언짢아하면서도 부끄러워하는 기색이 있었다.

유방은 이 육가의 솔직한 말에 울컥하고 불쾌해졌다. 그러나 그가 불쾌해진 것은 육가의 말이 참으로 사태의 정곡을 찔렀기 때문이다. 확실히 진나라가 그처럼 가혹하고 잔인한 지배를 하지 않았다면, 누가 저항에 나섰을까?

유방 자신부터 시황제의 능을 건설하기 위해 강제노동에 동원된 인부를 인솔하고 가다가, 인부들이 도망치는 바람에 처형될까 두려워 망명해서 반란에 나섰던 게 아니었던가? 게다가 그가 관중(關中)으로 들어와 진나라의 가혹한 법을 없애고, 사람을 죽이는 자는 사형에 처하고, 사람을 다치게 하는 자와 타인의 물건을 훔치는 자는 처벌한다는 '법삼장'(法三章)으로 대체했을 때, 현지 민중의 환영과 신뢰가 없었다면 자신의 천하통일이 가능했을까? 더욱이 항우가 항복한 진나라 병졸 20여 만 명을 하룻밤 사이에 모조리 죽이고, 또 이미 유방에게 항복한 함양(咸陽)에서 대학살을 자행하고 불을 질러 함양을 폐허로 만드는 포학한 행동을 하지 않았다면, 어떻게 '아버지'는 저 밀물처럼 밀어닥치는 귀신 같은 초(楚)나라 군대에 대항할 힘을 가질 수 있었겠는가?

여기서 유방이 부끄러워했다는 것은, 아 내가 아직 교양이 없다, 무지

하구나라는 뜻이 아니다. 그는 자신이 천하를 얻은 것이 분명히 전투 때문만은 아니었음을 새삼 깨달았던 것이다. 오히려 진나라나 항우와는 달리 그가 전투 이외의 요소에 잘 주목한 점이야말로 중요했던 것인데, 그것을 잊어버린 이상 자신도 아직 멀었다. 이것은 위험하다는 것이 그의 심정이었을 것이다.

또 그로부터, 지금까지 문화인들이 떠들썩하게 치켜세워 온 고대의 제왕 따위의 변변치 못한 자들도, 어쩌면 '아버지'와 동일한 기분으로 그 지배를 추구했던 것은 아닐까, 고대의 제왕과 '아버지' 사이에 어느 정도의 공통성이 있는 것은 아닐까라는 기분도 조금은 들었던 것 같다.

그러나 여기에서 재빨리 평정을 되찾은 데 유방다운 면모가 있다. 그는 육가에게 말했다. "나를 위해서, 진나라가 어떻게 천하를 잃었고, 내가 어떻게 천하를 얻었는가를 책으로 써주게. 고대국가의 흥망에 대한 것도 덧붙여서 말일세."

그래서 육가는 국가가 흥하고 망하는 징조를 서술하여 논했는데, 이를 『신어』(新語)라고 한다. 모두 12편(篇). 각 편이 완성되면 매번 그는 유방 앞에 나아가 그것을 소리 내어 읽었다. 유방은 한 편 한 편을 들을 때마다, 이것은 재미있다, 참으로 그러하다고 맞장구를 쳤고, 그러면 좌우의 여러 신하들은 만세를 불렀다.

이렇게 육가는 황제 유방 앞에서 천지개벽 이래 한나라의 성립에 이르는 역사를 피력했고, 유방은 이를 긍정하고 칭찬했다. 이것은 유방이 황제의 지위에 오른 이후 그의 사망에 이르는 8년이라는 한초의 매우 이른 시기에 사실상의 정사(正史), 즉 흠정(欽定)판 정사가 만들어졌음을 의미한다.

유방이 칭찬하고, 여러 신하가 만세를 불렀다는 것은 그들이 과연 우리의 역사는 이런 것이었다고 공감했음을 말한다.

사마천도 또한 『사기』의 육가 열전 마지막 부분에서 다음과 같이 기록했다.

내가 육씨의 『신어』 12편을 읽었는데, 참으로 당대의 논객이다.

당시의 현대사를 멋지게 논하고 있다고 사마천도 확실히 인정하는『신어』의 내용은,『사기』의 역사인식에서 중요한 선구가 되었다고 할 수 있다.

이리하여 진나라의 멸망, 초한(楚漢)항쟁에 대한 역사는 구술역사로서도, 기록된 역사로서도, 살아있는 증인의 눈앞에서 실시간의 형태로 그 상당부분이 확정되었던 것이다.

『사기』의 이 시기 역사에 대한 묘사가 생동감이 있고 박력이 넘치는 데는 이런 사정이 있다. 거기에는 후세에 이루어진 역사 왜곡이 극히 적었다고 말해도 좋다.

물론 후세에 이 시기의 역사에 대한 왜곡이 없었던 것은 아니다.

예를 들면『사기』가 황제의 자리에 오른 적이 없는 항우와 여후(呂后)를 본기(本紀)에 배치한 것은, 후세의 논리로 보면 항상 논란거리였다. 말하자면 이런 식이다. 항우는 서초(西楚)라는 국호를 참칭한 데 지나지 않고, 천자의 자리에 오른 적도 없이 목이 날아갔다. 본기가 아니라, 진섭(陳涉)과 나란히 세가(世家)로 낮추어야 한다. 여후는 황제가 되지 않았으므로, 여후 본기를 세워서는 안된다. 아무래도 꼭 필요하다면, 혜제(惠帝) 본기를 세우고, 거기에 덧붙여야지, 유씨의 정권을 탈취하려 한 여후에게 본기를 세우는 것은 도둑질을 장려하는 것이다.

어느 것이든 대의명분을 높이 내거는 당당한 의견이지만, 어떻게 말하더라도 자기는 다치지 않는, 역으로 그것이 자신의 고결함에 대한 간접증명이 되기도 하는 후세 지식인의 논의라는 것이 옥에 티이다.

확실히『사기』의 항우 본기와 여후 본기에서의 역사에 대한 묘사와 평가에는 철저하지 못하거나 이해하기 힘든 부분이 많이 있다. 그러나 그것은 본래 본기에 배치해야 할 그들에 대하여, 당시부터 반대하는 힘이 강했고, 항우와 여후가 죽자마자 원래 정통이었던 그들을 비난하고 역사를 고쳐 쓰려는 힘이 강하게 작동했기 때문이다.

항우의 경우에는 '홍문(鴻門)의 연회'의 의미와 실상 및 그 역사적 평가, 여후의 경우에는 '제여(諸呂)의 난(亂)'의 의미와 실상 및 그 역사적 평가에서 그런 문제가 전형적으로 발생한다.

이것과 흡사한 사료조작의 예로서, 혁명중국에 있어 정치정세의 변화에 따른 마오쩌둥(毛澤東) 저작의 바꿔 쓰기를 들 수가 있다.

마오쩌둥 저작은 중국공산당 당원으로서 중요한 학습대상이고, 그의 논문이 발표된 시점에서 당원들, 적어도 간부당원들은 그것을 열심히 학습했다. 이와 같은 식으로 당원 개인의 머릿속에 정착되었고, 나아가서는 조직적으로도 정착되었을 논문인데도, 이후 정세 변화에 따라 몇 번이나 개작되었다. 특히 『마오쩌둥선집』(毛澤東選集)으로 간행된 것은, 그것이 당중앙(黨中央)이 보증한 신뢰할 만한 판본임에도 불구하고, 전시 중에 작성된 그의 논문은 전후(戰後)의 선집 속에서 대폭 개작되었던 것이다.

이 점을 처음으로 전면적으로 지적한 사람은, 전문연구뿐 아니라 원자폭탄과 수소폭탄의 금지운동 등 사회운동에서도 커다란 역할을 한 이마호리 세이지(今堀誠二)이다. 전통중국의 역사를 현대사와의 연계 속에서 포착하려 한 중국 전근대사 혹은 중국 전근대문화의 뛰어난 연구자들은, 중국에서 진행되던 문화대혁명에 대한 예찬 일변도의 광풍 속에서, 냉정하게 그 본질을 꿰뚫는 중요한 열쇠를 많이 제시했지만, 이마호리의 공적 또한 기억해야 할 하나의 예로서 중국현대사 이해에 새로운 시각을 제공했다.

그와 같은 '내 맘대로' 식의 개작은, 예를 들면 초한 항쟁에 관해서는, 유방이 고향인 패로 돌아가서 행한 성대한 주연에서 구술역사로서 확립하는 시점에서도, 그리고 또한 육가의 『신어』에서 기록된 역사로서 확립하는 시점에서도 행해졌다.

이 시점에서의 역사 왜곡은, 지방의 소규모 임협(任俠)집단과 그 뒤를 따라간 민중들이, 역사의 커다란 물결 속에서 목숨을 건 여러 가지 권모술수를 한껏 구사한 결과 권력을 손에 넣었으면서도, 오히려 그것을 정당한 권리에 기초한 전투의 결과이며, 애당초 약속되어 있었던 것으로 묘사하고자 하는 욕망에서 비롯되었다. 좀 더 말하자면 그것은, 자신들 유방 집단은 어떤 상황 아래에서도 그 체면을 지켜온 것으로 인식해야 한다는, 단순해서 망설이지도 않는 뻔뻔스러운 요구로부터 기인한 것으로서, 극히 자연스럽게 그런 역사상을 낳았던 것이다.

패의 주연에서 마음껏 즐기며 말한 '옛날이야기'는,

> 짐이 패공(沛公)으로부터 일어나 흉악무도한 자를 주살(誅殺)하여 결국 천하를 소유했다.

라고 유방이 말하고 있듯이 "흉악무도한 자를 주살"한다는 문맥 속에서 끓어오르는 기쁨과 함께 솔직하게 언급되고 있다.

유방 집단의 지혜 주머니 가운데 한 사람이자, "어렸을 때에는 원래 황제(黃帝)와 노자(老子)의 학설을 좋아한" 진평(陳平)의 술회는, 유방 집단이 어떤 권모술수의 결과로 정권을 장악했는가를 잘 보여준다.

> 나는 속임수를 많이 썼다. 이는 도가(道家)에서 금하는 바이다. 내가 삶을 마감하면 곧 그것으로 끝이다. 끝내 다시 일어나지 못할 것이다. 내가 쓴 속임수로 인한 피해가 많았기 때문이다.

나는 속임수를 많이 부렸다. 이것은 천지자연의 도(道)를 중시하는 도가에서 금하는 바이다. 나에게는 속임수의 업보가 돌아올 것이기 때문에, 내가 죽으면 우리 진씨(陳氏)는 끝이다. 자손의 번영은 있을 수 없다.

그가 자각한 대로 유방 집단은 많은 속임수를 성공시킴으로써 권력에 접근했다. 그러나 그들의 속임수는, 진평 열전에 "기묘한 계책은 혹은 본디 비밀에 붙여져 세상에는 알려지지 않는다"고 서술된 바와 같이 어디까지나 음모로서 겉으로는 드러나지 않는 것이었다. 유방 집단의 역사는 항상 도리에 들어맞았던 것으로 묘사되지만, 그것은 한편에서는, 유방을 위해서 획책한 진평 등의 "세상에는 알려지지 않은" 음모에 의해 인도된, 부정과 권도(權道)를 포함한 역사였다. 그리고 이런 문제를 전혀 포함하지 않는 왕도(王道)를 가는 것처럼 보이는 유방 집단의 역사상(歷史像)은, 교묘하게 말한 경우에는 문제의 그 시점에서, 그렇지 않은 경우에는 그것이 공식적으로 기록되는 시점에서, 소박한 수정과 수식이 더해진 결과였던 것이다.

패의 민중이 벌인 성대한 향연에서 어떤 역사가 이야기되었는가는 어느 정도 추측이 된다. 그들로서는, 적이 유방 등의 간계에 빠진 것은 적이 얼뜨기였기 때문이다. 간계는 영웅의 증거이며 실로 유쾌한 장면으로, 특별히 강조해서 말하는 하이라이트가 되었을 것이다.

육가가 말한 내용에 대해서도 거의 마찬가지였다고 할 수 있지만, 유방이나 여러 신하들 앞에서 낭독된 문장이었다는 점을 생각하면, 조금은 더 세련된 기법이 구사되었을 것 같다.

『사기』의 육가 열전에는, 그가 남월(南越)에 사절로 파견된 일이 기록되어 있다.

이보다 먼저, 진의 시황제는 영남(嶺南), 즉 동서로 이어지는 대유령(大庾嶺) 등의 산맥 남쪽에 있는 현재의 광동성(廣東省)과 광서장족자치구(廣西藏族自治區)를 아우르는 지역을 제압하고, 남해군(南海郡)·계림군(桂林郡)·상군(象郡) 등 세 군을 설치했다.

그런데 진섭(陳涉)의 반란으로 시작되는 천하의 동란을 틈 타, 이 지역에서도 남해군의 용천(龍川) 장관이었던 조타(趙佗)가, 남해군의 중심인 번우(番禺) 즉 현재의 광주(廣州)로 들어와 자립하고, 이 세 군을 합하여 남월의 무왕(武王)이 되었다. 조타는 현재의 하북성(河北省) 석가장(石家莊) 근처, 당시의 기주(冀州) 진정(眞定) 출신이었지만, 풍운의 시기에 기회를 잡아 소수민족 거주지에서 독립국을 세워 그 나라의 왕이 되었던 것이다.

육가의 사명은 이 일개 독립국인 남월을 한왕조에게 복속시키는 것이다.

조타가 물었다.

"나와 소하(蕭何)·조참(曹參)·한신(韓信)을 비교하면 어느 쪽이 현명할까?"

육가가 대답했다.

"왕 쪽이 현명할 듯합니다."〔王似賢〕

조타가 다시 물었다.

"나와 황제는 어느 쪽이 현명할까?"

육가는 대답했다.

"황제 폐하는 포학한 진나라를 토벌하고, 강대한 초나라를 멸망시켜 천하를 위하여 해(害)를 제거하고 이(利)를 일으키셨습니다. 삼황오제(三皇五帝)를 계승하여 전 중국을 다스리고 계십니다. 중국의 인구는 억 단위를 헤아리고, 그 땅은 사방 1만 리, 천하의 비옥한 땅에는 만물이 풍성한데, 천하가 이처럼 통일된 것은, 인류의 역사가 시작된 이래 처음 있는 일입니다. 지금 왕 밑의 인구는 수십만에 불과하고, 게다가 모두 소수민족들로 협소한 지역에 살고 있습니다. 이것은 감히 말하자면 한나라의 한 군(郡)에 불과합니다. 왕은 어떻게 한나라와 비교하려 하십니까?"

육가는 소하·조참·한신과 비교하여 조타 쪽이 "현명할 듯하다"고 대답했다.

이것이 그의 본심은 아님이 분명하다. 당시 중국인의 감각으로 말하면, 이런 질문 자체가 '야랑자대'(夜郞自大)*의 전형으로서 실소를 금치 못하게 한다. 이에 대하여 육가는 "왕이 현명할 듯하다"〔王似賢〕고 '사'(似)라는 한 글자를 넣는 방식으로 멋지게 응대했다. 그의 보고를 받은 한나라

---

* '망자존대'(妄自尊大), 즉 자신의 분수도 모르고 기고만장함을 일컫는다. 원래 야랑(夜郞)은 한대(漢代) 서남지역의 소국(小國)인데, 야랑의 군주가, 한나라가 광대하다는 사실을 전혀 모르고, 자기 나라가 대국이라고 여겨 한나라의 사자(使者)를 거만하게 맞이했다는 고사에서 나온 말이다.

조정의 여러 신하들은 이 대답에 크게 웃고 이를 용인했을 것이다.

계속해서 황제와의 우열에 대한 질문을 접한 육가는, 그것은 비교의 대상이 아니라고 대답하고 있지만, 거기에는 한나라와 남월의 현격한 규모의 격차가 강조되고 있을 뿐, 유방이 조타보다 '현명'하다고는 말하지 않았다.

이 대답을 들은 조타는 크게 웃으며 말했다.

"나는 중국에서 반란을 일으키지 않았기 때문에 여기서 왕 노릇을 하고 있을 뿐이다. 내가 중국에 있다면 어찌 한(漢) 왕조에 미치지 못하겠는가?"

조타는 육가가 크게 마음에 들어, 몇 달에 걸쳐 주연을 베풀어주었다. 이리하여 육가는 자력으로 남월왕 조타를 새로이 한나라의 남월왕으로 봉하는 데 성공했다.

이 외교에서 육가는 명분과 실체, 대의명분과 현실의 이익을 멋들어지게 나누어 구사했다. '현명하다'는 명분을 추구하는 조타에 대하여 육가는, 처음에는 "그런 것처럼 보인다"는 조건을 붙여 이 명분을 인정했다. 다음에 남월과 중국의 실체를 강조하는 것으로, 명분의 문제를 지워버렸다. 그리고 그 결과 자력으로 남월왕이 되었던 조타의 실체를, 새롭게 한나라의 남월왕으로 봉한다는 명분에 의해 억눌렀던 것이다. 보고를 받은 유방은 "크게 기뻐했다."

이와 같은 대응능력을 갖춘 육가는 『신어』에서, 초한(楚漢)항쟁시기의 명분관계를 교묘하게 유씨 집단을 중심으로 해서 고쳐 썼다. 그리고 그 결과는 이미 언급한 대로,

> 한 편을 아뢸 때마다 고제(高帝)는 좋다고 말하지 않은 적이 없고, 좌우에서는 만세를 불렀다.

라고 하듯이, 자신들의 이상적인 역사로서 전면적으로 받아들여졌다. 이 것을 좀 더 부연해서 말하자면, 유씨 집단에게 최대한의 정당성을 부여하

는 것으로 고쳐 쓴 역사가 이 시점에서 확정된 것이다.

그러나 이런 왜곡은 계통적인 대의명분의 논리에 의한 것은 아니고, 사실의 삭제는 최소한에 그치고 있다. 적어도 유방은 그 나름대로는 솔직한 인물이며, 또 그가 추구하는 자기 역사에 대한 이상화는 유가(儒家) 식의 체계적인 허위를 거부했다.

당시 다양한 간계와 거짓말은 오히려 영웅의 조건이다. 간교한 계책과 거짓말의 성공조차도 그들의 자랑이었을 것이다. 나아가 이 간교한 계책과 거짓말이 논리적 혹은 감정적인 조작 속에서 정당함이 "분명해진다면" 그것으로 충분하다. 육가가 그런 장면을 묘사하여 소리 내어 읽었을 때, 유방은 고개를 끄덕이고 여러 신하는 만세를 불렀다. 이런 역사 왜곡이 극히 소박한 단계에 머물고, 게다가 이 단계에서 고정된 것은, 후세의 우리가 그로부터 역사의 진상을 추측할 실마리를 잡을 수 있음을 의미한다.

『신어』는, 『사기』에 의하면 원래 모두 12편이었다고 한다. 그런데 약 700년 뒤인 남조(南朝)의 양(梁)나라 때에 이르러, 육가가 쓴 『신어』 2권이 전해지게 되었다. 지금도 육가가 지은 『신어』 2권으로 불리는 책이 남아 있다. 그러나 그것이 원래 『신어』와는 전혀 다른 책이라는 점을, 최근 후쿠이 시게마사(福井重雅)가 면밀한 고증을 통해 밝힌 바 있다.

참으로 유감스러운 일이다. 만약 현존하는 『신어』가 육가의 원래 저작이라면, 그로부터 많은 중요한 사실을 끄집어낼 수 있었을 텐데 말이다.

또 현재 역시 육가의 저작으로 알려진 『초한춘추』(楚漢春秋)라는 책의 일부가 전해진다. 이 책은 그 제목처럼, 항우의 초나라와 유방의 한나라 사이에 벌어진 항쟁의 역사를 기록한 것으로, 원래 9권이었지만 지금 남아 있는 것은 『사기』와 기타 사서(史書)의 주석에 인용된 단편(斷片)에 불과하다. 게다가 현재 전해지고 있는 단편적 기록에도 후세의 전쟁소설적 입장에서의 왜곡이 포함되어 있는 경우가 있다. 그러나 그 일부에는 확실히 육가의 서술로 추정할 수 있는 부분을 포함하고 있다. 이 부분 역시 한 초(漢初)의 역사를 생생하게 재현하기 위한 중요한 실마리가 될 것이다.

다소 전문적인 문제가 되지만, 여기에서 둘 다 육가의 저작으로 전해지고 있는 『신어』와 『초한춘추』의 관계에 대해 간단히 검토해두고자 한다.

『초한춘추』는 글자 그대로 초한항쟁의 역사이며, 현재 남아 있는 일문(逸文)*도 이 점을 뒷받침하고 있다. 그런데 현재 우리가 볼 수 있는 『신어』의 일문 속에는, 유방이나 그 부하들이 박수를 칠 만한 내용이 전혀 보이지 않는다.

이로부터 상상할 수 있는 것은 다음과 같은 사정이다.

한초에 육가는 유방의 요청에 따라 궁중에서 어전 강의로 진초(秦楚)전쟁과 초한전쟁을 개설했다. 그것은 전통적인 가치관에 입각한 언어로는 표현할 수 없는 당시의 현대사, 즉 유방 등의 무뢰한이 천하를 얻은 이유를, 그들의 입장에 선 새로운 가치관과 새로운 언어로 표현한 참신한 역사로서 그들의 절대적인 칭찬을 받았다.

이 『신어』에는 유방의 요청에 응하여 고대국가의 흥망에 관한 부분도 다루었지만, 그 중심은 현대사였다. 그런데 어느 시기에 『신어』에서 초한전쟁 부분만을 발췌하여 『초한춘추』라는 제목의 책이 만들어졌다.

잔존하는 『신어』는 일종의 잔해로서 원래의 모습을 잃어버렸으므로, 어느 시기에 그 역사관을 강조하는 형식으로 다소의 편찬이 행해졌고, 후세에는 더욱 이런 방향으로 바꿔 쓰기나 보강이 행해졌다. 이렇게 해서 성립한 『신어』는 당초와는 완전히 다른 성격의 책이 되어 일문(逸文)을 오늘날까지 남기고 있는 것이다.

지금 우리가 볼 수 있는 『신어』의 일문 속에서, 무엇보다 그 원형에 가깝다고 생각되는 것은, 진의 조고(趙高)가 궁중에서 이세(二世)황제에게

---

* 책의 내용이 흩어지고 없어져 그 일부분만 전해지는 글.

말(馬)을 보여주고 이것을 사슴이라고 구슬리는 이야기이다. 이것은 진 왕조가 천하를 잃게 된 원인을 말하라는 유방의 원래 요청에 호응한다.

이 이야기는 『사기』에도 채록되어 있다. 다만 『사기』에서는 조고가, 깜짝 놀란 이세황제의 물음에 답하여 말을 말이라고 한 정직한 여러 신하들을 음모를 꾸며 실각시키고, 자기의 권력을 공고히 한 점에 초점이 맞춰져 있는 데 비해, 『신어』에서는 이세황제가 자기의 눈을 믿지 않고 사악한 조고의 말을 믿었다고 하여 그 어리석음을 강조했다. 이런 어리석은 황제였기 때문에 나라를 빼앗긴 것이라는 육가의 이야기는 이해하기 쉽지만, 그만큼 통속적이다. 현재 전해지는 『신어』의 일문은, 이와 같은 육가 원래의 통속적인 설명원리를 더욱 체계화하고 보강한 부분 위주로 되어 있다고 생각한다.

이상에서 본 바와 같이, 한초의 역사와 유방의 개인사를 추구하는 데는, 이 시기의 역사 전개 자체가 부여한 유리한 조건과 불리한 조건이 있다.

유리한 조건의 하나이며, 마지막으로 확인하고 싶은 것은 사마천 역사학의 심원함이다.

『사기』는 본기(本紀)에서 세계의 중심을 묘사했다면, 열전(列傳)에서는 그 중심과 칼날을 맞부딪치며 싸운 개인의 모습을 묘사했다고 할 수 있다. 『사기』의 번(樊)·역(酈)·등(滕)·관(灌) 열전은 번쾌(樊噲)·역상(酈商)·등후(滕侯) 하후영(夏侯嬰)·관영(灌嬰)이라는, 특히 유방의 신변에 있었던 자들의 열전이다. 그런데 그 마지막 부분에서 사마천은, 그가 유방의 고향인 풍(豊)과 패(沛)를 방문하여, 거기에서 노인에게 옛날이야기를 묻고, 소하·조참·번쾌·하후영 등의 생가를 참관하고, 그들의 평소 모습을 알고자 했던 사실을 기록했다.

이 사마천의 여행이 언제적 일이었는지는, 그의 출생이 언제였는지의 문제와 관련이 있다. 사마천의 출생에 대해서는, 한 경제(景帝) 중원(中

元) 5년(기원전 145)이라는 설과, 그 10년 후인 무제(武帝) 건원(建元) 6
년(기원전 135)이라는 설이 있다. 종래에는 어느 쪽이었는가 하면 전자가
유력했지만, 이 책에서는 최근의 후지타 가쓰히사(藤田勝久)의 면밀한 검
토에 경의를 표하며 후자를 지지한다. 사마천은 『사기』의 자서(自序)에서,
"20세에 남방의 강회(江淮)에서 노닐었다"고 기록하고 있기 때문에, 이
입장에 선다면, 그것은 무제 원정(元鼎) 원년(기원전 116), 그가 20세 때의
여행이 된다.

그런데 무제 원정 원년, 즉 기원전 116년에 행해진 사마천의 여행은 진
섭(陳涉)과 오광(吳廣)이 반란을 일으키고, 항우와 유방이 그 뒤를 이은
진나라 이세(二世) 원년(기원전 209)으로부터 93년째 되던 해의 일이다.

당시 문자화된 언어는 사회의 극히 일부에서만 기능했고, 역사의 기억
은 주로 구술 형식으로 전승되었다. 특히 민중 차원에서는 이 미증유의 역
사적 사건, 그것도 자기 마을의 젊은이가 주인공이었던 이 역사적 사건이,
90여 년의 세월에도 불구하고 생생하게 구전되고 있었을 것이다.

사마천이 패에 가서 소하·조참·번쾌·하후영의 생가를 구경하고, 노인
들한테서 그들의 평소 생활이나 이야기를 전해 듣게 된 것은, 패에서의 저
역사적인 성대한 연회로부터 80년 뒤의 일이다.

> 기이하다, 들은 얘기는! 그 경쾌하게 칼을 휘둘러 개를 잡고 명주를 팔던
> 때, 어찌 스스로 천리마의 꼬리에 붙어 이름을 한나라 조정에 올려, 덕
> (德)을 자손에게 남길 줄 알았겠는가? 내가 타광(他廣)과 잘 아는데, 내
> 게 고조의 공신이 일어나던 때는 이런 수준이었다고 말했다.

노인들과 그는 여기에서 말하고 있으므로, 직접적으로 한초 이래 역사
의 산 증인들로부터 이야기를 들은 셈이다. 어쩐지 믿기지 않는, 거짓말
같은 진실한 이야기였다는 것이 청년 사마천의 감탄이다.

개를 잡고, 칼을 휘두르며 기세를 올렸던 자는 번쾌이고, 명주를 팔던
자는 관영이다. 노인들한테서 전해들은 그들의 삶은 아주 소소한 잡화를

파는 보잘것없는 상인에 지나지 않았다. 그런 그들이 얼마 후 유방이라는 천리마 꼬리에 붙어 한 왕조의 대공신이 되고, 자손에게까지 혜택을 주게 되리라고 과연 예상할 수 있었을까? 그들로서는 상상조차도 하지 못했을 역사적 기적이 일어난 것이다.

"기이하다, 들은 얘기는!"이라는 사마천의 감개무량이 의미하는 바는, 그의 주변에 일상적으로 존재하고, 자기조차도 아마 하찮은 존재로 간주한 하층민들이, 우러러보아 두려워할 만한 조정의 대신으로 변해간 한초의 기적이 그에게 준 충격이었던 것이다.

사마천은 나아가 자신은 번쾌의 손자인 번타광과 잘 아는 사이인데, 그도 한초의 번쾌 등이 세상에 나올 때의 상황은 이러했다고 알려주었다는 말을 덧붙이고 있다.

사마천과 왕래가 있었던 이 번타광 또한 기묘한 운명의 장난에 희생된 인물이다.

그의 조부 번쾌는 제1급의 공신이자 유방의 측근이다. 저명한 '홍문의 연회'의 실상과 그 의의에 대해, 필자는 통설과는 다른 견해를 가지고 있는데, 이 점에 대해서는 나중에 상세히 논하려 한다. 거기에서 번쾌의 활약이 없었다면 유방의 목숨이 위태로웠다는 것은 분명하다.

유방에게는 생명의 은인이 많이 있는데, 번쾌는 그 선두에 설 만한 인물이었다. 그는 유방의 부인이 되었던 여치(呂雉)의 누이동생 여수(呂須)를 아내로 삼았으니, 유방과는 동서지간이다.

『사기』에 "성격이 굳세어, 고조를 도와 천하를 평정했다"고 특필되는 여후(呂后)는, 유방의 사후에 혜제(惠帝)를 지원하여 정권을 좌지우지하고, 이윽고 혜제가 죽자 나이 어린 황제인 소제(少帝) 공(恭) 뒤이어 소제 홍(弘)을 제위에 올리는 한편, 스스로의 연호를 세워 왕자(王者)의 지위에 올랐다. 점점 여러 공신이나 지방의 유씨와 갈등의 골을 깊게 판 그녀가 죽은 후, 그들의 쿠데타로 여씨(呂氏)는 전멸되고 말았다.

번쾌는 혜제6년(기원전 189)에 죽었다. 그는 고조 유방의 사후에 상장군(上將軍)으로서 군사대권을 장악하고, 혜제와 여후를 보좌했지만, 후세의 입장에서 보면, 이것은 그의 영광을 훼손하는 것이라 하여 『사기』의 번쾌 열전에는 기록되지 않는다.

이른바 제여(諸呂)의 난 와중에, 무양후(舞陽侯) 번쾌의 적자인 항(伉)은 모친인 여수에 연좌되어 주살(誅殺)되었다.

그 후 번쾌의 공적을 중시한 문제(文帝)는, 특례로서 번쾌의 서자인 시인(市人)을 세워 무양후의 지위를 계승토록 했다. 번타광은 이 시인의 아들이며, 시인의 사후에 무양후의 지위를 이어받았는데, 여기에 문제가 생겼다.

번타광이 그 사인(舍人), 즉 사적으로 임용한 말단관리를 엄벌에 처했는데, 앙심을 품은 그는 번타광의 비밀을 폭로했다.

"(번타광의 부친) 시인은 성불구였습니다. 후손이 끊길 것을 염려한 그는 자기의 부인에게 동생과 관계를 맺게 해서 타광을 낳았던 것입니다. 타광은 사실은 시인의 아들이 아니므로, 무양후의 지위를 이어받을 수 없는 것입니다."

이리하여 경제(景帝) 중원6년(기원전 144) 번타광은 그 지위를 박탈당하여 서민으로 전락했다. 후지타(藤田)의 연대추정에 의하면 사마천이 태어나기 9년 전의 일이다.

이미 이즈음 사마천의 부친 담(談)은 역사서 편찬에 뜻을 두고 있었고, 이윽고 사마천 자신도 이 패(沛)로 여행한 지 6년 뒤, 부친의 유언에 따라 역사서 편찬에 몰두하게 된다.

제후(諸侯) 가운데서도 특히 빛나는 여운을 갖고 있는 무양후의 지위를 이어받았으면서도, 자신의 어두운 출생비밀이 드러나 서민으로 전락한 번타광은, 역사에 홀린 듯한 젊은이 앞에서, 번씨 집안에 전해져 오던 한초의 전설을 남김없이 이야기해주었을 것이다. 그리고 이 구술 대부분은 패읍의 노인들이 말한 바와 일치했다.

『사기』의 역생·육가(酈生陸賈) 열전을 보면, 사마천은 평원군(平原君) 주건(朱建)의 아들과 사이가 좋았고, 육가의 행적에 대하여 평원군과 "이를 자세히 논할 수 있었다"고 서술했다. 이런 사례를 통해 볼 때, 사마천은 당사자의 전승(傳承)을 중시하여 이를 널리 수집했음을 알 수 있다.

전승이 아직 중요한 의미와 비중을 갖고 있던 시대였으므로, 그의 노력은 『사기』를 통해 충분한 보답을 받았다. 그리고 그가 특히 패의 노인의 말에 감동 받아, 서민을 황제로 밀어 올린 역사의 커다란 파도에까지 생각이 미친 것은, 그가 역사를 보는 안목이 깊었다는 증거이다. 그것은 후세의 중국 역사책에서 보기 힘든 신선함과 매력이 넘치는 역사서인 『사기』의 탄생과 관련이 있다.

이상과 같은 유리한 조건이 있다 해도, 『사기』에 남아 있는 정보의 절대량은 극히 제한적이다. 그리고 현재 『사기』에 남아 있는 위와 같은 역사기록을 하나하나 따로 찾아내는 것 또한 매우 어렵다.

그러나 이상의 검토에서 떠오른, 당시의 역사적 사실과 현대사로서의 당시 기록 사이의, 밀접한 그리고 동시에 의도적인 수식과 고쳐 쓰기를 포함한 관계를 전제로 해서 『사기』를 읽을 때, 우리 눈앞에는 새로운 얼굴을 한 초한(楚漢) 투쟁의 역사가 나타날 것이다. 원 사료에 의거한 이 점에 대한 재검토가 이 책의 중심과제 중 하나이다.

사마천은 『사기』의 서술 어디에서든, 당시 세계의 전체상 속의 일부를 보여주는 방식으로 대상을 묘사하려고 했다.

우리는 우선은, 그 서술이 당시 세계를 어떻게 묘사하고 있는가를 정확히 이해해야 한다. 그러나 그 정도에 멈추어서는 안된다. 사마천의 이 서술이 확실히 당시 실제세계의 일부를 정확하게 포착하고 있다면, 그리고 만약 그 서술과 실제세계의 일부와의 대응관계에 대하여, 우리의 이해가 정확하다면, 우리는 거기서 한 걸음 더 나아가, 당시 실제세계의 일부와 연결되어 존재하고 있는 세계의 다른 부분에 대해서도 일정한 이해를 끄집어낼 수 있다.

그것은 예를 들면 우리가 원인(猿人)의 화석 가운데 치아의 일부를 통해 원인의 전체상을 이해하는 실마리를 얻을 수 있는 것과 같은 이치이다. 단 그것이 원인의 화석 일부를 구성하고 있음을 올바르게 인식할 수 있다면 말이다.

우리는, 유방의 개인사를 그 시대 전체 역사의 한 부분으로서 이해하고 싶은 것이다. 물론 지금 이 시대의 전체상이 우리에게는 보이지 않는다. 그것은 이 책의 작업결과로서 희미하게나마 자취를 드러낼 것이다.

예를 들면, 진초(秦楚) 항쟁 혹은 초한(楚漢) 항쟁의 구체적인 각 장면에서 유방이 몇 살이었는가는 역사의 중요한 요소이지만, 유감스럽게도 당시의 기록에는 유방의 출생연도가 기록되어 있지 않다. 500년 정도 지난 뒤에, 유방은 항우보다 15세 연상이었다는 주장이나 24세 연상이었다는 주장이 생겼을 뿐이다.

그러나 유방이 걸어간 생애의 궤적을 당시 역사의 전체상과 구체적으로 맞물리게 이해하려는 입장에서, 『사기』에 남아 있는 사료를 읽을 수 있다면, 위와 같은 주장은 역사의 진상을 은폐하는 것이며, 유방은 처음부터 천자의 지위를 약속받고 높은 곳에서 사는 연장자, 항우는 처음부터 패배하기 마련인 애송이였다는 사대주의적 견해의 산물임을 알 수 있다.

이 책에서는 이런 관점에서 유방은 항우보다 5세 연상이었다는 설을 내놓는다. 호적수였던 양자는 연령에서도 큰 차이가 없었던 것이다.

요컨대 이 책의 목표는 역사의 다양한 시점에서 왜곡된 유방의 행적을 사료에 입각하여 재검토함으로써 역사의 실상에 접근하는 데 있다.

유방은 중국역사상 최초의 서민황제였다. 서민이었을 때 황제인 양 행동한다면, 거기에는 비극이 기다리게 되고, 황제가 되었을 때 서민인 양

행동한다면, 거기에는 더 큰 비극이 기다리게 된다. 사회계층의 밑바닥으로부터 정점으로 치고 올라가는 과정에서, 유방은 자연스럽게 또 의식적으로 그 행동양식을 바꾸어갔음에도 불구하고, 당시의 역사서술은 그 과정에 있었던 모순을 지워 없애고 그것을 순조로운 이행과정으로 바꿔 놓으려고 했던 것이다.

벼락부자가 자기의 회고록을 집필할 때 취하는 것과 같은, 자기의 역사에 대해 수식을 가하고 싶은 욕망이, 황제의 신하들에게 더욱 강하게 들러붙어 있었다고 하더라도 이상할 것은 없다.

1장
생애

유방은 수향(水鄉)인 패현의 풍읍 중양리(中陽里)에서 아버지 유태공(劉太公)과 어머니 유온(劉媼)의 셋째 아들로 태어났다. 『사기』 고조 본기의 기록이다.

> 고조는 패의 풍읍 중량리 출신으로 성은 유, 자(字)는 계(季)이다. 부친은 태공, 모친은 유온이다.

패현은 현재의 강소성 서북쪽 가장자리, 대운하의 일부가 되어 있는 미산호(微山湖)의 서쪽 기슭에 위치하지만, 미산호 자체는 산동성(山東省)에 속한다. 또 현재의 패현에서 서쪽으로 수십 킬로미터 떨어진 곳에는 안휘성(安徽省)과 하남성(河南省)의 경계가 있다.

극히 최근까지, 아니 오늘날도 기본적으로는 비슷하겠지만, 행정구획이 교차하는 이런 지역에 곤란한 문제가 발생하면, 각 행정단위는 다른 행정단위에 책임을 떠넘겨 자기의 관리책임을 유야무야 해버리려고 한다. 그래서 세 개의 성 경계를 '삼불관'(三不管, 세 개의 행정단위가 저마다 관리하지 않음), 네 개의 성 경계를 '사불관'(四不管, 네 개의 행정단위가 저마다 관리하지 않음)이라고 하는데, 이런 곳은 일종의 무법지대가 되곤 한다.

진대(秦代)에도 패는 직접적으로는 사수군(泗水郡)에 속하면서, 산동의 설군(薛郡), 하남의 탕군(碭郡)과 접하고 있어서, 무법지대가 되기 쉬운 조건을 갖추고 있었다.

더욱이 저우전허(周振鶴)의 연구에 의하면, 한대(漢代)의 방언 구역으로 구분할 때 패는, 여영(汝穎, 하남, 안휘)·회(淮, 강소)·제(齊, 산동) 등세 방언 구역의 교차지대임과 동시에, 넓은 의미에서 초(楚) 문화의 북쪽 가장자리 지역이기도 하다. 뒤에서 다시 논하겠지만, 항우는 물론 유방도 원래 자신은 초나라 사람이라고 생각했지만, 항우가 100퍼센트 초나라 사람이었음에 비해 유방은 초 문화의 주변, 즉 중원과의 접점에서 태어났다.

그는 이 패현에 속하는 다소 큰 취락인 풍읍의 중양리에서 태어났다. 이 풍읍은 패의 현성(縣城)에서 서쪽으로 약 30km 지점에 위치한다. 중원에서는 이 풍읍보다 규모가 큰 도시는 모두 그 주위에 성곽을 두르고, 성곽 안쪽에는 다시 문과 장벽으로 둘러싸인 이(里)로 나뉘어 있다. 패현의 풍읍은 중원의 주변에 위치하고 있지만, 중양리 역시 마찬가지로 문과 장벽으로 둘러싸여 있었을 것이다.

앞에서 인용한 『사기』의 고조 본기에는 고조의 본명이 나와 있지 않고, 계(季)라는 자(字)만이 기록되어 있다. 정사(正史)에 본명 없이 통칭으로서의 자(字)만이 기록된 것은 부자연스럽기 때문에, 그 주석(註釋)에서 고조의 본명이 방(邦)이라는 설이 소개되어 있다.

계라는 것은 형제를 나이순으로 백(伯)·중(仲)·숙(叔)·계(季)라고 부를 때의 계이다. 그의 큰형은 유백, 둘째형은 유중으로 불렸기 때문에 결국 유계라는 것은 유씨 집안의 막내라는 뜻이며, 그것이 그대로 자가 되었던 것이다. 이처럼 백·중·숙·계의 순서는 부친 세대에 대해서도 똑같이 적용되어, 각각 연장자로부터 백부·중부·숙부·계부라고 부른다. 현대 일본어에서는 그 가운데 백부와 숙부의 두 호칭만이 남아 있다.

이 시대에는 백·중·숙·계라는 가족 내의 순서를 그대로 자로 삼는 일이 아주 일반적이었다. 예를 들어 반진(反秦)투쟁의 막을 연 진섭과 오광 중 오광의 자는 숙(叔)이고, 항우의 계부(季父)이면서 항상 유방을 감싼 항백(項伯)의 백(伯) 역시 자이며, 휘(諱) 즉 본명은 전(纏)이었다. 덧붙이면, 이 항백은 항우의 계부 즉 부친 항렬 가운데 가장 어린 동생이었기 때문에, 원래 자로 말하면 항계였을 것이다. 항계가 항백으로 불린 이 기묘한 현상에 대해서는 뒤에 다시 논하고자 한다.

이제 문제는 유방이라는 이름과 그 유래이다. 그것은 이미 말한 바와 같이 『사기』고조 본기의 본문에는, 그의 이름이 계라고만 기록되어 있고, 방이라는 이름이 보이지 않는다.

그런데 『사기』의 주석에서 고조의 본명이 방이라고 주장하고 있다는 것은 앞에서 언급한 대로이다. 그 주석은, 이 설이 『사기』 뒤에 출현한 정사 즉 『한서』에 보인다고 설명하고 있다. 그러나 이는 주석의 오해이다. 이 설은, 『한서』의 본문이 아닌 그 주석에 나와 있으므로, 원래의 출전은 『한서』가 아니라 후한(後漢)시대 사람인 순열(荀悅)의 『한기』(漢紀)이다.

실은 본기뿐만이 아니라 『사기』 전체에서 유방이라는 이름은 한 번도 나오지 않는다. 심지어 『사기』의 뒤를 잇는 『한서』에서도 이는 마찬가지다.

우리가 지금 당연한 듯이 유방이라고 부르는 이름은, 실은 정사에는 보이지 않고 순열의 『한기』에만 나오는 것이다. 그래서 전통적인 역사학에서는, 유방은 어렸을 때 유계라는 통칭으로 일관했지만, 즉위한 뒤부터 방이라는 휘를 사용한 것으로 여기고 있다.

그러나 이렇게 보는 경우 한 가지 기묘한 문제가 생긴다. 즉 앞에서 언급한 대로, 『사기』나 『한서』 등의 정사에는 방이라는 고조의 본명이 전해지고 있지 않지만, 만약 방이 그의 즉위 후에 만들어진 이름이라면, 정사에는 그 사실이 실려 있어야 마땅하다는 점이다.

이 문제는 다시 또 하나의 문제와 관련된다. 유방의 뒤를 이은 두 번째 황제인 혜제(惠帝)의 정식 이름 즉 휘는 영(盈)이고, 문제(文帝)의 휘는 항(恒)이다. 그러나 그들의 휘도 『사기』와 『한서』에는 나오지 않고, 그들의 이름에 대해서도 순열의 『한기』에 의거하여 비로소 알 수 있다.

이것은 우선, 황제의 휘는 드러내지 말아야 한다는 예법상의 이유로 설명될 수 있을 것 같지만, 실은 『한서』이상으로 예법에 까다로운 『후한서』(後漢書)에서는, 후한의 역대 황제의 휘가 당당하게 그 권의 앞머리에 제시되어 있다.

그래서 생각할 수 있는 것은 유방의 본명 즉 방이라는 이름의 유래에는 언급해서는 안되는 비밀이 감춰져 있기 때문에, 『사기』와 『한서』에서는 전한의 역대 황제의 휘를 아예 전부 다 기록하지 않는다는 방침을 정하여, 이 문제를 의도적으로 회피한 것이 아닐까? 유방만 빼놓고, 제2대부터 휘를 기록한다는 것은 불가능하기 때문이다.

이런 점에서 새삼 주목되는 것은 시바 료타로(司馬遼太郞)의 주장이다. 시바는 『항우와 유방』(項羽と劉邦)에서 "'방'은 형님이라는 뜻의 방언으로, 언니라고 할 때도 방이라고 한다. 유방이란 '유 형님'이라는 뜻이었다"고 했다. 즉 유방의 방은, 다른 사람이 형님이라고 부른 것을 그대로 이름으로 채택했다는 말이다.

이것은 매우 흥미로운 주장이다. 다만 유감인 것은, 이 주장의 근거가 청말(淸末) 사람 양장거(梁章鉅)의 『칭위록』(稱謂錄)일 것으로 생각되는 바, 너무 시대가 내려갈 뿐 아니라 그 방언이라는 것도 '진호랍국'(眞呼臘國)의 말이라는 점이다.

'진호랍국'이란 아마 진랍국(眞臘國) 즉 캄보디아일 것이다. 양장거는, 이 저작에서 예컨대 일본어로는 동생을 '오토'(阿多)라고 한다는 예를 들고 있듯이, 외국의 말까지도 한데 모아놓았다.

그래서 시바 료타로의 주장은 간단하게는 성립되지 않지만, 필자는 여전히 거기에 상당한 미련을 갖고 있다. 시바는 진한시기 초나라 언어는 남방계 소수민족의 언어였다는 학설에 의거하고 있고, 필자도 이 학설을 지지하고 있기 때문이다.

필자는 연구를 시작한 이래로 중국 남방 소수민족의 한화(漢化)과정에 흥미를 갖고 있었는데, 이윽고 중국 고대의 장강(長江) 유역 및 그 이남에는 원래의 한족은 존재하지 않았다고 여기게 되었다.

이 문제는 좀처럼 근거를 찾아내기가 어렵다. 또 현재의 중국에서 혹은 거슬러 올라가 과거의 중국에서, 그때그때의 중국 영역을 원래의 한인문화 영역이었다고 생각해온 중화사상에 의거하여 사료가 기록되어 있다는 문제와도 얽혀 있기 때문에, 해결하기가 쉽지 않다.

이 문제의 해명이 급진전하는 계기가 된 것이, 1986년 사천성(四川省) 성도(成都)의 북방 40km쯤에 위치하는 광한시(廣漢市)의 삼성퇴(三星堆)에서 중원의 그것과는 완전히 이질적인 문화를 보여주는 대량의 청동기가 출토된 일이다.

글자 그대로 전세계에 충격을 준 이 출토품 속에서 돌출한 눈을 갖는 거대한 가면(假面)과 입인상(立人像) 혹은 신수(神樹) 등의 진품을 포함한 삼성퇴전(三星堆展)이 1998년 아사히(朝日) 신문사 등의 주최로 도쿄(東京)·교토(京都)·후쿠오카(福岡)·히로시마(廣島) 등지에서 장장 8개월에 걸쳐 개최되었다.

이 유적이 발견되면서 연구가 진전을 이루었는데, 특히 주목하고 싶은 것은 과거부터 사료에서 '좌언'(左言)이라고 표현된 이 지역의 언어특징이, 예컨대 형용사를 명사 뒤에 두고 있어서, 한어(漢語)와는 다른 문법구조를 가지고 있다는 내용이다. 구체적인 예를 하나 들면, 보통의 한어에서는 수탉을 '공계'(公鷄), 암탉을 '모계'(母鷄)라고 한다. 공(公)은 수컷이라는 뜻이고, 모(母)는 암컷이라는 뜻이다. 이에 비해 사천의 방언에서는 수탉을 '계공'(鷄公), 암탉을 '계모'(鷄母)라고 한다. 즉 수컷을 의미하는 공이라는 형용사, 암컷을 의미하는 모라는 형용사가 계라는 명사 뒤에 온 것이다.

실은 필자는, 사천지방과 관련이 깊은 전설인 서왕모(西王母) 또한 원

래의 한어에서는 모왕(母王) 혹은 여왕이 되어야 할 것이 왕모(王母)로 뒤
바뀐 것이 아닐까 상상하지만, 이것은 여담이다.

이 삼성퇴 유적이 발견된 곳은 장강 상류지역이지만, 현재의 소수민족
분포상황에 역사적 경과를 가미하여 생각하면, 장강 중류지역 즉 춘추전국
시대의 초나라 지역, 장강 하류지역 즉 춘추전국시대의 오(吳)나라와 월
(越)나라 땅에서도 기본적으로는 동일한 상황이었을 것으로 추측된다.

이와 같이 유방이 태어난 패현은, 그 근저에 비한어(非漢語) 계통의 언
어를 갖는, 광범위한 초문화권(楚文化圈)의 동북 가장자리에 위치했다. 그
렇다면 방이 형 혹은 언니를 뜻한다는 캄보디아 언어와 같은 계통의 언어
가, 이즈음 패 지방에서 구사되었을 가능성이 있다고 할 수 있을 것이다.

그런데 주의할 것은, 전한 사람 양웅(揚雄)의 저작으로 알려져 있는『방
언』(方言)이라는 책에서 박(膊)이라는 글자에 대하여, "박은 형이라는 뜻
이다. 형양(荊揚)의 향리에서는 박(膊)이라고 하고, 계림(桂林)에서는 이
를 박(蟚)이라고 한다"고 한 부분이다. 이 시기의 형양은 회수(淮水) 남쪽
강가에서부터 장강 중·하류 지역에 걸친 지역을 말하지만, 이 지역의 언
어는 앞에서 본 바와 같이 패 지방의 언어와 공통성이 있다.

방(邦, 일본의 고어 표기법으로는 '하우')과 박(膊, '학)은 음이 꽤 비슷하
다. 게다가 백(伯, '학')이라는 글자에도 연장자 즉 형이라는 뜻이 담겨 있
는데, 이들 용어가 관계를 갖고 하나로 이어지는 어휘라고 생각할 수 있는
가능성은 여전하다.

결국 이상의 내용을 통해 유방의 방은, 당시 유계를 형님이라고 부르던
통칭이 본명으로 되었다고 추정할 수 있겠다. 이 책에서는 은근히 이런 어
감을 갖는 말로서 유방이라는 이름을 쓰고자 한다.

그런데 유방 즉 유계는 큰형 백(伯), 둘째형 중(仲) 외에 동생 교(交)가
있었다.

이 교에 대하여 『사기』는 유방의 '동모소제'(同母少弟), 즉 같은 어머니로부터 태어난 동생이라고 했다.

일반적으로는 이 '동모'(同母)라는 말은 원래 있어도 없어도 좋은, 단순한 사족으로 이해되고 있지만, 글자 그대로 읽으면, 특별히 '동모'라고 확실히 기재한 유방과 유교는 같은 어머니 즉 유온의 소생이고, 형인 백과 중은 '이모'(異母) 즉 전처의 아들이 된다.

한편, 『한서』에서는 이 부분을 '동부소제'(同父少弟)라고 고쳐 쓰고 있다. 그 주석은, 아버지가 같다는 것은 어머니가 다르다는 것이라고 해석하고 있지만, 이런 경우에는 보통은 직접 '이모'라고 쓰기 때문에, 이 주석의 이야기가 옳다면, 『한서』의 표현방식은 이례적이다.

'동부'(同父) 즉 아버지가 같다는 것은 원래 '이부'(異父) 즉 아버지가 다르다는 것에 대한 대칭어이다. 예를 들면, 진(秦)나라 소양왕(昭襄王, 재위 기원전 307~251년)의 어머니 선(宣)태후에게는 '이부'의 동생 위염(魏冉)과 '동부'의 동생 비융(羋戎)이 있었다. 이것은 분명히 선태후의 어머니는 위씨와의 사이에 위염을 낳고, 비씨와의 사이에 선태후와 비융을 낳았다는 말이다.

한대(漢代) 이후 유교적인 도덕의식이 우세하게 되자, 여성이 복수의 남편의 아이를 낳는 현상에서 생겨난 '이부'라는 단어, 게다가 그와 대칭이 되는 '동부'라는 용어는 도저히 있을 수 없게 되었다. 얼마 후에는 이 '동부'라는 용어가 '이모'라는 표현과 같은 의미로 사용되었다. 아버지가 같다는 것은 보통 일부러 알릴 필요가 없기 때문에, 특별히 그와 같이 말해 둘 때에는, 어머니가 다름을 말하기 위해서이다.

이런 『한서』 및 그 주석에 따르면, 유백·유중과 유방이 태공과 유온의 아들이고, 유교는 태공과 그 후처 사이의 아들이 된다.

이와 같이 유방의 형제에 대해서는 유백·유중·유방·유교가 모두 같은 부모로부터 태어난 아들이라는 제1설, 유백·유중·유방이 유온의 아들이고 유교는 후처의 아들이라는 제2설, 유백과 유중이 전처의 아들이고 유방과 유교가 유온의 아들이라는 제3설이 병존한다.

유방 즉 유계의 생애를 더듬어보려 할 때 그의 가족관계는 중요하지만, 종래 이 문제에 대한 철저한 검토는 이루어지지 않았다.

가와치 주조(河地重造)는 『한고조』(漢の高祖)에서 유계는 유태공과 유온 사이의 아들 4명 가운데 하나라고 말하고 있으니, 제1설이다.

이에 대하여 오가타 이사무(尾形勇)는 『중화문명의 탄생』(中華文明の誕生)[『세계의 역사』(世界の歷史) 제2권]에서 형제 가운데 한 사람은 이모제(異母弟)였다고 했으니 제2설이다. 그 밖에 상당수의 개별 논문에서도 유교를 이모제로 보는 설을 취하고 있는데, 아마 일본학계에서 현재 정설의 위치에 있는 것은 이 제2설인 것 같다.

그러나 가장 오래되었고, 유방의 전기로서는 근본사료인 『사기』의 설에 찬동하는 자가 보이지 않는 것은 이상한 일이다.

필자는 『사기』의 기술에 의거하여 제3설을 취하지만, 이런 문제는 사료의 자구(字句) 해석만으로는 좀처럼 결론이 나지 않는다. 그렇기 때문에 비로소 이 세 가지 설이 오랫동안 병존해 왔다. 따라서 유방의 실제 형제관계를 구체적으로 살펴볼 필요가 있다.

유방은 한(漢) 6년(기원전 201), 즉 한 제국 성립 이듬해 봄, 군사 방면에서 그의 천하통일에 최대의 그리고 최고의 공헌을 한 한신(韓信)을, 진평(陳平)과 여후(呂后)의 도움을 받아 함정에 빠뜨려, 죄인으로 만들고 그 영국(領國)을 몰수했다. 유방의 이런 행위에는 몇 가지 목적이 있었는데, 그 중 하나는 이 광대한 영역을 자기 육친에게 나누어주려는 것이었다.

그는 이렇게 해서 손에 넣은 한신의 초나라를 둘로 나누어, 그 동쪽을 먼 친척이자 군사방면에서 상당한 공이 있었던 유가(劉賈)에게 주고, 서쪽을 동생 유교에게 주었다. 여기에서 특히 주목할 만한 것은, 『사기』가 이 부분에서, "이때 고조의 아들은 어리고, 곤제(昆弟)는 적은데다가 현명하지도 않았다"고 기록한 점이다.

곤제는 형제라는 뜻이다. 이때 큰형 유백은 이미 죽었고, 유방에게 형제는 둘째형 유중과 동생 유교 두 사람밖에 없었기 때문에 분명 형제는 적었다. 문제는 이 동생 교에 대하여 『한서』에서는 "독서를 좋아하고, 재주가 많았다"고 했고, 또 문화 방면에서 그의 공적이 많이 기록되어 있다.

그렇다면 "현명하지 않았다"는 것은 형 유중만 그러했다는 것일까? 그러나 단지 두 사람의 형제를 "현명하지 않았다"고 했는데, 실제로는 한쪽은 현명하고 다른 한쪽은 현명하지 않다는 그런 일이 있을 수 있을까?

여기서 주목해야 할 것은, 뒤에 다시 상세하게 검토하겠지만, 이 시기에 현명하다고 일컬어질 때에는 임협(任俠)적 능력과 그것에 바탕을 둔 통치력이 있음을 뜻한다. 이런 점에서 보면 유중만이 아니라 유교도 "현명하지 않았다"고 생각된다.

그래도 역시 유방은 이 동생, 즉 "현명하지 않은" 유교에게 광대한 영국(領國)을 주었다. 그리고 여기에는 그의 형 백과 중에 대해서는 한마디 언급도 없다.

실제로 이때 둘째형 유중 및 먼저 죽은 큰형 유백의 아들에게는 영국을 하사하지 않았다. 그래서 가련하게 여긴 태상황(太上皇) 즉 유태공이 그들에 대해서 잊어버린 것이 아니냐며, 그들에게도 포상을 해주었으면 한다고 유방에게 부탁했다. 이에 대하여 유방은, "그들을 잊은 것이 아닙니다. 다만 유백의 처가 소인(小人)이어서 은혜를 베풀 만하지 않기 때문입니다"라고 대답하고 있다.

유방은 어렸을 때 분쟁이나 살인사건에 자주 연루되어 지명수배를 받고 자기 집에 돌아가지 못하고, 패거리들을 끌고 큰형 유백의 집에 들이닥쳐 패거리들과 함께 밥을 축내곤 했다. 당연히 형수는 이를 몹시 싫어했는데, 어떤 때는 꾀를 내어 "국이 없어진 것처럼 보이기 위하여 국이 담겨 있는 솥 밑바닥을 득득 긁었다"는 것이다. 거북해진 동료가 돌아간 뒤, 유방이 솥 안을 들여다보니 국이 아직 남아 있었다.

그래도 이제 황제가 된 유방은 나름대로 도량을 보여, 자신과 관계가 특히 좋았던 부친의 부탁을 들어주었다. 유백과 형수 사이에 태어난 신(信)이라는 아들을 제후의 한 사람으로 발탁했던 것이다. 그러나 그 칭호는 '갱힐후'(羹頡侯) 즉 '국 도둑 후'였다. 이와 같은 부끄러운 봉읍(封邑)을 주었으므로, 유신은 영지를 받았건만, 체면을 구겼다.

유방은 또 이때 처음으로 둘째형 유중에게도 대왕(代王)의 지위를 주었다. 이것도 부친의 중재 덕택이었다.

그러나 이 대왕의 영지는 현재의 북경에서 서쪽으로 약 150km 떨어진 곳에 있었으므로, 당시에는 흉노(匈奴)와의 경계선상인 군사적 방어지대에 속했다.

실제로 유중이 대왕에 봉해진 것은, 유가(劉賈)와 유교가 봉을 받은 한(漢) 6년 이듬해인 한 7년의 일이었다. 그런데 그 직전에 유방 자신이 직접 30만 대군을 이끌고 흉노를 직접 공격했지만, 이 대(代)의 서쪽, 직선거리로 약 100km 지점에 위치한 평성(平城)에서 완전히 포위되어, 7일 동안 아무 것도 먹지 못하다가 겨우 목숨만 건져서 도망쳐 돌아왔다. 만약 이때 진평의 모략과 하후영의 침착함이 없었다면, 유방은 흉노에게 항복할 수밖에 없었을 것이다.

평성은 현재의 대동(大同) 근처이며, 대현(代縣)은 현재의 울현(蔚縣)으로, 두 곳 모두 당시의 치수(治水) 즉 현재의 상건하(桑乾河) 유역에 해당한다. 대(代) 지방은 이때 번쾌의 활약에 의하여 겨우 흉노의 손에서 지켜낸 한(漢) 제국의 최전선이었다.

유중은 한 제국이 성립하기까지 유방 군단에는 참가하지 않고, 시종일관 향리에서 성실한 농민으로 살았다. 그런 유중을 국방의 최전선인 대(代) 지방에 봉한 것은 일종의 학대에 가까운 조치이다. 과연 유방이 도망쳐 돌아온 지 2개월 후, 실제로 흉노군이 대를 공격했다. 당연한 일이지만 유중에게는 이 군사적 요충지를 지킬 만한 역량이 없었다. 그는 임지를 버리고 자기 혼자 낙양(洛陽)으로 도망쳐 돌아왔다. 맹장(猛將)과 모신(謀臣)을 거느리고, 한 제국의 위신을 걸고 전장에 나아간 유방조차 패퇴한 변경의 방어선을, 맨몸으로 부임한 유중이 지키지 못한 것은 지극히 당연한 일이다.

어쨌든 유중은 대왕의 지위를 잃고, 합양(郃陽)이라는 남으로 흐르는 황하의 서쪽 강가의 시골 현에 봉해졌다. 제후라고 하기도 부끄러울 정도의 영지이다.

이와 같은 정황으로 볼 때, 유방의 혈육관계에 대해서는『사기』의 기술을 있는 그대로 받아들여, 유백과 유중은 유방의 배 다른 형, 유교는 유태공과 유온 사이에 태어난 유방의 친동생이라고 보는 편이 옳다.

아마도 어머니가 달랐기 때문이었겠지만, 앞의 일화를 통해 보면, 유백과 유방은 비교적 이른 시기에 가계를 독립해서 꾸리고 있었던 듯하다. 유방은 이미 별거한 배 다른 형의 집에 자주 패거리들을 데리고 들이닥쳤던 것인데, 여기서도 사람을 사람으로 생각지 않는 그의 뻔뻔함과 이를 끝까지 밀어붙일 수 있게 한 붙임성을 엿볼 수 있다.

유방은 형과 형수에게 폐만 끼쳤음에도 불구하고, 황제가 된 뒤에도 이 형수의 처사에 계속 앙심을 품고 있었지만, 임협의 패거리들을 데리고 종종 들이닥치는 유방을, 이 당시까지는 어쨌든 받아들이고 있었다. 따라서 형수는 별도로 하더라도, 큰형 유백은 오히려 성실하고 인정이 넘치는 인물이었다고 생각된다. 그런 남편에게 정나미가 떨어진 아내가 비상수단을 취했던 것 같다.

둘째형 유중 역시 성실하게 농사를 짓는 한 집안의 기둥이었다.

성실한 배 다른 두 형의 자유분방한 동생으로서, 주눅 들지 않고 형들과 맞서며 성장한 유방을, 후처인 유온은 항상 후원해주고 있었다. 아버지 태공 또한 자신의 피를 이어받아 활달하고 겁 없는 유방을, 이런저런 꾸중을 하면서도 마음에 들어 했다. 유방으로서는 임협 기질로 건달이었던 아버지야말로 마음으로부터 존경할 만한 이상적인 인물이었다. 그리고 아버지를 열렬히 사랑하고 아버지한테 감화를 받아, 아버지가 하는 일은 무엇이든 흉내를 내고 싶어 하는 기질과 행동이, 가정 내에서 그의 지위에 조금씩 무게를 더하게 되었다.

유방은 이런 가정환경 속에서 충분히 날개를 펼칠 수 있었고, 동시에 자기보다 힘이 있는 인물을 대할 때 필요한 임기응변의 요령을 체득해 갔다. 주어진 상황에 적응하여, 이윽고 그 상황을 주도하는 중심인물이 되는, 거의 천부적이라고도 할 수 있는 능력이 여기에서 배양되었던 것이다.

이렇게 주어진 사료의 정보를 충분히 읽어냄으로써 이제까지 알려져 있지 않은 유방의 생활사가 아련하게나마 분명해졌다.

그런데 패읍에 정착한 유씨에 대하여, 600년 정도 뒤인 남조(南朝)의 송(宋)나라 사람인 배인(裵駰)의 『집해』(集解)라고 일컬어지는 『사기』의 주에, 다음과 같은 전언(傳言)이 기록되어 있다. 즉 중국의 신화시대에 용을 기르는 특기를 가진 유루(劉累)라는 인물이 있었다. 그의 자손 가운데 범(范)에 봉읍을 받았기 때문에 범사회(范士會)라고 불린 현인(賢人)이 있었다. 이 범사회의 자손이 진나라로부터 동쪽의 위(魏)나라 대량(大梁)으로 이주했고, 다시 대량에서 동쪽의 풍으로 옮겨갔다는 것이다.

주지하다시피 유방은 '용안'(용처럼 생긴 얼굴), 즉 천자(天子)에 어울리는 얼굴을 하고 있고, 젊었을 때인 임협시대부터 용에 얽힌 풍설의 주인공이었다. 따라서 그가 용과 연고가 있는 유루의 자손이며, 봉읍을 받는 신분이었던 현인의 후예라는 이야기는, 이해하기 쉽고 잘 통하기는 한다. 그러나 그렇기 때문에 도가 지나치고, 오히려 이런 이야기를 믿고 주에서 기록했던 배인이 살던 시대의 분위기를 엿볼 수 있어서 흥미롭다.

다만 유씨가 위나라의 대량으로부터 동쪽의 풍으로 이주했다는 이야기는 무조건 부정할 수만은 없다. 이 당시 많은 사람들, 특히 반진(反秦)투쟁에 나선 사람들 역시 서에서 동으로 이주했기 때문이다.

이 시기에 서에서 동으로 이주했다고 생각되는 대표적인 인물은, 반진투쟁의 뚜껑을 연 진섭과 오광이다. 이를 확실히 하기 위해서는, 그들이 징발되어 가게 된 목적지인 북방의 어양(漁陽), 그들이 봉기한 땅인 기현(蘄縣) 대택향(大澤鄉) 및 당시 그들의 현주소라는 이 세 지역의 지리적 관련성을 검토해볼 필요가 있다.

어양은 오늘날 북경의 동북동(東北東)* 쪽 교외로 약 60km 지점에 위치하는데, 최근 외국인 여행자에게도 개방되어 이름이 알려진 모전욕(慕田峪) 장성(長城) 근처의 군청 소재지인 어양군에 해당한다.

그런데 문제는, 이 진섭과 오광이 거느린 무리는 어디에서 징발되었던 것이었을까? 만약 그들이 진섭의 고향인 양성(陽城)이나 오광의 고향인 양하(陽夏)에서 징발되었다면, 혹은 일찍이 초나라의 두 번째 도읍이자 나중에는 그들이 반란을 일으켜서 세운 장초(張楚)의 도읍이 된 성곽도시 진(陳)에서 징발되었다고 한다면, 그들이 어양을 향해 가는 데는 회수(淮水, 현재의 회하[淮河])를 따라 내려가 그 하구에서 배를 타고 산동(山東)반도를 돌아 발해만(渤海灣)으로 들어가는 노선을 취했을 것으로 생각할 수 있다.

그러나 이 시기 해운(海運)의 실태에 대해서는 충분한 사료도 없고, 진전된 연구가 이루어졌다고 하기도 어려운데다, 인민의 징발에 이런 해선(海船)을 준비했다고는 생각하기 어려우므로, 역시 육로 혹은 내륙 수로를 따라서 자력으로 북행했던 것 같다. 그렇다면 양성이나 양하에서부터 기현을 거쳐 어양으로 향하는 것은 상당한 우회로가 된다. 다시 말하면 진

---

* 정동(正東)과 북동(北東) 사이에 해당하는 또 하나의 방위.

섭과 오광이 거느린 무리는 직접 기현 내지 그 주변에서 징발되어 북을 향해 갔다고 볼 수 있다.

만약 이렇게 상정한다면, 그것은 진섭과 오광이 각자의 고향에서부터 동남쪽으로 이주했음을 의미한다.

마찬가지로 항우의 선조는, 위나라의 대량에서 동남쪽으로 약 160km 떨어져 있는, 항씨 성의 유래가 되는 항읍(項邑)이 본적이었지만, 항우는 이 읍의 동북쪽으로 다시 약 280km 떨어진 곳에 위치한 하상(下相) 사람이다. 항씨의 이동은, 항우의 조부 항연(項燕)이 반진군(反秦軍)을 이끌고 싸웠다가 패배한 결과이다.

이 싸움은 진왕(秦王) 정(政)의 24년(기원전 223)에 일어났다. 항우 본기에 의하면, 진나라 이세황제 원년(기원전 209) 항우가 백부 항량(項梁)을 따라 당시의 회계군(會稽郡) 즉 현재의 소주(蘇州)에서 반란을 일으켰을 때, 그의 나이가 24세였으므로, 초나라가 조부 항연의 지휘로 진나라와 최후 결전에 나섰을 때에는 10세가 된다.

아마 이때 그는 조부의 군대에 속해 있었던 듯하다. 초나라 귀족집안에서 태어나 강한 의지를 갖고, 명석한 두뇌와 튼튼한 육체라는 축복을 받은 10세의 소년은, 전란이라는 비상상황에서 어엿한 한 명의 어른처럼 사태를 관찰하고 행동했을 것이다. 그리고 이 싸움으로 조부와 부친을 잃었다. 그는 살아남은 백부 항량을 따라 오랜 역사가 있는 고향을 떠나 하상읍에 자리를 잡았다.

진나라와 6국의 항쟁 속에서, 서에서 동으로 이동한 인물로는 그 밖에도 장량(張良)을 들 수 있다.

장량은 한(韓)나라의 귀족이었다. 그 조부인 장개지(張開地)는 한나라의 소후(昭侯), 선혜왕(宣惠王), 양애왕(襄哀王) 등 3대에 걸친 재상이었

고, 부친 장평(張平)은 희왕(釐王), 도혜왕(悼惠王) 등 2대에 걸친 재상이
었다. 도혜왕 23년(기원전 250) 장평이 죽고, 그로부터 20년 뒤에 한나라
는 진나라에게 멸망되었다. 『사기』의 유후(留侯) 세가, 즉 유(留)에서의
만남을 기념하여 유방에게 유후로 봉해진 장량의 세가에는 다음과 같이
기록했다.

> 한나라가 망했을 때, 장량의 가동(家僮)은 300인이었는데, 동생이 죽었
> 는데도 장례조차 치르지 않고, 전 재산을 들여 자객을 구하여 진왕을 베
> 어 한나라를 위해 복수를 하려 했다.

머슴 300인이라는 대귀족의 상속자였던 장량은, 동생의 장례식조차 치
르지 않고, 모든 재산을 던져 진왕 정, 즉 시황제를 암살하려 했던 것이다.
박랑사(博浪沙)에서 벌어진 장량의 진나라 시황제 암살 미수사건은 시황
제 29년(기원전 218), 제3차 순수(巡狩)* 때 일어났다. 암살에 실패한 그는
"망명하여 하비(下邳)에 숨었다."

이 하비는 사수(泗水) 하류에 있는 읍이다. 사수는 태산(泰山) 산지의
중간 부분에서 발원하여, 서쪽으로 노(魯), 즉 곡부(曲阜)를 거쳐, 남쪽으
로 방향을 틀어 패현에 이른다. 패현에서 약 20km를 흘러서 장량이 유방
을 만났던 유(留)에 이르고 다시 약 35km를 더 흘러서 팽성(彭城)에 이른
다. 팽성에서 동으로 방향을 바꾸어 S자행을 반복하지만, 직선거리로 약
70km를 흘러 하비에 이른 뒤, 다시 동남쪽으로 방향을 틀어서 약 35km
를 흘러서 항우 등이 이주한 하상에 이른다. 이 하상 주위에서 사수는 수
수(睢水)와 합류한다. 수수는 위(魏)나라의 도읍 대량에서 홍구(鴻溝)와
나뉘어 동남 방향으로 망현(芒縣)과 탕현(碭縣)을 거쳐, 부리(符離)에서
동으로 흘러 하상에 이른다. 이 하상으로부터 회수 본류(本流)까지는 약
100km이다.

---

* 전국 각지를 시찰하기 위해 황제가 행차하는 것을 말한다.

장량은 일찍이 살인사건을 일으켜 도망쳐 온 항백을 임협의 우정으로 비호했다고 한다. 둘 다 수배자의 신분이었다. 진나라와의 전투에서 영웅이었던 초나라의 장군 항연의 아들 항백과 한나라 재상 장평의 아들이며 시황제의 암살 미수범인 장량이 가까이 살면서 교제가 있었다는 사실은, 진나라의 법률 만능 지배체제의 법망을 빠져 나가, 임협의 기(氣)로써 유대를 맺는 일종의 '안의 사회'의 관계가 확산되었음을 뜻한다.

마찬가지로 상해(傷害)사건 혹은 살인사건에 관련되어, 동으로 이주하여 이 사수 선상에 몸을 숨긴 자 가운데 나중에 여후의 부친이 되는 여공(呂公)이 있다.

아래는『사기』고조 본기의 기록이다.

> 선보(單父) 사람 여공이 패의 현령과 친했다. 원수를 피하여 그를 따라 객(客)이 되어 이에 패에 자리 잡았다.

선보 사람 여공은 원래 패의 현령(縣令, 현의 수령)과 사이가 좋았다.『사기』에는 그 후 패의 유력자들이 이 현령의 '중객'(重客), 시쳇말로 하면 브이아이피를 위한 환영연을 열었다고 하고 있기 때문에, 여공 또한 당시 호협(豪俠) 가운데 한 사람이었다. 선보는 패의 서쪽 약 70km 지점에 있다. 다시 서쪽으로 약 150km를 가면 위나라의 수도 대량에 이른다.

이상의 상황을 개관하면, 진말(秦末)의 관동(關東) 즉 함곡관(函谷關) 이동(以東)의 옛 6국의 땅에서는, 진나라의 압력 아래에서 많은 사람들이 고향을 버리고 이주 혹은 유랑하고 있었음을 알 수 있다.

가장 이해하기 쉬운 것은 6국의 수도에 대한 진나라의 제압과 파괴에 따른 유망(流亡)이다.

예를 들면 초나라의 수도는 영(郢)에서 진(陳, 영진〔郢陳〕), 진에서 거양(鉅陽), 거양에서 수춘(壽春, 영〔郢〕)으로 차츰차츰 동천(東遷)했다. 이 동천에 따라 많은 사람들이 더욱 광범위하게 동방으로 이주했다. 원래 진

(陳) 인근에 살던 주민이었던 진섭과 오광이 동방으로 유망한 것도 이런 상황과 관련이 있다.

위나라의 수도 대량은 전국시대 말기에 관동의 상업과 교통의 중심으로서 최고의 번영을 누렸지만, 진나라 군대가 홍구(鴻溝)를 이용한 수공(水攻)을 가하자 폐허로 변했다.

이런 유망은 직접적으로 정치정세에서 비롯되었으며, 대부분의 경우 일반 민중이 그 주인공이다.

다만 항량이나 장량 혹은 여공의 동천은, 진나라의 동방 제압으로 야기된 사회격동과 관련된 것이 분명하지만, 그 누구든 간에 독립적으로 이루어진 호협(豪俠)의 이주였다.

여공의 경우에는 패의 현령이 있는 곳에 정착한 것이 발단의 시작이다. 또 항량의 경우에도, 그가 중대한 형사사건에 관련되어 진나라의 수도 함양으로 연행되었을 때, 기현(蘄縣)의 옥연(獄掾)* 조구(曹咎)의 도움을 받아 화를 면했다. 패현과 기현은 모두 사수군 관할이고, 항량 등이 사수군의 하상에 함께 거주하고 있었던 것도 이런 인간관계와 무관하지 않다.

호협의 이주에는 항상 그들끼리의 인간관계가 작용하고 있었던 것 같다. 그것은 '안의 사회'의 인간관계이지만, 동시에 당사자들은 패의 현령이나 기현의 옥연 신분이었으므로 '바깥의 사회'에서도 유력한 존재였다.

현재 우리가 입수할 수 있는 극히 제한된 사료를 통해 보더라도, 이들 사례는 지역성과 무관하지 않은 것 같다. 즉 패, 하비, 하상은 모두 사수를 통해 거의 일직선으로 연결되어 있다.

주지하듯 화북(華北) 평야는 그 중심에 황하유역이 있고, 그 북쪽의 해하(海河)유역, 남쪽의 회하유역을 포함하는 대평야이다. 그 지형은 기본

---

* 형옥(刑獄)을 관리하는 하급관리를 가리킨다.

적으로 서쪽이 높고 동쪽이 낮지만, 산동에 태산을 주요 봉우리로 하는 산지가 있으므로, 일부에서는 동쪽이 높고 서쪽이 낮은 지역도 있다. 그리고 이 두 지역의 중간에 서북에서 동남으로 뻗어 있는 저습(低濕)지대가 출현한다. 이 저습지대를 관통해서 흐르는 것이 사수이다.

'백천동주'(百川東注) 즉 모든 하천은 동으로 흘러 바다로 들어간다는 중국의 상식에 반하여, 이 지대에는 서북에서 동남으로 달리는 하천, 극단적으로 말하면 남북으로 흐르는 하천이 존재하고 있었다. 뒤에 수(隋)나라 양제(煬帝)에 의하여 최종적으로 완성된 대운하는, 종래 그 지형을 이용하여 부분적으로 존재하고 있던 이들 여러 하천을 서로 연결한 것이다.

이 사수 선상에는 현재에도 산동성의 동평호(東平湖), 남양호(南陽湖), 소양호(昭陽湖), 미산호(微山湖), 강소성의 낙마호(駱馬湖), 고우호(高郵湖)와 양주(揚州)에서 장강에 합류하기까지, 많은 거대한 호수가 서북에서 동남으로 늘어서 있다. 이들 호수의 대부분에 당시의 지명은 남아 있지 않은데, 이는 호수가 존재하지 않았기 때문이 아니라, 그들 지역이 온통 소택(沼澤)지대로, 평야와 호수의 경계가 분명하지 않은 쓸모없는 땅이었기 때문일 것이다. 더구나 당시에는 오늘날보다 훨씬 온난하고 다습했다고 추측되며, 저습지대는 지금보다 크고 넓었다.

극단적으로 말하면, 진나라에 의한 통일지배의 근저에는 획일적인 법제 시스템이 있고, 이 획일적인 법제 시스템의 밑바탕에는 밭농사 사회의 획일적인 사회관계가 있다. 다음 쪽에 제시한 사진은, 1930년대 진(秦) 지역의 경관이 드러난 항공사진이다. 획일적인 토지제도로 이 일정한 모양의 경지를 구획하는 데서부터 진나라의 지배체제가 형성되었던 것이다.

이에 비해 화중(華中) 벼농사 사회의 경관이 드러나는 항공사진은 대조적인 양상을 보이고 있다. 거기에는 진 지역의 경우에 보이는 것 같은 일정한 모양의 경지를 찾을 수 없다. 오히려 여기서 볼 수 있는 것은, 물은 높은 데서 낮은 데로 흐른다는 자연의 법칙에 따라, 각각의 논이 물길을

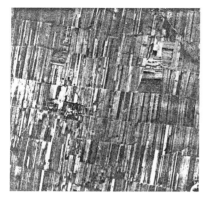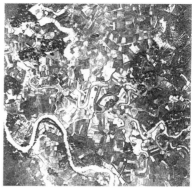

토지이용 상황을 보여주는 항공사진. 왼쪽은 관중(關中) 위수(渭水)유역의 밭농사 토지구획, 오른쪽은 장강유역의 벼농사 토지구획(J. L. Lossing Buck, *Land Utilization in China*, 1937에서).

따라 위쪽과 아래쪽이 하나로 연결되는 데서 전형적으로 나타나는 공동체적인 특질이다.

논의 경우에는, 그 저수(貯水)면의 고저에 의하여 한 줄로 연결될 수 있지만, 아울러 수로에 의해 연결된 전체로서의 송수(送水)와 배수(排水) 체계를 가로지르는 공공성이야말로 논농사를 가능케 한다.

진 지역의 밭농사 사회에는 획일적인 군대식 조직이 발달하고, 초 지역의 논농사 사회에는 크고 작은 포도송이 같은 동료사회가 출현한다. 그리고 이 초 지역 논농사 사회의 변경에, 종횡의 수로를 작은 배로 연결하는 수향지대가 존재하고 있었다.

물론 이 수향지대에서도 민중의 기본적인 노동은 논농사이고, 거기에는 협소한 사회관계가 존재한다. 그러나 동시에 이 지대의 논농사 취락은, 종횡의 수로에 의해 서로 연결되고, 그곳에서 전개되는 보다 넓은 사회관계와 인간관계가, 이 지역에 일종의 자율성을 부여하고 있었다. 항량·항우·여공·장량 등의 호협(豪俠)은, 물의 흐름을 따르듯이 이 일종의 해방구(解放區)로 흘러 들어왔던 것이다.

앞에서 우리는 『사기』의 성립 훨씬 뒤에, 유방이 고대 명문가 후손이고, 그의 직계 조상은 위나라의 수도 대량에서 풍으로 이주했다는 설이 제창되었던 것을 보았다. 이 설은 유방이 선천적으로 귀족이었다는 후세의 사대적 감각의 산물이며 신빙성이 없다. 그러나 이상과 같은 이 지역의 지역성을 염두에 두고 생각한다면, 그의 직계 조상이 대량에서 풍으로 이주했다는 사실 자체에는 어떤 근거가 있었던 것이 아닐까 생각한다.

풍은 앞에서 본 바와 같이 유방이 태어난 고향이다. 유방은 봉기 초기에 풍을 장악했지만, 그 방비를 옹치(雍齒)에게 맡기고 진나라 군대와의 싸움에 나섰다. 그 무렵 임협 동료 가운데 고참이었던 옹치는, 유방에게 예속되는 것을 떳떳하지 않게 여겨, 진섭이 파견한 위나라 사람 주시(周市)의 군단에게 항복했다.

이때 주시가 옹치를 설득한 이유 가운데 하나가, "풍은 원래 양(梁)에서 옮긴 곳이다"는 것이었다. 이 문제에 대한 주석에는 약간의 혼란이 있지만, 그 의미하는 바는, 진나라가 위나라를 멸망시켰을 때, 대량(大梁)의 주민이 피난하여 풍으로 이주했기 때문에 풍은 원래 위나라와 밀접한 관계를 갖는 땅이라는 말이다.

주시의 발언은 현실적으로 주효했다. 이는 대량 주민이 풍으로 이주한 것이 사실이었음을 뒷받침하고 있다. 유방의 직계 조상은, 이때 위나라의 대량에서 풍으로 이주했을 가능성이 있다. 이 사실이 정식으로 기록되어 있지 않은 것은, 그것이 일반 민중 혹은 빈민의 이주였기 때문일 것이다.

이상은 이 수향의 해방구로 이주해온 사람들에 대한 검토이지만, 나아가 이 해방구의 원래 주민이며 북쪽 끝의 거야(鉅野)의 못에 사는 어민이었던 팽월(彭越)과, 남쪽 끝 회수 하류의 회음(淮陰) 사람이었던 한신(韓信)을 들 수 있다. 여기에 풍 사람이었던 소하, 노관(盧綰), 옹치, 왕릉(王陵), 패 사람인 조참, 조무상(曹無傷), 주발, 주창(周昌), 주가(周苛), 번쾌, 하후영 및 사수(泗水) 서측의 선보 사람인 여공, 여택(呂澤), 여석지

(呂釋之), 탕현 사람 관영(灌嬰) 등의 이름을 들면, 유방 집단과 그 한 제국 수립에 관계한 주요 인물은 거의 망라된다.

다소 이질적인 인물인 경포(黥布)는 원래 항우 집단의 거물이다. 초나라 장군으로서 "항상 군대 내에서 으뜸이었다"고 일컬어진 그는, 유방 집단에 속한 뒤로부터는 원래의 기반인 회수 남부의 수향에서 멀리 떨어져 있어서 그런지, 그 활약에 다소 생기를 잃었다.

유방의 조상은 전국시대 위나라의 수도 대량에서 동방의 풍읍으로 이주했다. 풍읍은 후세의 말로 하면 객가(客家) 촌락이다. 이 풍읍의 내력은, 유방의 개인사라는 입장에서 중요한 의미가 있을 뿐 아니라, 초나라와 진나라의 항쟁을 이해하는 데도 중요한 의미를 갖고 있다. 유방은, 향리에서는 이주민끼리 맺고 있는 연계의 고리를 몸에 붙이는 동시에 토착민과의 싸움에도 적극적으로 몸을 던졌던 것으로 보인다.

이제 사수(泗水)를 활시위로, 선보와 탕현의 서쪽 주위를 관통하는 선을 활로 삼는 초승달 모양을 그리면(책머리의 「진[秦]말의 초한[楚漢] 항쟁 시기도」 참조), 초한전쟁의 영웅호걸들은 거의 전원이 이 지역에서 일어났다고 해도 무방하다. 이 책에서는 이 지대를 "사수계(泗水系) 초승달 모양의 수향(水鄉) 소택지대"라고 명명한다. 이즈음 회수유역의 저습지대나 그 남방지역에서 경제개발이 진행되고 있었는데, 중원의 많은 주민이 이 새로운 개척지역으로 이주했다. 그리고 이 개척지역 주변에 펼쳐진 수향지대가 당시 무법자들의 이른바 근거지가 되었다.

이상과 같은 수향 출신자와는 별도로 외교나 모략 방면에서 활약한 진평과 역이기(酈食其) 등, 유방 집단으로서는 다소 특이한 인재는 모두 선진적 도시문화의 땅인 위나라, 그것도 위나라의 중심지인 진류군(陳留郡) 출신이다.

마지막으로 유방의 출생연도에 대해 살펴보려 한다.

유방은 그 전에 어느 누구도 이루지 못한 대업을 완수했다. 그가 태어난 진말한초(秦末漢初)의 사회는, 2천년의 시간을 사이에 둔 현대중국의 그것과 공통되는 점이 있고, 그가 확정한 지배의 틀도 현대중국의 기초적인 지배구조와 공통적인 요소를 갖고 있다.

이 시기에 영웅이라고 불릴 만한 인물은 단지 항우와 유방에 그치지 않는다. 팽월, 경포, 한신, 장함(章邯) 등에 이르기까지 유방을 대체할 만한 인재가 없었던 것이 아니다. 다만 유방만이 홀로 이 대업을 완수한 데는 천시(天時)·지리(地利)·인화(人和)의 요소 전부가 그에게 미소를 지었기 때문인데, 그가 몇 살 때 어떻게 해서 그 역사현장과 만나게 되었는가가 특히 중요하다. 그를 둘러싼 인간관계를 포함하여 개인의 능력과 지식은 그의 연령과 무관하지 않기 때문이다.

유방의 연령에 대해서는 두 가지 설이 있지만, 그 근거는 모두 후세의 사료에 근거한 것이다.

제1설은, 『사기』의 주석에, "고조는 진나라 소왕(昭王) 51년에 태어났고, 서거한 한(漢) 12년은 62세였다"고 한 것에 근거한다.

제2설은, 『한서』의 주석에, "황제는 42세에 즉위했다. 즉위한 지 12년 만에 서거했으므로 나이는 53세였다"고 한 것에 근거한다.

모두 당시로부터 500년 정도 뒤의 발언이지만, 다른 사료가 없기 때문에 거의 모든 역사가가 이 두 설 가운데 하나를 따르고 있다.

그러나 필자는 이 두 설 모두 신빙성이 떨어진다고 생각한다. 앞에서 유씨 가계의 기술에 대해 살펴본 바와 같이, 당시로부터 500년이나 지나면 사대주의적으로 합리화하려는 경향이 생기게 마련이다. 천하를 차지했을 때 유방이 너무 젊으면 곤란하다는 감각이 이때 싹텄던 것은 아니었을까?

유방에 견주어 항우는 그 본기에서 분명하게 "처음 기병(起兵)했을 때 나이는 24세"였다고 기록하고 있다. '처음 기병했을 때'란 진나라 이세황제 원년(기원전 209)을 말한다.

항우는 한(漢) 4년(기원전 203)에 유방과의 일대일 승부를 바랐지만, 이때 그는 30세, 유방은 제1설에서는 54세, 제2설에서도 45세가 된다. 당시 항우가, 한나라의 명궁수이자 초나라 장사(壯士) 3인을 사살한 누번(樓煩)을 앞에 두고 똑바로 서서 일갈했다는 유명한 일화가 있다. 군인으로서의 명예를 그 무엇보다 소중히 여긴 항우가, 15세 내지 24세 연상의 유방에게 일대일 승부를 요구했다고는 생각하기 어렵다. 항우와 유방의 연령은 그 정도의 차는 아니었던 것으로 보아야 하지 않을까?

유방이 완수한 사업에 비추어 그의 연령 따위는 사소한 것이라고 생각할 수는 없다. 유방의 나이를 고려하지 않고 그의 행위에 대해 말하는 것은, 용을 그리는 데 눈을 빠뜨리는 것과 같은 격이다. 이 책에서는 유방과 그 주변 인물들과의 인간관계를 실마리로 하여 이 문제에 일정한 규격을 부여하고 싶다.

유방의 나이문제가 직접적으로 큰 영향을 갖는 것은 그의 가족생활 면이다. 그래서 우선 이 방향에서 접근해보기로 한다.

유방과 그의 부친 유태공의 관계는 매우 좋았던 듯하다. 유방이 황제가 되자, 부친은 당연히 크게 기뻐했다. 그 또한 부친과는 죽이 잘 맞아서, 부친에게 궁중에서 가장 좋은 방을 마련해주고, 가장 좋은 음식을 준비하고, 영리한 자들에게 시중을 들게 했다. 요컨대 최고의 호사를 누리도록 했다. 부친의 기뻐하는 얼굴을 보는 것이 그의 즐거움이기도 했다.

그런데 이런 환상과 같은 날들이 지나간 뒤, 유태공은 어딘지 모르게 울적해 보였다. 게다가 "슬퍼하며 즐거워하지 않았"기 때문에 보통 일이 아니었다. 걱정이 된 유방이 넌지시 그 연유를 묻자 부친은 다음과 같이 대답했다.

> 한평생 좋아한 것은 모두 시장판의 젊은이가 파는 술과 떡, 투계(鬪鷄)와 공차기이다. 이런 것들로 즐거움을 삼았는데, 지금은 모두 없어져버렸기 때문에 즐겁지 않은 것이다.

잡화를 파는 젊은 상인의 노점에서 술을 마시고, 투계나 공차기가 그에게는 더 없는 즐거움이었다. 그는 어린 아들이 성실하게 일하지 않고 무뢰배들과 어울리며, 위험한 싸움에 열중하는 것을 보고 타이른 적은 있지만, 본디 자신도 아들 못지않게 그 이상의 건달이자 방탕아였고, 실은 그렇기 때문에 죽이 잘 맞는 부자였던 것이다.

그래서 유방은 놀기 좋아하는 부친을 위해 고향인 풍과 과(瓜) 두 읍을 장안(長安)의 동쪽 교외에 만들도록 했다. 거기에 풍읍의 사(社)인 분유사(枌楡社)를 이전해오고, 길도 건물도 원래의 모습과 똑 같게 만들었다.

풍읍에서 이주해온 남녀노소는 새로운 읍에 한 발짝 들여놓자마자 모든 것이 원래의 풍읍과 똑같은 데 깜짝 놀랐다. 사료에는 "개, 양, 닭, 오리를 길에 풀어놓자 모두 어긋남이 없이 자기 집으로 제대로 찾아 들어갔다"고 전하고 있다.

이 새로운 읍은, 반란의 중심지였던 풍읍의 주민을 그대로 이주시켰기 때문에 후세가 되어도 젊은 건달들이 많았다고 한다. 뒤에 유태공이 죽자, 이 읍은 새로운 풍읍 즉 신풍(新豊)으로 명명되었다.

이 당시 유태공이 몇 살이었는지에 대한 기록은 없다. 그러나 이런 말을 할 만한 나이라고 한다면 일흔을 넘기지는 않았을 것이다. 실제로는 65세 이하였을 것 같다.

그런데 전근대사회에서 긴 수유(授乳)기간과 그 기간 동안의 불임이라는 문제는 최근의 사회사 연구에서 강조하는 바이다. 1년의 임신기간과 3년의 수유기간으로 인한 불임기간을 상정하면, 유방의 큰형을 임신한 뒤로부터 둘째형의 이유기까지 짧게 잡아도 8년이 필요하다. 누이의 존재는 전해지지 않지만, 없었다고 단언할 수는 없다.

만약 유태공의 전처가 18세에 유태공과 혼인하여, 그 이듬해에 큰형을 낳았다고 가정하면, 그 중간에 전혀 유산이 없고 또 누이가 태어나지 않았다 하더라도, 둘째형이 젖을 뗄 때에는 그녀의 나이는 적어도 스물여섯이다. 가령 유태공이 전처의 연령과 비슷했다면, 유태공이 전처를 잃은 때임에도 불구하고 유온과 결혼해서 곧 유온이 임신했다 하더라도, 유방이 태어났을 때 유태공은 27세가 된다. 즉 유방과 유태공의 나이 차이는 최소한으로 어림잡아도 26세이다.

유방이 천하를 통일한 것은 한 5년(기원전 202)이다. 당시 그는 낙양(洛陽)에 도읍을 두려고 생각했지만, 실제로는 유경(劉敬)과 장량의 주장을 받아들여, 그 해에 장안(長安)으로 천도했다. 설령 그 해에 곧바로 신풍 건설이 이루어졌다 하더라도, 제1설을 따르면 유방은 55세, 유태공은 적어도 81세, 제2설을 따르면 유방은 46세, 유태공은 적어도 72세가 된다.

이상의 계산은 나이 차이를 최소한으로 어림잡은 것이다. 그래도 역시 제1설은 성립하기 어렵고, 제2설도 설득력이 떨어진다.

또 이미 언급한 대로 이듬해인 한 6년(기원전 201)에 한신을 함정에 빠뜨렸을 때의 일을, 『사기』에서는 "이 무렵 고조는 자식이 어리고 형제는 적은데다가 현명하지 않았다"고 하고 있다. 이 당시 유방은 제1설에 의하면 56세, 제2설에 의하면 47세가 된다. "자식이 어리다"는 상황은 아주 부자연스럽다. 앞의 가정에서는 유태공과 그 첫 번째 부인이 19세에 큰아들을 낳았다고 했지만, 유방은 건강하고 정력이 넘치는 대장부이므로, 똑같은 상황을 유방에게 적용시켜 생각해보면, 제1설로는 유방의 장자가 38세, 제2설로는 29세가 될 터이다.

그러나 실제로는, 『사기』에서 말한 바대로 이때 "고조는 자식이 어렸"으므로, 유방의 나이는 뒤에 말하는 것보다 훨씬 젊었을 것이다.

게다가 『사기』는 유방이 일찍이 왕릉(王陵)을 형으로 모셨다는 사실을 전하고 있다. 더구나 이 일이 봉기시 양자의 복잡한 관계를 직접적으로 규정하고 있다. 즉 제1설에 의하면 48세, 제2설에 의하면 39세의 나이에 유방이 패현의 일개 임협이었던 왕릉을 형으로 모셨다는 것인데, 이는 왕릉이 형, 유방이 동생인 의형제 관계나 마찬가지이므로, 그런 인물이 천하를 장악할 가능성은 상당히 낮다고 봐야 한다.

이런 내용을 감안하여 이 책에서는 우선 유방의 연령을 항우보다 5세 위, 즉 진나라 이세황제 원년(기원전 209)의 봉기 때 29세였다고 가정해 두고 싶다. 이 어중간한 숫자를 채택하는 것은, 제2설의 42세 한왕(漢王) 즉위설의 42를, 원래 32였다고 교정하고 싶기 때문이다. 사실 한자로 된 원문에서는 10이 가로 한 획에 세로 한 획의 십(十), 20이 입(卄), 30이 삽(卅), 40이 십(卌)이어서 10에서 40까지의 숫자는 매우 혼동하기 쉽다.

이렇게 상정하여, 한 5년(기원전 202) 연초에 바로 신풍 건설이 이루어 졌다고 한다면, 이때 유방은 36세, 아버지 유태공은 가장 젊게 상정해서 62세가 된다. 아직 왕성한 기력을 자랑하는 유태공에게 어울리는 연령일 것이다.

다음은 유태공과 유온이라는 호칭문제이다. 태공(太公)과 온(媼)은 보통명사이고, 온에 대해서는 어머니라든지, 노부인의 칭호라든지, 혹은 대지의 신이라든지 여러 설이 있다. 이것들은 모두 서로 관계가 있는데, 여기서는 그다지 깊이 있게 고찰하지는 않겠지만, 『사기』에 유방의 단골 술집 안주인이 왕온(王媼)이라고 불렸던 사실을 참조할 필요가 있다. 실제로는 타인이 아주머니라는 의미로 '어머니'라고 부르는 경우라고 하는 것이 이에 가장 가까울 듯하다.

이 온(媼)과 짝이 되는 것은 옹(翁)이라는 호칭이다. 그러나 『사기』는 유온이라고 하면서, 유옹이라고는 하지 않고 태공이라고 하고 있다. 태공이라면 바로 생각나는 것이 태공망(太公望) 여상(呂尚)이다. 그는 나중에 제(齊)의 태공으로 제나라의 창시자가 되는데, 태공이란 말은 노인에 대한 명백한 존칭이다.

또 장량은 이상한 노인으로부터 『태공병법』(太公兵法)이라는 비전(秘傳)의 책을 받았다고 하지만, 이 경우의 태공도 태공망이다. 덧붙여 말하면, 장량은 여씨 일족과도 관계가 좋았기 때문에, 이 이야기는 여씨가 장량 사후에 그를 자기 진영의 인물로 만들기 위해 창작한 것인지도 모른다.

이상과 같이 생각한다면, 유태공과 유온은 호칭의 격이 다르다. 태공이 높고 온이 낮다. 이 사실은 유방의 가족사를 복원할 때 하나의 실마리가 될지도 모르겠다.

『진류풍속전』(陳留風俗傳)이라는 당시의 기록에는, "패공이 기병(起兵)하여 야전(野戰)을 할 때 그 모친을 황향(黃鄉)에서 잃었다"고 했다. 그밖의 사료와 서로 대조해보면, 이 황향이라는 것은 위나라 수도 대량 근처에 있는 소황(小黃)이다. 유방의 군대는 몇 번인가 이 지방을 통과하고 있지만, "패공이 기병하여 야전을 할 때"라는 표현을 보면, 유온의 죽음은 그가 처음 항량(項梁)의 지휘 아래 항우와 함께 진류(陳留)를 공략했을 때의 일이었다고 추측할 수 있다.

이 당시 유방은 아직 앞길이 불분명한 소규모 봉기집단의 우두머리에 불과하고, 신분을 이러쿵저러쿵 말할 수 있는 단계가 아니었으므로, 그의 모친도 종래 그대로 단지 유온이라고 불렸던 것이다. 태공이 그렇게 불렸던 것은, 그것이 기록된 시점에 유방이 이미 황제가 되었기 때문이라고 생각한다.

마지막으로 유방의 가족관계에 대하여 간단하게 정리해둔다.

유방은 아버지 유태공과 그 후처였던 유온과의 사이에서 태어났다. 이미 아버지와 그 전처 사이에는 유백과 유중이라는 두 아들이 있었다. 후처 유온이 낳은 아들 유방이 유계라고 불린 것은 배다른 형들과의 연령차가 상당히 벌어졌기 때문에, 막내라는 의미로 그렇게 불렸던 것 같다. 그 후 다시 유교가 태어났지만, 이제 와서 유계를 유숙으로 바꿔 부를 수도 없는 노릇이었을 것이다.

2장
됨됨이

『사기』는 유방의 풍채를 다음과 같이 묘사하고 있다.

> 고조의 생김새는 코가 높고 용안이었으며 수염이 멋졌다. 왼쪽 다리에는 72개의 점이 있었다.

코가 오뚝하며, 용처럼 의젓하고 위엄이 있는 얼굴에다 길고 검은 멋진 턱수염과 구레나룻이 있었다는 말이다. 또 왼쪽 다리에는 72개의 점이 있다고 하는데, 공자의 제자가 72인이었다는 설이 있듯이, 72는 특별한 의미를 갖는 신비한 숫자이다.

그의 다리에 점이 많다는 전언은, 그 정확한 수는 차지하더라도 완전한 날조는 아닐 것이다. 아마 자신의 왼쪽 다리에 점이 많다는 것을 안 유방이, 다른 사람과 다르다는 것을 자랑하고, 초나라 사람의 복장인 짧은 바지의 옷자락을 자주 걷어 올려 동료에게 과시하던 중, 주변 인물 가운데 그것이 용이나 왕 혹은 황제의 특징이라고 치켜세운 일당이 있었던 것 같다.

시바 료타로(司馬遼太郎)는, 유방은 종종 알몸이 되어 부하들에게 점을 세도록 했고, 자신은 적룡(赤龍)의 아들이라서 72개의 점이 있는 것이라며 큰소리치곤 했다고 하는데, 확실히 그럴 듯하다. 유방은 항상 남에게 주목받는 것을 좋아하여, 사람들이 혹할 정도로 호언장담을 했는데, 얼마 후에는 자기도 모르게 스스로도 그 말을 믿게 되었던 것이다.

유방이 황제가 되자, 이에 얽힌 사후 예언을 모은 책이 다수 나타났다.

그 가운데 하나인『합성도』(合誠圖)의 묘사이다.

> 적제(赤帝)는 몸이 붉은 새이고, 얼굴은 용안이며, 점이 많다.

다른 세계에는 붉은 덕(德)을 체현하는 붉은 제왕 즉 적제(赤帝)가 존재하는데, 그의 몸은 붉은 새이고, 얼굴은 용안, 몸에는 점이 많다고 한다. 이 적제의 현대판이 유방인 것이다.

용안이란 위엄이 있고 태연해서 조금도 서둘지 않는 얼굴이지만, 보다 구체적으로 말하면, 눈썹 주위의 뼈가 크게 돌출하여 그 아래에 있는 눈의 힘이 강조된 얼굴이다.

몸이 붉은 새 즉 주작(朱雀)이라는 것은, 새가슴이란 말도 있듯이, 가슴이 앞으로 돌출한 모양 즉 가슴패기가 두꺼운 것과 관련이 있다.

또 다른 책인『하도』(河圖)의 기록이다.

> 황제 유계(劉季)의 입 양 끝에는, 서왕모(西王母)가 머리에 꽂는 그 신비의 상징인 비녀처럼 위아래로 깊은 주름이 있다. 가슴패기는 매우 두껍고, 새가슴인데다가 등도 거북이처럼 솟아올라 있다. 용처럼 강인한 다리에다 키는 7척(尺) 8촌(寸)이다.

『하도』의 기술은『사기』의 주석에 인용되어 있다. 여기서의『사기』는 일본 국립 역사민속박물관 소장의 국보 남송간본(南宋刊本, 본서는 규코쇼인〔汲古書院〕에서 발행한 영인본에 의거했음)이며, 간본으로서는 가장 신뢰할 만하다.

다만 '입의 양쪽 끝'으로 번역한 '구각'(口角)은 원래 '일각'(日角)일 가능성이 있다. 그것은 다른 수많은 책에 제왕의 얼굴로서 '용안일각'(龍顔日角)이라는 표현이 보이고, '일각'은 이마가 돌출한 것으로 풀이할 수 있기 때문이다. 그러나 '용안일각'은 후한 왕조를 세운 유수(劉秀)의 얼굴을 형용한 말이고, 그 후 제왕의 얼굴로 널리 사용된 표현이기 때문에 '구각' 보다는 후세의 표현으로 보는 쪽이 옳다고 생각한다. 더구나 '용안'이라는 표현이 애초에 이마가 돌출한 얼굴을 의미한다면, 다시 '일각'이라는 동일한 표현을 거듭 사용하는 것은 역시 문제가 있는 것 같다.

입의 양쪽 끝에 깊은 주름이 생긴 것은 얼굴이 크고 살집이 좋은, 표정이 풍부한 사람의 특징이다. 우리는 일상생활에서 "큰 얼굴을 하다" "얼굴이 크다"* 등으로 말하지만, 동료로부터 인정받아 득의의 생활을 보내고 있는 사람들은 실제로 그 얼굴이 물리적으로 커 보인다. 오늘날에도 정계와 재계의 유력한 인물 중에는 얼굴이 작은 사람이 드물다. 즉 유방은 항상 동료의 지도자로서 행동했는데, 주위로부터의 복종과 존경이 그의 얼굴을 크게 했을 것이다.

또 유방의 신장은 7척 8촌(180cm)으로 항우의 신장 8척 여(약 190cm)보다 약간 작다. 실제로는 훨씬 작았을지도 모르겠지만, 우선 무리가 없는 설정이다. 사후 예언인 만큼 몸매 등 구체적인 기술은 사실에 부합할 필요가 있으므로, 의외로 이런 묘사도 유방의 모습을 상상하는 좋은 실마리가 된다고 생각한다.

『사기』는 다시 유방의 됨됨이에 대하여 다음과 같이 기술하고 있다.

> 어질어서 사람을 사랑으로 대하고, 베푸는 것을 좋아하며, 성격이 활달하다.

인정이 많아 사람을 애정을 가지고 대하고, 즐겨 남을 도와주며, 항상 시원시원한 성격이었다는 것이다.

유방은 머리로 무엇을 생각하는 형의 인간이 아니고, 몸으로 느끼는 형의 인간이었다. 즐겨 남을 도와준다 하더라도 거기에 자기희생적 요소는 전혀 없다. 그가 남을 도와준다는 것은, 단적으로 말하면, 우리가 자신의 애완동물에게 좋은 먹이를 주고, 애완동물이 기뻐하는 모습을 보고자 할 때와 똑같은 기분이다. 그것은 항상 동료 가운데서 지도력을 발휘하고, 지

---

* 일본어의 관용적인 표현으로, 부하 등에게 강하게 보이기 위해 위세를 부린다는 뜻이다.

도력을 발휘하고 있는 자기에게 만족하는 데서 오는, 남을 배려하는 마음이다.

100퍼센트의 자기 긍정과 그 전제로서 동료의 단결을 보장하는, 남을 도와주고 배려하는 마음이 그의 재산이다. 이런 의미에서 그는 극히 자기 중심적인 인간이었지만, 그 밑바탕에는 역시 남을 사랑하는 마음이 있었고, 타인과 마음으로 통하는 것을 기뻐하는 열정이 있었다.

그는 주위의 인간은 선천적으로 자기의 동료이고, 따라서 자기의 부하여야 한다는 감성을 갖고 있다. 이런 그의 원칙에 반하는 인간이 있으면, 조금도 거리낌 없이 이를 교정하려 하든가 잘라내든가 했지만, 즉시 실행할 수 있는 조건이 갖추어지지 않으면 때를 기다렸다.

때를 기다리는 것도 그의 특기 가운데 하나였다. 당장 죽여버리고 싶을 정도로 증오했던 옹치(雍齒)라는 인물을 그가 마지막까지 감싸안았던 것은 그 한 가지 예이다.

『사기』의 기술을 보면 누구라도 알아채겠지만, 유방은 자주 인정사정없이 주위 사람들을 호통치고 있다. 즉 '욕'을 하고 있는 것이다.

일찍이 가이즈카 시게키(貝塚茂樹)는 그의 논문 「한고조」(漢의 高祖)에서, 『사기』에는 유방이 욕하는 장면이 12번 나온다고 지적했다. 유방이 욕한 자들의 이름을 한번 꼽아보자.

우선 항상 유방에게 충실했던 소하(蕭何), 다음에 군사적 천재이며 유방의 한 제국 수립에 비할 데 없는 공헌을 한 한신(韓信), 그 밖에 역이기(酈食其)·후공(侯公)·장오(張敖)·위표(魏豹)·경포(黥布)·육가(陸賈)·유경(劉敬)·난포(欒布) 등 한 제국의 수립에 공헌한 주요 인물이 모두 욕을 먹었다. 다소 어감이 다르지만, 여후(呂后)도 욕을 먹었다. 여기에 무명의 무장을 욕한 경우를 더하면, 욕을 먹은 자는 확실히 12인이 넘는다.

『사기』는 이런 그의 행위를 두고, 한마디로 "사람을 가볍게 대하고 욕을 잘한다"고 정리한다. 진평(陳平)이 훗날 유방의 행동거지에 대해 "거만해서 예의가 없다," 즉 오만하고 무례하다고 말한 것도 거의 같은 내용을 지적하고 있는 듯하다.

『사기』는 확실히 유방이 남을 욕하는 장면을 여러 차례 기록하고 있다. 그러나 『사기』라고 해서 특별히 의식하고 그런 장면을 망라했을 리는 없으니, 역으로 말하면 유방이 남을 욕하는 것은 일상적인 다반사였음을 보여준다.

가이즈카(貝塚)의 표현을 빌리면, "무례하게 남을 업신여기며 예의를 모른다는 것은 진평만이 아니라 소하·왕릉(王陵)·위표 등 고조와 잠시라도 접촉한 자는 모두 한목소리로 똑같이 말하는 바"였던 것이다.

그러나 그 의미를 진정으로 이해하기 위해서는, 중국에서 남을 욕하는 행위가 어떤 것인지를 충분히 파악해둘 필요가 있다.

우선 『사기』에 기록된 예를 보면, 남을 욕하는 것은 참으로, 기본적으로는 목숨을 걸어야만 되는 일이었다.

먼저 주가(周苛)가 항우를 욕하는 장면이 있다.

유방은 항우의 서초(西楚) 왕국의 수도였던 팽성(彭城)을 일단 함락한 후, 56만의 대군이 항우의 3만 군대에게 참패하여 뿔뿔이 흩어지면서, 목숨만 겨우 건져 도망쳤다. 이후 그가 관중(關中)의 길목에 해당하는 형양(滎陽)을 지키면서 지구전에 나섰을 때, 진퇴양난에 빠져, 뒤를 주가와 종공(樅公)에게 맡기고 자기는 사지를 탈출했다.

이윽고 초나라 군대는 형양을 함락하고 주가와 종공을 생포했다.

항우는 적장인 유방이 탈출했음에도 불구하고, 장기간에 걸쳐 형양을 사수하려 한 주가의 태도에 반하여 정중하게 권유했다. "우리 군대의 장군이 되어 주지 않겠는가? 나는 공을 상장군(上將軍)으로 삼아 3만 호의 인구를 갖는 영주로 봉하겠다." 주가가 욕했다. "너는 빨리 한군(漢軍)에게 항복하라. 그렇게 하지 않으면 너는 한군의 포로가 될 것이다. 너 따위는 한군의 적수가 아니다." 그러자 항우는 그를 솥에 넣어 삶아 죽였다.

또 나중의 예이지만, 평원군(平原君) 주건(朱建)의 아들은 흉노에 사절로 파견되었는데, 흉노의 선우(單于)가 무례했기 때문에 욕을 했다가 죽임을 당했다.

더욱 유명한 예가 진나라 시황제를 암살하려 했다가 실패한 형가(荊軻)의 경우이다. 그는 몸에 8곳의 자상(刺傷)을 입게 되었다.

> 스스로 성공하지 못하게 됨을 알고는, 기둥에 기대어 빙긋 웃더니, 주저앉아 욕을 했다.

결국 욕한다는 행위는, 죽음 이외에 다른 길을 선택할 수 없었거나 선택하지 않았던 자가 살아있음을 증명하는 마지막 행위였다. 욕을 하는 행위의 목적은 죽는 한이 있더라도 자기의 체면을 지키고, 상대의 체면을 깎아내리는 것이었다.

이제 조금 일상적인 행위로서의 '욕'의 예를 보도록 하자.

앞의 사건보다 훨씬 뒤인 한 무제(武帝) 시대에 외척 두영(竇嬰)과 그 동료 관부(灌夫)가, 전분(田蚡)의 모략에 걸려 기시(棄市, 공개처형을 한 뒤에 시체를 내걸어 사람들이 보도록 함)되거나 멸족(滅族, 일족이 모두 죽임을 당함)되는 일이 있었다. 전분 또한 외척이었는데, 일찍이 두영의 호위병 같은 존재였다.

이 사건은, 전분이 권력욕을 채우기 위하여 교묘하게 꾸민 일이었지만, 전분 측에게 최초의 구실을 준 것은, 관부가 술자리에서 전분의 무례에 화가 나 호통을 치고, 그 후 별도의 일로 전분의 무리한 요구를 전하러 온 사자(使者)를 욕한 일이었다.

여기서는 일상적인 장에서 나온 비일상적인 '욕'이라는 행위가 이윽고 자기의 죽음으로 이어졌다.

이상의 예는 고대중국에서 '욕'이라는 행위가 궁극적으로는 비일상적인 행위이며, 남을 욕하는 것은 목숨을 걸어야만 하는 행위였음을 보여준다.

이런 상황은 현대중국에서도 기본적으로는 마찬가지이다. 일본인은 쉽게 남을 욕한다. 이는 일본인에 대해서 조금이라도 알게 된 중국인이 이구동성으로 하는 말이다. 그것은 중국인으로서는 이해할 수 없을 정도의 경솔함이다.

중국인은 타인을 함정에 빠뜨릴 때, 상대를 도발하여 자기를 욕하도록 하는 방법이 있다. 상대와의 약속을 이행할 수 없을 때, 상대와의 신의를 지킬 수 없을 때, 자기가 범한 과거의 잘못은 제쳐두고, 더욱 더 무책임하고 말도 안되는 요구를 짐짓 정중하게 제기한다. 그때 만약 상대가 이 도발에 넘어가 자기를 욕하면, 그것으로 과거의 모든 잘못은 상쇄된다고 생각한다.

"그 녀석은 나를 욕했다"는 것은 자신의 모든 잘못을 한순간에 지워버리는 마법의 말이다. 매도된 인간이 어떤 비열한 수단을 취했고, 사태를 날조했다 하더라도, 그것은 모두 "그 녀석은 나를 욕했다"는 한마디 말로 날아가 버리고 만다.

"나를 욕하는 인간에게는 이미 어떤 의무도 없다"는 것이 그들의 논리이다. 그리고 많은 경우, 주위 사람들은 자초지종을 묻기보다도 욕을 했다는 눈앞의 사실에 강하게 반응하여, 매도된 측에게 보다 많은 도리를 인정하는 것이다.

욕이란 상대의 체면을 짓밟는 것이고, 그것은 결코 경솔하게 해서는 안된다는 것이 중국인의 문화이다.

이에 비하여 체면보다는 도리가 중요하고, 이쪽이 정당한 한, 그것을 상대에게 철저하게 이해시키기 위해서는 다소 심한 표현도 허용된다는 것이 일본인의 문화이다.

거듭 말하거니와, 욕을 한다 혹은 상대의 체면을 떨어뜨린다는 것은 중국인의 인간관계에서 결정적인 행위이고, 그런 상황에 경솔하게 나서는 일이 있어서는 안된다.

중국에는 "사람에 대한 평가는 관의 뚜껑을 덮는 순간 비로소 이루어진다"는 속담이 있다. 광대한 대지 위에서는 무슨 일이 일어날지 모르고, 인간관계는 항상 '살아' 있는 것, 즉 결정적인 파국을 피하여 사태의 전개에 따라 그 모습을 바꿔가는 것이어야 할 필요가 있다.

진나라에 대한 봉기의 선두를 끊은 진섭은 "참새가 어찌 기러기의 뜻을 알겠는가!"라는 명언을 남겼다. 그것은, 그가 남긴 또 다른 명언인 "왕후장상(王侯將相)이 어찌 씨가 있겠는가!"와 더불어 모든 중국인의 마음 깊숙이 크든 작든 계속 살아있는 심지이다. 욕을 하는 행위는, 그들의 심지를 짓밟는 것이고, 인격의 전면적 부정을 의미한다. 그 결과 인간관계의 결정적 단절을 가져온다. 중국인은 자신이 전면적으로 부정되는 것에 저항하고, 마찬가지로 누구든지 전면적으로 부정된 측에게 저항의 도리를 인정하는 것이다.

그러나 유방이 욕을 하는 것은 거의 일상적인 다반사이다. 그런 욕을 해서 유방은 체면을 지켰겠지만, 그때 상대의 체면은 어떠했을까?

가이즈카(貝塚)는 말한다.

> 그러나 나는 남을 자주 욕한다는 버릇에서, 참으로 끝 모르는 인간에 대한 그의 애착을 느낀다. 나는 이 감정을 분석한 뒤, 이 욕이라는 행동은 그가 자기의 감정을 거리낌 없이 그대로 노출시키는 것인바, 인간을 본래의 모습 그대로 속속들이 드러내는 그의 막힘없는 태도가 그렇게 만들었음을 발견했다. 태풍이 한 번 지나가듯이, 매도된 그 사람에게도 어떤 안 좋은 뒤끝을 남기지 않는 명랑함, 그것이 고조의 인기비결이었다고 말할 수 있지 않을까?

그는 서민 출신으로서 황제가 된 유방이 갖고 있는 인품의 비결을, 그 감정의 움직임이 자연스럽고 명랑하다는 점에서 찾았다. 그 감정의 움직임이 자연스럽고 명랑하기 때문에 남을 매도해도, 매도된 본인에게 상처가 남지 않는다는 것이다.

마찬가지로 『사기』보다 200년 정도 뒤에 『한서』를 쓴 반고(班固)도 유방의 됨됨이에 대하여 총괄적으로 기술하고 있다.

> 고조는 문화적인 교양은 없었지만, 성격이 활달하고 명랑했으며, 계략을 잘 꾸미고 다른 사람의 의견을 잘 들었다. 보초병과 같은 말단 부하들에게도 오래 전부터 아는 사이인 양 친하게 대했다.

이렇게 유방의 성격에서 명랑활달이라는 특질을 찾아내는 것은 이미 전통적으로 인정된 관점임을 알 수 있다. 특히 일반인으로부터 멸시당하곤 하는 말단 부하에게까지 친근하게 대했다는 점은, 유방의 대인관계를 이해할 수 있는 핵심고리라고 생각한다. 명랑활달하게 남을 욕한다는 것과 명랑활달하게 남을 받아들인다는 것은 동전의 양면이 아닐 수 없다.

그는 한편에서는 거리낌 없이 남을 욕하면서도, 다른 한편에서는 말단 부하들에게까지 격의 없이 친하게 대했던 것이다.

이렇게 해서 우리는 유방만이 예외적으로 남을 욕하는 특권을 갖고 있었다는 결론에 이르게 된다. 확실히 유방의 이런 성격이 없었다면, 그가 남을 욕할 때마다 욕을 먹은 사람들이 받는 상처는 매우 심각했을 것이다. 그런 점에서 반고(班固)와 가이즈카(貝塚) 견해는 유방의 성격과 그 내면을 잘 파악하고 있다 하겠다.

그러나 우리는 지금까지의 검토를 통하여 중국사회에서 '욕'이라는 행위가 얼마나 심각한 행위이고, 그것이 얼마나 심각한 결과를 초래하는지를 보았다.

이런 행위가 초래하는 심각한 결과가, 명랑활달이라는 성격적 요소만으로 해소된다고는 생각하기 어렵다. 다시 말하면 명랑활달이라는 유방의 성격적 특징은 문제해결의 필요조건이기는 하지만 충분조건은 아닌 것이다.

이 '욕'이라는 행위의 주체는 『사기』에 기록되어 있는 한에서는 단연 유방이다.

다음은 『사기』에서 유방 외에 '욕'을 한 주체가 어떤 인물이었는지 살펴보자.

우선 시황제의 암살에 실패한 형가(荊軻)가 있다. 그는 두말할 나위 없이, 한마디의 승낙에 목숨을 건 임협의 무리였다. 시황제 암살을 꾀한 연(燕)나라 태자에게 형가를 소개한 전광(田光) 선생은, 형가가 연나라 태자와의 회견을 위해 출발할 때, 그를 격려하기 위해 자살했다. 진나라에서 연나라로 망명한 장군 번오기(樊於期) 역시 형가가 시황제에게 가져갈 선물로 자기의 목을 형가에게 주었다. 형가의 '욕'에는 자기와 이들의 목숨이 담겨 있었다.

다음은 주가(周苛)의 경우이다. 주가 자신에 대해서는 직접적인 사료는 없지만, 강직하고 힘이 있으며, 소하와 조참 등 고위 간부도 꺼렸다고 하는 그의 일족 주창(周昌)의 경우를 보면, 주가와 주창 등 패(沛)의 주씨 일족이 임협사회와 깊은 관계를 맺고 있었음을 짐작할 수 있다.

그 다음은 관부(灌夫)의 경우이다. 그에 대해서는 『사기』에서 분명하게 "임협을 좋아했다"고 기록하고 있다. "그가 교제하는 상대는 모두 호걸과 임협의 두목이고, 집의 재산은 수천 만, 매일 찾아오는 식객은 수십에서 백 명"이었다.

이들 외에도 『사기』에 욕을 한 행위가 보이는 관고(貫高), 원앙(袁盎), 급암(汲黯) 등은 모두 임협의 기풍으로 알려져 있다. 이상으로 『사기』에 보이는 '욕'의 사례는 거의 망라되었다.

결국 '욕'이라는 행위는 임협의 무리에게 특징적인 행위였던 것이다.

실은 당시 이 유방과 같은 임협사회의 거물이 '장자'(長者)라고 불렸다는 것과, 이 사실이 갖는 중요한 의미에 처음으로 주목한 것이 앞의 가이즈카(貝塚)의 연구였다. 그리고 이 문제는 그 후 마스부치 다쓰오(增淵龍

夫)의 일련의 연구를 거쳐, 제2차 세계대전 이후 일본에서 중국 고대사 연구의 한 배경이 되었다.

다만 이 연구에서 가이즈카는 애써 이 중요한 문제를 제기하면서, 최종적으로는 임협·협객(俠客)의 세계에는 도회지의 '뽐내기와 허영심'이 충만하고 있어서, 농촌에서 태어나 허영심이 전혀 없는 유방, 철저한 현실주의자로 이해관계에 대하여 천재적인 직감을 갖고 있는 유방은, "본질적으로 유협(遊俠)과는 서로 어울리지 않는다"고 논단하고 있다. 가이즈카에 의하면, 유방에게 장자(長者)란 그의 이상 내지 허세였다.

그러나 실제로는 이 책 후반에 언급하겠지만, 유방은 어릴 적부터 왕릉이나 노관, 하후영 등과 임협적인 인연을 맺었고, 젊어서는 패의 지역사회 내에서 중요한 인물이 되었으며, 다시 대협(大俠) 여공(呂公)의 연줄 덕분에 보다 넓은 임협적 인간관계를 획득했다. 임협의 기풍은 그가 지닌 정신의 근저를 구성하는 하나의 요소이다.

지금까지의 검토를 통하여 '욕'이라는 행위가 거의 전면적으로 임협의 기풍과 관련되어 있음을 밝혔다. 그러면 양자는 어떻게 내재적으로 연결되어 있었던 것일까?

이 문제를 다루기 전에, 『사기』에 기록된 '욕' 가운데, 한 예에 불과하기는 하지만, 임협의 기풍과는 전혀 관계없는 것처럼 보이는 사례를 살펴보도록 하겠다.

한 문제(文帝) 때 제(齊) 지방의 임치(臨淄)에 순우의(淳于意)라는 사람이 있었는데, 제 지방의 태창현(太倉縣) 현령이 되었으므로 태창공(太倉公)으로 불렀다. 그에게는 5명의 딸이 있었지만 아들은 없었다.

그는 원래 의술이 뛰어난데다, 명의였던 선배 양경(陽慶)이 자식이 없었던 관계로, 이 양경한테서 비법을 전수받아 명의로 이름을 날리게 되었다. 그러나 그는 오로지 제후의 집에 불려가 치료를 했고, 집안일에 대해서는 신경쓰지 않았을 뿐 아니라, 일반 병자에게 치료를 의뢰받아도 상대하지 않는 일도 있어, 거절당한 병자나 그 가족으로부터 원한을 사게 되었다.

이들의 고발로 장안에 소환되어 육형(肉刑, 손이나 발 등 신체를 자르는 형벌)을 받게 된 태창공 순우의는 울부짖는 딸을 욕하며 말했다.

"자식은 있어도 아들이 없으니, 긴박할 때 쓸모가 없구나!"

아버지의 말에 상심한 막내딸 제영(緹縈)은 아버지를 따라 장안에 이르러 상소했다.

> 첩의 아비가 관리로서 공평하다는 것은 제나라의 모든 사람이 알고 있는 바입니다. 지금 아비는 법률에 의해 육형을 받게 되었습니다. 죽은 자는 살아 돌아올 수 없고, 육형을 받은 자는 원래의 몸으로 돌아올 수 없습니다. 설령 잘못을 뉘우치고 고치려 하더라도, 죽은 자와 육형을 받은 자는 원래로 돌아갈 수 없습니다. 첩은 아비 대신 노예가 되어 제 몸을 나라에 바쳐 아비에게 개과천선의 기회를 드리고 싶습니다.

문제(文帝)는 그녀의 효심을 참작하여 태창공 순우의를 용서하고, 아울러 육형 즉 신체형의 폐지를 단행했다.

아버지에게 욕을 먹은 막내딸 제영은, 자신을 나라의 노예로 바침으로써 아버지를 구하려고 했다. 욕을 먹은 사람은 어떤 수단을 쓰더라도 상대를 함정에 빠뜨려 복수하려고 하는 것이지만, 이 경우에는 역으로 상대를 구하려 하고 있다.

이 이야기는 미담으로 남게 되었다. 즉 아버지가 딸을 욕하는 것은 당연하고, 욕을 먹은 딸은 그 대신 자기 몸을 바쳐 아버지의 은혜에 보답해야 한다고 생각했던 것이다.

이 사건은 지금까지의 예와 하등의 관련이 없는 것처럼 보인다. 한편 『사기』에 기록되어 있는 경우에 국한하면, '욕'이라는 행위는 임협의 전매특허인 것 같은 느낌을 주고 있다. 그러나 태창공 순우의 또한 가사를 돌보지 않고, 제후의 초대에 응하여 노닐고 있었기 때문에, 다분히 임협의 기풍을 보이고 있다고 해야 한다.

이 두 요소를 연결해보면 하나의 가설이 성립한다. 즉 일반 가정에서 아버지가 자식을 욕하는 것이 당연한 행위인 것처럼, 임협의 동료들 사이에서 두목이 부하를 욕하는 것은 당연하지만, 그들이 여기에 익숙해져서 세상사람을 상대로 욕할 때는 큰 문제가 생긴다.

유방은 확실히 농촌 출신이기는 했지만, 처음부터 임협의 연결고리 속에 자기를 둠으로써 그 지위를 높여갔다. 다만 여기서 중요한 것은, 그가 다른 한편에서 임협사회 속에 완전히 몸을 묻은 것은 아니었다는 사실이다. 그가 '내공'(乃公) 즉 '자네의 아버지'라고 칭할 때, 호칭의 상대 모두가 임협의 무리였을 리는 없다. 그는 두목과 부하 사이의 임협적인 연계와 비슷한 관계를 일상적인 인간관계 속에서 구축하고 있었다.

유방이 "어질어서 사람을 사랑으로 대하고, 베푸는 것을 좋아하며, 성격이 활달하다"고 일컬어진 것은, 그가 한결같이 열심히 이런 인간관계를 구축하고 있었음을 보여준다. 자기의 지배를 확대하여 부하를 만들기 위해서는, 확실히 어떤 선심을 쓰는 것도 아까워하지 않았던 것이다.

그가 거만해서 예의를 모른다는 것은 2천년 이래의 정론이다. 그것은 그가 세상의 고정적인 예의에 반감을 가지고 있었음을 보여주는 것이지만, 진정한 의미에서 예의를 몰랐음을 말하는 것은 아니다.

예의는 인간관계 특히 상하관계를 부드럽게 운용하기 위한 문화이다. 그가 동료에 대한 자기의 우월성을 확고히 하기 위하여, 교묘하게 예의의 체계를 만든 점에 우리는 새삼 주목할 필요가 있다.

항우 측의 맹장인 경포(黥布)가 유방의 동료에게 사기를 당해 유방 밑으로 투신했을 때, 유방은 의자에 걸터앉아 무릎을 드러낸 채 발을 닦고 있었다. 그리고 그대로의 자세로 경포를 접견했다. 이 오만하고 무례한 태도에 경포는 크게 노했고, 굴욕을 느껴 자살하려고 했다.

회남왕(淮南王, 경포)이 이르렀을 때 주상(主上, 유방)은 막 의자에 걸터
앉아 씻고 있었다. 경포를 불러들여 접견하자 경포는 크게 노하여 투신
한 것을 후회하고 자살하려 했다.

경포는 항우 측 제1의 맹장이었지만, 유방의 사자(使者) 수하(隨何)의
간계에 걸려들어, 미처 준비할 새도 없이 항우군과 전투를 벌이는 곤경에
처하여 참패를 맛보았다. 이 당시는 부하도 거의 없이 유방을 알현하고 있
었다. 만약 부하가 있었다면 유방을 습격했겠지만, 그것도 불가능한 그에
게 남은 길은 자살밖에 없었다.

그러나 유방과의 회견을 마치고 경포가 안내받은 곳은, 실내장식에서
부터 식사와 시종에 이르기까지 모든 것이 유방의 궁전과 똑같게 배치된
숙소였다.

나와서 숙소로 가보니 실내장식과 음식 및 시종이 한왕(漢王)의 거처와
똑같았다. 경포는 다시 크게 기뻐했는데, 원래 희망한 수준을 초과한 것
이었다.

유방은 역이기(酈食其)를 접견할 때에도 마찬가지로 의자에 걸터앉아
무릎을 드러내놓고 두 하녀에게 자신의 발을 씻기게 했다. 이런 것을 놓고
보면, 그는 일단 상대방에게 굴욕감을 느끼게 하는 것을 일종의 술수로 삼
은 듯하다.

덧붙이자면 유방은 초나라 사람이므로, 북방의 호복(胡服) 같은 바지를
입지는 않았을 것으로 생각된다. 아마도 그래서 이들 사료에서 '걸터앉아'
'무릎을 드러내놓고' 발을 씻은 행동이 무례하기 짝이 없는 짓으로 강조되
는 이유일 것이다.

이때 경포에게 부하가 있었다면, 유방이 거만한 행동을 하지 못했을 것
으로 보아야 한다. 그랬다면, 그의 목숨이 위태로워지기 때문이다. 그는
상대에게 자신의 약함을 뼈저리게 느끼게 한 뒤에, 극적으로 최고의 대우
를 해주는 방식을 구사하여, 상대를 자기의 완전한 지배 아래 둘 수 있었

던 것이다.

이와 흡사한 상황은 유방과 한신 사이에도 보인다.

유방은 한신에 대해 상식적으로 보면 배신적인 행위를 몇 번이나 거듭했음에도 불구하고, 한신은 끝까지 유방을 배반하지 않았다.

항우와 유방의 대결이 자꾸만 미루어지고 있을 때, 제(齊) 지방을 중심으로 두 사람보다 나으면 나았지 결코 못하지 않은 세력권을 구축하고 있던 한신에게, 항우는 세 사람에 의한 천하삼분(天下三分)의 방책을 제시하지만, 한신은 이를 거절했다. 일찍이 유방이 자기의 음식·마차·의복을 나누어준 은혜를 배반할 수 없다는 것이 그 이유였다. 육가(陸賈)의 『초한춘추』(楚漢春秋)는 당시 한신의 말을 "한왕(漢王)이 신에게 옥으로 장식한 식탁에 차린 음식과 옥검을 하사했다"고 기록하고 있다. 한왕이 된 유방은 왕에게만 허용된 옥으로 장식한 식탁에 차린 음식과 옥검을 신참인 한신에게 허락한 것이다. 한신은 이에 감격하여 평생 유방에 대한 지조를 지켰다.

이런 상황을 통해 추측하면, 유방은 그 세력의 신장과정에서 독자적인 임협적 예의의 체계를 만들어냈다고 생각한다. 그것은 유방을 우두머리로 하는 예의의 체계이고, 그의 '욕'은 아낌없는 선심 쓰기나 격의 없는 친밀함과 함께 큰 비중을 점하고 있었을 것이다. '욕'은 임협적 집단의 우두머리로서 그에게만 허용된 특권이고, 이윽고는 황제로서 그에게만 허용된 특권으로 승격했다.

유방은 동료를 매우 아꼈다. 그들은 자신의 동료인 동시에 부하였기 때문이다. 그는 부하나 동료에게 최고의 환경을 보장해주고 싶다고 진정으로 원했지만, 만약 그들한테서 일단 반항의 기미가 보이거나 반항의 가능성이 환경으로서 조성된다면, 그는 조금의 망설임도 없이, 그리고 으레 수단과 방법을 가리지 않고 그들을 제거했다.

이런 그와 동료나 부하와의 관계를, 지배-피지배의 구조만으로 파악하는 것은 사태의 진상을 놓치게 된다. 지배-피지배의 구조 기저에 있는 것은 역시 동료 사이에 통하는 상호간의 감정이다. 유방에게 주위의 인간은 소중한 동료이고, 동료와의 공존은 그의 삶을 보장하는 것이었다. 그러나 이 공존은 오로지 그를 중심으로만 움직여야 했다.

이리하여 유방은 젊어서부터, 동료를 더욱 강한 연을 갖는 동료로 만들고, 집단을 더욱 강한 결속력이 있는 집단으로 이끄는 중심인물에게 요구되는 배려할 줄 아는 마음을 체득했다. 그의 '욕'은 개 조련사의 그것과 비슷하다고도 할 수 있지만, 그 이면에는 타인에 대한 배려와 집단에 대한 헌신이 자리잡고 있었던 것이다.

이런 배려와 헌신은 그가 거물이 되어갈수록 주변사람들에게는 크나큰 관대함으로 느껴지게 되었다. 이 시기의 속담 중에, "못이 깊으면 물고기가 생기고, 산이 깊으면 동물이 모이고, 사람이 부유해지면 인의(仁義)의 평판이 생긴다"는 말이 있다. 인(仁)이란 인정 많고 동정심이 있는 이상적인 인격의 극치이다. 의(義)란 올바르게 사리가 맞는 것이다. 유방 집단 역시 거대해져서 유력한 세력이 되자 그 과정을 지탱하는 요소로서 인의를 표방하게 되었다. 인의의 내실이란 유방의 배려와 헌신이고, 그것은 그의 권력욕과 표리일체가 되었다.

그런데 유방은 항상 항우가 인의에 어긋난다고 소리 높여 비난했고, 그런 평가를 역사에 남기는 데 성공했다. 그러나 뒤에서 말하겠지만, 적어도 유방과 항우 두 사람의 관계에 국한해서 보는 한, 인의에 어긋나는 쪽은 늘 유방이었다.

유방은 이런 실상을 뛰어넘어, 인의의 체현자로서 자기자신을 자리매김하는 데 성공했다. 거기에는 확실히 여러 허위나 위선이 깔려 있지만, 오히려 거기에 유방의 입장이나 말 그리고 그것을 실현해내는 그의 강인함이 있었다는 점을 간과해서는 안된다.

"어질어서 사람을 사랑으로 대한다"고 하는 『사기』의 묘사는, 그의 성격에서 긍정적인 요소의 핵심을 아주 간결하게 그리고 정확하게 표현한 것이다.

다만 재미있는 것은, 이 "어질어서 사람을 사랑으로 대한다"는 표현이 『사기』에서는 항우의 성격을 묘사하는 구절로도 쓰인다는 사실이다. 유방이 천하를 제패한 위업을 기념하여 여러 공신을 모아 개최한 성대한 연회에서, 젊은 임협시대에 유방의 형님뻘이었던 왕릉(王陵)이 다음과 같이 말했다.

> 폐하는 거만하여 남을 업신여기고, 항우는 어질어서 사람을 사랑으로 대한다.

즉, 유방은 거만해서 남을 업신여기고, 항우는 인정 많고 동정심이 있어 사람을 사랑으로 대한다는 것이다. 왕릉에 의하면 그런 유방이 천하를 얻은 것은, 요컨대 그가 화통하게 전투의 성과를 부하들에게 나누어주었기 때문이다.

이것은 첫째, '어질어서 사람을 사랑으로 대한다'는 덕목을 유방과 항우가 공유하고 있었다는 것, 둘째, 그럼에도 불구하고 그 내실에는 현격한 차이가 있었다는 점을 보여주고 있다. 이 점에 대해서는 양자의 인간상을 탐구하는 과정에서 서서히 드러나게 될 것이다.

3장
소년에서 청년으로

배 다른 두 형은 가업에 충실한 인물이었지만, 유방은 이들을 거들떠보지도 않고 아버지와 그 막역한 친구였던 노(盧)씨라는 임협 동료를 흠모하며 자랐다.

그는 철이 들 무렵부터 기묘하게도 자신과 같은 날 태어난, 그 노씨네 아들인 노관(盧綰)과 하루 종일 어울려 놀았다. 고향 패현의 풍읍 남쪽에는 패현의 현성(縣城)으로 이어지는 획포수(獲泡水)가 유유히 흐르고 있었다. 획포수는 그들에게 더할 나위 없이 좋은 놀이터이자 탐험장소였다. 그들이 어살이나 맨손으로 잉어나 붕어를 잡고, 그 잉어와 붕어가 조리되어 밥상에 그득 오르게 되면, 그들의 득의에 찬 기분은 최고조에 달하곤 했다.

노관과의 굳은 우정을 자랑스러워했던 유방은, 연하의 부하들을 모으는 한편, 종종 심약한 연상의 소년들과 맞서 싸우면서 차츰 유노(劉盧) 집단을 만들어갔다.

어른들이 언덕에 배를 끌어올려 놓을 때 소년들은 강아지처럼 그들 주위에 모여들어 작업을 도왔다. 그 대가로 어른들 중 한 사람으로부터 이야기를 들을 수 있었다. 소년들은 어른들이 들려주는 대량(大梁)의 화려함에 귀를 곤두세우곤 했다.

대량은 위나라의 수도로서, 풍읍의 소택지에서 출발하여 획포수를 거

슬러 올라가 맹저택
(孟諸澤)으로 들어간
다음, 다시 유획수(留
獲水)를 거슬러 올라
가는 장장 200km의
뱃길 여행을 해야 겨
우 다다를 수 있는 곳
이었다.

패현에서 대량으로 이어지는 수로의 후신인 풍패(豊沛)운하(저자 촬영).

유방이 13세가 되어 슬슬 어른들의 패거리에 끼어들기 시작할 무렵의
어느 날 이상한 일이 일어났다.

한 달쯤 전에 대량으로 향했던 소규모 선단이 풍읍으로 돌아왔다. 평소
라면 가래나 괭이 혹은 의류 등 수공업제품을 가득 싣고 있을 평저선에는,
짐 대신 초라한 행색의 농민 몇 가구가 타고 있었다.

배를 언덕에 대자, 남자들은 멀찍이 둘러싸고 지켜보는 유방 무리에게
눈길 한 번 주지 않고, 농민들의 일부 소지품을 내렸다. 그 가운데 한 사람
이 나루터에서 읍의 중심으로 이어지는 대로를 달려갔다.

"진나라 오랑캐들이!"라든가 "그런 대군은 본 적이 없다" 등의 말이 간
간이 들려왔다. 유방은 선단의 뱃사람에게 지시하고 있는 근육질의 사납
게 생긴 사내가, 아버지의 나이 어린 동료 왕릉(王陵)임을 알고는 천천히
다가가 말했다.

"왕 형님!" 유방이 말을 걸자, 왕릉은 비로소 그를 알아차리고 고개를
끄덕였다. 왕릉은 젊었지만 풍읍의 임협들 가운데 최상층의 실력자였다.
그는 임협의 동료이자 연장자였던 유태공의 아들을 언제나 살갑게 대했다.

유방은 13세 때 이미 예측할 수 없는 악의 편린을 보였고, 아버지뻘의
어른도 아무렇지 않게 형님이라고 큰소리로 부르곤 했다. 왕릉은 물론 형
님이라 불려도 좋을 나이였지만, 유방이 그에게 형님이라고 부를 때에는

특별한 존경의 뜻이 들어가 있었으므로, 왕릉 쪽에서도 싫지는 않았다.

『사기』에서는 이 두 사람의 관계에 대해, 유방은 왕릉을 '형으로 모셨다'고 기록하고 있다. 형으로 모셨다는 것은 오늘날 용법처럼 가벼운 의미는 아니다. 타인을 친형처럼 존경한다는 것이므로 어중간한 관계는 아니다.

『삼국지』에서 장비가 관우를 형으로 모셨음은 유명한 이야기지만, 유방과 왕릉의 이런 관계 역시 의형제를 약속하는 술잔을 나누었다고 보는 편이 사실에 가까울 것이다.

"무슨 일이 있어요? 형님!" 유방의 질문에 왕릉은 짧게 대답했다. "대량이 진나라 대군에게 포위되었다." 그러고는 문득 생각이 났다는 듯이 막배에서 내린 가족 쪽으로 눈짓을 하며 지시했다. "조(曹)씨네 친척들이야. 유공(劉公)께 알려드려!"

조씨네는 지역의 유력 집안이다. 조참(曹參), 조무상(曹無傷) 등은 현아(縣衙, 현의 관청)에서 근무했는데, 유태공이나 노공(盧公, 노관의 부친), 왕릉 등을 포함하는 풍읍의 임협 동료들과도 연계되어 있었다. 조씨네에는 유방과 동년배 정도의 딸도 있었다. 언제나 누이처럼 그를 따라다니는, 약혼자와 다름없는 존재였다. 또 조무상은 뒤에 언급할 운명적인 사건에서 유방의 풍패(豊沛)집단에서 자취를 감추게 되는 비극의 장군이다.

그 조씨네 친척들이, 진나라 대군에게 포위된 대량에서 도망쳐 나와 조씨네에 의지하기 위해 풍읍으로 피난 온 것이다.

대량에서 시작하여 풍읍을 거쳐 패에서 사수(泗水)로 들어간 다음 남하하여 팽성(彭城)을 지나 우이(盱台, 현재의 우이[盱眙])의 하류 쪽에서 회수(淮水)와 합류하는 이 수로는, 서북에서 동남으로 통하고, 그 북방에 진(秦)과 조(趙), 남방에 오(吳)와 초(楚)를 그 후배지(後背地)*로 두고 있

* 항구의 배후에 있는 육지로서, 그 항구의 출하 및 입하 물자의 수급관계 등에 밀접한 관계가 있는 지역을 가리킨다.

다. 당시 교통운수에서 간선의 하나였다.

이 간선을 통하여 사람과 물자가 이동하고 정보가 전파되었다. 그리고 그것을 가능케 하는 광역적인 인간관계의 네트워크도 확대되어 갔다.

내륙의 염전(鹽田)에서 생산되는 소금, 동방과 남방 연안지방의 소금이나 말린 생선, 남방의 금, 주석, 붉은 모래나 바다거북이 원거리 상품이었고, 여기에 각지의 근거리 상품이 추가된다. 수로 서북단에 자리한 위나라는 제2차 산물의 집산지이고, 동남단의 회수 하류에서부터 오와 초에 걸쳐 있는 지역은 제1차 산물의 집산지였다.

이런 전반적인 경향과 함께 주목할 만한 것은, 이 수로의 그물로 연결되는 각지에 제철업과 철기제조업이 발달했다는 점이다. 한 무제(武帝) 시기에 국영 제철·철공소 즉 철관(鐵官)이 각지에 설치되었지만, 그것들은 뒤에 유방이 그 정장(亭長)이 된 패현이나 항우의 본거지가 된 팽성, 장량이 몸을 숨기고 있던 하비(下邳), 팽월(彭越)의 출신지 창읍(昌邑), 범증(范增)의 출신지 거소(居鄛) 근처의 완현(皖縣), 진섭의 고향 양성(陽城) 등지에도 설치되었다.

당연히 추측할 수 있겠지만, 철관이 설치된 장소는 그 이전부터 제철·철공(鐵工) 실적이 있었던 곳이며, 그런 철제품의 제작·유통의 중심이 되는 지점과 진말(秦末)의 많은 영웅들의 출신지가 일치하는 것은 우연이 아니다.

무제 시기 철관의 소재지를 지도 위에 표시하면 다음과 같다. 산동(山東)에 다소 집중되는 경향을 보이는 것 외에는 거의 교통로를 따라 분포하고 있다. 이 교통로는 태항산(太行山) 동쪽 산기슭의 그것이 육로임을 제외하면, 대개 수로를 이용하고 있다고 말해도 좋을 듯하다.

이런 철관에서 만들어진 철의 종류에 대해서는 일찍이 세키노 다케시(關野雄)의 연구가 있다. 그에 의하면 전한 말기에 이 패군 패현의 철관에

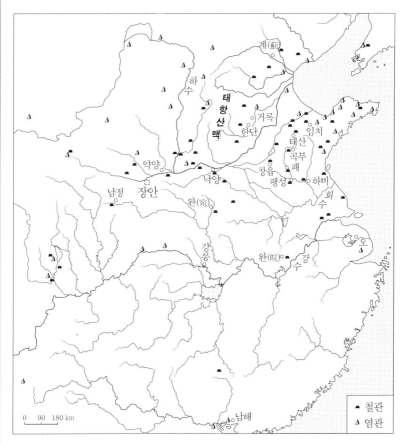

전한시대의 철관(鐵官)·염관(鹽官)의 분포(郭沫若 主編, 『中國史稿地圖集上』, 地圖出版社, 1979에 의거).

서 용광로가 폭발한 사건이 기록되어 있다. 이 기록을 통해 보면, 유럽에서는 14세기경부터 나타났다고 이야기되는 용광로에 의한 선철(銑鐵) 생산이, 중국에서는 일찌감치 기원전부터 시작되었음을 알 수 있다. 또 세키노는 이 선철이 주로 농기구를 만드는 데 쓰였다는 사실도 지적하고 있다. 한편 패현은 진대에는 사수군(泗水郡)에 속해 있었지만, 한대에 들어와 패현의 이름을 따서 사수군을 패군으로 고쳤다.

이상을 통해 보면, 이 시기의 중국에서 농경을 지원하는 철기가 교통로, 특히 수로를 통해 널리 유통되었고, 진말의 많은 영웅들은 거기에 어떤 형태로든 관여하고 있었음을 짐작할 수 있다.

철기 혹은 내륙의 암염이나 연안지방의 생산물인 소금의 유통이 아주 광범위하게 이루어졌음에 비해 좀 더 근거리 상품도 있었다.

이 시대에는 "백리를 넘어 땔감을 팔거나 천리를 넘어 쌀을 팔거나 해서는 이익이 없다"고 하듯, 상품의 성격에 따라 교역범위가 성립했다. 바꾸어 말하면, 백리, 즉 35km 정도면 땔감을 팔아도 이익이 있고, 천리 즉 350km 정도면 쌀을 팔아도 이익이 있었다. 그래서 "빈자가 부자가 되기 위해서는 농업은 공업에 미치지 못하고, 공업은 상업에 미치지 못하며, 멋진 자수(刺繡)를 짜는 것보다는 시장 문 쪽에 기대어 세상 돌아가는 이야기 속에서 벌이가 될 만한 정보를 캐는 편이 낫다"는 말이 있었다.

"10억의 국민 가운데 9억이 상인이고, 현재 1억은 준비 중"이라는 것은 현대중국의 풍자 노래이지만, 이는 농업사회가 상공업사회로 변화할 때 언제든 출현하는 현상이다. 그리고 벌이가 될 만한 이야기에 붙어 돌아가는 것이 인간관계와 정보망이다.

그것은 좁은 취락세계에서 살아가는 농민에게는 상관없는 이야기이지만, 그런 인간관계와 정보망이 착종하는 사회에서나 "집안사람이 하는 일을 거들떠보지 않는" 임협의 무리가 활약할 만한 무대가 제공되었다. 그리고 수로 서북쪽의 대량이 쥘부채형 교통로의 중심에 위치하는 이상, 임협사회의 정점도 대량을 중심으로 하는 위(魏) 지방에 있었다.

『사기』에는 "세상에서는 양(梁)에 임협의 장자(長者)가 많다고 하는데, 참으로 그대로이다"라는 사마천의 의견이 기록되어 있다. 양이란 일찍이 위나라의 수도인 대량이다.

대량과 낙양은 이처럼 교통로, 특히 수로의 요충지에 해당하는 도시였다. 다만 낙양이 어느 쪽이냐고 한다면 화북의 교통과 상품유통에 연결되어 있음에 비하여, 대량은 화중과 화남의 그것과 보다 긴밀하게 연결되어 있었다.

이어서 풍패(豊沛) 지역으로 눈을 돌리면, 대량을 중심으로 하는 위(魏) 지방과 풍패는 일반 민중에게 직접적으로 훨씬 중요한 다른 하나의 고리에 의하여 연결되어 있었다.

거듭 말하거니와, 이즈음 회수(淮水) 유역의 저습지대나 다시 그 남방의 개발이 진행되었는데, 대량과 풍패를 잇는 이 수로는, 중원 서쪽에 위치하는 낙양이나 대량 등 상공업 중심지를, 저습지대를 거쳐 다시 남방으로 연결하는 중요한 경로가 되어 있었다. 개발이 진행 중인 지대로 이주해 온 중원 사람들은 이 경로를 이용했다. 그 한 예가 1장에서 살펴본 유씨 집안을 포함한 대량 부근 주민들의 풍읍 이주이다.

중국에서 이주의 역사는 이보다 이른 시기부터 시작하여 현대에 이르고 있다.

이른바 화교 중에는 복건(福建)이나 광동(廣東) 사람이 많지만, 그것은 중원의 주민들이 객가(客家)로서 이들 지역으로 이주했던 흐름의 연장선 상에 있는 현상이다.

현대중국의 공업화가 화교의 경제적 지원으로부터 큰 힘을 얻은 것처럼, 본적지를 벗어난 주민, 즉 객가는 본적지가 같은 사람들끼리 이주지에서도 끈끈한 유대를 맺고, 다시 본적지와의 관계도 계속 유지했다.

전근대사회에서 고향을 버리고 타향에 정착하는 것은 아주 힘든 일이다. 중국에서는 타향에 정착할 때 고향의 지연(地緣) 혹은 그 지연을 토대로 하는 임협적 관계가 아주 중요한 구실을 한다. 풍읍에서 사람들의 임협적 연결에는 그들이 대량에서 이주하여 이 저습지대에 정착했다는 역사적 배경이 있었다.

그러나 이제 풍패(豊沛) 지역에는 새로운 상황이 발생했다. 지금까지의 이주는 인구압이 높은 위(魏)의 중심부로부터 신천지를 찾아 떠나는 것이었지만, 당시는 진나라의 위나라 제압이라는 정치적 상황으로 말미암아 수많은 유민이 물밀듯이 남하했던 것이다.

임협들이 깔아 놓은 정보망의 말단에 있었던 조씨네 친척들이, 진나라 군대의 대량 포위가 감행되기 직전에 재빨리 탈출한 것은 행운이었다. 이후 진나라 군대는 홍구(鴻溝)를 통해 황하(黃河)의 물을 쏟아 부어서, 천하의 유명한 도회지인 위(魏)의 대량을 쑥밭으로 만들어버렸다.

진나라 군대의 이 난폭한 행위는, 대량을 중심으로 형성되어 있던 교통과 상품유통체계에 대혼란을 초래한 동시에 많은 유민을 발생시켰다. 회수(淮水)유역의 주민들에게도 커다란 영향을 미쳤다. 특히 풍패의 농민들에게 심각한 것은, 망국민의 대대적인 남하가 이 지방의 수용능력을 초과하게 되었다는 점이다.

이 지역의 운명을 완전히 바꾼 대사건 속에서 유방은 소년에서 청년으로 변신해 가고 있었다.

조씨네 친척들이 피난길로 삼은 획포수(獲泡水)를 거슬러 올라가면, 풍읍 서쪽 교외의 커다란 소택지(沼澤地)에 다다른다. 훗날 유방은 진나라 시황제의 산릉(山陵)을 건설하기 위해 인부들을 인솔해 가던 도중, 다수의 인부들이 도망쳐버리는 바람에, 자기도 임무를 내팽개치고 몸을 숨겼다. 이곳은 그때 적제(赤帝)의 아들인 유방이, 큰 뱀으로 둔갑한 백제(白帝)의 아들을 칼로 베었다는 전설이 생긴 장소이다.

진 왕조 말기에는 황제의 능이나 아방궁(阿房宮) 혹은 황제의 전용도로인 치도(馳道) 건설 같은 대규모 토목공사가 행해져, 백성들은 가혹한 부역에 시달려야 했다. 따라서 유방이 인솔했던 인부들처럼 도망치는 자가 한둘이 아니었다. 그들이 몸을 숨기는 데 가장 좋은 장소 가운데 한 곳이, 이 지방에 산재하는 수많은 소택지였다.

청년시대의 유방이나 노관은, 풍읍 서쪽 교외의 소택지에 몸을 숨긴 무뢰배들과 접촉을 하게 되었다. 문제는 대량 함락을 계기로 이 무뢰배들의 성격에 큰 변화가 일어난 점이다.

이 변화를 고찰하기 위해서는 당시 소택지의 사회적인 의미를 좀 더 깊이 파고들 필요가 있다.

원래 풍읍의 소택지에 몸을 숨긴 무뢰배들은, 『수호전』(水滸傳)에 묘사된 양산박(梁山泊)의 도적떼가 그러했던 것처럼, 평소에는 고기잡이를 하면서 배로 화물을 나르는 일을 하다가, 기회를 틈타 약탈행위로 돌변하는 일당이었다. 특별히 『수호전』을 끌어들일 것까지도 없이, 팽월(彭越)이 더없이 좋은 사례를 제공해주지만, 그에 대해서는 뒤에서 다시 거론하고자 한다.

유방이 13세였을 때 대량의 함락은 소택지의 주민들에게도 영향을 미쳤다.

지금까지는 주로 농사를 짓는 풍읍 사람들의 생활과 주로 어업에 종사하는 소택지 주민의 생활 사이에는, 암묵적인 공존관계가 형성되어 있었다. 대량에서 풍패(豊沛)를 거쳐 오월(吳越)에 도착하는 상품이나 여행객은, 풍(豊)의 서쪽 소택지를 통과할 때 그 유력자에게 통행세에 준하는 사례비를 바침으로써 안전한 통행을 보장받았다. 어민이 농민의 논밭을 망가뜨리거나 농민이 어민의 어장을 망가뜨리는 일은 없었다.

그러나 위나라의 멸망과 함께 풍패(豊沛)의 읍(邑)뿐만이 아니라 이 풍(豊)의 서쪽 교외 소택지에도 다수의 난민들이 밀려들어왔다.

난민들은 우선 풍패 주민이나 소택지 주민과의 연고를 통해 새로운 이주지에서의 정착을 꾀했다. 그러나 이렇다 할 연고가 없는 자도 있었고, 혹은 나날이 난민이 늘어나다 보니 연고가 더 이상 통하지 않는 경우도 있었다. 이런 자들은 토착민의 규제를 무시하고 독자적인 조직을 만들어 실력에 의한 정착을 꾀하게 되었다.

풍패의 농촌지대에서는 토지분쟁이 격해지고, 소택지에서는 무질서한 약탈이나 살상이 시작되었다. 풍패 주민 자체가 본디 토착민의 규제를 힘으로 억압하며 밀고 들어와 정착한 객가(客家)들이었지만, 새로 온 객가의 횡포, 살기 위해서는 어쩔 수 없다고도 할 만한 횡포에 대처하는 것이, 그들에게 중요한 과제가 되기 시작했다.

이제 잠정적으로, 그 이전부터 풍패지방에 정착해 있던 객가들을 '원객가'(原客家), 새로 유입해 온 난민들을 '신객가'(新客家)라고 명명해둔다.

원객가는 임협적 고리를 중심으로 연결되어 있었다. 그들은 지금까지의 정착과정에서 겉으로는 현아(縣衙)의 요직을 장악하는 한편, 안으로는 임협적인 조직을 만들어 이주를 둘러싼 갖가지 분쟁해결을 도모하고, 그 위에 토착민과의 항쟁이나 외지와의 연락임무를 맡고 있었다.

바깥의 사회의 대표적 인물은, 패현의 공조연(功曹掾) 소하(蕭何)와 옥연(獄掾) 조참(曹參)이었다. 특히 공조연은 총무부장이라 해야 할 현(縣) 업무의 총괄책임자이자 실질적인 현정(縣政)의 책임자였다.

안의 사회의 두목은 옹치(雍齒)였다. 왕릉은 아직 젊었지만, 옹치가 신뢰하는 젊은 우두머리로 활약했다. 유태공이나 노공 또한 옹치나 왕릉의 선배로서 상응하는 발언권을 갖고 있었다.

옹치는, 풍패 주민 대부분의 본적지인 대량(大梁)을 중심으로 한 위(魏) 지방의 임협조직과 밀접한 연계를 맺고 있었을 뿐 아니라 아주 유능한 인물이었다. 그런 이력이 있었기에, 훗날 젊은 나이에 봉기의 주도권을 쥔 유방과 알력이 생겨, 유방은 평생 그를 눈엣가시 같은 존재로 여겼고 몇 번씩이나 그를 죽이려고 했다. 유방에게 미움을 받는 그는, 유방 집단 안에서는 늘 위태로운 처지에 놓여 있었다. 그래도 "공이 많았기" 때문에 살해되는 일은 없었다. 이것이야말로 그의 유능함을 단적으로 증명한다.

이 소하·옹치 체제가 수많은 난민의 유입을 어떻게 수습할 것인가. 이것이 이후 몇 년 동안 풍패사회의 가장 큰 현안이 되었다. 점점 성숙해진 유방이나 노관에게, 진나라 군대의 위나라 점령과 이에 따른 난민의 남하로 야기된 사태, 그리고 이 새로운 사태를 맞아 발 빠르게 대처하지 못하고 당혹스러워하는 어른들의 모습은 하나의 충격이었다.

위나라가 멸망한 지 2년 후, 진왕(秦王) 정(政) 24년(기원전 223)에는 장군 왕전(王翦)이 이끄는 진나라 군대가, 진나라에서 귀국한 초나라 공자(公子) 창평군(昌平君)을 옹립한 항연(項燕)의 군대를 기현(蘄縣)에서 격파했다. 오랫동안 진나라와의 항쟁에서 그 축이 되었던 초나라는 결국 멸망했다. 이듬해인 25년에는 연나라가 멸망하고, 26년에는 제나라가 멸망하여, 진나라의 천하통일이 실현되었다. 당시 유방은 17세였다.

동란기에 만난 청년 유방의 막역한 벗이 노관(盧綰)이었다. 『사기』는 그에 대해 다음과 같이 기록하고 있다.

노관은 풍(豊)사람으로서, 고조와 이(里)가 같다. 노관의 부친은 고조의 태상황(太上皇)과 서로 사랑했다. 아들을 낳았는데, 고조와 노관이 같은 날에 태어나 마을사람들이 양과 술을 가지고 와서 양가를 축하했다. 고조와 노관이 커서도 함께 글을 배우고 또 서로 사랑했다. 마을사람들은 양가의 어른이 서로 사랑하고, 아들을 같은 날에 낳고, 아들이 장성하여 다시 서로 사랑함을 가상히 여겨 또다시 양과 술을 가지고 와서 양가를 축하했다.

노관은 유방과 마찬가지로 풍읍의 중양리 사람이었다. 노관의 부친은 유방의 부친과 마음이 맞아 서로 사랑하는 임협의 동료였다. 이 두 사람의 아들이 같은 날에 태어났다. 마을사람들은 양과 술을 가지고 와서 양가를 위해 축하연을 열었다. 이 두 사람의 아들들은 철들면서 함께 공부하고, 또 마음이 맞아 서로 사랑하는 친구가 되었다. 마을사람들은 양가의 어른이 서로 사랑하는 친구이고, 그 아들들이 같은 날에 태어났으며, 게다가 나이가 들어서도 서로 사랑하는 사이가 되었기 때문에, 다시 양과 술을 가지고 와서 축하연을 열었던 것이다.

여기서 말하는 '서로 사랑한다'[相愛]는 것은 동성 간의 감정이다.

동성 간의 사랑하는 감정이 가장 강하게 작용하는 때는 그들의 사춘기이고, 그것은 자기의 성장에 대한 희구와 불가분의 관계에 있다.

두 사람은 늘 행동을 같이 했다. 게다가 우리는 동란의 한복판에 서 있다는 의식이, 그들을 조숙하게 만들었다. 유방과 노관은, 우리는 같은 해 같은 달 같은 날 태어났으니, 죽을 때도 같은 해 같은 달 같은 날에 함께 죽자고 맹서했다. 두 사람은 어떤 위험도 두려워하지 않고 대담하게 행동했다.

『사기』에는 "고조가 출세하기 전, 이사(吏事)를 피하여 숨는데, 노관이 항상 그를 따라 움직였다"고 기록하고 있다. 이것은 위나라 함락보다 조금 뒤의 일이 되지만, 유방과 노관이 소하·옹치 집단의 돌격대장으로서 생명의 위험을 무릅쓰고 활약한 것을 의미한다. '이사'란 글자 그대로 이(吏)의 일, 즉 관청의 호출인 지명수배를 말하는 것인데, 지명수배를 받은 유방이 몸을 숨길 때 항상 노관이 그림자처럼 따라다녔다는 말이다. 유방이 동료를 데리고 줄곧 기식(寄食)하여 큰형과 형수에게 폐를 끼친 것은 이 당시의 일이다.

이윽고 진나라가 천하를 통일할 즈음, 그들은 더욱 성장하여 그 용맹함과 실행능력이 풍패의 임협들 사이에 충분한 인정을 받게 되었다. 유방은 20세의 성인식, 즉 관례(冠禮)를 맞이하기 직전의 젊은이였지만, 왕릉(王陵)에게 그의 동생으로 인정받는 데 성공했다. 유방과 노관은 이미 어엿한 임협의 무리로서 마을사람들에게 알려졌다.

진나라 군대의 위나라 점령에서 천하통일에 이르기까지 4년 간 풍패의 인구는 급증했지만, 그 이상으로 급격한 변화는 풍(豊)의 서쪽 교외 소택지 주민의 팽창이었다. 그리고 원객가(原客家)가 이주와 정착 과정에서 임협적인 연결고리가 만들어졌던 것처럼, 신객가(新客家)에게도 마찬가지의 연결고리가 생기고 있었다. 다만 원객가의 이주가 장기간에 걸쳐 이루어지고, 임협적인 연결고리도 긴 시간을 두고 자연스럽게 형성되었던 것에 비해, 신객가는 그렇지 않았다.

얼마 지나지 않아 신객가 세력은 원객가의 패권을 흔들기 시작했다.

이런 상황에 대한 소하·옹치 집단의 대처는 적확했다. 그들은 우선 위(魏) 지방의 임협집단과 연결을 취하고, 한편에서는 패현을 중심으로 하는 공적 기관의 기능까지도 충분히 이용하면서, 원객가 집단의 체제를 공고히 했다.

위(魏) 지방의 대협(大俠)은 유명한 장이(張耳)였다. 그는 진나라의 침략을 저지하는 최전선이나 다름없는 위나라가 필사의 저항을 벌일 때, 전국시대의 사공자(四公子)*라고 불린 대협들의 필두인 신릉군(信陵君)의 식객(食客)으로서 진나라에 대한 항쟁에 몸을 던진, 화려한 경력의 소유자였다.

나중에 언급하겠지만, 장이는 위나라 외황(外黃)의 부자, 즉 자산가의 딸을 아내로 맞이했으며, 이 부자의 후원 덕분에 '천리(千里)의 객(客)'과 교제하며 현명하다는 이름을 얻었다. 현명하다는 것은 이즈음의 어감으로는 임협사회 두목으로서 출중한 능력을 형용하는 말이었다.

일찍이 신릉군은 "어질어서 사(士)에게 몸을 낮추었다." 겸손과 예의로 '사방 수천리의' 사, 즉 임협을 끌어들였다. "식객은 3천 명," 현명하다는 이름이 자자한 그를 꺼려서, 진나라를 비롯한 제후는 "감히 군대를 일으켜 위나라를 넘보지 못한 것이 10여 년"이었다고 한다.

장이는 현명하다는 이름 덕택에 외황의 현령(縣令)으로 추천되었다. 그는 작은 신릉군으로서 위나라 바깥의 사회와 안의 사회에서 중시되고 있었지만, 진나라 군대의 점령이라는 사태를 맞이하여 어쩔 수 없이 외황의 현령이라는 자리에서 물러났다.

---

* 사현(四賢)이라고도 하는데, 전국시대 제나라의 맹상군(孟嘗君), 조나라의 평원군(平原君), 위나라의 신릉군(信陵君), 초나라의 춘신군(春申君)을 가리킨다.

그러나 그는 변함없이 외황에 머물며, 위(魏) 지방의 임협적 인간관계 속에서 큰 영향력을 행사하고 있었다. 이런 상황을 감지한 진나라는, 현상금 천금을 걸고 장이를 체포하려 했다. 이에 그는 일찍이 초나라의 수도였던 진(陳)으로 망명하여 이(里)의 감문(監門), 즉 도시주민의 자치조직에서 고용한 문지기 격이 되었지만, 이것은 나중의 일이다.

옹치(雍齒)는 이 장이에게 연락을 취하여, 신객가 집단을 흡수하는 데 실마리를 얻으려고 했다. 그리고 아마도 왕릉의 추천으로, 유방은 정식 사절(使節)인 장로의 보좌로 뽑혔을 것이다.

『사기』는 당시의 일을 "고조가 출세하기 전, 일찍이 자주 장이를 따라 노닐고, 몇 개월 동안 객이 되었다"고 기록하고 있다. '출세하기 전'이란 유방이 정장(亭長)이 되기 전, 바꿔 말하면 '장(壯)'에 이르기 전의 일이다.

『사기』 고조 본기에는 다음과 같이 기록하고 있다.

> 장(壯)에 이르게 되자[及壯] 시험적으로 이(吏)가 되어 사수(泗水)의 정장(亭長)이 되었다.

이 '장(壯)에 이르렀다'는 표현은, 고조의 출생연도를 아는 데 중요한 실마리지만, 『사기』의 이 대목에는 어떤 주석도 달려 있지 않다. 그래서 후세의 연구자들은 이것을 막연히 장년(壯年)의 지칭으로 파악하는 것이 보통이었던 듯하다. 그리고 이런 인식은, 유방이 항우보다 15세 연상 혹은 24세 연상이라는 통설과 호응하고 있다.

그러나 이 '장에 이르렀다'는 표현이 당시 어떻게 사용되었는가를 검토하면 이 해석에는 의문이 생긴다.

우선 앞에서 인용한 『사기』 노관 열전의 묘사이다.

> 고조와 노관이 같은 날에 태어나자, 마을사람들이 양과 술을 들고 가서 양가를 축하했다. 고조와 노관이 커서도[及壯] 함께 공부했고 또 서로 사랑했다.

고조와 노관이 '장에 이르렀다'는 것은 분명히 어른이 되었다는 말 같다. 어엿한 임협의 무리에 속하게 된 자가, 30세 전후 혹은 그 이상이 되어 비로소 글을 배우고 서로 사랑했다는 것은 아무래도 어울리지 않는다.

그래서 『사기』의 이 대목을 벗어나서, 보다 일반적으로 '장에 이르렀다'는 표현의 의미를 조사하면, 이 경우의 '장'이라는 글자는 원래 '유(幼)'라는 글자에 대응하는 것임을 알 수 있다.

예를 들면, 섭정(聶政)이라는 인물은 『사기』의 자객열전에 그 이야기를 남긴 전국시대의 유명한 협객이지만, 현재 남아 있는 그의 행적에는 몇 가지 변종이 있다. 그 하나에, 그의 부친은 한왕(韓王)을 위해 검을 벼렸지만 실패하여 한왕에게 죽임을 당했다. 이때 섭정은 아직 태어나지 않았지만, '장(壯)에 이르러' 모친에게 부친의 이야기를 물어본바, 모친이 사건의 자초지종을 말해주었다. 이것은 분명히 그가 어른이 되었다는 말이다. 이 당시 그의 실제 나이는 20세 전이었을 것이다.

외황과 풍 사이는 직선거리로 150km, 게다가 위나라 멸망 후의 동란기이다. 일개 농민, 그것도 어른이 되기 전의 젊은이가, 단지 구경삼아 놀러 갈 만한 거리는 아니다. 장이(張耳)라고 해서 구경삼아 놀러 온 젊은이를 몇 개월씩 머물 식객(食客)으로 흔쾌히 받아줄 리도 없다.

장이는 당시 이미 유명한 대협(大俠)이었지만, 풍읍의 장로를 따라 온 유방을 흔쾌히 맞이했다. 이즈음 뒤에 조(趙)나라에서 활약하는 진여(陳餘)가 장이를 아버지처럼 섬겼던 것처럼, 그에게는 젊은이를 받아들이는 너그러움이 있었다.

유방은 장이가 물어보는 대로, 풍패지역의 상황과 사수군(泗水郡) 군수나 패현 현령의 동향에 대하여 자기가 아는 모든 정보를 제공했다. 17세에 이미 늠름한 어른 같은 유방이 최대한 당당하게 말하는 내용에 대해 장이는 특별히 흥미를 갖지는 않았던 것 같지만, 그의 말에 일일이 고개를 끄덕이며 노고를 치하했다.

하여간 풍패 집단과 위(魏) 지방과의 연계는 주요한 듯하여, 신객가 집단은 서서히 원객가 집단의 통제를 따르게 되었다. 한편 유방은 위 지방을 방문할 때마다 견문을 넓혔다. 특히 장이의 호의와 주선으로 외황 주변의 여러 도시를 방문한 것은, 사회의 동향에 대한 판단의 기초를 배양했다고 말해도 좋을 것이다.

뒤에 위 지방의 양무현(陽武縣) 호유향(戶牖鄕)에서는 진평(陳平)이, 진류(陳留) 옹구현(雍丘縣)의 고양(高陽)에서는 역이기(酈食其)가 유방 집단에 투신하는데, 두 현은 외황현에 인접해 있다. 중국사회에서는 늘 그렇지만, 그들이 유방 집단에 가담한 데는 어떤 인간관계의 요소가 작동했을 것이고, 그것이 이 당시 유방의 외황 체재와 무관했다고는 단언할 수 없다.

소하·옹치 체제가 강구한 대책이 성공한 배경에는 말하자면 지정학적 상황이 있었다. 자산가 열전과 경제지리 개관이라고도 할 만한 내용을 함께 갖춰 논한 『사기』의 화식(貨殖)열전은, 당시 각 지역의 경제적 특성과 이 특성에 입각한 자산가들의 성공에 대해 말하고 있는데, 이 지역에 관한, 극히 간결하면서도 매우 중요한 언급이 있다.

> 저 홍구(鴻溝)에서 이동(以東), 망탕(芒碭)에서 이북(以北), 거야(巨野)에 속하는 땅은 양·송(梁宋)이다. 도(陶)와 수양(睢陽) 또한 도회(都會)이다.

이 말은 홍구로부터 동쪽, 망현(芒縣)·탕현(碭縣)으로부터 북쪽, 거야 즉 거야(鉅野)의 못에 이르는 지역이 하나의 공통성을 갖는 지역으로 묶을 수 있다는 것이다. 양(梁)이란 위나라 도읍 대량(大梁)의 이름을 따서 위나라 자체를 말하는 것이 일반적이지만, 홍구로부터 동쪽이라고 했으므로, 이 경우는 위나라의 일부로서 대량(大梁) 부근이라는 의미인 듯하다. 한편 송(宋)은 춘추시대로부터 전국시대에 걸친 대국이며, 그 영역은 거의 외황을 정점으로 하수(菏水)와 수수(睢水) 거기에 사수(泗水)로 둘러싸인 타원형의 지역이다.

훗날 유방이 이끌게 되는 풍패 집단은, 이 양·송으로 포괄할 수 있는 지역의 동쪽 절반을 활동무대로 삼는데, 그것은 대량(大梁) 혹은 외황을 쥘 부채의 중심으로 해서 점차 넓어져 가는 회수(淮水) 지류의 동쪽 절반 유역이 된다.

그리고 대량이나 외황은 이 지역 정치경제의 중심인 동시에 풍패 지역을 향하는 인구이동의 기착지이고, 풍패는 정치경제의 변경인 동시에 인구이동의 종착지라는 관계에 있었다.

풍패의 소하·옹치 체제가 외황의 대협(大俠) 장이와 연계를 맺은 것은 적절한 판단이었고, 그것은 사자(使者)로 나선 유방의 장래에 큰 영향을 미쳤다.

진나라가 위나라를 제압하면서 발생한 수많은 난민들은, 풍패 지방에 불안과 혼란, 혹은 거듭되는 항쟁을 불러일으켰지만, 신객가 집단은 원객가 집단의 지도를 받아들이는 쪽으로 일단은 수렴되어 갔다.

이때 유방의 활약은, 주로 원객가 집단과 신객가 집단의 항쟁에 관련된 것이었다. 원객가 측은 옹치(雍齒)를 두목으로 해서, 왕릉(王陵) 휘하의 유방이나 노관 혹은 번쾌 등 '소년'들로 이루어진 임협 집단이 행동대가 되었다.

당시 젊은이를 뜻하는 말로 '자제'(子弟)와 '소년'이 있었다. 자제는 '부로'(父老)와 대응한다. 이것은 취락 내에서 연령의 질서를 부자와 형제라는 혈연관계에 빗대어 표현하는 말이며, 여기에서 떠오르는 '자제'라는 이미지는 노인의 지도에 따르는 선량한 젊은이들이다. 이에 반해 '소년'은 '장자'(長者)에 대응하는 말이다. 장자는 임협의 거물이라는 어감으로 사용된다. 이와 짝이 되는 소년이라는 말은, 악소년(惡少年) 즉 악동이라는 어감을 풍긴다. 그들은 장자 즉 관록과 지도력을 갖는 유력자의 지시대로,

국가나 취락의 질서로부터 빠져나온 무법자로서 이합집산을 반복한다. 이런 패거리가 유방이나 팽월(彭越) 혹은 경포(黥布) 주위에 떼 지어 모여들었던 것이다.

그리고 이와 같은 그들의 항쟁을 은폐하고, 법망에 걸리지 않도록 그들을 비호하는 역할을 한 자가 소하(蕭何)나 조참(曹參) 등 패현의 문리(文吏)들이었다.

앞에서도 언급한 대로 『사기』는 당시 정황을 극히 간결하게 기록하고 있다.

> 고조가 출세하기 전, 소하는 자주 이사(吏事)로써 고조를 비호했다.

다시 말하면, 유방은 그가 정장(亭長)이 되기 전부터 신객가 집단과의 항쟁에 몸을 던졌고, 소하는 이 젊고 유능한 인물에 주목하여, 현정(縣政)을 좌우하는 자신의 실력을 이용하여 유방을 비호해주었던 것이다.

현대에 이르기까지 대체로 중국사회에서는 인간관계, 현대중국어로 말하면 '人際關係'가 중요한 요소였다. 그러나 이 인간관계는 흔히 생각하듯이, 아는 사람만 있으면 무엇이든지 잘 될 수 있는 식의 완전히 의존적인 관계는 아니다.

그것은 상대의 인품을 고려한 상태에서의 관계라는 점에서, 인격적인 동시에 타산적인 관계이다. 이해 타산적이라는 것은, 물론 겉으로 드러낼 만한 요소는 아니기 때문에 그리 단순하지 않다.

중국의 인간관계는 한마디로 말하면, 상대와 교제하는 것이 자기에게 의미가 있다고, 서로 인정하는 것을 바탕으로 해서 성립한다. 천리를 떨어져 있어도 인간관계는 유지되지만, 역으로 매일 얼굴을 맞대고 있어도 성립하지 않는 경우가 있다. 여기서 사람을 보는 안목이 큰 비중을 차지한다.

사람을 보는 안목은 냉철한 판단력을 필요로 하지만, 더 나아가 인간관계가 성립하려면 열정의 공유가 필요하다. 인간관계란 일종의 동지적 관계이기도 하다. 이 관계는 서로 만나 얼굴을 맞대고 대화를 나누고, 상대를 자기에게 필요한 인재로 상호 인식하는 데서부터 시작하며, 지역·연령·직업을 뛰어넘어 성립될 수 있다.

이 동지적 관계는 서로를 사(士), 즉 어엿한 한 사람으로 인식하는 관계이고, 유쾌하고도 기분 좋게 얼굴을 맞대는 것이 가능한 관계라는 점에서 얼굴과 얼굴의 관계이다. 따라서 상대의 행위가 인의(仁義)에 어긋난다고 판단되는 경우, 혹은 단지 상대가 기분 좋게 얼굴을 맞댈 수 있는 물질적인 힘을 잃은 경우에는 얼굴과 얼굴의 관계는 무너지고, 인간관계는 간단하게 해소되고 만다.

일찍이 제(齊)나라 맹상군(孟嘗君)이 제왕의 총애를 받고 있을 때는 식객이 무려 3천 명에 달했지만, 그의 실각과 함께 "여러 식객이 다 떠나가 버리고 말았다"고 한다. 나중에 재상직에 복귀하여, 녀석들이 다시 돌아오면 얼굴에 침을 뱉어버리겠다고 씩씩대는 맹상군에게, 그의 복귀를 도모했던 풍환(馮驩)은, "세상일이란 원래 부귀하게 되면 따르는 사(士)가 많아지고, 빈천하게 되면 벗이 적어지는 법입니다"라고 말하면서, 예전과 똑같이 식객들을 대우하도록 권했다. 부귀하면 넓은 인간관계가 성립하고, 빈천하면 인간관계도 빈약하게 되는 것은 당연한 이치라고 풍환은 말한다. 그에 의하면 그것은, 사람이 반드시 죽는 것과 마찬가지로 필연적이었던 셈이다.

그럼에도 불구하고 인간관계는, 설령 그것이 아무리 단단한 것이라 하더라도, 때가 맞지 않으면 아무런 쓸모도 없고, 사회적인 자리에 걸맞지 않으면 역시 제대로 작용하지 않는다. '문경지교'(刎頸之交)*라면 모든 일이 해결된다고 하는 식의 단순한 관계는 결코 아니다.

중국의 전통적인 견해에서는 천시(天時), 지리(地利), 인화(人和)라는

---

* 친구를 위해서라면 설령 목이 잘리더라도 후회하지 않을 정도의 진실한 교우(交友)관계를 말한다.

세 요소가 역사의 움직임을 결정한다. 인간관계는 인화 속의 한 요소로서, 천시와 지리라는 두 요소와 함께 어우러짐으로써 비로소 큰 힘을 발휘하는 것이다.

유방에게 천시는, 진나라의 천하통일과 그 후의 급속한 와해였다. 지리란 대량(大梁)과 풍패 사이에 성립하는 지역적 사회관계였다. 대량은 위나라의 상공업 중심지이고, 풍패의 저습지대는 위나라 주민에게 일종의 개발 가능 지역이었다. 보다 구체적으로 말하면, 역사적인 시간의 흐름 속에서 옛 6국 가운데서도 가장 반진(反秦)적이었던 초나라의 변방에서, 대량을 정점으로 하고 풍패를 저변으로 하는 임협적인 인간관계의 네트워크가 형성되었다. 그리고 부친이나 왕릉(王陵)을 통해 인간관계에 첫발을 내딛은 유방은 소하·옹치 집단에서 두각을 나타내며 점차 인화를 만들어냈다.

이리하여 그는 역사의 전면에 처음으로 명함을 내밀게 되었던 것이다.

4장
패현의 정장

진왕(秦王) 정(政)은 그 23년(기원전 224)에 백전노장 왕전(王翦)을 파견하여 초나라에게 큰 타격을 가하고, 초왕(楚王) 부추(負芻)를 생포했다. 이미 언급한 대로 초나라 장군 항연(項燕) 즉 항량(項梁)의 부친이자 항우의 숙부는, 당시 진나라에서 돌아온 창평군(昌平君)을 초왕에 옹립하고 진나라에 저항했다.

이듬해인 24년, 진나라 군대는 항연의 군대를 사수군(泗水郡) 기현(蘄縣)에서 격파했다. 창평군은 죽고 항연은 자살했다. 이때 항우는 10세, 유방은 15세였다.

2년 후인 진왕 정 26년, 진나라는 천하를 통일했다.

그때까지 진나라를 비롯한 각 국은 모두 왕이라는 호칭을 사용하고, 왕의 명령을 명(命), 왕의 포고(布告)를 영(令)이라고 했지만, 천하를 통일한 진왕 정은 그 지고(至高)의 지위를 표현하기 위하여 왕의 호칭을 황제로 바꾸고, 명을 제(制)로, 영을 조(詔)로 바꾸었다. 나아가, 지금부터 앞으로 영원히 계속될 진 왕조의 초대 황제라는 의미로 시황제(始皇帝)를 자칭했다.

시황제는 또 진 왕조의 지배를 상징하는 성스러운 색으로 흑색을 지정했다. 천하의 인민은 검수(黔首)라고 불리게 되었다. 검수는 검은머리라는 뜻이다. 동시에 성스러운 숫자로 6을 지정했다. 온 천하는 이 성스러운 숫자인 6의 제곱인 36개 군(郡)으로 나누었다. 또 천하의 무기를 수거하고, 이것을 녹여서 금인(金人), 즉 청동으로 만든 거대한 인물상 12개를 만들었으며, 천하의 부호 12만 호를 함양에 불러들였다. 이 또한 6의 배수이다.

시황제는 다시 천하의 도량형을 통일하고, 수레의 간격을 통일시켜 교통의 편리를 도모했으며, 나라마다 달랐던 서체를 통일하여 정보전달의 합리화를 꾀했다고 『사기』에 기록되어 있다.

최근의 출토문물을 검토한 여러 연구는 이런 획일화정책이 상당히 철저하게 행해졌음을 긍정하고 있다.

그래서 추구된 것이 지배의 형식적인 통일성이다. 각 국의 사회·경제·문화의 다원성이 원칙적으로 부정되고, 진나라 표준에 의한 보편적 지배가 절대선으로 선포되었다. 일종의 디지털 방식의 지배 망 구축이 추구되었던 것이고, 시황제 자신이 스스로 그 정무에 최소한의 기준량을 도입하여, 각별하게 열심히 일했음은 이미 주지하는 바이다.

압도적인 군사력으로 천하를 통일한 '영원의 제국'은, 과거 그 어느 때보다도 거대한 규모의 토목공사를 시행했다. 예를 들어 치도(馳道) 즉 황제 전용도로 건설, 만리장성 축성 등 지배의 기초를 다지기 위한 토목공사를 벌여 나갔으며, 그 밖에도 여산(驪山)에 축조한 시황제의 수릉(壽陵, 생전에 만들어 놓은 능묘)을 조성하고 웅대한 아방궁을 건설했다. 이는 지배의 위대함을 겉으로 드러냄으로써 백성을 마음으로부터 복종시키고 예속시키려는 것이었다.

그러나 이런 거대한 사업은 모두 백성을 동원함으로써 달성될 수밖에 없었고, 시황제의 주관적 의도와 달리 천하에 반진봉기의 씨앗을 뿌리는 결과를 낳았다.

천하통일 이듬해인 기원전 220년 시황제는 북방의 장성을 따라 제1차 천하 순수(巡狩)에 나섰다. 이 여정에서 돌아온 시황제는 앞으로 계속 실

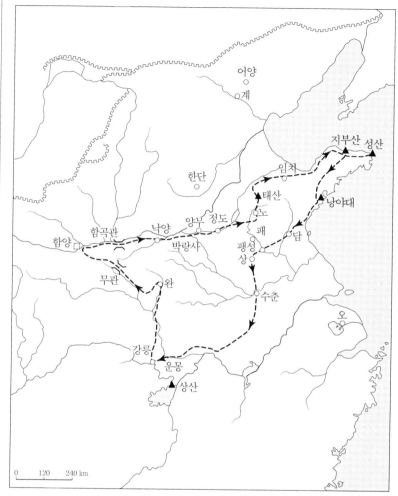

진나라 시황제의 제2차 순수 경로(稻葉一郞, 「秦始皇の巡狩と刻石」, 『書論』25, 1989에 근거).

행할 천하 순수에 대비하여 전국적인 치도의 건설을 명했다.

그 이듬해에는 제2차 천하 순수를 위해 태산(泰山)과 낭야(琅邪)로 출발했는데, 오고 가는 길 모두 풍패(豊沛) 지방 근처를 스쳐 지나가는 치도를 그 경로로 택했다. 진나라의 획일적 지배의 진행과정을 숨죽이고 지켜보고 있던 이 지방의 지도부와 주민은 충격을 받았다.

시황제는 이때 태산에 오르고, 다시 동해의 낭야대(琅邪台)에서 석 달 동안 머물렀다. 갈 때는 낙양→정도(定陶)→추노(鄒魯)→태산 경로를 취하고, 돌아올 때는 낭야→담(郯)→팽성(彭城)→상(相) 경로를 취했던 것으로 보인다. 갈 때는 패현의 북방 약 70km 지점을 통과했고, 돌아올 때는 그 남방 약 70km 지점을 통과했다. 풍패 지방은 두 노선 사이에 끼여 있는 형국이었고 거의 그 중간에 위치했다.

충격적인 일대 이벤트를 본 백성들의 전언은 이윽고 사수(泗水)의 수로를 통해 풍패에도 물밀듯이 전해졌다. 이때 유방과 노관은 19세였다.

사수 주변의 갈대도 시들고, 차가운 바람이 불던 그해 겨울 어느 날, 위(魏) 지방의 외황(外黃)에서 싣고 온 물건을 팔기 위한 준비를 모두 마친 왕릉(王陵)은, 수하의 젊은이들을 데리고 패(沛)의 변두리에 있는 왕온(王媼)의 술집에서 한 잔 하게 되었다. 그는 동성(同姓)의 친분을 내세워 이곳을 각별히 돌봐주고 있었다.

좌중(座中)의 화제는 유방이 들려준 시황제 순수에 관한 이야기뿐이었다. 이미 진왕(秦王)은 황제를 자칭하고 있었지만, 이곳에서는 변함없이 적국 진나라의 왕 즉 진왕이라는 호칭이 사용되고 있었다.

이야기의 내용인즉슨 진왕이 마침내 정도(定陶)에 도착했는데, 그 행렬이 장대하고 매우 화려하다는 것이었다. 정도는 일찍이 천하의 배꼽이라고 불린 큰 상업도시이다.

이 이야기는 원래 노공(盧公)으로부터 노관(盧綰), 노관으로부터 유방으로 전해진 것이었지만, 우렁찬 목소리로 지껄이는 유방의 말에, 노관은 언제나 그렇듯이 처음 듣는 이야기처럼 귀를 기울이고 있었다.

"마차만으로도 몇 백 대인지 모른다는 거야!" 하고 흥분하는 유방의 말에, 왕릉만은 다른 소식통을 통해 전해 들었던 듯 "황제는 천승만마(千乘萬馬)라고 하잖아!"라고 차분하게 대꾸했다. "뭐, 이번은 태산에서부터 낭야로 빠지는, 1년이나 걸리는 여행이라고 하니까, 그 몇 분의 1 정도의 규모겠지"라는 것이 왕릉의 판단이다.

왕릉은 지난해에 진왕 즉 시황제가 북으로 몇 개월간의 순수(巡狩)를 했던 일, 이후의 순수에 대비하여 치도 건설이 결정되고, 이번 순수도 그 때 이래의 강행공사로 건설된 치도를 이용하는 것이라는 점을 설명했다. 그 치도는 폭이 50보 즉 약 70m였고, 3장(丈, 5보) 즉 약 7m마다 한 그루의 가로수를 심었으며, 그 바깥쪽에는 주위에서 보이지 않도록 길게 장벽을 만들었는데, 그 장벽은 금추(金椎) 즉 금속으로 만든 대형 쇠망치로 단단히 때려 만든 견고한 것이었다고 한다. 순수는 전체 거리가 3천 킬로미터를 넘지만, 육로로는 모두 이 치도를 이용했다는 말을 듣고, 일동은 깜짝 놀랐다.

애초에 이 주위의 수향에서는 모든 교통은 배를 이용하고, 논두렁도 보행을 위한 것으로는 존재하지 않는다. 그들의 일상생활에서는 폭 1m를 넘는 도로조차 신기한 것이었다.

당시 이 주위의 수향에서는 마차가 왕래할 수 있는 도로는 현성(縣城)끼리를 잇는 길이나 혹은 같은 현 내에서는 향(鄕)이라고 부르는 특별히 큰 취락과 현성을 잇는 길밖에 없었다.

현에 속하는 향 중에는, 규모 면에서 현성에 필적하는 취락도 있었다. 향에도 일정한 행정기능이 있고, 향의 행정책임자를 향부색부(鄕部嗇夫)혹은 향부(鄕部)라고 불렀다. 유력한 향의 향부색부에는 마차가 제공되고, 그런 향은 마차가 다닐 수 있는 큰길에 의해 같은 급의 다른 향이나 현성과 연결되었던 것이다.

당시 관리를 비롯해서 마차를 탈 수 있는 사람과 그렇지 못한 사람 사이에는 큰 신분 격차가 있었다. 특히 풍패 지방의 수향 주민들로서는 거마(車馬)를 이용하는 육운(陸運) 자체가, 일상의 생활감각과는 다른 특별한 위압감을 주었다.

당시 풍패 지방 사람들의 이런 생활감각은, 상해(上海)에서 소주(蘇州)

한대의 거마 행렬(『安平東漢壁畵墓』, 文物出版社, 1990에서).

일대에 이르기까지 펼쳐져 있는 수향지대 사람들의 감각과 동일하다. 그리고 그것은 최근까지도 변함이 없었다.

덧붙이면, 뒤에 항량(項梁)과 항우가 봉기한 회계군(會稽郡) 오현(吳縣)은 현재의 소주시에 해당하지만, 당시 풍패 지방은, 현재의 소주 지방과 경관이 거의 흡사했다. 당시는 기후가 온난하고 습기가 많은데다가 농지가 지금처럼 넓지는 않았기 때문에, 그 주변 경관은 지금과는 달랐을 것이다. 현재 '중원의 티베트'라고 일컬어지는 회수(淮水)유역의 경관으로 당시를 헤아려서는 안된다.

황제의 전용도로가, 긴급한 상황이 발생하면 곧바로 군사도로로 탈바꿈하리라는 것은 누구의 눈에도 분명했다. 이로써 전보다 몇 배나 많은 대군이, 그전보다 훨씬 짧은 기간에 이동할 수 있게 되었던 것이다. 유방의 무리들은 마치 키가 수십 미터나 되는 거대한 조상(彫像)과 같은 진왕이 눈앞에 나타난 것 같은 압박감을 느꼈다.

왕릉의 상당수 부하들 역시, 낙양에서 동쪽을 향해, 폐허로 변한 위(魏)지방의 대량을 시찰한 뒤, 다시 동으로 출발한 진왕의 대규모 퍼레이드에 대하여 단편적인 풍문을 들어 알고 있었다.

갑론을박의 일대 논의가 일었지만, 처음에 화제를 제공한 뒤에는 묘한 표정으로 듣고 있던 유방이 문득 혼잣말처럼 "대단한 녀석이군!"이라고 하자, 일동은 갑자기 입을 다물었다. 왕릉만이 유방 쪽을 향해 고개를 끄덕였다.

수전(水戰)에 익숙한 옹치나 왕릉의 신변에 엄습한 진나라의 최신 군사전략은 놀랍고도 두려운 일이었다. 동시에 소하(蕭何)나 조참(曹參) 등 현지에서 채용된 하급관리들은, 대규모 토목공사에 풍패 백성이 가혹한 징발을 당하게 될 뿐 아니라, 나아가서는 지방행정과 재정이 파탄에 직면할 것임을 예감할 수 있었다.

계속해서 제3차 순수가 그 이듬해(기원전 218)에 행해졌지만, 바로 이때, 훗날 유방의 저명한 참모가 되는 장량(張良)이 박랑사(博浪沙)에서 시황제 암살을 꾀했다. 따라서 이 시점에 국한해서 말한다면 장량은 천하정치의 핵심에 접근했고, 유방은 그 변두리에 머물러 있었던 셈이다.

장량의 부친 장평(張平)은 재상으로서 한(韓)나라 도혜왕(悼惠王)을 섬기다가, 도혜왕 23년(기원전 250)에 사망했다. 그 20년 후에 진나라는 한나라를 멸망시켰다. 즉 한나라가 멸망한 진왕 정 17년(기원전 230) 당시, 그는 이미 20세를 훨씬 넘긴 나이였다.

한나라가 멸망한 지 12년 뒤, 즉 장량이 암살을 시도한 시황제 29년 당시, 유방은 20세였으므로, 장량이 10세 이상 연상이었다.

『사기』에는 소하나 조참이 현의 '호리'(豪吏)였다고 기록되어 있다.

소하는 패현의 호족이었다. 그는 훗날, 유방이 봉기할 때 일족 수십 명을 데리고 참가했다. 조참이나 근흡(靳歙) 등 유방의 측근들은 최초 단계에, 곁에서 시중드는 자를 의미하는 '중연'(中涓)이라는 직함을 얻게 되지만, 소하는 '객'(客)의 신분으로 봉기에 참가했다.

소하말고 객으로 참가한 인물로는 왕릉(王陵)이나 여공(呂公)의 아들 여택(呂澤) 및 여석지(呂釋之)가 있었다. 이들은 모두 자기 부하를 거느린 존재였다. 이는 소하가 패현의 호족이고, 봉기 시점에 독자적인 군사력을 가지고 있었다는 것을 보여주고 있다. 왕릉이나 여택 및 여석지의 경우에는 독자적인 군단을 거느리고 있었다고 할 수 있다. 그들이 반란과정에서 독자적인 판단으로 움직인 적이 있었던 것은, 이런 실상의 반영이다.

소하는 관리로서도 매우 뛰어났다. 패현을 포함하는 사수군(泗水郡) 전체 현지채용 관리 중에서도 가장 우수했다고 평가받아, 중앙에서 임명하는 관리가 될 수 있는 직위로 승진할 수도 있었다. 그러나 그가 현지를 떠나는 것을 싫어하여 고사했기 때문에, 이 일은 실현되지 않았다. 그는 패현의 호족으로서 패현을 안정시키고, 향리 주민들이 평온한 생활을 영위하게 하고 싶었을 뿐이다.

그런 소하가 유방을 주목하여, 그를 감싼 것은 사리사욕 때문이 아니다. 유능하고 용감한 유방의 성장에 패의 미래를 맡긴 것이다.

이에 비하여 소하와 마찬가지로 패현의 호리(豪吏)였던 조참은, 유방의 봉기 때 측근인 중연(中涓)의 신분으로 참가했다. 이것은 그가 호족이 아니었기 때문이 아니라 유방과 매우 가까운 존재였기 때문이다.

소하 등은, 급속히 힘을 기른, 혈기왕성하여 두려울 것 하나 없는 젊은 이에게, 향당(鄕黨) 여망의 일부를 맡기려고 생각했다. 소하는 유방이 19세가 되자 관리임용이 가능한 나이가 되기를 기다리기 어려웠다는 듯이, 유방을 패의 정장(亭長) 직무 견습으로 채용했다. 물론 채용의 명목적 책임자는 패령(沛令, 패의 현령)이지만, 실제로 밥상을 차린 것은 소하였다.

진말(秦末) 무렵 관리채용의 구체적인 예는, 1975년 11월 호북성 운몽(雲夢) 수호지(睡虎地)의 진묘(秦墓)에서 발견된, 이른바 운몽 수호지 진간(秦簡)에 보인다. 고고학 역사상 진나라의 간독(簡牘)이 출토된 것은 이것이 처음이었다. 더욱 중요한 것은, 이 속에 진나라의 각종 법규와 법률 관계 문서가 포함되어 있었다는 점이다.

전국시대 말기부터 진대(秦代)를 거쳐 한초(漢初)에 이르는 시기에 해당되는 47기(基)의 묘지 가운데, 제11호 묘라고 명명된 것으로 묘에 매장된 것은, 시황제 30년(기원전 217)을 전후하여 40대 후반의 나이에 죽은 것으로 보이는 희(喜)라는 이름의 하급관리였다.

그의 묘에서, 생애의 중대사건을 해마다 기입한 편년기(編年記)라고 불리는 죽간(竹簡)이 출토되었는데, 거기에는 희(喜)가 진왕 정 원년(기원전 246)에 17세의 나이로 토지세와 육체노동을 부담하는 연령에 달했고, 3년(기원전 244) 즉 19세 때 하급관리에 발탁되었다고 기록하고 있다.

이 예를 통해 보더라도, 진말(秦末) 시기에 20세 미만으로 관리에 채용되는 것은 드문 일이 아니었다.

그런데 정장(亭長) 직무 견습이 되었다는 것은, 개인적으로 그가 이제 어엿한 한 사람 몫의 봉급을 받고 독립하게 되었음을 의미한다.

청년기에 들어선 유방은 빨리 장가가고 싶어서 견딜 수가 없었다. 물론 혼인하면 한 명의 배우자에게 얽매인다는 그런 윤리의식 따위는 없었다. 그러나 혼인하면 배우자를 평생토록 돌봐줄 각오였다.

사실 싸움질을 밥 먹듯 하는 유방에게 시집가기 위해서는 상당한 용기가 필요하다. 앞에서 언급했지만, 어릴 적부터 친숙했던 조씨네 딸이 용감하게도 성인 직전의 그와 혼인했다.

남자 나이 20세에 관례(冠禮)를 행함으로써 정식 어른이 되는 것이 당시 중원의 예의였지만, 이 지방에서 20세는 오히려 만혼으로 간주되었다. 20세 직전의 유방이 혼인을 한 것은 매우 평범한 일이었다. 다만 가계를 꾸려 나가는 일이 수월하지는 않았을 것이다.

애당초 유방에게 정장(亭長) 취임 건을 가지고 온 소하가 의도하는 바 가운데 하나는, 그들 부부의 경제적 여건을 마련해주고자 하는 데 있었다. 소하는 패현의 호족으로서, 같은 호족이었던 조씨네와 연대하여 현정(縣政)을 좌지우지하고 있었다. 유방을 견습 정장(亭長)으로 삼는 것은 조무상(曹無傷)과 조참(曹參)도 썩 마음에 드는 일이었다.

유방과 조씨네 딸 사이에 태어난 아들이 훗날 제왕(齊王)이 되는 비

(肥)이다. 조(曹) 부인 혹은 조희(曹姬)라고 사료에 기재되어 있는 그녀는, 순박한 성품의 소유자였던 듯하다. 유방이 훗날 여공(呂公)의 딸 여치(呂雉)와 혼인하려고 하자 스스로 뒤로 물러났다. 여공은 유방이 이미 혼인한 것을 알면서도, 딸 여치와 유방의 혼인 이야기를 꺼냈는데, 그로 인해 조 부인은 사수정(泗水亭)을 떠났다. 『한서』는 이 조 부인을 외부(外婦)*라고 부르고 있다. 유방을 무척 사랑한 그녀는 이제 와서 여치를 정부인으로 섬기는 길을 택하지 않았다. 유방은 이를 매우 고맙게 여겼지만, 이 일은 그녀의 오빠 조무상의 비극적인 운명과도 얽혀 복잡한 문제를 남기게 된다.

견습 정장이 되자 유방의 교제는 더욱 화려해졌다. 술을 마시고 동료와 큰소리로 떠드는 것을 즐긴 유방은, 봉급을 받는 신분이 되자, 하루가 멀다 하고 술집을 공공연히 들락거렸다.

그 중 한 집이 왕온(王媼)의 술집이고, 다른 한 집이 무부(武負)의 술집이다.

정장으로 취임한 날과 혼례를 올린 날, 그는 동료를 데리고 두 술집을 순례하며 성대한 피로연을 베풀었다. 자기보다 나이 많은 동료까지 거느리고 와서 주인 행세를 하는 유방에게 왕온과 무부는 깜짝 놀랐다. 젊은 유방은 순식간에 관료 풍의 관록을 몸에 붙이고 있었고, 불가사의하게도 나이 많은 좌중의 사내들까지 잘난 체하는 유방의 태도를 고분고분하게 받아들이고 있었다. 그의 천박한 말투는 더욱 심해진 감이 있었지만, 의젓한 태도의 유방에게는 부하를 데리고 온 두목 같은 분위기가 감돌았다.

그러나 유방이 술값을 낸 것은 이것이 처음이자 마지막이었다.

그 뒤에도 유방은 틈만 나면 동료를 데리고 술집에 왔다. 다 마시면 오른손을 들어 "달아둬요!" 한마디 하고는 미안한 기색도 없이 나가버렸다.

* 정처(正妻) 이외에 다른 곳에서 맞아들인 첩이나 사통(私通)한 부인을 가리킨다.

당시 외상이란 권(券), 즉 나무패에 자기가 마신 값을 부호로 기록해두는 것이지만, 유방은 술값 청구를 받은 적이 없었다.

유방이 오면 술집은 많은 손님으로 크게 북적거린다. 동료들은 언제나 현금으로 지불하기 때문에, 유방은 왕온과 무부에게는 복을 내리는 신과 같은 존재였다.

게다가 두 여인은 유방이 좋았다. 그가 오면 술집이 환해지고, 유방에게는 어쩐지 의지되는 바가 있었다. 연말이 되면 두 사람은, 유방의 외상값을 기록한 나무패를 꺾어 그의 외상값을 털어버렸다.

어느 날 유방 흉내를 내며 오른손을 들어 "달아둬요!" 하고 술집을 나가려고 한 유방의 추종자가 왕온에게 호되게 야단을 맞았다.

그는 평소 유방에게 빌붙어, 유방의 말을 한마디도 빼놓지 않고 앵무새처럼 반복하며 동료들에게 전하는 것에 만족해하는 자로, 송사리라고 불리고 있었지만, 이번에는 좀 기대가 어긋났다. 왕온이 지독한 말을 할 때마다 동료들도 크게 웃으며 그녀를 두둔했다. 이미 유방을 특별대우하는 술집의 규칙이 만들어졌던 것이다.

유방에게는 언제나 송사리처럼 그의 뜻에 영합하는 추종자가 있었다. 이런 추종자에게 유방은 특별히 좋은 얼굴로 대하지 않았지만, 그렇다고 그 경망함을 따끔하게 야단치지도 않았다. 그들이 유방에게 빌붙는 것은, 유방을 중심으로 하는 무대의 한 구석에 있는 것만으로도 충분히 행복했기 때문이었다.

때로는 그들이 지나친 흉내를 내더라도 유방이 굳이 신경 쓸 필요는 없었다. 그런 경우에는 좀 더 도리를 아는 동료, 예컨대 지금의 왕온과 같은 자들이 단단히 깨우쳐주었다.

이런 똘만이들이 빌붙는 데 따르는 효용의 하나는, 유방이 무언가를 말하고 싶지만, 자기가 직접 말을 꺼내기 곤란할 때, 그가 한마디 흘리면, 혹은 입 밖에 내지 않고서도 눈썹 한 번 까딱 하면, 이런 똘만이들이, 적당히 알아서 자기가 하고 싶은 말을 대신 잘 전해준다는 점이다.

우리는 이후의 역사전개 속에서 이런 장면을 자주 접하게 된다. 그런데 그런 추종자를 마음으로 복종시키는 능력이 이미 청년시대에 그의 몸에 배어 있었던 것이다.

물론 이런 똘만이들만 있었던 것은 아니다.

훗날 유방 밑에는 장량·진평·소하와 같은 모신(謀臣)과 문신(文臣), 한신·팽월·경포와 같은 영웅, 조참·번쾌·관영(灌嬰) 등의 무장(武將), 왕릉(王陵)·하후영(夏侯嬰) 등 임협의 무리가 모이게 되었다. 그들은 모두 유방에게 협력하고, 그 밑에서 일하는 것을 자기에게 가장 어울린다고 생각했다.

특히 그들 중에서도 장량이나 한신 같은 최고의 인재가, 유방을 평할 때 '하늘이 내려주셨다'[天授]라는 말을 사용하고 있는 것은, 참으로 이런 유방의 자질과 직접적으로 관련이 있다.

이 자질을 단적으로 표현한 것이 『사기』나 『한서』에서 말하는 '관인대도'(寬仁大度)이다. '관인대도'는 그의 주위, 그리고 궁극적으로는 천하의 모두가 자기 부하여야 한다는, 그의 감성적 신념 및 이해와 연결되어 있다.

그는 자기가 천하의 중심이라는 것을 부정하거나 위협하는 자와는 끝까지 싸웠다. 그때에는 사기·위선·배은망덕·간계라는 말이 가장 어울릴 듯한 행동도 불사했다. 다만 유방의 경우에는, 그것이 그의 권력의지의 자연스러운 발로로, 사람들이 왠지 모르게 납득할 수 있는 식으로 나타났다.

이런 것이야말로 이 유방전의 주제 가운데 하나인데, 여기서는 이런 그의 능력이 일찍부터 발휘되었다는 점에 주목하고 싶다.

왕온과 무부의 술집은, 유방을 주인공으로 하는 풍패의 사교장이 되었다. 여기에는 바깥의 사회와 안의 사회의 여러 소식이 난무하고 있었다. 이윽고 두 술집에 출입할 수 있는 것이, 풍패 임협 사회구성원의 자격인 것 같은 감을 주기 시작했다.

특히 노골적으로 유방을 두둔한 자가 무부이다. 유방보다 약간 연상이었던 것으로 보이는 그녀는, 술집을 운영해서 번 돈으로 변변치 못한 남편을 먹여 살리고 있었지만, 유방에게는 특별히 상냥했다.

유방이 술에 취해 곯아 떨어져 있으면, 그의 몸에 용이 나타난다고 처음으로 말한 자가 무부이다. "이 분은 보통사람이 아니에요!"라고 그녀는 기회 있을 때마다 진지한 얼굴로 말했다. 코가 높고 이마가 부풀어 있으며, 넉넉한 살집과 커다란 얼굴에, 멋진 콧수염과 구레나룻, 그 위에 턱수염, 얼굴 전체에 넘치는 강한 정기는 용의 얼굴 즉 군주의 상이라고 그녀는 소리 죽여 엄숙하게 말하는 것이었다.

그녀는 솜씨 있는 관상쟁이였고, 또 잘 맞춘다는 평판도 있었으므로 이 의견은 순식간에 풍패 읍으로 퍼졌다.

나중 이야기이지만, 유방이 반란을 일으키자 그녀는 장소를 바꿔가며 싸우는 그를 수행했다. 이윽고 그녀는 유방 집단의 고용 점쟁이와 같은 존재가 된다.

『사기』의 주요 주석 가운데 당(唐)나라 장수절(張守節)의 『정의』(正義)가 있다. 『정의』는 현재 그 일부만 전해지고 있지만, 다행히 이 책이 저본(底本)으로 삼고 있는 남송본(南宋本) 『사기』에는, 『정의』의 다른 판본에 보이지 않는 내용 하나가 실려 있다. 거기에는 무부가 나중에 위(魏) 지방으로 이주하여 여이(如耳)라는 아이를 낳았다는 사실이 기록되어 있다.

여기서 문제가 되는 것은, 이즈음 매우 유명한 관상쟁이 허부(許負)라는 여성이 있는데, 이 또한 『사기』의 주요 주석 가운데 하나인 당나라 사마정(司馬貞)의 『색은』(索隱)에는, 위(魏) 지방 여이(如耳)의 모친이 그 유명한 허부라고 되어 있는 점이다.

앞에서 유방 일가는 본적지가 위(魏) 지방일 가능성이 있다고 말했지만, 무부 역시 원래 위(魏) 지방 사람인데, 유방의 세력 확대를 배경으로

본적지로 돌아온 것이 아니었을까? 이런 상정은 허부가 위(魏) 지방 하내 (河內)의 온현(溫縣) 사람이었다는 또 다른 전설과도 맞아떨어진다.

허부는 무부 본가의 성이 허(許)씨였기 때문에, 고명한 관상쟁이 허부 라는 이름으로 남게 되었던 것 같다. 유방이 중요한 존재로 부각됨에 따라 그녀도 유명해지게 되었던 것이다.

유방은 천하를 손에 넣자 이때의 은혜에 보답하여 허부를 명자정후(鳴 雌亭侯)로 봉했다고 전한다. 명자정후라는 것은, "암탉인 주제에 때를 맞 춰 우는, 순종하지 않는 여자에게 준 정(亭)을 영지(領地)로 하는" 후(侯) 라는 말이다. 암탉이 운다는 것은, 중국에서 엄처시하(嚴妻侍下)라는 의 미의 상투어이다.

유방은 허부를 조롱하면서 그 공헌에 보답한 셈이다.

이 시기의 봉건은 군·현(郡縣) 등의 행정단위를 제후에게 봉지(封地)로 주는 것이 보통이고, 향·정(鄕亭) 등 현 이하의 행정구획을 단위로 하는 봉건은 일반적인 사료에는 보이지 않으므로, 그녀가 명자정후로 봉을 받 았다는 사실도 의문의 여지는 있다. 또 여성에 대한 봉건은 없다는 것이 당시의 상식이지만, 이 기사는 허부와 유방의 형수가 특별히 분봉되었음 을 말한다. 어쨌든 한(漢) 왕조 초기에 관상쟁이 허부가 조정 주변의 유명 인이었던 것만은 분명하다.

이제 이야기를 되돌리면, 유방이 정장에 임용된 것은 분쟁해결과 원객 가 집단의 세력확대에 대한 공헌이라는 지금까지의 실적 덕분이었지만, 임용장소를 사수정(泗水亭)으로 정한 데는 이즈음 풍의 서쪽 교외 소택지 에 밀어닥친 난민의 움직임에 변화가 보였기 때문이다.

약 800년 뒤, 즉 당초(唐初)에 편찬된 『괄지지』(括地志)라는 지리서에 는 "사수(泗水)의 정(亭)은 서주(徐州) 패현에서 동쪽으로 100보 지점에 있다. 여기에는 한 고조의 묘(廟)가 있다"고 기록하고 있다.

중국에서는 이 시대로부터 200년 정도 뒤인 후한 무렵에 기후의 한랭화가 시작되어, 이윽고 북방 유목민의 남하와 이에 수반하는 화북 밭농사 지대 백성의 남하가 시작되어, 화북에서는 경지와 취락이 황폐해졌다. 그러나 풍패와 같은 저습지대에서는 취락상황에 큰 변화는 없었다고 생각되므로, 당초(唐初)의 패현 상황을 통하여 한대(漢代)의 상황을 추측할 수 있을 것이다.

여기서 말하는 패현이란 패현의 관부(官府)이다. 이 패의 현아(縣衙)에서 동으로 100보(약 140m) 지점에 사수(泗水)의 정(亭)이 있다고 한다. 사수의 정은 현아로부터 독립되어 있기는 하지만, 다른 대부분의 정이 이정(離亭)이라 하여 현성(縣城)으로부터 떨어진 시골에 산재하고 있었던 것과는 달리, 현성 내에 있었다. 이와 같이 현아와 함께 성곽 내에 두어진 정을 도정(都亭)이라 불렀는데, 이정보다는 격이 높았다.

이 당시 행정단위의 우두머리가 된 관리의 집에는 사적인 집안일을 주관하는 '가승'(家丞)이라 불리는 집사가 두어졌다. 한대(漢代)의 인장 가운데 '도정가승'(都亭家丞)이라는 네 글자가 새겨져 있는 것이 있다. 그 밖에 예를 들면 '양평가승'(陽平家丞)이나 '수릉가승'(睢陵家丞) 등이 있는데, 각각 양평후국(陽平侯國) 집사의 인장, 수릉후국(睢陵侯國) 집사의 인장이라는 뜻이다.

이 '도정가승'은 장안이나 낙양 등 거대도시의 그것일 가능성이 있지만, 적어도 일부 도정(都亭)에는 '가승'이 두어져 있었다.

패현의 현성(縣城)은 위(魏) 지방을 떠난 난민이 지나 온 수로가 사수(泗水)와 합류하는 지점에 있다. 그 동쪽에는 풍의 서쪽 교외보다도 더욱 거대한 소택지가 펼쳐져 있었다.

사수(泗水)는 그 상류가 제노(齊魯)로 연결되고, 하류가 오월(吳越)로 연결되는 교통운수의 간선이다. 위(魏) 지방에서 흘러온 수로와 합류하는 이 지역의 강폭은 거대한 호수에 가까울 정도로 넓었다.

난민의 수가 급증하자, 이제 그 큰 넓이 때문에 인적 없는 소택지에 머물러 있었던 이 일대가, 난민이 피난하는 최적의 장소로 부상했다.

이 교통의 요충지에 질서를 부여하는 것이 패현의 원객가 집단에게 중요한 과제였다. 그것은 패현의 치안유지를 위해서뿐만이 아니라, 위(魏) 지방, 제노(齊魯), 오월(吳越)을 잇는 간선의 안전 확보가, 패현의 교통운수와 상업에 종사하는 무리들의 현정(縣政)에 대한 공동의 요구가 되었기 때문이다.

유방은 사수의 정장으로 임용되자, 눈앞이 갑자기 열린 듯한 눈부심과 득의양양한 기분을 맛보았다. 정은 작았지만 관료기구의 일익을 담당하고 있고, 그 정점에는 황제가 있다. 그리고 황제가 지배하는 것이 천하라고 본다면, 정장 또한 황제를 통하여 천하와 연결되어 있는 것이다.

이 무렵의 정은 교통운수의 말단 기관으로서 숙박 손님의 접대와 지역의 치안유지라는, 성격이 다소 다른 두 업무를 담당하고 있었다.

정의 원래 의미는 망루(望樓)로서의 누각이다. 성곽도시의 형태를 취하는 취락에는 성문이 있는 곳에 설치되고, 유력한 개인의 저택에도 누각의 역할을 하는 건물이 따로 만들어졌다.

예컨대 공자의 자손이 사는 산동의 공부(孔府)나 민국시기 산서(山西) 군벌 옌시산(閻錫山)의 사택 유적 등에는 지금도 그런 건물이 남아 있다.

보다 현대적인 것으로는, 해외에서 활약하여 크게 치부를 한 광동의 화교들이 고향에 돌아와 세운, 마치 프랑스의 저택 같은 요새 풍의 주택이 있다. 거기에는 본채의 꼭대기 혹은 별도로 건축한 누각에 망루용 방이 있다.

성곽이 없는 취락에서는 위급한 경우 부근에 있는 산 정상에 세워진 나무를 쓰러뜨리거나, 봉화를 피우거나 해서 마을사람들에게 위험을 알리기도 한다.

중국과 같이 광대한 지역이 그 나름의 하나의 사회권을 이루고 있는 경우에는, 취락의 범위를 넘는 커다란 힘이 밀어닥치는 사태를 때로는 피할 수 없다. 취락은 자위수단을 강구하는 동시에 같은 사태에 휩쓸린 가까운 취락과 연대를 취할 필요가 있다. 누각은 이런 중국취락의 고립성과 연대성의 상징이다.

화교가 세운 누각(광동성 개평[開平]. 사진 사카모토 가즈토시〔坂本一敏〕제공).

유방이 근무하게 된 사수정에도 누각이 있었다. 정에서는 때때로 민중의 무장훈련이나 군마(軍馬)의 주둔도 행해지고 있었으므로, 정의 부지는 적어도 150m² 정도의 넓이였다.

이 부지 안에 정장과 그 직속 잡역부(雜役夫)의 숙소가 있고 숙박하는 손님을 위한 방도 있다. 중요한

한대의 저택과 누각(『安平東漢壁畵墓』, 文物出版社, 1990에서).

손님은 누각의 2층 방에 묵도록 하는 경우도 있었던 듯하다.

정장의 부하로는, 숙박하는 손님의 접대를 맡는 정부(亭父)라고 불리는 자와 경찰업무를 담당하는 구도(求盜)가 있다. 신분 있는 사람도 접대를 해야 했으므로, 정부가 구도보다 격이 높았던 것 같다.

최근 출토된 윤만(尹灣) 한간(漢簡)이라 불리는 새로운 사료에는, 이

사수군에서 동쪽으로 면하고 있는 동해군(東海郡)에 688개의 정이 있고, 2,972명의 정졸(亭卒)이 있었다고 기록되어 있다.

일반적으로는 정졸의 수는, 정부(亭父)와 구도(求盜)를 합친 것으로 이해하고 있다. 이 경우에는 한 정(亭)에 정부와 구도를 합쳐 평균 4인이 조금 넘는 정졸이 있었다는 이야기가 된다. 다만 구도는 죄인을 잡을 때마다 장려금을 받는 민간인을 고용하고 있었을 가능성도 있는데, 만약 그렇다면 한 정에 4인이 조금 넘는 정부와 몇 명의 구도가 있었던 셈이 된다. 전자의 경우라면, 유방은 정부와 구도를 합쳐 4명이 조금 넘는 부하를 거느리고 있었을 것이고, 후자의 경우라면 8명 정도의 부하를 두고 있었을 가능성도 있다.

그러나 패현 부근의 사수(泗水) 소택지로 흘러 들어온 난민들을 상대하기에는 아무래도 이 인원으로는 역부족이었으리라 생각된다.

이보다 앞서 위(魏)나라가 멸망하여 대량(大梁) 부근에서 수많은 난민이 풍패 부근으로 쇄도했다. 계속해서 그 2년 후에 초나라가 멸망하고, 다시 그 2년 후에는 제나라가 멸망했다. 원래 풍패 지방은 위·초·제 등 세 나라의 접경지대였지만, 이 세 나라가 연이어 멸망했기 때문에 일종의 권력 공백지대가 출현했다.

천하를 통일한 진나라도 실제로 현 아래의 행정은 기존 조직에 맡기고 진나라의 의향을 따르는 인물을 현령으로 임명하는 수준에 머물러 있었다. 풍패 지방에서는 사실상의 권력을 지역의 호걸이나 관아(官衙), 혹은 소택지에 자리 잡고 사는 전형적인 난민들이 공유하는 상황이 벌어졌다.

이런 상황하에서는, 무력 등 사실상의 권력을 장악하고 있고, 게다가 그 행사에 공적인 의미가 부여되어 있는 집단이 가장 유리하기 마련이다. 유방의 배후에는 풍패의 원객가 집단이 존재하고, 이 원객가 집단의 중핵에는 임협 대표로서의 옹치(雍齒)와 지역의 이해를 반영하여 현아(縣衙)를 좌지우지하는 소하(蕭何)가 있었다. 옹치·소하 집단의 돌격대장 격인 유방은 패의 소택지 중심부를 통할하는 사수의 정장으로 발탁되었음이 진실이었을 것이다.

어쨌든 풍읍의 임협 가운데 젊은 두목이라고도 할 만한 유방이 풍을 떠나 패의 사수정으로 부임했다.

이를 계기로 유방의 세계는 단숨에 확대되어, 그는 물 만난 고기처럼 활기차게 움직였다.

그는 우선 정장의 위세를 보이기 위하여 대나무 껍질로 만든 관(冠)을 설계하여, 부하인 구도(求盜)를 사수의 건너편 강가에 위치한 설(薛)에 보내 관을 전문적으로 만드는 직인(職人)에게 이를 제작하도록 했다. 이 유씨관(劉氏冠)은 일설에 의하면, 초 지방에서 '긴 관'으로 불리고, 민간에서는 '까치꼬리 관'이라고 불린 관을, 유방이 고안하여 대나무 껍질로 만들었다고 한다.

설(薛)은 제나라 제공자(諸公子)로, 전국시대 사공자(四公子)의 한 사람인 맹상군(孟嘗君)의 영지였던 곳이다. 훗날 사마천은 답사여행 중에 설을 방문했는데, "그 지방의 마을에는 대개 흉악한 젊은이가 많다." 즉 임협의 무리가 많았다. 사마천이 그 이유를 묻자, 설 사람은 "이전에 맹상군이 천하의 임협을 불렀기 때문에 건달 6만여 가(家)가 설로 몰려들었다"고 대답했다.

유방이 원한 것은 임협에 어울리는 멋진 관이고, 그런 관을 만드는 본고장은, 임협의 후예가 사는 도시로 유명한 설에 있었던 것이다.

유씨관이 어떤 것이었는가는 오랫동안 수수께끼였는데, 장사(長沙) 마왕퇴(馬王堆) 1호 한묘(漢墓)에서 출토된 마용(馬俑)이 쓰고 있는 관이 이에 해당한다는 것이, 소부카와 히로시(曾布川寬)에 의해 제창되었다. 하야시 미나오(林已奈夫)도 이에 찬동의 뜻을 표했다. 즉 앞 페이지에 보이는 하야시의 선묘도(線描圖)에 그려져 있는 것처럼 "머리 위에 끝이 올라

유씨관(목용[木俑], 장사[長沙] 마왕퇴[馬王堆] 1호 한묘[漢墓]).

진현관(進賢冠): 왼쪽은 묘실[墓室] 벽화, 망군[望郡] 1호 묘. 오른쪽은 진[晉]의 도용[陶俑]).

무관(武冠: 왼쪽은 도용. 오른쪽은 묘실 벽화, 망군 1호 묘).

＊ 출처: 林已奈夫 編, 『漢代の文物』, 京都大學人文科學硏究所, 1976.

가는 널빤지 같은 것이 얹혀 있어서, 까치꼬리 관이라는 속칭에도 맞는다"(하야시 미나오 편, 『한대의 문물』[漢代の文物])는 것이다. 확실히 이것은 다소 끝이 올라가는 까치꼬리를 연상시키는 모양이다. 또 하야시도 지적하듯이, 남용(男俑)의 관과 머리 부분의 비율부터가, '길이 7촌'이라고 되어 있는 문헌의 규정과도 상응한다. 대단히 화려한 관이고, 남의 눈에 띄고 싶어 하는 유방의 성향을 잘 보여준다고 할 수 있다.

관은 당시 가장 명백한, 눈에 띄는 신분 표지였다. 이 유씨관은 유방에게 천하제일의 정장 표지였다.

이 기회에 당시 문관이 쓰는 대표적인 관인 진현관(進賢冠)과 무관이 쓰는 무관(武冠)을 하야시의 『한대의 문물』에서 인용하여 그림으로 제시해둔다.

한대(漢代)의 화상석(畵像石)에는 많은 정장의 화상이 그려져 있는데, 이들은 하나같이 무관(武冠)을 쓰고 있기 때문에 하급무관인 정장은 당연히 무관을 써야 했을 것이다. 따라서 유방의 이 행위는 원칙대로라면 제도문란의 죄에 걸릴지도 모르는 행위였지만, 역으로 이런 행위는 진율(秦律)에서는 예상되지 못한 것이기도 했다. 이 한 사례만 가지고도 유방의 빈틈없는 처신의 일단을 엿볼 수 있다.

유방은 이 관이 무척 마음에 들어 항상 쓰고 있었다. 『사기』에는 더 나아가 "귀하게 된 뒤에도 항상 쓰고 있었으므로, 유씨관이라고 불리게 되었다"고 기록하고 있다.

"귀하게 된 뒤"라고 한 것이 어느 시점을 가리키는지 지금 당장 결정하기는 어렵지만, 그가 패공(沛公)이 되었던 것은 이로부터 얼마 지나지 않은 시기였으므로, 아직 그 단계에서는 이쪽일지 저쪽일지 결정하기 어렵다. "귀하게 된 뒤"라고 확실하게 말할 수 있는 것은, 뒤에 한왕(漢王)이 된 때이며, 아마 이 시점에 이르러서도 아직 유씨관을 쓰고 있었던 것 같다.

참으로 어린애 같은 기분이라 하겠지만, 그가 대나무 껍질로 만든 변변치 않은 유씨관에 그토록 애착을 가졌던 것은, 정장이 되었을 때의 득의양양함을 잘 보여주는 것이 아닐까? 통설처럼 반란을 일으킬 때 그가 40~50대였다면, 이런 행동은 납득하기 힘들 것이다.

유방이 부하 구도(求盜)를 특별히 사수(泗水) 건너편 강가의 설(薛)로 파견하여 유씨관을 만들도록 한 것은, 그곳이 관을 만드는 직인의 본고장이었다는 점 외에, 그가 맹상군을 존경하고, 맹상군이 모은 6만여 가에 달하는 임협 무리의 후예가 사는 설에 흥미를 갖고 있었기 때문이다.

앞에서 유방이 위(魏)나라 신릉군의 식객이었던 장이(張耳)의 처소에 머물며 협의를 했다는 이야기를 한 바 있다. 나이 어린 유방은 이 외교관의 일에 해당하는 임무에도 상당한 긍지를 가지고 있었다. 특히 장이가 말하는 신릉군의 일상이나 일화는 그에게 강렬한 인상을 주었다. 유방이 신릉군을 사숙(私淑)*한 것은, 그가 황제가 된 뒤에도, 대량(大梁)을 지날 때마다 신릉군의 사당을 찾아가 제사를 올린 것에서도 엿볼 수 있다.

젊은 유방은 임협의 무리로 살아가는 것을 이상으로 여기고 있었다. 그는 패현 사수정의 정장이 되자, 강 건너편 설(薛)의 임협들과도 관계를 맺게 되었다.

---

* 평소 존경하던 사람에게 직접 가르침을 받지는 못하고, 대신 스스로 그 사람의 인격이나 학문을 본받아 연마한다는 뜻이다.

뒤에 유방이 반란을 일으켰을 때, 거기에 참가한 자는 패 출신이 압도적이고, 그 다음이 탕(碭) 출신이었다.

탕과 유방의 관련에 대해서는 나중에 언급하겠지만, 이 탕에 필적하는 것이 설 출신들이다. 설 출신의 장군으로는 곽몽(郭蒙), 진무(陳武), 융사(戎賜), 진서(陳胥)와 도위(都尉) 화기(華寄), 진동(秦同) 등이 있다.

항량이 설에서 여러 장수를 소집했을 때 유방이 급히 달려간 일이 인연이 되어 설 출신 장군이 다수가 유방의 반란에 참가했던 것 같다. 다만 그들이 직접 항량의 군단에는 가담하지 않고, 당시에는 아직 매우 미력한 존재였던 유방의 군단에 가세한 것은, 설의 서쪽 강가에 위치한 패의 정장이었을 때의 유방의 활약에 의해 이전부터 연계가 있었기 때문이다.

5장
하후영과의 만남

패현의 현아(縣衙)에서 근무하는 일당 가운데 유방이 특히 친하게 지낸 자는 하후영이다.

하후영은 원래 패현의 마부로, 마치 전생에 말이 아니었을까 싶을 정도로 말의 상태를 잘 파악하는 사내였는데, 뒤에 재능을 인정받아 패현의 문리(文吏)가 되었다. 유방과 동갑 내지 약간 연상이었을 것으로 추정되는 이 청년은, 대단히 침착하고 냉정하며 중후하고 과단성 있는 동시에 아주 정력적인 인물이었다.

이 하후영이 유방의 두 번째 '상애'(相愛) 상대였다.

『사기』에서 이성간의 애정에 대하여 '상애,' 즉 서로 사랑한다는 말이 쓰인 적은 없다. 『사기』에서 말하는 서로 사랑한다는 것은, 상대를 사랑함으로써 자기가 성장할 수 있고, 세계를 손에 넣을 수 있을 정도로 강대해질 수 있다는, 그런 감정이 깃든 동성 간의 관계이다. 그와 동시에 상대에 대한 일심동체의 감정과, 상대를 위해 이 한 몸 던지기를 꺼리지 않는 헌신적 감정을 불러일으키는 것 같다. 임협적인 인간관계의 밑바탕에 깔려 있는 뜨거운 감정이다.

3장에서 본 바와 같이 유방은 소년기부터 청년기에 걸쳐 노관(盧綰)과 서로 사랑했다. 유방의 부친 유태공과 노관의 부친 노공도 서로 사랑하는 사이였다. 유방은 이 두 세대에 걸친 서로 사랑하는 관계가 만드는 자장

(磁場) 속에서 성장했다.

이어서 유방은 왕릉(王陵)을 '형으로 모셨다'〔兄事〕. 왕릉이 상당한 연상이었으므로, '상애'라는 말은 사료에 보이지 않지만, 왕릉에게 반해 왕릉의 세계에 참가하고 싶다는 유방의 감정은, 사실상 서로 사랑한다고 표현할 수 있는 것이었다. 노관과의 사랑이 유년기에 시작한 데 비해, 왕릉에 대한 섬김은 유방에게 소년기부터 청년기에 걸친 성장의 지주였다.

그리고 지금, 청년에서 어엿한 성인으로의 성장을 떠받치고 있는 것이 하후영과의 사랑이었다. 유방이 하후영과의 사랑을 통해 들어가려는 세계는 더욱 큰 세계이다.

하후영은 현에서 고용한 마부로서 패현을 방문하는 관료들을 배웅하고 마중 나갔는데, 돌아오는 길에는 반드시 유방이 있는 사수정(泗水亭)에 들렀다.

관료들을 배웅하고 마중 나가는 일에 종사하다 보니 하후영은 지배구조에 관해서 보고 듣는 것이 많았다. 과묵하고 침착한 하후영에게 별 경계를 하지 않고 긴장을 푸는 관료가 적지 않았는데, 하후영은 치밀한 관찰력과 깊은 통찰력을 갖고 있었다.

하후영은 자기가 보고 들은 바를 유방에게 전했다. 두 사람은 싫증내지도 않고 끝없이 이야기를 나누었다. "해〔日〕가 넘어가지 않는 적이 없었다"고 『사기』는 기록하고 있다. 두 사람이 상호간의 사랑을 통하여 들어가려고 하는 세계는, 법률 일변도로서 고도의 조직성을 갖춘 진나라의 지배와 그 지배를 받으면서도 획일적인 법제에 의해서는 모든 것을 덮어버릴 수 없는 옛 6국 사회의 상쟁 속에서 잠재적으로 일어나고 있고, 이윽고 모든 사람을 휩쓸어버리고 마는 거대한 동란의 세계였다.

두 젊은이는, 조만간 큰 무대에 서게 되는 주연과 조연이었다. 그들이 자기의 미래에 대하여 전혀 예상하지 못했다고 말할 수는 없을 것 같다. 미래의 황제와 그 둘도 없는 측근으로서의 모습을 마음속에 그릴 정도까지는 아니었는지 모르겠지만, 두 사람 다 역사의 무대에서 결정적으로 중요한 역할을 하게 될 것임을 믿어 의심치 않았다.

유방은 이 무렵 연못에 몸을 깊이 감추고 있는 용처럼, 풍패 임협 집단 속에서 서서히 그 세력을 키우고 있었다. 또 한편으로는 진(秦) 왕조 행정 기구의 말단에 해당하는 정(亭)에 몸을 맡겨두고, 풍패의 현지 채용 관리들 사이에 영향력을 확장하고 있었다.

유방과 하후영 사이에 일어난 흥미 깊은 사건에 대하여 『사기』는 변함없이, "고조가 희(戱)하여 하후영을 다치게 했다"고 간략히 기록하고 있다.

'희'(戱)를 일본에서는 막연하게 '장난으로'라는 뜻으로 이해하는 것이 보통이지만, 그렇게 풀이해서는 이 사건의 의미를 충분히 이해할 수 없다. 원래 '희'는 흉내 내는 것, 흉내 냄으로써 즐기는 것을 뜻한다.

당시의 임협 패거리에 관한 구체적인 용례를 통해 볼 때, 그것은 검술을 의미했다고 볼 수 있다. 진검(眞劍) 승부를 흉내 내는 것이다. 오늘날의 펜싱처럼 일정한 판정기준이 있어서 운동경기의 형태를 취하기도 했던 것 같다.

훗날 한 무제(武帝) 때 회남왕(淮南王) 유안(劉安)은 반란을 일으키려 했다가 발각되어 자살하는데, 그 계기의 하나가 유안의 태자와 관련된 사건이다.

유안의 태자는 검술이 자랑이어서, 천하에 자기만한 자는 없다고 여기고 있었다. 그런데 낭중(郞中) 뇌피(靁被)가 검술에 뛰어나다는 평판이 있었으므로 "불러서 함께 희(戱)했다." 여기서 말하는 '희'는 검술경기이다. 이겨도 져도 성가신 일이었으므로 뇌피는 필사적으로 사양했지만, 어쩔 수 없이 겨루기를 하게 되어 "실수로 태자를 쳤다." 이로부터 보면 '희'라고는 해도 진검으로 겨루는 것이었음을 알 수 있다.

자기가 억지로 겨루게 했음에도 불구하고, 상처를 입은 태자는 성을 냈

칼을 찬 사(士)(『沂南古畵像石墓發掘報告』, 新華書店, 1956에서).

고, 두려워진 뇌피는 망명하여 장안의 중앙정부에 사건의 경과를 기록한 보고서를 제출했다.

'희'는 나이 어린 건달 임협에게 볼 수 있는 가장 특징적인 활동 가운데 하나였다. 회남왕 일가는 전한 중기에도 여전히 전국시대의 풍습을 간직하고 있었는데, 그것이 이들이 일으킨 반란의 한 배경을 이루고 있었던 것이다.

일설에 의하면, 고대중국에서는 춘추시대까지 성인이 된 사(士)는 허리에 옥을 차는 관습이 있었는데, 전국시대에 들어서 진나라를 중심으로 칼을 차는 관습이 일반화되었다고 한다. 사(士) 이상이 되어야 비로소 칼을 찰 수 있다는 것이 당시의 통념이었다. 관리가 사인 것은 명백하다. 유방도 하후영도 진나라의 하급관리였기 때문에 칼을 찰 권리가 있다. 특히 정장(亭長)은 경찰업무가 주요 임무 중 하나였기 때문에 검술 수련이 필요했다.

이 시기 사의 관념과 실태에는 큰 차이가 있었다. 공동체적 신분사회의 해체에 수반하여, 대담하게 말해서, 본인이 사라고 자칭하면 사가 되는 상황이 발생했다.

그러나 정말로 사가 되기 위해서는 사회가 그것을 인정해야 한다. 그가 사회에서 인정하는 능력을 가지고 있는지 여부가 관건이 된다. 그래서 당시의 사 중에 자기 스스로 사라고 생각하고 사회도 그것을 인정하는 사와,

자기는 사라고 생각하지만 사회는 인정하지 않는 사가 존재하고 있었다.

사의 능력은 여러 가지이지만, 사회로부터 인정받는 데 가장 손쉬운 것은 무(武)의 능력이다. 유방과 하후영의 '희'는 그런 사의 일상적 훈련의 일부였다.

그러나 그들의 겨루기는 정식 관료로서의 행위는 아니었다.

유방과 하후영은 목숨을 건 승부에 대비하기 위하여 진검 검술에 열중했다. 그리고 진지하게 덤벼든 유방의 칼이 하후영을 덮쳤던 것이다.

어떤 자가 이 사건을 고발했다. 그가 유방에게 앙심을 품고 있었기 때문이었는지, 아니면 관리의 상해사건을 알면서 입을 다무는 것에 대한 처벌규정이 있었기 때문이었는지는 분명하지 않다.

어느 쪽이었든 당시의 규정으로는, 정장(亭長)처럼 경찰업무에 종사하는 사람이 이유 없이 타인을 다치게 한 경우에는, 특히 가중처벌을 적용하도록 되어 있었다. 유방은 자신이 하후영을 다치게 하지 않았다고 말했고, 하후영도 이를 확인해주어 사건은 일단락되었다.

그런데 나중에 이 재판결과가 다른 증거에 의해 뒤집혔다. 하후영은 위증 혐의로 1년 이상 구류에 처해지고 "볼기 맞기를 수백 번," 즉 수백 대의 곤장을 맞고 자백을 강요받았다. 그러나 끝내 입을 열지 않아, 유방은 하후영 덕분에 무죄 방면되었다.

임협의 무리로서 유방의 특징은, 항상 집단적인 행동의 중심에 자신을 두고, 더욱이 집단 구성원의 헌신적인 희생의 대상으로 존재했다는 점에 있다. 이때 유방은 실수였다고는 해도 하후영을 다치게 했다. 그러나 하후영의 헌신적인 희생으로 살아날 수 있었다.

나중의 일이지만, 유방은 여치(呂雉) 즉 여후(呂后)와 혼인한 뒤에도 변함없이 위험한 일을 했고, 여치가 유방 대신 감옥에 들어간 적이 있다. 당시 여치에 대한 현 측의 대우가 나빴던 데 화가 난 일당 임오(任敖)가

현의 말단관리 신분이면서도 동료를 덮쳐 상처를 입혔다.

흥미로운 것은, 하후영이든 여치나 임오이든 당연한 듯이 기꺼이 유방에게 헌신했고, 유방도 이를 당연한 것으로 받아들여, 은혜를 입어 고마워하는 기색이 전혀 보이지 않는다는 점이다.

유방은 이런 점에서 군주가 되기 위해 태어난 자라고 할 수 있다. 그는 늘 주위의 인간에 대해 시원시원하고 대범했다. 물질적인 은혜를 베푸는 경우에는 일종의 아버지와 같은 따뜻함이 담겨 있었다.

유방은 '내공'(乃公), 즉 '자네의 아버지인 이 어르신'이라는 말을 입에 달고 다니다시피 했다. 이 입버릇은 그가 정장(亭長)이 된 뒤부터 더 거리낌이 없게 되었다. 부친인 유태공과 패의 현령을 제외하면, 이 입버릇의 대상이 되지 않는 사람은 별로 없었던 것 같다.

유방은 거의 진심으로 자기가 동료의 '내공'이라고 생각했다. 그리고 동료들은 점점 그를 말 그대로 아버지처럼 여기게 되었다.

유방 집단에 대해서는 이미 언급한 대로, 장자(長者)로서의 인격적인 덕을 가진 유방과 그런 그에게 빨려들듯이 모인 '소년'들로 이루어진 구조였다는 가이즈카 시게키(貝塚茂樹)의 견해, 그런 결합의 기본적 성격은 임협적인 것이었다는 마스부치 다쓰오(增淵龍夫)의 견해가 있다.

본서도 이와 같은 뛰어난 견해를 이어 받는 형태로 논의를 진행시켜 가려고 하지만, 임협적 결합이라고 해도, 그것이 일반적인 결합인가 아니면 일종의 결사 그것도 안의 사회에서의 비밀결사적인 결합인가는, 사료상에서 간단하게는 읽혀지지 않는다.

사료를 통해 볼 때, 확실히 임협사회의 일원임을 지적할 수 있는 인물로서 그 필두는 왕릉이고, 다음이 옹치(雍齒)이다. 이 외에 필자의 견해로는 유태공·노공(盧公)·여공(呂公) 등도 그 일원이었다고 생각되고, 그들의 아들인 유방·노관·여택(呂澤)·여석지(呂釋之) 등도 그런 것 같다.

다른 임협조직의 일원이었을 가능성이 높은 자는 하후영과 임오이다. 유방이 조직의 일원이었다고 보면, 당연히 그와 서로 사랑하는 관계에 있던 하후영도 그랬을 것으로 추측된다. 이 추측을 보강하는 것으로서 하후영에 얽힌 두 개의 일화를 들 수 있다.

하나는, 그가 한신(韓信)을 구한 이야기이다. 뒤에 유방이 항우로부터 한중(漢中)에 봉해졌을 때, 원래 항량(項梁) 집단에 속해 있던 한신은, 항우에게 올린 방책이 받아들여지지 않자 도망하여 유방 집단에 투신했다.

한신은 당초 유방 집단에서도 뜻을 펼치지 못하고, 결국 "법에 연좌되어 참형을 받게 되었다."

이것은 유방 집단의 군기가 엄정했음을 보여주는 것으로 주목할 만하지만, 아무튼 곧 참형을 당하게 된 한신은 하후영을 발견하고는 큰소리로 외쳤다. "한왕(漢王)께서는 천하를 취할 생각이 없으신 것인가? 어째서 장사(壯士)를 베려고 하신단 말인가!"

> 그 말이 기이하고 그 얼굴이 굳세다고 여겨, 석방하여 목을 베지 않았다. 더불어 말해보고는 크게 기뻐했다.

하후영은 한신의 말과 굳센 얼굴에 장래성이 있다고 판단하여 혼자만의 생각으로 그를 살려준 것이다.

하후영은 바로 한신을 소하에게 소개했다. 이후 소하가 유방에게 추천함으로써 한신은 비로소 활약의 무대를 손에 넣었다. 만약 한신의 활약이 없었다면, 유방이 천하를 취할 가능성은 없었다. 한신의 말은 확실히 미래를 정확하게 예언하고 있었다.

이때 하후영은 이미 유방 집단의 중견 간부였기 때문에, 그런 권한을 갖고 있었을 것이다. 그러나 그는 무엇을 믿고 한신을 풀어준 것일까?

한참 뒤의 일이지만, 무관(武關) 공격에 종사했던 유방의 군대에서 나중에 승상(丞相)이 된 장창(張蒼)이 똑같이 "법에 연좌되어 참형을 받게 되었다." 당시에는 대협(大俠) 왕릉이 장창을 '미사'(美士) 즉 멋진 대장부라고 생각해서 패공 유방에게 보고하여 그의 목숨을 구했다.

확실히 말과 얼굴에 근거한 판단, 특히 위급한 상황에 처한 인간의 말과 얼굴에 근거하여 그 사람의 본질을 적확하게 간파하는 능력은, 임협에게 없어서는 안될 요소 가운데 하나이다.

그러나 정말로 하후영과 왕릉은 말과 얼굴에 근거한 판단만으로 군율(軍律)의 적용을 무시했던 것일까? 그 판단력은 특히 임협의 무리로서 중요하기는 하지만, 그런 행동의 배경에는 현실적인 뒷받침이 있었을 것이라고 필자는 생각한다.

임협사회에 있어 이제 하나의 중요한 요소는 광범위한 정보, 그것도 인물에 관한 정보의 수집이다. 하후영과 왕릉은 임협적인 네트워크를 통해 한신과 장창에 관한 정보를 사전에 어느 정도 파악했고, 이것이 그들의 초법적인 결단의 근거가 아니었을까 생각되는 것이다.

하후영이 임협조직의 일원이었다고 추측되는 다른 또 하나의 일화는, 그가 초나라의 대협(大俠) 계포(季布)의 목숨을 구한 이야기이다. 계포와 관련해서, "황금 100근을 얻는 것이 계포의 단 한 번의 승낙을 얻는 것만 못하다"라는 초나라의 속담이 있었다고 한다.

계포는 항우의 부장(部將)으로서 유방을 자주 곤란하게 했다.

항우가 패한 뒤 유방은 계포의 머리에 천금의 상금을 걸었다. 뿐만 아니라 그를 숨겨주는 자가 있으면 "죄는 삼족(三族)에 미친다," 즉 친족을 모두 죽일 것이라고 포고했다.

그런데 노나라의 대협 주가(朱家)가 분주히 돌아다니다가 하후영의 도움을 얻어 결국 계포를 구했다.

주가에게 임협으로서의 기풍을 기대한 자가 하후영이었다는 것은, 그와 임협조직과의 관계를 시사한다. 하후영이 유방에게 계포의 목숨을 살려달라고 청한 결과, 계포는 용서받았을 뿐 아니라 낭중(郎中)으로 발탁되었다.

낭중은 어전 내에서 숙직하는, 원래 황제가 가장 신임하는 근시(近侍)의 관리이다. 임협으로서 공유하는 감정은 계포, 주가로부터 하후영을 통해 유방에게까지 도달했던 것이다.

하후영에 대해 전하고 있는 몇 개의 일화에서 엿볼 수 있는 것은, 생사의 갈림길에서 다른 사람은 할 수 없는 대담한 결단을 내리고 있는 그의 모습이다.

그는 항상 차분해서 남의 눈에 드러나지 않았다. 그러나 왕릉이나 여후와 함께 때로는 유방의 뜻을 무시할 수 있었던 극소수의 인물 가운데 한 사람이기도 했다. 유방조차 때로는 양보할 수밖에 없었던 그의 강인함은 임협 중의 장자(長者)라는 자존심에 근거하는 것이었다.

하후영 외에도 패현이나 사수군의 현지임용 하급관리 가운데 유방과 의기투합하는 일당이 늘어갔다. 예를 들면, 앞에서 언급한 임오 외에 주창(周昌)과 주가(周苛)라는 패현 출신의 일당이다. 그리고 정도의 차이는 있지만 그들에게 공통적으로 보이는 것이 임협의 기풍이다.

정장이 된 유방은 하후영을 통해 시야를 넓혀 나갔다. 특히 패현과 사수군의 바깥으로 발을 내딛게 됨으로써 유방의 세력은 확대되었다.

당시 '거관'(居官) 즉 관아에 거하는 것과 '거가'(居家) 즉 자택에 거하는 것 사이에는 지금은 상상할 수도 없는 차이가 있었다. '관인'(官人)과 '가인'(家人)은 사람을 가장 명쾌하게 식별해주는 범주였다. 유방은 가인에서 관인으로 변신한 것이다.

한대에는 현의 관리를 표시하는 현관(縣官)이라는 말이 동시에 천자(天子)를 뜻하기도 했다. 서민이 접하는 것은 현관이고, 천자의 명령은 현관을 통하여 민중에게 전달되었기 때문이다. 이것은 현관과 서민 사이에는 뛰어넘을 수 없는 큰 간극이 있었음을 의미한다.

정장은 현지임용의 하급관리이지만, 한대에는 중앙에서 임용하는 상급

관리로 승진하고 나아가 정부의 고관으로 출세할 수도 있는 길이 열려 있었다.

실제로 앞장에서 언급한 새로 출토된 윤만(尹灣) 한간(漢簡)에는, 정장에서 현의 차관인 현승(縣丞)이나 정장의 상관으로 경찰과 군사를 담당하는 현위(縣尉) 등으로 승진한 실례가 기록되어 있다. 승진 사유는 군도(群盜)를 체포하거나 목을 벤 것, 망명자를 사로잡은 것 등이다.

이것들은 전한 말기의 사례이지만, 진말(秦末)에는 정장의 직무가 더 중시되었을 것이다. 유방은 정식 부하 외에도 넓은 정보망을 갖고 있고, 또 실제로 도움을 의뢰하는 동료도 있었으므로, 그에게도 승진기회는 충분히 있었다.

아마 유방에게는 일반적인 승진의 길을 걸어간다는 생각이 아예 없었을 것이다. 다만 그에게 이런 길이 열려 있다는 것은, 결국 정장도 군현(郡縣)의 하급관리도 혹은 상급관리조차도 기본적으로는 같은 동료라는 말이 된다.

정장이 된 인간이 온순한 자라면, 현령과 정장의 신분 차이를 있는 그대로 받아들였을 테지만, 유방으로서는 현령이든지 정장이든지 모두 같은 관료로서 하등의 차이도 없었다.

하물며 난민이 흘러넘치고 군도가 횡행하는 풍패 지방에서는 현아(縣衙)의 안전도 유방 등의 의도나 동향과 무관하지 않기 때문에, 그의 잘난 체하는 태도에도 근거가 없었던 것은 아니다.

유방은 이 새로운 환경을 최대한 이용했다. 보다 정확하게 말하면, 이용한 것이 아니라 지극히 자연스럽게 새로운 무대에 발을 내밀었을 뿐인지도 모르겠다. 어쨌든 이 패현에서 새로운 중심이 탄생한 셈이다.

현아의 최고책임자가 현령임은 주지하는 바이다. 그러나 유방이 정장이 되자 현의 관리들은 거기에 새로운 자장(磁場)이 생겼음을 감지했다.

자기(磁氣)가 유방이 있는 사수정(泗水亭)으로부터 나오게 된 것이다.

확실히 난민이나 군도에 관한 정보는 지금까지와 마찬가지로 틀림없이 현아에 보고되었다. 혹은 그 이상이었다고 해도 좋다.

그러나 그것에 대한 지시는 거의 일방적으로 사수정에서 나오게 되었다. 물론 형식적으로는 현의 지시를 청했지만, 일의 경중을 현은 잘 알 수 없다.

보고서 내용을 보면 대단한 사건이 아닌데, 정(亭)의 힘으로는 처리할 수 없기 때문이라고 하면서, 현의 유요(游徼)나 구도(求盜) 등 경찰업무를 집행하는 자, 말하자면 경찰관의 도움을 구하러 온다. 이것이 받아들여지지 않으면, 정 측에서는 처리 불가능이라고 말하며 방치한다. 어느 정도 시간이 지나면, 분명히 그 결과로서 중대한 사건이 일어난다.

반대로 보고서상으로는 중요한 안건이라도, 정 측에서 간단히 처리해 버리는 경우도 있다. 정을 무시하고 현에서 쓸데없는 참견을 하면, 현 측에 버거운 엄청난 사태가 발생한다.

한편 유방은 틈이 나면 어슬렁어슬렁 현아에 온다. "오! 현령님, 안녕하시죠?" "오! 현승님, 좋은 날씨로군요!"라는 표현 자체는 정중하지만, 뱃속으로부터 나오는 소리는 씨름선수 같은 체구와 서로 어울려, 어느 쪽이 상관인지 분간할 수 없는 분위기가 된다.

애초에 유방으로서는 현령이든 현승이든 안중에 없다. 천하의 움직임도 이해하지 못하는 노인네들인데 무엇을 할 수 있으랴, 이것이 그의 본심이다.

유방은 잡담의 명수로서 흥이 나면 특유의 음담패설을 시작한다. 때로는 그 자리의 한 사람을 등장인물로 삼는다. 유방이 관청의 큰방에서 음담패설을 시작하여 모두 폭소를 터뜨리면, 엄숙해야 할 현아의 분위기가 시골 술집처럼 되어버리고 만다.

『사기』는 이렇게 기록하고 있다.

현아 내의 관리들을 허물없이 희롱했다.

자기보다도 사회적으로 높은 자리에 있는 상대에 대해서도 허물없이 대하고, 상대를 가벼이 보는 농담을 연발하여 분위기를 띄워, 그 순간을 놓치지 않고 주인공의 자리에 앉아버린다. 유방의 태도나 능력이 이 간결한 서술에 멋지게 표현되어 있다.

현아를 방문할 때 항상 빈손이었던 것은 아니다. 그는 때때로 제(齊) 지방의 소금에 절인 생선이나 강남의 가죽제품 등 근사한 물건을 가지고 가서, 아낌없이 패현의 말단관리들에게 뿌렸다. 한편으로는 제 지방의 명품인 고가의 비단 옷감이나 월(越) 지방에서 왔다는 무소뿔 등 진기한 물건을 몽땅 현령이나 현승의 관저로 가지고 갔다.

이들 물품은 통행세에 가까운 형태로 유방이 사적으로 징수한 것이지만, 입수경위를 신경 쓰는 인물은 아니었다. 게다가 이런 일종의 불법소득 가운데 상당부분을 현의 관리에게 바치거나 동료에게 주는 선물로 썼기 때문에, 자기 수중에는 그다지 남지 않았다.

"베푸는 것을 좋아하고 관인대도(寬仁大度)하다"는 그에 대한 평판은 패현을 넘어 사수군(泗水郡) 일대로 퍼져 나갔다.

정장은 소리(小吏)이기는 해도 다른 간섭과 원조를 받지 않는 독립적인 자리이다. 유방이 사수의 정장이 된 뒤부터 그곳은 풍패의 임협들이 나누는 정보교환의 장이 되었다. 패현의 공적인 권력과 안의 사회에서 임협의 힘은, 유방이라는 개인과 멋지게 결합했던 것이다.

이런 유방은 어느덧 풍패 지역사회 속에서 옹치, 왕릉, 소하, 조무상, 조참 등과 어깨를 나란히 하는 중요 인물로 떠올랐다.

유방은 패현, 나아가서는 사수군 내에서 겉으로 드러나지는 않았을지라도 결코 만만치 않은 세력을 형성하고 있었던 것이다.

6장
함양 출장

시황제의 제2차 천하 순수에 뒤이은 그 이듬해(기원전 218)의 제3차 순수는, 오고 가는 길 모두 풍패 지역의 북측을 통과했다. 시황제의 눈이 동방을 향하고 있음이 소하(蕭何)를 불안하게 했다.

시황제의 천하통일 이래 과거 초나라의 지배와는 다른, 경직되고 기계적인 진나라 관료제 지배가 드디어 본격적으로 풍패 지역사회로 밀려들어오고 있었다. 이런 정세 속에서, 소하는 우선 천하지배의 중추인 진나라 수도의 상황을 정확히 알고 싶었다. 그래서 호탕하며 인습에 구애받지 않는 안목으로 사태의 본질을 꿰뚫어 볼 인재를 구했다.

제3차 순수로부터 2년째인 시황제 31년(기원전 216), 유방은 22세였다. 20세 때 정장에 임용되었으므로, 정장직도 3년째를 맞이하고 있었다. 소하는 결국 유방을 진의 수도 함양(咸陽)에 파견했다. 명목은 강제노동에 징발된 인부의 인솔과 감독이다.

진나라의 수도였던 함양은 이제는 천하의 수도가 되었다. 천하의 부호(富豪) 12만 호의 이주는 함양의 인구를 배로 증가시켜 그 면목을 일신하고 있었다.

함양에서는 수도의 기반정비를 위한 다양한 토목공사가 연이어 시행되었다. 그런데 그 노동력의 대부분은 함곡관(函谷關) 이동(以東) 옛 6국의 주민을 징발함으로써 해결해 나갔다.

정장은 지방행정의 말단 관리이지만, 그래도 버젓한 관아(官衙), 즉 자신의 집무장소가 있다. 이런 지방 소리의 출장에 대해서는 최근 출토된 이른바 윤만(尹灣) 한간(漢簡)이 그 구체적인 예를 보여준다.

윤만 한간은 강소성 연운항시(連雲港市) 동해현(東海縣) 온천진(溫泉鎭) 윤만촌(尹灣村)의 전체 6기(基)에 달하는 전한(前漢) 말기의 묘 가운데 제6호 묘에서 출토된 것이다. 출토된 전체 간독(簡牘)을 모아『윤만한묘간독』(尹灣漢墓簡牘)이라는 보고서가 1997년 중화서국(中華書局)에서, 출판되었다. 대나무로 만든 폭이 좁은 문서를 '대나무 죽(竹)' 머리를 붙여 간(簡)이라고 하고, 나무판으로 만든 폭이 있는 문서를 '조각 편(片)' 변(나무를 둘로 나눈 그 반쪽을 가리킴)을 붙여 독(牘)이라고 한다.

윤만촌은 한대의 행정구획으로 말하면, 패군(沛郡)의 동쪽 경계와 맞닿아 있는 동해군의 동안현(東安縣)에 속한다. 패현으로부터 이 동안현까지는 약 170km이다.

제6호 묘의 묘주(墓主)는 동해군의 현지임용 관리로서, 사망시에는 군의 공조사(功曹史)였던 사요(師饒), 자(字)는 군형(君兄)이라는 인물이다. 소하가 패현의 공조연(功曹掾) 즉 공조의 장(長)이었음에 비해 사요는 공조연의 부하인 하급관리였던 것이다.

사요의 묘에서는 그 외에 '패군(沛郡) 태수(太守) 장희(長熹)'의 알(謁) 즉 정식 명함이 출토되어, 동해군과 패현이라는 인접하는 두 군 사이에 있었던 관리의 왕래를 엿볼 수 있다.

그런데 이 사요의 묘에서 유방의 함양 출장과 내용상 관련이 있는 두 개의 사료가 발견되었다.

하나는 사요가 장안으로 장거리 출장을 했을 때 전별금의 일람을 기록한 목독(木牘)이다.

진나라의 수도 함양은 위수(渭水)의 북쪽 즉 위수의 양(陽)에 위치하고, 동시에 황하(黃河)의 만곡(彎曲) 부분의 안쪽 전체로 펼쳐지는 섬서

(陝西) 황토고원의 남쪽 산기슭 즉 그 양(陽)에 위치한다. 산의 남쪽을 양, 강의 경우는 반대로 그 북쪽을 양이라고 하는 것이지만, 이곳은 산과 물의 양쪽에 대해서 양에 해당하기 때문에 '모두 함(咸)'자를 써서 함양(咸陽)이라고 명명한 것이다.

한대(漢代)에 들어오면 함양에서 위수를 남으로 건넌 지점에 새로이 대도시가 건설되어 장안(長安)이라고 명명되었다. 장안은 처음에는 성곽이 없는 궁전으로 출발했지만, 뒤에 여후(呂后)의 집정시대에 거대한 성곽이 만들어져, 오늘날에도 일부 그 모습을 남기고 있다.

다음 페이지에서 제시한, 사요의 묘에서 발견된 목독(木牘)에는, 바깥과 안쪽 모두 인명과 그 전별금 액수가 기록되어 있다. 다만 이 목독은 선명하지 않을 뿐만 아니라, 서체가 초서여서 읽기 어려우므로 옆에 이를 정자로 풀어놓았다.

우선 왼쪽에서는 첫 줄의 소주부(蕭主簿), 유자엄(劉子嚴), 설군상(薛君上), 사군장(師君長) 등 4인이 각각 1,000전(錢), 둘째 줄의 □소군(□少君)으로부터 순우군방(淳于君房)까지의 13인과, 셋째 줄의 진군엄(陳君嚴)에서부터 왕대경(王大卿)까지의 9인 등 합계 22인이 500전, 기타가 200전 혹은 100전이다.

왼쪽과 오른쪽에 기록된 이들의 이름에는 상당한 중복이 있는데, 이 중복을 어떻게 보아야 하는가에 대해서는 해석이 갈린다. 필자는 원칙적으로 전별이 1,000전, 500전, 200전, 100전의 4등급으로 나뉘어 있기 때문에, 전별 300전의 인물은 200전과 100전 두 곳에 이름이 기재된 것이라고 생각한다.

특히 문제가 되는 것은 사군장(師君長)이다. 그는 1,000전 항목에 1번, 500전 항목에 2번으로 합계 2,000전을 내고 있지만, 그의 자(字) 군장(君長)은 사요의 자 군형(君兄)과 '군(君)'이라는 글자가 똑같다. 결국 그는 종친의 인물로서 특별히 많은 전별금을 냈을 것이다.

사요가 얻은 전별금을 기록한 목독(木牘)(『尹灣漢墓簡牘』, 中華書局, 1997에서).

蕭主簿
劉子嚴
薛君上
師君長
共千錢

之長安

□少君　　陳君嚴　　●蔡君長二百
公父游君　蕭子□　　李林卿二百
□長實　　孫少卿
涂君都　　張□君
張□君　　師君長
□師子實
盛中子　　冬利君嚴
陳君長　　□中叔
鍾中子　　于子嚴
朱子高　　罕子張子張
王君兄　　王大卿
毛君卿　　●右廿二人錢五百
□子　　　戴子然百
□□
淳于君房
淳于君房

□君房二百　　李子麗二百　　后君然百乚　　終稚□二百乚
州君游二百　　薛子僑百乚　　西郭君高二百乚
　　　　　　□子恭二百乚　　梁君都百乚
尹君高二百　　淳于子上百乚
夏子都二百　　□大□百乚　　　　　　　　●季母
許長史百　　　朱喬卿百乚
張君長二百　　馬□君百乚
莒威卿二百　　涂君都百乚
孫孝卿二百　　□實卿百乚
嚴子孝二百　　□卿百乚
貢孫仲百　　　劉恩卿百乚
周君左二百　　薛君孝二百乚
譚君房二百　　許初卿百乚　　梁君長二百乚
左初卿百乚
□次君百乚　　□君長二百乚

□莒少平百、

□百

涂子平二百、
貢君長二百、
薛子孝二百、
□子家二百
王君功二百
□元卿二百
師君長五百

永始二年十一月十六日

州君游二百
淳于君房二百

華君實　　李林卿
朱中實　　劉子嚴
王季卿　　薛元功
罕子張　　□君房
于子努　　朱三石
□孫卿　　●外大母
孫都卿
戴子然
京君兄
蔡君長
莒威卿

목독에 대한 탈초문.

이 전별금의 주고받음은 유방의 함양 출장으로부터 대략 200년 후의 일이다.

유방이 받은 전별금에 대해서는 『사기』에 기록이 남아 있다. 그것에 의하면 패현의 관리 동료들은 모두 300전을 보냈지만, 소하(蕭何)만은 500전을 보냈다.

이것은 젊은 유방에게는 큰돈이었던 듯, 소하가 특히 200전을 추가해서 전별금을 보낸 일을 유방은 고맙게 여기고 두고두고 기억하고 있었다. 훗날 유방이 황제가 되어 신하의 논공행상을 할 때, 이 옛날의 은혜에 보답하기 위해 소하에게 원래보다 주민 2,000호 분만큼을 더 주었던 것이다.

그런데 이때 소하의 500전이라는 액수가 특별히 많은 것이었으므로, 사요의 전별금을 참고하면, 유방의 경우에는 500전, 300전, 200전, 100전이라는 등급으로 나눌 수 있을 것이다. 200년 사이에 물가는 거의 배로 오른 셈이 된다.

사요가 장안으로 출장 갈 때의 전별금을 모두 합하면 2만 7,600전이 된다. 물가상승을 계산에 넣어, 예컨대 그 절반 정도를 유방이 받았다고 하면, 약 1만 4,000전이 된다.

22세의 유방으로서는 상당한 거액이다. 당시 교통조건의 열악함과 위험, 게다가 임무의 어려움까지 고려한다면 타당한 보수이지만, 체력조건이 뛰어나고 기운이 넘치는 유방으로서는 불로소득이라 할 만한 임시수입이었다.

이것은 유방의 개인적인 수입이다. 그러나 실제로는 여행지에서의 관리들이나 임협 두목들과의 교제비로 거의 다 사용했다.

덕분에 인부들은 여러 가지 은혜를 입어, 그들 사이에서 유방의 인망은 크게 높아졌다. 유방은 그래서 다소 얻기 힘든 지식을 얻었을 뿐 아니라 인간관계의 망을 크게 넓히게 되었다.

출장상황에 대하여 참고가 되는 것이, 윤만 한간 속에 포함되어 있는 사요의 1년에 걸친 집무일기이다.

이것은 원연(元延) 2년(기원전 11)의 일기로, 그의 소재지를 중심으로 기록한 매우 간결한 내용이지만, 당시 관리의 동정을 기록한 것으로 흥미 있는 원시사료이다.

이 일기는 폭이 좁은 대나무 조각을 끈으로 이어 책자로 만든 것이다. 전부 76간(簡)이 출토되었는데, 그 가운데 몇 개의 간(簡)은 홑 조각이고, 이것을 연결하여 복원하면 57간이 된다. 완전히 망실된 간도 있지만 그 수는 그렇게 많지 않다.

완전한 간은 출토시에 길이 23cm, 폭 4mm, 두께 2mm, 수분을 제거한 후에 재어 보니 길이 22.5cm, 폭 3mm, 두께 1mm의 규격이며 예외가 거의 없다.

1981년에 출판된 중국의 국가계량총국(國家計量總局) 주편(主編)의 『중국 고대 도량형 도집』(中國古代度量衡圖集)에 의하면, 이때까지 새로 출토된 전한(前漢)시대의 자는 1척 23cm가 2건, 23.2cm가 2건, 23.5cm가 1건, 23.6cm가 1건이다. 후한(後漢)시대가 되면 출토 건수는 크게 늘어나 31건의 완전한 자가 확인되지만, 몇 개의 예외를 제외하면 모두 1척이 23cm∼23.5cm 이다.

한편 필자 자신이 문헌사료나 출토화폐의 규격으로부터 추정하는 한대(漢代)의 척도는 1척 23.2cm이다. 실제로 현존하는 자에는 약간의 오차가 있더라도, 그 규격은 1척 23.2cm 전후로서 거의 틀림없을 것이다.

그렇다면 이 윤만 한간은 길이가 온전하게 1척이라고 해도 좋다. 그리고 이 길이 1척이 당시 간독(簡牘)의 표준이었다.

'척독'(尺牘)이란 편지를 말하지만, 원래는 1척 길이의 나뭇조각이라는 뜻이다. 덧붙여 말하면, 똑같이 편지를 가리키는 '척간'(尺簡)은 길이 1척의 대나무 조각, '척소'(尺素)는 폭 1척의 흰 비단, '척저'(尺楮)는 폭 1척의 종이라는 것이 원래의 의미이다.

이 죽간(竹簡) 일기의 기재는 6단으로 나뉘는데, 최초의 간(簡)에는 각 단에 정월, 3월, 5월 하는 식으로 대월(大月)인 홀수 달의 이름이 기록되어 있다. 다음 간 이후에는 홀수 달의 30일 분의 기사를 기록하기 위한 죽간이 30간 연결되어 있다.

계속해서 32번째 간은 2월을 비롯한 소월(小月)인 짝수 달의 이름을 기록한 간인데, 그 옆에 홀수 달의 29일 분의 기사를 기록하는 29개의 죽간이 연결된다. 그 위에 원연(元延) 2년이라는 연호를 기록한 1간이 최후에 와서, 원래는 합계 62간으로 만들어져 있었다고 생각된다.

이 62간이 옆으로 끈으로 연결되어 책자로 만들어져 있었다.

그런데 이 원연 2년 일기를 보면, 동해군의 공조사(功曹史)였던 사요는 군 내 여러 현으로 며칠 정도 걸리는 단기 출장을 대여섯 번 갔다 온 것 외에, 다른 군과 다른 나라로의 장기 출장을 모두 여섯 번 다녀왔다.

특히 네 번째인 초나라 팽성(彭城)현 출장은, 봄인 3월 말부터 여름인 6월 초까지 장장 68일이 걸렸는데, 다른 군과 다른 나라로의 출장은 이처럼 봄과 여름에 거의 집중되고 있다.

게다가 사요는 출장 때마다 방전(房錢) 즉 출장 숙박비를 받고 있다. 유방의 경우도 공적인 출장이었으므로 수당이 지급되었을 것이다.

사요의 출장에서 주목되는 것은, 세 번째 출장의 주요 숙박지가 팽성현 남춘정(南春亭)이었음에 비해, 네 번째는 팽성현 남춘택(南春宅)이었다는 점이다. 이것은 최초의 방문에서 남춘정에 숙박하여 정장(亭長)과 친하게 된 사요가, 다음 방문에서는 정장의 자택 관사에 숙박했음을 뜻하는 것 같다.

또 남춘택에서는 5월 15일에 "설경(薛卿)이 해질녘에 왔다"고 기록하고, 같은 달 20일에는 "설경이 아침에 떠났다"고 하여, 이 5일 간은 설경과 함께 숙박하고 있었다. 게다가 이 사이에는 "동경(董卿)이 왔다"고도 하

여, 남춘의 정장·사요·설경·동경 등 4인이 대면하고 있
다. 한편 '경'(卿)이란 공손한 말로서 현대어의 '씨'를 좀
더 정중하게 표현한 정도의 어감이다.

　이런 기록으로부터 사요의 공적인 출장은, 한편으로
는 남춘 정장과의 사적인 우의에 의하여 유지되고 있
고, 사적인 인간관계의 형성에도 도움이 되었음을 추측
할 수 있다.

　유방이 하후영과 온종일 이야기를 나누곤 했던 것처
럼, 정(亭)은 교통운수와 정보전파의 공적인 결절점(結
節點)이었지만, 동시에 사적인 결절점일 수도 있었다.

　중국의 관료체제는 비인격적·기계적인 뼈대와 그것
에 살을 붙이는 인격적·유기적인 인간관계의 결합 속에
서 기능하고 있었다. 군현(郡縣)의 전반적인 사무의 총
괄책임자인 공조연(功曹掾)의 재량에 따라 다소 무리한
일도 얼마든지 통할 수 있었다. 패현의 공조연인 소하가
만반의 준비를 갖춰 놓은 일정 속에서 유방은 상당히 자
유롭게 움직였다. 덕분에 그의 출장은 많은 성과를 거두
게 되었다.

　소하가 유방에게 맡긴 임무는 두 가지였다.

　첫째는 장이(張耳)가 진(陳)으로 도망간 뒤의, 위
(魏) 지방과의 연락망을 재건하는 일이다. 장이는 대량
(大梁)에서 외황(外黃)으로 이주하여, 진(秦)나라의 점
령 후에도 위 지방에서 세력을 떨치고 있었다. 그러나
진나라는, 장이와 진여(陳餘)가 위 지방의 임협 가운데
유명인물이고, 특히 장이가 일찍이 진나라에 대한 항쟁

사요의 일기 일부. "正
月大, 三月大…"라고
홀수 달의 이름이 기
록되어 있다(『尹湾漢
墓簡牘』에서).

에서 핵심인물이었던 신릉군(信陵君)의 식객이었음을 알아내고, 장이에게는 1,000금, 진여에게는 500금의 현상금을 걸었다. 그리하여 장이는 위 지방을 떠나지 않을 수 없었다.

여기에는 더욱 미묘한 문제가 얽혀 있었다.

이미 본 바와 같이, 시황제의 제3차 천하 순수 때에 대량(大梁) 서쪽 교외의 양무현(陽武縣) 박랑사(博浪沙)에서 한(韓)나라 재상의 아들이었던 장량(張良)이 시황제를 암살하려 했던 일이 있었다. 암살은 미수에 그쳤는데, 중앙에서 깔아놓은 수사망도 범인의 단서를 잡을 수는 없었다.

임협 사회에 투신한 장량과, 같은 성의 장이 사이에 어떤 관계가 있었는지 소하는 알지 못했다. 그러나 만일 그런 것이 있었다면, 진나라의 수사망은 대량(大梁)의 대협(大俠)인 장이의 관여를 의심하고, 장이로부터 유방을 거쳐 소하에 이르는 임협의 관계가 추적을 받게 된다. 이것은 대량이 고향인 풍패의 객가(客家) 집단으로서는 중대한 결과를 초래하게 될 것이다.

둘째는 중앙의 이후 정책에 대하여 일정한 정보를 얻는 것이다.

소하가 가장 걱정한 것은 해마다 계속되는 시황제의 천하 순수와 그에 수반하는 치도(馳道) 건설이 자신들에게 미친 영향이었다.

치도 건설이 중앙에 의한 옛 6국의 철저한 지배를 위한 수단이라고 하면, 가장 먼저 지배 강화의 대상으로 선정되는 곳은, 2년 연속 순수의 대상이 되었던 옛 위(魏)나라로부터 옛 제(齊)나라로의 연결선상에 자리하고 있을 가능성이 높다.

그 경우에는 이 선상의 남쪽 변경에 위치하고, 사수(泗水)와 하수(菏水)라는 중요한 수로와 쌍방으로 연결되는 풍패 지역은 중앙의 실질적인 직접관리를 받게 될 가능성이 있다.

첫 번째 임무는 정장(亭長)이 되기 전부터 장이를 통하여 위(魏) 지방의 임협들과 연계가 있었던 유방으로서 수행 가능한 것이었지만, 진(秦)

지방의 동향을 파악하는 일은 버거운 과제였다.

소하는 다만 함양이 천하의 수도가 된 뒤 어떻게 변화했는가를 관찰하고 오도록 위촉했다. "그러나" 하고 소하는 아들을 쳐다보는 듯한 시선으로 유방에게 말했다. "함양에서는 무리하지 않아도 된다. 어떤 곳인가를 보고 오는 것만으로도 의미가 있다. 만일 궁전이나 성벽의 확장 소문이 있으면 알려주게." 소하의 침착한 말에 유방은 안도했다. 그리고 이 자는 역시 상당한 거물이라고 생각한 평소부터의 그에 대한 판단을 재확인했다.

유방은 사수정으로 돌아와 생각에 잠겼다.

이번 함양 길은 1년에 걸치는 장기 출장이다. 패현으로부터 형양(榮陽)까지는 수로인데, 직선거리로 약 350km, 형양에서 육로로 들어가 낙양을 거쳐 함양까지는 직선거리로 약 450km, 합해서 800km가 된다. 왕복으로 1,600km, 실제로는 2,000km 가까운 여정이다. 상당한 강행군으로, 하루 일정을 30km 정도로 잡더라도, 2개월 이상이 걸린다.

왕복일정은 비교적 역병(疫病)의 위험이 적은 겨울에 맞춰져 있기 때문에 별 문제는 없다.

중요한 것은 이 장기간에 걸친 단체행동을 어떻게 합리적으로 조직하고, 효과적으로 운영·통솔하느냐 하는 것이다. 단장에는 유방, 부단장 격으로는 성실한 왕흡(王吸)이 지명되었다.

왕흡은 왕릉(王陵)의 일족으로 패현의 한 이정(離亭)의 정장(亭長)을 맡고 있었다. 유방의 사수정이 현성(縣城) 안에 설치된 도정(都亭)임에 비해 이정은 현성 밖에 떨어져 있는 정(亭)을 말한다.

여기에 다시 한 사람, 이정의 정장이 추가되어 3인이 집단 지도부를 형성했다.

패현 전 지역으로부터 모여든 100인의 인부는 나이 적은 자가 20세 전후, 나이 많은 자가 50세 전후로 거의 모두가 유방보다 연상이었다.

단체의 조직·운영·통제·통솔의 문제는 중요하지만, 이미 왕릉(王陵)파 의 젊은 두목으로 활약해온 유방에게 이 정도의 사람들을 인솔하는 것은, 별 걱정거리는 아니다. 그는 머릿속에서 대략적으로 집단의 소간부에 이르기까지 각 직위와 인재의 양성계획을 그려보았다.

집단의 일상적인 정신적 지주는 임협적인 동료끼리의 믿음이어야 하고, 더구나 일단 문제가 발생한 경우 '수장'(首長)인 유방의 절대적인 지배권을 받아들여야 한다.

집단과 수장과의 이런 상호관계는 중국사회를 이해하는 기본적인 열쇠의 하나이다.

중국에서는 하위 소집단으로부터 이 소집단을 아우르는 상위의 대집단까지, 몇 층에 걸친 중층적인 집단이 만들어지고, 비상시에는 각 집단의 우두머리가 성원으로부터 글자 그대로 수장으로 불리고 일종의 절대적인 지도권을 인정받는다. 보다 정확하게 말하면, 집단의 성원이 지도권과 거기에 수반하는 모든 책임을 그에게 일임하는 것이다.

비상시에는 보다 유능하고 정보에 밝은 개인의 판단을 우선시해야 하는 사태가 자주 일어난다. 그리고 수장이 이런 사태를 이용하여 개인적인 이익을 꾀하고 할거적인 자세를 취하는 경우에는, 집단은 폐쇄적이 되고, 그는 '토패'(土覇)라고 불리는 일종의 작은 전제군주와 비슷한 존재가 된다

그러나 이들 중층적인 여러 집단은 항상 그 상하의 집단에 대하여 개방적이고 연합적인 원래의 자세를 유지한다면, 위로부터의 억압과 아래로부터의 저항을 받게 된다. 이리하여 얼마 후 토패는 상하로부터 지탄의 대상이 되어 단죄된다. 이른바 "하늘의 그물은 넓어서 조밀하지는 않지만 새는 법은 없다." 하늘이 치는 커다란 그물은 그물코가 넓기 때문에, 방자한 자들은 일시적으로 세력을 펴서 제멋대로 행동할 수 있지만, 얼마 후에는 반드시 이 그물에 걸려 상응하는 제재를 받게 되는 것이다.

유방은 이 기회를 이용하여 그 자신을 수장으로 하는 집단 만들기에 몰

두하게 되었다. 그의 머릿속에는 이 100인이 타국에서 1년 동안의 집단생활을 거쳐, 자신을 수장으로 하는 일종의 군사적 집단으로 성장한 모습이 떠올랐다.

유방의 과제는 한마디로 말해 이 여행의 목적을 어디에 둘 것인가였다.

시황제는 천하통일 이듬해부터 3년 연속으로 천하 순수에 나섰다. 제1차 순수에 소요된 막대한 비용은 순수 대상 지역에서 부담했다. 더구나 순수 때마다 치도가 만들어졌다. 민중으로부터 많은 인부가 육체노동에 동원되었는데, 인부가 도망가거나 기준치에 미달되면 가혹한 연대책임이 부과되었다. 관리들이 "백성의 아비를 살해하고, 자식을 고아로 만들고, 발목을 자르고, 얼굴에 자자(刺字)*의 형벌을 가하는 것이 이루 헤아릴 수 없을 정도였다"(『사기』 장이·진여〔張耳陳餘〕 열전)는 상황이 벌어졌다. 민중은 막다른 곳으로 몰리고, 관리 또한 위로부터의 강제와 아래로부터의 저항이나 민심의 이반 속에서 불안에 벌벌 떨게 되었다.

이리하여 통일 후 몇 년 만에 민중의 원망과 한탄의 소리가 순수의 경로를 따라 수도로부터 지방으로 확산되었다.

시황제는 그 진왕(秦王) 17년(기원전 230)에 한(韓)나라를 멸망시킨 것을 시작으로 조(趙), 위(魏), 초(楚), 연(燕) 등 네 나라를 연속해서 멸망시키고, 26년(기원전 221) 마지막으로 제(齊)나라를 멸망시켜 천하를 통일했다. 10년 동안 전국시대의 6대 강국이 진나라 군대에게 항복한 것이다. 그리고 세 차례의 천하 순수를 통하여 연나라를 제외한 5국의 영역을 시찰하고, 각 국의 옛 수도에서 성대한 의식을 거행하여 위세를 과시했다. 연나라는 전국시대 말기에 6국 중 가장 세력이 약했다.

시황제의 전격적인 천하 순수 전에 옛 6국의 관리들과 민중들은 다만

---

* 얼굴이나 팔뚝의 살을 따고 흠을 내어 먹물로 죄목을 찍어 넣던 형벌.

두려워서 꿇어 엎드려 있을 뿐이었다. 이 강대한 진 제국에 반항하는 것은 자살행위와 같았다. 그러나 한편으로는 속으로 안고 있는 민중의 원한은, 이 시점에서는 6국의 부흥을 대망(待望)하는 감정으로 집약되고 있었다.

진나라에 의한 폭정의 광풍 속에서 유방의 생각이 곧바로 6국의 부흥이라는 방향으로 향하지는 않았다.

확실히 머리로 생각하면 그것말고 다른 방법이 있을 수 없었지만, 교통의 요충인 패현의 사수정(泗水亭)을 맡게 된 그는 사수정을 방문하는 관리나 상인들로부터 한·위·조·초·오·월 등 각지의 단편적인 정보를 듣게 된다. 사수정을 통과하는 정보와 물자의 양 그리고 여행객의 수는 엄청나게 증가하고 있었다. 어떤 의미에서는 진의 천하통일이 세상의 경기를 호전시킨 듯이 보이기도 했다.

직감에 의지하는 그는, 자신이 활약할 수 있는 무대가 재미있게도 계속 찾아오고 있음을 느낄 뿐, 구체적인 생각은 좀처럼 그 이상으로 전개되지 않았다.

궁리에 잠긴 며칠 후 점차 생각이 모아졌다.

"양(梁)에 장자(長者)가 많다"고 『사기』는 기록하고 있다. 우선 소하의 지시 그대로 진나라의 지배 속에서 변질되고 붕괴되고 있는 양(梁)과의 임협적 '인간관계'를 어떻게 회복할까 하는 문제가 있다.

다음에 그의 호기심은 풍설로 들은 형양(滎陽)의 오창(敖倉)으로 향하였다.

일찍이 소하는 중앙에서 하달된 실무의 처리규정에 대하여 말할 때, 북방의 대도시에는 창고 한 곳당 곡물 1만 석 즉 약 20만kg(200톤)의 비율로 흉년이나 재해에 대비하는 곡물이 저장되어 있다는 사실, 약양(櫟陽)에는 2만 석, 함양에는 10만 석을 단위로 곡물을 저장하는 거대한 창고들이 있다는 사실을 알려주었다.

"풍설에 의하면" 하고 소하는 말했다. "낙양(洛陽)에도 비슷한 큰 창고가 있는 듯하고, 그 바로 앞의 형양에는 이런 거대한 창고가 몇 십 몇 백 개나 늘어서 있다고 한다."

수도 함양이나 그 동쪽의 부도심이라고도 할 약양에 거대한 창고가 있는 것은 당연하지만, 형양이라고는 들어본 적도 없는 지명이었다.

소하는 의아해 하는 유방에게, 형양에서 함곡관을 거쳐 동관(潼關)까지 가는 길은 황하(黃河)가 수운(水運)으로 사용될 수 없어서 육로밖에 이용할 수 없는 점, 황하나 회수의 지류를 거쳐 형양까지 운반된 물자나 여객은 형양에서 내려 육로로 바꾸어야 하므로, 형양이 거대한 물류 종착역이 되고 있는 점을 설명했다. 다분히 그것이, 형양에 오창이라고 불리는 거대한 창고들이 설치된 이유일 것이라고 소하는 말했다. 다만 형양과 오창의 위치관계나 오창의 관리체계 등 구체적인 내용은 아무 것도 모른다. 애초에 형양에 오창이 있다는 것조차 단순한 소문에 불과한지도 모른다고 한다.

그러나 하고 유방은 생각했다. 만약 이 소문이 정말이라면, 형양은 천하의 배꼽과 같은 지점이다. 소문을 확인하는 것이 그에게는 중대한 과제가 되었다.

다음에 유방의 머릿속에 떠오른 것은 이 또한 평판 높은 낙양의 번화한 모습이다. 천하의 미주(美酒)는 낙양으로 모이고, 천하의 미녀도 낙양에 모인다고 한다. 보통의 시골뜨기와 마찬가지로 유방 역시 낙양을 동경하고 있었다. 젊은 유방으로서는 미녀와 미주를 손에 넣는 것은 천하를 취하는 것과 같다고 생각했다.

마지막으로 천하의 정치 중심인 함양 및 관중(關中)의 실태를 확인하라는 소하에게 위탁받은 과제가 있다. 『사기』에는 이즈음 관중에 대해 다음과 같이 기록하고 있다.

관중의 땅은 천하의 1/3이고, 인구도 3/10에 불과하지만, 그래도 그 부(富)를 계산하면 6/10에 이른다.

즉 관중의 면적은 천하의 1/3, 인구 또한 3/10에 불과하지만, 그 부는 천하의 6/10이라는 이야기이다.

여기에서 말하는 관중은 좁은 의미의 진(秦) 지방뿐만이 아니라, 사천 등을 포함한 함곡관(函谷關) 이서(以西)의 옛 진나라의 모든 영역을 포함한 개념이지만, 함곡관 이동의 옛 6국과 이서의 옛 진나라의 세력을 명확하게 비교하고 있다. 옛 진나라의 중심지인 함양 일대를 관찰하는 것은 중대한 의미를 갖고 있는 것이다.

생각을 확정한 유방은 즉각 동행할 왕흡(王吸)과 또 다른 한 사람의 정장(亭長)에게 초대장 즉 '알'(謁)을 보냈다. '알'은 정식 명함으로 거기에 요건을 적어 넣는 것이다.

다행히 알의 실물이 윤만(尹灣) 목간(木簡)에 포함되어 있다. 다음에 제시하는 알에서는 목독(木牘) 정면에 쓴 장안령(長安令)의 아군(兒君)이라는 것이 알을 받는 상대인데, 목독의 안쪽에는 이 아군의 자(字) 위경(威卿)이 기록되어 있다. 또 안쪽의 본문에는, 이 알의 발신인인 동해(東海) 태수의 공조사(功曹史) 요(饒)라는 인물의 본명이 기록되고, 마지막 서명에는 그의 자(字)인 군형(君兄)이 적혀 있다. 즉 알을 보내는 쪽은 상대에게 불릴 때는 자기의 본명 즉 휘(諱)를 쓰고, 마지막 서명에는 자기의 자를 쓰는 것이 정식이다.

1장에서 언급한 바와 같이, 필자는 유방의 본명이 유계(劉季)였다고 생각하지만, 그것은 그가 이때 자기의 본명을 유계라고 생각하고 있었을 것이라는 뜻이다. 실제로는 유계란 어렸을 때 이래의 단순한 통칭이었지만, 그 외의 본명은 따로 없었던 것이다.

이에 대해 시바 료타로(司馬遼太郎)의 견해를 활용하여 생각해보면, 이때 이미 청년기에 들어설 그는 유방 즉 유 형님이라는 통칭을 갖고 있었던 셈이 된다.

알(謁), 『尹灣漢墓簡牘』에서.

후세의 감각으로 말하면, 정장(亭長) 정도는 관리라고 말하는 것조차 부끄러울 정도의 말단 관직이지만, 사마천은 정장 이전을 '포의'(布衣), 정장 이후를 '이'(吏)라고 명백하게 구별하여 쓰고 있다. 그리고 이 구분은 정확히 당시의 실정에 근거하고 있다.

이(吏)라고 하면 휘(諱)와 자(字)를 모두 가지고 있어야 한다. 그는 이 시점에서 방(邦)이라는 통칭을 그의 휘로 삼아 알에 기록한 것이 아니었을까? 즉 그는 원래 계(季)라는 본명을 가지고 있었지만, 정장이 된 것을 계기로 계를 자(字)로, 본명을 방으로 칭했던 것 같다.

이렇게 생각하면, 후한시대의 학자 순열(荀悅)이 그의 저서 『한기』(漢紀)에서 그의 본명을 방, 자를 계라고 기록한 것은 적어도 정곡을 찔렀다고 말해도 무방하다. 반면에 정사인 『사기』나 『한서』에서 그의 본명이 방이라고 기록하지 않은 이유에 대해서는, 언급해서는 안될 비밀이 숨겨 있었기 때문일 것이라고 앞에서 언급한 바 있다.

좋게 말하면 임협의 무리, 나쁘게 말하면 도적의 일원이었음을 시사하는 유방이라는 이름에 관련된 과거가, 적어도 『사기』나 『한서』가 성립된 시기까지는 사람들의 기억에 남아 있었던 것 같다. 따라서 그런 이름을 한(漢) 왕조의 초대 황제의 정식 전기에 남겨둘 수는 없었던 것이다.

여기서 간단히 휘와 자에 대하여 설명해 두겠다.

휘는 본명이다. 고대중국에서는 존경하는 상대의 본명을 그대로 부르는 것은 실례이므로, 이를 입으로 말하지 않는 관습이 생겼다. 본명을 회피하여 입으로 말하지 않기 때문에 이를 휘라고 하는 것이다. 예컨대 집에서 아이가 부모의 이름을 그대로 부르는 것은 있을 수 없는 일이다. 마찬가지로 사원이 사장을 이름 그대로 부르는 사례는 서구화가 진전된 미래라면 모르겠지만, 현재에는 거의 없을 것 같다. 그것은 상대를 '귀하'라고 부르거나 '족하'(足下, 상대의 발 아래라는 의미)라고 하거나 '합하'(閣下, 상대가 거처하는 높은 누각 아래라는 의미)라고 하는 것과 마찬가지 현상이다.

그러나 상대방의 이름을 부르지 않는 것은 불편하기 때문에, 특히 신분이 있는 사람은 이를 대신하는 이름을 갖게 된다. 이것이 자이다. 본명을 대신하는 이름이라는 점에서, 자는 별명과 비슷한 측면이 있는데, 자는 휘와 내용상 관련이 있는 경우가 많다.

이처럼 관리가 된 유방은 어엿한 휘와 자를 갖게 되었다. 다만 이 시점에서는 그의 휘와 자의 사용은 단지 서류상의 차원에 머물렀다고 생각한다.

훗날 그가 봉기하여 패공(沛公) 즉 패의 현령이 되자, 이 호칭은 전면적으로 사용되었다. 그를 '유계(劉季)선생' '유계(劉季)님'으로 자(字)로 부르면 예의에 맞게 된다. 이전부터의 동료는, 본명 그대로 유계라고 불렀지만, 계가 자가 된 것이기 때문에 그들로서도 매우 편하게 된 셈이다.

이상에서 본 바와 같이 그가 본명을 유방이라고 한 것은 정장이 된 이후의 일이고, 단지 서류상에 머물지 않고, 주위사람들에게 널리 알려지게 된 것은 패공이 된 뒤의 일이라고 생각한다. 따라서 이 책에서 책머리로부터 거의 일관해서 유방이라고 쓰고 있는 것은 실상에는 맞지 않지만, 그것은 유방이라는 이름이 너무나도 널리 알려져 있다는 현실과 타협했기 때문이다.

여기서는 유방이라는 이름이 어떤 정사에도 실려 있지 않다는 점을 재확인해두고 싶다. 다시 부언하면, 중국에서는 황제의 휘를 직접 쓰는 것은 동시대는 물론 후세의 문헌에서도 거의 있을 수 없는 일이다. 유방이라는 이름은 근현대가 되어 비로소 사람들의 입에 오르내리게 되었다. 그때까지는 항상 고조(高祖) 혹은 고황제(高皇帝)로 불렸다.

그런데 그는 휘를 방, 자를 계라고 하는 알(謁)을 이번 사무를 담당하는 현의 말단관리와 왕흡 그리고 다른 한 사람의 정장에게 보냈다. 사자(使者)의 말은 이때의 출장에 대하여 선배들의 지도를 바란다는, 형식을 잘 갖춘 정중한 문언(文言)이었다.

입회한 현(縣) 말단관리의 실질적인 지휘 아래 회의 자체는 아주 순조롭게 끝났지만, 말단관리들이 놀랄 일이 하나 있었다. 그들이 앉는 당시 '독좌'(獨座)라고 불린 좌석에 마치 현령이 사용하는 듯한 멋진 장식이 달려 있었던 것이다.

회의가 끝난 뒤 정루(亭樓, 정의 누각)에서 연회가 열렸다. 정루에는 더욱 화려하고 아름다운 독좌가 놓여 있었고, 아울러 말석의 연석(筵席)에는 악인(樂人)들이 도열하여 유행곡을 연주하며 흥을 돋우었다.

참고삼아 화상석(畵像石)에서 독좌의 예 세 가지를 제시해 둔다.

첫 번째 예는 극히 보통의 독좌로서, 탁자 다리를 짧게 한 것 같은 모양이다. 주인공은 화개(華蓋) 즉 양산처럼 커다란 우산 아래 독좌에 편안히 앉아 있고, 그 앞에는 땅 위에 정좌를 한 인물이 알현하고 있다.

두 번째 예는 독좌의 하나인 옥좌이다. 옥좌는 화상석에 상당수의 예가 보이지만, 모두 다리가 없고, 대좌(台座) 자체가 두껍게 만들어져 있다.

여기에 제시한 것은 공자(公子) 광(光, 훗날 오왕〔吳王〕 합려〔闔廬〕로서 즉위함)이 자객 전저(專諸)를 고용하여 오왕 요(僚)를 베어 죽이는 장면이다. 전저는 구운 생선 배에 비수를 숨긴 다음, 생선을 바치는 것처럼 꾸미고는, 생선 배 속에서 비수를 꺼내 오왕 요를 덮쳤다. 양자 사이에 있는 둥그런 것이 생선을 올려놓은 접시이고, 전저가 생선의 머리를 잡고 있다. 참고로 말하면 합려의 아들이, 월왕(越王) 구천(勾踐)과 관련된 고사로 유명한 오왕 부차(夫差)이다.

세 번째 예가 다소 화려하고 아름다운 독좌이다. 이 장면 자체는 주공(周公) 단(旦)이 미성년이었던 주나라 성왕(成王)을 보좌하는 모습을 묘사하고 있는데, 화면 중앙이 성왕이다.

한편 연석(筵席)의 연은 밑에 까는 멍석을 말하고, 석은 그 위에 놓은 일종의 방석이다. 여기에 제시된 화상석에는 멍석만 있고 방석은 없는 듯하다. 앉아 있는 자가 신분이 낮은 악인(樂人)이기 때문일 것이다. 이 화상석만으로는 깔개가 멍석이라고 단언할 수 없지만, 마왕퇴(馬王堆) 한묘

보통의 독좌(『漢代人物雕刻藝術』, 湖南美術出版社, 2001에서).

오왕 요(僚)의 옥좌(『漢代人物雕刻藝術』에서).

어린 주나라 성왕의 옥좌(『嘉祥漢畵像石』, 山東美術出版社, 1992에서).

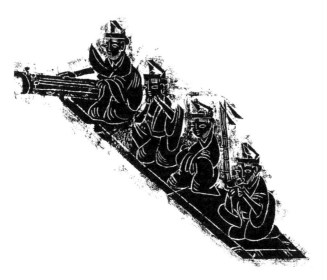

연석(筵席)에 앉아 있는 악인(樂人)들(『沂南古畵像石墓發掘報告』, 新華書店, 1956에서).

(漢墓)에서 출토된 실물 사진과 비교해보면, 테두리 장식 상태를 볼 때 명석임에 틀림없다.

방석은 "남녀칠세부동석"(男女七歲不同席)이라고 할 때의 '석'이다. 이 말은 오늘날 흔히 해석하는 것처럼, 남녀는 7살이 되면 방을 같이 쓰지 않는다는 의미가 아니라, 남녀는 7살이 되면 같은 방석 위에서는 놀지 않는다는 것이 원래의 뜻이라는 점, 나아가서는 중국에서 원래의 유교는 우리가 상상하는 것처럼 경직되지 않았다는 점은 요시카와 고지로(吉川幸次郎) 박사가 항상 강조한 바이다.

회의에서 유방은 주인의 자리에 앉았다. 그의 독좌는 극히 평범해서 화려하고 아름답지는 않았지만, 한 둘레 이상 커서 위압감이 있었다. 딱 벌어진 체격의 유방이 이 독좌에 느긋하게 앉아서 뱃속으로부터 울려나오는 듯한 저음으로 말하면, 회의석상에는 불가사의한 무게감이 느껴졌다.

소하의 심복부하인 현의 말단관리들이 임무의 개략적인 상황과 전례에 대하여 공손하게 설명하자, 유방은 말단관리나 정장들을 선배로 한껏 추켜세우면서, 이번 출장의 책임자는 자기이고, 그런 이상 큰 배에 타서도 마찬가지임을 힘주어 선언했다.

중요한 회의가 순조롭게 진행된 뒤였는지라 연회는 긴장이 풀린 유쾌한 기분 속에서 크게 달아올랐다.

여기서도 현의 말단관리와 정장의 독좌는 화려하고 아름다웠지만, 유방의 독좌는 거칠고 컸다.

연회는 패현에서는 최고 호화판이었다. 산동의 말린 생선, 강남의 향신료 등 각종 선물을 비롯하여 좋은 술과 안주가 차례차례 들어왔다.

크게 기분이 좋아진 유방에게 물들어 자리는 더욱 달아올랐다. 유방은 놀기 좋아하여 동료와 함께 하는 술자리를 무척 즐겼다. 그는 원래라면 말석에 있어야 할 때에도, 화술과 응대의 묘를 충분히 발휘하여, 어느덧 그 자리의 중심에 앉아버리는 자였지만, 주인 역할을 맡은 이 날의 거동은 완벽했다.

그는 이 연회장이라는 작은 우주의 주재자이다. 왕흡은 유방보다 한 세대 연상의 인물이었지만, 유방에게 한 수 접고 들어간 그는 한 발 뒤로 물러서서 유방의 보좌역할에 머물렀다. 유력자 왕릉의 일족인 왕흡은 유방을 위해 이것저것 거들고 있었다.

연회 참가자는 태어나서 처음으로 호사스럽고 거침없는 기분을 맛보았다. 유방은 거친 놈이라는 세간의 평판과는 달리 훌륭하게 접대를 했고, 예의(禮儀)라는 말을 타자와의 기분 좋은 공존을 위한 에티켓이라고 풀이한다면, 이만큼 예의에 걸맞은 연회도 드물었다.

이윽고 모든 준비가 갖추어지고, 인부들의 훈련과 예행연습의 날이 다가왔다. 그 전날 유방은 다시 현의 말단관리와 정장 그리고 이번 출장의 실무를 담당하는 정부(亭父)들까지 초대하여 다시 한 번 호화 연회를 열었다.

이튿날 아침 정(亭)의 집무실 앞 광장에는 아침 일찍부터 인부들이 모여들어, 사수정의 정부(亭父)에 의한 점호가 행해졌다. 이것은 일종의 조정(朝廷)이다.

시라카와 시즈카(白川靜)는 조(朝)라는 글자에 대하여 "풀[艸]과 해[日]와 달[月]에 따른다"고 했고, 다시 조정(朝廷)에 대하여 "은대(殷代)에 '조일(朝日)·석일(夕日)'의 예(禮)가 있어서 해를 맞이하고 보냈는데, 그것이 동시에 정무가 행해지는 때였기 때문에, 조정(朝政)·조정(朝廷)의 뜻으로 사용했다"고 했다. 아침저녁으로 씨족공동체의 집회장소에서 태양을 맞이하고 보내는 의식을 거행하면서, 동시에 여러 상담이 행해졌던 것이다. 이런 집회는 규모의 차이가 있었을 뿐 원래 모든 취락에서 행해진 것이고, 현재 조례(朝禮)의 기원이라고 할 수 있다.

그런데 이런 조정에서는 어느 시기까지는 왕도 신하도 모두 서서 집회를 행하고 있었다. 신하의 입례(立禮)에 대한 가장 유명한 사료는, 공자(孔子)가 제자인 공서화(公西華, 자[字]는 적[赤])에 대하여 "적(赤)은 의관 정제를 하고 조정에 서서 빈객과 대화할 만하다"고 말했다는『논어』(論語)의 기사이다. 요시카와 고지로는 "그는 예복을 입고 조정에 서서 외국의 빈객과 대응하는 것은 충분하다"고 번역하고 있다. 조정에서 여러 신하들은 선 채로 의식을 집행했던 것이다.

이에 대하여 왕은 어떠했는가 하면 사료는 극히 부족하지만, 이 시대로부터 백 수십 년 전의 진나라에서 중원의 선진적인 체제를 모방하면서 철저한 개혁을 행한 상앙(商鞅)에 대하여 어떤 자가 다음과 같이 충고한 일이『사기』에 기록되어 있다. 당신이 개혁을 추진하는 방식이 너무나 비정하고 철저하여 많은 적을 만들어버렸다. "진왕(秦王)이 하루아침에 빈객(賓客)을 버리고 조정에 서지 않는다면" 즉 개혁을 전면적으로 지지하는 진나라 효공(孝公)이 당신을 남겨두고 서거하면, 당신의 처지는 순식간에 위험에 빠지게 될 것이다. 상앙은 이 충고를 받아들이지 않았다. 과연 진나라 효공이 죽자 그는 거열(車裂)의 형으로 처벌되고 일족은 모두 죽임을 당했다.

여기서는 진나라 효공에 대해서도 "조정에 서"[立朝]는 것이라 했는데, 이 시기에는 신하들뿐 아니라 왕 또한 선 채로 조정의 집회에 참가하고 있었던 것이다.

그런데 진나라 이세황제에 대해서는 "조정에 앉는다"는 표현이 몇 번이나 사용되고 있다. 즉 백 수십 년 사이에 의식(儀式)의 제도가 변하여 권력자는 조정에서 옥좌에 앉고 여러 신하들은 변함없이 조정에서 서는 식으로 되었던 셈이다.

유방은 이 새로운 조례(朝禮)방식을 패의 정정(亭廷)에 가지고 왔다.

사수정 정부(亭父)의 안내로 왕흡과 또 다른 한 사람의 정장이 광장의 높은 연단에 오르자 놀랍게도, 저 유방의 거칠고 큰 독좌가 마치 옥좌처럼 중앙에 놓여 있고, 사선 방향으로 그 앞에는 신하의 의자처럼 두 사람의 독좌가 나란히 놓여 있었다.

인부 100인 규모의 집회장소로서는, 유방의 독좌는 정말이지 당당했다.

높은 연단 아래에는 인부들이 정렬하고, 정부 등 감독을 하는 자들도 인부들을 지휘하면서 단 아래에 도열해 있다.

이번 출장의 책임자는 유방이고, 세 정장의 서열은 확실히 유방, 왕흡 그리고 또 한 사람의 정장 순이다. 그러나 그것은 기본적으로 대등한 정장 내에서의 서열일 텐데도, 순식간에 군주와 신하 사이의 질서로 살짝 바뀌어버렸다.

단상의 중앙에 듬직하게 앉은 유방은 왕과 같고, 그 좌우의 왕흡 등 두 정장은 왕을 모시는 재상과 같다.

그러나 며칠 전에 도착해서 마음 가득한 환대를 받고 멋진 선물을 받은 그들은, 갑작스런 서열의 변경에 항의할 기분은 들지 않았다. 이제 와서 일을 험악하게 만드는 게 내키지 않았고, 유방이 이번 인솔의 모든 책임을 떠맡는다면, 불감청이언정 고소원이라는 생각도 들었다.

이리하여 집단은 규정상으로는 세 정장이 인솔하는 것이지만, 실질적으로는 유방 한 사람의 지휘에 따르는 형태로 출발했다.

맹저택(孟諸澤)을 지나 유획거(留獲渠)로 들어온 그들이 외황(外黃)의 남쪽 교외에서 며칠 머문 것은, 일찍이 장이(張耳)와 진여(陳餘)에게 소개받은 몇몇 호협(豪俠)과 만나 위(魏) 지방의 정세를 탐지하기 위해서였다. 그러나 장이와 진여가 진나라의 혹독한 추적을 벗어나 도망친 뒤, 그들도 외황읍을 떠나 있었으므로, 이 계획은 완전히 어그러졌다.

오히려 진나라의 수공(水攻)으로 황폐해진 위(魏)의 대량(大梁)으로부터 소황(小黃), 외황으로 친족에 의지하여 이주해온 자들의 유력자가 유방이 외황에 들른다는 소식을 듣고 모여들었다.

부로(父老)라고 불리는 그들은 22세의 유방을 정중히 대접하고 환영 연회를 열어주었다.

그들은 장이 대신 외황으로 부임해 온 새로운 현령의 폭정에 대해 교대로 말했다. 보다 구체적으로는, 중앙의 지시를 완수하기 위해 많은 농민이 유방의 무리와 같이 진나라 수도 함양의 토목공사나 치도 건설에 동원되고 있는 것, 처음은 농한기만의 징발이었지만, 왕복 여정에 허비되는 날짜 때문에 실제로는 농번기에도 미치고 있는 것, 인원수가 부족하면 책임자가 용서 없이 처벌되기 때문에 책임자는 현장책임자에게, 현장책임자는 다시 민중에게 하는 식으로 밑으로 갈수록 점점 가혹한 명령을 내리게 되었다는 것이다.

현재의 상황을 우려한 부로들은 풍패에서 관료의 신분으로 인부를 거느리고 온 젊은 유방의 힘에 기대하고 있는 듯이 보였다.

유방은 지금까지 풍패의 임협으로서 그 눈은 항상 바깥을 향하고 있었다. 시선 너머에는 거대하고 강력한, 더구나 군대식 규율에 의해 천하를 획일적으로 지배하는 진(秦) 제국 중앙의 모습이 있었다. 이에 대하여 그가 몸을 던지고 있는 임협세계는 부정형(不定形)적인 '인간관계'의 연쇄라는 아메바 모양의 확산을 보이고 있다.

그런데 이제 그 앞에 있는 부로들은 법률에 의해 조직되는 기계적인 국가적 관계와도, 각 임협의 인격적인 힘을 단위로 증식하는 인간관계와도 다른 인간관계 속에 있다.

유방은 그들과 함께 마음껏 즐기고 언젠가 자신의 힘으로 그들에게 평온한 생활을 보장해주고 싶다고 생각했다. 부친이나 노공(盧公)과 동년배의 부로들을 상대로 '내공'(乃公)이라는 극히 실례되는 말을 연발하는 유방에게는, 이미 백성의 보호자로서 기개가 넘치고 있고, 그것이 커다란 그의 몸을 더욱 커 보이게 했다.

풍패를 떠나 200km, 자기보다 연상의 인부들을 거느리고 수로를 통하여 긴 여정을 밟아 온 유방은 크게 성장하려던 참이었다.

　부로들에게 작별을 고하고, 대량(大梁)의 폐허 언저리에서 홍구(鴻溝)
로 들어온 유방은, 광무산(廣武山) 기슭에 있는, 황하 어귀에서 배를 버렸
다. 태어나서 처음으로 보는 거대한 황하의 모습에 유방은 한동안 넋을 잃
고 서 있었다.

　황하는 표고 4,500m를 넘는 곤륜(崑崙)산맥 기슭에서 발원한다. 전체
길이는 약 5,500km이다. 강의 수원(水源)으로부터 단숨에 고도를 낮추어
2,200km가량 흘러온 지점에 난주(蘭州)가 있다(다음 페이지의 도표 참조).

　황하의 수원으로부터 어귀까지 그 전체 길이의 정확히 40% 지점에 위
치하는 난주에서, 강바닥의 표고는 약 1,500m이다. 즉 이 지점에서 황하
는 이미 그 표고 차의 2/3를 흘러 내려온 것이다.

　다시 삼문협(三門峽)에 이르면, 수원으로부터의 거리는 약 4,400km,
표고는 약 250m이다. 삼문협은 수원으로부터 어귀까지 전체 길이의 딱
80% 위치에 해당하지만, 표고 차의 95%를 이미 흘러내려온 셈이 된다.

　삼문협으로부터 광무(廣武), 현재의 지명으로 말하면 화원구(花園口)
까지는 약 250km, 표고는 더욱 내려와 90m 정도가 된다.

　황하는 이 삼문협의 상류와 화원구의 하류에서는 경관이 크게 다르고,
따라서 교통 면에서 수행하는 기능도 큰 차이가 있다.

　황하의 횡단면도를 보면 분명한 것처럼, 삼문협과 화원구의 중간인 소
랑저(小浪底) 지점에서조차 황하의 강폭은 200m에 조금 못 미친다.

　한마디로 말하면, 삼문협을 통과하기까지의 황하는 협곡이지 강은 아
니다. 하원에서부터 삼문협까지 1km에 약 1m의 급경사로 수백 미터 폭
의 계곡을 달려 내려오고 있는 것이다. 삼문협으로부터 상류의 황하는, 수
운(水運)으로 이용하는 것은 기본적으로 불가능한 동시에 양측의 벼랑에
막혀 홍수를 일으키는 경우도 거의 없다.

반면에 현재의 화원구 부근에서는 황하의 강폭은 약 10km에 달한다. 아마 유방이 보았을 당시에는 강폭이 더 넓었을 것이다. 황하는 이곳에서부터 하류에 이르기까지 비로소 수운이 가능해지는 동시에 홍수로 사람들을 괴롭히게 되는 것이다.

황하 강폭은 삼문협과 화원구 사이의 정확히 중간인 맹진(孟津)현 언저리에서부터 넓어지기 시작하지만, 화원구 일대는 더욱 중요한 지리적 특징을 갖고 있다.

그것은 이 근처에서 황하의 남쪽 강가로부터 나뉘어 흐르는 홍구(鴻溝)가 위(魏)의 대량(大梁)을 거쳐 제·초·오·월 등 각국에 이르는 수로(水路)로 연결되고 있는 점이다.

화원구 일대, 더 정확하게 말하면 화원구에서 약간 상류에 있는 지점, 광무산의 산기슭 주변은 당시 교통의 중요한 결절점(結節點) 즉 복합 연결지점이 되어 있었다. 그리고 광무(廣武)에서 남쪽으로 변수(汴水)를 거슬러 올라가면 광무를 외항(外港)으로 하는 요새도시인 형양(榮陽)에 이른다.

다시 그 북측에서는 태항(太行)산맥의 동쪽 산기슭을 타고 조(趙)나라의 옛 수도인 한단(邯鄲)에서부터 중산국(中山國)을 거쳐 연(燕)나라의 옛 수도인 계현(薊縣)에 이르는 육로가 갈리고 있다.

유방은 이 주변의 지형에 큰 흥미를 갖게 되었다.

유방은 패현 도정(都亭) 정장이 된 이래 수운에 의한 물자유통에 많은 관심을 갖고 있었다. 그의 말에 의하면, 패현은 수운에 의하여 서(西)로는 위(魏)를 거쳐 진(秦)으로, 동으로는 제(齊)로, 남으로는 오·월(吳越)로 연결되는 초(楚)의 물류 복합 연결지점이었다.

그러나 이제 패(沛)를 장악하는 것은 초(楚)를 장악하는 것이라고 호언장담하던 그의 눈앞에 단순한 지방의 소도시에 불과한 패와는 차원이 다

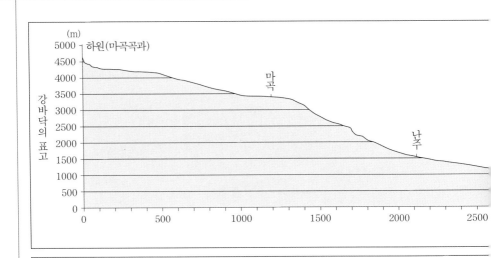

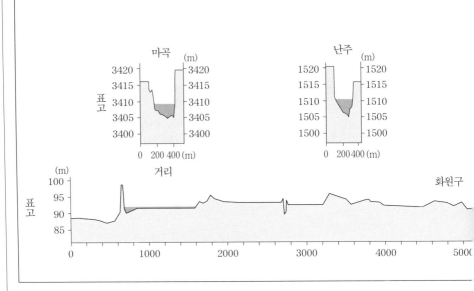

황하의 경사도를 보여주는 종단면도(상)와 강폭을 보여주는 횡단면도(하)(『黃河流域地圖集』, 中國地圖出版社, 1989에 근거하여).

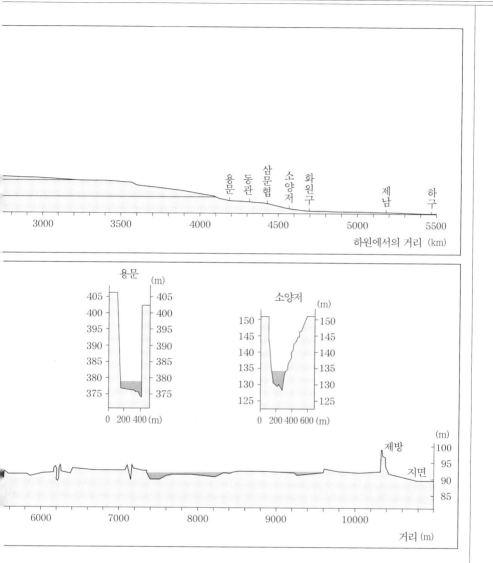

용문   동관   삼문협   소양저   화원구   제남   하구

하원에서의 거리 (km)

용문 (m)

소양저 (m)

제방

지면

거리 (m)

른, 교통의 차원에서 천하의 결절점이 그 자태를 드러내고 있다.

그것도 이곳은 홍구(鴻溝)를 통하여 약 100km 동쪽의 대량(大梁)으로 연결되는 것만이 아니었다. 즉 낙수(洛水)를 통하여 약 100km 서쪽의 일찍이 주(周)나라 수도 낙양(洛陽)으로, 명산 숭산(嵩山)의 동쪽 산기슭을 돌아가면 역시 약 100km 남쪽에 위치한 한(韓)나라의 옛 수도인 양적(陽翟)으로 연결되고 있었다.

이와 같은 그 후배지의 호화로움을 통해 볼 때, 황하 연안의 항구인 광무(廣武)와 그 배후의 형양(滎陽)은 천하의 중심 내지 천하의 배꼽이라고 해야 할 중요 지점이었다.

일찍이 전국시대에는 거야(鉅野)의 못 서남쪽의 정도(定陶)가 천하의 배꼽이라 불리고 있었다.

정도는 제수(濟水)를 통하여 서쪽으로는 위(魏)의 대량(大梁)으로, 동쪽으로는 제(齊)의 임치(臨淄)로 연결되고, 다시 제수로 이어지는 하수(菏水)가 사수(泗水)에 합류하여 초·오·월 등 각지로 연결되고 있다. 또 정도의 서북쪽 백마(白馬)의 진(津)에서 황하를 건너면 위(魏)의 안양(安陽)을 지나 조(趙)의 한단(邯鄲)으로 빠져, 다시 연(燕)의 계(薊)에 이르는 태항산(太行山) 동쪽 산기슭의 육로로 들어간다. 이것은 실제로는 중원의 배꼽이었지만, 당시 중원이 천하와 거의 동일하게 간주되었기 때문에 이 표현에는 충분히 일리가 있었다.

이와 같은 지정학을 크게 변모시킨 것이 서방 진(秦)의 확장과 세력강화이다. 말하자면 진나라의 강대화가 천하의 배꼽을 200km 정도 서쪽으로 이동시킨 것이다.

형양에서 무리의 발걸음을 멈추게 한 유방은 여러 수단을 동원하여 오창(敖倉)에 관한 정보를 수집했다.

군사기밀에 속하는 오창에 대하여 탐지하는 것은 매우 어려운 일이었지만, 유방은 뛰어난 정보 수집능력과 관찰력으로 소하(蕭何)가 말한 소문이 거의 진실에 가까운 것임을 확신했다.

낙양(洛陽)에 대해서는 번화한 성내의 경관과 번화가의 매력에 유방이 정신을 빼앗긴 점만을 기록해두고자 한다.

목적지 함양에 도착한 유방은 함양을 '마음껏 구경'〔縱觀〕했다고 『사기』는 말한다.

유방은 인솔해온 인부들의 현장감독을 맡아야 했지만, 그 임무를 동료에게 맡기고, 함양 시찰로 날을 보냈다. 바로 이것이 소하가 유방에게 기대한 원래의 임무 가운데 하나였다.

그리고 그는 이때 처음으로 아름다운 거마행렬의 중앙에, 6마리의 말이 끄는 황금으로 장식한 수레의 옥좌에 여유 있게 앉아 있는 시황제의 모습을 목격했다. 『사기』는 유방이 "한숨을 쉬며 크게 탄식했다"고 기록하고 있다.

아! 대장부라면 마땅히 이와 같아야 할 것이다.

그는 매우 화려하고 장엄한 거마행렬과, 마치 우주의 중심에 있는 듯한 위엄을 보여주며 앉아 있는 시황제를 넋을 잃고 바라보았다. "아! 사내로 태어난 이상 나도 저처럼 되고 싶다"는 탄식은 그의 솔직하고 긍정적인 인생관을 잘 표현하는 말로서, 옛날부터 자주 언급되고 있다.

지금까지 그가 안중에 두고 있었던 것은 풍패 지역사회와 그 고향인 위(魏) 지방의 모습이었다. 그리고 풍패에 사는 초나라 사람이라는 자기 인식을 하게 된 그로서도, 초 지방의 동향과 그 의미를 명확하게 파악할 수는 없었다. 그러나 천하가 시황제의 모습을 통해 그의 눈앞에 나타난 이때 이래로 그의 시야는 넓어졌다.

유방은 천하를 묶는 법망의 장악자인 시황제의 모습을 보았다. 초나라는 이 그물에 묶인 가장 큰 물고기이다. 지금까지 다만 그물 속을 우왕좌

왕하며 도망치려고 허둥대던 물고기들에게, 이윽고 거대한 집단으로 변하여 이 그물을 벗어나려는 움직임이 잠재적으로 확산되고 있었다. 그는 이때 어렴풋하게나마 진초(秦楚)의 대항을 축으로 하는 천하의 대세에 눈을 떴다.

확실히 지금까지도 그는 노관(盧綰)이나 하후영(夏侯嬰)과 천하의 정세를 논해 왔다. 그리고 그 나름의 천하인식 속에서는 당당한 자기의 모습이 있었다. 그러나 그런 자신이 객관적으로 어느 정도의 위치를 점하는가는 아직 짙은 구름과 안개에 싸여 있었다. 그는 천하를 지배하는 시황제의 모습을 자기 눈으로 봄으로써 비로소 자신과 천하의 연결을 현실적인 차원에서 의식하기 시작했던 것이다.

100명이 넘는 인부의 통솔은 젊은 유방으로서 용이한 일이 아니었겠지만, 다행히 무사히 함양에서의 임무는 끝이 났다. 9개월에 걸친 노동력 징발의 임무를 마치고 귀로에 올랐다.

분명 다른 인부 집단과의 말다툼이나 음식을 둘러싼 옥신각신 등 여러 가지 어려움이 있었으나, 유방 집단의 엄격하고 정연한 규율은 다른 집단과는 현격한 차이가 있었다. 말하자면 진 제국에서 보더라도 표창할 만한 모범적인 인부집단이었다.

유방과 왕흡 등은 출발을 앞두고, 집단에 대해 엄격한 훈련을 실시했다. 또 출발 전날에는 자기가 지불하지 않아도 될 경비까지 대면서 그들을 위해 성대한 연회를 열어주었다. 그리고 도중에 어떤 경우에도 음주와 도박을 금하는 취지를 하달했다. "살아서 고향으로 돌아가 부모와 처자를 다시 만나기 위해서다. 너희들이 규율을 지키는 한, 안전은 내가 이 한 몸을 걸고 보장한다"고 유방은 선언하고, 단원에게 규율의 준수를 맹세하도록 했다. 이 유방의 연설에 의해 정해진 규율은 1년 동안 거의 끝까지 지켜졌다. 또 유방 등 수뇌부도 인부의 경비를 가로채지 않는 등 참으로 엄정했다.

실제로는 이런 규율의 엄수는 왕흡 등의 노력에 의해 유지된 것이고, 유방 자신은 유연한 태도를 취하여 동료들과 쾌활하게 떠들 뿐이었다. 그러나 옛 6국이나 중앙의 관리들과의 교섭에서 유방의 관록과 사교능력은 음으로 양으로 집단에게 이익을 주었다.

1년 후 패현으로 돌아온 유방은 몰라볼 정도로 성장해 있었다. 의젓한 몸가짐에는 자신감이 넘쳐났다.

또 어려움을 함께 한 인부들은 유방에게 절대적인 신뢰와 존경을 보냈다. 그들은 이미 유방의 잠재적인 수하 병사가 되었던 것이다.

향리의 여론을 주도하는 부로들 역시 자제들을 무사하게 귀향시킨 유방의 수완에 칭찬을 아끼지 않았다.

7장
여치와의 혼인

『사기』에 전해지고 있는 유방과 여치, 즉 훗날 여후(呂后)와의 혼인에 대한 개략적인 경과는 이렇다.

풍읍에서 서쪽으로 50km 정도 떨어진 선보현(單父縣)에 여공(呂公)이라는 사람이 살고 있었다. 그는 원수로부터 생명의 위협을 받자, 전부터 친했던 패의 현령에 의지하여 패현으로 이주하게 되었다.

패현의 유력한 관리들은 중요한 손님이라고 해서 모두 환영연회에 나섰다. 소하(蕭何)가 이 연회를 주최했는데, 너무나도 하객이 많았으므로 "축의금이 1,000전(錢)이 되지 않는 자는 좌석 밖에 앉기 바랍니다"라고 선언했다.

한대(漢代)의 물가에 관한 나가타 히데마사(永田英正)의 견해에 의하면, 당시 쌀값은 현재의 두(斗)로 환산하여 1두 60~70전 정도이다.

이것은 1kg에 3~4전이라는 계산이므로, 1,000전은 250~300kg 정도의 쌀에 맞먹는 상당한 금액이다.

이 책에서는 유방과 여치의 만남을, 시황제가 장성(長城) 수축을 시작하기 얼마 전, 진나라의 위기가 아직 표면화되지 않았을 무렵의 일로 간주하고 있다. 이 시기의 쌀값과 한대의 쌀값 비교는 다소 곤란하지만, 위의 숫자는 1,000전의 가치를 이해하는 하나의 실마리가 된다.

이제 하나 참고가 되는 것은 스웨덴의 스벤 헤딘이 1930년대에 발견한 거연(居延)의 한대 변경방위기관에서 작성한 문서, 이른바 거연한간(居延漢簡) 속의 연회에 관한 사료이다.

아래에 제시하는 것은 1970년대에 중화인민공화국의 연구자가 같은 거연 땅에서 발굴한 이른바 거연한간 속에 보이는 사료이다.

갑거군에게
1,000전 받음.

250전 내고 양 1마리 구입.

180전 내고 닭 5마리 구입.

72전 내고 낙(駱) 4우(于) 구입.

168전 내고 쌀 7두 구입.

130전 내고 술 1석 3두 구입.

● 모두 806전 지출하고,
지금 남은 돈은 200전.

갑거군(甲渠君)이란 한대에 제국의 서방변경지대인 거연 지방에 둔 군사 거점의 장관인 갑거후관(甲渠候官)이다.

6장에서 언급한 바와 같이, 황하는 곤륜산맥의 동쪽 가장자리 근처의, 청해성(青海省) 바얀하르산 북록의 초원에서 발원하지만, 동으로 혹은 북으로 흘러 이윽고 감숙성(甘肅省)의 난주(蘭州)에서 몇 개의 지류와 합류한다. 그 가운데 당시 오정역수(烏亭逆水)라고 불린 지류를 거슬러 올라가면, 길은 서역(西域)으로 연결된다. 지류를 거슬러 올라온 지점으로부터 실크로드의 동쪽 가장자리가 되는 이른바 하서회랑(河西回廊)*이 시작되고, 하서회랑의 서쪽 가장자리는 타림분지(盆地)의 동쪽 입구에 설치된 돈황군(敦煌郡)의 옥문관(玉門關)이다.

오아시스와 사막 및 내륙하(内陸河)로 이루어진 하서회랑은 원래 흉노(匈奴)의 유목지대였지만, 한 무제(武帝) 때 동쪽에서부터 차례로 주천(酒

---

* 감숙성 서북부에 있는 길고 좁은 고원의 평지를 가리키는데, 하서주랑(河西走廊)이라고도 한다. 황하(黃河)의 서쪽에 위치한 긴 복도라는 뜻이다. 이 긴 복도는 남으로 800km에 걸친 기련(祁連)산맥과 북으로 합려산(合黎山)과 용수산(龍首山)산맥 및 고비사막의 사이에 낀 좁고도 긴 고원지대로 형성되어 있다. 이 지대는 오초령(烏鞘嶺)에서 시작하여 신강(新疆)에 이르기까지 동서로 전체 길이가 1,000km, 남북의 폭은 40~100km, 고도는 해발 1,500m에 달한다. 좌우가 험악한 산맥과 사막인 탓에 이 기나긴 회랑(回廊)말고는 사람이 다닐 만한 길이 없었다. 따라서 이곳을 거쳐야만 서역으로 갈 수 있었다. 해발 4,000~5,000m의 기련산맥에는 만년설이 뒤덮여 있어 여기서 녹아 흘러내린 물로 곳곳에 오아시스가 만들어졌다.

泉), 장액(張掖), 돈황 등 세 군(郡)이 설치되었다. 갑거후관은 이 장액군의 북쪽 가장자리의 거연택(居延澤)이라는 대규모 소택지에 배치되어 있었다.

새로 출토된 사료를 근거로 한 최근의 연구에 의하면, 이 갑거후관 밑에는 10여 명의 수비병이 있는 다소 큰 후(候)와, 몇 명의 수비병이 있는 다소 작은 수(燧)라는, 합해서 100명 남짓의 정찰대가 설치되어, 합계 백수십 명 정도의 하사관과 400~500명 정도의 병졸이 있었다고 한다.

그런데 이 목독(木牘)에 쓰여 있는 것은 갑거후관의 명을 받은 부하가, 연회비용으로 1,000전을 받아, 250전으로 양 한 마리, 180전으로 닭 5마리, 72전으로 낙(駱) 4우(于), 168전으로 쌀 7두, 130전으로 술 1석 3두를 사서 합계 806전을 지불하고, 나머지가 200전이라는 회계보고이다.

이 가운데 72전으로 낙(駱) 4우(于)를 샀다는 것은 그 의미가 분명하지 않다.

낙(駱)은 보통 갈기가 검은 흰말[白馬]이지만, 그 단위가 우(于)이고, 1우가 18전이기 때문에 말이 아님은 분명하다. 혹은 '우'는 우(盂)로서 4우(盂)의 유락(乳酪) 즉 4사발의 요구르트가 아닐까?

한대의 석(石), 두(斗), 승(升)은 각각 현대일본의 그것의 1/10보다 좀 많으므로, 여기에서 쌀 7두라는 것은 일본의 8승보다 좀 많다. 마찬가지로 술 1석 3두라는 것은 일본의 1두 4승보다 좀 많지만, 이 시기 술의 도수는 실제로는 그 반 정도, 청주로 환산하면 7승 정도일 것이다.

쌀과 술의 소비량으로 추정하면, 이 한간(漢簡)은 20인 정도 규모의 연회를 준비한 것이고, 비용이 1,000전 미만이었음을 보여주고 있다.

거의 전한(前漢) 말경으로 생각되므로, 진말(秦末)보다는 물가가 비쌌을 것이므로, 여공(呂公) 환영연 때의 축의금 1,000전은 상당한 액수였다고 볼 수 있다.

이제 이야기를 되돌리면, 평소부터 패현의 여러 관리를 깔보고 있던 정장(亭長) 유방은 실제로는 1전도 가져오지 않았으면서, '알'(謁) 즉 명함에 "축의금 1만 전"이라고 써서 접수처에 내밀었다. 알이 안으로 전해지자 여공은 크게 놀라 벌떡 일어나 입구까지 맞으러 나왔다. "축의금 1만 전"에는 그만한 가치가 있었던 것이다.

평소 관상을 보는 것이 취미였던 여공은 고조(高祖)의 얼굴을 보고, 훌륭한 관상이라고 정중하게 인사를 교환하고 착석하도록 안내했다.

중요한 손님에게 실수가 있을까 걱정한 소하(蕭何)는 황급히 여공에게 해명했다. "이 유방이라는 자는 평소에도 허풍이 심해서 믿을 수가 없습니다." 하지만 유방은 태연하게 좌석에 앉아 좌중의 손님들을 희롱하고 웃기더니, 그대로 상석에 눌러앉아버리고 말았다.

기세에 눌려, 그를 질책하는 자는 없었다.

연회가 바야흐로 한창일 때 여공은 유방에게 좌석에 머물러도 괜찮다는 눈짓을 했다. 유방은 천천히 술을 마시며 자리를 떠나지 않았다.

여공이 말했다. "제가 소싯적부터 관상 보는 것이 취미였습니다. 지금까지 많은 관상을 보아왔습니다만, 계(季)님에게 미치는 자는 없었습니다. 무엇보다 우선 몸조심하시기 바랍니다. 제게는 여식이 있습니다만, 청소와 빨래를 하는 하녀로 써주시지 않으시겠습니까?"

물론 자기의 딸을 아내로 맞이해 달라는 말이다.

연회가 끝나자 여공의 아내 여온(呂媼)은 화가 나서 여공에게 말했다. "당신은 평소에 늘 이 딸은 특별한 아이다, 귀인(貴人)에게 시집보내야 한다고 말씀하지 않았습니까? 패의 현령님은 당신과 친하고, 우리 딸을 원했는데도 허락하지 않으시더니, 고르고 골라 유방 따위에게 시집보낸다니, 무슨 생각이란 말입니까!"

이에 대하여 여공은 "아녀자들이 알 바 아니다"라고 대답하고, 결국 딸을 유방에게 주었다.

이 여공의 딸이 바로 훗날의 여후(呂后)이다. 여후는 혜제(惠帝)와 노원(魯元)공주를 낳았다.

그런데 『사기』에서 소개한 이 여공과 유방의 만남은, 표면적으로 보면 "큰 소리가 많고 성사는 적은" 허풍쟁이 유방에게 걸려든 여공이, 자랑거리인 딸을 주고 말았다는 것이고, 실제로도 통설은 그와 같이 이해하고 있다.

그러나 이런 해석에 대해서는 구스야마 슈사쿠(楠山修作)가 중요한 의문을 던지고 있다. 이것은 여공과 유방이 미리 협의한 뒤에 꾸민 연극이라는 것이다.

필자도 기본적으로 이 구스야마의 견해에 찬성한다.

『사기』에 기록된 상황은, 유방이 나중에 황제가 된 것을 알고 있기 때문에 곧이곧대로 받아들인 이야기이다. 현령의 중요한 손님을 상대로 결국은 들통날 것이 뻔한 거짓말을 해서 무슨 효과를 기대할 수 있을까? 더구나 통설처럼 유방이 40세 내지 50세 언저리에서 겨우 정장이 되었다고 한다면, 나잇살이나 먹은 주제에 이런 짓을 하고 있는 작자가 몇 년 후에 황제에까지 올라간다고는 상상하기 어려운 일이다.

이 회견의 핵심은, 여공이 가장 사랑한 딸을 맡기기에 충분한 인재를 발굴했다는 점이다.

실은 당시 이와 비슷한 이야기는 드물지 않았다.

진평(陳平)은 양무(陽武)의 호유향(戶牖鄕) 출신이었다. 그는 어릴 때 집이 가난하여 형인 진백(陳伯)과 동거하고 있었다. 농사를 도맡아하는 형은, 키가 훤칠하고 멋진 풍채를 가진, 왕성한 지식욕과 입신출세의 야망에 불타는 동생에게 타향에 가서 공부할 것을 권했다.

당시는 폐쇄적인 성곽도시의 좁은 세계가, 넓은 천하로 열려 가는 시기였다. 좁은 세계에서는, 사람들은 매일 얼굴을 맞대고, 말과 행동 모두 서로 잘 알고 있는 관계 속에서 생활했다. 일시적인 허풍이나 궤변, 겉모습이나 몸치장 등은 그리 중요하지 않았다.

그러나 이제는 광범위한 인간관계가 천리의 규모로 전개되고, 그런 인간관계는 때때로 사람의 생사를 좌우하는 결정적인 요인이 된다. 이런 환경에서는 겉모습이 갖는 의미가 극도로 커지게 된다.

진평은 그에게 적의를 갖고 있는 일당마저 "보석 같은 미남"이라고 형용할 만큼 멋진 풍채의 소유자였고, 태연자약하고 조금도 서두르지 않는 거동에는 과연 천하의 대장부다운 기품이 있었다.

이윽고 진평은 장가갈 나이가 되었지만, 딸을 줘도 좋겠다는 부자는 눈에 띄지 않았고, 가난한 자는 진평의 눈에 차지 않았다.

그러던 중 진평은 어떤 여자를 눈여겨보게 되었다. 양무 호유향의 부자 장부(張負)의 손녀이다. 그녀는 미인인데다 기가 세고, 이미 5번 혼인했지만, 그때마다 남편이 죽었으므로 온갖 소문이 과장되어 떠돌았다. 이제는 그녀를 아내로 맞이하겠다는 용기 있는 남자조차 사라졌다.

그러나 진평은 달랐다. 그녀는 섹시하다, 기가 세다, 본가는 부호이다. 어느 쪽을 취하더라도, 야망의 실현을 위해 도움이 된다고 생각했다. 거기에 자신을 귀신을 씌워 죽일 정도의 여인이라면, 그 자체만으로도 매력이 있다. 진평은 이 여자를 손에 넣어야겠다고 결심했다.

어느 날 읍에서 장례가 있었다.

가난한 진평은 그때까지도 얼마간의 사례를 받고 장례를 거들고 있었지만, 그 관리자로 장부가 참가하는 것을 알게 된 그는, 다른 사람보다 먼저 장례를 치르는 곳에 나타나 타인보다 늦게 집으로 돌아가면서, 열심히 자신의 존재를 부각시켰다.

진평을 발견한 장부는 그 멋진 풍채에 넋을 잃었다. 이를 알아챈 진평 쪽도, 일부러 마지막까지 남았다가 혼자 집으로 돌아갔다. 장부가 진평의 뒤를 밟아 그 거처까지 가보니, 입구에 돗자리를 걸친, 변두리의 초라한 판잣

집이었지만, 판잣집 앞마당에는 멋진 마차의 바퀴 자국이 많이 남아 있어, 장자(長者)들이 많이 방문하고 있음을 알 수 있었다.

장부는 집으로 돌아와, 아들 장중(張仲)에게 말했다. "나는 손녀를 진평에게 시집보내고 싶구나."

장중은 대답했다. "진평은 떳떳한 일을 할 수 없는 자입니다. 현 내의 어느 누구도 그가 하는 일을 비웃고 있습니다. 어떻게 해서 고르고 골라 그런 자에게 딸을 줄 수 있겠습니까?"

장부는 말했다. "저 진평의 얼굴을 보았는가! 저런 당당하고 멋진 사내가 언제까지나 가난하고 천한 상태로 있을 리가 없지 않겠느냐?"

이리하여 장부는 결국 손녀를 시집보냈다. 부자인 장씨의 딸을 얻자, 이제는 처가의 도움으로 자금이 풍부해진 진평의 교제범위는 한층 확대되었다. 『사기』는 "친구가 날로 늘어났다"고 표현하고 있다.

진평은 지금까지도 장자들과 왕래가 있었다. 장자란 현명하고 덕이 있는 거물을 말한다. 그들은 주위에 혈기 왕성한 소년들을 거느리고, 멀고 가깝고를 불문하고 자기와 같이 현명하고 덕이 있는 거물을 찾아 교제하며, 현대중국에서 말하는 '인간관계'〔人際關係〕를 광범위하게 만들어가고 있었다.

이 시기 정치와 경제의 모든 국면에서 사회는 광역화되었다. 일확천금의 기회는 천리를 달리는 정보망에 의해 다가오고, 정보전달에서 약간의 차질이 결정적인 상황을 초래하는 경우도 있다. 즉 중요한 정보를 주고받을 만하다고 서로 인정할 수 있는 폭넓은 인간관계를 가질 수 있는가의 여부가 직·간접적으로 그 사람의 사회적 지위를 결정하게 된다.

인간이나 사회의 움직임에 대하여 대국적 견지에서 판단을 내릴 수 있는 능력이 현명함이고, 광범위한 인간관계를 구축하고 유지하는 능력이 덕이었다.

사카이야 다이치(堺屋太一)는 현대 일본사회의 특질을 '지가사회'(知價

社會), '호연사회'(好緣社會)라는 용어로 설명*하고 있는데, 약 2천여 년 전의 중국사회에도 이와 매우 비슷한 상황이 전개되고 있었던 것이다.

『사기』 유협(遊俠) 열전에는 "어리석은 자[鄙人]는, '어떻게 인의(仁義)를 알겠는가? 자기가 이익을 누리게 되면 덕이 있다고 하는 것이다'라고 말한다"라는 당시 사람들의 본심을 전하고 있다. 즉 "세상의 작자들은 덕이 있어야 인의가 있다고 한다. 인의 따위는 될 대로 되어라. 덕이 있는 자라는 것은 나에게 이익을 주는 사람이다"라는 내용이다.

현실에서 현명함과 덕을 실현하기 위해서는 경제력이 필요하다. 경제력을 갖춘 자의 입장에서 말하면, 광범위한 인간관계야말로 부를 증대시키고 부의 상실을 막는 보험과 같다. 여기에서 현명함과 덕의 체현자인 임협의 장자(長者)와 부자의 연결이 실현된다.

진평은 장래에 장자 즉 거물이 되리라는 기대를 받고, 부자인 장씨 집안에 사위로 들어갔던 것이다.

그 외에 문경지교(刎頸之交)라는 말로 유명한 장이(張耳)와 진여(陳餘)의 예가 있다.

이미 몇 번인가 등장한 장이는 위나라의 수도 대량(大梁) 사람이다. 젊었을 때에는 위(魏)의 공자(公子) 무기(無忌) 즉 전국시대 사공자 중 첫손에 꼽히는 신릉군(信陵君)의 식객이었다. 신릉군은 위나라 안리왕(安釐王) 34년(기원전 243) 즉 진왕(秦王) 정(政) 4년에 죽었다. 이후 장이는 대

---

* 1935년 오사카에서 태어난 사카이야 다이치는 도쿄대학 경제학부를 졸업한 뒤, 통산성에서 18년간 근무하다 1977년 문단에 데뷔했으며, 이후 소설뿐 아니라 경제·사회 평론서도 발표했다. 1998년부터 2000년까지 경제기획청 장관을 지냈으며, 고이즈미 내각의 특별고문직을 맡기도 했다. 한편 그가 명명한 '지가사회'는 '지식의 가치가 지배하는 사회'라는 뜻이다. 즉 '가변적'이고 '예측 불가능'하며 '저장 불가능'한 특징을 갖는 '지식가치'가 결국은 미래의 사회를 지배한다는 것이다. 또한 유사 이래 지금까지 조직을 구성하는 공동체는 혈연사회·지연사회·학연사회·직연(職緣)사회의 순으로 이어져 왔는데, 앞으로는 이런 주어진 공동체가 아니라 자발적으로 선택하는 '호연사회'가 사회를 이끌어갈 것으로 보았다. 이상은 『동경대 강의록』(동양문고, 2004) 참조.

량에서 동쪽으로 약 60km 떨어져 있는 외황(外黃)으로 망명했다. 망명(亡命)이란 '망명'(亡名)으로서, 호적을 이동하는 곳으로 옮기지 않고, 호적이 없는 즉 일정한 주거와 직업이 없는 자가 되는 것을 말한다.

망명지인 외황에 부자가 있었다. 그에게도 출중한 미모의 딸이 있었다. 다만 못된 남편을 만나, 도망쳐서 부친의 손님 처소에서 기거했다. 이 손님은 평소부터 장이와 알고 지내는 사이였다. 그래서 만약 '현부'(賢夫) 즉 의지할 만한 어떤 유능한 남자와 혼인하고 싶다면, 장이가 괜찮다고 가르쳐주었다. 그녀는 이 말을 믿고 이혼수속을 밟아 장이에게 시집을 갔다.

이때 장이는 일정한 주거와 직업이 없는 신분으로 빈털터리였다. 그러나 부유한 처가는 가능한 한 장이에게 충분히 '뒤를 대 주었다'〔奉給〕. 장이는 처가의 도움을 받아 교제의 범위가 점점 확대되어 "천리의 객(客)을 이르게 했다."

장이는 이렇게 얻은 인간관계에 의해 외황의 현령 즉 외황현의 수령이 되었다. 『사기』는 그 결과 "이로부터 더욱 현명하다는 이름이 생기게 되었다"고 기록하고 있다.

이리하여 장이는 명예와 권력이 있는 현령이라는 지위를 손에 넣는 동시에, 천리의 객과 사귀는 임협의 장자로서, 현명하다는 이름을 마음껏 누릴 수 있었던 것이다.

만약 이 외황의 부자 처소에 장이를 아는 손님이 없었다면, 장이와 이 미녀의 연결은 없었다. 물론 처가의 부를 가지고 장이가 천리까지 이르는 광범위한 인간관계의 망을 펼칠 수가 없었다면, 그의 출세도 있을 수 없었다.

다음에, 이 장이를 부친처럼 받들어 모시면서 문경(刎頸)의 교제를 한 진여(陳餘)가 있다.

진여 역시 대량(大梁) 사람이었다. 유가의 학설을 좋아하고 자주 조나라의 고형(苦陘)으로 놀러 가서 조나라의 호걸들과 사귀었다.

고형의 부자 공승(公乘)은 평소 진여의 자질을 눈여겨보고 딸을 시집보냈다.

얼마 후 위(魏) 지방의 사정을 진나라 중앙이 파악하게 되어, 정부는 장이 등을 구속하려 했다.

천리에 깔린 정보망을 통해 자신의 위험을 탐지한 장이는, 진여와 함께 자기의 이름을 바꾸고, 전국시대 진(陳)읍으로 다시 망명했다. 초나라의 한때 수도가 되어 영진(郢陳)으로 명명되었던 읍이다.

뒤에 진섭(陳涉)은 이 진(陳)을 점령하고 장초(張楚)의 수도로 정했다. 이때 장이와 진여는 진섭을 찾아가서 알현했다. 진섭은 전부터 장이와 진여가 "현명하다는 소문을 듣고" 있었으므로 크게 기뻐했다. 이로부터 그들의 운명은 더욱 활짝 열리게 된다.

진평·장이·진여 어느 경우든 유력자가 장래 유망하고 임협적인 자질을 갖고 있는 인재를 눈여겨보고는, 일종의 '선행(先行)투자'로 딸을 시집보낸 뒤, 사위에게 충분한 경제적 지원을 하여 그 성장을 도와주고 있다. 사회의 동란기에 부와 탁월한 인격적 자질 사이에 강한 흡인력이 작동하고 있었던 것이다.

이상과 같은 상황을 볼 때 여공과 유방의 관계에 대해서도 새로운 이해가 성립하는 것은 아닐까?

여공은 탕군(碭郡) 선보현(單父縣) 사람이라고 사료에 기록되어 있다. 그는 원수에게 생명의 위협을 받게 되었지만, 탕군과 인접하는 사수군(泗水郡)에 속하는 패현의 현령과 친분이 두터웠다. 그는 겉으로는 관료세계와 접촉하고, 안으로는 목숨을 거래하는 유력한 임협의 장자였다.

탕군 선보현의 남쪽 경계와 접하는 지역이 하읍현(下邑縣)이다. 그런데 훗날 유방이 항우의 본거지 팽성(彭城)을 습격했을 때, 그와 행동을 같이 했던 여치(呂雉)의 오빠 주여후(周呂侯) 여택(呂澤)은 팽성으로 들어가지 않고, 인근 하읍에서 군대를 정돈하고 있었다. 이런 점을 통해 보면, 하읍도 원래 여씨 세력권에 있었다고 추측된다.

즉 진말(秦末) 사회불안의 고조 속에서 탕군 선보현과 하읍현에 여씨의 임협적인 세력기반이 펼쳐져 있었던 것이다.

동쪽에 접해 있는 사수군 패현에는 이제 겨우 세력을 펴기 시작한 유태공과 유방이 있었다. 유방 곁에는 항상 그림자처럼 따라다니는 노관(盧綰)과 번쾌가 있었지만, 그 배후에는 패현의 호리(豪吏) 소하(蕭何)와 조참(曹參)의 모습이 어른거렸다.

여공은 유방을 장래성이 있다고 보고 선행투자로서 그를 사위로 맞이했다. 그러나 유방은 세속적으로는 고작 패의 정장에 불과한 풋내기이다. 그래서 유방에게 '1만 전 진상'이라는 화려한 연극을 하도록 시켜, 이를 세상에 얼굴을 처음으로 내미는 장으로 삼게 했던 것이다.

대협(大俠) 여공이 유방을 '1만 전 진상'의 호걸에 어울리는 관상의 소지자라고 인정한다면, '1만 전 진상'이라는 실제 이야기는 흐지부지되는 한편, 현 내에서 유방의 주가는 크게 치솟기 마련이다.

이 연극은 유방이 '축의금 1만 전'이라는 알(謁)을 보냈을 때, 여공이 황급히 달려 나온 데서부터 시작한다. 여공이 달려 나오지 않았다면, 유방은 1만 전을 바칠 수밖에 없다.

대강의 시나리오는 유방과 여공 사이에 극비로 결정되었다. 아마도 의논에 참여했을 유태공 외에는 누구도 이 계획을 알지 못했다. 유방을 가장 많이 이해하고 후원했던 인물이었을 소하조차 낭패하여 책임에서 벗어나기 위해 유방에 대한 험담을 하고, 여온(呂媼) 역시 불같이 노했던 것이다.

여온의 노여움에 대해 "아녀자들이 알 바 아니다"라고 여공은 대답하고 있다.

여공은 앞의 연회에서 자기는 젊어서부터 여러 해에 걸쳐 관상에 흥미를 갖고 많은 사람의 관상을 보아 왔지만, 유방의 관상에 미치는 자는 없었다고 격찬한 바 있다. 이 말이 정말이라면, 노여워하는 처에게 유방의 얼굴이 천하를 취할 상이라는 연유를 차근차근 설명해도 좋았을 것 같다.

이 시대는 얼굴 생김새가 극히 중시되고 있었다. 이 점은, 진평에게 손녀를 주려고 한 장부(張負)가 아들에게, "저렇게 당당하고 멋진 사내가 언제까지나 가난하고 천한 상태로 있을 리가 없다"고 판단의 근거를 제시하고 있는 것을 보아도 알 수 있다. 정말로 여공이 오랫동안 사람의 얼굴을 연구해왔다면, 인재를 판단할 때 관상을 보는 능력이 효과를 발휘해 왔을 것이고, 그런 사례를 잘 알고 있는 처인 여온은 그의 설명에 납득했을 것이다.

그럼에도 불구하고 여공이 "아녀자들이 알 바 아니다"라고 무시해버리고 있는 것은, 아녀자가 아닌 자들의 판단하에 이 화려한 연극이 연출되었음을 암시하고 있다.

유방이 소하나 조참의 비호를 받았다는 사실은 이미 언급했다. 이제 보다 유력한 여씨 집안과 연결됨으로써 장래가 전도양양해지게 되었다.

다음에 말하려는 것은, 이 여씨 집안의 가격(家格)과 세력이 어떠했느냐 하는 문제이다.

여공의 신분에 대해서는 이미 궈모뤄(郭沫若)가 진나라 재상 여불위(呂不韋)의 일족이었을 가능성을 시사했다. 그 후 일본에서는 구스야마 슈사쿠(楠山修作)가 궈모뤄의 시사를 더욱 발전시켜 여공은 여불위의 아들이었다고 단정했다.

여불위는 한(韓)나라의 양적(陽翟)이 본적인 대상인이었다. 그는 조나라에서 가난한 인질생활을 하고 있던 진나라의 공자(公子) 자초(子楚)를 눈여겨보았다. 그것은 "이 진기한 물건에 투자할 만하다"(奇貨可居)는 성어로 알려진, 전국시대 말기의 가장 극적인 역사의 한 대목이다.

자초는 당시 진왕(秦王)의 측실 소생 가운데 한 사람에 불과했지만, 천금을 건 여불위의 정치공작이 열매를 맺어 진나라로 돌아가 왕이 되었다. 이 자초 장양왕(莊襄王)의 아들이 정(政) 즉 시황제이다. 여불위는 꾸며놓은 계획대로 일을 진행시켜 진나라의 국정을 좌지우지하는 재상이 되었다.

귀모뤄의 경우에는, 여불위가 받은 낙양(洛陽)을 포함한 삼천군(三川郡)의 봉지(封地) 안에, 여공이 살던 선보현이 포함된다는 추정이 그 논거가 되고 있다. 또 구스야마의 경우에는, 여공이 부친 여불위의 고사를 모방하여 유방을 선물(先物) 매입했다는 추정과 여불위가 편찬한 『여씨춘추』(呂氏春秋)의 정신은 도가(道家)적인 것이고, 이 정신은 무위자연(無爲自然)을 표방한 여후(呂后)의 치세방침과 일치한다는 평가가 판단의 기초가 되고 있다.

이 책에서는 다소 다른 각도에서 이 문제에 접근하고자 한다.

정(政)의 모친은 자초의 정실이 되기 전에 여불위의 애첩이었다. 그녀에게 한눈에 반한 자초는 이 여인을 받고 싶다고 했고, 여불위는 어쩔 수 없이 그녀를 바쳤다.

자초 장양왕 사후에 이제는 태후(太后)가 된 그녀는 여불위와 본디의 관계로 되돌아가 몰래 관계를 지속했다. 사정이 발각될 것을 두려워한 그는, 모양 좋게 헤어지기 위하여 '대음인(大陰人, 거대한 남근을 가진 사내) 노애(嫪毒)'를 찾아내 환관(宦官)으로 꾸며 태후에게 보냈다.

태후는 노애에게 빠졌다. 노애는 작위를 받아 장신후(長信侯)라 칭하고 영지를 받아 "크고 작은 모든 일을 노애가 결정"하는 데까지 이르렀다. 태후의 총애를 받고 우쭐댄 노애는 쿠데타를 일으켰다가 진압되었다. 노애와 그 일당은 거열(車裂)의 형에 처해지고, 일족은 모두 죽임을 당했다.

파면되어 막다른 골목에 몰린 여불위는 독약을 마시고 죽었다.

『사기』는 여불위가 애첩을 바쳤을 때, 그녀는 이미 임신하고 있었다고 기록하고 있다. 시황제 정은 실은 여불위의 아들이라는 말이다.

귀모뤄는, 이것은 단순한 전설로 있을 수 없는 일이라고 단언하고 있다. 그러나 정이 왕이 된 뒤에도, 이제는 태후가 된 과거의 애첩과 여불위의 관계가 계속되었던 것은 틀림없는 사실이기 때문에, 시황제가 여불위의 아들이었다는 이야기는 충분히 가능하다.

여불위는 자살했지만, 과연 이것으로 모든 것이 수습되었을까? 그것은 분명하지 않다. 살아 남은 여불위의 친족들은 부들부들 떨었을 것이다. 지금까지 여불위의 공적이 너무나도 컸던 만큼, 그들은 사건의 결말에 크나큰 원한을 품었을 것으로 추정된다.

이 점을 염두에 두고, 진말(秦末)의 반진(反秦)투쟁을 조망해보면, 거기서 몇 개의 흥미 있는 사실을 관찰할 수 있다.

첫째, 이 시기의 반진투쟁에 극히 많은 수의 여씨 성을 가진 자들이 중요 인물로서 관여하고 있다.

둘째, 이들 인물의 지역분포에 일정한 경향이 발견된다. 그들이 봉기할 때의 거주지는 낙양(洛陽)을 서북으로 해서 부채꼴로 펼쳐져 있다. 그런데 이것은 여불위의 영지가 낙양에 있고, 그의 자살로 일족이 낙양에서부터 흩어져 나갔다고 본다면, 매우 이해하기 쉬운 상황이다.

셋째, 이들은 처음부터 유방군에 참가한 자 외에, 봉기 시점에서는 진섭군에 참가했거나, 항량·항우군에 참가했던 자도 있었지만, 알려져 있는 한에서는, 초한(楚漢)항쟁 중의 어떤 시점부터 그들은 모두 유방군에 귀속되었다.

이상은 여공이 여불위의 일족이었을 가능성을 시사한다.

여불위의 일족이고, 선보의 대협이었던 여공의 딸을 아내로 취한 것은 유방에게 대전환의 계기가 되었다. 인간관계의 정도, 명망, 군자금 등 모든 점에서 새로운 국면이 열리게 되었던 것이다.

그러나 이 국면을 보다 구체적으로 이해하기 위해서는 유방과 여치의 혼인시기를 확정할 필요가 있다. 유감스럽게도 이 문제에 관해서는 직접적인 사료가 어디에도 남아 있지 않다. 따라서 우리는 유방의 가족사를 재검토함으로써 어떤 실마리를 찾을 수밖에 없다.

그런데 그 실마리의 하나가 되는 것이, 유방과 여치 사이에 태어난 유영(劉盈) 즉 훗날의 혜제(惠帝) 출생 시기이다.

『한서』 혜제 본기에는, 유영은 고조 유방이 처음 한왕(漢王)이 되었을 때 5세였다고 기록하고 있다. 이제 『사기』의 연표에 따라 유방이 함양으로 들어가 진왕(秦王) 자영(子嬰)을 항복시킨 때를 한(漢) 원년(기원전 206)이라고 한다면, 유영의 탄생은 진나라 시황제 37년(기원전 210)이 된다.

예에 따라, 그 앞의 임신기간 1년 그리고 누이인 노원(魯元) 공주의 임신기간 1년 및 수유기간 3년을 상정하면, 유방과 여치의 혼인은 시황제 32년(기원전 215), 즉 유방이 23세였을 때거나 혹은 그 이전이라는 이야기가 된다.

이것은 확실한 근거는 없지만, 본서에서는 잠정적으로 시황제 32년(기원전 215)을 혼인한 해, 즉 유방과 여공 및 그 가족들이 만난 해로 가정해 둔다. 한편 전년에는 시황제가 함양에서 도적에게 습격을 당하는 사건이 일어나고, 관중(關中)에서 20일 간의 대대적인 수사가 행해지고 있다. 거기에 여씨 일족이 연루되어 있었는지 여부는 분명하지 않다.

지금까지 유방과 여씨의 혼인은 훨씬 이른 시기의 일로 생각되어 왔다. 이와 관련하여 음미할 필요가 있는 것이, 유방 가족의 출세를 예언하는 유명한 일화이다.

『사기』에 의하면 일화는 다음과 같다.

> 유방이 정장(亭長)이었을 무렵 휴가를 얻어 자택으로 돌아왔을 때, 여치가 두 자식과 함께 논에서 풀을 뽑고 있었다. 한 노인이 다가와서 물이 마시고 싶다고 했으므로, 여치는 주는 김에 음식까지 나누어주었다. 노인은 그녀의 관상을 보고, "부인은 천하의 귀인이 될 것이다"라고 했고, 그녀가 다시 두 아이의 얼굴을 보여주자, "과연 부인이 높은 신분이 되는 것은 이 사내아이 덕분이군요"라고 했다. 노인이 떠난 뒤, 유방이 마침 왔으므로, 여치가 그 이야기를 했다. 유방이 노인의 행방을 묻자, 여치는 "아직 그리 멀리는 가지 않았을 것 같습니다"라고 대답했다. 그래서 유방

이 쫓아가 물어보니, 노인은 "아까 그 부인과 아드님의 관상은 당신과 매우 흡사합니다. 당신의 관상은 말로는 표현할 수 없을 정도로 고귀합니다"라고 말했다. 얼마 후 천자가 될 얼굴이라는 말이다. 유방은 감사해 하며 "만약 어르신이 말씀하신 그대로 된다면 이 은혜는 결코 잊지 않겠습니다"라고 말했다. 유방은 천자가 되어 이 노인을 수소문했지만, 찾지는 못했다.

이 이야기를 액면 그대로 받아들인다면, 두 자식은 제초작업을 거들 수 있을 정도로 성장했다는 말이 된다.

위에서 "여치가 두 자식과 함께 논에서 풀을 뽑고 있었다"고 번역한 『사기』의 원문은 "呂后與兩子居田中耨"이니, 확실히 두 아이와 함께 일하고 있었다고 해석하는 것이 자연스럽다.

그러나 유영은 시황제 37년(기원전 210)에 태어났고, 이듬해인 이세황제 원년(기원전 209) 7월에는 진섭이 봉기하고, 이어서 9월에는 유방도 군사를 일으키고 있다. 따라서 유방이 정장이었을 무렵은, 유영은 겨우 막 태어난 젖먹이 아이였던 셈이다.

여기에서 추측되는 것은, 유씨 집안의 미래 예언 전설로서 이 이야기가 나중에 창작된 것이 아닐까 하는 점이다. 그렇기 때문에 아이의 나이 등 구체적인 요소에 충분히 주의를 기울이지 못했던 것 같다. 그리고 역으로, 이렇게 만들어진 설화에 등장하는 아이들의 나이를 근거로 혼인시기를 실제보다 올려서 상정하는 설이 만들어진 것은 아니었을까?

여기서도 유방의 관상이 화제의 초점이 되고 있지만, 혜제가 즉위하는 그 정당성을 주장하기 위하여 여치, 즉 뒤의 여후(呂后) 측이 만들어낸 이야기일 가능성이 높다.

여기서 유방의 출세 예언 전설에 대하여 고찰하고자 한다. 그것은 아마 두 계통으로 나눌 수 있을 것 같다.

첫째는, 유방의 얼굴이 용과 비슷하기 때문에 얼마 후 황제가 될 것이

약속되었다는 내용이다. 예를 들면 2장에서 소개한 『사기』의 다음과 같은
기록이다.

> 고조의 생김새는 코가 높고 용처럼 의젓하고 위엄이 있는 얼굴로, 길고
> 검은 멋진 턱수염과 구레나룻을 기르고 있다. 왼쪽 다리에는 72개의 검
> 은 점이 있다.

이 설화의 중심이 되는 내용은 후세의 수식만은 아닐 듯하다. 유방 자
신이 자기의 얼굴에 긍지를 갖고, 평소부터 허풍을 떨어왔을 것이다. 20세
기의 문화대혁명 말기부터 종결 직후에는 황제가 된다든가 신비한 법력을
갖고 있다고 자칭하는 자들이 셀 수 없을 정도로 나타났다. 이런 점에서
당시 동란기에 유방이 그런 큰 허풍을 떨었던 것도 자연스런 일이다.

유방이 술집에서 취해 곯아떨어져 잠을 자고 있으면, 그 위로 용이 나
타났다는 이야기, 유방의 모친인 유온이 용과 교접하여 유방을 낳았다는
이야기, 적제(赤帝)의 아들인 유방이 큰 뱀으로 변한 백제(白帝)의 아들을
베었다는 이야기 등은 이 계통에 속한다. 이것들은 그의 모습이 용과 비슷
하다는 데서 연유하는데, 가장 솔직하고 직접적이다.

유온이 용과 교접하여 유방을 낳았다는 설화는, 그 목격자가 유방의 부
친이라는 점이 재미있다.

유방의 출세 예언전설에 유태공이 등장하는 사례는, 『사기』에는 기록되
어 있지 않지만, 다른 사료를 찾아보면, 유태공이 젊었을 무렵 "산과 못 사
이에서 놀았다." 우연히 만난 대장장이로부터 "그 찬 칼을 벼리면 신기(神
器)가 되어, 묘성(昴星)*의 도움을 얻어 천하를 취할 수 있다"는 말을 듣는
이야기가 있다. 그는 벼린 그 칼을 유방에게 주어, 유방은 그 칼로 천하를
통일했다. 묘성이란 소하(蕭何)를 가리킨다고 한다. 이 가장 소박한 설화
에 일개 임협이었던 부친이 등장하고 있기 때문에, 이런 종류의 예언 전설

---

* 목우좌(牧牛座)에 있는 플레이아데스 성단(星團)으로서 28수(宿)의 하나이다. 육안으로는 보통 6개의
  별이 보이므로 육연성(六連星)이라고도 부른다.

의 출처가 유방과 유태공이었다고 해도 좋다고 생각한다.

이에 비해 유방의 관상을 보고 출세를 예언하는 두 예(여공〔呂公〕과 지나는 길의 노인)의 설화가, 여공과 여치에 관련되어 있음은 우연이 아니다.

또 하나의 계통은, 유방이 있는 장소로부터 천자의 기(氣)가 떠오른다는 것이다.

이것도 『사기』에서 한 예를 들면, 시황제는 항상 동남쪽에 천자의 기가 떠오르는 것이 마음에 걸렸다. 그는 천하 순수 도중 동남쪽으로 가서 이 기를 봉쇄하려고 했다. 이를 알아차린 유방은 망(芒)·탕(碭)의 "산과 못의 바위 사이에 숨었다." 여치는 다른 사람과 함께 유방을 찾았지만, 늘 그 소재를 찾아낼 수 있었다. 유방이 이상하게 생각하여 그 이유를 묻자, 여치가 말했다. "당신이 있는 곳은 항상 공중으로 떠오르는 기운이 감돌고 있어, 그곳으로 가면 당신을 만날 수 있었습니다."

'산과 못의 바위 사이'란 글자 그대로 산지와 소택(沼澤)이 뒤섞여 있는 장소이지만, 보다 추상적으로 말하면 무뢰배들의 소굴을 의미한다.

이 설화는 유방이 황제가 되는 것이 객관적으로 기운에 의해 제시되고 있다는 점에서 다소 세련된 시나리오라고 할 수 있지만, 여기서도 여치가 등장하고 있다.

한편 이런 형태의 설화가 처음 등장한 것은 육가(陸賈)의 『초한춘추』(楚漢春秋)이다. 육가는 언변에 능한 인물인 동시에 유방 사후 여씨의 전제(專制)시대에도 교묘하게 처신한 것으로 알려져 있다.

이상의 두 계통의 설화를 종합하고 단순화시켜 말하면 다음과 같다.

유방과 부친 유태공은 어떤 시기부터 유방에게 영웅의 자질이 있음을 자각하고, 적극적으로 동료 사이에서 분위기 만들기를 시작했는데 그 대강의 시나리오는 단순하고 직접적인 것이었다. 이에 비해 여씨 측에서는 다소 늦게, 유방이 천자가 되는 것은 천명에 의해 객관적으로 보장되어 있다고 하는, 보다 세련된 이야기로 선전하기 시작했다.

여씨가 이런 선전을 시작한 때를 확정짓기는 어렵다. 여공에게는 여택(呂澤)과 여석지(呂釋之)라는 두 아들이 있고, 유방이 봉기했을 때에는 각각 독자의 군단을 조직하여 합류했다. 그들은 매우 유능했고, 한(漢) 제국 수립에도 큰 공헌을 했다고 전해지고 있다.

여공은 유방의 능력을 눈여겨보고 사랑하는 딸을 주었지만, 그것이 곧바로 유방을 수령으로 떠받들 작정이었음을 의미한다고 단언할 수는 없다. 그들은 아마 처음에는 유방을 동맹 맺기에 유망한 자로 간주했지만, 어떤 시기부터 수령 그리고 황제로 받들어 모시는 쪽으로 방향전환을 했다고 보는 편이 실상에 가까울지도 모른다.

어쨌든 여씨 일족은 이른 시기부터 진나라 시황제에 대한 복수를 노리고 있었다. 그들에게 여치와 유방의 혼인은 중요한 전략의 일환이었던 셈이다.

『사기』에는 여후(呂后)를 위한 본기(本紀)가 있다. 후세의 비판에도 불구하고, 이것이 당시의 실정을 반영한 정당한 판단이라는 점에 대해서는 서장에서 말한 바 있다. 여후 본기는 여후의 성격과 그녀의 한 왕조 수립에 대한 공헌을 다음과 같이 기록하고 있다.

> 여후는 사람됨이 굳세고, 고조를 도와 천하를 평정했다. 유력한 공신을 제거하는 데는 그녀의 힘이 컸다.

여후는 확실히 굳세고 과감했다. 그리고 강한 권력욕을 갖고 있었다. 그런 의미에서 그녀는 유방과 쌍벽을 이루었다.

당시 이 점에서 그들에게 필적할 존재를 찾는 것은 힘든 일이다. 억지로 예를 든다면, 단순한 괴뢰였음이 명백한데도, 나름대로 당당하게 천하 경영을 생각하고, 집요하게 자기의 권력 확립을 추구한 초나라의 회왕(懷王) 정도일 것이다.

항우의 정열이라는 것은 그들과는 다소 차원이 다르고, 무너져 가는 진

왕조 속에서 실권을 장악한 환관 조고(趙高)의 경우, 그 기이하기까지 한 권력욕은 애초부터 정통성뿐만 아니라 기개와 품격을 완전히 결여하고 있었다.

부친의 지시에 따라 유방에게 시집간 여치였지만, 일단 처가 되자, 그녀는 유방에게 제왕(帝王)의 학문을 전수하여, 그를 황제로 만드는 데 정성을 다하게 되었다. 이 경우 제왕의 학문이라 해도 이른바 예의범절 즉 조정에서의 예의 등을 공부하는 그런 종류는 아니다.

함양(咸陽) 출장을 계기로, 유방의 관심은 직접적으로 천하의 쟁탈로 향한 듯했다. 그러나 구체적으로 천하에 눈을 돌리게 한 것은 여치였다. 유방은 여치와의 만남을 통하여 비로소 자기와 천하와의 연결을 확신했던 것이다.

이 시기 여치와의 생활은 유방에게 불가사의한 경험이었다. 그것은 노관(盧綰)과 하후영(夏侯嬰)에 뒤이은 제3의 '서로 사랑'하는 경험이었다고 말할 수 있다.

그녀는 미인이었고, 풍부한 감성의 소유자였다. 한 사람의 여성으로서 진심으로 유방을 사랑하고 받아들였다. 그러나 여기서 말하는 '서로 사랑한다'는 것은 그런 남녀 사이의 미묘함이나 애정과는 무관하다.

한 사람의 여성으로서 그녀는 충분한 매력을 가지고 있었지만, 동시에 다른 어떤 여성과도 달랐다. 그리고 참으로 이 점에서 '서로 사랑'했던 것이다. 이것은 남녀 사이의 사랑이 아니라 동지적 인간끼리의 감정이었다.

유방은 일찍이 노관과의 사랑을 통하여 성장해서, 풍읍(豊邑)을 무대로 활약할 수 있었다. 뒤이어 하후영과의 사랑을 통하여 성장해서 패현(沛縣)을 무대로 활약할 수 있었다. 그리고 이제 그는 여치와의 사랑을 통하여 천하를 활약의 무대로 시야에 넣는 데 이르렀던 것이다.

그녀는 여불위 일족의 여성으로서, 시황제에 대한 증오를 말하는 데 머

물지 않았다. 진나라 수도 함양에 있는 궁전 내에서의 장엄한 광경, 한 올
도 흐트러지지 않는 통제력, 비할 데 없이 근면한 시황제의 집무상황에 대
하여 이야기함과 동시에 낙양에서 달아나 각지에서 반진(反秦)투쟁의 준
비에 들어간 여씨 일족의 정보를 유방에게 전해주었다.

그녀라고 해서 어떻게 하면 강대한 진 제국을 무너뜨릴 수 있을지 아는
것은 아니다. 그러나 낙양 함락 이후 부친인 여공(呂公)이 선보현을 중심
으로 부지런히 만들어온 임협적 인간관계가 어떤 중요한 역할을 하리라는
신념은 그녀의 마음속에서 흔들린 적이 없다.

부친은 한(韓)나라의 귀족 장량(張良)이 그러했던 것처럼, 망명 후에는
임협의 세계에 투신했다. 오빠들과 함께 성장한 그녀의 판단은 대부분 임
협세계의 논리에 근거한 것으로, 침착하고 설득력이 있었다. 그녀와 이야
기하고 있으면, 천자의 자리를 향해 걸어가고 있는 자신의 모습을, 유방은
확실한 느낌을 가지고 상상할 수 있었다. 그녀 역시 남편이야말로, 자기의
이상이고 자랑이었던 부친을 능가하는 임협, 얼마 후에는 천하를 지배하
게 될 인재임을 확신했다.

참으로 여치야말로 유방과 호적수의 거물이었다.

유방은 생애를 통하여 자기가 머물고 있는 자리에서 주도권을 다른 사
람에게 넘겨준 일이 없다. 여치 또한 그런 인간이었다. 도저히 병존하기
어려운 두 사람의 관계를 연결하고 있는 것은 상대에 대한 외경심과 애정
이었다.

여치는 유방을 위해서라면 어떤 고생도 마다하지 않았다. 무법자 사회
에서 활약하는 유방에게 체포영장이 나와, 여기저기 도망쳐 다니는 유방
대신 감옥에 들어간 적도 있었다. 망(芒)·탕(碭)의 소택지에 몸을 숨긴 유
방을 위하여 젖먹이 아이를 안고 필요한 물자를 조달하기도 하고 정보를
전해주기도 했다. 유방이 항우에게 대패를 당한 이른바 팽성(彭城) 대전
(大戰) 뒤에 3년 10개월 동안 유방의 부친을 모시면서 항우의 포로로 지

낸 적도 있었다.

　여치는 혼인 이래 글자 그대로 조강지처로서 유방을 섬기고 유방을 도왔다. 그녀에게 이런 고생은 유방에 대한 사랑의 증명이고, 동시에 그녀 자신에게는 삶의 증명이었다.

　그러나 그녀의 유방에 대한 사랑은 무조건적인 것은 아니었다.

　유방이 자신을 사랑할 것, 적어도 어떤 여인보다도 자신을 중시할 것. 그리고 이즈음 유방에게 움트기 시작한, 어렴풋하게나마 그 실체를 드러내기 시작한 천하웅비의 대망을, 두 사람의 사업으로서 추구하고, 결과로서 손에 넣은 지위를 자기들의 자식에게 인계할 것. 그것이 유방에 대한 헌신의 전제조건이었다.

　보다 정확하게 말하면, 이 두 개의 조건은 나눌 수 없이 서로 연결되어 있었다. 두 개의 조건 혹은 욕망을 벗어나서는, 그녀라는 인간 그 자체가 존재하지 않았다고 말해도 좋다.

　여치야말로 유방이 황제가 되기 전은 물론 황제가 된 뒤에도 완전하게는 지배할 수 없었던 단 한 명의 인간이었다.

　훗날 여씨 일족이 한(漢) 왕조에 대한 반란(이른바 제여[諸呂]의 난[亂])에 휩쓸리게 되었기 때문에 사서(史書) 속에서 일족의 공적이나 공헌을 과소평가하거나 삭제하려는 움직임이 일었던 것은 서장에서 말했다. 그 때문에 여치와 여씨 일족에 대한 기술은 『사기』 성립 이전에 이미 당시의 사실과는 상당히 동떨어지게 되었던 것이다. 따라서 이상에서 열거한 것과 같은 공헌과 고생은, 그녀가 겪은 경험의 극히 일부에 지나지 않는다고 생각한다.

　철의 여인인 여치가 참을 수 없었던 것은 유방의 애정이 자기 한 사람에게 향하지 않았다는 점이다. 4장에서 조금 언급한 바와 같이, 결혼했을 때 그에게는 이미 처가 있었다. 조(曹) 부인이다.

　두 사람 사이에는 뒤에 제왕(齊王)이 되는 비(肥)라는 아들이 있었다.

유방의 출세를 위해 시원스럽게 스스로 떠나버린 조 부인과 유방의 이후의 관계에 대해서는, 사서(史書)는 아무 말도 하고 있지 않다. 그러나 유방은 조 부인에게 깊이 감사했고, 아들 비에 대해서도 강한 애정을 줄곧 가지고 있었다.

조 부인이 떠난 이상, 여치에게는 어떤 불만도 없어야 될 터였다. 그러나 조 부인과 그 아들의 그림자로 말미암아 그녀는 늘 초조했다.

다만 시황제 32년(기원전 215)에 혼인한 뒤부터 이세황제 원년(기원전 209)에 유방이 봉기하기까지의 몇 년 간은, 여씨 일족의 힘을 배경으로 정신적인 주도권을 갖게 됨으로써 여치는 확실히 유방의 유일한 처가 될 수 있었던 것으로 보인다.

여치는 "만년에는 미모가 쇠하여 애정이 식었다." 척(戚)부인이 총애를 받았다고 사마천은 기록하고 있다. 역으로 말하면, 젊었을 때는 대단한 매력을 가진 미인이었다는 말이 된다. 사서(史書)의 이런 기술을 진실로 받아들여도 좋을지 여부는 미묘한 문제이지만, 이 경우에는 사마천의 솔직한 묘사로서 그대로 받아들여도 좋지 않을까 생각한다.

여씨 일족이 비교적 일찍부터 유방을 장래의 황제 후보로 키우는 쪽으로 태도를 결정한 데는, 그녀의 유방에 대한 높은 평가가 있었기 때문일 것이다. 그러나 그는 여치의 강렬한 질투심에는 아무래도 익숙해질 수 없었다. 유방에 대한 헌신적인 감정은 그가 가까이 다가가는 모든 여성에 대한 적개심으로 변했는데, 이는 성적으로 방종했던 유방에게는 숨 막힐 듯한 참을 수 없는 압박이었다.

그렇지만 보다 중요한 것은, 여치가 유방에게 필적하는 호탕함과 인간 조종술을 체득하고 있었다는 점이다.

이 점과 관련하여 흥미 있는 것은, 2장에서 검토한 '욕'의 문제이다. 임협의 장자(長者)인 유방의 '욕'은, 마지막 순간에 몰린 상황에서 목숨을 던져 적을 욕하는 그런 종류는 아니었다. 임협적 인간관계에 있어 상위자로서 하위자를 욕했던 것이다. 그래서 부하는 어떤 앙심도 갖지 않고, 유방의 '욕'을 받아들였다.

실은 여치 또한 마찬가지로, 그녀가 은혜를 입고 있는 친한 자들을 욕하고 있다. 이것은 여치 또한 임협적인 기질의 소유자였다는 사실을 뒷받침하고 있다. 그녀는 부친의 인간관계를 이어받아 임협사회에 얼굴이 알려져 잘 통했다. 유방 집단 내에서 특히 친했던 사람은 장이(張耳)와 그 아들 장오(張敖), 왕릉, 임오(任敖), 주창(周昌), 번쾌 등 확실한 임협의 무리이다. 장량(張良)과도 친했지만, 그 또한 시황제 저격 미수나 항백(項伯)과의 교우에서 엿볼 수 있듯이 어엿한 임협이었다.

여치가 유방에게 필적하는 권력욕을 갖고 있었던 사실은 이미 언급했다. 그것은 유방이 자신의 체면을 세워주는 한, 적어도 그를 밀어내 겉으로 드러내는 것은 아니었다. 그 무시무시함을 본능적으로 알고 있는 그는, 될 수 있는 한 여치의 체면을 존중해주었다. 그녀는 유능하고 헌신적인, 둘도 없는 동지였기 때문이다.

혼인에서부터 유방이 봉기하기까지 몇 년 간은, 어느 쪽도 서로 뒤떨어지지 않는 강렬함을 가진 두 사람의 관계가, 위험한 균형 속에서 유지된 밀월의 나날들이었다.

8장
망·탕 근거지 건설

여치와의 혼인 후 일정기간 동안 유방의 활동에 대한 기록은 그 전까지에
비해 많지 않다. 그 기간은 천하를 시야에 넣게 된 변신의 시간이자, 잠행
과 충전의 시간이었다.

다만 이 시기 유방의 동정을 전하는 사료 하나가 『사기』에 남아 있다.
유방이 망·탕의 소택지에 일종의 근거를 건설했다는 내용이다.

이미 몇 번인가 언급한 대로, 소택지는 고래로 무법자의 거처였지만, 전
국시대 말기에 많은 농민과 도시민이 호적을 버리고 유랑하여 소택지로 흘
러들어왔다. 이 움직임은 진의 천하통일 후에도 계속되었다.

유방이 청소년기에 활약했던 무대는 풍읍(豊邑) 서쪽 교외의 소택지이
고, 정장(亭長) 시절에는 패현 동쪽 교외의 사수(泗水) 중류에 펼쳐진 소
택지의 유민(流民)들과 사회의 바깥과 안의 양면에서 관계를 갖고 있었다.

그러나 진의 천하통일로부터 몇 년에 걸쳐 수운(水運)의 요충인 이들 지
점에 중앙의 규제가 미치기 시작했다. 바깥의 세계에서는 정장으로서 당당
한 관리의 일원인 유방에게 곤란한 상황이 생기게 되었던 것이다.

게다가 풍읍에 근거를 둔 풍패(豊沛) 객가사회를 좌지우지하고 있는 옹
치(雍齒)나 왕릉(王陵)과의 사이에도 미묘한 문제가 있었다. 원주민과의
알력 속에서 만들어진 그들의 임협적 유대는 강고하기는 했지만, 필연적
으로 폐쇄적인 향리(鄕里)사회의 틀을 벗어나지 못했다.

유방은 소하(蕭何)나 조참(曹參) 등 현의 하급관리에게 인정을 받고, 어린 나이에 위(魏) 지방의 대협(大俠) 장이(張耳)와의 연락업무를 맡았다. 더욱이 1년에 걸친 함양(咸陽) 출장을 통해 크게 성장했다. 인솔된 인부들이 타향에서의 공동생활 속에서 유방군단으로 불려도 괜찮을 정도로 그에게 마음으로 복종하고 귀속했다는 점, 경험을 쌓은 그들이 향리에서 일정한 발언권과 신뢰를 얻게 되었다는 점은 컸다.

더구나 한 지방을 넘는 명망을 갖는 여씨 일족과 손을 잡은 것은 20세를 막 지난 유방의 잠재적 권력기반을 단숨에 강화시켰다.

풍패 임협사회의 정점에 선 옹치(雍齒)는 유방을 그냥 내버려두지 않았다. 사회의 규제에 따르도록 강요하고, 때로는 가차 없는 지시를 내렸다. 유방은 황제가 된 뒤에도 "옹치 그 녀석은 몇 번이나 나를 들볶고 괴롭혔다"고 노여움을 털어놓았지만, 거기에는 당시 양자간의 갈등도 포함되어 있다.

방향을 결정하지 못하고 있던 유방에게 시사를 준 것은, 이 무렵 하읍(下邑)에서 근거지 만들기에 몰두하고 있던 여택(呂澤)의 활동이었다.

부친 여공(呂公)이 자리잡고 살고 있던 선보(單父)가 획포수(獲泡水)의 북쪽 강가에 있었음에 비해, 여택이 새롭게 세력을 부식하고 있던 곳은 남쪽 강가의 하읍이었다. 하읍에서 다시 남쪽으로는 망현(芒縣)과 탕현(碭縣)의 거대한 소택지가 펼쳐져 있었다.

망현과 탕현의 거대한 소택지가 펼쳐져 있는 곳은 수수(睢水) 유역이다. 수수는 대량(大梁)의 남쪽에서 홍구(鴻溝)로부터 나뉘어, 동남으로 흘러 탕군(碭郡)의 수부(首府) 수양(睢陽)에 이른다. 다시 수양으로부터 사수군(泗水郡)의 수부(首府) 상현(相縣)에 이르러, 부리(符離)를 통하여 하상(下相)에서 사수(泗水)에 합류하여 남으로 꺾어져 회수(淮水) 본류로 들어간다.

천하의 배꼽인 형양(滎陽)과 광무(廣武)를 기점으로 본 경우, 이하의 세 지류가 당시 유통의 3대 경로였다. 동북방에는 산동의 제(齊)에 이르는 제수(濟水), 동남으로부터는 수수(睢水), 다시 남으로부터는 대량(大梁)에서 홍구(鴻溝)를 남하하여 진군(陳郡) 진현(陳縣, 일찍이 초나라 수도인 영진〔郢陳〕)을 거쳐, 항현(項縣)에서 영수(潁水)로 흘러 들어가, 수춘(壽春, 마찬가지로 초나라의 옛 수도임)의 상류에서 회수(淮水)로 합류하는 지류이다.

유방 등이 장악하고 있던 맹저택(孟諸澤)을 경유하는 경로는, 이것들에 비하면 뒷골목과 같은 느낌을 면치 못했다. 한편 3대 경로의 하나인 수수(睢水) 유역에 펼쳐진 망현과 탕현의 거대한 소택지는 대규모 물자 보급이 용이한 주요 해방지역이 될 조건을 갖추고 있었다.

이리하여 유방은 혼인 후 바로 어둠의 활동의 축을 사수(泗水)의 소택지에서부터 상현(相縣)의 상류에 펼쳐 있는 더 큰 소택지로 옮기기 시작했다.

이것은 대단한 선견지명을 보인 결단이었다.

시황제가 전국을 통일한 뒤부터 몇 년 동안 제국의 지배는 확고했고, 적어도 표면적으로는 천하의 형세가 다소 안정된 듯 보였다.

옛 6국의 주민은 해마다 치도(馳道) 건설에 동원되었지만, 진나라 군대의 침공 앞에 도망치려고 우왕좌왕하던 도탄의 괴로움에 비하면, 아직 그런 대로 참을 만한 수준이었다.

치도 건설은 중앙의 지배를 말단에까지 관철시키기 위한 수단이었고, 시황제가 천하의 각지에 장대한 순수(巡狩)의 위엄을 과시한 것은 압도적인 규모의 지배체제를 새삼 민중들에게 실감시켰지만, 동시에 황제의 순수에 수반하여 지방의 민중이 어떤 형태로든 은혜를 받는 측면도 있었다.

물론 10년에 걸친 통일전쟁이 할퀴고 간 자국은 여러 형태로 남아 있고, 여기에 치도 건설과 천하 순수에 수반하는 민중에의 부담이 가동되어 유민(流民)의 발생이 끊이지 않았다.

그것은 폭풍 전야의 고요함이었다. 시황제 29년(기원전 218) 장량이 박랑사(博浪沙)에서 시황제를 저격하려다 무위로 끝나고, 2년 후(기원전 216) 유방이 함양에서 인부들을 감독하고 있었을 때에도 시황제가 도적에게 습격을 당하는 사건이 있었지만, 그런 것들은 강대하고 견고한 지배 속의 조그마한 에피소드처럼 느껴졌다.

이 표면적인 안정기에 새로운 근거지 개척에 착수한 유방의 판단은 훌륭했다고 해야 한다.

시황제 32년(기원전 215)에는 만리장성 축성이 개시되어 화북(華北)의 민중과 죄수가 동원되었다. 35년(기원전 212)에는 아방궁과 여산(驪山)의 수릉(壽陵) 조영이 개시되어 화중(華中)의 민중과 죄수가 동원되었다.

이 단계가 되면 각지에서 유민이 격증하고 사회불안이 급격하게 확대되었다. 망·탕 지방도 마찬가지였다. 유방은 이미 이 지역의 유력자와 우호적인 관계를 구축했고, 유민의 유입은 그의 세력을 강화하는 결과를 가져왔다. 유방은 망·탕 지역에 세력을 부식하는 데 성공한 것이다. 뒤에 유방은 다시 인부를 거느리고 토목공사를 하러 함양을 향해 출발했다. 이때 도중에 임무를 방기하고 인부들과 함께 도망쳐 들어간 곳이 망·탕의 소택지였다.

이 망·탕지방을 자신들의 세력기반으로 육성한다는 유방의 판단을 지지하고, 협력한 이가 여치(呂雉)였다.

여치에 대하여 『사기』는 "고조를 도와 천하를 평정했다"고 기록하고 있는데, 그녀가 유방 곁에서 보좌한 시기는 앞뒤의 두 단계로 나눌 수 있다.

첫째 시기는, 유방이 23세(기원전 215)에 여치와 혼인한 뒤부터 29세(기원전 209)에 항량(項梁)군에 참가하여 장군 장함(章邯)이 이끄는 진나라 군대와 싸우기까지의 7년간이다.

둘째 시기는, 한(漢) 4년(기원전 203) 초나라와 한나라의 강화에 의하여 여치가 유방 밑으로 귀환한 뒤부터 12년(기원전 195) 유방이 서거하기까지의 9년간이다.

이 두 시기 사이에 끼어 있는 7년 동안 그녀는 아이들 및 유태공과 같이 패(沛)에 남았고, 유방이 팽성(彭城)에서 항우에게 대패한 뒤에는 유태공과 함께 항우의 군대에 붙잡혀 인질이 되어 있었다.

여치가 유방의 근거지 건설을 도운 것은 첫째 시기에 해당한다.

여씨 일족 출신인 그녀는 유방을 능가할 정도의 전략적 판단력을 지니고 있었다. 망·탕을 근거지로 키우려 한다고 유방이 잠깐 입 밖에 낸 의견을 적극적으로 지지하고, 두 오빠 특히 큰오빠인 여택을 설득하여 협력하겠다는 약속을 받아냈다. 이 계획의 성공으로 유방의 힘이 급격히 확대되었고, 최종적으로는 여씨 일족이 유방을 수령으로 추대하는 결과를 가져왔다.

지금까지 유방과 우호관계에 있었던 사람은 소하(蕭何), 조참(曹參), 하후영(夏侯嬰), 임오(任敖) 등 패현의 하급관리들이었다. 이 시기 조금 전부터 유방의 '인간관계'는 새로이 두 방향으로 확대되어 갔다. 하나는 주창(周昌), 주가(周苛) 등 사수군(泗水郡)의 하급관리들, 다른 하나는 번쾌나 주발 등 패현의 건달들이다.

번쾌(樊噲)는 개고기를 팔아 생계를 유지하던 사람으로 예의범절이라고는 아무것도 모르는 거구의 소유자였다. 주발(周勃)은 멍석과 깔개를 파는 행상인으로서, 장례를 거들어주면서 생활하고 있었다. 이들은 유방이 사수(泗水)의 소택지에서 세력을 키우고 있던 시기에 참가한 자들이었지만, 당시 유방의 망·탕 근거지 건설에서는 행동요원으로 활약했다. 또 망·탕의 북쪽에 인접한 탕군의 수부(首府) 수양(睢陽)에서 옷감의 행상을 하고 있던 관영(灌嬰)이 소문을 듣고 유방 집단에 투신했다.

번쾌, 주발, 관영 등 세 사람은 타고난 무인이었다. 주발과 관영 두 사람은 훗날 여러 원로가 사망한 뒤, 이른바 제여(諸呂)의 난으로 시작되는 정국의 격동 속에서 일정기간 행정직에 취임했지만, 거의 얼굴마담에 지나지 않는 감이 있었다. 그들 이상으로 걸출한 무인이었던 한신(韓信)이나 조참(曹參)이 행정면에서도 평균 이상으로 활약한 것과는 대조적이다.

이 3인이 망·탕의 유방 집단의 중핵으로 등장한 것은 집단의 성장과 변모를 상징적으로 보여준다.

옹치(雍齒)와 왕릉(王陵)의 임협정신은, 지금까지 반복해서 언급해 온 풍패(豊沛) 객가사회의 성립경위에서 확실히 보았듯이, 향리사회의 정신과 견고히 연결되어 있다. 이에 비해 번쾌·주발·관영의 임협정신은 폐쇄적인 사회의 틀을 뛰어넘은 보다 넓은 사회관계와 연결되어 있다. 그들이 모두 영세한 행상을 하고 있었던 것은, 그들과 열린사회와의 관계를 시사한다.

『사기』를 보면, 나중에 진평(陳平)이 유방 집단의 특성을 다음과 같이 지적하고 있다.

> 대왕은 오만하고 무례하시기 때문에, 청렴하고 기개와 절조가 있는 선비는 대왕 곁에 가까이 오지 않습니다. 다만 대왕은 시원시원해서 작위와 영지를 아낌없이 부하에게 내리시기 때문에 완고하고 우둔하며 이익을 탐하고 부끄러움을 모르는 작자들이 대왕 밑으로 모여들고 있는 것입니다.

대담한 발언이다. 자기가 속해 있는 집단의 결점을 솔직하게 지적하는 자가 그 집단으로부터 소외당하는 것은 새삼스러운 일이 아니다. 이 발언은 유방 집단의 일면을 예리하게 지적하고 있지만, 바로 그렇기 때문에 더욱 놀랄 만한 말이다.

임협정신은 확실히 유방 집단을 단단히 연결하는 유대의 하나였다. '인의'(仁義)를 체현한 자, 즉 '유덕'(有德)의 장자(長者) 밑으로 결집하여 '인의'를 실현하기 위하여 분투하는 것이 그 정신의 원칙이었다. 그러나 현실적으로는 사마천이 『사기』 유협(遊俠) 열전에서 간파한 것처럼, 대부분의 경우 '유덕'이란 자기에게 이익을 가져다주는 것의 다른 이름이었다. 유협열전의 한 구절을 여기서 다시 인용해보자.

> 어리석은 자〔鄙人〕는, "어떻게 인의(仁義)를 알겠는가? 자기가 이익을 누리게 되면 덕이 있다고 하는 것이다"라고 말한다.

유방은 참으로 이런 의미에서 전형적인 장자였고, 그 밑에는 "완고하고 우둔해서 이익을 탐하는" 임협의 무리가 구름처럼 모여들었던 것이다.

다소 여담이지만, 원래 임협정신이란 무엇인가 하는 문제에 대하여, 다시 좀 더 검토해보고자 한다.

"인의 따위는 될 대로 되어라. 덕이 있는 자란, 나에게 이익을 주는 사람이다." 당시 임협정신의 심지에 해당하는 관념을 멋지게 드러낸 이 말을, 사마천은 '어리석은 자,' 즉 배운 것이 없는 자들의 발언이라고 하고 있다.

그렇다면 이런 임협정신은 진정한 임협정신이 아닌 것일까? 만약 이것보다 다른 진정한 임협정신이라는 것이 있다면, '어리석은 자'가 포착한 임협정신과는 어떤 관계가 있는 것일까?

사마천은 강한 감동을 주는, 절개와 의리가 있는 임협의 모습을 자주 묘사하고 있다. 이 임협정신의 극치는 자객열전에서 보인다.

자객열전의 줄거리는 간단하게 말하면, 어떤 사내가 자기와는 전혀 관계가 없는 인물의 의뢰를 받아, 또한 자기와는 전혀 관계가 없는 또 다른 인물을 암살한다는 내용이다. 그것은 사람들의 지탄의 대상이 될지언정, 감동의 대상은 될 수 없는 것처럼 보인다. 자객들의 행동이 우리에게 주는 일종의 감동은 어디에서 나오는 것일까?

어떤 사내가 타인을 위해 또 다른 타인을 살해하는 총알이 된다는, 이 노골적인 사태를 좀 더 구체적으로 살펴보면, 거기에 세 가지 요소가 존재한다.

우선 의뢰하는 자는 자객이 되는 인물에게 예의로써 상대한다. 다음에 의뢰하는 자는 자객을 전면적으로 인정하고 이해한다. 그리고 의뢰하는 자는 자객에게 은혜를 베푼다.

시황제 암살의 자객이 되었던 형가(荊軻)의 경우는 다음과 같다.

연(燕)나라 태자 단(丹)은 일찍이 진나라 왕자 정(政) 즉 훗날의 시황제와 함께 조(趙)나라에 인질이 되어 있었다. 두 사람 사이에는 친교가 있었지만, 뒤에 정이 진왕(秦王)이 되고, 단이 진나라의 인질이 되자, 진왕 정은 손바닥을 뒤집듯이 냉담하게 대했다.

이에 원한을 품은 태자 단은 몰래 연나라로 도망쳐 돌아왔다. 그는 복수하려고 했지만, 연나라는 소국이고, 보통수단으로는 진나라에 대항하는 것이 불가능했기 때문에, 진왕의 암살을 계획하게 되었다.

이때 형가를 상석에 앉힌 태자 단은 "자리를 벗어나 돈수(頓首)하고" 형가의 도움을 청했다.

자리를 벗어난다는 것은 상대에 대하여 자기를 낮추기 위하여 방석을 벗어난다는 말이다. 돈수란 땅에 엎드려 머리를 바닥에 내리친다는 것으로, 대죄를 용서해달라고 청할 때의 예(禮)이다. 그것은 죽음도 포함해서 자기 몸을 처분할 권리를 상대에게 완전히 넘기는 것을 의미한다.

태자 단은 형가를 주인으로, 자기를 그 신첩(臣妾)으로 하는 의식 즉 자기 몸을 처분할 권리를 상대에게 넘겨, 노예가 되는 의식을 행했던 것이다.

사양하는 형가에게 태자 단은 다시, "앞으로 나아가 돈수하고, 굳게 청하여 물러나지 않았다." 형가는 그래서 비로소 태자 단의 소원을 받아들였다.

자객열전은 이렇게 이어진다.

> 이에 형가를 상급의 대신으로 대우하여 고급 관사(官舍)에 묵게 했다. 태자 단은 날마다 그 문 앞에 가서 최고의 음식으로 대접하고, 세상에 진귀한 보물을 바쳤다. 그 위에 유람용 거마(車馬), 연회에서 시중드는 미녀들을 형가가 원하는 만큼 제공하여 마음껏 호사를 시켰다.

의뢰하는 자가 자객 형가에게 은혜를 베풀어주었던 것이다.

그런데 세 가지 요소 가운데 가장 중요한, 즉 자객을 인정하고 이해한다는 점에서는 태자 단은 부족한 점이 있다. 그는 자신의 곤란한 처지를 형가에게 호소하고, 이 난국에 맞설 수 있는 자는 형가뿐임을 강조하지만, 거기에는 가장 중요한 점인 상대를 이해하는 마음이 깃들어 있지 않다.

결론부터 말하면, 태자 단은 형가의 목숨을 맡을 수 있는 인물이 아니었고, 두 사람 사이에는 진정한 의미에서 인의(仁義)의 관계는 맺어지지 않았다.

이때 인의의 관계가 성립할 수 있도록 뒷받침을 한 자가 전광(田光) 선생이다. 태자 단의 태부(太傅, 태자를 보좌하는 관직) 국무(鞠武)는 임협의 연을 통해 우선 전광을 태자에게 소개했다. 태자에게 간 전광은 멀리 위(衛)나라에서 온 형가라는 인물이 있음을 아뢰었다. 전광은 물러날 때, 나라의 중대사이기 때문에 결코 다른 말을 해서는 안된다고 태자로부터 다짐을 받았다. 전광은 형가를 태자에게 보낼 때, 의심을 불러일으켜서는 대장부가 아니라며 스스로 자기의 목을 잘라 다른 말이 있을 수 없음을 보이는 동시에 형가의 분발을 촉구했다.

형가의 행위가 『사기』에서도 특히 우리의 감동을 자아내는 것은, 그가 태자 단을 자기의 목숨을 맡길 상대로 부족하다고 여기면서도, 전광 선생과의 인의 때문에 자기 목숨을 버린다는 점에 있다.

사마천은 자객열전에서, "사(士)는 자기를 알아주는 자를 위해 죽고, 아녀자는 자기를 좋아하는 자를 위해 화장을 한다"고 적고 있다. 자객은 앞의 세 가지 요소, 자기를 대우하는 예(禮), 자기를 인정하는 의(義), 자기에게 주는 이(利)의 세 가지가 갖추어지면 죽으러 가지만, 그 핵심이 되는 것은 자기를 이해하고 자기를 인정하는 의(義)의 마음이다.

이상과 같이 생각하면, 임협정신의 기본적 요소는 예(禮)·의(義)·이(利)의 세 가지이다.

2장에서 본 바와 같이 유방과 항우는 "어질어서[仁] 사람을 사랑으로 대한다"는 덕목을 공유하고 있었다. 다만 항우는 예와 의에 경도되고, 유방은 의와 이에 경도되었다. 이것은 양자간 인격의 상이함에만 돌릴 수 있는 문제가 아니고, 두 집단의 성립과정과 성격에 관계된 문제이다.

양자가 의(義)를 공유하고 있었다면, 단적으로 말해서, 유방에게는 이가 있고 항우에게는 예가 있다는 말이 된다. 이것은 이해하기 쉬운 설명이고, 나름대로 타당한 설명이다. 유방이 오만하고 무례하다는 것은 당시 그 주위에 모여든 자들이 이구동성으로 하는 말이었으며, 예의(禮儀)에 까다로운 유자(儒者)를 싫어하여 그 관(冠)에 소변을 보았다든가, 시녀에게 발을 씻게 하면서 영웅호걸이나 상당한 연배의 장자(長者)와 접견했다든가 이루 나열할 수 없을 정도이다.

그러나 예·의·이의 조합이 임협집단을, 나아가서는 임협집단을 뛰어넘은 보다 상위의 집단을 움직이는 기본적인 요소가 되고 있는 상황에서, 그 한 요소를 결여한 유방이 어떻게 사람을 움직일 수 있었을까?

유방은 전장에서 궁지에 몰리면 자주 동료를 버리고 혼자 도망쳤다. 그러나 부하는 그를 단념하거나 배반하는 일 없이, 자기 몸을 바쳐 그를 구하려 했다. 위기가 지난 뒤 현장으로 되돌아와도, 어느 누구도 그를 책하지 않았고, 그의 통솔력에 그늘이 생기는 법은 없었다.

부하에게 의와 이를 주는 것만으로 그 정도의 흡인력이 생기는 것일까?

이 문제를 생각할 때 실마리가 될 만한 것은, 이미 인용했지만 『한서』의 다음과 같은 기록이다.

> 고조는……성격이 활달하고 명랑했으며, 계략을 잘 꾸미고 다른 사람의 의견을 잘 들었다. 보초병과 같은 말단 부하들에게도 오래 전부터 아는 사이처럼 친하게 대했다.

이런 인간관계는 의와 이만 가지고는 생기지 않을 것이다. 유방과 보초병 사이에 그들 나름의 '무례(無禮)의 예'가 존재하고 있었음을 의미하는 것이 아닐까?

유방은 정장(亭長)이 되자 대나무 껍질로 유씨관(劉氏冠)이라는 것을 만들게 하고, 훗날까지 계속 썼다는 사실은 4장에서 살펴보았다. 관은 구체적인 예(禮)에 있어서 가장 명백한 신분의 표지이지만, 그 디자인을 멋대로 바꾸고서는 크게 만족해했다.

그는 황제가 된 뒤에 조칙을 내려, "작위가 공승(公乘) 이상이 아니면 유씨관을 써서는 안된다"고 규정했다. 역으로 말하면, 작위가 공승 이상이라면 황제 유방이 애용한 관을 써도 좋다는 말이 된다. 마을의 의사가 공승의 작위를 갖고 있었다는 사료가 있기 때문에, 초한(楚漢)전쟁에 참여한 하사관 정도에 상당하는 신분이었다고 추측된다. 그의 독자적인 '예(禮) 체계'에 의하면, 정장(亭長) 정도의 하사관에게까지 넓은 의미의 동료에 합당한 대우를 해주었다는 것이 된다. 참으로 통이 크다.

정통적인 예(禮)의 사고방식으로 말하면, 황제가 썼던 관은 일절 착용을 금지하든가 고작 황족으로 제한한다고 규정해야 마땅할 것이다.

그러나 유방은 그렇지 않았다. 유방에게 예라는 것은 종래와는 다른, 그들 집단의 단결을 위한 새로운 질서의 표현이었다.

물론 그는 극히 현실적이고 합리적인 인간이었다. 따라서 종래의 예를 준수하는 것이 필요한 때나 보다 큰 효과를 불러오는 경우에는, 적극적으로 이를 채택했다. 유방이 오히려 예에 민감하고, 교묘하게 예를 이용했다는 점에 대해서는 앞으로도 기회 있을 때마다 언급하게 될 것이다.

유방이 오만하고 무례했다고 이야기되는 것은, 종래의 예에 무관심했기 때문만은 아니다. 그는 충분히 도전적이고 의식적으로 독자적인 예의 체계를 구축하고 있었다.

단적으로 말하면, 아직 변변치 않은 소집단을 거느리고 있었을 무렵부터, 그는 항상 집단 속에서 '황제'로서 행동하고 있었다. 거기에는 그 나름의 예라는 질서가 관철되고 있었다. 그것이 아무리 오만하고 무례하게 보여도, 주위에 모여든 자들은 기꺼이 이 '무례의 예'를 받아들이고 있었던 것이다.

그런데 전술한 진평(陳平)의 놀랄 만한 발언이 유방에게 받아들여져, 그 후의 사서(史書)에서 삭제되지 않고 현재까지 남아 있는 것으로부터, 몇 개의 중요한 추론을 끌어낼 수 있지 않을까?

첫째, 예·의·이의 세 요소를 결여하고 있지 않았다는 의미에서, 유방 집단은 확실히 임협적 집단이었다.

둘째, 임협집단의 실상을 냉정하게 꿰뚫어보고 있는 진평 등의 지식인과 "완고하고 우둔하며 이익을 탐한다"고 일컬어지는 임협의 무리를, 유방은 모두 자기의 부하로서 흔들림 없이 장악하고 있었다. 유방은 『사기』에 기록되어 있는 그대로 '관인대도'(寬仁大度)했다.

진평의 언동은 주발(周勃)이나 관영(灌嬰) 혹은 번쾌(樊噲) 등 행동파 간부의 귀에도 들어갔을 것이다. 그래도 여전히 진평이 유방 집단 속에서 주발이나 관영보다 중요한 지위를 유지할 수 있었던 것은, 유방의 넉넉한 통솔력을 보여주는 대목이다. 더욱이 이런 사실은 유방이 극히 노련한 현실주의자이고, 폭발적인 감정과 폭력이 소용돌이치는 전쟁을 수행하는 과정에서, 냉정한 판단을 교묘하고 적확하게 정책화하여 실행하고 있었다는 것을 시사하고 있다.

셋째, 유방이 왜 이런 태도를 취하는 것이 가능했는가 하는 문제이다.

집단이 임협 일색이었다면, 유방이라 해도 이런 태도를 취할 수 없었을 것이다. 다시 말하면, 그는 임협이라는 끈에 의해 연결된 집단 외에, 복수(複數)의 지지기반을 함께 장악하고 있었다.

유방을 지탱한 원래의 기반은 풍패(豊沛) 지역집단이다. 이 집단의 주류는 위(魏)나라 대량(大梁) 부근에서 이동해온 객가집단이고, 그 역사적 과정에서 일종의 임협적 관계를 길러 왔다. 그것은 유태공(劉太公), 노공

(盧公), 옹치(雍齒), 왕릉(王陵) 등에게 전형적으로 보이는 인간관계이고, 소하(蕭何), 하후영(夏侯嬰), 임오(任敖) 등 현의 하급관리들도 무관하지는 않았다.

또 하나는, 풍패(豊沛)의 향리사회 속에서도 가장 기층(基層)적이고 일상적인 지연적 요소이다.

이런 요소는 사료에 기록된 것은 적고, '부로'(父老), '제모'(諸母), '자제'(子弟)라는 용어로 표현되는 것이 보통이다. 부로·제모·자제란 반드시 그들 사이에 혈연관계가 있음을 나타내는 것은 아니다. 그것은 협소한 향촌사회를 가족에게 비긴 일종의 의제(擬制)적인 표현이다. 오늘날 중국에서도 이런 습관은 계속되고 있고, 필자도 중국인 친구의 아들딸로부터 '큰아버지' '작은아버지' 등으로 불리어 낯간지러운 기분을 느낄 때가 있다. 이 경우 내가 친구보다 연상이라면 '큰아버지', 연하라면 '작은아버지'라고 불리는 것이다.

그 위에 정장(亭長)이 된 이래로 관리로서의 유방과 '백성'(百姓) 사이의 관계도 성립하고 있었다. 중국어로 '백성'이란 백의 성(姓) 즉 여러 성을 갖는 사람들로서 서민을 말한다.

유방은 한편에서는 불법적인 안의 사회에 사는 임협이면서 다른 한편에서는 바깥의 사회의 관료라는 두 개의 간판을 이용하여 세력을 키워왔다. 함양(咸陽) 출장 경험을 통하여 불과 100인밖에 안된다고 해도, 부하라고 할 수 있는 집단을 만들었다. 소하나 조참 등은 음양으로 유방을 지지하고, 유방과 '백성' 사이의 결합이 강화되도록 배려해주고 있었다.

단적으로 말하면, 풍읍(豊邑)시대 유방의 세력기반은 객가(客家)집단의 임협적 유대에 있는데, 그가 패현(沛縣) 사수정(泗水亭)의 장이 된 뒤부터는 일상적인 향리사회와의 관계, 관료와 서민과의 관계라는 새로운 요소가 추가된 것이다. 그러나 이 시점에서는 번쾌·주발·관영 등으로 대표되는 제3의 세력기반으로서 광역적인 임협적 관계는 싹이 돋아나는 정도에 불과했다. 이 광역적인 임협적 관계가 크게 성장하는 것은, 그가 망·탕의 광대한 소택지로 진출한 이후의 일이다.

이 망·탕의 소택지는 위(魏), 초(楚), 오(吳), 월(越) 지방과의 교통의 요충에 위치하고 있다는 점, 지리적으로 큰 넓이를 갖고, 수로(水路)가 사통팔달하고, 소택지 곳곳에 낮은 구릉이 있다는 점 등에 의하여 군도(群盜)의 근거지로서 이상적인 조건을 갖추고 있었다.

실제로 이 지역은 명대(明代) 무렵까지 군도의 전형적인 활동무대였고, 또 황제의 자리를 노리는 세력이 일시적으로 몸을 숨기는 절호의 장소였다고도 생각된다.

예를 들면, 당(唐) 왕조의 창업을 전하는『대당창업기거주』(大唐創業起居注)에는 나중에 태종이 되는 이세민(李世民)이 부친 이연(李淵)에게, 한 고조 유방의 고사에 따라 잠시 '망·탕의 산과 못'에 몸을 숨겨 형세를 관망하도록 권하는 장면이 기록되어 있다.

그 외에『수호전』에도 망·탕 소택지의 이미지가 나오고 있고, 사실 명대(明代)까지는 망·탕의 소택지를 무대로 하는 군도의 활약이 사료에 기록되어 있다.

유방이 망·탕으로 진출하는 데 성공한 시점에서 비로소 광역적인 임협적 관계가 그들 집단 내에 새로운 기반으로 확립되었다.

유방 집단은 확실히 이 과정에서 광역적인 임협적 결합의 원리라는 색채가 강한 집단이 되었다. 그러나 유방은 이 임협적 결합의 원리를 중층적인 집단관계를 구성하기 위한 몇 개의 중요한 요소 가운데 하나로서 파악하고 있었다. 주발·관영·번쾌라는 유민(流民)적 임협들에게만 기반을 두고 있었다면, 유방의 천하통일은 불가능했던 것이다.

아방궁과 여산(驪山)의 수릉(壽陵) 건설은 시황제 35년(기원전 212)에 시작되었다. 유방의 나이 26세 때의 일이다.

당시의 대공사에는 전국에서 다수의 민중과 죄수가 동원되었다. 『사기』
는 그 죄수의 수가 70만 명에 달했다고 기록하고 있다. 이것은 만만치 않
은 숫자이다.

이 시기의 인구에 대한 기록은 없지만, 전한(前漢) 말에 인구가 한 왕조
의 최대에 달한 시점에서 1,200만 가(家), 6,000만 명이었다. 천하가 통일
되면 인구가 급증하는 것은 중국사의 일반적인 경향이기 때문에, 전성기
로부터 200년 거슬러 올라가는 이 시기에 대강 어림해서 600만 가, 3,000
만 명의 인구였다고 할 때, 70만 명이라면 거의 10가구 가운데 1가구에서
죄수가 강제노동으로 동원되었다는 이야기가 된다.

패현은 큰 현은 아니지만, 변방의 현 혹은 작은 현도 아니었으므로, 아
마 평균적인 부담이 할당되었을 것이다.

유방은 다시 인부를 인솔하여 함양으로 향하게 되었다.

『사기』 고조 본기에는 이때 유방은 많은 인부가 잇달아 도망쳤기 때문
에, 이래서는 함양에 도착할 즈음에는 모두 없어지고 말 것 같아, 도중에
풍읍 서쪽 못에서 연회를 열고, 인부들을 풀어준 뒤 자기도 도망쳤다고 기
록하고 있다.

이 유방의 두 번째 함양 출장과 망명, 즉 유방의 비합법생활의 개시가
언제의 일이었는가는 중요한 문제이지만, 사료에는 명확히 기록되어 있지
않다.

그러나 『사기』에는 계속해서 시황제가 "동남 방향에 천자의 기가 떠오
른다"고 말하고, 이를 억눌러 꼼짝 못하게 하기 위하여 동쪽으로의 유람을
계획했다고 기록하고 있는 것은, 이 문제 해결의 실마리가 된다. 천자의
기는 자기로부터 떠오른다고 판단한 유방이 위험을 감지하고, 망·탕의 소
택지로 도망쳐 들어갔다는 것이다.

이것은 아마 유방이 천하를 취한 즈음에 창작된 전설이겠지만, 도망시
기에 대해서는 현실을 반영하고 있을 것이다. 즉 시황제의 순수(巡狩)는

시황제 37년 10월에 시작된 마지막 천하 순수를 가리키고 있다고 생각하지만, 당시 유방은 망·탕의 소택지에 몸을 숨기고 있었던 것이다.

그런데 이때 유방이 망·탕의 소택지에 있었다고 해도, 문제는 그 도망생활이 언제 시작되었는가 하는 점이다. 여기에 작은 실마리를 주는 것이 여치(呂雉)의 임신이다. 앞장에서 언급한 바와 같이, 유방과 여치 사이의 아들인 유영(劉盈) 즉 훗날의 혜제가 태어난 것은 바로 시황제가 마지막 순수에 나선 해인 시황제 37년의 일이었다. 결국 여치가 임신한 해는 시황제 36년이라는 이야기가 된다.

한편 진나라의 역법은 10월을 한 해의 시작으로 삼고 있다. 그리고 이 시황제 37년의 시작인 10월은 서력으로는 기원전 211년이고, 37년의 11월, 12월도 기원전 211년이지만, 37년 정월부터 9월까지는 서력으로 기원전 210년이 된다. 이런 사정을 고려하여 혼동을 피하기 위해 다음부터는 10월·11월·12월의 3개월에 대해서는 서력년도를 그 달의 뒤에, 나머지 9개월 및 일반적인 표기에 대해서는 서력년도를 시황제 치세년에 표기하도록 한다.

이야기를 되돌리면, 이것 또한 앞장에서 언급한 대로, 유방이 망·탕의 소택지로 망명해 있었을 때, 여치는 유방에게 필요한 물자를 보내고 있었다. 즉 그녀는 유방과 행동을 함께 하지 않았던 것이다. 상식적으로 생각하면, 시황제 36년(기원전 212~211)의 어떤 시기까지는, 유방은 여치와 생활을 같이하고 있었고, 이때 여치는 유영을 임신했던 것 같다. 결국 유방의 망명은 그해였다고 추측된다. 이 추측은 아방궁과 여산의 시황제 수릉 건설이, 시황제 35년에 시작하여 37년까지 계속되었다는 일정과도 들어맞고 있다.

9장
진섭과 오광의 반란

반진(反秦)투쟁의 서막을 연 것은 진섭과 오광이다.

『사기』의 진섭 세가(世家)에서는 진섭의 고향을 양성(陽城)이라 하고 있다. 이 양성이 구체적으로 어디를 가리키는가에 대해서는 여러 설이 있다. 다만 탄치샹(譚其驤)이 『사기』 조상국(曹相國) 세가의 기술에 근거하여 진군(陳郡) 진현(陳縣, 과거의 영진〔郢陳〕, 현재의 회양〔淮陽〕)에서 서남쪽으로 약 180km 거리에 있는 양성이라고 한 설이 가장 믿을 만한 것 같다. 영진(郢陳)은 초나라가 거양(鉅陽) 뒤이어 수춘(壽春)으로 천도하기 전의 옛 수도이다.

오광은 진현에서 북쪽으로 약 40km 거리에 있는 양하(陽夏) 사람이다.

두 사람은 진나라 이세황제 원년(기원전 209) 7월 사수군(泗水郡)에 속하는 기현(蘄縣)의 대택향(大澤鄕)에서 반진의 군대를 일으켰다. 패현에서 남쪽으로 약 140km 거리에 있는 지점이다.

그들을 포함한 900명은 북방 유목민족의 침입을 막는 최전선 수비병으로 징발되어, 현재의 북경시 동북동 방향으로 약 60km 지점에 위치한 어양(漁陽)으로 향하고 있었다. 그런데 큰비가 내려 정해진 기일에 도착할 수 없음이 명백해졌다.

진나라 법률에서는 이런 경우, 이유 여하를 막론하고 전원 참형에 처하도록 되어 있다.

진섭과 오광은 상담했다. "이제 어양으로 가면 사형이다. 도망을 가더라
도 추적을 받아 살해될 것이다. 반란을 일으켜도 죽게 될 것이다. 어차피
죽는다면, 반란을 일으켜 나라를 위해 죽어 초나라 사람의 마음과 기개를
보여주는 것이 좋지 않겠는가!"

그들은 반란에 나섰다. 그리고 초나라 사람들 사이에서 명망이 높았던,
이미 죽은 두 사람의 이름을 사칭했다.

한 사람은 시황제의 장자로서 사려가 깊었던 것으로 알려진 부소(扶蘇)
이다. 시황제 37년(기원전 210) 7월 제5차 순수 도중에 시황제가 사망했
다. 이 비상사태에 환관 조고(趙高)는 주모자가 되어 이사(李斯)와 상의하
여 시황제의 죽음을 숨기고, 칙서(勅書)를 위조하여 부소를 자결하게 만
들고, 이세황제 호해(胡亥)를 즉위시켰다.

다른 한 사람은, 진나라로부터 귀환한 초나라의 공자 창평군(昌平君)을
옹립하여 진나라에 반기를 들었다가, 진왕 정(政) 24년(기원전 223) 진나
라 군대에게 패하여 자살한 초나라 장군 항연(項燕)이다.

진섭과 오광은 이 두 사람이 아직 살아 있다면서, 그들의 이름을 사칭
하여 천하에 반진투쟁을 호소했던 것이다.

부소는 이미 이 세상에 없고, 항연이 십 몇 년 전에 죽었다는 등의 사실
을 설령 당시 민중이 몰랐다고 해도, 진나라 시황제의 장자 부소와 진나라
에게 멸망당한 초나라의 영웅 항연을 연결시켜, 두 사람의 이름을 반진투
쟁의 수령으로 치켜세운다는 것은, 생각해보면 매우 기묘하고 어울리지
않는 일이다. 과연 초나라 민중은 이런 선전을 받아들여 목숨을 건 반란에
나섰던 것일까?

이 문제는 후지타 가쓰히사(藤田勝久)가 근년의 연구를 통해 해결했다.

후지타의 연구에 의하면, 부소의 모친은 초나라 왕족이었다. 모계로 보
면, 부소는 초나라 왕족의 자손이었던 것이다.

여기에 원래 시황제의 뒤를 이어야 할 초나라 왕족의 자손 부소가, 칙

서의 위조에 의해 자살을 강요받았던 것인데, 위험한 순간을 벗어나 초나라로 들어와 포학하고 어리석은 이세황제를 토벌한다는 대강의 줄거리가 만들어졌다. 이 내용은 일찍이 항연이 떠받든 초나라 공자 창평군의 역할을, 초나라 왕족의 혈통을 잇는 부소로 치환함으로써 만들어진 것이다. 그렇다면 왜 이때 창평군이 살아남았다고 꾸며대지 않았던 것일까?

진나라의 초나라 왕족에 대한 탄압은 철저했다.

뒤에 항량(項梁)과 항우는 초나라 왕족의 자손을 수소문했지만, 적당한 인물을 구할 수가 없어, 양치기를 하고 있던 자를 찾아내 초왕(楚王)으로 받들어 모실 수밖에 없었다. 이 인물은 100년 전의 초나라 회왕(懷王)의 자손이라고 했다. 진나라에 의해 초나라 왕족이 멸절되다시피 했기 때문에 혈통과 신원이 확실한 인물을 찾아내지 못했던 것이다.

초나라 민중은 다른 나라 이상으로 옛 왕족에 의한 초나라의 부흥을 바라고 있었음에도 불구하고, 진가(秦嘉)가 초왕의 혈통을 잇는 인물을 찾아내지 못하고, 경구(景駒)를 초왕으로 옹립한 것 또한 마찬가지 사정에 의한 것이다.

그래도 100년의 혈통을 거슬러 올라간다는 대담하고 기발한 착상이 유효했던 것은, 초대 회왕이 초나라의 진나라에 대한 원한을 상징하는 인물이었기 때문이다. 초나라의 첫 번째 왕인 회왕의 원년(기원전 326)은 진나라 혜문군(惠文君) 13년에 해당한다. 당시 관동(關東)의 6국은 소진(蘇秦)의 합종책(合從策)을 받아들여 연합을 이루고, 초나라 회왕을 우두머리로 하여 진나라를 공격했다. 진나라는 이 합종의 중핵이었던 초나라와 제(齊)나라를 이간질시키려고, 장의(張儀)를 초나라에 파견했다. 초나라가 제나라와 단교하면 "상오(商於)의 땅 사방 600리" 즉 진령(秦嶺)산맥 동쪽 가장자리에 위치하여 진초(秦楚)의 국경지대가 되어 있던 상오 지역의 사방 600리의 토지를 초나라에 바치고 싶다는 것이 장의의 말이었다. 이를 참말로 생각한 초나라 회왕은 제나라와 단교했다. 그러나 장의는 그 약속은 "상오의 땅 사방 6리"의 할양이었다고 강변했다. 이후 회왕은 다시 진나라의 간계에 걸려들어, 진나라 땅에서 객사한다(기원전 296). "초나라 사람은 모두 회왕을 불쌍히 여겨, 친척을 잃은 듯 슬퍼했다"고 『사기』 초 (楚) 세가(世家)는 전하고 있다.

그런데 창평군에 대하여 말하기 위해서는 조금 역사를 거슬러 올라갈 필요가 있다.

진왕 정 9년(기원전 238) 나중에 시황제가 된 정(政)은 22세가 되어, 옹 (雍)의 이궁(離宮)으로 행차하여 성인식을 거행했다.

7장에서 언급한 대로, 여불위(呂不韋)의 왕년의 애첩은 이제는 진왕 정 의 모친으로서 태후의 지위에 올라, 여불위가 자기 대신 바친 노애(嫪毐) 를 총애하고 있었다. 『사기』 진시황 본기는 "궁실, 거마, 의복, 원유(苑 囿),* 사냥에 이르기까지 노애가 마음껏 소유하게 하고" "크고 작은(원문은 '小大') 모든 일을 노애가 결정했다"고 기록하고 있다. 그러나 이런 비정상 적인 사태는 진왕의 성장과 함께 점점 위험해져 갔다.

사정이 발각될까 두려워한 노애는, 진왕이 성인식을 하러 옹으로 행차한 때를 절호의 기회로 삼아, 진왕 부재의 함양에서 반란을 일으켰다.

이때 진왕의 위기를 구한 자가, 전에 진나라로 들어와 중용되었던 초나 라의 공자 창평군이었다. 진왕의 행차를 맞이하여 그 공백을 담당할 상국 (相國)에 임명되어 수도의 행정을 통할하고 있었던 창평군은, 나라가 망 할 뻔한 순간에 궁전의 환관까지 동원하여 반란을 진압했던 것이다.

노애와 그 일당은 거열(車裂)의 형에 처하고, 여불위도 책임을 추궁당 하여 결국 자살했던 일은 이미 말한 대로이다.

이 사건을 멋지게 처리함으로써 창평군은 진왕으로부터 더욱 두터운

* 제왕의 오락을 위하여 울타리를 설치하고 짐승을 가두어 기르던 임야를 가리킨다.

신임을 얻었다.

진왕 정 21년(기원전 226) 진왕은 초나라 땅 진현(陳縣)에 창평군을 주재시켜 초왕과 절충하도록 했다. 뒤이어 22년(기원전 225) 진왕은 장군 이신(李信)과 몽무(蒙武)를 파견하여 초나라의 제압을 노렸다.

이 당시의 경과에 대해서는 『사기』의 기술이 일정하지 않아 진상 파악에 어려움이 있지만, 여기서는 가장 설득력 있는 북경대학 톈위칭(田余慶)의 견해를 참조하면서 간략하게 소개하고자 한다.

기백이 대단했던 장군 이신(李信)의 지휘하에 진나라 군대는 초나라의 요충인 진(陳)을 무너뜨렸다. 이신은 다시 몽무(蒙武)군과 합류하여 수도 수춘(壽春) 공략을 향해 진격하려 했다.

그런데 이때 초나라 군대가 대규모 반격에 나섰다. 지휘를 맡았던 자는 항연(項燕)과 그가 옹립한 창평군이다.

당시 일관되게 진왕에게 순종하고 있던 창평군은, 이때 초나라로의 귀환에 모든 것을 걸고 있었던 것 같다. 초나라 군대는 집요하게 진나라 군대를 추격하여 사흘 동안 밤낮으로 쉬지 않고 공격을 가하여, 진나라 군대를 "크게 격파"하여 패주(敗走)시켰다. 이것은 초나라 군대에게 기적적인 대승이고, 천하의 반진세력에게 용기를 불러일으킨 사건이었다.

이 전투에 대하여 『사기』의 진시황 본기와 초 세가 및 왕전(王翦) 열전에 각각 관련된 기록이 있지만, 거기에는 다소간의 불일치와 모순이 있다.

가장 중요한 것은, 진시황 본기에는 진나라 군대가 진(陳)을 일단 공략한 뒤, "진왕이 영진(郢陳)으로 유람하러 왔다"고 했고, 그 후에 항연과 창평군의 봉기가 일어났다고 기록하고 있는 점이다. 이 기사가 옳다면, 곧이곧대로 읽는 한 진왕은 함락시킨 진(陳)을 시찰하러 나갔다가 그곳에서 초나라 군대의 대반격을 당하여, 진나라 군대는 궤멸하여 달아나고, 진왕 자신도 아슬아슬하게 희생의 제물이 될 뻔했다는 이야기가 된다.

사건의 진상은 현재 분명하지 않지만, 『사기』 본기에 기록된 이상, 간단하게 무시할 수는 없다. 천하통일을 향한 진나라의 발걸음은 여기서 좌초된 것이다.

격노한 진왕은 명장 왕전(王翦)을 기용하여 다시 초나라를 공격했다. 초나라는 "전국의 모든 병사를 동원하여 진나라에 대항"했지만, 왕전은 초나라 군대를 대파하고 "기남(蘄南)에 이르렀다." 이리하여 창평군은 죽고, 항연은 결국 자살했다.

진왕이 초나라 군대의 반격을 받아 궁지에 빠졌다는 중대 사건은, 원래라면 초나라 측의 중요한 전과로서 초 세가에 기록되어야 하겠지만, 거기에는 전혀 언급되어 있지 않다. 역으로 진나라로서는 불명예스러운 사실이 진시황 본기에 기록되어 있는 것은, 초나라 측의 기록이 진나라의 천하통일 이후 전면적으로 파기되었음을 시사하고 있다. 앞에서 진나라에 의해 초나라의 왕통이 뿌리 뽑혔다는 점을 언급했지만, 역사기록에서도 마찬가지 일이 벌어졌다고 추정되는 것이다.

이런 역사의 날조과정에서 진말(秦末) 당시 세상에 널리 알려진 사항으로서 삭제할 수 없다고 판단된 기록이 부분적으로 남겨진 결과, 진나라와 초나라 양국의 중대사건에 관한 『사기』의 기술에 여러 가지 혼란이 생기게 되었던 것 같다.

한편 여기서 주목되는 것은 기현(蘄縣)의 남쪽이 초나라의 최종적 방위선이 되고 있다는 점이다. 후에 항우와 유방이 마지막 결전을 벌였다고 하는 '해하'(垓下)도 이 기현의 남부에 위치하고 있다. 단지 해하의 싸움에 대해서는 최근에 당시의 지정학적 상황으로부터 최후의 결전이 해하에서 행해졌을 리가 없다는 북경대학 신더융(辛德勇)의 유력한 비판이 있다. 이 점에 대해서는 나중에 좀 더 상세하게 논하도록 하겠다.

어쨌든 당시 초나라 사람들은 수도 수춘(壽春)의 북방에 위치하는 기현을 최후의 방어선으로 인식하고 있었다. 적어도 기현이 진초(秦楚) 항쟁에서 특별히 기억에 남는 지점이었던 것만은 확실하다.

그런데 초나라 사람의 자랑과 원한을 상징하는 땅인 기현에서 봉기한 진섭과 오광은 "오른쪽 웃통을 벗어[右袒] 대초(大楚)라고 칭하고" "단(壇)을 만들어 맹세를 하고," 집단을 인솔하던 진나라 병사를 살해하고 제사를 지냈다.

이런 일련의 행동은 그들이 초나라의 풍습에 따라 봉기의식을 거행했음을 의미한다.

결사의 각오를 보이기 위해 오른쪽 소매를 벗어 어깨를 드러낸다는 것은, 그들 초나라 사람의 옷이, 오른쪽 어깨만을 드러내는 데 적합한 형태 즉 왼 섶을 안으로 들어가게 옷을 만들었기 때문이다.

이런 형태는 옷의 오른쪽 섶을 왼쪽 섶 위에 겹쳐 입는 것이다. 실제로 해보면 알 수 있듯이, 이런 옷을 입으면 오른쪽 어깨를 드러내는데 동작에 무리가 없을 뿐 아니라 옷이 흐트러지지도 않는다. 만약 왼쪽 어깨를 드러내려고 하면, 그렇게는 안된다.

옷을 이런 방식으로 입는 것을 좌임(左衽)이라고 하지만, 좌임의 옷은 '우단'(右袒)에 적합했던 것이다. 역으로 우임(右衽)에는 '좌단'(左袒)이 적합했다.

초나라를 비롯한 남방의 각국에서는 이 좌임이 관습이었다. 이에 비해 중원의 각국은 우임의 옷을 입었고, 좌임을 오랑캐의 습속이라 하여 경멸했다.

공자(孔子)는 『논어』 「헌문」(憲問) 편에서 우리가 우임의 의복을 입게 된 것은, 재상 관중(管仲)의 노력으로 춘추(春秋) 오패(五霸)의 필두가 된 제(齊)나라가 중원을 오랑캐의 공격으로부터 지켜준 덕택이라고 말하고 있다. 당시 중원 각 국은 그 주변을, 좌임을 습속으로 하는 각국에게 둘러져 있었던 것이다.

뒤에 한 왕조에서 이른바 제여(諸呂)의 난이 발생했을 때, 주발(周勃)이 병사의 거취를 결정하기 위하여 "여씨를 위하는 자는 우단(右袒)을 하고, 유씨를 위하는 자는 좌단(左袒)을 하라"고 명령했을 때, 병사는 일제히 좌단을 하여 유씨에 대한 충성의 뜻을 나타냈다. 한나라 군대는 이미 중원의 풍습에 따라 우임(右衽)의 제복을 착용하고 있었으므로, 좌단이 자연스러운 행위였음을 교묘하게 이용한 것이다.

진섭과 오광의 반란은 초 지방에 민족적 공감의 폭풍을 불러일으켰다. 각지에서 수천 명 규모의 반란군이 일어나 반진봉기로 들끓었다. 초 지방으로부터 시작된 반진투쟁은 급속히 전국으로 확대되었다.

"설령 아무리 궁지에 몰리더라도 마지막으로 진나라를 타도하는 것은 반드시 초나라일 것이다."*

당시 인구에 회자되고 있던 위의 말은, 현재 우리가 이 시기의 역사를 이야기할 때 반드시 예로 드는 구절이다. 여기에서 춘추시대 이래로 황하(黃河) 유역의 각국과 장강 유역의 초(楚) 문화권 사이에 벌어진 긴 항쟁의 역사를 간단히 짚어보자.

춘추전국시대를 통하여 화중(華中)의 대국으로서 황하유역의 중원 각국과 항쟁을 계속해온 초나라는, 전국시대의 어느 시기까지 영(郢)을 수도로 하고 있었다. 영은 장강이 삼협(三峽)의 험한 여울로부터 평야지대로 나오는 지점을 누르고 있는 요충지로서, 거의 삼국시대의 형주(荊州)에 해당한다.

초나라는 영수(潁水)와 여수(汝水) 유역에 있던 진(陳)과 채(蔡) 등 각국을 병합했다. 이것은 거시적으로 보면, 춘추전국시대를 통하여 주진(周秦)계 여러 민족의 식민활동에 의하여 초(楚)계 민족의 거주지역이 중원화(中原化)된 것에 대한 초계 민족의 근거지로부터의 반격이라는 느낌을 준다.

---

* 원문은 "楚雖三戶, 亡秦必楚"이다.

그러나 초나라 경양왕(頃襄王) 19년(기원전 278) 진나라 장군 백기(白起)가 영(郢)을 함락시키고, 이 지역에 진나라 남군(南郡)을 설치하자, 초나라는 과거 진(陳)나라의 수도로 천도하고, 이곳을 영진(郢陳)이라고 칭했다. 초나라의 수도는 장강 중류지역에서 회수(淮水)의 수계(水系)로 옮겨졌던 것이다. 한편 이 사건은 종래 경양왕 21년의 일로 알려져 있었지만, 여기서는 근년에 중국고대의 역서(曆書)와 기년(紀年)에 관한 획기적인 연구를 전개하고 있는 히라세 다카오(平勢隆郎)의 견해를 따라, 경양왕 19년으로 바꾸었다. 이하도 마찬가지이다.

영(郢)에서 쫓겨난 초나라는 효열왕(孝烈王) 10년(기원전 252)에 홍구(鴻溝) 서쪽 강가의 영진(郢陳)으로부터 하류의 거양(鉅陽)으로, 다시 12년 후의 효열왕 22년(기원전 240)에 회수 중류 남쪽 강가의 수춘(壽春)으로 천도를 반복하고 있다. 최초의 수도인 '영'(郢)에 이어서, 제2의 수도인 진(陳)이 '영진'(郢陳)으로 불리고, 마지막 수도인 수춘(壽春)이 '영'(郢)으로 불리고 있는 점을 통해 보면, '영'(郢)이란 초나라 말로 '서울'이라는 의미였던 것 같다.

덧붙이는 말이지만, 이 영진(郢陳)은 홍구(鴻溝)에 접하고 있다. 항우와 유방의 초한전쟁 최종국면에서 홍구의 서쪽을 한의 영토, 동쪽을 초의 영토로 한 평화조약이 성립하고 있다. 홍구는 황하의 물을 끌어들여 만든 인공수로로서, 전국시대 위나라의 수도 대량(大梁)을 거쳐 항현(項縣)에서 영수(潁水)와 합류한다. 항현은 이미 본 바와 같이 항우의 본적지였다.

초나라 부흥에 대한 헌신을 선언한 엄숙한 의식 후에 진섭은 장군, 오광은 도위(都尉)가 되었다.

진섭과 오광은 우선 그 주둔지인 대택향(大澤鄕)을, 뒤이어 기현(蘄縣)을 공략하고, 더 나아가 과거 초나라의 수도 진(陳)을 향해 진격하여 순식간에 함락시켰다.

그들은 도중에 질(銍), 찬(酇), 고(苦), 자(柘), 초(譙) 등 각 현을 공략했다. 이 경로가 유방의 비합법적인 활동의 기반이었던 망(芒)·탕(碭) 소택지 옆을 지나고 있는 것은 주목할 만하다.

진섭은 진(陳)에서 지역의 유력자에게 자문을 구하여 정식으로 왕위에 올라 초나라를 재건할 것을 선언하고, 초나라의 국세를 떨친다는 의미에서 장초(張楚)로 국호를 정했다.

진섭이 병사를 일으킨 것은 진나라 이세황제 원년(기원전 209) 7월이고, 유방이 반란에 나선 것은 그 2개월 후인 9월이다. 『사기』 유림(儒林)열전에는 진섭이 "한 달 만에 초에서 왕 노릇을 했다"고 기록하고 있기 때문에, 그는 봉기한 다음달에 장초(張楚)의 왕위에 오른 셈이 된다.

긴장으로 가득 찬 이 2개월 동안 번쾌 등과 함께 "망·탕의 산과 못의 바위 사이에 숨어" 있던 유방은, 정보를 모으고 연락을 취하면서 형세를 관망하고 있었다.

사태는 급속히 전개되었다. 6국 제왕(諸王)의 후예인 위(魏)나라의 여러 공자(公子) 중 한 사람인 위구(魏咎)가, 또 공자(孔子)의 자손인 공갑(孔甲)이 진섭 밑으로 급히 달려갔다.

이 공자의 자손에 관한 기사는 『사기』 유림열전에 보이는데, 그 주석에는, 공갑은 공자의 8세손이라 하고 있다. 그리고 『사기』 공자 세가에는 이 8세손의 이름이 기록되어 있다. 정설과 같이 공자가 노나라 애공(哀公) 17년(기원전 479)에 사망했다고 한다면, 그동안 270년의 세월이 경과한 셈이 되므로, 1세대가 약 34년이 되기 때문에, 이 '8세'라는 나이는 다소 의심스럽다. 그러나 같은 유림열전에는 "노나라의 여러 유자(儒者)는 공씨(孔氏)의 예기(禮器)를 가지고 가서 진왕(陳王)에게 귀속했다"고 하기 때문에, 공자의 자손이나 공자 집단의 일원 각자가 진섭 정권을 정통의 왕권으로 승인했다는 것은 확실하다.

천하는 진의 함양(咸陽)과 장초의 진(陳)이라는 두 개의 중심을 갖게 되었던 것이다.

진섭은 기현 대택향에서 진(陳)을 노리는 한편, 갈영(葛嬰)에게 동방 공략을 명했다. 갈영은 기현의 북방에 접해 있는 부리(符離) 사람이었다.

부리의 북부를 흐르는 수수(睢水)를 따라 약 100km를 내려가면 항우의 고향인 하상(下相)에 이르고, 다시 150km를 내려가면 우이(盱台)에 이른다. 우이는 뒤에 항량(項梁)이 옹립한 초나라 회왕이 도읍으로 정했던 곳이다.

역으로 부리에서 수수를 따라 약 70km를 거슬러 올라가면 망·탕의 대규모 소택지대에 들어서고, 다시 서북으로 약 200km를 거슬러 올라가면 대량(大梁)에 이른다. 대량에서 홍구(鴻溝)를 통해 약 100km를 가면 황하와의 교차지점인 광무(廣武)에 다다른다.

봉기의 최초 단계에서, 천하 교통망의 결절점을 기반으로 하는 갈영과 같은 인물에게 동방 공략의 역할을 맡긴 것은, 정보전달을 위해 큰 의미를 갖는다고 생각된다.

갈영은 동성(東城)에 도달했다. 동성은 훗날 항우가 이른바 해하의 전투에서 패한 뒤, 28기(騎)로 "추격하는 한기(漢騎) 수천 명"을 상대로 최후의 일전을 벌인 장소이다.

갈영은 동성에 이른 시점에서, 양강(襄彊)이라는 자를 초왕으로 옹립했다. 이후 진섭이 진(陳)에서 왕위에 오른 것을 알게 된 갈영은 황급히 양강을 살해하고, 진(陳)으로 가서 경과를 보고했지만, 진섭은 그 전횡을 질책하고 갈영을 죽였다.

갈영이 멋대로 양강을 초왕으로 옹립하고 뒤이어 가차 없이 죽여버린 것은, 진섭 집단의 성격을 생각할 때 하나의 실마리가 된다. 경위를 생각해보면, 당초 갈영이 양강의 옹립을 진섭 집단의 목적에 반하는 것으로 생각하지 않았음은 거의 확실하다. 이것은 진섭과 오광이 기현의 대택향에서 "오른쪽 어깨를 드러내고 대초(大楚)라고 칭"했지만, 대초라는 나라의 건국선언은 아니었음을 말하는 것이다. 만약 이 시점에서 대초가 건국되었다고 한다면, 갈영이 진섭의 명을 받지도 않고, 양강을 옹립하는 일은 불가능하기 때문이다.

진섭·오광 집단은 진(陳)으로 들어가 부로들의 지원을 받게 됨으로써, 초나라 부흥을 지향하는 일개 집단에서 초나라의 뒤를 잇는 장초국의 주체로 변화했다.

앞에서 진섭이 오광과 봉기를 상담했을 때 "나라를 위해 죽는다"는 말을 했다. 확실히 그들의 봉기는, 초나라를 위한다는 일종의 애국심에 의해 뒷받침되고 있었다.

한편 그들이 봉기를 선동했을 때 외친 "왕후장상(王侯將相)이 어찌 씨가 있겠는가!" 즉 왕후장상의 지위는 선천적인 것은 아니라는 말에는, 권력추구와 입신출세에 대한 솔직한 바람이 담겨 있다.

이 두 개의, 서로 떠받치면서도 모순적인 정열이 초기의 진섭 집단에서는 미분화상태로 혼재하고 있었다. 두 개의 정열에 통로를 붙여 현실에서 맺어지게 하기 위해서는, 정치적·군사적인 지휘계통의 확립이나 전략적인 목표의 설정 등이 필요했지만, 이런 곤란한 과제는 뒷전으로 미룬 상태였던 것이다.

갈영에 의한 양강 옹립은 정치적 집단으로서 진섭 집단의 미숙함을 드러냈다. 게다가 양강을 살해한 갈영을 다시 진섭이 죽인 것은 "나라를 위해 죽는다"는 그들의 정열이 급속하게 식어가는 하나의 계기가 되었다.

진섭은 진(陳)으로 들어가 즉위하자 전국 각지에 군대를 파견했다. 주력부대는 오광과 진인(陳人)인 주문(周文)의 인솔하에 형양(滎陽)을 항복시켰다. 6장에서 상술한 바와 같이, 형양은 당시 교통의 요지로 뒤에 유방이 항우의 관중 침입을 막는 군사적 거점으로 사수한 곳이다.

오광은 형양에 머물렀지만, 주문은 더 나아가 함곡관(函谷關)을 공략하고, 관중(關中)의 홍문정(鴻門亭) 일보 직전의 희(戱)에 도달했다. 함양은 이미 눈앞에 보이는 거리에 있었다.

이제 또 하나의 유력한 부대는 위인(魏人) 주시(周市)의 인솔하에 위(魏) 지방의 민심을 안정시키기 위한 선전공작을 펼친 뒤, 다시 제(齊) 지방의 적(狄)에 이르렀다. 이 시점에서 제나라 왕족이며 적인(狄人)인 전담(田儋)이 적의 장관을 죽이고 자립하고는 주시를 내쫓았다. 다시 위(魏) 지방으로 돌아온 주시는, 전에 장초의 왕으로 즉위한 진섭 밑으로 달아난 위구(魏咎)를 맞이하여 위왕으로 옹립했다.

한편 몇 개의 별동대 가운데 가장 큰 역할을 수행했던 것은 장이(張耳), 진여(陳餘), 무신(武臣) 등이 이끄는 부대였다. 문경지교(刎頸之交)로 유명한 장이와 진여는 모두 위나라의 옛 수도 대량(大梁) 출신이다. 그들은 진여(陳餘)의 조(趙) 지방과의 연결을 실마리로 조 지방을 세력기반으로 다지고, 무신(武臣)은 한단(邯鄲)에서 조왕(趙王)이 되어 장이를 승상, 진여를 대장군으로 삼았다. 그들이 파견한 한광(韓廣)은 연(燕) 지방을 함락시키고, 이량(李良)은 상산(常山)을 함락시켰다. 이리하여 당시 한단은 반진투쟁의 2차 거점 같은 느낌을 주었다.

초나라의 오지인 기현(蘄縣)에서 시작한 진섭과 오광의 봉기는 진 지방을 제외한 거의 전 중국으로 확대되었다.

당초 이 반란의 확대를 방관하고 있던 진나라 중앙정부는 여산릉(驪山陵)의 조영을 위해 징발했던 인부들을 종군(從軍)하면 해방시켜준다는 조건으로 군대에 편입시켰다. 명장 장함(章邯)이 그들을 거느리고 중원을 향해 나아가, 각지의 반란을 각개 격파했다. 진섭의 마부 장가(莊賈)는 진섭의 목을 베어 진나라 군대에게 항복했다. 이로써 전국적인 반란은 덧없이 종식되는가 싶었다.

그러나 반란은 제1 라운드를 끝낸 것에 불과하고, 계속해서 항우와 유방을 주인공으로 하는 제2 라운드가 시작되었다. 이 제2 라운드는 제1 라운드의 반란이 남긴 역사적 유산 위에서 전개되었다.

초 지방의 반란은 순식간에 진 지방을 제외한 중국 전역으로 확대되었지만, 주의 깊게 관찰해보면, 거기에는 일정한 지역적 특성이 보인다.

제1, 제2 라운드를 통하여 민중까지 포함해서 가장 과격한 반진 성향을 보인 것은 초 지방의 반란이다. 전한(前漢) 말경 『사기』를 증보한 저(褚) 선생이라 불린 학자(본명은 미상)는 전한 초기의 논객 가의(賈誼)의 말을 인용하여, 진섭이 "옹유승추(甕牖繩樞)의 자식"이었다고 기록하고 있다. 유(牖)는 창(窓)을 말한다. 즉 진섭은 버려진 큰 독의 동체(胴體) 부분을 사용하여 창틀로 삼고, 멍석을 끈으로 매달아 문짝 대신으로 사용하는 가난한 집안 출신이었다는 말이다.

진섭·오광 집단의 실패는, 단적으로 말해 이런 초 지방의 철저한 민중적 반진 경향을 지속적으로 조직화시키지 못한 데서 찾을 수 있을 것이다.

항량·항우 집단은 한편으로는 초 지방을 기반으로 한 철저한 반진 집단이라는 점에서, 민중봉기로 시작하는 진섭·오광 집단의 유산을 계승하면서, 다른 한편으로는 일찍이 반진투쟁의 참된 영웅인 항연(項燕)의 자손으로서의 여망과 탁월한 군사·행정능력에 의하여 초 지역 민중의 전면적 협력을 쟁취했던 것이다.

이와 다소 대조적인 것은 제(齊) 지방의 상황인데, 이곳에서는 전담(田儋)이 전국시대 6국의 하나인 전제(田齊)의 왕족으로서의 명망을 배경으로 하여, 실력으로 할거정권을 만들었다. 또 위(魏) 지방에서부터 조(趙) 지방에 걸쳐서는, 외압 아래에서 그곳의 영웅호걸들이 집결*하고, 그 위에

---

* 저자의 부연설명에 의하면, 여기서 '외압'이란 진섭의 초나라의 압력을 가리킨다고 한다. 즉 위(魏) 지방은 진섭이 파견한 주시(周市)에 의하여, 조(趙) 지방은 진섭이 파견한 장이(張耳)와 진여(陳餘)에 의해 국가부흥의 조건이 만들어졌던 것이다.

서 옛 6국의 왕족을 추대한다는 상황이 생겼다.

이상을 개괄하면 민중의 반진감정, 옛 6국의 왕족으로서의 명망, 영웅호걸로서의 능력과 여망이라는 세 요소가 이 시기 반란을 떠받들고 있었다.

전씨(田氏)의 제(齊)나 위(魏), 조(趙) 지역의 중추세력의 성격이 비교적 단순한 데 비해, 후에 초의 회왕을 옹립한 항량·항우 집단은 민중의 반진감정, 옛 6국의 왕족으로서의 명망, 영웅호걸로서의 능력과 여망이라는, 이 시기의 반란을 떠받드는 세 개의 요소를 구비하고 있었던 것이다.

덧붙여 『사기』는, 이때 당시의 회계군(會稽郡) 오현(吳縣), 즉 뒤의 소주(蘇州)에 망명해 있던 항량(項梁)이 정부에 의한 대규모 노역 징발이나 장례의식 등이 있을 때마다 그 사무를 처리하고 운영하는 역할을 맡고 있었다고 기록하고 있다.

> 몰래 병법으로 빈객(賓客) 및 자제(子弟)를 조직하고, 이로써 그 능력을 보았다.

즉 공동사업을 군사적 동원으로 간주하여 사람들을 조직하고, 그들의 능력을 판정하여 다가올 봉기에 대비하고 있었다는 말이다.

또 다른 사료에 의하면, 항량은 몰래 "결사대 90인"을 양성했는데, 그 중 한 사람은 화폐를 위조하여 군자금을 모았다고 한다.

이와 같이 보면, 당시 봉기한 군웅(群雄) 가운데 항량·항우 집단이 가장 속이 깊고, 주도면밀하게 준비공작에 몰두하고 있었다고 할 수 있다.

10장
봉기

진섭·오광의 반란군은, 망·탕의 소택지에 몸을 숨기고 있던 유방 바로 옆을 빠져 나가 진(陳)을 공격하여 함락시키고 장초(張楚)국을 세웠다. 진섭·오광의 봉기와 더불어 초 지방에서는 많은 군현(郡縣)에서 그 수령을 살해하고 반란에 호응하는 움직임이 확산되었다. 각지에 수천 명 규모의 반란이 일어났던 것이다.

초 지방에서 전면적으로 전개되는 반란에 두려움을 느낀 패(沛)의 현령은, 현의 역량을 총동원하여 진섭의 장초(張楚) 건국에 호응하려 했다.

이때 소하(蕭何)와 조참(曹參)은 패의 현령에게 의견을 아뢰었다.

> 군(君)께서는 진나라의 관리입니다. 지금 배반하여 패의 자제를 거느리려 하지만 아마 듣지 않을 것입니다. 원컨대 각지로 망명한 자들을 불러 모으십시오. 수백 명을 얻을 수 있을 것입니다. 이를 통하여 민중을 위협하면, 민중이 감히 따르지 않을 수 있겠습니까?

소하와 조참은, 애초에 진나라 관리로서 폭정을 집행하던 패의 현령에게는, 반란집단의 장이 될 자격이 없다고 직언을 했던 것이다. 당시 패현에서도 폭정 아래에서 유방을 포함하여 많은 망명자가 나오고 있다. 죽음을 두려워하지 않는 그들을 거두어들여 민중을 위협하면, 어느 누구 한 사람 봉기에 반대할 자가 없으리라는 것이 두 사람의 의견이다.

이 의견은 망명 중이었던 유방을 현성(縣城)으로 불러들이기 위한 마중

물*이었지만, 아픈 곳을 찔린 현령은 어쩔 수 없이 승인했다.

『사기』 고조 본기에서는 조속히 유방을 초청하여 번쾌(樊噲)가 그 사자(使者)가 되었다고 하지만, 번쾌 열전에서는 유방이 망·탕의 소택지에 몸을 숨기고 있을 때, 번쾌가 함께 숨어 있었다고 기록하고 있다. 아마 번쾌는 유방과 함께 망·탕의 소택지에 숨어 있으면서 패현과 유방 군단 사이의 연락업무를 수행했을 것이다.

사료에는 유방이 현령의 주견 없음과 동요를 틈 타 싱겁게 패의 새로운 지배자 즉 패공(沛公)이 되었던 것처럼 묘사하고 있다. 그러나 그것은 결과론에 불과하고, 실제로는 현령이 압도적인 힘을 갖고 있었고, 유방의 태도 여하에 따라서는 즉각 다른 결과가 생겨났을 것이다.

『사기』는 당시 유방의 부하를 100명도 되지 않았다고 기록하고 있다. 그리고 망·탕 지역에서 패현까지는 100km 정도의 거리였다.

사료에 의하면 최종적으로 유방이 승리한 때, 그는 2~3천 명에 달하는 패의 젊은이를 군대에 끌어들였다고 한다. 지금 가령 이 2~3천 명의 젊은이와 그 가족의 반수가 성안에 거주하고, 나머지 반수가 성 밖의 취락에 있었다고 하면, 우선 현령의 지휘하에 있던 자들은 성안에 거주하는 약 천 명의 젊은이와 그 가족이라는 말이 된다. 이에 비하여 유방의 지휘하에 있던 자들은 100km 떨어진 곳에서 급히 달려온 100명도 되지 않는 망명자들이었다.

유방 측의 대응은 신속하고도 정확했다. 번쾌의 급보를 받은 유방은 바로 하후영(夏侯嬰), 노관(盧綰), 여택(呂澤), 여석지(呂釋之), 주창(周昌), 주가(周苛) 등을 모아 전략회의를 하는 동시에 군단 전원에게 긴급소집령을 내렸다.

번쾌는 유방의 정장시절부터 그림자처럼 수행해온 측근이고, 하후영과

---

* 펌프로 물을 퍼 올릴 때, 물을 끌어올리기 위해 먼저 윗구멍에 붓는 물.

노관은 일찍이 '서로 사랑'하는 동지이다. 주창과 그 사촌형인 주가는 모두 패현을 통할하는 사수군(泗水郡)의 졸사(卒史)*이다. 진나라 관리의 위계로 따져보면, 주창과 주가가 가장 높고, 그 다음이 패현의 하급관리인 소하(蕭何)와 조참(曹參), 그 밑이 하후영, 가장 낮은 것이 유방 이런 순서가 되지만, 주창과 주가는 일찍부터 진나라 정치에 가망이 없다고 단념하고, 유방 집단에 투신하고 있었던 것이다. 『사기』는 주창에 대해 다음과 같이 기록하고 있다.

> 주창은 사람됨이 강인하고 힘이 있었으며, 과감히 직언을 했다. 소하와 조참을 비롯해서 모두가 그에게 겸손하게 스스로를 낮추었다.

그는 힘이 장사인데다 한 번 마음먹으면 그대로 행동하는 인물로, 소하와 조참 이하 모두가 그에게 한 수 접고 들어가, 그를 어려워하고 자기를 낮추지 않는 자가 없었던 것이다. 조참은 훗날 유방 집단에서 그 누구나 전공(戰功)에 관한 한 최고로 인정한 호걸이고, 소하는 유방이 조참을 누르고 그 위에 둔 거물이다. 주창과 주가는 그 사심 없음과 한 번 마음먹으면 세상이 두 쪽 나도 해내고 만다는 점에서 소하와 조참 이상으로 거친 사내들의 경의를 받고 있었던 것이다.

번쾌가 가져온 것은 유방 등의 망명죄를 용서하고, 현령의 측근부대로 편성한다는 명령서였다. 인부 호송의 임무를 방기하고 망명한 유방 등이 다시 공식 세계로 되돌아올 수 있다는 점에서는 일단 환영해야 할 내용이었지만, 문제는 천하의 형세를 어떻게 판별할 것인가에 있었다. 구체적으로는 우선 패현 현령의 그릇을 어떻게 평가할까, 또 현령이 유방 집단에게 어떤 대우를 해줄 것인가 하는 점이었다.

현령은 일찍이 패(沛)에 몸을 맡긴 여공(呂公)을 객인(客人)으로 받아

---

* 군수 휘하에서 서기(書記) 등의 일을 하는 실무담당관을 가리킨다.

들인 버젓한 임협이고, 여공을 통하여 유방 등과도 우호관계에 있었지만, 유방 등은 그를 그다지 높게 평가하지 않았다. 게다가 이번에 그가, 한 장의 소집령으로 유방을 동원할 수 있다고 생각한 데도 판단의 안이함과 오만함이 드러나고 있다. 천하대란이라는 현상황에서, 유방 등을 대하는 데는 적어도 객(客)으로 대하는 정도의 예를 취할 필요가 있었다. 그러나 현령은 고지식하게도 현청 내에서의 상위자로서 유방 등에 동원령을 하달하는 식으로 대수롭지 않게 보았다.

어설프게 받아들이면 목숨이 달아날지도 모르는 제의였지만, 전략회의에서는 이를 좋은 기회로 삼는 쪽으로 확정했다. 일동의 논의를 다 듣고 난 유방은 마지막으로 여유 있고 침착한 태도로 결단을 내렸다. "진나라 오랑캐 따위의 폭정은 타도해야 한다. 우리 패현의 현령님이 반란에 나서는 것은 훌륭한 일이다. 패현을 진나라 타도의 군사거점으로 바치도록 하자!"

일찍이 정장시절에 행정기구 말단의 하급관리이면서 현령에게는 면종복배(面從腹背)의 태도로 자신의 세력을 신장시켰던 것처럼, 유방은 이때에도 모든 것이 현의 명령임을 강조하면서 패의 군사지휘권을 장악하려고 했던 것이다.

전략회의에서 결론이 정해지자 전군을 본부로 집합시켜 출정부대와 잔류부대로 나누었다. 잔류부대는 망·탕의 소택지에 남아 주위로 세력 확대를 꾀하는 동시에 출정부대의 후방 근거지를 조성하는 임무가 주어졌다.

유방을 비롯한 주력간부는 출정부대를 지휘하게 되었다.

곧바로 출정의식이 엄숙히 거행되었다. 현령의 사자로서 위엄을 갖춘 번쾌와 수뇌부를 거느린 유방은, 패의 현령의 명을 받아 포학한 진 제국을 궤멸시키는 군단을 조직하게 된 취지를 전원에게 알리고, 패현을 그 새로운 근거지로 삼는다는 방침을 전했다. 유방은 전원에게 닭·개·말의 피를 마시게 하여 신성한 맹약(盟約)의식을 거행하고, 그들에게 이 대의(大義)

에 목숨을 걸 것과 군령(軍令)에 대한 절대복종을 서약하게 했다.

출정부대는 둘로 나뉘었다. 중심부대와 선전정보부대이다. 군단의 말은, 중추간부를 위해 몇 마리를 중심부대에 남긴 것 외에는, 모두 선전정보부대에 배치했다. 선전정보부대는 현 아래의 각 취락에 패의 현령이 하달한 진나라에 대한 봉기 지시를 전하는 동시에 유방 군단이 그 중심에 있음을 언명했다. 이 지시는 현령의 명을 받은 정장 유방이 공식적인 경로를 통해 전달한다는 형식을 취했다. 동시에 유방이 일찍이 함양으로 파견되었을 때 만든 인맥을 찾아 유방 군단에 직접 참가해줄 것을 호소했다.

혼란을 틈타 유방은 이미 실질적인 패의 현령으로 행동하고 있었던 것이다.

2개월 전에 진섭이 진(陳)에 입성한 이래 민중의 반란은 들불처럼 초 지방으로 확산되고, 한(韓)·위(魏)·조(趙)·연(燕)·제(齊) 등 각지로 확대되었다. 그러나 진 제국 중앙이 명장 장함(章邯)을 파견하여 반란세력 진압에 착수하자, 초 지방의 민중들도 새로운 사태에 직면했다. 숲의 나무처럼 각지에 늘어선 어떤 군단의 산하에 들어갈 것인가, 그 한순간의 판단이 사람들의 생사를 나누게 된 것이다. 그들은 충혈된 눈으로 이합집산을 거듭하고 있었다.

일찍이 패현의 정장으로 활약하고, 소택지에 몸을 숨기고 있던 유방이, 망명자들을 중심으로 새로운 세력을 규합해가고 있었는데, 그 유방이 현령과 연합한다고 한다. 몸을 맡길 만한 큰 나무를 발견한 셈이 된 사람들은 세찬 물길이 밀려들듯 패현의 현성(縣城)으로 쇄도했다.

한편 패의 현령은 진행되어가는 사태를 보고 후회했다. 번쾌가 유방을 데려오자 현성에 수많은 망명자들을 불러들이게 되었다. 쿠데타가 일어나 자기의 생명이 위험해질 것 같았다.

그는 성문을 닫아 걸고 계엄체제를 선포한 뒤, 이 계획의 주모자인 소하와 조참을 체포하려고 했다. 그러나 비밀리에 체포영장을 발부했음에도 그 소식이 곧바로 두 사람의 귀에 들어가 그들은 성 밖으로 도망쳤고 체포는 실패로 돌아갔다.

유방 군단은 합류하는 민중들을 흡수하여 서서히 그 수를 늘려가면서 패현의 현 밑에 도착했지만, 바로 그때 성문이 닫혀 입성할 수가 없었다.

중국의 성곽은 주민의 안전을 지키기 위해 도시 전체를 둘러싼 방벽이다. 그 주민은 농민을 주체로 하면서도 수공업자나 상인을 포함하는 글자 그대로의 서민이었다. 거칠 것 없이 평평하여 한 눈에 천리가 보일 정도이므로, 손쉽게 외부세력의 공격에 노출되는 평야에서, 성곽은 주변 주민들로서도 그들이 비상시에 의지할 만한 거의 유일한 장소이다.

따라서 성문이 닫혔다는 것은 성내의 주민과 성외의 주민이 각기 다른 운명의 두 진영으로 갈렸다는 것, 성외로 따돌림을 당한 주변 취락의 주민들은 돌연 황야에 무방비로 내팽개쳐졌음을 의미한다.

평온한 일상적 시간 속에서는 성문을 닫고 수배자를 수색하는 것은 특별히 문제가 되지 않는다. 그러나 지금은 파도가 밀려오듯 그 수가 늘어가는 민중이, 유방 군단의 지휘하에 성을 공격하는 부대의 양상을 띠었다. 실제로 유방 등은 그들을 지휘하여 노골적으로 성을 공격하는 태세를 취하기 시작했다.

유방은 백서(帛書, 비단에 쓴 편지)를 붙인 화살을 성안으로 쏘아 올려 부로들에게 호소했다.

> 천하가 진나라에 고통스러워한 지 오래되었습니다. 지금 부로들은 패의 현령을 위해 지키려 하더라도, 제후(諸侯)가 어깨를 나란히 하고 일어나 이제 패를 무참하게 마구 도륙할 것입니다. 패에서 지금 함께 현령을 죽이고, 자제 가운데 지도자로 내세울 만한 자를 가려 그를 지도자로 뽑아 제후에 응한다면, 집안은 안전할 것입니다. 그렇게 하지 않는다면, 부자(父子)가 모두 살해되더라도 어쩔 수 없을 것입니다.

천하는 진나라의 폭정에 오랫동안 고통을 받아 왔다. 진나라 토벌은 천하의 대세이다. 패의 현성 안의 사람들은 이 대세에 반하여 진나라의 관리인 패의 현령을 지키려고 하지만, 진나라에 반대하는 제후가 함께 일어나 이제 패를 함락시키려 한다. 함께 현령을 제거하고, 패의 젊은 동료 가운데 지도자를 세워 제후에 호응하는 것만이 자기 몸의 안전을 꾀하는 길이라고 말했다.

이때 유방이 현령과의 교섭을 선택하지 않고, 부로들 즉 패의 여론을 대표하는 유력자들에게 직접 말을 건 것은 중요하다. 이후로도 우리는 비슷한 장면에 마주치게 되겠지만, 설령 거기에 상당한 윤색이 가해져 있다 하더라도, 이 점에서 유방은 역시 민의를 조직해낼 수 있는 결코 많지 않은 인재 가운데 한 사람이었다.

패의 부로들은 자제를 거느리고 현령을 죽이고, 성문을 열어 유방을 맞아들였다.

『사기』의 연표에는 나중에 경후(敬侯)로 봉해진 팽조(彭祖)가 이때 패의 성문을 열었던 일이 특기되어 있다. 현령을 죽인 뒤에 성문을 열면 큰 공적이 되지 않기 때문에, 부로에게 이끌린 민중과 현령의 싸움 와중에, 그가 성문을 열어 유방 세력을 끌어들였음을 의미하는 것 같다.

부로들은 유방을 맞아들인 뒤 그를 패의 현령 즉 지도자로 세우려 했다.

이때 이 민중반란의 지도자에 어울리는 인물로서는 유방 외에 소하와 조참이 있었다. 그들은 '호걸의 이(吏)'로서 패의 유력자였지만, 이 위급한 시기에 지도자로 앞에 나설 정도의 담력은 갖고 있지 않았다. 소하는 이런 사태를 예견하고 유방을 지도자로 육성하는 데 힘을 기울여왔던 것이다.

『사기』의 기록이다.

> 소하와 조참 등은 모두 문리(文吏)로서 제 몸을 아꼈고, 일이 성사되지 않으면 나중에 진나라에서 그 집안을 멸족시킬 것을 두려워하여, 모두

유계(劉季)에게 양보했다.

또 소하와 조참이 패의 현령에게 살해될 것을 알아채고 성 밖으로 도망쳐 유방 밑으로 달아난 것은, 지금까지 두 사람에게 향했던 여망이 그대로 유방에게 전이되는 효과를 가져왔다.

유방은 물론 의욕이 넘쳤지만, 이 요청을 정중히 사양했다.

> 천하가 바야흐로 어지러워 제후가 어깨를 나란히 하여 일어나고 있습니다. 지금 장수를 잘못 두면 여지없이 패하여 다시는 일어설 수 없게 됩니다. 내가 감히 스스로 내 몸만을 아끼는 것이 아니라, 능력이 부족하여 부형자제(父兄子弟)를 보호할 수 없을까 두려워하는 것입니다. 이 일은 중대사이니 원컨대 더 좋은 분을 추대하시기 바랍니다.

훨씬 능력 있는 장수를 뽑지 않으면, 우리는 여지없이 패하여 다시는 일어설 수 없게 되어 재산은 물론 목숨도 지킬 수 없을 것이라고 했다. 동시에 유방은 위급한 상황에 직면하여 생사의 갈림길에 처했음을 강조하고, 자기는 이 대임을 감당할 수 없다고 부로들의 추천을 고사했다. 역으로 말하면, 패의 안전을 지킬 수 있는 유일한 인물이라고 인정하여 일단 자기를 지도자로 뽑은 이상, 그 명령은 절대적인 것으로 준수해야 한다고 상대에게 그 확인을 요구한 셈이다.

추천과 고사는 몇 번에 걸쳐 반복되었지만, 부로들은 물러서지 않았다.

> 평소에 들은 바 유계(劉季)님의 여러 신비한 일들로 볼 때, 귀하는 마땅히 귀인이 되실 것입니다. 또 점을 쳐보았는데, 유계님처럼 가장 길한 자는 없었습니다.

그들은 한 목소리로 단언했다. 평소 유방님에게는 불가사의한 일이 일어난다고 들었습니다. 이것은 유방님이 천자가 되실 징조라고 생각합니다. 또 점을 쳐보더라도, 유방님이 어느 누구보다도 뛰어나서 최고의 길조로 나오고 있습니다, 라는 등의 이야기이다.

그들의 말은 유방에게 자신감을 가져다주었다. 옥좌에 앉아 민중의 목

숨을 장악하고 있는 진나라 황제에게 반란을 일으킨다는 비(非)일상적인
행위에의 결행에는, 그에 못지않은 비일상적인 일종의 신앙이 필요하다.
즉 여러 전조나 점괘로 유방에게 일종의 초월성을 부여하는 것이 없어서
는 안될 요소였던 셈이다.

이리하여 유방을 추대하려는 분위기가 무르익었을 때, 어쩔 수 없다는
식으로 그는 요청을 수락했다.

유방은 패의 현령 즉 패공이 되었다. 그를 선택한 것은 패의 민중이었다.

필자는 6장에서 유방은 정장이 되었던 시점에서 본명인 계(季)를 자
(字)로 하고, 통칭이었던 방(邦)을 휘(諱)로 했던 것 같다고 추측했다. 부
로가 그를 '유계'라고 호칭한 것은, 따라서 그의 자(字)를 칭하는 셈이 되
고, 이제부터 현령으로 추대하는 인물에 대해 경의를 잃지 않는 태도였다
고 할 수 있다.

이리하여 전체 패현 차원의 봉기태세가 갖추어졌다.

유방 밑에는 2~3천 명에 달하는 패의 자제가 모였다. 패현의 규모로 보
아 거의 모든 젊은이들이 집단에 참가했던 것으로 보인다. 그들 사이에는
몇 해 전부터 유방의 명성이 은연중에 높아져 있었다. 유방의 강력함은 그
들을 지휘하는 중간간부가 이미 대량으로 양성되었던 점에 있다.

망·탕의 소택지에 몸을 숨기고 있던 유방 집단은 일종의 지하정권을 구
축하고 있었다. 그 중심에 있던 것은 여택(呂澤), 여석지(呂釋之), 노관(盧
綰), 소하, 하후영(夏侯嬰), 주창(周昌), 주가(周苛), 번쾌, 심이기(審食
其), 기성(紀成, 자(字)는 신(信)) 등의 일당이었다.

이 지하정권에서는 일종의 예비내각이 구성되어 있었던 것 같다. 예를
들어 현대중국에서 문화대혁명 때 소규모 비밀결사가 속출했는데, 거기에
는 집단의 수령이 황제, 그 처가 황후, 거기에 추종하는 일당이 재상 이하
의 관직을 자칭하고 있었다. 이런 상황은 중국역사에서 왕조 말기의 혼란

기에는 항상 출현하는 사태였다.

예비내각의 전모는 사료에 전해지지 않지만, 유방 등이 패의 현령을 죽이고 반란에 나섰을 때의 선발진용이 『사기』「고조공신후자연표」(高祖功臣候者年表)에 남아 있기 때문에 거의 추정할 수 있다.

이 사료에 의하면, 봉기집단은 세 집단으로 나누어진다. 여택·여석지·노관·소하 등 4인이 제1집단이고, 번쾌·심이기·동설(董渫)·패가(沛嘉)·선영(單寧)·병천(丙倩) 등이 제2집단이다. 마지막 제3집단에는 하후영·주창·주가·기신 등과 무유(武儒)·염택적(閻澤赤)·윤회(尹恢)·공중(空中, 일설에는 질중[窒中])·유승(留勝)·척새(戚鰓) 등이 있다.

제1집단에 속하는 여택과 여석지는 여치의 오빠인데, 이미 여불위의 일족으로 명망과 재력을 갖고 독자적인 집단을 이루고 있었다. 소하 역시 일족 수십 명을 거느리고 봉기에 참가했다고 뒤에 유방이 회고했다. 이 사료는 제후에 봉해진 자를 한 데 모아놓은 것이기 때문에, 왕에 봉해진 노관의 이름이 보이지 않지만, 노관 열전에 의하면 그 또한 마찬가지 존재였다.

> 고조가 포의(布衣) 즉 마로 된 옷을 입은 서민신분으로서 수배자가 되어 몸을 숨기고 있을 때, 노관은 항상 고조를 그림자처럼 따라다녔다. 고조가 '처음 패에서 일어났을 때' 노관은 '객'(客)으로서 그를 따랐다.

그들은 지하정권에서 유방 집단의 손님 대우를 받았다. 유방은 손님에 대한 주인이었고, 손님들은 유방의 통제 아래는 있었지만, 여전히 일정한 행동의 자유를 가졌다.

이에 비해 제2집단은 유방의 직속집단이다. 그들은 여기서는 일괄적으로 '사인'(舍人)이라는 이름으로 묶여 있다. 이것은 일본의 중세 무사집단에서의 '낭당'(郎黨)* 혹은 야쿠자 조직의 '젊은이'에 해당하는 유방의 측근이다.

---

* 일본의 무가(武家)사회에서 주인(主人)의 종자(從者)를 가리킨다. 낭등(郎等) 혹은 낭종(郎從)이라고도 하는데, 주인과 비혈연관계의 종자로서 일종의 전투집단에 해당한다.

제3집단은 지하정권의 공적인 업무를 분담한다. 하후영이 영사(令史), 주가가 내사(內史)로서 본 진영(陣營)의 임원을 구성하고, 기신(紀信)이 장군, 주창(周昌)이 직지(職志)로서 군사지휘를 맡았다. 직지라는 것은 다른 사료에는 보이지 않는 직책이지만, 주석에서는 군기(軍旗)를 주관하는 자라고 했다. 이것은 상징적인 표현으로서 본영(本營)의 장(長) 혹은 근위대의 장에 해당할 듯하다. 덧붙여 말하면, 유방의 부대가 적기(赤旗)를 든 것은 적제(赤帝)의 아들인 유방이 풍읍 서쪽 교외의 소택지에서 백제(白帝)의 아들을 베었다는 전설에 의한다고 일반적으로 받아들여지고 있지만, 실제로는 후술하듯, 초 지방의 신화적 영웅이었던 치우(蚩尤)와 연관되는 것 같다. 어느 쪽이었든 주창은 직지로서 적기를 지키는 근위대의 장이었다.

이상의 4인은 제1집단의 여씨 형제나 소하와 어깨를 나란히 하는 유방 집단의 최고간부이다. 그 다음의 중견간부로는 염택적(閻澤赤)이 집순(執盾), 공중(空中)이 노장(弩將), 유승(留勝)이 객리(客吏), 척새(戚鰓)가 낭(郎)이고, 무유(武儒)와 윤회(尹恢) 2인이 알자(謁者)이다. 알자란 대외관계를 담당하고, 객리는 글자 그대로 손님 접대를 맡았다.

사료에 의하면 봉기 직전, 망·탕의 소택지에 있던 유방 세력은 '수십 백인' 즉 100명에 가까운 수십 명으로 기록되어 있지만, 이상에서 본 바와 같이, 이 단계에서 이미 예비내각을 조직하고 있었던 점은 매우 중요하다. 그것은 망명자끼리의 임협적 유대가 유방 집단을 떠받드는 중요한 요소의 하나였음을 보여준다.

본서에서는 사료의 표현에 따라 그들에게 '초기'(初起)집단이라는 이름을 붙이고자 한다. 초기란 최초로 봉기에 나섰다는 뜻이다.

한편 이들 간부에 관한 사료 속에서, 번쾌와 하후영 두 사람에 대해서만 "수행하여 패(沛)를 항복시켰다"는 표현을 하고 있다. 현령을 죽이고 패현을 점령하는 최초의 군사행동에서 유방을 수행하여 중심적 역할을 한 것은 번쾌와 하후영이었다. 특히 중후하고 착실한 하후영은 최초의 봉기로부터 일관하여 임협적 정신의 버팀목으로서, 유방 집단의 중심에서 집단을 떠받치고 있었다.

봉기의 성공으로 유방 집단은 더욱 강력해졌다.

패현에 입성한 시점에서 새로 유방 집단에 참가하여 중심부로 들어온 자는 조참(曹參), 조무상(曹無傷), 소구(召歐), 주발(周勃), 주정(周定), 주설(周緤), 주진(朱軫), 노후연(魯侯涓), 손적(孫赤), 임오(任敖), 팽조(彭祖), 선보성(單父聖), 냉이(冷耳) 등이다.

이 중에서 조참, 소구, 주발, 손적 등 4인이 '중연'(中涓)이라는 직함으로 참가하고 있는 점이 주목된다. 중연은 앞의 사인(舍人)과 마찬가지로 유방의 측근이지만, 사인보다 신분이 높다. 늦게나마 참가한 중요 인물에게 이 중연이라는 신분이 주어졌던 것 같다. 이것은 망·탕의 반란집단이 패현에서 더욱 유력한 간부를 흡수했기 때문에 일어난 현상일 것이다.

주정, 주진, 노후연 등 3인은 사인(舍人), 임오는 객(客)이다. 한편 노후연은 성(姓)이 분명하지 않기 때문에, 어쩔 수 없이 그 작위에 의거하여 노후(魯侯)라고 불리고 있다.

팽조와 선보성은 '졸'(卒)이다. 졸은 군졸로서, 이들 직함 가운데 가장 지위가 낮다. 이 시점에서 유방 집단의 간부 구성을 생각할 경우에는, 일단 고려하지 않아도 좋다고 생각한다.

이 책에서는 패에서 봉기에 참가한 조참 등의 집단을, 이 또한 사료의 표현에 따라 '기패'(起沛)집단이라고 부르기로 한다.

기패집단의 특색 가운데 하나는, 앞의 초기(初起)집단과는 달리 참가 시의 직함이 중연(中涓), 사인(舍人), 객(客), 졸(卒)뿐으로서, 초기집단의 경우와 같은 장군이나 직지 등을 비롯한 군대조직 내에서의 직책을 가리키는 예가 보이지 않는 점이다.

유방은 새로운 유력자를 우선 측근 집단인 중연과 사인 혹은 객으로 조직했다. 바꿔 말하면, 기패집단은 졸이라고 지칭되는 두 사람을 제외하면, 초기집단에서의 제1집단과 제2집단에 상당하는 구성원으로 되어 있고, 이 단계에서는 유방과의 사적인 관계에 의해 반란집단의 중핵부분에 자리 잡게 되었다. 그리고 초기집단에서 유방의 객이었던 소하가 뒤에 승상으로 서 공적인 역할을 수행했던 것처럼, 또 기패집단의 중연이었던 조참이 뒤에 장군으로서 많은 공적을 올린 것처럼, 일단 유방의 측근 집단으로 조직된 그들은 집단 속에서 공적인 직무의 중심적 담당자로 성장하고 있었다.

기패집단의 또 다른 특색은, 그들 대부분이 패에서 바깥의 사회의 유력자로서, 외지에서 유랑생활을 한 거친 자들과는 다소 이질적인 존재였다고 추측되는 점이다. 예를 들면, 조참이 봉기 이전부터 유방과 친밀한 관계에 있으면서 암암리에 유방을 지원하고 있었던 것처럼, 그들은 엎드려 때를 기다리고 있던 영웅호걸이고, 그런 의미에서는 임협적 유대에 의하여 연결되어 있었다고 하더라도 동시에 패의 옥연(獄掾)으로서 바깥의 사회의 유력자이기도 했다.

유방 집단은 이 단계에서 바깥의 사회의 어느 누구도 경의를 표할 만한 구성원을 보다 많이 참가시키는 유연한 구조를 통해, 보다 포용력이 많은 집단으로 성장했다. 필자는 유방 집단이 처음부터 외부에 개방된 구조를 취한 것이 이후 순조롭게 성장해간 큰 이유라고 생각한다.

다만 유방 집단의 직무 칭호는 집단의 성장과 더불어 약간의 변화가 보인다.

첫째, 초기집단 속에서 '장군'은 기신(紀信)뿐이었지만, 이후 전투과정에서 초기집단과 기패집단의 구성원 대부분이 장군이나 도위(都尉) 등 상급의 직무를 담당하게 되었던 점이다.

그들은 각각의 군단을 거느리는 존재로서 일정한 자립성을 획득하게 되었지만, 이런 '출세'는 유방과 그 측근의 적확한 정치적 혹은 군사적 전략에 의한 것이었다. 이 과정에서 그들은 더욱 유방에 대한 신뢰와 종속을 심화시켜, 이윽고 유방의 초월적 권위와 권력이 형성되어 갔다. 거기에는 일정한 자립성을 갖는 그들의 자발적 복종이라는 요소를 볼 수 있다.

둘째, 초기집단이 기패집단을 흡수하는 과정에서, 그때까지 유방의 측근집단이었던 사인(舍人)이 두 개의 층으로 나누어져, 하층부는 사인 그대로였지만, 상층부는 중연(中涓)이라고 칭하게 되었던 점이다.

이 새로운 용어를 적용한다면, 초기집단의 사인이었던 번쾌는, 이 단계에서는 중연이라고 불러야 하고, 하후영(夏侯嬰)과 주창(周昌)은 원래 중연이었지만, 그대로 영사(令史)나 직지(職志)라는 직무를 담당하게 되었다고 이해해야 한다.

정리하면, 초기집단과 기패집단은 유방의 고위측근인 객(客)과 중연(中涓), 하위 측근인 사인(舍人) 및 기타의 집단(공적 직무의 담당자)이라는 세 계층으로 나뉘게 되었다.

이제 이 세 계층의 실태를 이해하기 위하여 관련 사료를 분석해 보고자 한다.

여기에서 이용하고 있는 『사기』 「고조공신후자연표」(高祖功臣侯者年表)는 고조 유방에 의하여 제후로 봉해진 공신 143인의 말하자면 신상조서이다. 거기에는 그들의 영지가 어느 정도의 '봉호'(封戶)를 가지고 있었는가가 나열되어 있어서, 영지의 크기와 지위의 고하를 알 수 있는 단서가 된다.

초기집단과 기패집단의 구성원을 객과 중연, 사인, 기타의 세 계층으로 나누고, 주어진 봉호의 수에 대한 통계를 만들어보자. 한편 이 신분조서는 불완전한 것이고, 상당수의 구성원에 대해서는 봉호의 수가 기록되어 있지 않기 때문에, 여기서는 봉호의 수가 기록되어 있는 경우만을 대상으로 집계하도록 한다.

그 결과는 고위측근인 객·중연이 9인으로서, 그 봉호 수의 합계는 4만 6,200호, 한 사람당 5,133호이다. 이에 비하여 하위측근인 사인은 7인으로서, 봉호 수의 합계는 1만 5,780호, 한 사람당 2,254호이다. 다음에 기타 집단의 경우는 5인으로서, 봉호 수의 합계는 6,800호, 한 사람당 1,360호이다.

이상의 숫자는 이 세 계층 사이에 현격한 차이가 있었음을 보여주고 있다. 단순히 계산하면, 최하위집단의 평균 봉호 수의 약 1.7배가 중간집단의 평균 봉호 수이고, 다시 중간집단의 평균 봉호 수의 약 2.3배가 최상위집단의 평균 봉호 수이다.

최상위에 해당하는 객·중연 집단의 구성원 중에서는 노관, 여택, 여석지 등 3인의 봉호 수가 신상조서에 누락되어 있다. 유방의 '서로 사랑'하는 대상이었던 노관은 한초(漢初)의 논공행상에서는 등급이 한 단계 위인 연왕(燕王)으로 봉해졌기 때문에, 이 표에는 포함되어 있지 않고, 여후의 두 오빠에 대한 논공행상도 상당한 수준에 달했을 것이기 때문에, 최상위집단과 중간집단의 격차는 더욱 벌어지게 될 것이다.

다시 그들의 경력을 개관해보면, 객·중연 집단은 최저라도 장군, 대부분은 그 이상으로 승진하고 있고, 최하위집단은 장군을 보좌하는 역할을 하는 도위(都尉)까지가 고작이고, 중간집단은 거의 그 사이라는 점을 알 수 있다.

이상의 결과를 토대로 다시 초기집단과 기패집단을 비교하면, 앞에서 언급한 것처럼 기패집단은 객, 중연, 사인과 졸로 구성되어 있고, 졸을 제외하면 초기집단의 제3집단에 상당하는 인물이 포함되어 있지 않은 점이 새삼 주목된다. 이것은 상대적으로는 나중에 일어난 기패집단이 나중에 일어났기 때문에 단순히 하위집단에 놓이지는 않았다는 것, 다시 말하면 유방 집단은 유연하고 개방된 구조를 취하고, 처음부터 합리적인 능력주의가 기능하고 있던 사실을 명료하게 보여준다.

패현 봉기 이후 소하는 적극적으로 유방의 측근 집단에 들어가 조참, 조무상, 소구, 주발 등의 중요 인물을 이 집단으로 끌어들이기 위해 노력했다. 이 단계에서 측근집단은 상층의 중연과 하층의 사인으로 재편성되었다는 점은 이미 언급했다. 이리하여 유방은 새로운 참가자를 능력주의의 관점에서 발탁하여, 우선 측근집단에 집어넣고, 그 뒤에 다시 구체적인 직무에 배치하는 시스템을 만들었다. 이 시스템은 항상 새로운 인재를 흡수하여 그들의 능력 발휘를 최대한 보장하는 동시에 유방의 권력기반 강화를 가능하게 했다.

이상 서술한 유방 집단 간부구성의 특질 분석은 「고조공신후자연표」를 자세히 검토함으로써 가능했다. 그것은 연표라는 이름이 붙어 있지만, 이미 언급한 대로 공신들의 신상조서를 그들이 제후로 봉해진 연월순으로 나열한 것이다.

중국에서 왕조지배의 근간을 이루는 것은 광의의 행정문서에 대한 계통적 장악이다. 이 광의의 행정문서는 두 계통으로 나누어진다. 하나는 토지와 인구의 등록이고, 다른 하나는 관리의 상벌이력을 기록한 신상조서이다. 후자는 현대중국어의 '당안'(檔案)에 해당한다. 현대중국에서는 일단 이 당안에 기재된 이력은 평생 동안 붙어 다녀 그 사람의 인생을 좌우한다. 당안에 '우파분자'(보수반동분자)라고 적힌 사람들은, 그 후의 사회생활 전반에서 큰 제약을 받게 된다. 지금부터 약 40년 전에 시작하여 약 10년 만에 종식된 문화대혁명에서는 때로는 그 사람의 생명을 위협하는 일조차 있었다.

우리는 이 「고조공신후자연표」가 엄밀한 서식에 따라 기록되어 있다는 사실로부터, 유방 집단의 내부통제가 극히 엄격하고 계통적이었음을 알 수 있다. 예를 들면, 최초의 봉기에 참가한 인물에 대해서는, "봉기가 처음 일어날 때"라든가 "처음 일어날 때"라고 쓰고, 유방 집단에 참가한 지점은 기록하지 않는다. 이에 비하여 봉기가 성공한 뒤에 패현에서 집단에 참가한 사람들에 대해서는, "좇아 패에서 일어남"이라고 기록하고 있다. 한편 이후에 풍읍에서 참가한 사람들은 "좇아 풍에서 일어남," 설(薛)에서 참가한 사람들은 "좇아 설에서 일어남," 유방 집단이 진나라 장군 장함(章邯)의 별동대에게 공략된 망·탕의 땅을 회복한 때에 참가한 사람들은 "좇아 탕(碭)에서 일어남"이라고 하여, 기본적으로는 모든 사람들에게 이런 기록이 달려 있다.

그런데 이즈음 진섭·오광의 반란이 파급되면서 각지에서 군수나 현령을 죽이고 이에 호응하는 예가 보였다. 그런 움직임의 전형적인 예가 제(齊)의 전담(田儋)이나 회계(會稽)의 항량(項梁)의 경우였다. 그들은 군수나 현령을 죽이고 군이나 현을 점령했다.

그러나 유력한 지도자 없이 봉기한 민중이 군수나 현령을 죽인 후, 방향을 확정하기 어려워 외부세력에 의지하는 사례가 실제로는 매우 많았다고 생각한다. 『사기』 항우 본기에는 동양(東陽)의 '소년'들이 현령을 죽이고 수천 명의 집단이 되었지만, 지도자를 맡기에 적당한 인물을 찾지 못하여 현지 채용관리인 진영(陳嬰)을 추대하려 했으나, 그가 집단을 거느리고 항량에게 귀속한 일이 기록되어 있다.

이런 상황이었던 만큼 비록 소하나 조참의 사전교섭이 있었고 유방의 교묘한 여론조작이 있었다고는 해도, 패현에서 부로들이 자발적으로 유방을 추대하게 된 것은 역시 주목할 만한 일이었다.

현령을 살해하고 패현을 점령한 뒤, 유방은 바로 측근과 객들을 모아 전략회의에 들어갔다. 의제는 세 가지였다.

첫째는 소택지의 100명도 되지 않는 인원에서 2~3천 명으로 늘어난 세력을 전투력을 갖춘 군단으로 조직하는 일이다. 이미 현성(縣城)의 포위 전투에서 패의 젊은이들은 유방 군단의 지휘에 따르고 있었지만, 그들을 군단으로 나눈 뒤, 유방 집단의 중심 구성원을 각 군단의 장군과 도위(都尉)로 임명했다. 동시에 현의 무기고에 있는 무기 분배나 민간으로부터의 징발문제, 식량이나 피복 등의 군수물자와 그 수송체계에 대한 대강이 결정되었다. 당시는 현의 정치에 대한 살아 있는 백과사전이라고 불린 소하가 고안한 방안을 채택했을 것이다.

둘째는 앞으로의 군사전략에 대해서이다. 특히 조만간 예상되는 사수군(泗水郡)의 토벌군에 대하여 수성(守城)으로 들어갈까, 적극적으로 야전(野戰)에 나설까, 후자의 경우에는 공격의 방향을 어디에 맞출 것인가 등이다. 야전의 방침은 금방 결정되었지만, 문제는 북상해 오는 사수군의 토벌군을 맞받아칠 것인가의 여부이다. 만약 사수군의 토벌군을 맞받아친다면, 군과 현 사이에 방침의 차이가 있음을 민중에게 알려주어야 한다. 그보다는 토벌군과의 충돌을 피해 바로 북상하여 방여(方與)와 호릉(胡陵) 등 교통의 요충지를 제압해야 한다는 의견이 대세를 이루었다. 북상 도중 군(郡)의 동향에 대해서는 언급하지 않고, 다만 반진(反秦)투쟁은 초 지방 민중의 사명이라는 점만을 강조하면 좋다는 것이다.

셋째는 일거에 불어난 군대에게 전쟁의 대의를 어떻게 철저히 주입시킬 것인가이다. 진나라 오랑캐는 밉고, 진나라의 폭정은 타도해야 하며, 초나라는 부흥해야 한다는 선전은 어느 누구나 수용하는 바이다. 사실 진섭에 의한 장초(張楚)의 건국, 항량에 의한 초나라 회왕(懷王)의 옹립은 하나같이 이 노선을 채택하고 있고, 확실히 초 지역의 민심 결집에 큰 의미를 갖고 있었다. 그러나 사수군(泗水郡) 북부에서부터 탕군(碭郡)에 걸친 지역을 기반으로 하는 유방 집단에게 초나라 부흥의 슬로건은, 진섭이나 항량의 경우와는 다소 다른 어감을 띠고 있다.

유방은 항상 자기를 초나라 사람이라고 규정해 왔다. 그것은 초의 문화를 자기의 정체성으로 인식하고 있다는 말이다. 그는 초나라 사람의 복장인 짧은 옷을 입은 자가 아니라면 동료로 인정하지 않았고, 초나라의 노래와 춤에 기대어 시름을 달래곤 했다. 전장에서 대면한 초나라 장수들과도 그는 초나라 말로 순간적인 응수를 했다.

그러나 그가 기반을 두고 있는 이 지역은 정치적으로는 춘추시대의 송

(宋)나라 땅이고, 나중에 초나라에 병합된 데 불과했으므로, 패현 백성은 마음 깊은 곳에서부터 초나라의 지배를 지지하고 있었던 것은 아니다.

유방은 출정에 임하여 초 지방 사람들의 수호신이고 군신(軍神)인 치우(蚩尤)를 제사지내는 장중한 의식을 거행했다. 의식을 통하여 민심의 결속을 꾀하고, 나아가서 그 기회를 이용하여 군사편성을 확인하려고 했던 것이다.

정연한 부대조직으로 편성된 민중이 지켜보는 가운데 부대장들을 모아 패의 현정(縣庭, 현아의 마당)에서 치우의 제사를 집행했다. 패현을 포함해서 이 책에서 말하는 초승달 모양의 수향(水鄉) 소택지대는 기저에서 광의의 초 문화를 공유하고 있다. 그래서 처음으로 사람들은 망·탕의 소택지에서 성으로 들어온 유방 집단을 패군(沛軍)의 수뇌로 순순히 받아들이게 되었던 것이다.

패의 민중이 나아가서 이 봉기에 투신하는 분위기를 조성하여 하나의 구심력을 가진 조직체로 완결지으려는 유방의 노림수는 멋지게 적중했다.

의식은 토착신앙을 존중하고, 전통적인 형식에 따른 것이었다. 『사기』는 당시의 일을 이렇게 기록하고 있다.

> 곧 유계(劉季)를 세워 패공(沛公)으로 삼고, 황제(黃帝)를 제사지내고, 치우(蚩尤)를 패의 현정(縣庭)에서 제사지내며 북에 희생물의 피를 발랐다. 깃발은 모두 적색이었다.

새로이 유방을 패현의 최고지도자로 삼아 그 지휘하에 출정의식이 거행되었다. 패의 민중은 생명과 재산의 모든 것을 유방의 지휘에 맡기기로 맹세했던 것이다.

여기서 중국고대 전설 속의 치우에 대하여 간단히 소개해둔다.

태고의 세계에서는 황제(黃帝)가 세계의 주재자이고, 치우는 그 부하였다. 그런데 교활한 치우는 묘민(苗民)을 회유해서 부하로 삼아 황제의 지배를 뒤흔들려고 했다. 선량한 묘민은 처음에는 치우의 유혹에 넘어가지 않았다. 그러나 치우가 잔혹한 형벌을 가하고 선악을 전도시킨 악습을 강제했기 때문에, 그들도 결국 선량한 천성을 잃고 치우를 따라 반란을 일으켜 멋대로 포학한 짓을 했다. 황제는 인자한 마음으로 치우를 감화시키려고 했지만 성공하지 못하여, 결국 어쩔 수 없이 무력으로 대결하게 되었다.

치우에게는 72명 혹은 81명의 형제가 있었지만, 그들은 모두 "동(銅)의 머리, 철(鐵)의 얼굴을 하면서 모래와 돌을 먹었다." 치우는 비와 안개를 부리고, 무리를 이루는 온갖 도깨비를 거느렸다.

처음에 반란은 성공했다. 황제는 사방의 귀신, 호랑이나 곰 등의 맹수를 거느리고 싸웠지만, 치우가 불러들인 짙은 안개에 둘러싸여 진퇴유곡에 빠졌다. 그래서 황제는 딸인 발(魃)에게 출동을 명했다. 그녀가 출동하자 그 이름 그대로 한발(旱魃)이 시작되어, 치우의 짙은 안개는 사라지고 큰비는 맑은 날씨로 변했다.

패배한 치우는 몸이 잘려 그 머리는 수장(壽張)에, 몸은 거야(鉅野)에 묻혔다고 전해진다. 패현 서북쪽 약 100km 지점에 거야의 못을 중심으로 하는 거대한 소택지가 있었는데, 수장은 이 소택의 북측, 거야는 그 남측에 해당한다. 주민들은 높이 7장(丈) 정도의 분묘를 쌓아 매년 10월에는 반드시 치우에게 제사를 지냈다. 치우의 묘에서는 붉은 비단과 같은 기(氣)가 솟아올라 꼭 군기(軍旗) 같았기 때문에, 사람들은 이를 '치우의 기(旗)'라고 불렀다.

이상과 같이 정통적인 전설에서는 치우는 악의 화신이었다. 대개 악인은 모두 치우의 자손이라고 하여, 공자(孔子)가 "치우는 탐욕이 끝이 없다"고 말했다고 기록한 책도 있다.

그러나 유방이 이 치우에게 제사를 지낸 사실을 보더라도 알 수 있듯이, 현재 전해지고 있는 전설의 정통적인 해석에는 의문의 여지가 있다.

전설의 내용 그 자체에 입각해서 보면, 황제의 부하는 맹수와 한발의 여신이고, 치우는 비와 안개를 조종하고 온갖 도깨비들을 거느리고 있다. 이는 황제가 반(半)건조지대 수렵유목민족의 신이고, 치우가 습윤한 남방 농경민족의 신임을 나타내는 것 같다. 문헌에서는 묘민은 항상 남방의 소수민족이고, 치우를 따른 묘민의 후예가 초(楚)의 민족이라고 볼 수 있을 것이다. 패(沛)로부터 멀지 않은 수장이나 거야에서 매년 치우의 제사가 거행되고 있는 것은, 그가 원래 묘민의 신이었던 흔적이라고 생각한다.

황제와 치우의 싸움 그 전설의 배후에는, 북방의 수렵유목민족이 깊은 안개 속의 온갖 도깨비들이 발호하는 남방의 농경지대를 정복했다는 사실이 내재되어 있을 것이다.

정통적인 전설 속에서도 황제가 천하를 정복한 뒤에 다시 정세가 불안정했기 때문에, 황제가 치우의 초상화를 그려 천하에 배포한 바, 천하는 모두 "치우가 아직 살아 있다"고 생각하여 평온하게 되었다는 이야기가 있다. 이 설화는 치우가 전부터 두터운 신앙의 대상이었음을 전제한다.

치우는 중원 사람들로부터는 멸시되었지만, 당시 초 지방의 민중에게는 두터운 신앙의 대상이었다. 유방은 치우에 제사를 지내고, 패에 대한 가호를 기원한 뒤 병사를 일으켜 민중의 마음을 잡게 되었던 것이다.

뒤에 유방이 형양(滎陽)을 사수(死守)하여 초나라 군대의 항우와 지구전에 들어갔을 때, 유방군의 논객이었던 역이기(酈食其)는 제왕(齊王) 전광(田光)을 설득하여 유방에게 항복시켰다. 이때 역이기는 유방군의 활약을 강조하여, "이것은 치우의 군대로서, 인력이 아닌 하늘이 우군이 되고 있습니다"라고 설득했다. 역이기는 유방의 한나라 군대를 치우의 군대라고 형용하고 있는데, 이로써 치우에게는 어떤 부정적인 이미지도 없었음을 알 수 있다. 말하자면 치우는 초 지방 민중에게 향토애의 상징이었다.

"북에 희생물의 피를 발랐다[釁鼓]"는 것은 군례(軍禮)이다. 흔(釁)이란 글자 모양으로 말하면, 윗부분은 양손으로 바닥이 평평한 커다란 물그릇을 거꾸로 들고 있는 모습이다. 그 밑의 '酉'는 술을 뜻하는 '酒', 가장 밑부분의 '分'은 옆모습을 한 사람에게 술을 끼얹고 있는 모습이라고 시라카 와 시즈카(白川靜)는 설명한다. 전체로서는 주기(酒器)를 거꾸로 들고서 사람의 위에서부터 끼얹고 있는 모습으로, 이를 통해 몸을 청결히 하여 더 러운 것을 없애는 의례를 말한다고 한다.

이 경우에는 출정의 군례(軍禮)로서 태고(太鼓)에 피를 바르는 것 같 다. 태고는 군내에서는 진격의 신호이고, 반대로 퇴각할 때에는 종을 사용 한다. "북에 피를 바름"과 "종에 피를 바름"은 군례 가운데서도 중요한 요 소였다.

마지막으로 붉은 색의 기(旗)와 치(幟)*를 사용했다는 점에 대해서는, 앞에서 인용한 『사기』 고조 본기의 그 뒤에 이어지는 문장에서, 적제(赤 帝)의 아들 유방이 뱀으로 변신했던 백제(白帝)의 아들을 죽인 일과 관련 된다고 설명했다. 그러나 여름 가뭄으로 기우제를 올릴 때 남쪽 성문에 붉 은 수탉 7마리를 바쳐 치우에 제사를 지내는 의식이 있었던 점, 게다가 치 우의 묘에서 붉은 기가 솟아올라, 이를 '치우의 기'라고 불렀다는 전설을 참조하면, 유방군의 붉은 기치(旗幟)는 '치우의 기'를 상징한 것이라고 생 각된다.

덧붙여 말하면, 유방을 용으로 비유하는 것은 꽤 이른 시기에 유방 집 단 속에서 정착한 것으로 보이지만, 오행(五行)사상에 근거하여 그를 붉 은 용이라고 하는 이야기는 나중에 만들어진, 그것도 상당히 불안정한 견 해인 것 같다. 이것은 문제(文帝)를 낳은 박(薄)부인이 유방을 붉은 용이 아닌 푸른 용에 비유하고 있는 점에서도 엿볼 수 있다.

필자는 8장에서 유방의 권력기반으로서 풍패(豊沛) 객가집단의 임협적 결합, 관료였던 그와 일상적인 향리사회에서 성립하는 지연적인 관계, 정 보의 유통에 기반을 둔 보다 광역적인 임협적 결합이라는 세 요소를 지적

---

* 표지(標識)가 있는 기(旗)를 가리킨다.

했지만, 이상에서 본 유방의 출정의식으로부터 패공(沛公)이 된 유방과 민중의 결합 그 배후에 광의의 초 지방 민중사회에 뿌리를 둔 일종의 정신적 공동체란 존재를 확인하는 것이 가능할 듯하다.

진섭의 반란으로부터 영향을 받아 일어선 많은 영웅 가운데 항우와 유방의 집단이 비교적 넓은 지지기반을 가지고 있었다. 그리고 양자의 지지기반에서 보이는 미묘한 차이 또한 이후 정국의 전개에 영향을 끼치게 된다.

출발에 즈음하여 유방에게는 또 하나의 현안이 있었다. 그의 가족에 대한 조치이다.

유방은 원래 패현의 풍읍 사람이다. 그는 20세가 되기 전에 도정(都亭)의 정장(亭長)이 되었으므로 풍읍을 떠나 패현으로 나왔지만, 본가는 그대로 풍읍에 남았다.

풍읍의 유씨 집안에 대한 상황은 사료만으로는 잘 알 수 없다. 유방에게는 원래 착실한 두 형이 있었는데, 큰형은 젊어서 죽었다고 한다. 1장에서 언급한 바와 같이, 무뢰배인 유방은 자주 동료들과 함께 큰형 집으로 몰려가서 밥을 먹었다고 하는 만큼, 이때 큰형 집은 유태공(劉太公)이나 유온(劉媼)과는 살림을 따로 하고 있었다고 생각하는 것이 자연스런 해석이다.

대개 한대(漢代) 무렵에 확립된 가산 계승의 관습에 따르면, 형제간 균분상속(均分相續)이 원칙이고, 어떤 시기에 모든 가족이 한 번에 분가한다. 큰형의 가정이 유태공과 살림을 달리하고 있었다면, 둘째형과 유방의 가정도 각각 독자적인 살림을 하고 있었을 것이다. 다만 이런 후세의 원칙을 진말한초(秦末漢初)의 초 지방에 적용할 수 있는가 여부는 현재의 단계에서는 불분명하다.

유방과 여치(呂雉)가 혼인한 뒤, 여치는 풍읍에서 거주했다. 이때 그녀가 유태공 등과 동거했는지 따위에 대해서는 구체적인 내용을 알 수 없다.

이제 유방이 패공(沛公)이 되면서 사태는 급진전했다.

아마도 그때까지 별거하고 있던 둘째형의 가족은 유태공과 유온을 위해 새로이 마련한 저택에서 동거하게 되었다. 거기에는 집사의 역할을 하는 사인(舍人)에서부터 하인에 이르는 '낭당'(郎黨)이 두어졌다. 전에 유방을 위해 패(沛)의 성문을 열었던 팽조(彭祖)는 이때 유태공의 '복'(僕)이 되었다. 뒤에 팽조는 이런 유방에 대한 공헌과 유태공에 대한 헌신의 대가로 제후의 한 사람으로 발탁되고 있기 때문에, 사료에서는 '복'이라고 표현하고 있지만, 실제로는 유태공 저택의 집사에 해당하는 역할에 임명되었을 것이다. 당연한 것이지만, 여치 또한 이 유씨 집에서 동거하게 되었던 것 같다. 이것은 뒤에 미묘한 문제를 낳는 원인이 되었다.

한편 패의 현령 밑에 몸을 맡기고 있던 여공(呂公)도 풍읍에 거주하게 되었다. 뒤에 박성후(博成侯)가 된 풍무택(馮無擇)이 여택(呂澤)의 낭중(郎中)으로서 풍읍에서 유방군에 참가했다는 사료가 있으므로 이것은 거의 확실하다.

여씨 집안은, 진나라 정부에게 쫓기고는 있었지만 여불위의 일족이었던 만큼 패(沛)에 정착한 시점에 이미 유씨 집안과는 비교할 수 없을 정도의 호화로운 생활을 하고 있었으리라 생각된다. 풍무택이 여택의 낭중이었다는 것은 공식적인 호칭이고, 실제로는 유방 집단에서 중연(中涓)에 해당하는 것 같다. 여택·여석지와 함께 처음부터 봉기에 참가하고 있던 심이기(審食其)는 봉기 성공 후 줄곧 여치의 측근으로 봉사했다. 또 성음후(成陰侯) 주신(周信)은 나중에 유방군이 여씨 집안이 원래 거주한 곳인 선보(單父)에 이른 시점에 유방군에 참가했지만, 풍읍의 유씨 집안에 들어가 여치의 사인(舍人)이 되었다. 이것은 여씨 집안이 선보에 거주하고 있던 때부터 맺었던 관계의 연장선상에 있는 것 같다.

이리하여 봉기 성공 후 유씨 집안과 여씨 집안은 모두 패현의 대가(大家)로서 풍읍에 기와를 나란히 하게 되었지만, 완전히 벼락부자에 해당하는 유씨 집안과 명문가인 여씨 집안은 그 격이 달랐다. 이것은 유씨 집안 사람들 특히 여치를 며느리로 맞이한 유온이 울적해진 원인이 되었다.

앞서 본 바 있는, 여치에 대한 『사기』 여후(呂后) 본기의 기록이다.

여후는 성격이 굳세어, 고조를 도와 천하를 평정했다.

여치 사후에 나머지 여씨 일족은 이른바 제여(諸呂)의 반란을 일으키고, 유씨의 천하를 빼앗으려고 했기 때문에, 여씨 일족의 공적을 과소평가하거나 삭제하려는 움직임이 있었지만, 그런 와중에서도 유방의 천하통일에 대한 여치의 공헌과 그 굳센 성격이 특필되고 있다. 유온 또한 유방의 모친으로서 기가 강한 점에서는 어느 누구에게도 뒤떨어지지 않는 여성이었던 것 같지만, 명문가 출신으로 유방을 정계로 진출시킨 여치에게는 항상 눌리는 기분이었다.

11장
지방할거에서 천하쟁탈로

성안의 부로들이 자제를 거느리고 패의 현령을 살해한 뒤, 성 밖에 있던 유방의 군대를 끌어들여 새로이 유방을 패공(沛公, 패의 현령)으로 뽑은 바로 그날, 유방은 현성(縣城)에 모인 젊은이들을 군대로 편성했다.

부대마다 우두머리를 두고, 몇 개의 부대마다 장군을 임명했다. 군대의 간부들은 이 10년 가깝게 풍읍의 서쪽 소택지로부터 패의 사수(泗水), 다음에는 망·탕의 소택지로 유방과 행동을 같이해 온, 수많은 전투 속에서 단련된 강인한 자들이거나 혹은 조참(曹參), 조무상(曹無傷) 등 패현의 호족들이다.

봉기 당일은 출정부대와 소수의 잔류부대, 전투원과 연락병, 군수물자 보급부대와 선전정보부대 등으로의 인원배치와 태고(太鼓)가 울리면 돌격하고 종이 울리면 퇴각한다 등의 기본적인 연습에 시간을 할애했다.

잔류부대는 풍읍에서도 편성되었다. 풍읍은 유방의 고향인데, 옹치(雍齒)와 왕릉(王陵) 등 유력한 임협의 무리가 좌지우지했다. 주민 대부분은 위나라 대량(大梁)에서 이주해왔는데, 결속력이 강했다.

이튿날 치우(蚩尤)에 제사 지내는 출정식이 거행되고, 군단은 사수(泗水)를 북으로 거슬러 올라가 하루 일정의 호릉(胡陵) 공략에 나섰다.

유방은 현령의 소집을 받고, 망·탕의 소택지를 출발한 시점에서 임협조직의 정보망과 공적인 정보망을 교묘하게 적절히 나누어 구사했다. 패현이 전체 현 차원에서 봉기에 나섰다는 정보를 주변 각지에 전했기 때문에 호릉에서는 거의 저항이 없었고, 호릉의 현령은 유방 군단을 환영했다.

다음날은 호릉에서 새로 가담한 일당을 합쳐 다시 사수(泗水)를 거슬러 올라가 하루 일정의 방여(方與)를 노렸다. 유방군은 방여 또한 별 어려움 없이 항복시켰다.

호릉과 방여는 모두 설군(薛郡)에 속하는데, 서쪽으로는 탕군(碭郡)에 접하고 있다. 이 두 현은 사수(泗水)·설·탕 등 세 군의 경계지역이고, 1장에서 언급한 바와 같이 '삼불관'(三不管)의 땅 즉 법의 통치가 미치지 않는 무법자의 소굴이었다.

유방은 패현의 정장을 맡고 있던 무렵부터 이 땅의 무법자들과 수면 아래의 연계를 맺고 있었으므로, 이 지역을 장악함으로써 병사를 보충할 수 있었다. 두 현은 사수군(泗水郡)에 속하지 않아, 유방 집단의 공격을 명하는 사수군의 명령이 아직 전해지고 있지 않은 점도 계산에 넣었다.

패의 주변에 크게 펼쳐져 있던 소택지는 이 부근에서 좁아져 동북으로부터의 사수(泗水) 본류와 서쪽으로부터의 하수(菏水)가 합류한다. 하수는 정도(定陶)에서 제수(濟水)로부터 분기한 작은 하천이다. 정도에서 제수를 거슬러 올라가면 대량(大梁)의 서북 방면에서 홍구(鴻溝)와 만나고, 다시 거슬러 올라가 거의 하루 일정의 형양(滎陽) 북방에서 황하와 연결된다. 유방이 이 지역을 수중에 넣었다는 것은 중원으로의 출구를 확보했음을 의미한다.

유방 등이 방여를 함락했을 무렵 사수군의 군도(郡都) 상현(相縣)에서는 그제서야 겨우 유방 토벌의 태세가 갖추어졌다. 유방 집단에는 사수군 출신의 유력한 관료인 주가(周苛)나 그 사촌동생 주창(周昌) 및 그들의 하급관료였던 임오(任敖) 등이 최초의 봉기시점에서부터 가담하고 있었기 때문에, 그들의 정보망을 통해 사수군의 움직임을 꿰뚫고 있었다. 방여에서 토벌군 출발의 정보를 입수한 유방 등은 바로 군대를 돌려 풍읍으로 들어가 농성태세를 꾸렸다. 토벌군의 공격을 받는 경우, 규모가 크고 잡다한 주민을 안고 있는 패현 현성(縣城)보다 풍읍에서 농성을 하며 싸우는 쪽이 내부로부터의 이탈자가 나오기 어렵다고 판단했을 것이다.

사수 군수(郡守, 장관)인 장(壯)이 거느리는 토벌군은 거의 호수처럼 넓은 사수(泗水) 건너편의 설(薛)을 공략하고, 여기에 근거지를 두어 배후에 해당하는 제(齊) 지방으로부터의 연락을 끊은 뒤, 사수를 건너 패의 현성을 항복시켰다. 진섭이 파견한 주시(周市)군의 영향으로 제(齊)가 중앙으로부터 떨어져 나간 것을 알고 있던 사수군 측은, 제의 간섭을 걱정하여 만전의 태세를 취한 것이다.

이어서 사수군의 감(監, 차관)인 평(平)이 풍읍을 포위했다. 패를 버리고 소규모의 풍을 농성전의 무대로 선택한 유방군의 전략을, 당황해서 세운 졸렬한 대책으로 판단하고 이를 깔본 토벌군은 바로 두터운 포위망을 펼쳤다.

때는 진섭·오광의 반란이 일어났던 진나라 이세황제 원년 7월로부터 2개월 뒤, 태양력으로는 기원전 209년 10월 중순에 해당한다. 패현에서는 이미 벼의 수확이 끝나 한 쪽의 평야에는 거의 등거리 간격으로 볏짚이 쌓여 있었다. 볏짚은 소나 말의 사료로서, 혹은 연료로 유용했고, 진나라 정부에서는 토지면적에 따라 볏짚의 징수를 규정했다. 수확한 쌀은 이미 대부분이 성내로 운반되었고, 볏짚도 이미 상당량이 성내로 운반되어 있었다. 농민으로서는 사수군의 진나라 군대가 수확 전의 논을 짓밟아 망가뜨리는 일이 일어나지 않은 것만으로도 행운이었다.

평야 곳곳에 작은 취락이 산재해 있다. 화북(華北)의 밭농사지대에서는 취락이 집촌(集村)형태를 취하는 데 비해, 이 주위의 벼농사지대는 경관이 달랐다. 7장에서 여치(呂雉)가 논에서 풀을 뽑고 있을 때 지나가던 노인이 아들(뒤의 혜제)의 관상을 보고, 이 사내아이 덕분에 "부인은 천하의 귀인이 된다"고 예언한 이야기를 인용했다. 거기에서는 노인이 떠난 뒤, "고조가 마침 옆의 농가에서 나왔다"*고 기록되어 있는데, 논 바로 옆에 농가가 여기저기 자리잡고 있는 정경이 잘 이해된다. 이것이 화북의 집촌 지대에 해당되는 이야기였다면 "고조가 마침 마을의 문에서 나왔다"고 썼을 것이다.

사수군의 진나라 군대 병사들은 같은 초 지방 출신들뿐이었기 때문에 현재의 시점에서 취락에 불을 지르지는 않았지만, 군수인 장(壯)과 군승(郡丞)인 평(平)은 초 지방 사람이 아니다.

진나라 군대는 일찍이 조(趙)나라와의 싸움에서, 장평(長平)에서 40여만 명의 조나라 사람을 몰살했다. 이것은 진나라 소양왕(昭襄王) 47년(기원전 260)의 일로 이 시점에서 50년 정도 전이었지만, 마치 어제 일처럼 천하에 선전되고 있었다. 한편 최근에 이루어진 고고학의 발굴을 통해 당시의 학살에 의한 것으로 보이는 사람의 해골을 이 지역에서 확인할 수 있다.

집을 버리고 풍(豊)의 성곽으로 도망친 주변 농민들은, 이제 돌아갈 수도 없는 지점에 이르렀음을 새삼 확인했다. 밤이 되자 풍의 성벽에서는 몇 겹으로 에워싼 포위군의 등불이 멀리 바라다보였다. 성곽의 밖은 진나라 군대의 세계, 안은 초나라 사람의 세계라는 대조, 어둠 속에서 더욱 강렬하게 풍의 사람들 마음에 각인되었다.

이틀째, 유방은 가만히 기다렸다. 그것은, 풍읍에서 농성하고 있는 사람들, 특히 성 밖의 취락에 사는 주민들에게 자기들이 이미 운명공동체의 일원이 되었고, 이 공동체는 유방의 지휘에 따라야만 활로를 찾을 수 있다는 사실을 피부로 느끼게 하기 위해서이기도 했다.

사흘째, 유방은 풍의 수비를 옹치(雍齒)에게 맡기고 성문을 열고 진나라 군대를 치러 나갔다. 풍패의 자제는 겨우 며칠 전까지 농사에 힘쓰고

---

* 원문은 "高祖適從傍舍來"이다.

있던 자라고는 생각할 수 없는 움직임을 보였다. 위(魏)에서 이주해온 이른바 객가 일당은 특히 통제가 잘 되었다.

평(平)이 이끄는 진나라 군대는 제대로 저항도 못하고 전부 무너졌고, 유방군은 그대로 상승세를 타고 패의 현성으로 공격해 들어갔다. 풍읍에서 패현까지의 약 30km는 하루 일정의 행군이지만, 유방군은 저항다운 저항을 거의 받지 않았다. 사수군 측은 약간의 수비대밖에 남겨두지 않았으므로, 유방군은 간단하게 입성할 수 있었다.

이튿날 아침, 유방군은 수군을 편성하여 사수(泗水)를 건넜다. 이 일대에서는 일상적으로 수운(水運)이 이용되고 있었던 사실은 이미 언급했다. 민중은 바로 수군 병사로 변신했던 셈이다. 정장(亭長)시대에 사수의 군도들과 긴밀한 네트워크를 만들어놓고 있었던 유방은, 그들을 통하여 이 일대의 정보를 철저히 통제했다. 패주하는 평(平)의 사자(使者) 등이 탄 배는 모두 나포되었고, 전날 사수군 측의 패배 정보는 강 건너편에 진을 친 사수군 수비대의 귀에 전혀 들어가지 않았다.

갑자기 눈앞에 나타난 유방군에 대하여 설(薛)에 사령부를 구축하고 있던 사수의 군수 장(壯)은 잘 싸웠지만, 불안해서 안정을 잃은 대군은 설의 성을 버리고 뿔뿔이 흩어져서 남방으로 도망쳤다.

이 싸움에서 유방군의 지휘자는 조참(曹參)과 조무상(曹無傷) 등 조씨 집안의 호걸들이었다. 그 중에서도 좌사마(左司馬) 조무상은 사수군을 10km 가량 급히 추격하여 결국 사수(泗水)의 동쪽 강가에서 장(壯)의 목을 베었다. 이리하여 유방은 사수군을 제패하고, 군웅 중의 한 사람으로 이름을 올리게 되었던 것이다.

사수군 전체를 장악한 유방은, 전에 점거한 중원의 출구인 전방 제일선의 '삼불관'(三不管) 지대로 숨 돌릴 틈도 없이 병사를 되돌렸다. 진섭의 명으로 제(齊) 지방을 어루만져 위로하기 위해 파견되어 있었던 주시(周市)가, 위(魏) 지방으로 되돌아온 뒤, 방여(方與)로 공격의 방향을 잡고 있었던 것이다.

9장에서 언급한 바와 같이, 주시의 군대가 제(齊)로 들어간 것은 향토의식이 강한 이 지역의 민중을 자극했다. 이를 이용하여 적현(狄縣)에서 일어난 제(齊)의 전담(田儋)은 주시를 격파했다. 주시는 일단 위(魏) 지방으로 돌아온 뒤, 장초(張楚)의 수도 진(陳)에 있었던 위(魏)의 왕족 위구(魏咎)를 왕으로 세워 위나라를 부흥시키고, 자신은 재상에 취임했다. 이 주시가 위나라의 군대를 거느리고 제수(濟水)에서 정도(定陶)를 지나 하수(菏水)를 따라 내려와, 초 지방의 북부를 공략하기 시작했던 것이다.

사태는 유방이 생각지도 못한 방향으로 전개되었다.

풍읍은 위(魏) 지방 사람들이 이주한 곳 가운데 하나이다. 풍의 사람들 대부분에게 위(魏)는 고향이었다.

주시는 바로 이 점을 노렸다. 그는 유방으로부터 풍읍의 수비를 위임받은 옹치(雍齒)에게 사자를 보냈다.

> 풍읍은 원래 위나라 수도 대량(大梁)에서 옮겨온 이주민의 땅입니다. 지금 위 지방의 수십 성(城) 즉 전국시대 위나라 영역 내의 도시 가운데 태반이 진나라 군대의 지배에 반기를 든 위왕(魏王) 구(咎)의 지배 아래에 들어왔습니다. 옹치님이 위나라의 지배를 받아들인다면, 위나라는 당신을 제후로 임명하여 풍읍을 지키도록 할 것입니다. 만약 이 조건을 당신이 받아들이지 않는다면, 풍읍을 공격하여 함락시킬 것입니다.

옹치는 매우 유능한 인물이었다. 일이 진행되는 과정에서 나이 어린 유방의 지휘를 기꺼이 받아들이기는 했지만, 내심은 불만이었다. 그는 주시의 권유를 받고 "역으로 위나라를 위하여 풍을 지키게" 되었던 것이다.

이것은 유방에게 더할 나위 없는 충격이었다. 그의 세력 가운데 중핵은, 하나는 소택지의 망명자들이고, 다른 하나는 이주자로서 강한 연계를 갖고 있던 풍읍의 동료들이었다. 그는 가장 먼저 진나라 군대와의 투쟁 무대로 선택한 풍읍을 잃었다.

게다가 풍읍에는 경애하는 유태공과 자애심 많은 유온이 있다. 아내 여치 및 딸과 아들도 있다. 여치는 강력한 동반자이다. 더욱 그의 마음을 아프게 한 것은, 최초의 아내였던 조(曹)부인과 그 사이에서 태어난 아들도 풍에 남아 있다는 사실이었다.

가족을 풍에 남겨두고 유방 군단에 참가한 병사들도 같은 문제를 안게 되었다.

옹치의 호소는, 풍패 사람들의 고향인 위나라에 귀순하여, 진섭의 장초(張楚) 진영에 참가함으로써 진나라에 대한 전쟁을 수행하자는 것이었다. 유능하고 인망이 있는 옹치의 호소가 받아들여진다면, 유방 군단은 붕괴될 수밖에 없다.

유방은 낭패에 빠졌다. 그가 유유한 대인 풍모의 침착함을 잃은 것은 이번이 처음이었다. 그로서는 뒤에 홍문(鴻門)의 연회에서 항우에게 무조건 항복한 때에 필적하는 일생일대의 위기였다.

대국적으로 보면, 그의 진나라에 대한 봉기는 다른 많은 영웅들과 같이 진섭의 반란으로부터 영향을 받아 시작된 것이다. 진섭의 대군이 기현(蘄縣)의 대택향(大澤鄉)에서 진(陳)으로 진격했을 때, 망·탕의 소택지 옆을 스치고 지나간 것이 불러일으킨 충격 속에서, 유방의 세력은 간수*와 같은 역할을 하여 이 지역 망명자들의 마음을 끌었던 것이다.

유방의 전략은 우선 풍을 기점으로 사수군 전체를 장악하여, 제후의 일원으로 이름을 올리고, 장초국의 주도권을 인정하면서, 느슨한 연합 속에서 서서히 그 지위를 올려간다는 것이었다. 좌사마(左司馬) 조무상의 분투로 빠르게도 전략의 제1단계를 실현한 그의 눈앞에, 장초국이 파견한

---

* 소금물에서 염화나트륨 즉 식염을 결정화(結晶化)시킨 뒤에 남는 액체를 말한다. 냉동과 냉각장치에서 소금물 즉 간수는 어는점이 낮아서 열을 전달하기 위한 매개체로 사용되거나 증기압이 낮아서 증기흡수제로 사용된다.

주시 군단이 갑자기 최대의 적대세력으로 나타났을 뿐 아니라 옹치가 이에 추종했던 것이다. 그의 전략은 완전히 뒤집히고 말았다.

유방은 울분으로 이를 갈았다. 풍읍의 동료가 배반한 것도 용서할 수 없었다. 이후 그에게 풍읍 탈환은 최우선 과제가 되었다. 일단 점거한 방여와 호릉에서 곧바로 병사를 이끌고 풍으로 황급히 달려가 옹치를 공격했지만, 함락시키지 못했다. 어쩔 수 없이 유방은 패의 현성으로 들어갔다.

바로 이때 동해군(東海郡) 능현(凌縣) 사람인 진가(秦嘉)와 같은 군의 동양현(東陽縣) 사람인 영군(寧君)이 초나라 귀족 경씨(景氏)의 일족인 경구(景駒)를 초왕으로 옹립하고, 패현의 동남 약 20km 지점의 유현(留縣)에 집결했다. 회수(淮水) 하류의 동해군을 장악한 세력이 북상해온 것이다.

『사기』 고조 본기의 기록이다.

> 곧 가서 그를 따르고, 군대를 청하여 풍을 치고자 했다.

"그를 따르다" "군대를 청하다"라는 것은 극히 모호한 표현이지만, 유방이 초왕 경구에게 의지했고, 또 풍읍을 장초의 위(魏) 세력으로부터 탈환하도록 건의했음을 의미한다.

이때 진나라 장함(章邯)군의 별장(別將) 사마이(司馬夷)가 동북으로 치고 올라와 사수군의 군도(郡都)인 상현(相縣)을 공략하고 탕(碭)의 소택지로 들어갔다. 유방은 영군과 힘을 합쳐 맞받아 싸웠다. 그는 사흘간의 격전 끝에 탕현을 함락시키고, 병사 5~6천 명을 손에 넣었다고 『사기』에는 기록되어 있다. 탕은 그가 무뢰배였던 시기의 근거지이고, 이 5~6천 명의 근간부분은 봉기시에 남아 있던 잔류부대와 연줄이 닿는 일당이었다. 또 유방 막하에 있던 여택(呂澤)과 여석지(呂釋之) 형제는, 탕의 북방에 위치하여 이전부터 지역기반으로 경영에 힘써 온 하읍(下邑)을 함락시켰는데, 이번에도 역시 상당수의 병사를 손에 넣었다. 한숨 돌린 유방군은 곧바로 풍을 향해 군대를 돌려 다시 포위공격에 들어갔다.

이 시기 유방은 풍읍을 탈환하는 데 전력을 기울였다. 옹치가 풍읍을 바치고 위나라에 귀속한 이래 유방의 행동은 보기 드물 정도로 단순하고 직선적이 되었다.

풍읍 주민의 결속력은 유방 집단의 중요한 기반이었다. 풍읍의 운명을 그들의 본적지인 위나라와 연계하려 한 옹치는, 최근까지 유방의 윗자리에 있으면서 풍패의 임협사회에 군림해 왔다. 위나라는 위구(魏咎) 아래에서 전국시대 위나라의 영역을 거의 확보하고 있다. 유방을 능가하는 명망을 갖고 있던 옹치를 풍읍의 주민들이 순순히 따른다면, 사수군으로부터 탕군에 걸친 지역을 한 데 모아 진나라에 대한 전쟁의 발판으로 삼으려던 유방의 계획은 무산되고 만다. 그러면 그는 다시 망·탕의 소택지로 도망쳐 들어가 일개 군도의 우두머리로 돌아갈 수밖에 없을 것이다.

더구나 풍읍에는 사랑하는 가족과 동료가 있었다. 유방은 애증이 분명한 사내이고, 사서(史書)는 그의 증오에 대하여 많은 지면을 할애하고 있지만, 필자는 이 집요한 풍읍 공격에는 그의 육친에 대한 애정 또한 큰 의미를 갖고 있었다고 믿고 싶다.

그러나 단지 그 이유만이었다면, 경구가 유방의 건의를 받아들여 풍읍 탈환을 그들 자신에게도 필요한 전략으로 채택하는 일은 없었을 것이다. 유방이 경구에게 동의하게끔 한 논리는 아마도 진섭 이후 장초(張楚)정권의 정통성에 대한 부인이었을 것이다. 위구와 주시의 연합에 의한 화북(華北)정권은 장초정권의 정통성을 이어받는 것이 불가능하고, 그 정통성은 초왕 경구를 추대하는 초 지방의 정권에게 있다는 논리였다. 즉 초 지방에 대한 외부세력의 간섭을 일체 허용하지 않는다는 방침을 보여줌으로써, 유방은 풍읍 공격에 대한 승인을 얻었던 것이다.

이 유방의 논리는 풍패 할거정권의 추구라는 본심을 숨긴 채, 현실에 떠밀려 초왕(楚王)정권에 의한 천하통일이라는 간판을 내건 것처럼 보이기도 한다. 그러나 필자는 유방 자신의 생각이 지방할거에서 천하통일로 크게 진전되었다고 보는 쪽이 진실에 가깝다고 생각한다. 이 위기에서 그를 크게 성장시킨 계기가 장량(張良)과의 만남이었다.

장량은 한(韓)나라의 명문 출신이다. 조부 장개지(張開地)는 한나라 소후(昭侯)·선혜왕(宣惠王)·양애왕(襄哀王) 3대에 걸쳐 재상을 역임했고, 부친 장평(張平)은 희왕(釐王)·도혜왕(悼惠王) 2대에 걸쳐 재상으로 봉직했다. 다음은 『사기』 유후(留侯) 세가의 기록이다.

> 도혜왕 23년(기원전 250) 장평이 죽었다. 20년 뒤(기원전 230) 진나라가 한나라를 멸망시켰다. 장량은 나이가 어려 아직 한나라에 입사(入仕)하지 않았다. 한나라가 망했을 때 장량에게는 가동(家僮) 300인이 있었다. 동생이 죽었지만 장례도 치르지 않고, 모든 가재(家財)를 털어 자객을 구하여 진왕(秦王)을 죽여서, 한나라를 위해 복수를 하려고 했다.

부친이 죽은 것이 기원전 250년이고, 그 20년 후에 진나라는 한나라를 멸망시켰다. 그는 동생이 죽었을 때도 장례조차 치르지 않고, 모든 재산을 털어 자객을 구해 진왕 암살을 꾀했다.

시황제가 그 29년(기원전 218)에 동쪽으로 유람을 갔을 때, 장량은 사람을 고용하여 대량(大梁)의 서방에 위치하는 박랑사(博浪沙)에서 시황제를 저격하려 했지만 실패하고, 이름을 바꾸어 하비(下邳)로 망명했다. 아래는 『사기』의 기록이다.

> 하비에 거하면서 임협이 되었다. 항백(項伯)이 일찍이 사람을 죽여 장량을 따라 몸을 숨겼다.

지하에 숨은 장량은 하비에서 임협으로 살아가게 되었다. 함께 진나라에 원한을 품은 한나라 명문 출신의 장량과 초나라 명문 출신의 항씨는 일찍부터 서로의 이름을 들어 알고 있었다. 장량은 인근 현의 하상(下相)에 있었던 항씨와 위급할 때 서로 숙식을 제공하는 등 임협으로서의 인간관계를 맺고 있었다. 그래서 장량은 시비가 붙어 사람을 죽인 항우의 계부(季父) 즉 막내 숙부인 항백(項伯)을 숨겨주었던 것이다.

여기서 다시 한 번 이 주변의 지리에 대해 설명하자면, 패현에서 사수(泗水)를 따라 약 20km 내려오면 경구(景駒)가 본진(本陣)을 둔 유현(留縣)에 이르고, 유현에서 다시 40km를 내려오면 나중에 항우가 수도를 둔 팽성(彭城)에 이른다. 팽성에서 다시 약 70km를 내려오면 하비(下邳)에 도달한다. 하비에서 약 40km를 내려오면 항량(項梁)과 항우가 살고 있던 하상(下相)에 이르고, 다시 동남쪽으로 70km를 가면 한신(韓信)의 고향인 회음(淮陰)에 닿는다. 이 일대는 말하자면 사수계(泗水系) 초승달 모양의 수향(水鄕) 소택지대의 활시위에 해당하는 지역이었다.

이 사수(泗水) 연안의 수향인 유현(留縣)에서 장량과 유방은 운명적인 만남을 가졌다. 『사기』 유후 세가에 의하면, 뒤에 장량은 이 만남을 회고하며 유방에 대하여 다음과 같이 말하고 있다.

> 처음 신이 하비에서 일어나 주상과 유(留)에서 만났습니다. 이것은 하늘이 신을 폐하에게 내려준 것입니다. 폐하는 신의 계책을 써서 다행히 때에 적중했습니다.

"저는 하비에서 몸을 일으켜 폐하와 유에서 만났습니다. 이것은 하늘이 저를 폐하에게 내려주신 것입니다. 폐하는 저의 계략을 써서, 다행히 그때마다 성공을 거두었습니다"라는 말이다. 하늘로부터의 선물인 나의 덕택으로 폐하는 천하를 손에 넣을 수 있었다는 것은, 황제에 대하여 오만불손한 말인 것 같다.

또 유후 세가에서는 이 두 사람의 만남에 대해 다음 같이 기록하고 있다.

> 장량은 이상한 인연으로 어떤 노인으로부터 『태공병법』(太公兵法), 즉 여태공(呂太公, 태공망[太公望] 여상[呂尙])이 쓴 병법서를 받았다. 그는 자주 이 『태공병법』에 의거하여 패공(沛公)에게 건의를 한바, 패공은 항

상 그의 건의를 받아들였다. 그가 같은 내용을 다른 사람들에게 말할 때
에는 누구 한 사람 그의 말을 받아들이지 않았는데, 패공은 완전히 달랐
던 것이다. 그는 '패공은 하늘이 나에게 내려주신 특별한 인물이다'라고
생각하여 패공을 따르게 되었다.

여기서는 하늘이 장량에게 패공을 내려주었다는 말이 되고 있다. 더욱
오만불손하다.

이 두 개의 이야기에서 보이는 '천수'(天授) 즉 하늘이 내려주셨다는 말
의 진의는 무엇일까? 뒤에 유방의 천하통일에 즈음하여, 혹은 장량 이상
으로 큰 공헌을 한 한신(韓信) 또한 유방에 대하여 "폐하는 이른바 하늘이
내려주신 것[天授]으로 인력으로 된 것이 아닙니다"라고 하고 있다.

이 '천수'라는 말은 보통 하늘로부터 받은 특별한 재능의 소유자 즉 천
부적인 재능이라는 뜻으로 풀어서, 유방의 능력을 형용하는 것으로 알려
져 있다. 그러나 이 해석은 장량의 경우, 특히 하늘이 장량을 유방에게 내
려주었다고 하는 경우에는 적용할 수 없다. 이 모든 경우를 통해 생각해보
면, '천수'란 글자 그대로 하늘이 주었다고 풀어야 할 것 같다. 천하대란의
세상에서 그 혼란을 수습하도록 하늘은 장량에게 유방을 주고, 유방에게
장량을 주었으며, 천하만민을 위하여 유방을 이 세상에 내려주었던 것이
다. 장량과 한신 등 유방 집단의 최고 인재는, 자신들의 성공은 하늘이 내
려준 것이라는 확신을 공유하고 있었다. 장량의 일견 오만불손한 말의 기
저에는 천명(天命)에 대한 겸손한 확신이 깔려 있었던 것이다.

그런데 『사기』 유후 세가에서, 장량은 자기가 하비에서 일어났다고 말
하고 있다. 즉 진섭이 봉기했을 때, "장량 또한 100여 명을 모아" 하비에서
봉기했던 것이다.

이때 회수(淮水) 하류에서는 능(凌) 사람 진가(秦嘉)와 부리(符離) 사
람 주계석(朱鷄石) 등이 봉기했지만, 얼마 후 진가가 이 집단의 주도권을
장악하고 동해군(東海郡) 일대를 제압했다. 동해군은 서로는 사수군(泗水

郡)과 접하고, 동으로는 글자 그대로 동해에 접하고 있다. 대충 말하자면, 바로 이 두 군 사이를 사수(泗水)가 서북에서 동남으로 흐르는데, 이 사수의 양쪽이 사수계(泗水系) 초승달 모양의 수향(水鄉)지대 중심부분이다.

진섭이 전사했다는 소식이 전해지자, 진가는 초나라 귀족 가운데 필두라 할 수 있는 경씨(景氏)의 경구(景駒)를 초왕으로 추대했다. 경구는 진나라 장함(章邯)군과 대결하려고 사수(泗水)를 거슬러 올라가 유현(留縣)에 이르러, 여기에 사령부를 두었다. 이미 본 바와 같이, 패현에서 사수를 따라 약 20km를 내려가면 유(留)에 이른다. 경구의 군대는 압도적으로 강력했고, 유방이 경구의 군대에 몸을 던진 것은, 풍(豊)의 옹치(雍齒)군과의 관계를 고려해볼 때 어쩔 수 없는 선택이었다. 그러나 이 선택이 풍패를 기반으로 하여 할거한다는 원래의 방침에 대한 포기라는 점이 그의 마음을 우울하게 했다.

유방이 경구 진영에 투신했을 때, 장함(章邯)군은 장초의 수도 진(陳)을 공격하던 중이었다. 그 별장(別將) 사마이(司馬夷)는 동으로 진격하여 사수군의 상현(相縣)을 함락시키고, 다시 탕현(碭縣)을 공격했다. 경구는 강력한 부장(部將)인 영군(寧君)과 새로 가담한 유방을 파견하여 사마이의 군대를 막도록 했다. 두 사람의 지휘하에 초나라 군대는 사수를 내려가 팽성(彭城)에 이르렀고, 여기에서 서쪽으로 소현(蕭縣)으로 들어가 사마이의 군대와 맞붙어 싸웠다. 유방의 군대가 하비의 서쪽 팽성에 이르렀을 때, 바로 하비에서 유현을 향해 가고 있던 장량과 만났던 것이다.

시바 료타로는 유방과 장량의 만남에 대하여, 유방은 큰 포용력과 이해력을 가지고 장량의 말을 듣고, 장량은 자기의 말을 자신의 것으로 받아들여 이해하는 유방에게, "타인의 말을 듣는다는 게 이런 것인가!"라고 경탄했다고 기록하고 있다. 작가의 상상력이 역사의 실상에 거의 근접했다고 평가할 수 있을 것 같다.

이때 유방은 30세, 장량은 부친 장평이 사망한 기원전 250년에 막 태어났을 뿐이었다고 가정해도 43세이다. 장량 쪽이 훨씬 나이가 많고, 명문 출신인 동시에 임협으로서의 경력도 길며, 더구나 시황제의 암살 미수와 그 후의 도망생활이라는 강렬한 경험도 있다.

회견에서는 유방 쪽이 기가 꺾였다고 해도 무리가 아니었지만, 장량이 유방에게 진심으로 복종했다. 하늘이 이 세상에 내려 보낸 인재라고 평가했던 것이다.

사마천은 유후 세가의 사평(史評)에서, 장량이 자주 유방을 곤경에서 구해준 점을 언급한 뒤, 장량의 초상화를 보면, 그가 여성, 그것도 미모의 여성과 같은 외모였던 데 놀라고 있다. 명가 출신으로 미녀로 오인할 정도로 반듯한 장량의 모습에는 긴 지하생활을 견뎌내는 가운데 몸에 붙은 일종의 독특한 기백이 감돌고 있었던 것 같다.

유방은 타고난 정치가이고, 그의 머릿속에는 어렴풋하게나마 항상 천하의 형세도가 그려져 있었다. 그러나 경험과 정보 부족 때문이겠지만, 이 형세도의 상당부분은 아직 공백인 채로 남아 있었다. 게다가 이번 옹치(雍齒)의 배반이라는 충격적인 사태 속에서, 그가 그린 형세도 자체가 불안정하고 자신이 없었다.

유방은 솔직하게 현재의 어려운 처지에 대하여 설명하고, 장량의 의견을 구했다. 그 요점은 어떻게 풍읍을 탈환할 것인가, 어떻게 풍패를 기반으로 천하대란 속에서 할거할 것인가라는 두 가지에 있다.

이에 장량은 천하의 형세와 초 지역의 위상에 대해 말하기 시작했다.

진섭의 봉기는 조(趙)·연(燕)·위(魏)·제(齊)에 각각 할거정권을 낳았다. 이들 정권이 문자 그대로 지역에 할거하여, 일찍이 전국시대의 재현을 노리고 있는 데 비해, 초 지방의 움직임은 이들 지역과는 다르다. 전국시대 초나라의 광대한 영역은, 진(陳)을 수도로 하는 장초(張楚)국에 의해서조차 전면적으로 장악된 것은 아니었다. 그런데 장초국은 함곡관(函谷關)을 넘어 관중(關中)으로 돌진했다. 지금은 진가(秦嘉)가 옹립한 초왕 경구(景駒)도 사수(泗水)를 북상해 진나라의 장함(章邯)군과 대결하려 하고 있다. 더구나 소문에 의하면, 항량 세력이 장강을 건너 북상하고 있다고 한다. 초 지방은 그 일부에 할거정권을 만들 수 있는 상황이 아니다. 역으로 말하면, 초 지방 전체의 역량을 총동원하여 진나라와 대항하려는 움직임 속에서 자기의 자리를 잡고, 그 지위를 강화시켜 갈 필요가 있다고 장량은 말했다.

장량은 이상과 같은 대국적인 전망에 입각하여 좀 더 구체적으로 이야기를 진행시켰다.

초 지방은 전국시대 초나라의 지배영역이다. 만약 현재의 대란을 전국시대의 재현으로 받아들인다면, 이 땅에 할거정권이 성립하지 않는 것이 이해하기 어려운 사태이다. 그러나 이제 하나의 정권 밑에 통일적인 지배가 성립했는가 하면 그렇지는 않다.

진섭의 장초국은 명목상으로는 초 지방 전체의 통일정권이었다. 그러나 실제로 장초국의 영역지배가 확립된 부분은, 최대한으로 보아도 진(陳)에서 수춘(壽春)으로 이은 선의 양측, 각각 약 100km의 지대였다. 이 진(陳)·수춘(壽春) 벨트지대* 이북에는 위(魏)와 진(秦)이, 서에서 남으로는 한(韓)과 진(秦)이 세력을 미치고 있었다. 동방에는 북으로부터 팽월(彭越), 유방, 진가와 경구, 항량(項梁), 경포(黥布)라는 초의 여러 세력이 사실상 할거했다. 더욱이 동방으로 눈을 돌리면 동북에 제(齊)가 기다리고 있었다.

"이런 상황 속에서 풍패와 같은 좁은 지역의 장악에 구애받는 것은 상책(上策)이 아닙니다"라고 장량은 말했다. 초 지방의 정치적 힘의 관계는, 패배하여 일부 세력이 잔존한 장초국과 앞에서 열거한 팽월(彭越) 이하

---

* 대상(帶狀)지대, 즉 혁띠처럼 일정한 폭으로 가늘고 길게 이어진 지역을 가리킨다.

여러 세력의 상호관계 속에서 유동하고 있다. 적극적으로 이 역(力)관계의 움직임 속에 몸을 던져, 우선은 자기에게 이익을 가져오는 유력한 집단에게 속할 필요가 있다. 현재 유방 집단의 힘을 고려해서 어디에 속하는 것이 좋을지를 가려서, 예속한 뒤에 일정한 자립성을 어떻게 획득할 것인가를 모색하는 것이 중요하다고 말했다.

보다 장래성이 있는 집단에 몸을 맡겨두고, 그 위에서 일정한 자립성을 획득하는 데는 전술이 필요하지만, 우선은 유방 집단 자신의 존립기반 강화가 근본문제가 된다. 그래서 중요한 것은 '일종의 부정형(不定形)의 지배영역' 획득이다.

"이것은 다소 이해하기 어려운 것인지도 모르겠습니다" 하고 장량은 신중하게 말문을 열었다. "예컨대 경구(景駒)에게 임명을 받아 풍패의 대리 관리가 될 경우에 유방님은 경구정권의 한 관료에 불과하게 됩니다. 이것으로는 천하를 다툴 수 없음은 분명합니다. 그러나 역으로 풍패를 경구정권으로부터 독립시켜 자기만의 지배영역으로 하는 것은 불가능하고, 자살 행위입니다. 그래서 이 두 개의 어느 쪽도 아닌 형태의 지배영역을 어떻게 확보하는가가 가장 큰 과제가 됩니다"라고 말하고 장량은 말을 멈추었다.

법률 만능의 진 제국 지배로부터 생겨난 반작용의 에너지를 어떻게 조직할까?

단적으로 말해서 "부로와 유민을 구슬리십시오"라고 장량은 말한다. "사회의 부동(不動)의 요소를 대표하는 부로(父老)와 유동의 요소를 대표하는 유민(流民). 이 두 사회계층을 모두 반진(反秦)세력으로 결집시킬 수 있는 지역이야말로, 지금까지 유방님이 활약무대로 삼아 온 위(魏) 지방과 초(楚) 지방에 끼어 있는 지대, 즉 전국시대의 거의 송(宋)나라에 해당하는 영역입니다. 풍패를 포함하고 풍패를 뛰어넘는, 이 송의 지리(地利)를 금후 세력확대의 기반으로 장악하셔야 할 것입니다. 천시(天時)는 이제 진나라의 지배에 반항하여 일어난 모든 세력에게 동등하게 부여되어 있습니다. 여기에 더하여 유방님에게는 일찍이 전국시대 송 지방의 전통을 이어받은 지리(地利)가 주어져 있는 것입니다."

장량의 말은 얼토당토않은 것이었지만 불가사의한 설득력이 있었다. 유방은 장량이 천하의 움직임을 직시하고 있고, 그 관찰과 인식은 본질을 꿰뚫고 있는 것임을 이해했다. 동시에 경구(景駒)군에 투신한 자신의 선택이 궁여지책이라 할지라도 결과적으로는 올바른 것이었다는 데 만족했다.

장량 역시 유방과 만난 것은 하늘이 정한 운명이라고 이 만남을 기뻐했다. 『사기』는 이리하여 장량은 경구를 만나러 가는 당초의 예정을 멈추었다고 기록하고 있다.

이 만남의 결과, 유방은 우선 풍읍 공격을 연기하고, 그동안 일찍이 근거지였던 망·탕의 소택지 회복을 노렸다. 그는 탕현(碭縣)의 항복을 받아내고, 5~6천 명의 병사를 손에 넣었다. 동시에 그의 객인(客人)이었던 여택(呂澤)과 여석지(呂釋之)가 거느리는 군대는 하읍(下邑)을 함락시켰다. 그리고 유방과 여씨 형제가 이 강화된 부대를 거느리고 풍읍을 포위하러 되돌아간 시점에서, 항량(項梁)의 군대가 북상하여 경구(景駒)의 군대를 분쇄했던 것이다.

유방 등이 유현(留縣)에 설치되었던 초왕 경구의 본진(本陣)을 떠나 탕(碭)과 하읍(下邑)의 소택지로 들어가 있었던 것은 결과적으로 행운이었다. 옹치(雍齒)가 버티고 있는 풍(豊)을 포위한 유방은, 직전까지 자기가 모셨던 경구가 북상해 온 항량 세력에게 섬멸된 사실을 전해 듣게 되었다. 항량군을 막기 위하여 유현(留縣)에서 남하하여 팽성(彭城) 동쪽에 진을 친 경구의 군대는 뿔뿔이 흩어져, 패현을 거쳐 호릉(胡陵)까지 달아났던 것이다. 유방이 그대로 경구를 섬기고 있었다면, 항량군에게 희생 제물로 바쳐졌을 가능성이 크다.

경구의 군대를 섬멸한 항량은, 전에 사수 군수 장(壯)의 사령부가 설치

되었던 설현(薛縣)에 주둔했다. 이때 항량은 진섭이 전사한 사실을 알게
되었다고 한다. 『사기』 항우 본기의 기록이다.

> 항량은 진왕(陳王)이 사망했다는 소문을 듣고, 여러 별장(別將)을 설(薛)
> 로 소집하여 대책을 논의했다. 이때 패공(沛公)도 패(沛)에서 몸을 일으
> 켜 설(薛)로 갔다.

항량이 "여러 별장을 설로 소집하여 대책을 논의했다"는 것은 그가 진
섭의 뒤를 이어 패자(覇者)가 되겠다고 공공연하게 표명했음을 의미한다.

여기에 보이는 '별장'이란 일반적으로는 별동대의 대장을 뜻하지만, 여
기서는 다소 독특한 의미가 있다.

유방 등이 사마이(司馬夷)와 싸울 때, 항량도 별장 주계석(朱鷄石)을
파견하여 장함(章邯)의 별동대와 서로 싸우도록 했다. 주계석은 패하여 항
량의 본 진영으로 도망쳐 왔는데, 항량은 패전의 책임을 물어 주계석을 처
형했다. 그런데 이 주계석은 원래는 진가(秦嘉)의 동맹군의 수령 가운데
한 사람이었다. 부리(符離)에서 봉기하여 진가와 함께 동해군을 제압한 주
계석은, 항량이 북상해오자 과거의 용장이었던 항연의 아들에게 초나라 부
흥의 꿈을 의탁하여 진가를 배반하고 항량 밑으로 들어왔던 것이다.

이 시기에 각지에서 봉기한 각 군은 정세에 따라 이합집산을 거듭했지
만, 한 쪽의 맹주가 된 세력에게 외부로부터 참가하여 그 지령을 받게 된
자가 별장이었다. 패에서 설로 달려온 유방 역시 항량의 별장이 되었다고
추측할 수 있을 것이다.

이상의 고찰은 『사기』의 항우 본기에 의한 것이지만, 같은 『사기』 고조
본기에는 다음과 같이 기록되어 있다.

> (패공은) 항량이 설에 있음을 듣고, 100여 기(騎)를 거느리고 가서 알현
> 했다. 항량은 패공에게 병졸 5천 명과 오대부(五大夫)*의 장군 10명을 보

---

* 밑에서 9번째에 해당하는 진(秦)의 작명(爵名)을 가리킨다.

태주었다. 패공은 돌아가서 병사를 거느리고 풍(豊)을 공격했다.

100여 기의 거마(車馬)행렬은 제후 급으로서는 최소한의 의례(儀禮)였지만, 항량군으로의 귀속에 즈음하여 유방은 최대한의 모양을 낸 셈이다.

이에 대하여 항량은 유방에게 "병졸 5천 명과 오대부의 장군 10명을 보탰다"고 한다. 고조 본기는 마치 대등한 동맹군에게 항량이 병졸을 빌려주었던 것처럼 아무렇지도 않은 듯 적고 있다. 그러나 유방에게 병졸 5천 명은 커다란 의미를 갖고 있다. 패현에서의 봉기에 즈음하여 자제 2~3천 명을 손에 넣고, 다시 이 만남 직전에 탕에서 병사 5~6천 명을 손에 넣었지만, 최초의 군대 가운데 일부는 옹치(雍齒)가 가져가게 되었고, 전투에 의한 소모도 있었다. 최대한으로 어림잡아도, 이때 유방군은 1만 명에 훨씬 못 미쳤을 것이다. 항량은 유방군 전체의 규모에 필적할 정도의 군대를 주는 동시에 '오대부의 장군' 즉 고급 장교 10인을 덧붙여주었던 것이다.

고급장교 10인은 각각 500명의 병졸, 도합 5천 명의 병졸을 지휘하여 유방군을 도왔던 동시에 유방의 움직임을 감시하는 역할을 맡았다. 이리하여 유방은 앞의 주계석(朱鷄石)과 마찬가지로 항량 지휘 하의 별장이 되었던 것이다.

그래도 항량이 처음 대면한 유방의 역량을 높이 평가한 것은 확실하다. 유방은 이 도움을 얻자 곧바로 군사를 데리고 돌아가서 풍읍에 대한 세 번째 공격에 나섰다. 『사기』는,

> 패공은 돌아가서 병사를 거느리고 풍을 공격했다.

고 기록하고 있다. 『사기』의 「진초지제월표」(秦楚之際月表)에 의하면,

> 패공은 풍을 공격하여 함락시켰다. 옹치(雍齒)는 위(魏)로 달아났다.

고 한다. 유방은 풍을 탈환하고, 옹치는 위로 도주했던 것이다.

이 공격이 항량의 동의 아래 이루어진 것은 분명하다. 유방이 뻔뻔한

사내이긴 했지만, 5천 명의 원군을 받았을 뿐 아니라 10명의 군대 감시관이 동행하는 가운데, 항량의 지령에 위배되는 행동을 했을 리는 없다. 다시 말하면, 유방의 풍읍 공략은 당시 항량의 전략과 일치하고 있었고, 항량은 유방의 건의에 대하여 그 가치를 인정했기 때문에 비로소 5천 명의 원군을 동행시켰던 것이다.

이 짧은 시기 동안 유방은 우선 경구(景駒) 밑에 들어갔다가, 그 다음에는 경구를 격파한 항량 밑에 들어갔다. 그리고 양자에게 예속하면서 일정한 자립성을 발휘하여 풍읍을 공략했다. 이런 대담한 행동은 경구와 항량이 전쟁국면에 대한 유방의 인식을 수용했기 때문에 비로소 가능했다.

이야기를 되돌리면, 탕현(碭縣)을 항복시킨 유방이 다시 5~6천 명의 병사를 추가시킨 것은 특필할 만한 일이었다. 그는 패현의 봉기 시점에서 2~3천 명의 병사를 손에 넣었다. 그 후 호릉(胡陵)과 방여(方與)를 함락시키고, 혹은 항보(亢父)를 제압했지만, 이때 그의 군대가 강화되었다는 기사는 없다. 물론 이 시기의『사기』기술은 극히 간략하기 때문에 이들 지역에서도, 기록되어 있지는 않지만, 상당수의 새로운 참가자가 있었을 것이다. 그러나 유방이 탕 지방에서 패현 병사의 약 2배에 달할 정도의 군사를 손에 넣은 것은 분명하다.

그런데 이 문제를 다소 다른 각도에서 고찰하기 위해, 앞에서 검토한「고조공신후자연표」(高祖功臣侯者年表)로 돌아가 유방군의 유력한 구성원의 참가지역을 확인해보자. 검토대상이 되는 지역은, 유방이 지금까지 활동했던 지역 즉 패(沛), 풍(豊), 호릉(胡陵), 방여(方與), 항보, 유(留), 소(蕭), 팽성(彭城), 탕(碭) 등의 여러 현이다.

다음 쪽에서 소개한 표를 보면 알 수 있듯이 압도적 다수를 보이는 곳은 패이고 탕·풍·설이 그 뒤를 잇는다. 연표에서 지역이 분명히 표기되어 있는 것은 99인이지만, 패·탕·풍·설의 4곳에서 61명, 그 이외의 지역은 모두 뭉뚱그려 38인이다. 이 38인 가운데 유(留)가 3인이다. 장량(張良)은 "하비(下邳)에서 일어났다"고 기록되어 있어 유(留)에는 들어가지 않는다. 호릉과 방여가 각각 1인, 항보·소·팽성은 한 사람도 없다.

패(沛)	32
탕(碭)	13
풍(豊)	10
설(薛)	6
유(留)	3
선보(單父)	2
완구(宛胊)	2
진양(晉陽)	2
하비(下邳)	2
호릉(胡陵)	1
방여(方與)	1
기타	25
합계	**99**

　이를 통해 간부성원이 유방군에 대거 참가했던 경우는, 유방이 소년 무뢰배 때부터 정장(亭長) 시절까지 세력을 부식하고 있었던 지역에 한정되어 있음을 알 수 있다. 그리고 민중들의 참가도 간부의 동향과 거의 마찬가지였던 것으로 추측된다.

　초기(初起)집단과 기패(起沛)집단에 대해서는 이미 앞장에서 분석했으므로 여기서는 풍·탕·설의 세 지역에 대해 간단히 언급해두고자 한다.

　풍(豊)에서 참가한 자는 10인이다. 이것은 탕(碭)에서 참가한 자 13인에 비해 약간 적다. 풍은 유방의 고향이고, 당연히 다수의 참가가 예상되지만, 옹치(雍齒)가 풍을 거느리고 위나라에 투항했기 때문에 상당수의 유력자가 옹치와 행동을 같이했던 것이다. 한편 여기서는 편의상 연표에서 초기(初起)집단으로 들어가 있는 전체 구성원을 패(沛)에 집어넣어 계산했지만, 여택(呂澤), 여석지(呂釋之), 심이기(審食其)나 유중(劉仲) 등은 원래는 풍(豊) 집단에 집어넣는 쪽이 좋지 않았을까 생각되기도 하고, 하위의 몇 명은 탕 출신으로 추측된다.

　그런데 풍 집단이 참가할 때의 직함은 다음과 같다. 그들의 최종 직위는 괄호 안에 표시했다. 왕흡(王吸, 장군)·진창(陳倉, 장군)이 중연(中涓), 모택(毛澤, 낭장[郎將])이 중연기(中涓騎), 설구(薛歐, 장군)·당려(唐厲, 아장[亞將])·진속(陳遬, 도위)이 사인(舍人), 유방의 형님뻘이었던 왕릉(王陵, 승상)이 객(客)이었다. 이상의 7명은 모두 유방과의 사적인 관계를 보여주는 직함을 갖고 있다. 군대직급으로 기록되어 있는 것은 월연오(越連敖)의 극주(棘朱, 도위)뿐이다. 그 밖에 졸(卒)이 주취(周聚, 장군)와 주비(朱濞, 도위)이다.

즉 풍(豊)집단은 앞의 초기(初起)·기패(起沛) 집단과 마찬가지로 우선 유방과의 사적인 관계에서 시작하여, 그로부터 구체적인 군대직급으로 나아가는 것이 주류였다.

이에 비해 망·탕의 소택지 출신으로 유방 군단에 참가한 자는 관영(灌嬰, 장군)·정례(丁禮, 도위)가 중연(中涓), 유쇠(劉釗, 장군)·대야(戴野, 장군)·진하(陳賀, 장군)·진비(陳濞, 도위)·위선(魏選, 도위)이 사인(舍人), 공총(孔聚, 장군)이 집순(執盾), 고봉(蠱逢, 장군)이 곡성장(曲城將), 이척(彫跖, 도위)이 문위(門尉), 극구후양(棘丘侯襄, 상군수〔上郡守〕)이 집순대사(執盾隊史), 주조(周竈, 도위)·진연(陳涓, 제승상〔齊丞相〕)이 졸(卒)이었다.

여기서는 비교적 군대직급이 많은 점이 눈에 띈다. 또 최종적인 직위는 장군이 6인, 도위가 5인이다.

일견 탕(碭) 집단의 장군과 도위의 비율은 풍(豊)집단의 경우와 비슷하지만, 실제로는 큰 차이가 있었다. 관영·공총·진하는 한신(韓信) 군단에 속하고, 고봉은 여택(呂澤) 군단에 속하며, 대야는 유가(劉賈) 군단에 속해 있었던 것이다. 더욱이 정례는 한신 군단 예하의 관영(灌嬰) 군단에 속했다.

여기에서 주의해야 할 점은, 유방 군단은 최종적으로는 유방의 지휘에 복종하더라도, 몇 개의 군단으로 나누어져 있고, 한신이나 유가의 군단처럼 장기에 걸쳐 독립하여 행동하는 군단에서는, 실제의 결정권을 그들이 장악하고 있었다는 것이다. 일반적으로 말하면, 이런 독립 군단에 속하는 탕 집단의 장군들은 중앙군의 장군보다 지위가 낮았다.

다만 이 연표에서는 기패(起沛) 집단에 속하고, 여러 공신 중에서도 공적이 으뜸으로 평가되던 조참(曹參)은, 한신이 조(趙)·제(齊)를 정복할 때, 그 독립군단에 속하여 행동했다. 한신은 이 시기, 유방에 의해 '정식 제왕'(齊王)으로 봉해졌기 때문에, 조참은 실은 한신의 부하였다. 훗날 한 신이 유방 집단으로부터 배제되어 배반자의 오명을 뒤집어쓰게 되자, 이 것이 미묘한 문제가 되고 말았다. 결국 조참은 중앙정부의 우승상(右丞 相)으로서 한신 군단에 참가한 것으로 바뀌었지만, 원래는 제나라의 우승 상이었던 것이다.

우리는 조참이나 관영의 사례로부터 유방이 자기의 심복을 독립 군단 의 장군으로, 군대 감시의 역할을 주어 보냈다고 이해할 수 있다. 그들은 주로 가장 유력한 군단을 지휘하고 있던 한신이나 여택 혹은 유가의 군대 에 배속되었던 것이다.

군대 감시에 임명된 구성원에는 그 외에 팽월(彭越)에 속한 해의(奚 意), 옹치에 속한 장월(張越) 등이 있다. 그들 대부분은 탕현 출신이었는 데, 좀 더 덧붙이면, 그 감시의 눈은 특히 한신에게 집중되었다.

마지막으로 설(薛) 출신 6인이 있다. 곽몽(郭蒙, 장군)은 호위(戶衛)로 서 여택 군단에 속하고, 진무(陳武, 장군?)는 2,500명의 군사를 거느린 장 군으로 참가하며, 그 외에 융사(戎賜, 장군)가 연오(連敖)로서 참가했다. 이상의 3인은 군대직급이다. 사인(舍人)은 화기(華寄, 도위)뿐이고, 졸(卒) 은 진서(陳胥, 장군)와 진동(秦同, 도위)의 2인이다.

이상에 의하면, 설(薛) 출신자 6인에게서 보이는 상황은, 거의 탕(碭)의 경우와 마찬가지임을 알 수 있다. 사료분석이 복잡하게 되기 때문에 여기 서는 상술할 수 없지만, 탕·설 출신자는 뒤에 논공행상에서 상대적으로 빨리 포상되는 반면, 그 봉호(封戶)의 수는 적은 경향이 있다. 이 지역은 유방의 심복이 되는 중층간부를 공급하는 곳이었다. 그것은 탕이 지하활 동의 기지로서, 설이 사수정(泗水亭) 건너편의 땅으로서 원래 유방과 임 협적 인맥에 의해 연결되어 있었던 사실을 반영한다.

한편 유방이 지금까지 이동한 지역으로 검토의 대상이 되었던 패, 풍,

호릉, 방여, 항보, 유, 소, 팽성, 탕, 설 등의 여러 현은, 모두 전국시대 송(宋)나라의 영역에 포함되든가 거기에 근접하고 있다. 유방은 사회적·문화적으로는 광의의 초나라 사람이지만, 정치적으로는 전에 장량(張良)이 말한 대로 송나라 사람이었던 것이다.

진섭과 오광이 진 제국의 지배에 반기를 든 진나라 이세황제 원년(기원전 209) 7월은, 태양력으로 말하면 8월이었다. 고온다습한 초 지방의 오지 깊숙한 소택지의 풀숲에서 풍겨 나오는 뜨거운 열기를 헤치고 시작된 반란은, 순식간에 초 지방 전역으로 확대되었다. 지금까지의 움직임을 간단히 되돌아보자.

그들이 진(陳)을 함락시켜 장초(張楚)의 수도로 정하자, 서쪽으로 파견된 장군 주문(周文)의 군대는 함곡관(函谷關)을 돌파하여 관중(關中)의 내지 깊숙한 희정(戲亭)에까지 도달했다. 진(陳)에서 직선거리로 약 600km 떨어진 이 지역이, 장초군이 도달한 최서단이었다.

한편 진섭은 장이(張耳)와 진여(陳餘)를 옛 친구인 무신(武臣)에게 붙여 조(趙)로 파견했다. 무신은 조나라의 옛 수도인 한단(邯鄲)에 이르렀다. 진(陳)에서 보면 한단은 정북(正北)에서 약간 서쪽으로 벗어나 있으며 직선거리로 300km가 조금 넘는다. 그 외에 무신 등이 파견한 부하인 한광(韓廣)은 계(薊)에 이르러 연(燕) 지방을 항복시켰다. 한단에서 연나라의 옛 수도 계까지는 북북동으로 약 400km이다.

그 밖에 진섭이 파견한 주시(周市)는 말을 타고 달려 제나라의 옛 수도 임치(臨淄) 서북쪽의 적현(狄縣)까지 이르렀지만, 제나라 왕족의 한 사람인 전담(田儋)이 적(狄)의 현령을 죽이고 봉기하여, 주시를 내쫓았다. 적현은 진(陳)의 동북 방향으로 약 470km 지점에 있다.

이리하여 초승달 모양의 수향(水鄕)지대 남쪽 가장자리에 해당하는, 기현(蘄縣)의 대택향(大澤鄕)에서 시작된 진섭·오광의 반란은, 1개월 남짓

동안 장초(張楚)의 수도를 중심으로 동서와 북으로 각각 500km 정도 그 전선을 확대했던 것이다.

그러나 이와 같은 급속한 전선의 확대는, 장초 세력 그 자체의 확장으로는 연결되지 않았다. 조(趙) 지방으로 파견된 무신(武臣)은 한단으로 들어가자 장이(張耳)·진여(陳餘)와 함께 자립하여 조왕(趙王)이 되었다. 더욱이 무신이 연(燕) 지방을 달래기 위하여 파견한 한광(韓廣) 또한 계(薊)에 이르러 연왕(燕王)으로 추대되어 독립했다. 제(齊)에서는 적현의 왕족 전담이 자립하여 제왕(齊王)이 되었다.

지도자	기점	도착점
진섭·오광	기(蘄)	진(陳)
갈영(葛嬰)	기(蘄)	동성(東城)
오광(吳廣)	진(陳)	형양(滎陽)
주문(周文)	진(陳)	희(戱)
주시(周市)	진(陳)	적(狄)
위구(魏咎)*	진(陳)	대량(大梁)
등종순(鄧宗徇)	진(陳)	수춘(壽春)
송류(宋留)	진(陳)	무관(武關)
등설(鄧說)	진(陳)	겹(郟)
오서(伍徐)	진(陳)	허(許)
무신·장이·진여	진(陳)	한단(邯鄲)
이량(李良)	한단(邯鄲)	상산(常山)
한광(韓廣)	한단(邯鄲)	계(薊)
장염(張黶)	한단(邯鄲)	상당(上黨)
항량(項梁)	오(吳)	하비(下邳)
진가(秦嘉)	담(郯)	유(留)
유방(劉邦)	패(沛)	방여(方與)

유방이 봉기했을 때 반란집단의 공격 기점(起點)과 도착점(到着點)

* 위(魏)의 사람들은 주시(周市)를 왕으로 세우려고 했지만, 주시는 진섭(陳涉)에게 위나라의 왕족으로서 당시 진(陳)에 있던 위구(魏咎)를 왕에 세울 것을 청했다.

그리고 진나라 수도 함양(咸陽)으로 육박해간 주문(周文)의 군대는 진나라 명장 장함(章邯)의 추격을 받아 괴멸되었다. 장함이 거느린 진나라 군대는 그대로 중원으로 치고 나와 각지의 반란군을 소탕하기 시작했다.

이와 같이 진섭의 장초 정권 수립은, 초 지방 이외의 지역에도 민중반란의 씨앗을 뿌려 천하대란의 막을 열었지만, 정권 자체의 통치가 미치는 지역은 앞에서 서술한 진(陳)·수춘(壽春)을 잇는 띠처럼 길게 늘어선 듯한 모양을 이룬 지역, 즉 진군(陳郡)의 일부와 사수군(泗水郡)의 일부에 그치고 있었다.

사태를 정리하면, 진섭의 장초 정권의 역사적 역할은 다소 제한적인 것처럼 보이지만, 적극적으로든 소극적으로든 이 정권의 작용에 의하여 광대한 지역으로 반란이 확대된 것은 분명하다.

그런데 이제 새로운 사태가 출현했다. 초 지방에서 장초 정권의 직접적인 공작이 없는 곳에서 새로운 형태의 봉기가 일어났던 것이다. 그 전형이 동초(東楚)의 회계군(會稽郡)에서 일어난 항량(項梁)의 봉기와 서초(西楚)의 사수군 패현에서 일어난 유방의 봉기였다.

그들의 봉기에서 공통적인 것은, 최초에 봉기를 계획한 자가 진나라 관리이고, 그 움직임을 제압한 뒤 봉기가 일어난 점이다. 즉 항량의 경우 우선 봉기를 계획한 자는 회계 군수인 통(通)이고, 유방의 경우는 패의 현령이었다. 이 점을 통해 보면, 항량과 유방의 봉기는 다른 봉기와는 확연히 달랐던 것이다.

이 두 봉기 모두 진섭의 봉기 2개월 뒤 진나라 이세황제 원년(기원전 209) 9월에 일어났는데, 이는 순전히 우연만은 아닐 것이다. 그것은 2개월이 경과하여 초 지방에서 진나라 관리가 반진(反秦)봉기에 나서는 상황이 나타났음을 의미한다. 주문(周文)이 거느린 돌격부대가 함곡관을 돌파하여 함양 부근까지 육박한 것이, 진나라 관리들에게 왕조의 운명이 다했다는 판단을 내리도록 했던 것 같다.

항량과 유방은 다가올 사태를 예상하여 준비에 만전을 기했다. 은인자중하면서도 수면 아래에서 준비를 게을리 하지 않았던 그들은, 확실히 천하를 다툴 자격이 있는 영웅들이었다.

12장
회왕의 서약

항량(項梁)의 군대는 10여 만 명에 달했다. 항량은 당시의 여러 영웅 가운데서도 특별히 강력한 존재였다. 그는 설(薛)에서 별장들을 소집했다. 진섭(陳涉)과 경구(景駒) 이후 초 지방의 패자(覇者) 자격으로 '회맹'(會盟)을 주최한 것이다. 회맹이란 춘추시대에 패자가 소집한 국제회의를 말한다. 그는 초 지방에 산재하는 무장집단을 '소집'[會]하여 진나라 타도를 '맹세'[盟]하려 했다.

이 회의에서도 장량(張良)이 독특한 역할을 수행했다. 항씨 일족은 이 시점에서는 유방보다도 장량을 훨씬 높이 평가하고 있었다.

장량은 한(韓)나라 멸망 이래 지하 반진(反秦)투쟁의 우두머리로, 정신적으로는 거의 대등한 입장에서 항량 등에게 한나라의 부흥계획을 말하는 동시에 금후의 일정을 서로 의논했다. 또 유방의 객인 자격으로 유방을 항량 등에게 매우 호의적으로 소개했다. 이는 유방에게 큰 도움이 되었다.

그런데 이때 경포(黥布)의 출신지 육현(六縣)에서 더 남쪽인 거소(居鄛)에서 범증(范增)이라는 노인이 찾아왔다. 그는 항량에게 초나라의 부흥을 원하는 초나라 사람의 염원에 부응하여 초왕의 자손을 옹립할 것을 건의했다. 항량은 이에 당시 민간에서 남에게 고용되어 양치기 노릇을 하고 있던 심(心)이라는 사내를 초왕으로 옹립했다. 심은 앞에서 서술한 초나라 회왕(懷王)의 자손이라고 선전되었는데, 결국 그는 회왕이라는 이름을 사용하게 되었다.

항량은 바로 이 설(薛)에서의 회맹을 주재하고, 더욱이 초나라 회왕을 옹립함으로써 장초(張楚)국 멸망 후 초 지방의 주도권을 잡는 데 성공했다.

이즈음 위왕(魏王) 위구(魏咎)는 임제(臨濟)에서 장함(章邯)군에게 포위되어 결국 항복했다. 구원하러 갔던 제왕(齊王) 전담(田儋) 또한 임제에서 살해되었다. 전담의 동생 전영(田榮)은 패잔병과 함께 동아(東阿)로 달아났고, 장함군은 다시 동아를 포위했다. 항량은 주력부대를 이끌고 동아로 가서 장함군을 격파했다.

이후 항량군은 제수(濟水)를 거슬러 올라가 정도(定陶)에서 다시 진나라 군대를 격파하고 위(魏)의 대량(大梁)으로 향했다.

한편 항우(項羽)군은 별동대로서 제수 남쪽의 옛 송(宋)나라 영역을 공격하여 항량과 마찬가지로 위(魏)의 대량으로 향했다. 옛 송나라 영역의 동북부에는 여공(呂公)이 임시로 거처했던 선보(單父)나 여씨 형제가 세력을 부식하고 있던 하읍(下邑)이 있고, 동남부에는 유방의 세력권인 망·탕이 있다. 이것을 바탕으로 해서 위(魏)로부터 옛 송나라를 지나 풍패(豊沛)로 이어지는 경로를 따라 인간관계의 네트워크가 형성되어 있다. 항우는 이 네트워크의 중요한 결절점이 되어 있던 유방의 정보수집능력을 신뢰하여 일종의 고문으로 삼았다.

항우는 젊어서부터 이미 항량군 내에서 가장 강한 장군으로 알려졌다. 한편 유방은 패현의 정장(亭長) 출신으로, 바로 보름 전까지 이 항량군에게 괴멸된 경구(景駒)군의 평범한 일개 부장(部將)에 불과했다. 말하자면 양자는 격이 달랐지만, 항우는 마음을 열고 활달하게 5살 연상의 유방을 대했다. 10세 때 조부 항연(項燕)이 이끄는 초나라 군대가 진나라 군대에게 섬멸되는 현장에 있었던 항우는, 진나라에 대한 복수를 위해 살고 있는 듯한 사나이였다. 대진(對秦) 전쟁의 동지들에게는 늘 흉금을 터놓고 대하는 동시에, 상대도 초나라 사람인 한에서는, 자기와 마찬가지로 진나라에 대한 복수를 위해 살고 있을 것으로 생각하는 사나이였던 것이다.

유방 역시 항우에게는 예의를 다해 섬겼다. 그는 항우의 일직선적인 강한 기에 압도되었다. 이것은 유방으로서는 처음 겪는 경험이다. 그는 철이 들게 된 이래 다른 사람에게 기가 눌린 적이 없었다. 그러나 어떤 대군(大軍)도 두려워하지 않고 상대의 약점을 본능적으로 간파하여 맹수처럼 덮치는 항우가, 마치 가족처럼 따뜻하게 자기를 대할 때 유방에게도 묘한 기분이 솟아올랐다.

그런데 항우군은 진나라 군대를 동아(東阿)에서 격파한 뒤 남하하여 거야(鉅野)의 못 남서쪽에 위치한 성무(成武)를 함락시켰다. 나아가 정도(定陶)의 군대를 공격했지만, 성(城)에 대한 공격은 하지 않고 그대로 대량(大梁)을 노렸다. 진나라 재상 이사(李斯)의 아들 이유(李由)는 삼천(三川) 군수로서 대군을 거느리고 항우군을 맞이하여 싸웠지만, 항우는 옹구(雍丘)에서 맞받아쳐서 크게 격파하고 이유의 목을 베었다.

초나라 군대는 대적할 자가 없는 듯 파죽지세로 진격을 계속했다. 여기서 항우가 일단 병사를 거두어 옛 송나라를 어루만져 안정시키는 공작에 나선 것은 주도면밀한 전략이었지만, 이때 아닌 밤중에 홍두깨라고 급보가 날아왔다. 정도(定陶)의 항량군이 장함군의 기습을 받아 대패하고, 항량도 전사했다는 소식이었다.

항우는 여신(呂臣)과 상담했는데, 군을 철수할 수밖에 없었다. 여신은 여씨 일족 출신으로, 진섭의 장초(張楚)에 속해 있던 유력한 부장이었지만, 장초가 괴멸한 뒤, 항량 밑에 몸을 맡기고 있었다. 여신이 이끄는 군대는 항우의 군대와는 출신이 달랐기 때문에 같은 유격군대를 구성하면서도 독자적인 지휘계통을 가지고 있었다.

한편 이때 『사기』의 기록은 항상 '패공, 항우'라고 하여 마치 유방이 항우 위에 있었던 것처럼 표현하고 있지만, 실상과는 맞지 않는다.

유방 군단은 어쨌든 독립편성을 유지하고 있었으나, 장비는 빈약했다. 당시의 퇴각에서도 총대장이 유방이 타고 갈 군마(軍馬)조차 잃어버린 상태였다.

여신은 여태공(呂太公)의 사위가 고생하는 모습을 차마 볼 수 없어, 자기의 군마 1마리를 유방에게 주었다. 유방은 크게 고마워했다. 그러나 동시에 인척의 젊은이에게 소유물을 나누어준다고 하는 여신의 건방진 태도에 반감을 가졌다. 여담이지만 당시의 감정이, 여신이 최종적으로 유방군에게 투신했을 때의 처우에 미묘한 영향을 주었던 것 같다.

그런데 항우와 여신이 이끄는 초나라 군대는 팽성(彭城)으로 철수했다. 팽성은 나중에 항우가 서초(西楚)의 패왕(霸王)이 되어 도읍으로 삼았던 곳이다. 항우의 군대는 팽성 서쪽에 주둔하고, 여신의 군대는 동쪽에 주둔했다.

유방의 군대는 그들과 조금 거리를 두고 팽성 서남서쪽 약 70km 지점에 위치하는, 과거의 근거지 탕현(碭縣)에 주둔했다.

이 시점에 유방 군단이 실제로 초나라 군단에서 어느 정도의 실력이었으며, 어느 정도의 평가를 받고 있었는지는 분명하지 않다.

초나라 군대에는 전에 2만 명을 거느리고 항량군에 합류한 진영(陳嬰), 뒤에 항우군 내에서 제일의 맹장으로 불린 경포(黥布), 경포와 어깨를 나란히 한 포(蒲) 장군 등이 있었다.

포 장군이 누구인지는 분명하지 않지만, 필자는 항우군의 종리매(鍾離昧)가 아닐까 생각한다. 수춘(壽春)에서 회수(淮水)를 따라 약 150km를 내려가면, 당시 회왕의 초나라 수도 우이(盱台)와 수춘의 중간지점인 종리(鍾離)라는 도시가 나오는데, 종리매는 이 지방 출신이었다고 생각된다. 종리의 북방 70km 지점에는 후세에도 포고피(蒲姑陂)라는 지명이 남아 있으며, 포장군의 이름에서 유래되었을 가능성이 있다.

그런데 이 종리매의 '매'(昧)는 통행본의 『사기』에서는 '眛'라고 적혀 있지만, 본서에서는 저본(底本)으로 사용한 남송본 『사기』에 의거하여 '昧'로 표기한다.

한편 항량이 초왕을 표방한 경구(景駒)를 격파하자, 경구를 따르고 있던 주계석(朱鷄石)과 여번군(余樊君)이라는 장군이 항량군에 합류했다. 그 결과 처음에 8천 명을 거느리고 장강을 건넜던 항량군은, 경포나 포장군 종리매가 합류하여 하비(下邳)에 주둔한 시점에서 6~7만, 경구를 격파하고 설(薛)에서 여러 별장을 소집하여 '회맹'을 연 시점에서 10여 만으로 늘었다. 진섭이 패하자, 여신군이 여기에 가담하지만, 그는 항우와 대등하게 취급될 정도의 군사를 거느리고 있었기 때문에, 전체로서는 적어도 15만에 달했던 것으로 보인다.

이와 같이 생각하면, 팽성에 집결하고 있었던 것은 항량 직계의 항우와, 장초국으로부터 합류한 여신의 양대 군단이고, 항우 군단 밑으로는 경포 군단, 포장군 종리매 군단을 비롯한 몇 개의 소규모 군단이 속해 있었는데, 유방 군단은 이 소규모 군단의 하나에 불과했음이 그 실상이었을 것이다.

『사기』가 이 시기의 유방을 항우 이상의 지위와 실력을 갖추고 있었던 것처럼 묘사하고 있는 것은 후세의 윤색이다. 그러나 여기에서 주의해야 할 것은, 『사기』의 서술에서도 그런 인상은 주로 '패공, 항우'의 순으로 이름을 적는 형식에 의해 주어지고 있을 뿐, 구체적으로 유방의 세력이 강했다는 식의 기록은 없다. 유방이 항량군의 한 부장으로서, 항우와 함께 행동하고 있었던 것은 사실이다. 바꿔 말하면, 여기서는 명백한 허위는 기록되어 있지 않지만, 일종의 유도에 의하여 독자는 사실과는 다른 역사상을 그리게 되는 것이다.

중국에는 "대(大)를 소(小)로 하고, 소를 미(微)로 하고, 미를 무(無)로 한다"는 말이 있다. 큰 사건을 작은 사건인 것처럼 다루고, 이 작아진 사건을 거의 없었던 것처럼 다루고, 이 거의 없었던 것 같은 사건을 정말 없었던 것으로 만들어버린다는 말이다. 이 유도는 대개 극히 작은 포인트를 찾아내, 그곳을 위조하는 것에서부터 시작한다.

반대로 "무(無)를 미(微)로 하고, 미를 소(小)로 하고, 소를 대(大)로 한다"는 것도 가능하다. 『사기』에서 행해지고 있는 것은 후자이다. 이 시기에 유방이 항우의 상위에 있었다는 것은 사실이 아니다. 그러나 유방의 이름을 항상 항우 앞에 놓음으로써, 마치 유방이 항우를 앞서고 있었던 것 같은 착각을 낳게 된다. 즉 "무(無)를 미(微)로 하는 것"이다.

이런 윤색은 『사기』에서 시작한 것이 아니다. 아마도 육가(陸賈)의 『초한춘추』(楚漢春秋)무렵부터 시작된 역사의 작은 위조가, 사마천 시대에는 명백한 사실로 취급되고, 그것을 부정하는 것이 불경죄에 걸리는 듯한 분위기가 조성되어 있었던 것 같다. 즉 "미(微)는 소(小)가 되고" "소는 대(大)가 되었던 것"이다.

이때 항량에 의하여 옹립된 초나라 회왕은 발 빠른 움직임을 보여주었다. 항량이 패했음을 알고는 즉시 우이에서 팽성으로 북상하여 팽성을 새로운 수도로 삼았던 것이다. 『사기』에 의하면 그는,

> 항우와 여신의 군대를 합쳐 스스로 장군이 되었다.

고 한다.

이 사건은 진나라 이세 2년(기원전 208) 9월 혹은 윤9월의 일이었다. 겨우 3~4개월 전에 옹립된 괴뢰에 불과했던 회왕이 기회를 잡아 항우와 여신 양대 군단의 지휘권을 장악했던 것이다.

뒤이어 회왕은, 여신의 부친 여청(呂靑)을 영윤(令尹, 초나라 제도에서의 상급 재상)으로, 여신을 사도(司徒, 간부 대신)로 임명했다. 진섭이 세운 장초국의 법통을 잇는다는 의사표명인 동시에 항우에 대한 견제 조치였다.

이때 유방은 탕군(碭郡)의 장으로 임명되었다.

이것은 매우 주목할 만한 사건이다.

우선 유방이 항우 군단에 직속하지 않고, 10년 가까운 세월에 걸쳐 세력을 부식해온 탕현을 포함한 탕군의 장이라는 직함을 얻은 것은, 그의 앞날에 큰 도움이 되었다. 확실히 유방을 제외하면, 회왕의 초나라에는 이 일대에 자기 세력의 근거지를 갖는 인물이 눈에 띄지 않기 때문에, 일단은 합리적인 조치였다고 말할 수 있다. 물론 유방이라고 해도, 직함은 탕군의 장이었지만, 실제적인 영향력이 미치는 범위는 군의 동쪽 부분, 즉 탕현으로부터 망현(芒縣)에 걸친 곳과 선보현(單父縣)에서부터 하읍현(下邑縣)에 걸친 지역뿐이었다. 한편 후자는 직접적으로는 여씨 일족이 구축해 놓은 기반이어서, 유방이 직접적으로 지배할 수 있는 지역은 아니었다.

더욱이 유방이 탕군의 장으로 임명된 것은, 그가 회왕의 초나라 관료체제에 편입된 것을 의미한다. 아울러 초왕의 체제에 편입되었다는 의미에서는, 유방과 항우 사이에 어느 정도 대등한 관계가 조성되었다. 물론 실력 면에서 볼 때 항량의 세력을 계승한 항우와 일개 신참에 불과한 유방 사이에는 큰 격차가 있었다. 다만 당시 회왕의 초나라는 항우의 세력확장을 막으려 하고 있었는데, 이것이 유방에게는 행운이 되었던 것이다.

탕군은 진나라에 대한 전쟁에서 수도 팽성의 방위선을 형성한다. 이 시기의 실상에 근거하여 말하면, 탕군에는 진나라의 통제 아래 있는 위나라 군대, 진섭의 장초국 패잔병, 거기에 유방 집단의 세력 등 3자가 정립(鼎立)하고 있었다. 회왕의 초나라가 이 지역에서 패권을 확립하기 위해서는 확실히 유방이 수행해야 할 역할이 컸다.

이리하여 유방은 탕군을 할거의 기반으로 삼는 것을 공인받았다. 그것은 일본이나 서구의 중세에서 보이는 독립적인 할거는 아니고, 진초(秦楚)의 대항관계 속에 자리매김을 한 부정형(不定形)의 할거였다. 장량(張良)이 말한 것처럼, 유방은 천하의 정치상황 속에서 참으로 유동적인 할거기반을 손에 넣었던 것이다.

이때 장함(章邯)이 이끄는 진나라 군대는 조나라의 한단(邯鄲)을 포위하고 있었다. 항량군을 정도(定陶)에서 격파한 장함은, 황하 이남에는 이미 반진(反秦)세력의 재기는 없다고 어림짐작하고, 황하를 건너 북상했던 것이다.

궁지에 몰린 조나라는 연달아서 회왕의 초나라에 사절을 파견하여 구원을 요청했다. 당시 조나라는 장초의 진섭이 파견한 장이(張耳)와 진여(陳餘)가 자립하고 있었다. 진나라는 계속 새로운 군대를 투입하여 장함군을 강화했다.

회왕은 어전회의를 열어 진나라에 대한 전쟁의 방침을 결정했다. 그것은 적극책과 소극책, 혹은 공격과 방어의 병용이었다.

적극책이란 진나라의 장함에게 포위된 조나라를 구원하는 것이다.

이때 결정된 초나라의 조나라 구원부대의 활약으로 궁지에 몰리게 된 장함이 나중에 최후의 구원을 중앙에 요청했을 때, 이미 여력이 없던 중앙은 이를 거부했다. 이 때문에 후세의 역사가 중에는, 중앙은 장함을 그 정도로 높게 평가하지 않았던 것이 아닌가 하는 견해를 가진 자도 생겨났다. 그리고 장함군에 대한 과소평가는 이들과 싸운 항우군의 과소평가로 이어졌다.

하지만 실상은 그렇지 않았다. 초나라의 조나라 구원에 즈음하여 중앙에서는 일찍이 명장이었던 왕전(王翦)의 손자이고, 그 자신도 높은 평가를 받았던 왕리(王離)의 군대를 급파했다.

장함군의 주력은 최초에 옛 6국으로부터 징발한 형도(刑徒, 육체노동의 형벌을 받은 죄수)로 구성되어 있었다. 장초국이 파견한 주문(周文)의 군대가 함곡관을 돌파하여 진나라 수도 함양으로 육박해 가는 비상사태를 맞이하여, 죄수들은 종군(從軍)을 하면 해방된다는 조건으로 동원되었던 것이다. 그러나 장함군이 주문군을 격파하고 함곡관으로부터 치고 나와 옛 6

국에서 장소를 바꿔 계속 싸우는 과정에서, 장함군은 속속 강화되고 주력
부대는 진나라 사람이 차지하게 되었다. 원래 향토의식이 강한 이 시대에
옛 6국 출신의 군대를 거느리고 반란 진압을 계속 수행하는 것은 불가능
했던 것이다.

장함군은 이때 진나라의 최강이자 최정예 군단이었다. 이 장함군에 도
전한다는 것은 회왕의 초나라로서는 국운을 결정하는 중대한 일이었다.

구원부대의 사령관 즉 상장(上將)에는 회왕이 가장 신뢰하는 측근인 송
의(宋義)가 임명되었다. 그는 이때 '경자관군'(卿子冠軍)으로 불리고 있었
다. 경자란 공경(公卿)을 말하고, 관군이란 군대의 우두머리 혹은 대원수
의 의미이다. 이에 대해 언급하는 일본의 여러 책에서는, 경자관이 송의이
고, 경자관이 이끄는 군대이기 때문에 경자관군으로 불렸다고 하지만, 그
렇지는 않다. 항우의 맹장인 경포(黥布)는 "그 용맹함은 군대 내에서 으뜸
[冠]"이라 하여 관군(冠軍)으로 불렸고, 뒤에 한 무제(武帝) 시기에 흉노
(匈奴) 원정으로 용맹스럽다는 명성을 떨친 곽거병(霍去病)은 "공적이 삼
군(三軍)에 으뜸[冠]"이라 하여 관군후(冠軍侯)로 봉해졌다.

송의를 상장(上將)으로 하는 구원부대의 차장(次將)에는 항우가, 말장
(末將)에는 범증(范增)이 임명되었다. 초나라 군대의 대부분이 이 주력부
대로 편성되었다.

이상의 적극책(=공격)에 대하여 소극책(=방어)으로서 회왕의 초나라
최전선인 탕군 일대를 다지는 역할이 유방에게 할당되었다. 조나라의 수
도 한단은 황하의 부채꼴 지형의 정점인 형양(滎陽)에서 북북서로 약
250km 지점에 있다. 만약 형양에 도달한 진나라의 장함 구원부대가 거기
서 방향을 돌려 팽성을 급습하면, 초나라는 괴멸될 것이었다. 유방은 유격
군대로서 초나라 방어선을 튼튼히 하여 진나라 군대의 직접 공격에 대비
하는 역할을 맡았다.

『사기』 고조 본기는 이때 회왕이, 유방에게 함곡관을 공략하여 관중으로 진격할 것을 명한 동시에, 가장 먼저 관중에 들어간 자를 관중의 왕으로 삼을 것을 여러 장수들과 서약했다고 기록하고 있다.

위 기사는 일찍이 의문의 여지없이 이 시기 역사의 동향을 이해하는 전제로서 다루어져 왔다. 그러나 냉정하게 생각하면, 여러 가지 이해하기 힘든 점이 있다.

유방의 군대는 진나라 본국의 공격을 노릴 수 있을 만큼 강력했다고는 생각되지 않는다. 게다가 유방에게만 관중 진격을 명하고, 가장 먼저 관중에 들어간 자를 왕으로 삼는다는 것을 여러 장수와 서약하고 있는데, 이것은 유방만을 너무 특별 취급하고 있으며, 여러 장수가 여기에 동의했다는 것도 납득이 가지 않는다. 맨 먼저 적진에 들어간 자를 왕으로 삼는 것을 서약하기 위해서는, 적어도 관중에 들어갈 기회가 여러 장수들에게 똑같이 부여되어야 하기 때문이다.

이 구절의 원문은 "여러 장수와 서약했다"〔約諸將〕이다. 회왕이 군사령관으로서 출정하게 된 군의 간부에게 전략·전술의 결정을 선언하고 동의를 얻었음을 뜻한다.

'약'(約)은 '약속'이라고도 하는데, 모두 물건을 묶는다는 의미가 있고, 군중(軍中)에서는 목숨을 걸고 지켜야 할 강제적인 명령이지만, 동시에 군 간부 혹은 병사의 적극적인 동의가 필요하다. 그것은 예를 들면 운동경기에서 감독이 경기 전에 선수들을 불러 모아 지시 혹은 주의사항을 내리면, 마지막에 선수들이 "아!" 하며 함성을 지르는 것과 가깝다. 강제하는 측과 강제되는 측 사이에 일정한 합의가 이루어져야 하는 것이다.

양자 사이에 일정한 합의가 이루어졌다는 것은, 이 시점에서 동료관계가 성립했음을 의미하고, 이 합의를 깬 자는 배제의 대상이 된다. 물론 서약을 부과하는 측이 압도적으로 우위에 있어서, 실제로는 강제된 합의의 색채를 강하게 띠는 것이다.

　현대중국의 문화대혁명 와중에도 많은 집회가 열려, 주최자에 의해 혹은 최고지도자들에 의해 준비된 '혁명적 구호'를 소리 높이 외쳤다. 위로부터 준비된 강제적인 의미의 구호를, 하위의 대규모 집단이 자발적으로 받아들인다는 구도에서는 본질적으로 2천 년 이상 전의 '약' '약속'과 다를 바 없다. 그리고 '약' '약속'을 위반하는 자는 여기서도 동료로부터 소외되어 강한 규제와 배제의 대상이 되었다.

　'약' 혹은 '약속'이 중국사회에서 극히 중요한 의미를 갖는 점에 처음으로 주의를 기울인 사람은 마스부치 다쓰오(增淵龍夫)이다. 이 책에서도 마스부치의 견해에 입각하여 좀 더 이 문제를 고찰하려 한다.

　이상과 같은 '약' '약속'은 상위자와 하위자 사이에 맺어진 서약인 동시에 형식적으로는 거기에 동료적인 관계, 대등한 관계가 전제된다. 동료관계, 대등한 관계를 통한 상위자의 하위자에 대한 강제관계라고 바꿔 말할 수 있는 것이다.

　이 시기의 역사를 생각할 때 매우 중요한 것은 이 상하관계·동료관계·강제관계의 3자가 갑자기 단숨에 성립하는 경우가 있다는 점이다. 그런 예로서 여기서는 팽월(彭越)이 봉기할 때의 경우를 살펴보자.

　팽월은 이 책에서 말하는 초승달형 수향(水鄕) 소택지의 북쪽 가장자리에 해당하는 거야(鉅野)의 못을 근거지로 해서 활약한 수적(水賊) 출신의 군웅 가운데 한 사람이다. 유방이 항우와의 사투에서 최종적으로 승리한 것은 팽월과의 연대에 힘입은 바가 크다.

　『사기』 팽월 열전의 기록이다.

> 팽월은 창읍(昌邑) 사람으로 자(字)는 중(仲)이다. 항상 거야(鉅野)의 못에서 물고기를 잡았고, 동시에 군도(群盜)의 일원으로서 거야의 못을 통과하는 상품이나 공사(公私)의 물자를 약탈했다.

　거야의 못은 위(魏)와 제(齊)를 잇는 교통의 대동맥인 제수(濟水)의 중간에 위치하고, 수적(水賊)이 출몰하기 때문에 통행하기 곤란한 곳으로 알려져 있었다. 덧붙여 말하면, 그의 자 중(仲)은 유방의 계(季)와 마찬가지로 동일 세대 가운데 장유(長幼)의 순서를 표시한다.

진섭·오광의 반란이 일어나고 게다가 항량이 반란을 일으키자, 거야의 못의 무뢰배들은 활기를 띠었다. 팽월을 지원하여 반란에 나서려고 한 자도 있었지만, 그는 말했다. "지금은 진(秦)과 초(楚)라는 두 마리의 용이 서로 싸우는 시기이다. 조금 더 때를 기다려보자."

이윽고 1년여가 지났다. 기다림에 지친 약 100명의 젊은 무뢰배들이 팽월 주위에 몰려들어 반란을 지휘해줄 것을 요청했다. 그러나 그는 고개를 끄덕이지 않았다.

그러나 혈기왕성해서 머리로 피가 역류하는 그들이지만, 팽월이 없는 집단은 머리가 없는 뱀과 같았다. 그들은 말은 정중하게 했지만, 필사적으로 팽월의 동의를 구했다. 한동안 서로 우겨대며 양보하지 않다가, 팽월은 겨우 그들의 소원을 받아들였는데, 그때 한 가지 약속을 했다. 다음날 아침 전원이 궐기집회에 참가하는데, 약속시간에 늦는 자는 참형에 처한다는 내용이었다. 일동은 이러쿵저러쿵 따질 것도 없이 즉각 이를 받아들였다.

다음날 아침, 해가 떠도 약속장소에 모습을 드러내지 않은 자가 10여 명이나 되었다. 이에 팽월은 말했다. "나는 이미 늙은이인데, 제군은 무리하게 봉기의 지휘를 나에게 맡겼다. 이제 약속을 했지만, 그 약속을 지키지 못하는 자가 속출했다. 원래라면, 약속을 지키지 못한 자 모두 참형에 처해야 하지만, 너무나도 그 수가 많다. 어쩔 수 없으니, 가장 늦게 온 자를 참하도록 하자."

팽월이 대장(隊長)에게 명하여, 가장 늦게 온 자의 목을 자르라고 하자 모두 웃었다. "어째서 그렇게까지 하십니까? 어른답지 않으십니다. 저희도 앞으로는 정신을 차리고, 이런 일이 없도록 하겠으니, 이번만은 원만하게 넘어가 주십시오."

팽월은 그들의 말을 무시하고, 가장 늦게 온 자를 끌어내 참했다. 제단을 설치하고, 다시 부하 전원과 서약을 나누었다. 부하들은 크게 놀라 모두 고개를 떨구었는데, 팽월의 얼굴을 쳐다볼 용기 있는 자는 없었다.

이리하여 팽월의 권력이 확립되었다. 상하관계·동료관계·강제관계의 3자가 일거에 성립한 것이다. 물론 그 이전에도 팽월과 젊은 무뢰배들 사이에는 동료관계가 있었기 때문에, 그것을 기초로 하여 일정한 외적 조건 속에서 상하관계와 강제관계가 성립했다고도 할 수 있다. 다만 이 경우에도 새로운 동료관계는 지금까지와는 질적으로 다른, 굳건하면서도 영속적인 관계가 되었던 것이다.

> 그래서 팽월은 그들을 거느리고 각지의 패잔병을 불러 모아, 천 명 남짓의 부대가 되었다.

고 『사기』는 기록하고 있다.

만약 팽월이 이런 강경책을 취하지 않았다면, 팽월의 권력은 확립되지 않고, 늦게 온 일당은 일종의 영웅인 양 거드름을 피워 집단은 얼마 후 붕괴되고 말았을 것 같다. 그리고 진초(秦楚) 항쟁의 와중에서 흩어져버렸을 것이다. 그들의 동료관계는 강한 평등의식으로 무장되어 있는데, 이 평등주의가 어떤 경우에는 강렬한 초월적 지도자를 낳고, 어떤 경우에는 집단 그 자체의 붕괴로 이어지는 것이다.

이런 상하관계·동료관계·강제관계의 3자가 일거에 성립하는 사정은, 유방이 패현에서 부로들에게 추대된 때에도 엿보였다. 그가 패현의 부로들과 어떤 서약을 행했는가는 사서(史書)에는 기록되어 있지 않지만, 민중의 우두머리가 되었을 때, 양자 사이에 일정한 서약이 행해졌던 것, 바꿔 말하면, 유방이 패현의 민중과 '약'했던 것은 분명하다. 치우(蚩尤)의 제사도, 이 서약의 의식 가운데 일부였던 것이다.

여기서 회왕의 '약'(約)으로 되돌아오면, 가장 먼저 관중으로 들어간 자를 관중의 왕으로 삼는다는 선언은, 군사령관으로서뿐만 아니라 아무래도 천자가 될 자의 자격으로서의 '약'이었다.

그렇다면 이 '약'은 어느 정도의 현실성을 갖고 있었던 것일까?

진나라와 6국의 대항을 중심축으로 해서 진행된 전국시대의 역사를 보면, 6국이 관중의 진나라 심장부에 병사를 보낸 예는 없다. 진(晉)나라가 경수(涇水)까지 병사를 파견한 것은 춘추시대의 일이다.

진섭이 파견한 주문(周文)은 함곡관을 넘어 함양 부근까지 도달했지만, 이것은 조고(趙高)에게 부추김을 당해 현실감각을 잃은 이세황제의 실정으로, 진나라의 관중방위체계가 마비되어 있던 와중에 민중반란군의 돌출적 진격이자 예외적 사태였다. 이 시기의 정국은 반란자와 민중의 주관적 인식에서는 일단 전국시대의 재현, 즉 6국의 부활을 지향하고 있었다.

한편 회왕의 초나라는 건국의 핵심인물이었던 항량이 전사하여, 항우와 여신의 군대가 팽성으로 퇴각하는 괴로운 처지에 몰리게 되었다. 그러나 회왕이 우이에서 대규모 예비군을 거느리고 팽성으로 나온 것이, 일단 팽성으로 퇴각한 항우군과 유방군이 재빨리 반격으로 전환할 수 있는 조건을 마련해주었다.

이런 정황 속에서 행해진 선언은, 전군의 모든 부하에게 관중 진격과 진나라 격파라는 거의 전대미문이라고 해도 좋을 공동목표를 설정해준 것이었다. 그런데 그것은 앞에서도 언급한 바와 같이, 유방에게만 특권적으로 주어진 것은 아니었다. 우리는 오히려 이 점에서, 겨우 3개월 정도 만에 크게 변모한 회왕의 보통수단이 넘는, 교활하다고 해야 할 정도의 사려 깊음과 강렬한 권력욕을 간취할 수 있다.

이 시점에서 초미의 급선무로 부각된 것은, 장강 이남을 거의 평정하고 황하를 건너 조나라를 포위하고 있는 장함의 군대를 격퇴하는 일이다. 만약 그것이 불가능하다면, 진나라의 전국지배는 다시 확립될 것이다. 현재 회왕의 초나라는 장함군에게 깨진 패잔세력이다. 관중으로의 진격과 진나라 격파라는 목표는 거의 꿈같은 이야기에 불과하다. 그러나 회왕은 굳이 비현실적인 목표를 제시함으로써, 사기를 북돋우는 동시에 총사령관으로서 자기의 지위를 다졌던 것이다.

회왕은 자신이 현실에서 가지고 있지 않은 것을 부하에게 준다고 선언했다. 이를 통하여 현재 자기의 지위를 다지는 동시에, 미래의 관중왕(關中王)을 미래의 초나라 황제가 될 자기의 지배 아래 두고자 했다. 이 꿈같은 이야기는 항우의 초인적인 활약에 의해 실현되었고, 항우에 의해 소멸되었다. 그러나 그것은 나중의 이야기이다.

자신이 현실에서 가지고 있지 않은 것을 부하에게 준다고 약속함으로써 권력기반을 구축한다는 전술은, 뒤에 유방이 자주 구사하게 된다. 회왕과 유방은 강렬한 권력욕과 천기(天機)에 대한 통찰 면에서 매우 비슷하다. 다만 유방에게는 목숨을 걸고 그를 지키는, 어릴 적부터 길러온 군단이 있었지만, 회왕은 그것을 가지고 있지 않았다. 그것이 두 사람의 운명을 하늘과 땅처럼 차이 나게 했던 것이다.

현재 남아 있는 사료에 의하면, 유방군에는 관중 진격과 진나라 격파라는 임무가 주어지고, 항우군에는 장함군 격파라는 임무가 주어졌다고 한다. 그 밖의 군단에 대해서는 기록이 없다. 장량은 한(韓) 지방으로 들어가 한나라 재건에 몰두했지만, 이 움직임은 진나라를 격파하라는 회왕의 총명령에 호응하는 전략이었다고 생각한다.

이런 회왕의 새로운 방침이 멋지게 손질되어 제시된 데는, 장량의 관여가 있었다고 상정하고 싶다. 그는 한나라의 재상 집안 출신이고, 시황제 저격의 실행자인 동시에, 항백(項伯)에게는 목숨의 은인이기도 했다. 그는 회왕의 초나라 내에서도 각별한 명성을 얻고 있었던 것이다. 그의 관여가 있었기 때문에, 유방이 아직은 미력한 존재이면서도, 한 파의 우두머리로서 탕군의 유격군대를 거느리는 새로운 상황이 생기게 된 것이라고 생각한다.

한편 경자관군 송의는 주력군을 이끌고 조나라 구원에 나섰지만, 그 도중에 안양(安陽)에서 군대를 멈추고 형세를 관망했다. 이 안양이 어디에 있었던가에 대해서는 여러 설이 대립하고 있어서, 곧바로 결론을 내리기는 힘들다. 그러나 어느 쪽이라도 송의는 진나라와 조나라 양군의 대결을 곁눈질하면서, "46일 동안 머무르며 앞으로 나아가지 않았다." 항우는 송의의 본영에 들어가 송의의 목을 베고, 회왕에게 이 일을 보고했다. 이에 회왕은 어쩔 수 없이 송의 대신에 그를 상장군(上將軍)으로 임명했다.

이리하여 항우는 "위엄이 초나라에 진동하고, 이름이 제후에게 알려졌다"고 항우 본기에 기록되어 있다.

항우는 팽성을 출발하여 4개월째에 한단 동북의 거록(鉅鹿)에서 진나라 군대를 크게 격파하고, 제후로 추대되어 '제후의 상장군'이 되었다. 다시 반년 가까이 대치와 교전 끝에, 결국은 진나라 이세황제 3년(기원전 207) 7월에 장함은 항우에게 항복하여, 은허(殷墟)에서 항복 의식을 거행했다. 여기에서 말하는 은허는 현재의 안양(安陽) 근처이다.

한편 유방군은 과거의 근거지인 탕(碭)을 출발점으로 하여, 거야(鉅野)의 못 서쪽에 있는 성양(成陽, 城陽)까지 북상했다. 성양에서 조나라의 한단을 포위하고 있는 장함군의 남방 방위선을 돌파했다. 여기서 다시 창읍(昌邑)까지 남하하여, 팽월(彭越)의 군대와 제휴하여 진나라 군대와 싸웠지만 불리하게 되자, 다시 남하하여 율(栗)에 이르렀다.

이때 과거에 설(薛)에서 유방군에 참가한 진무(陳武)가 약 4천 명의 군사를 거느리고 합류해 왔다. 그는 유방의 부하이기는 하지만, 이제는 독립적인 군단을 이끌고 있었다. 한편 유방군은 창읍 전투에서 많은 병졸을 잃었다. 실력으로는 이미 진무 쪽이 우세했으므로, 과거의 상하관계만으로는 지배를 유지하기 어려웠다. 그래서 유방은 과거 설(薛) 시대에 진무의 동료 몇 명을 거느리고 진무의 사령부에 들어가, 직접 그의 군단 지휘권을 빼앗아버렸다. 『사기』는 당시의 일을 다음과 같이 간결하게 기록하고 있다.

유방은 뒤에 극포강후(棘蒲剛侯)로 봉한 진무를 만나 그의 군(軍)을 빼앗았다.

유방은 이후 위(魏)의 황흔(皇欣)과 무포(武蒲)의 군대와 제휴하여 다시 창읍을 공격했지만, 역시 굴복시키지 못했다.

원래 유방이 회왕으로부터 부여받은 임무는 "진왕(陳王)과 항량의 산졸(散卒)을 거두어," 즉 진섭의 장초와 항량군의 패잔병을 거두어 대규모 방위군단을 조직해서 수도 팽성의 방위선을 구축하는 것이었다. 그는 성실하게 임무를 수행하여, 북은 창읍으로부터 성양을 통하여 율현(栗縣)에 이르는, 거의 남북으로 이어지는 방위선을 만들었다. 이 임무의 수행과정에서 원래 이 지역에 기반을 갖고 있던 유방군은 크게 강화되었다.

장초와 항량군의 패잔병을 규합하여 다시 위나라 군대와 합류한 유방은, 이 방위선의 북단에 있는 창읍의 공략을 포기하고, 창읍의 진나라 군대를 팽월군에게 맡기고는, 서쪽을 향해 갔다.

이 도중에 고양(高陽)에서 역이기(酈食其)와 그 동생 역상(酈商)을 부하로 추가한 것은 커다란 성과였다. 역이기는 유방의 참모 겸 외교관으로, 역상은 장군으로 활약했다.

역이기는 진나라 군대의 식량이 진류(陳留)에 대량으로 저장되어 있음을 유방에게 알리고 진류 공격을 진언했다. 유방은 그의 진언에 따라 진류를 공격하여 함락시켰지만, 이때 그로서는 통한의 일이 발생했다. 모친 유온이 진류 교외의 소황(小黃)에서 세상을 떠난 것이다. 사료는 다음과 같이 기록하고 있다.

> 고조 유방의 모친은 고조가 군대를 일으켰던 때 소황성(小黃城)에서 죽었다. 그래서 나중에 소황에 분묘와 사당을 세웠다.

한편 이 소황성은 진류의 동북 33리 지점에 있다고 후세의 지리지는 기록하고 있다.

유방이 패공이 되었던 시점에서 양친과 배 다른 형인 유중(劉仲), 친동생인 교(交), 그리고 후처인 여치 등은 대가족을 이루었고, 유방이 눈치 빠른 자들에게 집사 역할을 맡긴 일은 10장에서 언급했다.

마음에 걸리는 것은 며느리 여치와 시어머니 유온의 관계였다. 유온은 보통사람 이상으로 기가 셌지만, 여치의 기는 그녀를 능가하고 있었다. 게다가 유온과 여치는 완전히 태생이 달랐다. 어디서나 볼 수 있는 평범한 농가의 할머니에 불과한 유온은, 명가 출신의 여치 앞에 서면 아무래도 비굴하게 된다. 유방이 모처럼 붙여준 집사를 비롯한 사내들에게 여치가 당당하게 행동할수록 유온은 거북했다.

또 여씨 집안에는 옛날부터 시중드는 자들이 있었다. 예를 들면 주신(周信)은 여씨 집안이 선보(單父)에 살고 있던 때부터 따라다녔고, 당시에도 여치의 사인(舍人)으로서 유씨 집안에 들어왔다. 근처에는 여공(呂公)이 저택을 지어 놓았는데, 이쪽은 원래 굉장한 규모의 저택에 많은 하인이 있다. 벼락출세한 유씨 집안과는 격이 다른 것이다. 이래저래 유온의 울화통은 폭발 직전이었다.

유방이 이때 한쪽 군단의 우두머리로서 출정할 기회를 잡자, 유온은 꼭 데려가 달라고 우겼다. 유방은 어머니의 기분을 받아들이기로 했다.

그의 군단에는 이미 친동생인 교(交)가 참가하고 있었는데, 뜻밖으로 아직 10세도 되지 않은 중(仲)의 아들 비(濞)가 무슨 일이 있어도 동행하겠다고 우겼다. 중은 성실하기만 한 사내였지만, 아들 비는 용감하고 과단성이 있어서, 부친보다도 유방의 임협적인 기질을 이어받았던 것이다.

여기에 조(曹) 부인과의 사이에서 태어난 비(肥)가 더해졌다. 원래 온화하고 참을성이 많은 조 부인과 유온의 사이는 매우 좋았다.

유방은 이 대부대의 이동을 위해 가거(家車)라고 불리는 특별한 수레를 준비했다. 그 자신은 대부분 말을 타고 이동하거나 마차에 타는 적은 있었어도 공무인 경우가 많았다. 가거는 가족의 사적인 용도로 제공된 것이기는 했지만, 하급 관리를 붙여서 시중을 들게 했다.

가거리(家車吏)라고 일컫는 이 시중드는 자는 유현(留縣)에서 병졸의 신분으로 유방 군단에 참가한 제수(齊受)라는 사내이다. 무예가 뛰어난 자였으므로, 유방이 가족의 안전을 위하여 충분히 신경을 쓰고 있음이 상상된다. 그는 뒤에 유비(劉肥)가 제(齊) 지방의 왕으로 봉해지자, 당시의 인연으로 제의 승상으로까지 발탁되었다.

유방의 성격은 보통사람 이상으로 애증의 감정이 격했다. 풍(豊)에 남아 유씨 집안을 지킨 유태공을 제외하고서는, 이때 동행한 면면들이야말로 그가 마음속 깊이 사랑한 가족이었다고 할 수 있다. 특히 그가 후처의 아들이었던 만큼 어머니에 대한 애정은 각별했다.

어머니를 잃은 유방은 기분을 새로이 하고 다시 서쪽으로 나아갔다. 이후 유방군의 전방 제일선은 백마(白馬), 진류(陳留), 개봉(開封), 영양(潁陽) 선까지 진출하고 있다.

앞에서 유방군이 진출한 성양(成陽)으로부터 율현(栗縣)에 걸친 남북선은 과거 송나라 서쪽 국경선 근처까지 육박하는 것이었다. 여기서는 이 전선을 제1차 전선이라고 부르기로 한다.

이에 비해 이번 제2차 전선을 확보함으로써 옛 위나라 내의 황하 이남의 땅을 거의 제압하게 된다. 이 진출과정에서 유방이 지금까지 구축해온, 옛 위나라와 송나라 내의 인맥을 전면적으로 활용했다. 예를 들면, 앞에서 유방군은 위나라의 황흔과 무포의 군대와 만나 제휴한 사실을 언급했다. 이 제휴는 단순한 협력관계에 머물지 않고, 그들은 이윽고 유방군에 편입되었던 것 같다.

이 시기의 사료는 제한되어 있지만, 위무택(衛無擇)이라는 인물에 대한 기록이 남아 있다. 그는 전에 패현에서 대졸(隊卒)로서 유방군에 참가했지만, 뒤에 황흔군에 속하게 되었다고 한다. 황흔군의 감시통제를 위해 파견된, 말하자면 군대 감시자였을 것이다. 유방이 별장(別將)으로서 항량군의 지휘 아래 편입되었을 때, 항량이 파견한 고급장교와 같은 역할을 수행했을 것으로 생각된다.

되돌아보면, 유방군과 항우군이 팽성을 뒤로 한 뒤부터 유방군은 거의 반년 동안, 제1차 전선에서 꼼짝도 하지 못하고 있었다. 그러나 팽월의 협력을 얻어 그에게 창읍(昌邑) 공략을 맡긴 뒤부터 유방군은 단숨에 진류·개봉·영양 선, 즉 이 책에서 말하는 제2차 전선으로 진출했다.

이 유방군의 급속한 진출은 직접적으로는 팽월의 활약 덕택이었다. 그의 활약으로 유방군은 뒤를 되돌아볼 염려 없이 서쪽으로 진군할 수 있었다.

그러나 그것만은 아니다. 앞에서 항우군은 거록(鉅鹿)을 포위하고 있던 왕리(王離)의 군대를 격파하여 용맹을 떨쳤지만, 더 나아가 장함의 주력부대까지도 무찔렀다. 초나라 군대에게 왕리군의 격파는 아직 부분적인 승리에 불과했지만, 장함의 주력부대를 물리친 것은 엄청난 영향을 주었다. 지금까지 진나라 측에 유리하게 전개되고 있던 전황이, 이를 계기로 반진(反秦) 각국에 유리한 쪽으로 기울었다. 일종의 분수령이 된 셈이다. 유방군이 제2차 전선으로 대대적으로 진출한 것은 실은 진나라 군대의 이런 동요를 파고든 것이었다.

이 무렵 유방은 옛 한나라로 돌아가 조국 재건에 노력하고 있던 장량의 군대와 만났다.

유방에게 옛 송나라 지역을 제압할 것을 건의하고, 나아가서 항씨 일족이나 회왕에 대한 개인적 영향력을 행사하여, 유방이 한 쪽 군대를 지휘할 수 있도록 한 자는 장량이었다. 그러나 장량 자신은 고전하고 있었다. 그는 항량의 후원을 얻어 왕족인 한성(韓成)을 한왕으로 옹립하는 데는 성공했지만, 진나라와의 전쟁 실적은 이상적이지 못했다. 다음은 『사기』의 기록이다.

그가 몇 성(城)을 손에 넣었지만 진나라 군대는 바로 이를 탈환했다.

옛 한나라의 영지에서 유격전을 반복하고 있었던 것이다. 장량은 뛰어난 참모이기는 했지만, 왕의 그릇도 장군의 그릇도 아니었다.

팽성에서 두 사람이 헤어진 뒤 이미 반년 이상의 세월이 흘렀다. 그동안 유방은 장량의 전략에 따라 착실하게 송나라와 위나라 영역을 진나라 군대의 손으로부터 탈환했다. 굳이 왕이라는 호칭을 사용하지는 않았지만, 그가 수중에 넣은 땅은 충분히 전국시대의 비교적 큰 나라에 뒤지지 않는 광대한 지역이었다. 팽성을 출발할 당시는, 유방의 군대는 회왕의 초나라에 속한 일개 말단 군단에 불과했지만, 이제는 장함군, 항우군, 전영(田榮)·전시(田市)군과 어깨를 나란히 하는, 관동(關東, 함곡관 이동) 최대 군단의 하나로 성장했다.

일찍이 유(留)에서 만났을 때, 두 사람은 극히 자연스럽게 서로에게 '유방님' '장량님'이라고 대등하게 불렀다. 그런데 오랜만에 이루어진 만남의 장에서, 유방은 장량이 옛날부터 부하였던 것처럼 높임말을 쓰지 않고 이름만 부르고, 반면 장량은 자연스럽게 '각하'(閣下)라는 호칭을 사용했다.

유방은 장량의 손을 잡았다. 장량의 눈에는 눈물이 고였다. 군주와 신하 사이의 악수는 대부분 신하를 농락하기 위한 농간으로 행하는, 예의에 맞지 않는 행위이다. 그러나 유방은 자연스럽게 아무런 가식 없이 그 친애(親愛)의 감정을 드러냈다.

장량의 감격은 솔직한 것이었다. 이 스물 몇 해 동안 하루도 잊지 않고 추구해온 진나라 타도의 숙원을 유방에게 기댄 자기의 판단은 정확했다. 유방은 이미 천하형세의 한복판에 유동적인 세력기반을 건설한다는 자기의 건의를 멋지게 실현하고 있는 것이 아닌가! 관중으로의 진격과 관중왕(關中王)으로의 승격은 눈앞에 다가와 있다. 평소 냉정한 장량조차 그렇게 판단했다.

그런데 참으로 이때, 지금까지의 진나라에 대한 전쟁구도 자체를 뒤흔드는 복잡한 문제가 일어났다.

조나라는 지금까지 장함의 맹공 아래에서 꽉 막혀 있었는데, 항우군이

장함의 주력부대를 격파하자, 조나라의 변경지역은 일시적으로 해방상태
가 되었다. 이 기회를 틈타 조나라의 별장 사마앙(司馬卬)이 황하를 건너
낙양(洛陽)에서 함곡관으로 진격하여 관중에 들어가려고 했던 것이다. 뒤
에 항우가, 하내군(河內郡)을 평정한 사마앙의 공적을 평가하여 조가(朝
歌)를 수도로 하는 하내왕(河內王)으로 봉한 것으로 알려져 있듯이, 이런
그의 행동은 항우가 공식적으로 승인한 것이었다.

이를 유방군이 저지하려고 했다. 아군끼리의 싸움이었지만, 다른 사람
이 먼저 관중에 들어가는 것을 유방은 용납하지 않았다. 『사기』는 다음과
같이 말하고 있다.

> 패공은 군대를 북으로 향하여 평음(平陰)의 나루터를 제압하고, 사마앙
> 군의 황하 남도(南渡)를 막았다. 사마앙군은 도하(渡河)를 강행하여 양
> 군은 낙양 동쪽에서 교전했다. 유방군은 싸움에 불리해지자 양성(陽城)
> 까지 퇴각했다.

장량이 이끄는 한나라의 군대까지 가세한 유방군이었지만, 맥없이 사
마앙군에게 일방적으로 밀려버렸다. 양성은 낙양 동남쪽 약 70km 지점에
있다. 대군을 이끌고 동맹국인 한나라의 영역에서 싸우면서도 유방군이
패퇴한 것은 사기의 차이 때문이었던 것 같다. 장함군에게 오랫동안 거록
(鉅鹿)을 포위당하여, 다시 망국의 위기에 놓여 있던 조나라의 군대가 궁
지를 벗어나, 원한이 뼈에 사무친 진나라로 진격하던 도중에 유방군의 배
반행위를 접했던 것이다.

항우군은 이때 다시 장함군을 급히 공격하고 있었다고 『사기』의 연표에
는 기록되어 있다. 장함은 진나라 중앙에 다시 원군을 요청했으나, 중앙의
권력을 쥐고 있던 조고(趙高)의 질책을 받았다.

확실히 풍향은 바뀌었다. 사마앙은 조나라의 진나라 타도라는 민심을
대표하고 있었다.

싸움에서 여지없이 패하고만 유방은 장량에게 자문을 구했다.

진나라를 공격하는 데는 낙양에서 황하 남쪽의 효산(淆山) 산맥의 북쪽 산기슭을 뚫고 나아가 함곡관을 돌파하는 것이 주요 경로이다. 현재 장초(張楚)의 주문(周文)군은 이 경로로 입관하고 있다.

그러나 사마앙군의 뒤에 항우가 대기하고 있는 이상, 교전을 계속하는 것은 매우 위험하다. 두 사람은 말하자면 뒷길을 더듬어 가기로 했다. 중원에서 관중으로 들어가는 데는 함곡관을 경유하는 것말고 또 하나의 경로가 있었다.

이 경로는 일단 한수(漢水) 유역까지 남하하여, 한수의 한 지류인 단수(丹水)를 거슬러 올라가, 무관(武關)을 통과하여 진령(秦嶺)산맥을 넘어 패수(霸水)를 따라 함양에 이르는 것이다.

항우군은 아직 거록(鉅鹿)에서 장함군과 대치를 계속하고 있다. 이미 형세는 항우 쪽으로 크게 기울고 있지만, 장함군을 완파하지 못하는 한, 항우군의 주력이 함곡관으로 향하지는 못한다. 사마앙군이 혼자 힘으로 함곡관을 돌파하는 것은 상정하기 어렵지만, 그들이 함곡관으로 향해 가는 것 자체가 무관으로부터의 진공에는 유리한 조건이 되리라고 판단했다.

설령 항우가 조기에 매듭을 짓고 바로 함곡관으로 향해 가더라도 거록에서 함곡관을 거쳐 함양에 이르는 거리는, 양성에서 무관을 거쳐 함양에 이르는 거리와 별 차이가 없었다. 장량은 무관을 통과해서 관중에 진입하는 경로를 건의했고, 유방은 이 건의를 받아들였다.

지금까지 유방군의 싸움은 말하자면 영역 획득을 위한 전투였다.

팽성을 출발하여 4개월 만에 성양(成陽)·성무(成武)·율현(栗縣) 선을 확보했다. 앞에서 말한 제1차 전선이다. 이 전투과정에서 항량과 진섭의 패잔병을 흡수하는 데 거의 성공했다. 이어지는 3개월 동안 유방은 제2차 전선에 도달했다. 거기서는 위나라 군대와의 제휴가 큰 역할을 했다. 그가 젊었을 때부터 돈독히 해온, 위(魏) 지방 유력자와의 '인간관계'가 크게 도움이 되었던 것이다.

그러나 그 다음달부터 약 1달 동안, 조나라 사마앙과의 각축이 벌어지면서 사태가 급변했다.

유방이 사마앙군에게 패하고 새로운 방침이 결정된 것은 진나라 이세황제 3년(기원전 207) 5월의 일로 추측된다. 태양력으로는 같은 해 6월에 해당한다.

사마앙군과의 교전은 우발적이었다. 그러나 이번의 계획은 유방이 심사숙고한 결과이다. 장량은 물론 소하, 여택, 조무상, 조참, 하후영, 노관 등 중추인물들은 모두 쌍수를 들어 찬성했다.

유방은 이때 패현 풍읍에 남아 있는 가족을 생각했다. 자기가 관중으로 진격하다 전사할 경우를 상상하자, 그는 왠지 아버지를 만나고 싶어졌다. 아내 여치와의 관계는 다소 미묘하게 되어 있었지만, 그래도 꼭 살아남기를 바랐다.

그는 만일의 경우를 생각하여 임오(任敖)에게 한 무리의 부대를 거느리고 풍읍으로 급히 가서 남아 있는 가족들을 보호하도록 했다. 임오는 패현의 옥연(獄掾)이었던 조참 밑에서 옥리(獄吏)를 담당했던 인물이다. 『사기』에는 '객'(客) 신분으로 유방 집단에 참가했다고 기록되어 있다.

이 시기의 유방 집단에서 객은 10장과 11장에서 상술한 바와 같이, 주인인 유방에 대하여 객인(客人)으로서 일정한 자립성을 갖는 존재이다. 그 자립성을 가질 수 있었던 것은 독자적으로 부하를 장악하고 있었기 때문이다.

『사기』는 이 임오에 대하여 일화 하나를 소개하고 있다.

> 임오는 원래 패의 옥리(獄吏)였다. 고조가 지명수배 되자 도망쳐 출두하지 않았기 때문에, 패현의 관리들은 그 대신 여후(呂后)를 옥에 가두었다. 이때 담당하는 관리가 여후를 정중하게 다루지 않는 것을 본 임오는, 평소부터 고조와 친했으므로 성을 내고 여후 담당 옥리를 칼로 베어 상처를 입혔다.

사료는 그가 유방과 친했다고 하지만, 그 이후 그의 궤적을 보면, 실제
로는 여택(呂澤) 등을 통해 유방 집단에 접근하게 되었던 것 같고, 여치와
의 사이에 강한 연계가 있었다. 그는 유방이 황제가 된 뒤에도 그다지 출
세하지 않았지만, 뒤에 여후(呂后)의 시대가 되자 부승상에 해당하는 어
사대부(御史大夫)로 발탁되었다. 그의 경력은 유방과 여씨 집단의 미묘한
관계를 반영하고 있는데, 이런 점에서도 주목할 만한 인물이다.

어쨌든 이 인선은 성공적이었다. 외고집의 임오는, 유방이 입관한 뒤부
터 항우의 본거지 팽성을 함락시킬 때까지 정확히 2년 동안, 유방이 없는
본가의 경비와 방어에 헌신했다.

패현 풍읍의 유비 본가에는 심이기(審食其)가 근무했다. 그는 봉기시에
사인(舍人)의 자격으로 참가했는데, 당시 1년 10개월이 경과하고 있었다.
그의 경우는 『사기』에 기록되어 있듯이 실질적으로는 여치와 그 아들 혜
제를 모셨다. 그리고 임오가 온 뒤에도 그는 변함없이 여치를 모셨다. 유
방이 항우의 부재중에 팽성을 함락시킨 것은 2년 후의 일이다. 즉 심이기
는 유방이 각지를 전전하고 있는 3년 10개월 동안 여치를 모신 셈이 된다.
게다가 항우의 역습 속에서 유방 부재중의 본가가 뿔뿔이 흩어졌을 때에
도 여치의 곁을 떠나지 않고 옆에 있다가 두 사람은 항우의 포로가 되었
다. 그는 다시 1년 동안 포로로서 여치의 곁에 있었다.

그동안 두 사람 사이에는 강한 신뢰관계가 생겼다. 유방 사후에 심이기
는 여치 즉 여후에 의해 선임 재상으로 발탁되었다. 이때 여러 추문이 나
돌았는데, 완전히 아무 근거 없는 헛소문만은 아니었던 것 같다.

13장
관중왕 유방

유방은 한(韓) 지방에서 남양군(南陽郡)으로 빠져 무관(武關)을 함락시킨 뒤 관중으로 들어간다는 전략을 세웠다.

당시의 천하형세에 대하여 『사기』 진시황 본기는 다음과 같이 기록하고 있다.

> 항우가 진나라 장군 왕리(王離) 등을 거록(鉅鹿)에서 항복시키고, 다시 진격하자 장함(章邯) 등의 군대는 그 위세에 압도되어 퇴각을 거듭했다. 장함은 상서(上書)하여 구원부대를 요청했다. 연·조·제·초·한·위는 모두 왕의 호칭을 사용하고 제후로 자립했다.

장함이 중앙에 구원부대를 요청한 것은, 정확히 유방군이 조나라 별장 사마앙과 충돌했을 때 즉 진나라 이세황제 3년(기원전 207) 4월의 일이다. 이때 함곡관 이동(以東)의 지역은 모두 진나라를 배반하고 제후에 호응했고, 제후는 모두 병사를 거느리고 서쪽을 향해 진나라를 공격하려 했다. 항우군의 우위가 명확해지면서 정세에 큰 변화가 생겼던 것이다.

유방이 무관으로부터 관중으로 진격하려는 전략을 세운 동시에 실패에 대비해 임오 등을 풍읍으로 파견하여 부친 유태공이나 아내 여치 등을 보호하도록 지시한 것은 그 다음달의 일이었다.

무관 공격을 단행한 유방은 새로운 임무에 따라 전체 군단 내에서 최정예부대를 선발하는 형식으로 군을 재편했다. 군수물자 관계나 농성·방위

전투에 대응하는 공병부대는 최소한으로 줄였다. "가능한 한 신속한 진군"이 전군의 표어였다. 장함군이 불리하다는 정보가 진 지방에 널리 퍼지면서, 진나라의 방위체계는 내부에서 붕괴되기 시작했다. 유방군은 참으로 신속한 진군을 계속했다.

유방군은 팽성에서 낙양까지 직선으로 약 400km의 거리를 지금까지 약 8개월의 시간 동안 행군하여, 점령지에서 진나라 관리를 쫓아내고 병사를 모집해 왔다. 전선의 후배지(後背地)는 유방의 세력범위로 재편되었던 것이다. 이 지역이, 반진(反秦) 정서가 팽배한 전국시대의 송나라와 위나라 땅이었다는 점도 유방의 행군을 도왔다.

이후 유방의 진군의 경로는 낙양에서 남양(南陽)까지 직선으로 약 200km, 남양에서 함양까지 약 400km로 총 600km이지만, 그 행로의 태반은 험준한 산악지대에서의 행군이었다. 그러나 결과적으로는 그 이전 여정의 약 1.5배에 달하는 이 험난한 길을 불과 4~5개월 만에, 즉 그 전에 들어간 시간의 절반이 조금 넘는 기간에 답파했던 것이다

처음으로 유방군의 진군을 막았던 것은 진나라 남양군수인 의(齮)였다. 그는 옛 한나라 영역과의 경계에 있는 주(犨)에 방위선을 치고 유방과 싸웠지만 패하여, 군도(郡都)인 완(宛)에서 농성했다. 진군을 서두른 유방은 완을 그냥 지나쳐 무관으로 향했지만, 장량이 간언을 올렸다. 아래는『초한춘추』의 기록이다.

> "패공 각하는 관중 진격을 서두르고 계시지만, 진나라 병사는 아직 많고, 험준한 지형에 기대어 저항하고 있습니다. 지금 남양의 군도인 완을 그대로 둔 채 진군을 계속한다면, 완의 군대가 배후를 치고, 전방에는 진나라의 강력한 군대가 기다리게 되어 매우 위험합니다." 이에 유방은 밤중에 군사를 돌려 완을 공격했다. 유방군은 군기(軍旗)를 감추고, 병사는 술잔을 입에 물고, 말은 재갈을 물리고, 새벽에 닭이 울기 전에 이미 완의 성곽을 삼중으로 에워쌌다.

땅에서 솟아난 듯한 유방군의 뜻하지 않은 공격에 깜짝 놀란 남양군수 의가 자살하려고 했다. 이때 이미 장함은 항우에게 항복했는데, 남양군수 의도 그 소식을 듣고 절망하고 있었을 것이다. 그러나 그의 측근인 진회(陳恢)라는 자가 용기를 주었다. 진회는 스스로 유방군에 사자(使者)의 신분으로 찾아가서 항복을 출원했다. 그는 만약 유방이 항복한 진나라 관리의 신분을 보장해준다면, "여러 성(城)에서 아직 항복하지 않은 자들이 소문을 듣고 다투어 성문을 열어놓고 기다릴 것입니다. 족하(足下)는 통과해 가는 데 거칠 것이 없게 됩니다"라고 말했다. 유방이 진나라 관리의 신분을 보장해준다는 소문을 들으면, 지금까지 두려워 항복하지 않았던 여러 성이 기꺼이 성문을 열고 유방을 환영할 것이라는 이야기이다.

유방은 흔쾌히 이 신청을 받아들였다. 그 결과 유방군이 이르는 곳마다 각 성은 바람에 드러눕는 갈대처럼 항복했다.

그런데 앞에서 소개한 장량의 간언은 매우 타당할 뿐 아니라 당시의 상황을 잘 전해주는 것으로도 흥미롭다. 패공은 서두르고 있었다. 누구보다 빨리 관중에 들어가고 싶었기 때문이다. 그러나 그가 군사상식을 무시하고, 배후에 강력한 적대세력을 남긴 채 무관(武關)공격에 나서려 한 것은, 역으로 말하면, 조(趙) 지방에서 장함의 항복에 대한 정보가 진나라 군대에도 전해져 있어, 진나라 군대는 반은 해체 상태에 있었음을 뜻한다. 만약 그렇지 않았다면, 아무리 낙관적인 유방이라도 그런 판단을 내릴 리는 없기 때문이다. 또 동시에 장량의 "진나라 병사가 아직 많다"는 말도, 진나라 군대는 해체되고 있었지만, 역시 군대의 규모는 엄청났던 상황을 표현하고 있다.

유방은 장량의 간언에 따라 자세를 다시 가다듬었다. 남양군수 의의 항복을 받아들임으로써 이후 서방에는 가는 곳마다 "항복하지 않는 자가 없었다."

그러나 바람에 드러눕는 갈대처럼 항복한 각 성은 당연하지만 병력을

유지하고 있다. 만약 조 지방의 전쟁 국면이 공수를 교대하여, 장함군이 항우군에게 큰 타격을 주게 되는 일이 일어나면, 이들 각 성은 손바닥 뒤집듯이 연합하여 유방군을 포위할 것이다.

유방은 무관 앞 약 50km 지점에서 진군을 멈추고, 군단의 일부를 할애하여 그 후배지의 소탕전에 들어갔

위의 사진은 무관의 유적지. 아래 사진은 무관 부근의 풍경(사카모토 가즈토시(坂本一敏) 제공).

다. 이때 활약한 자가, 앞에서 유방과 헤어져 독자적인 군단을 조직하여 이 지방에 들어와 있던 왕릉(王陵) 즉 일찍이 소년시대부터 청년시대에 걸쳐 유방이 형으로 모시던 인물이다.

왕릉은 무인 풍의 성실한 사나이였다. 오랜만에 유방을 만나, 자기가 유방에 미치지 못함을 새삼 자각한 그는, 유방에 대한 신종(臣從)을 맹세하고, 이 소탕전에 참가했다. 그 외에 장강 중류 소수민족의 왕인 파군(番君) 오예(吳芮)의 별장이었던 매현(梅鋗)의 군사도 유방군에 합류했다. 진나라의 소수민족정책은 가혹했는데, 장강 중·하류 지역의 소수민족 가운데 일부는 처음에는 장초(張楚), 다음에는 회왕의 초나라, 그리고 지금

은 유방군에 가담했다.

유방은 이들 새로 참가하거나 다시 돌아온 부대를 동원하여 서릉(西陵)·호양(胡陽)·석현(析縣)·역현(酈縣) 등의 진나라 군대에 타격을 가하고, 만에 하나 진나라의 반격으로 퇴각해야 할 경우 그 근거지를 확보한 뒤, 오래 전부터 따르고 있는 여러 신하들을 거느리고 자신이 직접 진두지휘하여 무관 공격에 착수했다.

『사기』는 여기에서 수수께끼 같은 기술을 남기고 있다.

> 〔유방은〕 위나라 사람 영창(寧昌)을 진나라에 파견했지만, 진나라 사자(使者)는 아직 이르지 않았다.

그리고 항우의 활약에 의하여 장함군이 항복한 사실을 기록한 뒤, 다음과 같이 언급했다.

> 〔전에 진나라 이세황제를 부당하게 즉위시킨 진나라의 환관〕 조고(趙高)가 이세황제를 살해한 뒤, 〔진나라의〕 사자가 와서 관중을 조고와 유방이 양분하여 서로 왕이 되자는 제안을 했지만, 패공은 이를 거짓말이라고 생각했다.

유방은 도대체 어떤 용건, 어떤 제안이 있어서 사자를 파견했던 것일까?

위에서 인용한 것은 『사기』 고조 본기이지만, 시황제 본기에는 실은 더 수수께끼 같은 기사가 남아 있다.

> 패공은 수만 명을 거느리고 무관을 도륙(屠戮)한 뒤 몰래 사자를 조고에게 보냈다.

여기서는 '몰래'라고 기술했는데, 정정당당한 사자가 아니었음이 분명하다. 더욱이 시황제 본기는 조고가 이세황제를 시해하고, 이세황제의 형의 아들인 자영(子嬰)을 세우려 했던 일을 기록하고 있는데, 여기에서 자영은 조고의 본심을 의심하여 다음과 같이 말하고 있다.

조고는 초(楚)와 밀약을 맺고, 진나라 종실을 모두 죽여 관중의 왕이 되려 한다는 풍문이 있다.

이 초라는 것은 초나라 회왕의 지배하에 있는 유방으로밖에는 생각되지 않는다.

청말(淸末)의 대학자 유월(兪樾)은 이상의 기술을 종합하여, 유방이 영창을 진나라에 파견한 것은, 조고에게 이세황제를 죽이는 대신 그의 신분을 보장할 것을 시사하기 위해서라고 파악했다. 조고는 조(趙)나라 출신이고, 실제로는 진나라의 멸망을 원하고 있었으므로, 유방은 그와 밀약을 맺은 것이라는 이야기이다.

이 이상의 사료는 남아 있지 않기 때문에 결론을 내기 어려운 문제이지만, 이미 한초(漢初) 이래 유방에게 불리한 사료의 대부분이 개정되었거나 삭제되었다. 그런데도 여전히 유방에게 불리하게 해석되는 기술이 남아 있는 경우, 그것은 역사의 실상을 반영하고 있을 가능성이 높다. 유월의 의견은 충분히 고려할 만한 탁견이라고 말해도 좋을 것이다.

이때 유방은 수만 명을 거느렸다고 하지만, 비록 와해되고 있다고는 해도 진나라의 군대는 수십만 명 이상이다. 게다가 지금까지와 같이 외지에서 싸우는 것이 아니라, 관중으로 침입해 온 적과 싸우는 것이기에 원래의 사기를 회복할 가능성이 있다. 한편 항우가 거느리는 초나라 군대가 더 빨리 입관할 가능성은 더 높다.

『사기』 고조 본기는 "사자가 와서 관중을 조고와 유방이 양분하여 서로 왕이 되자는 제안을 했지만, 패공은 이를 거짓말이라고 생각"했기 때문에 공격했다고 한다. 그러나 그것은 유방의 중대한 제안에 대한 수락을 보장하는 조건을 조고 측이 구체적으로 제시하지 않았기 때문이 아니었을까? 만약 조고의 수락이 거짓말이 아니라는 것을 확신했다면, 유방은 공격하지 않았을 것이다.

이 시점에서는 양자는 적이므로 공격하는 것이 당연한데도, 상대가 거짓말을 하고 있기 때문에 공격했다는 기술은, 생각해보면 부자연스럽다. 유방의 행동을 미화하는 입장에서 말하면, 이런 제안이 실제로 행해졌더라도, 패공은 이를 받아들이지 않고 공격했다고 써야 할 대목이다. 그렇게 되어 있지 않은 점으로 보건대, 이 문장은 당시 좀 더 구체적으로 남아 있던 사료 가운데 육가(陸賈) 등이 삭제해버리지 못한 것 중 일부일 가능성이 있다.

육가의 『초한춘추』는 당시의 현대사 가운데 유방의 행동을 최대한 미화한 책이다. 다만 당시에는 아직 많은 역사적 사실이 경험자에 의해 다 아는 바로서 이야기되고 있었다. 따라서 역사의 미화는 꽤 강한 제약을 받고 있었다. 『사기』는 상당히 양질의 역사사료인 『초한춘추』 등에 의거하여 서술되었다. 사마천 역시 한나라 조정의 신하로서 고조 유방의 행동을 미화해야 할 입장에 있었고, 이 미화의 요청과 역사의 실상을 정확히 전해야 한다는 사명감 사이에서 괴로워하면서 『사기』를 편찬했던 것이다.

유월의 주장이 정곡을 찌르고 있는지 여부는 아직 문제가 남아 있다고는 해도, 『사기』의 서술에는 그 행간에서 어떤 진실을 찾기 위한 독해가 필요하다고 생각한다.

한편 중원에서 진 지방으로 들어가는 경우 북쪽 관문은 함곡관이고, 남쪽 관문은 현재 유방 집단이 노리고 있는 무관이다. 먼저 입관한 자를 관중의 왕으로 삼는다고 할 때의 '관'은 아마 함곡관을 의미했겠지만, 무관으로부터 진 지방으로 들어가도 입관인 것은 분명하다.

그런데 무관은 아무런 저항도 없이 유방 군단의 통과를 허용하고 말았다. 오히려 만만치 않았던 것은, 이 경로의 제2차 방위선이 되어 있었던 요관(嶢關)의 수비병이었다. 유방 군단은 이미 진 지방에 들어와 있다. 여기에서 공략에 실패하면, 그들은 독 안에 든 쥐가 되어 버리고 만다.

장량은 요관 주위의 산들에 실제 병력수의 몇 배나 되는 군대의 기(旗)

와 치(幟)를 세워놓고 수비군을 압박한 뒤, 언변이 좋은 육가(陸賈)와 역이기(酈食其)에게 많은 재물을 가지고 가서 수비군의 장수들에게 주고 잘 구슬리도록 했다. 장수들은 진나라 중앙을 배반하고 유방군에게 협력하여 함양을 공격하겠다고 자청했다.

『사기』는 유방이 그들의 요청을 받아들이려고 한 순간, 장량이 반대했다고 기록했다.

"이것은 군단의 여러 장수가 모반하려고 하는 것일 뿐, 부하들은 찬성하지 않을 것입니다. 부하들이 반대하면, 우리는 위험한 상황에 빠지게 됩니다. 여기서는 그들의 방심을 이용하여 습격해야 합니다."

그래서 유방은 이제는 유방군을 우군으로 믿고 있는 수비군을 공격하여 대파했다고 한다. 장량의 군사전략은 강렬했다.

이것은 거의 역사적 사실 그대로의 기록일 것이다. 장량의 일생은 진나라 타도에 바쳐졌다고 해도 좋다. 그는 권력에도 명예에도 담박하게 초연한 면이 있었지만, 진나라에 대한 적의만큼은 치열하고 냉철했다.

유방은 항상 크게 낙관적이고, 세계는 자신을 중심으로 움직인다고 믿었다. 그것이 그의 주위에 많은 지지자가 모여들고 있는 비결이고, 또 역으로 그를 지원하는 다방면의 인재가 필요하게 되는 이유이기도 하다.

지금까지 유방의 치밀하지 않은 대강의 지시를 일상적인 조직적 능력으로 구체화하는 소하(蕭何), 군사지휘관인 조무상(曹無傷)과 조참(曹參), 중견장교인 주발(周勃)과 관영(灌嬰), 외교부문을 담당하는 역이기와 육가라는 식으로 일종의 분업이 성립하고 있었지만, 천하의 정세를 큰 시야에서 판단하고 주체적으로 맞서 방책을 세우는 능력에서 유방과 장량의 궁합은 절묘했다.

유방의 시야에는 항상 천하 전체가 있었다. 장량에게도 한신이나 소하에게도 나름대로 천하 전체에 대한 이미지는 있었지만, 유방의 경우에는 이 천하 전체에 대한 이미지 그 중심에 항상 자기가 존재했다.

그가 그리는 천하의 모습은 그의 권력욕과 결부되어 있었다. 장량·한신·소하, 어떤 의미에서는 항우도 그들이 맺고 있는 권력과의 관계는 일종의 공평무사에 가까운 요소가 보이지만, 유방은 그렇지 않았다. 그의 경우에는, 모든 것이 오로지 그의 권력욕과 결부되어 있기 때문에, 거기에는 다른 요소가 부정한 마음으로 들어갈 여지가 없다. 물고기는 물고기이고 섬이 섬인 것처럼, 그는 정치가인 것이다.

이와 같이 그의 주변, 특히 그 중심 가까이에는 뜨거운 열기를 띤 인간관계가 연결되어 있었다. 유방은 이 열기가 최고조에 달한 관계의 중심이고, 말하자면 태양처럼 그 주변의 인물들에게 주시되고 추종되었다. 유방과 그 주변 인물들의 타오르는 에너지는 주위의 일개 병졸에게까지 미치고, 군단을 결속시켰다. 그 에너지는 더욱 멀리 주변의 일개 서민에게까지 미치어 유방 집단의 지배영역을 확립했다.

노관(盧綰)이나 하후영(夏侯嬰) 혹은 소하조차도 유방의 영향 아래에서 천하를 시야에 넣게 되었다.

그러나 장량의 경우에는 그 자신이 진 제국과의 대결이라는 길을, 유방과의 만남 훨씬 이전부터, 자기 인생의 목표로 선택했다.

장량은 신상필벌에 입각한, 한 올의 실도 흐트러지지 않는 진나라 군대의 규율, 천하의 끝까지 지배하는 법률, 법률에 의한 지배를 뒷받침하기 위해 훈련된 행정조직 등 흡사 군사조직과 같은 체계적인 지배구조의 강력함을 사무치도록 깊이 이해했다. 그리고 긴 반진(反秦)투쟁 속에서 옛 6국에서는 이런 체제를 만들 수 없다는 것, 진나라 타도는 가혹한 지배에 의하여 억압받고 상처받은 사람들을 진나라의 지배방식과는 정반대의, 일종의 무정형(無定型)의 인간관계를 통하여 조직화해 나가는 것 이외에는 있을 수 없다는 결론에 도달했다.

확실히 장량은 임협적 관계에 기반을 둔 그물코의 확대 속에서 무정형의 인간관계를 자신의 주위에 서서히 만들어 갔다. 그러나 유방과 만난 뒤, 이 점에서 자신과는 현격한 격차를 보이는 능력을 가진 인간이 존재함을 알았다.

장량과 유방의 관계는, 이 도리를 충분히 이해한 자와 그것을 충분하게는 이해하지 못한 채 매일 자기의 몸으로 구현하고 있는 자와의 만남이었다. 바꿔 말하면, 천기(天機)를 쥘 능력은 없지만 천기를 쥘 방법을 알고 있는 자와, 천기를 쥘 능력을 갖고는 있지만 천기를 쥘 방법을 모르는 자가 만났다는 이야기가 된다. 장량에게 유방이란, 하늘이 자기의 목표를 이룰 수 있도록 내려주신 인물이었다.

나중에 황제의 자리에 오른 유방은, 장량의 큰 공에 보답하기 위하여 제(齊) 지방의 3만 호를 주려고 했다. 한초(漢初)에 신하의 영지는 조참(曹參)에게 준 1만 600호가 최대이기 때문에, 이것은 대단한 우대이다. 그러나 장량은 사양했다. 『사기』 유후 세가에는 그의 말로서 다음과 같이 기록하고 있다.

> 처음 신은 하비(下邳)에서 반란을 일으켜 폐하와 유(留)에서 만나게 되었습니다. 이것은 하늘이 신을 폐하에게 내려주신 것입니다. 폐하는 신의 계략을 써서, 다행히 그때그때마다 적중했습니다. 신에게는 이 유(留)를 영지로 내려주시길 바랄 뿐입니다. 3만 호는 당치도 않습니다.

정확하게 말하면 장량은 초나라 왕이라고 자칭한 경구(景駒) 밑으로 달려가던 도중에 유방과 만났다. 이것을 "유에서 만났다"고 한 것은, 유방이 경구의 막하에 있던 때 만났다는 의미이다. 이리하여 장량은 유(留)에 1만 호의 영지를 얻고 유후(留侯)라고 칭했다. 하늘이 자기를 유방에게 내려주었다는 것은 강렬한 자부심의 발로이지만, 유방 또한 그의 이 말이 진실이라고 인정했다.

또 유후 세가에는 다시 다음과 같은 언급이 보인다.

> 우리 집안은 대대로 전국시대 한나라의 재상이었다. 한나라가 멸망하자,

만금의 재산을 던져 망국 한나라를 위하여 막강한 진나라에 복수해서 천하를 진동시켰다. 이제 세 치의 혀를 가지고 황제의 스승이 되어 만 호의 영지에 봉을 받고, 지위는 제후에 오르게 되었다. 이것은 서민으로서 최고의 자리에 올랐다고 해야 한다. 더 이상의 만족은 없다. 지금은 이 세상과 하직인사를 하고, 옛 선인(仙人)인 적송자(赤松子)*의 자취를 따르고자 한다.

여기서도 그는 당당하게 자기가 제왕인 유방의 스승이었다고 술회하고 있다. 제왕의 스승이란 통상 주공(周公)·공자(孔子)의 도(道)를 가르치든가 도교와 불교의 성례(聖禮)를 전수하는 자를 가리킨다. 필자의 좁은 소견으로는, 후세의 사서(史書)에서 이와 같이 직설적으로 자기의 공을 말한 예는 없다.

한편 우리는 유방에 대해서도 마찬가지의 솔직함을 발견할 수 있다.

물론 그는 반드시 정직한 인간은 아니었다. 여러 사람 앞에서 당당하게 거짓말을 하고, 허를 찔린 상대가 바로 적절한 반박을 찾아내지 못하여 유방의 말이 역사의 진실로 정착해버리는 사태가 자주 있었다. 그러나 이것은 유방의 입장에서 보면 거짓말이라고 할 수도 없다. 자기가 옳다고 말하고 있는 것에 반론을 할 수 없는 상대가 얼뜨기이다. 바꿔 말하면, 여러 사람 앞에서 정정당당하게 새로운 역사가 만들어지는 것이다.

이중잣대와 궤변을 구사하여 항우를 막다른 골목으로 몰아가는 유방의 모습은, 『사기』가 의거한 당시의 사료 속에서 반드시 적극적으로 미화된 것만은 아닌 것 같다. 뒤에서 살펴볼, 이른바 홍문(鴻門)의 연회에 대한 기록은, 유방 자신이 역사의 날조에 적극적으로 관여한 극소수의 한 예일 것이다. 『사기』에는 미화되거나 날조된 기사와, 사실을 그대로 서술한 기사가 혼재해 있지만, 후세의 사서(史書)와 비교할 경우에는, 후자의 비중이 압도적으로 많다. 그것이 『사기』의 매력이고, 당시의 기록이 이런 형태

---

* 신농(神農) 시기의 우사(雨師)로서 후에 곤륜산(崑崙山)에 들어가 선인(仙人)이 되었다는 전설의 인물이다.

로 남아 있는 것은, 솔직하고 호방한 유방 등의 인간성에 기인한다.

무관(武關)은 한수(漢水)의 한 지류인 단수(丹水) 상류에 위치하고 있지만, 이 단수를 따라 진령(秦嶺)산맥의 동쪽 가장자리, 종남산(終南山)으로부터 화산(華山)으로 이어지는 산등성이를 북으로 넘은 패수(覇水)의 원류(源流) 주위에 요관(嶢關)이 있다. 요관을 돌파하면, 뒤는 진령산맥의 북쪽 산등성이를 내려가 함양까지 약 100km, 일직선의 진군이 된다.

이 중요한 방위선이 뚫린 진나라 군대는 패수의 부채꼴 지형의 사북에 위치하는 남전(藍田)에서 최후의 결전에 나섰다.

유방군은 여기서도 한 사람의 병사가 몇 개의 기(旗)와 치(幟)를 꽂아 위협한 뒤 진나라 군대를 격파했다. 진 지방에 들어와서 싸우고 있던 와중에 유방군의 군기는 엄정했고, 약탈은 보이지 않았다. 유방군은 충분한 군수물자부대를 편성하지 않고, 낙양으로부터 말을 달려 관중에 이르렀기 때문에, 식량을 비롯한 군수물자는 거의 휴대하고 있지 않았다. 민중에 대한 약탈을 행하지 않은 것은, 진나라가 그 요충지에 대량의 식량을 비축하고 있었기 때문이다.

진나라는 이 약 150년 정도 이전에 행한 상앙(商鞅)의 변법(變法)에 의하여 매우 효율적으로 편성된 군국주의 체제를 수립했다. 이때 이래로 진나라는 외국의 침입을 받는 일 없이, 일방적으로 관외(關外) 즉 함곡관·무관 밖의 각국을 공격하고, 그 영지를 잠식해갔다. 바깥의 함곡관, 안의 무관을 통과하는 교통노선은 진나라로서는 일방적인 출정의 길로 존재하고 있었으므로, 거기에는 충분한 방위체계 없이 대량의 군수물자가 비축되어 있었다. 얄궂게도 그것이 유방의 진격을 지원했던 것이다.

유방군은 진나라 사람들에게 해방군의 입장임을 선전했다. 이 점에 관해서는 장량의 건의를 기다릴 필요도 없이 유방은 천성적인 퍼포먼스 능력을 가지고 있었고, 그 자신도 자신의 군대가 해방군이라고 믿어버린 것이 전군에 독특한 활력을 주었다. 아래는 『사기』의 기록이다.

> 진나라 군대는 의기소침하여 침울해지고, 진나라 사람들은 의기양양하여 기뻐했다.

이리하여 유방군은 일사천리로 진나라 수도 함양을 향해 쇄도했다. 『사기』의 기록이다.

> 한(漢) 원년 10월(기원전 207) 패공의 군대는 제후보다 앞질러 패상(覇上)에 이르렀다. 진왕 자영(子嬰)은 백마가 끄는 소거(素車, 하얀색 수레)를 타고 목에는 끈을 걸었는데, 황제의 옥새와 황제의 사자(使者)의 도장인 부절(符節)을 이 끈에 매달고, 지도정(軹道亭) 옆에서 항복했다.

백마로 하얀색 나무수레를 끄는 것은 원래는 장례의식이다. 여기서는 장례의식이 망국의 의식으로 전용되고 있다. 죽은 사람에 대한 의례를 가지고 망한 나라의 의례로 삼은 것이다.

진왕 자영(子嬰)은 유방군에 저항함으로써 사형에 해당하는 죄를 지은 인간이고, 이 세상에 일체의 권리를 갖지 않는 죽은 자라는 연기를 했다. 그리고 이 죽은 자에 대하여 유방 측은 관대하게도 재생의 은인으로서 그 목숨을 살려주는 의식을 행하는 것이다. 그것은 영원한 복종을 상징적으로 보여주는 의례이다.

원문은 이 의식이 행해진 장소를 '지도(軹道)의 옆'이라고 하지만, 지도는 진나라 패성현(覇城縣)에 있는데, 거기에는 지도정이 세워져 있었다.

항복의식은 군대가 항복하는 경우 상대의 군문(軍門)에서 행해지고, 나라의 경우 국경의 정(亭)에서 행해진다. 일찍이 전국시대 위나라는 진나라와 위나라 국경에 위치한 응정(應亭)에서 진나라에 '조'(朝)를 했다. '조'란 위나라가 진나라에 대하여 종속적 입장에 있음을 표명하는 것이고, 정에서의 항복에 준하는 의식이다.

정은 원래 망루를 가리키는데, 높은 망루를 갖춘 군사적 거점으로서 취락의 의미도 포함된다. 정은 잠재적으로 적국과 자국의 경계이다. 군문도

창을 맞대어 정문(亭門)을 지키는 정장(亭長). 신화적 사고에서는 군문이나 궁문 등 생사의 경계를 지키는 경비원이기도 하다.(『鄭州漢畵像磚』, 河南美術出版社, 1988에서)

군사적인 힘의 중심과 군사적인 힘이 발휘되는 대상을 구별하는 중요한 경계이다. 그런 장소가 상징적으로 생사의 경계라는 의미를 갖게 되었다.

전에 진나라 환관 조고는 이세황제를 시해하고 자영을 국왕으로 옹립했다. 이세황제는 전국을 통치하는 황제였지만, 이제는 이미 관중 이외의 땅을 제후에게 빼앗긴 상태였기 때문에, 조고는 자영을 진왕(秦王)으로 칭하도록 했다. 자영은 이에 역습을 가하여 조고를 살해했지만, 황제의 자리에 나아가지는 않고 계속해서 진나라의 왕을 칭했다. 이 경과가, 유방과 조고의 '비밀스런' 사자의 주고받음과 어떤 관계가 있었는지 그 여부는 지금에 이르러서는 알 수가 없다. 어쨌든 진나라의 왕 자영은 겨우 자기에게 남겨진 영역과 유방군과의 경계에 위치하는 패성현 지도정에서 정치적으로 사망선고를 받은 자로서 장례의식을 치르듯 유방에게 항복한 것이다.

진왕 자영을 죽여야 한다는 의견도 있었지만, 유방은 이를 물리쳤다. 자영의 항복을 받아들인 유방 군단은 당당하게 진의 수도 함양에 입성했다. 『사기』 고조 본기의 기록이다.

> [패공은] 이리하여 서쪽 함양으로 들어갔다. 진나라 궁전에 머물러 그곳에서 쉬려고 했으나, 번쾌와 장량이 간했으므로 진나라의 보물과 재물을 각종 창고에 봉인(封印)하고 군대를 패상(霸上)으로 돌렸다.

이 기록에 의하면, 유방은 진나라 궁전에 들어가지 않은 것처럼 보이지만, 사실은 그렇지 않았다. 다음은 『사기』 유후 세가의 기록이다.

> 패공은 진나라 궁전에 들어갔다. 궁실(宮室), 휘장, 구마(狗馬), 보물, 궁
> 녀는 모두 천의 단위로 헤아릴 정도로 호화스러웠다. 유방은 궁전에 눌
> 러앉고 싶었다.

『사기』에서 소하(蕭何)의 전기를 다룬 소상국(蕭相國) 세가에 의하면 다
음과 같다.

> 패공이 함양에 이르자, 여러 장수는 다투어 금백(金帛)과 재물 창고에 강
> 제로 들어가 이를 무더기로 나누었다.

패공은 궁전 밖에 머물고, 부장(部將)들만이 궁전에 들어갈 리는 없다.
『사기』에는 이처럼 사실이지만 유방의 일로 쓰기 어려운 기사는, 고조 본
기에는 기록하지 않고, 다른 부분에서 기록하는 일이 있다.

유방은 여러 장수를 거느리고 진나라 궁전에 들어갔다. 여러 장수가 약
탈하고 있을 때 그는 황제의 옥좌에 앉아 고위간부를 소집하여 승리의 연
회를 열고 있었으리라 생각된다. 이 연회의 모습에 대한 기록은 없지만,
"술과 여자를 좋아한다"고 특필된 유방이었기 때문에, 대강의 광경은 상
상하기 어렵지 않다.

측근인 번쾌가 이를 강하게 간한 것은, 진 제국의 궁전과 그 재화 그리
고 궁중의 미녀들에게 바로 마음을 빼앗긴 유방의 행동에 직감적인 불안
을 느꼈기 때문인 것 같다. 확실히 유방에게는 천성적인 황제의 관록이 있
었지만, 진나라 궁전의 옥좌는 민중반란의 영웅을 위해 만들어진 것은 아
니고, 억압자인 진나라 황제를 위해 만들어진 것이다. 이때 유방은 시황제
의 재림으로서 옥좌에 앉아 있었다.

그보다 더 중대한 문제가 있다. 진 제국의 궁전에 눌러앉는 것은 황제
를 대신하여 천하에 호령하는 입장에 서는 것이다. 초나라 회왕은 최초로
관중에 들어간 자를 관중왕(關中王)으로 삼을 것을 여러 장군들에게 약속
했지만, 관중왕과 천하의 황제와는 커다란 차이가 있다. 유방이 진나라 왕

의 항복을 받아들인 것에 대한 정당성 또한 이 약속의 연장선상에 있다. 유방이 진 제국의 궁전에 눌러앉는 것은 분명한 월권행위였다.

유방은 번쾌의 간언을 일축했다. "이 아버지가 실력으로 진나라를 항복시킨 것이다. 진나라 궁전을 새로 시작하는 유방 왕조의 궁전으로 하여 무엇이 나쁜가? 게다가 이 아버지가 저 진나라의 악정을 이어받을 리가 없지 않은가!"라고 말했을 것이다.

그러나 장량 역시 일의 도리를 말하여 강하게 간했기 때문에, 유방은 겨우 제정신으로 돌아왔다. "진나라의 보물과 재물을 각종 창고에 봉인하고" 패상(覇上)의 야영지로 군대를 되돌렸다는 것은, 이 시점에서의 유방의 행위이다. 다만 보다 구체적으로 '이 시점'을 확정하는 것은 지극히 어렵다. 일단 진나라 왕의 궁전에 들어간 직후에 패상으로 군대를 되돌려 야영하는 것이 가능할 만큼, 유방군의 통제가 잡힐 수 있었을까 그 여부도 확실하지 않다. 혹은 '이 시점'이 항우군이 함곡관을 강제 돌파한 시점이었을 가능성조차 간단하게는 부정할 수 없다.

유방 군단이 진나라 궁전에 들어갔는지 여부에 대하여 『사기』가 모호한 기술을 남기고 있는 것 또한 "대(大)를 소(小)로 하고, 소를 미(微)로 하고, 미를 무(無)로 한다"는 필법(筆法)이지만, 그것은 아마 사마천의 죄는 아닐 것이다. 적어도 육가의 『초한춘추』 시점에서 이미 이렇게 미화되고 있었던 것으로 생각된다. 사마천이 『사기』를 쓸 당시에는, 유방은 진나라 궁전에 들어가지 않았다고 하는 것이 정설이 되어 있었을 것이다. 몇 개의 서술을 대조하고 확인해서 읽으면, 사정이 그렇지 않은 것을 알 수 있도록 사마천이 원래의 기사를 보존해 둔 것은, 그의 큰 공적이었다고 말할 수 있다.

유방군의 진나라 궁전 입성은, 유방 집단에게는 이상과 같은 에피소드와는 차원이 다른 중대한 성과를 가져왔다. 앞에서 인용한 소상국 세가에는 계속해서 다음과 같이 기록되어 있다.

약탈에 분주한 장수들을 무시하고, 소하는 혼자 진나라 승상과 어사(御史)의 관공서에 소장되어 있는 율령(律令)과 도서를 압수하여 보관했다. 그리고 이 기초 위에서 패공은 한왕(漢王)이 되고, 한왕이 된 패공은 소하를 승상으로 임명했다.

승상부(丞相府)는 광의의 행정을 총괄하고, 어사부(御史府)는 그에 관련하는 문서 계통을 총괄 정리하는 관공서이다. 그리고 소상국 세가는 그 외에 다시 아래와 같이 기록하고 있다.

> 이후 관중에 들어온 항우와 제후는 함양을 불태우고 진나라 사람들을 살육한 뒤 떠나갔다. 한왕(漢王)이 천하의 요새지, 인구, 각 지역의 경제적·정치적 역량, 각지 인민의 고통 등을 자세히 알 수 있었던 것은, 소하가 진나라 도서를 손에 넣었기 때문이다.

이 기록 덕분에 우리는 여기서 말하는 도서가, 광의의 행정에 관한 기본사료였음을 알 수 있다.

당시 역사의 실상을 전하는 이들 사료는 죽간(竹簡)이나 목독(木牘)인데, 그것들은 일찍이 잃어버려 전해지는 것이 없었다. 그런데 20세기에 들어와 많은 죽간이나 목독이 땅속에서 발굴되었다.

최초로 출토된 것은, 1907년 오렐 스타인이 발견한 700여 점의 돈황(敦煌) 한간(漢簡)이었다. 이어서 스벤 헤딘이 1930년부터 1931년까지 돈황의 동북 약 600km 지점에 위치하는 한대(漢代) 거연(居延)의 성채 유적에서 약 1만 점의 거연 한간을 발견했다. 또 중화인민공화국이 성립된 이후, 1973년부터 이듬해에 걸쳐 이 지역에서 다시 약 2만 점의 새로운 거연 한간이 발견되었다.

이들 한간은 모두 서역의 오아시스 지역에 남겨져 있었다. 거기에 기록되어 있던 것은 중국 내지(內地)에서 동원된 변경방위부대의 실상인데, 병사의 대부분이 내지에서 왔다는 이유를 보더라도, 단순히 변경의 특수한 정황을 전하는 것에 불과하다고 내다버릴 수는 없다.

한대(漢代) 동해군의 군정(郡政) 일
람 '집부'(集簿)(『尹灣漢墓簡牘』에
서).

이들 사료는 진한(秦漢)시대의 국가가 문서 시스템을 통해 말단의 민중을 파악했음을 보여준다. 이런 말단의 사정이 항상 실시간으로 중앙에 전해지는 것을 보장하는 관할체계의 실상을 보여주는 사료도 최근에 출토되었다.

이미 그 일부를 소개한 한대의 동해군(東海郡) 윤만(尹灣) 한묘(漢墓) 간독(簡牘) 속에 '집부'(集簿)라고 이름이 붙어 있는 한 점의 목독이 바로 그것이다.

이 시기의 문서행정 시스템에서 행정기구의 말단에는, 예컨대 한 병사의 감기에 대한 기록까지 포함하는 방대한 정보가 축적되어 있다. 이들 정보는 행정의 단계가 높을수록 일정한 기준에 의해 압축되어 간다. 중앙은 이들 정보를 몇 개의 항목으로 나누어 정기적으로 점검하는 것이다.

이 목독은 군(郡)이 중앙에 보낸 보고서이다. 표의 상부에 '집부'라는 표제가 적혀 있는데, 군내 행정정보의 정수를 집약한 것임을 보여준다. 여기에 기록되어 있는 것은 동해군에 설치된 각급 관공서의 수, 영역의 크기, 관리의 수, 인구, 경지면적, 전곡(錢穀)으로 총칭되는 재정의 결산수치 등이다.

소하는 지금까지 진 제국 중앙이 천하를 통할하는 수단으로 삼았던 각종 정보를 모조리 입수했다. 이 시점에서 유방 집단은 잠재적으로 천하 전체를 지배할 능력을 손에 넣었다고 할 수 있다.

　이후 유방은 관중의 각 현의 부로와 호걸을 모아놓고 중대 선언을 했다.

　"부로 여러분들은 오랫동안 진나라의 가혹한 지배에 고통을 받아왔다. 황제를 비방하는 자는 일족이 죽임을 당하고, 한 데 모여 의논하는 자는 민중반란의 씨앗이 된다고 하여 공개 처형되었다. 나는 제일 먼저 관중에 들어온 자가 관중의 왕이 된다는 것을 제후와 서약했다. 따라서 나는 관중의 왕이 될 자이다. 나는 여기서 임시 관중왕(關中王)으로서 부로 여러분들과 서약을 하려 한다. 법은 삼장(三章)뿐이다. 사람을 죽인 자는 사형, 사람을 다치게 하거나 도둑질을 한 자는 그에 따르는 벌을 내린다. 그 밖에 진나라의 가혹한 법률은 모두 폐지한다. 진나라 관리들은 지금까지와 마찬가지로 그 신분을 보장한다. 요컨대 내가 이곳에 온 것은, 부로들을 위하여 해악을 제거하는 것이 목적이지, 여러분들에게 난폭한 행동을 하기 위해서가 아니다. 두려워할 것은 없다. 우선 나는 패상(覇上)으로 군대를 철수하지만, 이것은 제후가 함양으로 오는 것을 기다려 시정방침을 결정하기 위해서이다."

　"나는 이곳에 임시 관중왕으로서 부로 여러분들과 서약을 하려 한다"라고 번역한 부분의 원문에는 "임시 관중왕으로서"라는 구절은 없다.* 그러나 진나라 법을 폐지하고 법삼장(法三章)을 정한다는 행위가 관중왕으로서의 행위이고 서약인 것은 분명하다.

　유방은 그 외에 "현(縣), 향(鄕), 읍(邑)"에 사자를 보내어 진나라 관리와 함께 그 지시를 포고했다. 현은 지방행정의 중심이 되는 도시, 향은 그 밑의 행정단위가 되는 취락, 읍은 말단의 취락이다.

　이 법삼장에 대해서는 이보다 앞선 묵가(墨家)집단의 법에 "사람을 죽인 자는 사형, 사람을 다치게 한 자는 신체형에 처한다"고 하고, 후의 적미(赤眉)의 법에 "사람을 죽인 자는 사형, 사람을 다치게 한 자는 상응하는

* 원문은 "與父老約, 法三章耳"이다.

보상을 하도록 한다"고 한 점에 주의하여, 이것을 천하의 대의(大義), 즉 자연법이라고 보는 오쿠자키 히로시(奧崎裕司)의 견해를 받아들여야 할 것 같다.

그러나 법삼장 이외의 진나라 법률은 모두 폐지한다는 유방의 포고 그 자체에 대해서는, 실상을 확인할 필요가 있다. 진 제국은 지배수단으로서 주도면밀한 법체계를 구축하고 있었지만, 최근 그 법률조문의 일부가 당시 진나라 관리의 분묘(墳墓) 속에서 발견되었다.

예를 들면, 그 전율(田律)에는 농업에 관한 여러 규정이 보인다. 거기에는, 식물의 성장기에 해당하는 봄에는 삼림에서 목재를 잘라 반출해서는 안된다든가, 흐르는 물을 방죽 등으로 막아서는 안된다는 등의 규정이 있다. 또 문서 전달에 관한 행서율(行書律)에는 중앙으로부터의 명령서류나 '속달'이라고 명기된 서류는 바로 전송하라, 속달이 아닌 보통의 서류도 그날 중에는 전송하라고 규정되어 있다.

앞에서 소개한 윤만 한묘 간독도 전한(前漢) 말기의 관리의 묘에서 출토된 것이다. 당시의 중국인은, 사람은 사후에도 지하의 세계에서 영원한 생활을 보낸다고 믿고 있었다. 즉 이들 법률조문은 그들이 지하세계에서도 생전과 마찬가지로 집무를 계속하기 위해 부장품으로 함께 묻힌 것이다.

이런 일상적인 사회생활에 관한 규정이나 일반 행정사무에 관한 규정 등이 폐지되었을 리는 없다. 소하가 진 제국의 궁전에서 압수한 각종 문서에는 대부분 이런 법 규정이 포함되어 있고, 그것이 유방 집단의 지배유지와 확대에 크게 도움이 되었던 것이다.

또 법삼장으로는 채워지지 않는 여러 형법의 각종 규정도 형식적으로 전폐되었을 가능성은 있지만, 그 경우에는 법 관행의 상식이 그것을 대체했을 것이다. 새로 출토된 진나라의 법률 관련 문서에는 '정행사'(廷行事)라는 말이 나온다. 현지 법정에서의 전형적인 사례 혹은 그것에 의거한 관행적 판단이라는 의미이다. 설령 형법의 각종 규정이 형식적으로 전폐되었다고 해도, 실제 법체계의 존재형태에 커다란 변화는 보이지 않았던 것이다.

따라서 법삼장 포고의 본질은 일종의 헌법으로서 법 지배의 기저에 자연법을 둔다는 원칙을 선언한 점에서 찾아야 한다. 현실적으로 법삼장의 포고가 크게 작용한 것은, 황제 혹은 황제 측근집단의 자의를 공적으로 보장하는 것으로서의 법을 철폐한다는 면에서였다. 포고가 강조하듯이, 황제를 비방하는 자는 일족이 모두 죽임을 당하고, 한데 모여 의논하는 자는 공개 처형된다고 하는, 전제(專制)를 보장하기 위한 가혹한 법 지배의 철폐에 주안점이 있었던 것이다.

그렇다고는 해도 진나라 법을 폐지하고 법삼장을 정한다는 유방의 시책에 민중은 환호하며 해방감에 젖었다. 진나라 관리를 데리고 법삼장을 포고하는 유방의 사자를 민중은 크게 환영했다. 『사기』는 당시의 일을 다음과 같이 기록하고 있다.

> 진나라 사람들은 크게 기뻐하면서 다투어 소·양·술 등 연회의 음식을 바치며 유방군 병사들에게 향응을 베풀려고 했다. 그러나 패공은 이것도 사양하여 받지 않고 "나라의 창고에는 식량이 가득하다. 아무 것도 부족한 것이 없다. 여러분들에게는 폐를 끼칠 수 없다"고 말하자, 사람들은 더욱 기뻐했다. 그들은 패공이 정식 진왕(秦王)이 되지 않으면 어떻게 하나 하고 걱정했다.

법삼장을 공포하여 진나라 법을 없애고, 진나라 관리를 데리고 관중의 전 지역에 포고하는 유방의 행위는, 설령 정식 진왕이 아니라 임시 진왕이었다고 해도, 진왕으로서의 행위임에는 변함이 없다. 그리고 진나라 민중들은 이 관대한 진왕이 "임시라는 꼬리표를 떼고 정식 진왕이 되는 것," 즉 그가 소집하여 주재할 예정인 제후와의 맹약(盟約)을 통하여 정식 진왕이 되기를 마음속으로부터 바랐던 것이다.

유방의 포고는 앞에서도 소개한 바와 같이 "나는 제일 먼저 관중에 들어온 자가 관중의 왕이 될 것을 제후와 서약했다. 따라서 나는 관중의 왕이 될 자이다"고 말했다. 그가 임시 진왕이 된 것의 정당성은, 초나라 회왕이 제후에 대하여 가장 먼저 관중으로 들어간 자를 관중왕으로 삼는다고 '서약'한 것에 근거한다. 유방이 이 단계에서 초나라 회왕의 이름을 끄집어 내지 않고, 자기가 직접 제후와 '서약'했던 것처럼 기록하고 있는 것은, 다소 불투명한 부분이 없지 않다. 다만 그 어느 쪽이든 유방으로서는 자기가 첫 번째로 관중에 들어왔다는 점, 따라서 '서약'에 의해 자기가 관중왕이 될 자격이 있다는 점을 제후에게 통지할 필요가 있었다.

원래의 논리로 말하면, 유방은 이 보고를 가장 먼저 초나라 회왕에게 해야 하고, 새로운 맹약도 초나라 회왕에 의해 주재되어야 한다. 그러나 이 시점에서 초나라 회왕의 이름이 나오지 않는 점을 보면, 통지는 임시 관중왕인 유방 자신이 직접 제후에게 하고 있고, 맹약 그것도 유방을 주재자로 상정하고 있었을 가능성이 크다.

이 통지를 항우에게 전할 사자로서 유방 집단의 고위간부 가운데 한 사람인 좌사마(左司馬) 조무상(曹無傷)이 뽑힌 것이, 그에게는 비극의 시작이 되었다.

진나라 이세황제 4년 10월(기원전 207), 유방은 사실상의 관중왕이 되었다. 이 책에서는 당시를 관중왕 유방의 원년 10월로 쓰기로 한다. 이때부터 항우가 함양에 들어온 같은 해 12월까지 약 2개월이 경과하고 있다. 그 사이에 유방은 옛 진 제국의 심장부인 관중지역에서 임시 관중왕으로서 호령했다. 그는 진나라의 구법을 폐지하고, 일종의 헌법으로서 법삼장을 공포하여 그 실적을 기반으로 제후에게 함양으로의 집결을 재촉했던 것이다.

유방은 진왕 자영의 항복을 받은 주체이고, 초나라 회왕에 의해 관중왕이 되기로 약속을 받은 인물이다. 그는 제후와의 맹약을 주재하고, 나아가서는 진 제국의 위업을 계승하여 천하에 호령하는 황제 혹은 패왕(覇王)이 되기 위한 가장 가까운 거리에 있었던 것이다.

14장
홍문의 연회

유방은 확실히 관중왕(關中王)이 되기 위한 조건을 갖추고 있었다. 그러나 진 제국 타도의 최대 공로자였다고까지는 말할 수 없다.

진말(秦末)의 동란기에 초 지방의 중심적 정치세력이 되어, 회왕을 찾아내어 초나라를 세운 자는 항량이었다. 그런데 항량을 비롯한 관동의 각 세력을 대부분 제압하고, 마지막으로 남아 있던 반진(反秦)세력의 거점인 조나라를 포위한 장함과 대결하여 그를 굴복시킨 사람은 항우이다.

장함군은 진 제국 최대·최강의 군단이었는데, 항우군이 장함군에게 일대 타격을 가함으로써, 일방적으로 눌리고 있던 옛 6국 세력이 희망을 얻고 형세가 뒤바뀌게 되었다. 단순한 하나의 별동대에 불과했던 유방군이, 진나라 군대의 저항을 거의 받지 않고, 무관(武關)을 거쳐 함양 진입에 성공한 것은, 항우군의 활약으로 중앙과 진나라 수비대가 와해되었기 때문이다.

초나라 회왕이 관중에 가장 먼저 들어간 자를 관중왕으로 삼는다고 서약한 것은, 휘하의 모든 무장에게 형식적으로 균등한 기회를 줌으로써 초나라 정권을 좌지우지하는 힘을 갖고 있던 항씨 일족을 견제하기 위해서였다.

자기에게 주어진 장함군과의 대결이라는 역할에 항우가 강력히 반발하지 않았던 것은, 장함군을 치지 않고는 함곡관 진입이 불가능하므로, 장함군과의 전투에서 이기기만 하면 입관은 당연히 자기들 차지가 되리라고 생각했기 때문일 것이다.

애초에 초나라 회왕 자신이, 장함군과 대결하는 군단의 상장군(上將軍)에 자기의 측근이며 호신용 칼과 같은 존재였던 송의(宋義)를 임명한 것을 보더라도, 실제로는 거의 같은 구상을 하고 있었던 것 같다. 송의가 인솔하는 주력부대에 의한 장함군의 섬멸과 관중 진입이 그의 구상이었다.

초나라 회왕 등이 관중 진입의 기대를 오로지 유방에게 맡기고 있었다는 이야기는, 아마 육가의 『초한춘추』에서 시작되는 설화를 『사기』가 채택했던 것으로 보인다.

이상과 같이 당시 상황을 정리하면, 임시 관중왕이 되었던 유방의 처지는 매우 미묘했음을 알 수 있다. 초나라의 군사행동 전체에서 점하는 유방의 비중은, 항우에 비하면 훨씬 작다. 그러나 어쨌든 형식적으로는 그는 진나라에 대한 직접적인 승리자이고, 제후와의 맹약을 기다렸다가 정식 관중왕이 될 예정이었다.

이런 맥락에서 사료를 보는 한, 유방은 초나라 회왕에게 보고를 하고 있지 않다. 제후와의 직접적인 맹약을 강조한 그의 발언 자체를 보더라도 보고는 없었다고 추측된다. 이것은 유방으로서는 보기 드문 실책이었다.

그는 항상 대의명분을 제창하고 이용했다. 그것은 거의 교활하다는 느낌을 줄 정도로 기민한, 그의 천부적인 자질에서 비롯된 것 같다. 그의 밑에는 행정간부 소하, 군사간부 한신·팽월·경포, 비서 진평(陳平), 참모 장량, 외교관 육가·역이기 등의 인재가 모여 있었지만, 자기를 항상 대의명분이 있는 위치에 올려놓는 유방의 특기는 어느 누구도 흉내 낼 수 없었다.

전통중국에서 대의명분이 지대한 역할을 하고, 때로는 결정적인 의미를 갖는 것은, 중국사회가 오히려 본질적으로 '십인십의(十人十義), 백인백의(百人百義)'의 세계였기 때문이다. 열 명이 있으면 열 종류의 소의(小義)가 있고, 백 명이 있으면 백 종류의 소의가 있다. 더욱 성가신 것은 종종 소의가 스스로 대의임을 주장하는 경우이다. 그런 불안정한 사회이기 때문에, 누구나 인정하는 대의명분이 결정적인 역할을 하는 것이다.

일본이나 유럽 사회는 협소하지만 안정적인 사회로서, 전형적으로는 가문이나 혈통으로 드러나는 것 같은 선천적인 신분이나 가치관이 커다란 역할을 하고 있다. 그러나 중국에서는, 아무리 협소한 사회에서 갖은 노력을 다하더라도, 예를 들면 황하의 범람이나 이민족의 침입 등 환경의 격변에 의하여 그 협소한 사회 자체가 사라져버리는 일이 있다. 그리고 중국사회가 이런 광역성이라는 진면목을 분명히 드러내게 된 것도 이즈음의 일이다.

전에 진섭과 오광이 반란을 일으켰을 때, 진섭은 "왕후장상이 어찌 씨가 있겠는가!"라는 명언을 남겼다. 어떤 고귀한 신분도 선천적인 것은 아니다, 자기가 그런 신분이 될 수 없다고 누가 단정할 수 있겠냐는 심지는, 그 이후 모든 중국인의 마음 한 구석에 자리잡게 되었던 것이다.

이미 당시보다 수백 년 전에 공자(孔子)가 했던, "필부도 그 뜻을 빼앗을 수 없다"*는 말이 『논어』에 있다. 어떤 지위도 권력도 없는 서민이라도 그 뜻을 빼앗을 수는 없다. 이 말은 고정적인 신분관념이 무너진 진말(秦末)이라는 이 시기에 더욱 강하게 중국사회에 살아남아 있었다.

현대의 중국인 또한 그들의 후예이다. 일본인이 중국인과 교제할 때 우선 느끼는 것은 그들이 자기주장이 강하고, 자기주장에는 항상 그 나름의 근거가 있다는 점이다. 일본인이라면, 전문가나 당사자에게 맡겨두어야 한다며 말을 하지 않는 경우에도, 중국인은 거리낌 없이 자기의 의견을 개진한다. 그것은 정답과 동떨어진 경우도 많고, 처음부터 결론이 뻔한 말이거나 시간낭비인 경우도 많지만, 그들은 항상 당당하게 자기의 의견을 주장한다.

---

* "匹夫不可奪志也." 『논어』 「자한」(子罕) 편에 나온다.

그리고 중요한 것은, 이 당당한 태도와 자기주장이 쉽게도 부화뇌동이나 권력에의 굴종과 이어진다는 역설이다. 문화대혁명에서는 도처에서 이런 '영웅들'이 나섰다. 그들은 "모든 것을 의심하고, 모든 권력에 반항하라"라는 마오쩌둥(毛澤東)의 교시를 충실하게 실천함으로써, 일찍이 손에 넣은 적이 없었던 권력을 얻었다. 당당한 태도와 도를 넘는 자기주장을 하는 '영웅들'이 중국 전체를 휩쓸었던 것이다. 그러나 그들이 마오쩌둥의 교시를 의심하는 것, 혹은 그 권위나 권력을 의심하는 일은 없었다. 그들의 '모든 것' 속에는 처음부터 마오쩌둥은 포함되어 있지 않았던 것이다.

여기서 다시 주목해야 할 것은, 문화대혁명이 야기한 여러 문제를 중국인이 자신들의 손으로 해결한 점이다. 물론 언뜻 해결된 것처럼 보여도 실은 해결되지 않은 채 모습만 바뀌어 살아 있는 문제도 많다. 그러나 제2차세계대전 이전의 천황 숭배나 국가에 대한 헌신을, 패전을 계기로 눈 깜짝할 사이에 민주주의나 개인주의로 바꿔놓은 일본과는 다른 문화 형태가 중국에는 있다.

이것은 제한된 지면에서 논하기에는 너무나도 큰 문제이다. 여기서는 개개인이 각각 강하게 자기주장을 하는 현실이, 역설적으로 어느 누구도 따를 수밖에 없는 대의명분을 낳는다는 메커니즘의 존재를 지적하는 데 그치고자 한다. 모두가 자기 입장을 거리낌 없이 주장하는 바로 그 이유 때문에, 모두가 무릎을 꿇을 수밖에 없는 초월적인 권력이 탄생하는 것이다.

"가장 먼저 관중에 들어간 자를 관중의 왕으로 삼는다"는 회왕의 '서약'은, 유방으로서는 최고의 대의명분이 될 것이었다. 그러나 『사기』를 읽는 한, 유방은 이를 자기와 여러 장군 사이의 '서약'이라고 말하고 있다. '서약'의 형식성은 망각되고, 관중에 침공하여 진나라를 타도한 유방의 실적이 겉으로 나오고 있다.

실적을 문제 삼는 한, 최대의 공로자는 항우이고, 어떤 사태에 매듭을 지을 수 있는 군사력을 갖고 있는 자도 그였다. 유방이 이 단계에서 실적을 끄집어낸다면, 그는 최대의 무기인 대의명분을 버리고 항우의 앞마당에서 싸우는 꼴이 된다.

회왕의 '서약'을 실현한다는 절호의 대의명분을 유방이 잃어버린 것은, 이때 관중왕을 뛰어넘어 천하의 대왕 혹은 황제의 자리에 나아간다는 대망이 그의 마음속에 생겼기 때문일 것이다. 그가 대왕 혹은 황제가 되기 위해서는, 초나라 회왕이 방해가 될 것은 뻔하다.

지금까지 그의 뇌리에는, 설령 어렴풋하게나마 항상 천하의 형세라는 전체의 이미지가 있고, 그에 대응하는 대의가 있었다. 어렴풋한 천하의 형세나 대의는 소하나 장량 혹은 하후영이나 번쾌나 역이기와의 대화 속에서 서서히 선명해졌지만, 대의를 구상하고 실천하는 능력은 유방만이 가지고 있었다. 유방 집단의 고위간부들이 입을 모아, 유방이 하늘이 부여한 인재라고 한 것은 그의 바로 이 능력 때문이었다.

그러나 이때 그의 판단에 이상이 생겼다. 『사기』는 어떤 자가 유방에게 다음과 같이 말했다고 전한다.

"지금 들리는 바에 의하면, 장함은 항우에게 항복했는데, 항우는 스스로 옹왕(雍王)이라 칭하고, 관중의 왕이 되려 한다고 합니다. 이제 항우가 오게 되면, 패공은 관중을 영유할 수 없다고 보아야 합니다. 급히 군대를 파견하여 함곡관을 지켜 제후의 군대를 들여보내지 말도록 하고, 관중의 병사를 징발하여 군사력을 강화하고, 항우 군대의 입관을 저지해야 할 것입니다."

유방은 이 제안을 받아들였다.

이 제안자는 추생(鯫生)이라는 인물이었다고 『사기』에는 기록되어 있다. 추생이라면, 일찍이 술집에서 광대 노릇을 하던 자와 같은 이름이지만, 『초한춘추』에는 해(解) 선생이었다고 기록되어 있다. 추생이란 송사리란 뜻인데, 경박한 이 사내에게 주위에서 붙인 별명인 것 같다.

또 이 인물이 역이기였다는 흥미로운 설도 있다. 역이기는 꽤 기골이 장대한 인물로, 그 나름대로 확고한 현실감각도 갖추고 있었지만, 때로는 이상에 빠져 희망적 관측으로 흐르는 경우가 있었으므로, 그가 이 방책의 제안자였을 가능성은 충분히 있다.

다만 만약 이 제안자가 그가 아니었을 경우에는, 유방의 의향을 알아차린 인물이 이 방책을 입에 올렸을 가능성을 배제할 수 없다. 유방이 무언가를 바라는 경우, 그 대신에 이를 제안하거나 그의 뜻에 따라 정보를 제공하는 자는 매우 많았다. 그런 관계가 자연스럽게 만들어졌던 점에 유방의 진면목이 드러난다.

문제는 여기에서 제안자가 "지금 들리는 바에 의하면, 장함은 항우에게 항복했는데, 항우는 스스로 옹왕이라 칭하고 관중의 왕이 되려 한다고 합니다"라고 말하고 있는 점이다. 이 제안이 행해진 시기를 확정하는 것은 불가능하지만, 유방이 법삼장(法三章)을 공포한 뒤임은 확실하다.

군정(軍政)에서 민정(民政)으로 체제의 변화를 행하고, 관중 통치의 기본 방책을 입안하여 실시하는 데는 어느 정도의 시간이 필요하다. 유방이 진왕 자영의 항복을 받은 것이, 한왕(漢王) 원년 10월(기원전 207) 초순이므로, 이 제안은 10월 중순 이후의 일인 듯하다.

그러나 『사기』의 연표에 의하면, 항우는 이미 그해 7월에 장함의 항복을 받고, 그를 옹왕으로 임명하고 있다. 이즈음 유방은 아직 함양의 동남쪽 약 400km, 무관의 동남쪽 약 170km에 위치한 남양(南陽)에 머물고 있었다. 항우와 유방은 우군이었기 때문에, 이미 이 제안 3개월 전인 7월경에는 항우가 장함을 옹왕으로 임명했다고 하는 통보를 유방은 받고 있었을 것이다. 그것을 이때에 이르러, 항우가 옹왕이 되려 하고 있다고 추생의 입을 빌어 말하고 있는 것은, 일종의 시치미 떼기이고, 약간의 작위가 포함되어 있다.

그런데 이때 유방에게 항우와 일전을 벌일 각오가 있어서 입관을 막았다고는 생각되지 않는다. 아마 유방은 자기가 관중왕인 이상, 그 지시에 의하여 함곡관을 통과하는 각 세력의 군대를 관 밖에서 멈추게 한 뒤, 평화로운 사절단의 자격으로 관중에 들어오도록 강제할 수 있으리라 생각했던 것으로 추측된다.

홍문(鴻門)의 연회에서 유방군의 배반자가 된 좌사마 조무상은, 원래 패공이 관중왕으로서 항우와 기타 여러 장군을 맞이하려 하고 있음을 통지하기 위하여 파견된 정식 사자였을 것이다.

『사기』의 항우 본기와 고조 본기는 모두 조무상이 항우에게 유방을 중상했다고 한다. 고조 본기의 기록이다.

> 패공의 좌사마 조무상은 항우가 노하여 패공을 공격하려 하고 있다는 소문을 듣고, 사람을 파견하여 항우에게 "패공은 관중의 왕 노릇을 하려고 진왕이었던 자영을 재상으로 임명하고, 보물을 독차지하려고 합니다"고 말하고, 항우로부터 포상으로 영지를 받으려 했다.

그런데 중상모략을 했던 조무상은 태연하게 유방 밑에서 거처하고 있었다. 유방은 홍문의 연회 뒤에 군영으로 돌아와 이 둔감한 조무상의 "목을 즉각 베었다"고 한다.

이미 본 바와 같이, 유방은 입관 후 분명히 관중왕의 자격으로 행동하고 있었다. 유방 정권하에서 진왕 자영의 처우는 분명하지 않으나, 유방이 진나라의 보물을 관리하에 있었던 것은 확실하다.

관중왕으로서 제후에 대한 통솔자의 입장에 서려고 한 유방을, 진나라에 대한 전쟁의 실질적인 지도자인 항우는 인정하지 않았다. 조무상은 그 희생양이었다. 그것은 이제 와서는 유방 군단으로서는 참으로 어쩔 수 없는 희생이었던 것이다.

좌사마 조무상은 유방 군단 내의 최고 간부의 한 사람이었지만, 그가 이런 불행한 사태에 놓여 있었기 때문에, 『사기』나 『한서』에서는 그의 공적을 모호하게 하거나 은폐하려는 작업이 행해졌다.

그가 초기 전투에서 사수군(泗水郡)의 군수 장(壯)의 목을 베었다는 공적을 기록할 때, 『사기』는 그 실명을 기록하지 않았다.

이런 그의 공적에 대한 『사기』의 기록이다.

패공의 좌사마가 사천(泗川, 사수[泗水]) 군수 장(壯)을 사로잡아 죽였다.

이 부분의 원문은 다음과 같다.

沛公左司馬得泗川守壯, 殺之.

그런데 후한(後漢) 반고(班固)의 『한서』에는 이 원문이 아래와 같이 되어 있다.

沛公左司馬得, 殺之.

이것은 살해된 '사천의 군수 장'은 이미 앞의 문장에서 기록되어 있기 때문에, 중복을 꺼려 하여 생략한 것이라고 설명할 수 있다. 그 경우에는 이 문장은 『사기』의 경우와 마찬가지로 다음과 같이 번역할 수 있다.

패공의 좌사마가 〔사천 군수 장을〕 사로잡아 죽였다.

그러나 '泗川守壯'이라는 네 글자를 생략한 결과, 이 문장은 또 아래와 같이도 읽을 수 있게 되었다.

패공의 좌사마 득(得)이 그를 죽였다.

이 경우에는 '득'이 좌사마의 이름이 된다. 그리고 사실 당대(唐代)의 대학자 안사고(顏師古)는 이 설을 제창했다. 이 새로운 설에 대해서는 같은 당대(唐代) 사람으로 『사기색은』(史記索隱)이라는 『사기』의 주석서를 쓴 사마정(司馬貞)이라는 학자가 비판을 가한 바 있다.

만약 안사고의 설이 옳다면, 조무상은 좌사마라는 중요한 직책에 있었음에도 특별히 유방 집단에 큰 공헌을 한 적은 없었다는 이야기가 되고, 유방이 누명을 씌운 조무상이 대(大) 공신이었다는 사실은 사라지게 된다. 필자는 반고가 고의적으로 이런 유도를 했을 가능성이 없지 않다고 생각한다.

정사(正史)에서는 세계의 중심인 황제, 혹은 그에 준하는 인물은, 본기(本紀)에서 일생의 업적이 기록된다. 그리고 주지하는 바와 같이 『사기』에는 시황제 본기에 뒤이어 항우 본기가 있고, 그 뒤에 유방의 고조 본기가 나온다. 그런데 『한서』에서는 유방에게는 고제기(高帝紀)가 할당되고, 항우(휘는 적〔籍〕)에게는 진승·항적전(陳勝項籍傳)이 할당되었다. 항우는 단순한 군웅 가운데 한 사람에 불과하고, 유방과는 원래 격이 달랐던 존재라는 이야기가 되어버린다.

실제로 『한서』를 『사기』와 비교해 읽으면, 그 내용에는 거의 차이가 없다. 그러나 그 역사서술의 틀, 즉 대의명분이 달라짐으로써 후세의 초한(楚漢)항쟁에 대한 이해에는 미묘한 선입견이 생긴 것처럼 보인다. 또 『사기』는 최초의 봉기 이전의 유방에 대해서는, 말하자면 전사(前史)로서 형식적으로 고조의 이름으로 그를 부르고 있지만, 봉기 이후의 역사를 기록할 때는, 신분의 변화에 따라 처음에는 유계(劉季)로 부르고, 다음에는 패공, 한왕, 고조로 호칭을 바꾸고 있다. 이에 비하여 『한서』는 『사기』에서 유계라고 부르고 있는 곳을 고조라고 고쳐 쓰고 있다. 유방은 처음부터 신분이 있는 인물로 취급되고 있는 것이다.

단적으로 말하면, 『한서』에서는 유방이 한(漢) 왕조를 수립한다는 것은, 처음부터 약속되어 있었던 것이고, 항우와 유방의 항쟁 등은 그때그때의 일화 따위로 취급된다.

유방의 나이에 대한 왜곡도 이런 틀 속에서 행해졌다고 생각한다. 유방의 출생연도를 가장 이른 시기로 보는 설은 약 450년 후의 진(晉)나라 무제(武帝) 시기의 인물인 황보밀(皇甫謐)에 의해 제창되었다. 그가 이런 설을 세운 근거는, 진나라 소양왕(昭襄王) 51년(기원전 256)에 진나라는 주(周) 왕조를 멸망시켰으므로, 그해에 유방이 태어났다면, 한나라가 주 왕조의 정통성을 계승한 것이라고 주장할 수 있는 점에 있었던 것 같다.

이 설에 의하면, 유방이 반란을 일으킨 시점은 48세 때가 된다. 그때까지 상당한 고령으로서 시골의 정장(亭長) 일을 하면서, 득의에 찬 듯 대나무 껍질로 만든 기묘한 관을 쓰고 있던 사내가, 순식간에 천하를 차지한다는 등 매우 비현실적인 이야기가 되는 것이지만, 그것이 천명에 의해 정해져 있었다는 것이 이 설이다.

그런데 이야기를 항우의 동향으로 되돌리면, 유방이 관중왕이 되었던 것이 이해 10월(기원전 207), 항우가 함곡관에 군대를 거느리고 도착한 것이 11월이다. 장함이 항우에게 항복을 신청한 것이 이보다 5개월 전, 항우가 장함의 항복을 받은 것이 그 다음달이기 때문에, 그 사이에 상당한 시간이 흘렀다. 이것은 장함의 항복 이후 유방군이 서둘러 진격한 것과는 대조적이다. 이 시점에서 항우가 장함을 옹왕으로 임명하고 있는 점을 생각해보면, 진 제국의 타도는 이미 정한 바의 궤도에 올랐다고 생각하여, 유방의 동향에는 눈길을 주지 않았던 것 같다.

당연히 유방의 정중한 마중을 받고 관중으로 들어갈 것으로 생각하고 있던 항우가 함곡관에 도착했는데, 유방의 명을 받은 수비대가 엄중한 경계태세를 펼치고 있었다. 관중왕 유방의 명에 의해 제후의 입관에 대해서는 군대의 수행을 금한다는 일방적인 포고를 접한 항우는 격노했다.

『사기』 항우 본기는 "항우는 크게 노하여 당양군(當陽君) 경포(黥布)에게 명령하여 함곡관을 공격하도록 했다"고 기록했다. 한편 경포 열전에는 "항우의 군대가 함곡관에 이르렀지만, 입관을 제지당했다. 그래서 경포 등에게 샛길을 통하여 함곡관의 수비군을 공격하도록 하여, 이를 돌파하여 입관할 수 있었다"고 더욱 구체적으로 경과를 기록하고 있다.

그런데 이 사건에 대하여 육가의 『초한춘추』는 "유방의 수비군이 항우군의 통과를 막았으므로, 항우군 대장의 아부(亞父)인 범증(范增)이 크게 노하여, '패공은 모반을 일으킬 작정인가' 하면서, 땔감을 쌓아올려 함곡관의 관문을 불태우려 했으므로, 수비군은 관문을 열었다"고 기록했다.

육가에 의하면, 여기서는 전투는 없었던 것이 된다. 이 기술은 범증이 비상수단을 취한 것은 그의 지나친 생각에서 비롯되었다고 하여, 사건이 사소한 오해에서 생겼다는 식으로 몰고 가려는 의도가 있는 것 같다. 여기서도 역시 "대(大)를 소(小)로 하고, 소를 미(微)로 하고, 미를 무(無)로 한다"는 필법이 동원되고 있다.

이 사건에 대하여 유방 측은 좌사마 조무상에게 근본적인 책임이 있고, 동시에 항우 측의 범증이 집요하게 유방을 제거하려 했지만, 이는 원래 단순한 오해에서 비롯된 문제를 복잡하게 한 것일 뿐이라는 시나리오를 만들어 결론을 지으려 했다. 이른 시기에 이런 해석으로 가는 길을 연 것은 『초한춘추』였다고 추측된다. 사마천이 군이 『초한춘추』와는 다른 사료에 근거하여 함곡관에서 중대한 전투가 있었음을 기록으로 남긴 데서도, 그가 제대로 역사를 보는 안목을 갖고 있었음이 드러나고 있다.

그런데 『사기』는 함곡관의 전투가 있었던 것이 '11월 중'의 일이고, 이를 돌파한 항우군이 함양 동쪽에 위치한 희정(戱亭)에 도달한 것이 '12월 중'의 일이었다고 했다. 함곡관에서 희정까지는 직선거리로 약 150km이다. 통상적이라면 1주일 정도에 답파할 수 있는 거리를 1개월에 걸쳐 이동한 것은, 항우군이 유방군과의 전면적인 대결을 상정하여 충분한 전투태세를 갖추기 위한 행군이었음을 의미하는 것 같다. 혹은 함곡관에서의 교전 뒤에도 양군의 전투는 계속되었는지도 모른다.

항우군은, 군 내 제일의 맹장인 경포에게 샛길을 통한 기습을 하도록 해서 함곡관을 돌파했다. 이미 전쟁의 앞단추는 열렸다. 당시 항우군의 군대는 40만, 호칭 100만이고, 유방의 군대는 10만, 호칭 20만이었다고 한다.

힘이 미치지 못했다.

『사기』의 기록이다. 항우는 천천히 군대를 진격시켜 희정에 이르렀다. 이곳은 앞에서 진섭의 별장 주문(周文)이 공격해 들어간 지역이고, 함양까지 직선거리로 약 40km이다.

항우군을 맞이하여 유방군은 위수(渭水)의 남쪽, 종남산(終南山)에서 위수로 흘러 들어가는 패수(霸水)변 부근에 진을 펼쳤다.

함양은 위수 북쪽에 있다. 만약 항우군이 직접 함양에 입성하는 경우에는 전혀 저항하지 않는다. 만약 입성 전에 유방군을 소탕하는 방침을 취하는 경우에는 결사항전을 한 뒤, 패할 것 같으면, 종남산을 넘어 패수를 따라 남하하여, 무관(武關)에서 남양(南陽)으로 퇴각할 작정이었던 것 같다.

남양에는 왕릉(王陵)이 독자적으로 근거지를 만들고 있었고, 유방군의 객(客)에 해당하는 파군(番君) 오예(吳芮)의 별장 매현(梅鋗)은 이 지역의 소수민족과 연계가 있다. 만일의 경우 남양을 유방의 기반으로 삼을 것임을 상정한 포진이었다.

그러나 항우가 장함군과의 대결에서 보여준 맹공을 생각하면, 병사 수에서조차 크게 떨어지는 유방군이 무사히 탈출할 가능성은 극히 적었다고 해야 한다.

게다가 아부 범증이 항우에게 패공을 공격하라고 권했다.

"제가 그의 기색을 본 바에 의하면, 모두 다섯 가지 색깔의 용과 호랑이로 되어 있습니다. 이것은 천자의 기(氣)입니다. 서둘러 그를 공격해야 합니다. 기회를 놓쳐서는 안됩니다."

『사기』의 기록이다.

유방이 망·탕의 소택지에 몸을 숨기고 있었을 때, 시황제가 "동남쪽에 천자의 기가 있다"고 하여 동쪽으로 유람을 가서 봉쇄하려고 했던 이야기가 『사기』에 기록되어 있음은 8장에서 살펴보았다. 유방은 장래의 천자가 될 인물인데, 당시의 권력자가 천명에 반해 이를 억누르려 했지만 실패한다는 이야기는 다소 안이하지만, 유방 측에선 당시의 설화 가운데 이미 확립되어 있던 시나리오였을 것이다.

유방은 막다른 골목에 몰렸다. 그는 이후 몇 번이나 생사의 골짜기를 빠져 나가고 있다. 이런 위기는 객관적으로 보아 모두 어쩔 수 없는 것이었고, 그런 위기를 맞이해서도 대부분의 경우 그는 오히려 적극적으로 위험에 몸을 던짐으로써 활로를 타개했다. 그러나 이번은 분명히 그의 오판에 의한 것이고, 그런 의미에서는 일생을 통하여 최대의 위기였다고 말할 수 있을지 모르겠다.

그의 오판에 의한 위기로는, 후에 흉노(匈奴)와의 대결시에 상대를 얕잡아보았다가 궁지에 몰렸으나, 진평(陳平)의 계략과 하후영(夏侯嬰)의 담력 덕분에 간신히 도망쳐 돌아온 예가 있다. 그러나 이때 그는 이미 당당한 한 제국의 황제였고, 굴욕적인 강화조건을 제시한 적은 있어도 생명의 위험은 없었던 것 같다. 설령 그가 거기서 목숨을 잃는 일이 있었을지라도 유씨 일족이 그의 뒤를 잇게 된다.

그러나 이번은 일족이 모두 멸망의 위기에 빠지고 말았다.

전투 전날 밤 유방군이 침울한 분위기에 쌓여 있을 때, 장량이 찾아왔다. 뜻밖에도 그는 항복을 권했다.

유방은 깜짝 놀랐다. 이 당시에 항복이란, 군대를 버리고 혼자 적의 진영에 나아가, 글자 그대로 삶아먹든 구워먹든 처분에 맡긴다며 수의를 입고 사죄하는 것을 뜻한다.

일찍이 도시국가의 전통이 강했던 춘추시대에는 항복을 신청하여 받아들여진 예가 사서(史書) 여기저기에 보인다. 그러나 춘추시대에도 항복을 신청한다는 것은 당연하지만 글자 그대로 정치적 자살을 의미하고 있었다.

진왕 자영이 항복할 때에도 유방의 여러 장수들은 죽일 것을 주장했지만, 유방의 특별한 배려로 목숨을 건졌다. 한 걸음 더 나아가서 말하면, 진말(秦末)의 동란기에는 항량군에서도 항우군에서도 적군에 패했다는 이유만으로 사형에 처해진 부장(部將)들이 많았다. 잘하면 정치적인 죽음, 잘못되면 극형이라는 것이 이즈음 항복에 대한 상식이었다.

진왕 자영의 경우는 정치적인 죽음에 그치고, 본인은 크게 안도했던 것 같지만, 유방의 경우에는 그렇게 될 리가 없다. 항우의 통치 아래에서 무력한 일개 서민으로 살아가는 일이 유방에게 용납될 리가 없었다. 싸우지도 않고 상대의 수중에 자기 몸을 맡긴다는 생각은 털끝만큼도 없다.

안색이 변한 유방은 장량에게 물었다. "자네 제정신인가?" 장량의 눈썹 언저리에도 필사의 각오가 서려 있다.

"항우의 대군과 대결한다는 게 대왕님의 원래 생각이십니까?"

"아니, 그것은 추생이 내게 권한 것이다. 함곡관을 닫고 제후를 들이지 않으면, 진 지방은 모두 내 것이 된다고 해서 무심코 받아들인 것뿐이다."

장량이 듣고 싶었던 것은 유방이 본심에서 항량군과의 대결을 결심했는가 여부이고, 함곡관을 폐쇄한 당시가 아니라 현 시점에서의 본심이다. 유방이 전쟁을 결단한다면, 장량이라고 해서 함께 죽는 것 외에 달리 선택의 여지는 없다. 장량은 다시 물었다.

"대왕의 병사는 항왕(項王)과 대결하는 데 충분하다고 생각하십니까?"

유방은 입을 닫았다가 얼마쯤 있다 말했다.

"물론 당해낼 수 없다. 대체 어떻게 할 작정인가?"

이에 장량은 초나라 좌윤(左尹)인 항백(項伯)이 찾아온 사실을 고했다. 항백은 항우의 막료 가운데 중요한 인물이자, 항우의 계부(季父, 가장 어린 숙부)이다. 그 항백이 와서 유방에게 항복을 권하고 있다는 것이다.

유방은 물었다.

"자네와 항백은 어떤 관계인가?"

"예전에 동료였습니다. 항백이 사람을 죽였을 때, 신이 그의 목숨을 구해준 적이 있습니다. 그래서 이런 위기에 다행스럽게도 도와주러 온 것입니다."

유방은 다시 물었다.

"자네와 항백은 누가 더 나이가 많은가?"

"그가 저보다 많습니다."

유방은 말했다.

"나에게 그를 불러주게. 그를 형으로 받들지 않으면 안될 것 같네."

항우 본기에 의하면, 함곡관을 돌파한 항우군은 희정에 이르렀는데, 패공의 군대는 패상(覇上)에 주둔했다. 양군은 손짓하여 부를 만한 거리에서 대치하고 있었지만, 패공은 "아직 항우와 만나지 않았다." 이 일촉즉발의 위기에서 유방의 좌사마 조무상이 중상모략을 했기 때문에 "항우는 크게 노했다."

"내일 아침 일찍 병사들을 잘 먹이도록 하라. 패공의 군대를 격파하러 가기 위해서 말이다!"

그래서 항백은 이 위기를 장량에게 알려서 장량을 도와주려 했다는 것이다.

그러나 이 시나리오는 조무상의 중상이 있기까지 항우에게 유방을 공격할 의도가 없었다는 전제 아래 비로소 성립하는 이야기이다. 함곡관에서 유방군에게 입관을 거부당하여, 경포군의 활약으로 이를 돌파한 항우군이 희정에 이르러 주둔했을 때, 패상의 유방군과의 거리는 직선으로 약 20여 킬로미터, 주위는 온통 평원이고, 양군은 격돌 일보 직전이었다.

> 〔항우는 희정의 서쪽에 이르렀고〕 패공은 패상에 주둔했는데, 아직 항우와 서로 만나지는 않았다.

이때 조무상이 중상했다고 『사기』는 말하지만, 격돌 일보 직전이 되어서도 양군에 정식 절충이 행해지고 있지 않았다면, 그것은 양군의 충돌이 이미 정해진 바의 추세였기 때문이라고밖에는 생각할 수 없다. 조무상의 중상이라는 등의 사실은 없고, 항우는 처음부터 유방과 일전을 겨루려고 했던 것이다.

이런 정세 속에서 항백이 찾아온 것은 유방에게 항복을 권유하기 위해 서였다. 장량과 유방을 구하기 위해서는, 그들의 항복 외에 다른 방책이 없다고 생각한 항백은, 그들의 항복을 받아들이도록 필사적으로 항우를 설득했던 것이다.

장량이 항백을 데리고 들어갔다.

패공은 치주(巵酒), 즉 큰 술잔을 항백에게 바치고 혼인의 약속을 했다.

유방은 다시 항백에게 변명을 했다.

"저는 관중에 들어온 뒤부터도 털끝만한 것도 가까이 한 적이 없습니다. 관리나 인민은 빠짐없이 등록하고, 창고에는 봉인을 하고서 장군님을 기다렸습니다. 부장(部將)을 파견하여 함곡관을 지키도록 한 것은, 도적 따위의 출입을 막아 비상사태에 대비하기 위해서였습니다. 저는 밤낮으로 장군님이 오시기를 기다리고 있었습니다. 모반을 일으킨다는 것은 당치도 않은 말입니다. 큰형님께서는 부디 신(臣)이 항우님의 은혜를 배반할 리 없음을 자세히 말씀해주시기 바랍니다."

항백(項伯) 즉 항전(項纏)은 항우의 계부인데도, 『사기』에서는 항계(項 季)라고 호칭하지 않고, 항백으로 부르고 있다. 이 점에 대해서는 옛날부 터 설이 있지만, 이것은 유방이 항백을 형으로 섬긴 결과, 유방 진영에서 는 그를 항백 즉 "항씨 백부님"으로 부르게 된 것 같다.

항우는, 계부인 동시에 초나라의 좌윤으로서 정권의 중추에 있는 항전 이 어떻게 해서든지 유방을 항복시켜 보겠다고 우겼기 때문에 별로 기대 하지 않으면서 그의 주장을 받아들였던 것이다. 유방이 항복해 올 것으로 는 생각지도 않았기 때문에, 항전의 보고에 깜짝 놀랐다.

이튿날 아침 유방은 장량·번쾌·하후영·근강(靳彊)·기신(紀信) 등 측 근 외에 100여 기(騎)만을 대동하고 항우군이 주둔하고 있는 홍문정(鴻門

亭)으로 갔다. 100여 기란 제후가 외출할 때 최저 규모의 의례이다. 한편
정(亭)이 전국시대부터 항복장소로 이용되고 있었던 점은 앞장에서 언급
했다.

뒤에 유방이 항우를 물리치고 황제가 되었기 때문에, 이 홍문정에서의
항복의식을 단순한 변명의 장이었다고 주장하는 설이 유력하게 되었다.
거기에는 "대(大)를 소(小)로 하고, 소를 미(微)로 하기" 위한 미화가 계통
적으로 행해지고 있지만, 그래도 여전히 숨길 수 없었던 역사의 실상 가운
데 일부가『사기』의 기술에 살짝 엿보인다.

첫째는 당시 회견의 좌석 서열이다.『사기』항우 본기의 기술이다.

> 항왕(項王)과 항백은 동쪽을 향하여 앉았다. 아부(亞父) 범증은 남쪽을
> 향하여 앉았다. 패공은 북쪽을 향하여 앉았다. 장량은 서쪽을 향해 시중
> 을 들고 있었다.

이상과 같이 홍문의 회견 참가자는 각각 동서남북의 네 방향을 향하여
앉아 있다. 이것은 일견 평등한 좌석배치처럼 보이지만, 중요한 것은 "장
량은 서쪽을 향해 시중을 들고 있었다"고 하여, 그는 한 사람 몫의 참가자
는 아니었다는 점이다. 즉 북쪽을 향하여 앉아 있던 패공 옆에서 서쪽을
향해 시중을 들고 있었던 것 같다.

당시 회견의 좌석 서열에는 방위에 따라 명확한 상하의 구별이 있었다.
"천자는 남면(南面)한다"고 하지만, 군신관계와 같이 당사자에게 명확한
상하관계가 존재하는 경우에는 남쪽을 향하여 앉는 것이 상위자이고, 북
쪽을 향하여 앉는 것이 하위자이다.

다음에 주인과 손님의 관계에서는 동쪽을 향해 앉는 것이 주인이고, 서
쪽을 향해 앉는 것이 손님이다. 즉 군신관계가 아닌 양자의 경우는 우위에
있는 인물, 주도권을 쥐는 인물이 동쪽을 향해 앉는 것이다.

그 외에 제3의 경우로서 입조(入朝)와 항복의 의식이 있다.

예를 들면, 남월(南越) 왕조에 관한 사료가 남아 있다. 남방의 독립정권

으로서 남월 왕조는 한 왕조에의 입조(入朝)를 거부해 왔지만, 전왕(前王)인 영제(嬰齊)의 뒤를 이은 남월왕 흥(興)이 입조하려고 했던 때의 의식에 관한 기록이 있다.

태후 규(樛)씨는 중국의 한단(邯鄲) 사람이었다. 그녀는 전에 패릉(覇陵) 출신의 안국소계(安國少季)*와 몰래 사귀고 있었다. 한 왕조 측은 이 관계를 이용하여, 안국소계를 사자로 남월에 파견하여 남월에게 입조를 강요했다.

당시의 좌석 서열은 다음과 같다.

> 한 왕조의 사자는 모두 동쪽을 향해 앉고, 태후 규씨는 남쪽을 향해 앉고, 왕은 북쪽을 향해 앉고, 재상 여가(呂嘉)와 기타의 대신은 서쪽을 향해 [왕을] 시중들며 앉아 술을 마셨다.

이때 왕과 태후는 중국파, 여가 이하는 독립파로서, 양자 사이는 일촉즉발의 대립관계에 있었다. 왕과 태후는,

> 주연을 열어 [그곳에서] 한나라 사자의 권력을 등에 업고 여가 등을 죽이려 했다.

는 것이다.

이 좌석서열에서는, 동쪽을 향한 사자 등이 한 왕조의 권력을 대표하여 가장 높은 자리에 있고, 중국으로의 입조를 주장하는 중국인 태후가 남면을 하여 왕의 입조에 대한 청원을 받는 형식이 되고 있다. 이것은 아부(亞父) 범증이 남쪽을 향해 앉고, 북쪽을 향해 앉은 패공의 항복을 받아들인 것과 마찬가지이다. 또 "재상인 여가와 기타 대신은 서쪽을 향해 [왕을] 시중들며 앉아 술을 마셨다"는 것으로, 이는 장량의 경우와 마찬가지이다.

어느 경우에서도 동쪽을 향해 앉은 항우와 항백, 혹은 한 왕조의 사자는 초월적인 존재이다.

---

* 색은(索隱)에 의하면 안국이 성이고, 소계가 이름이라고 한다.

여기서 새삼 중국의 사회적 공간질서 속에서 방위문제를 정리해보자.

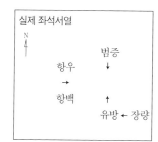

군신관계에서는 북쪽에 앉아 남쪽을 향하는 좌석이 군주의 자리이다. 남북의 좌표축에서는 북쪽에 가까운 쪽이 우위에 선다. 예를 들면 궁중 좌석서열이라면, 천자는 남면을 하고, 신하는 가장 높은 자리의 재상이 가장 북쪽의 좌석에 앉아 천자에게 북면을 하고, 순차적으로 남쪽으로 백관의 자리가 지정된다. 남북의 좌표축은 지배와 피지배 혹은 지배를 기축으로 하는 상하관계이다.

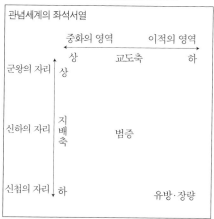

홍문(鴻門)의 연회 때 좌석서열

다음에 주객관계에서는, 주인은 서쪽에 앉아 동쪽을 향하고, 손님은 동쪽에 앉아 서쪽을 향한다. 동서의 좌표축은 주객관계이다.

그렇다면 주객관계란 원래 어떤 관계일까? 주객관계와는 다소 다른 경우에도 동서의 좌표축이 보인다는 점이 이 문제를 이해하는 데 참고가 될 것 같다.

한신은 배수의 진을 치고 조나라 진여(陳餘)의 대군을 한 번의 싸움으로 물리쳤다. 승리한 한신은, 한신군의 군수물자 보급의 약점을 칠 것을 진여에게 건의했지만 받아들여지지 않았던 이좌거(李左車)를 예의를 갖추어 대우하고, 그의 의견을 들었다. 당시의 일을 『사기』는 다음과 같이 기록하고 있다.

한신은 광무군(廣武君) 이좌거의 포박을 풀고, 서쪽 자리에서 동쪽을 향해 앉게 한 뒤, 자신은 동쪽 자리에 가서 이좌거를 스승으로 모셨다.

이 경우 두 사람의 관계는 주객관계가 아니고, 방책(方策)을 전수하는 자와 전수를 받는 자의 관계이다. 이 책에서는 두 개의 사회관계에 공통하는 요소로서 교도(敎導)관계의 좌표축을 설정하고자 한다.

이제 이 지배와 교도라는 두 개의 좌표축에 입각하여 홍문의 연회를 보자. 항우와 항백은 지배의 좌표축과 교도의 좌표축이라는 양면에서 최상위를 점하고, 유방과 장량은 그 양면에서 최하위에 있음을 이해할 수 있다. 범증은 항우의 대리자로서 좌표축 상에서, 유방에 대하여 지배자의 위치에 있고, 유방은 신첩(臣妾)의 자리에 있다. 그리고 또한 현 시점에서는, 유방은 교도의 좌표축에서도 최하위, 말하자면 이적(夷狄)의 위치에 있지만, 이 연회의 결과, 교도의 좌표축에서는 항우의 바로 밑으로 끌어당겨져, 중화의 백성으로서 항우에게 신하로서 예속하는 것이 된다.

홍문의 연회에서 현실의 좌석서열과 그 관념적 위상은 앞쪽의 도표처럼 된다.

홍문의 연회가 관중왕 유방의 초왕 항우에 대한 항복의식이었던 점을 보여주는 또 다른 흔적의 하나는 군문(軍門)의 대우이다.

『사기』에 묘사되어 있는 홍문의 연회는, 유방이 항우와의 사이에 일어난 불행한 오해를 풀기 위해 마련한 해명의 장이다.

유방은 이날 아침 100여 기를 대동하고 홍문에 와서 항우에게 사죄했다.

"신은 장군과 힘을 합쳐 진나라를 공격했습니다. 장군은 하북(河北)에서 싸우고, 신은 하남(河南)에서 싸웠습니다. 그러나 뜻하지 않게 신이 먼저 무관을 돌파하여 진나라를 항복시켰는데, 여기에서 장군을 다시 만나뵙게 되었습니다. 그런데 이제 소인배의 중상모략에 의해 장군과 신 사이에 오해가 생기게 되었습니다."

항우는 말했다.

"이것은 당신 패공의 좌사마 조무상이 말한 것이다. 그렇지 않다면 왜 내가 이런 일에 나섰겠는가!"

모든 것이 '패공의 좌사마 조무상'의 중상모략에 의해 벌어진 일임이 판명되었다.

> 항왕은 그날 패공을 머물도록 하여 연회를 열어주었다.

이리하여 두 영웅 사이의 오해가 풀려 즐거운 연회가 될 터였다. 그러나 항우 측의 꾀돌이 범증은 납득하지 않았다. 그는 장래에 천자가 될 운명의 유방을 어떻게 해서든지 없애버리려고, 항우의 사촌동생인 항장(項莊)에게 검무를 추다가 기회를 보아 유방을 찌르도록 명령을 내렸다. 이를 알아챈 항백(項伯)이 함께 검무를 추면서 몸으로 유방을 막았기 때문에 칼로 벨 수가 없었다.

여기서도 범증은, 유방이 장래의 천자가 될 운명임을 간파한 예리함과 유방을 끝까지 살해하려고 하는 집요함의 두 요소를 다 갖추고 있는 인물로 그려져 있다.

범증이 항장에게 검무를 추다가 유방을 찌르도록 하고 있음을 알아차린 장량은 급히 군문(軍門)으로 가서 번쾌를 만났다.

장량에게 위급한 상황을 전해들은 번쾌가 군문을 돌파하여 연회에 참가하여 유방을 위해 크게 활약했다. 그 후 유방은 측간에 간다고 말하고는 좌석을 벗어나 패상의 군영으로 도망쳐 돌아갔다.

이상이 『사기』에 기록된 홍문의 연회에 대한 개요이다.

군문으로 나온 장량에게 유방의 위기를 전해들은 번쾌는 유방과 운명을 같이하려고 했다.

> 급박하게 되었으니, 신은 청컨대 군문 안으로 들어가 패공과 운명을 같이 하겠소.

번쾌는 이때 군문 밖에 있었다. 유방이 데려온 100여 기는 말할 것도 없고 번쾌조차도 군문으로는 들어가지 못했다. 유방과 장량만이 군문에 들어가 있었던 것이다.

번쾌는 이에 검을 차고 방패를 끼고서 군문으로 밀고 들어갔다. 창을 교차시켜 군문을 지키고 있는 경비병이 번쾌를 제지하려 하자, 번쾌는 방패를 옆으로 밀어붙여 경비병을 쓰러뜨렸다.

이렇게 번쾌가 유방을 위해 활약을 한 뒤, 틈을 보아 유방은 번쾌와 함께 연회를 빠져나가 홍문정으로부터 약 20km 떨어진 패상으로 도망쳐 돌아갔다. 그리고 유방 등이 패상으로 돌아갔을 즈음을 가늠해서 장량이 일의 사정을 보고하고, 항우에게 미옥(美玉) 한 쌍, 범증에게 옥으로 만든 술잔 한 쌍을 바쳤다.

이때 유방만이 말을 타고, 수행하는 번쾌·하후영·근강·기신 등 4인은 "검과 방패를 들고 걸어갔다"는 것이다. 번쾌가 항우의 군문을 돌파한 뒤부터 이 시점까지 상당한 시간이 경과하고 있는 셈이지만, 항우군에서는 어떤 움직임도 보이지 않는다. 더구나 유방과 번쾌가 도망쳐 돌아가기 위해서는 다시 군문을 돌파해야 한다. 과연 항우군의 군기는 두 번에 걸친 군문 돌파를 놓칠 정도로 느슨해져 있었던 것일까?

당시 군문이 생사를 나누는 경계로 관념화되었음을 보여주는 다음과 같은 기록이 있다.

한의 문제(文帝) 때 흉노가 쳐들어왔다. 일찍이 유방 군단의 거물 주발(周勃)의 아들인 주아부(周亞夫)의 수비군을 문제가 위문했다.

천자의 선구(先驅)*가 군문에 이르렀지만, 군문의 입장을 거부당했다. 선구가 "천자께서 곧 보시러 오실 것이다"고 말하자 군문도위(軍門都尉)가 말했다. "군중에서는 장군의 명령은 듣지만, 천자의 조칙은 받지 않습니

---

* 행렬 등의 전방을 기마로 선도하는 자를 가리킨다.

다." 잠시 후 천자가 도착했지만, 역시 군문에는 들어갈 수 없었다. 그래서 천자는 어쩔 수 없이 절(節)을 가진 정식 사자를 보내어 장군에게 조칙을 발하여 말했다. "내가 군대를 위로하고자 한다." 그래서 주아부는 벽문(壁門) 즉 군문을 열도록 했지만, 벽문의 경비병은 천자의 거기(車騎)에게 "장군의 명령에 따라 군중에서는 말을 몰 수 없습니다"고 말했다. 그래서 천자는 재갈을 물려 말을 천천히 가게 했다.

천자가 와도 열지 않는 것이 군문이고, 군문 내에서는 장군의 명령만이 지배권을 갖는다. 군문의 안과 밖은 두 개의 확연히 다른 세계이고, 그 경계는 절대적이다. "군문에 항복한다"는 성어(成語)가 있듯이, 항복은 군문에서 행하고, 항복한 자로서 군문을 들어가는 인간은 죽은 자와 마찬가지의 존재로 간주된다.

유방은 항우의 군문에 항복했다. 『사기』에서 홍문의 연회에 대한 묘사에 군문이 나오는 것은 당시의 실정에 합치된다. 다만 뒤에 유방 진영에서 작성한 시나리오에 따라 이야기가 변조되었기 때문에, 군문의 역할도 왜곡되어 그려지지 않을 수 없었던 것이다.

마지막으로 유방 측이 항우에게 미옥(美玉)을 증여한 이야기이다. 춘추시대 이후 항복의식에서는 항복하는 자는 입에 미옥을 물고 수의를 입고 사죄한다. 『사기』에서는 연회 뒤에 장량이 대신 항우에게 미옥을 바쳤다고 하지만, 이것은 실상과는 일치하지 않을 것이다. 물론 미옥을 바쳤던 것까지도 삭제하면 보다 완벽하지만, 이미 미옥이 항우의 손에 있는 이상, 거기까지 역사를 왜곡하는 것은 곤란했다. 『사기』는 그 다음의 일을 다음과 같이 기록하고 있다.

패공은 군(軍)에 이르자마자 조무상을 죽였다.

근거가 없는 오해로 인해 원래 서로 충분히 이해할 수 있었을 두 영웅이 위험스럽게도 유혈사태에 이를 뻔했다. 그리고 그것은 모두 사욕 때문에 유방을 배반한 좌사마 조무상의 중상모략 탓이라는 이야기가 된다.

이미 유방은 임시 관중왕으로서 스스로가 주재하는 회맹(會盟)에 참가할 것을 호소하는 사자를 제후에게 보내고 있다. 유방 진영의 중진인 좌사마 조무상은 항우에 대한 공식 사자로서, 유방이 초나라 회왕의 서약에 따라 관중왕의 자격으로 회맹을 주재한다는 뜻을 전했다. 그런데 유방은 항복 석상에서 자기가 그를 사자로 파견한 사실이 없었다고 주장한 것이다.

한편 자기 진영 내에서는 좌사마 조무상이 사자로서의 소양이 결여되어 있었으므로, 쓸데없는 마찰을 불러일으켰다는 시나리오가 만들어졌다. 먼저 유방이 밀사를 보낸 상대인 진왕 자영을 재상으로 삼으려 한다고 조무상이 말했다는『사기』의 말은, 아군에 대하여 그의 판단력 혹은 교섭력을 의심하게 만들기 위한 작은 농간일 것이다. 이리하여 원래 무조건 항복을 위한 회의가, "좌사마 조무상의 중상이 없었다면, 나도 왜 이렇게까지 했겠는가"라고 항우가 변명을 한 회의로 살짝 바뀌었다. 그러나 이 조무상을 제물로 바치는 역사의 위조는 유방 진영 전체를 구했던 것이다.

이런 시나리오는 아마 육가 등 유방 측의 필자들에 의해 만들어져서, 말하자면 한 왕조의 정사(正史)가 되어 있던 것을 사마천이 그대로 채택했을 것이다.

유방이 자청한 항우에 대한 항복이 받아들여져, 유방군이 항우의 군단에 예속하게 되고, 군문에서의 대우가 달라지게 된 시점에서 유방은 몰래 도주했다. 뜻하지 않은 사태 전개에 항우도 태도를 결정하기 어려워, 양군은 현 상태 그대로 며칠 동안 서로 노려보기만 했다.

> 며칠 후 항우는 병사를 데리고 서방의 함양을 도륙하고, 진나라의 항복한 왕인 자영을 죽이고, 진나라 궁전을 불태웠다. 불은 3개월 동안 꺼지지 않았다. 궁전의 보물과 여인들을 거두어 동으로 갔다.

기회를 놓친 항우는 결국 유방과의 대결을 단행하지 못했다. 유방은 목숨을 건졌던 것이다.

항우가 이미 유방에게 항복한 함양을 새삼 공격하고, 일단 목숨을 부지한 자영을 살해하고, 진나라 궁전을 불태운 것은, 진나라 사람들의 마음에 항우에 대한 씻을 수 없는 적개심을 심어놓았다. 유방에게 마음을 기대고 있던 진나라 사람들은 항우를 적대시하게 되었고, 결과적으로 관중은 유방에게 확고한 정치적 기반이 되었다.

유방의 관중왕 원년 10월(기원전 207) 그가 진 지방의 정치적 지배자가 된 뒤부터, 같은 해 12월 항우에게 굴복하기까지 겨우 2개월의 시간이 경과했을 뿐이지만, 유방의 수확은 컸다.

우선 그는 진왕 자영의 항복을 받고, 사실상 진 지방의 최고권력자가 되었다. 그의 군사력이 항우를 중심으로 형성되었던 초나라 군사력의 일부였다고 하는 점에서 복잡한 문제가 있었지만, 그는 법삼장(法三章)을 제정하고, 진나라 관리와 함께 이 법삼장을 말하자면 헌법으로 하는 행정구조를 만들어, 2개월의 짧은 기간이기는 하지만, 실제로 운영했다.

이것은 비(非)일상적인 군사력의 일상적인 행정권력과 정치권력으로의 이행을 의미한다. 그런데 이는 소하·장량·하후영 등 막료의 뛰어난 실무 능력 덕분에 실현한 것이었다. 유방의 군대가 진나라 궁전에 난입했을 때, 소하가 "진나라 승상·어사의 율령과 도서를 거두어 보관했다"는 것은 특필할 만한 행위였다. 그는 이 2개월 동안 진나라의 율령과 도서에 의거하여, 게다가 법삼장의 헌법에 의하여 새로운 기운을 불어넣은 행정기구를 통하여 진 지방을 통치했던 것이다.

유방 집단에서는 일찍부터 소하를 중심으로 일종의 문신관료기구가 기능하고 있었다.

『사기』의 조참·주발·번쾌 등의 전기에는 군공(軍功)을 세운 지역, 그 구체적인 내용, 그에 대한 작위의 수여가 상세하게 기록되었다. 그런데 이것들은 유방 집단에서 기능하고 있던 신상조서 즉 현재의 중국에서 말하는 '당안'(檔案)을 베껴 기록한 것 같다는 이야기는 옛날부터 있었다.

유방 집단의 군정(軍政)은 체계적이고 안정적인 문서행정체계에 기반을 두었다. 이 체계의 중심에 있던 자가 소하였다. 그 관료제도는 우선 군정을 중심으로 정착하고, 뛰어난 자질과 풍부한 경력을 가진 소하에 의하여 관중 지배라는 보다 광범위한 행정적 과제에 대응할 수 있었다.

중국은 시황제의 출현에 의해 한 사람의 최고주권자 밑에 통일되었지만, 이세황제의 암살과 자영의 진나라 왕으로의 격하에 의해 정치적 중심을 잃었다. 유방은 직접적으로는 이 진 왕국의 유산을 계승했지만, 그가 반진(反秦)세력의 중심인 초나라의 세력을 대표한다는 점에서 말하면, 다시 중국에 전국적인 정치적 중심이 출현하여 새로운 최고주권자가 탄생했다고도 말할 수 있다.

적어도 유방은 이때 자기가 천자가 되었다고 느꼈고, 유방 집단은 자신들이 천자 직속의 집단이라고 느꼈다. 이런 고양된 기분이 함곡관의 폐쇄와 한 통의 명령에 의하여 항우의 지배를 막아낼 수 있다는 망상에 가까운 오판을 낳았고, 그들을 일단은 지옥의 심연에까지 떨어뜨렸던 것이다. 그러나 자기들에게 천명이 내린 것이라는 자각은, 그 후 그들의 고통스런 상황 속에서도 정신적 기둥이 되었다.

다소 다른 차원의 문제이지만, 이즈음 유방은 후궁을 들인 것 같다. 단지 후궁의 존재를 사료 속에서 확인할 수 있는 것은, 뒤에 그가 형양(滎陽)·성고(成皐)를 중심으로 중원에서 관중으로 침입하는 입구를 제압하여, 항우의 맹공을 막아내고 있었을 때의 일이다. 당시 유방의 후궁에는 위왕(魏王) 표(豹)의 후궁 출신 여성들이 있었다.

유방이 항우와 함께 회왕의 초나라 팽성(彭城)을 뒤로 하고, 진나라 군대와 싸우러 출발한 뒤부터, 유방은 몇 번인가의 승리 때마다 미녀를 손에 넣었다. 『사기』에서 범증이 말한 그대로였다.

패공은 입관하기 전에는 보물을 탐하고 미녀를 좋아했습니다.

　　다만 관중에 들어오기 전 단계에서 유방이 후궁을 들였는지는 불분명하다. 실질적으로는 아직 민중반란의 한 영수에 불과한 유방이, 진 제국을 상대로 고전을 하고 있는 단계에서 후궁제도를 만들었다면, 유방 군단에게 좋은 영향을 주지는 않았을 것이다. 유방은 확실히 전투에서 승리할 때마다 미녀를 손에 넣었을지도 모르겠지만, 그들과 유방의 관계는 일회적인 것이었다고 생각된다.

　　그런데『사기』에서 위 구절에 이어 범증은 다음과 같이 말하고 있다.

　　　　이제 관중에 들어온 뒤에는, 보물을 취하거나 미녀를 가까이 하는 일은 완전히 없어졌습니다.

　　그러나 이 말은 에누리해서 들을 필요가 있다.『초한춘추』『사기』등의 사료에 보이는 하나의 특색은, 유방의 적이 유방을 칭찬하는 발언을 하고 있다는 점이다.

　　여기서는 항우의 핵심 참모인 범증이 유방과 그 집단의 군기가 엄정하다고 말했다. 이것은 앞에서 유방이 항백에게 설명한 내용 즉,

　　"저는 관중에 들어온 뒤에도 털끝만한 것도 가까이 한 적이 없습니다. 관리나 인민은 빠짐없이 등록하고, 창고에는 봉인을 하고서 장군을 기다렸습니다."

라는 '사실'을 범증의 입으로 말하게 한 것이다.

　『사기』에서 항우 측의 인간이 유방을 칭찬하는 발언을 하는 예는 이 밖에도 또 있다. 장량과의 의리 때문에 유방을 도운 항백은 항우에게,

　　　　패공이 먼저 관중을 돌파하지 않았다면, 공이 어찌 감히〔관중에〕들어올 수 있었겠는가? 지금 큰 공을 세운 자를 치는 것은 의롭지 않은 행동이다. 따라서 그를 잘 대우하는 것만 못하다.

고 했고, 항우는 이를 수락했다. 항백은, 패공이 과거에 관중을 공격하여 함락시키지 못했다면, 공(公) 즉 항우는 어떻게 해서 관중에 진입할 수 있었겠느냐고 말한 것이다.

그러나 진나라의 운명은 장함군에게 달려 있었으므로, 항우군이 장함을 항복시킨 시점에서 진초(秦楚)전쟁의 결론은 난 셈이었다. 진 제국 타도의 실질적인 공적은 항우에게 돌아가야 한다.

『사기』는 실제로는 진나라 궁전에 들어간 유방이 처음부터 패상에 주둔하려 했던 것처럼 묘사한 기사까지도 기재하고 있듯이, 홍문의 연회에서 유방 측의 변명을 뒷받침하는 기술을 병기하는 경우가 많다. 위의 항백의 발언도 그 하나이다.

어느 쪽이었든 이리하여 유방은 단순한 민중반란의 영수로부터 일단은 황제에 준하는 존재가 되어 후궁을 갖게 되었다. 32세의 초겨울에 벌어진 일이었다. 이 후궁 가운데 진나라의 후궁에서 옮겨온 정도(定陶)의 척희(戚姬)가 있었다. 척희는 지금까지 유방이 만나본 적이 없는 유형의 여성이었다. 그녀의 출현은 그의 삶에 새로운 탄력을 주었다.

한편 항우는 당시 27세였다. 기타의 조건에 큰 차이가 없는 경우에는 총사령관의 연령이 젊은 쪽이 승리하는 것이, 전쟁의 역사가 증명하는 바라고 하지만, 이제부터 막이 열리는 초한(楚漢)의 대결은 두 청년 사령관이 지휘하는 총력전이 되었다.

15장
서초의 패왕 항우

진 왕조를 멸망시키는 데 최고 공로자인 항우는 유방의 항복을 받아들여 실질적으로 천하의 권력을 장악했다.

그에게는 두 개의 과제가 있었다. 우선 형식적으로 그보다 상위에 있는 초나라 회왕 및 회왕의 서약을 어떻게 처리할 것인가, 다음은 수도를 어디에 두고 승리의 열매를 어떻게 분배하며 어떤 세계질서를 수립할 것인가 이다.

항우는 먼저 초나라 회왕에게 그동안의 경과를 보고했다.

항량이 회왕을 옹립한 이래 1년 반 가까이 경과했다. 이 사이에 관동 옛 6국의 땅을 거의 제압하고 있던 진나라 장함군을 '제후의 상장군'으로서 고전 끝에 항복시키고, 천하를 초나라의 지배로 만든 것은 항우이다. 회왕은 적어도 자기의 공적을 인정하여, 전후처리의 전권을 위임하겠지, 혹은 이 기회에 정식으로 양위를 표명하고, 자기를 초나라의 대왕으로 맞이할 의사를 표명할지도 모른다고 항우는 생각했을 것이다.

그러나 회왕의 대답은 항우로서는 놀랄 만한 것이었다.

"서약한 대로 하라."

실질적인 권력이 없는 괴뢰였을 회왕이 그 형식적인 권력을 포기하지 않을 것임을 단호히 표명한 셈이다.

"서약한 대로 하라"는 것은 먼저 관중에 들어간 유방을 관중왕으로 삼으라는 말이다. 만약 그렇게 되면, 유방은 당연히 이를 은혜로 생각하여 회왕을 지지하게 될 것이다. 회왕은 실질적인 권력을 쥐고, 그 밑에서 항우와 유방이, 말하자면 초왕(楚王)과 진왕(秦王)으로 섬기는 꼴이 된다.

항량에 의하여 옹립되어, 남에게 고용된 양치기에서 왕의 자리로 나아간 그의, 당시에는 다소 비현실적이었던 서약이, 얄궂게도 항우의 장함군 격파를 계기로 실현되어, 뜻하지 않게 효과를 발휘하게 되었던 것이다.

항우와 유방이 팽성(彭城)을 출발하여 진나라와의 전쟁에 나아간 뒤, 팽성의 초나라 왕궁에서는 회왕의 권위와 명령이 점차 통하고 있었다.

항량의 초나라는, 항량 직계의 각군 이외에 진섭의 장초국 패잔병 세력이나 진가(秦嘉)·경구(景駒) 계통의 세력 혹은 초나라 각지에서 난립한 독자세력을 더한 혼성군단이었다. 회왕의 초나라는 항량의 초나라 유산을 계승했고, 나아가 과거 전국시대 초나라의 영윤(令尹, 상급 재상)으로서 회왕의 최고 측근이 되었던 송의(宋義)와의 관계를 통하여, 수도인 우이(盱台)의 남쪽 경계와 맞닿은 동양(東陽)을 기반으로 하는 진영(陳嬰)의 세력이 정권의 단단한 기반이 되었다. 그는 회왕의 초나라 주국(柱國, 간부 대신)이 되어 있었다.

항량이 진나라와의 전쟁에 출정한 이후, 권모술수에 밝고 유달리 강렬한 권력욕을 갖고 있던 회왕 주위에 모여드는 인맥이 점점 무시할 수 없는 힘을 갖기 시작했다. 항량의 전사 이후, 항우가 진나라와의 전쟁에 몰두하고 있는 사이에, 그들은 착착 초나라의 중앙권력을 구축하고 있었다.

지령을 받아든 27세의 항우는 분통을 풀 방법이 없었다. 그러나 아무리 회왕이 술책을 부리려 해도, 실권은 자기에게 있다.

그의 반격은 두 단계로 이루어졌다. 우선 회왕을 의제(義帝)로 격상시켰다. 이 경우의 '의'(義)란 일의 도리 즉 '마땅히 그러해야 함'이라는 정도의 의미일 것이다.

전에 진 제국에서는 조고(趙高)가 이세황제를 시해한 뒤, 황제 칭호를

없애고 자영(子嬰)을 진나라 왕으로 받들려고 했다. 이때 자영은,

"승상 조고는 이세황제를 망이궁(望夷宮)에서 살해했다. 그는 여러 신하가 이를 탓하여 죽일까 싶어 짐짓 '의'(義)의 차원에서 나를 세우려고 하는 것이다."

고 말하고, 조고를 유인하여 살해했다.

이번 의제의 '의'도 거의 같은 의미일 것이다. 회왕은 전에 여러 장군들과 서약하고 진나라와의 전쟁을 단행했고, 그 결과 진 왕조 타도가 실현되었다. 항우는 그 도리를 존중해서 그를 한 계단 위의 '제'(帝)로 격상시킨 것이다. 즉 항우는 괴뢰의 초왕과 그 부하라고 하는, 지금까지의 관계를 각각 한 등급 밀어 올려 초왕을 의제, 자기를 그 밑의 초왕, 보다 정확하게는 초나라의 대왕으로 했던 것이다. 애초에 초나라의 전통에는 황제라는 관념은 없었다. 이것은 항우의 권력탈취를 위한 제1보였다.

『사기』 항우 본기는 계속해서 항우에 의한 제후왕(諸侯王)의 임명, 즉 봉건(封建)에 대해 기록하고 있다. 이것이 천하주권자로서의 행위임은 말할 나위도 없다.

우선 문제가 된 것은 유방의 대우이다.

『사기』에 의하면, 항우는 유방의 사죄를 받아들였지만, 유방이 그 의식 도중에 도망쳤기 때문에, 양자의 관계는 묘하게 되었다. 그러나 유방이 항복의식 도중에 군문을 돌파하여 도망친 것은 거의 불가능하다는 점, 남아 있던 장량이 항우로부터 어떤 견책도 받지 않은 점 등을 통해 볼 때, 필자는 실제로는 이 의식은 끝까지 행해졌고, 항우의 신하가 된 유방이 그 뒤 몰래 무단으로 자기 진영으로 돌아가버렸다고 추측한다. 의식 도중에 도망쳤다는 것은 유방 측이 지어낸 이야기일 것이다. 어느 쪽이든 항우로서는 초나라 회왕의 서약을 따른다면, 항복한 유방이 관중의 왕이 되어야 한다는 문제가 남는다.

　그래서 항우와 범증은 의논을 하여, 관중(關中)이란 함곡관과 무관 등 관이 있는 곳의 안이라는 의미이므로, 현재의 사천(四川)에 해당하는 파(巴)·촉(蜀)의 땅 또한 관중의 땅이라는 논리를 만들어, 유방을 파촉(巴蜀)의 왕으로 봉하려 했다. 『사기』 항우 본기의 기록이다.

> 항왕(項王)과 범증은 패공이 이윽고 천자가 되지 않을까 걱정하여, 유방의 힘을 깎으려고 했지만, 이미 유방의 변명을 받아들여 화해한 상태이며, 또 회왕의 서약을 따르지 않으면 제후의 신의를 잃게 될 것을 염려하여, 이에 '음모'를 꾸몄다. '파촉은 진나라의 한 지방이지만, 그곳에 이르는 길은 험난하고, 진에서 추방된 사람들은 모두 촉(蜀)에서 살고 있다. 유방을 봉하기에 적당한 곳이다'는 것이다. 이에 '파촉도 관중의 땅이다'라고 칭하면서, 패공을 한왕(漢王)으로 삼아 파촉·한중(漢中) 지방에서 왕 노릇하고 남정(南鄭)에 도읍을 두도록 했다.

　이 글의 내용에는 묘한 곳이 있다. 유방을 파촉에 봉하도록 했는데, 왜 한중(漢中)이 포함되었을까? 그것도 유방을 파촉왕(巴蜀王)으로 삼았다고 하지 않고, 한왕(漢王)으로 한 이상, 파촉보다는 한중 쪽의 평가가 높아야 할 것이다.

　파촉, 즉 사천 분지는 당시에는 이른바 촉의 잔도(棧道)를 통하여 섬서(陝西)분지로 연결될 뿐인 극히 폐쇄적인 변경의 땅이었다. 장강의 삼협(三峽)을 내려가면 초의 남부, 이른바 남초(南楚)로 나가게 되지만, 삼협 밑으로는 많은 위험이 따랐다. 또 이 시기 장강 유역은 온전히 남방 소수민족의 거주지여서, 유방 집단이 이 방향으로 활로를 열어가는 것은 거의 불가능했다.

　이 점에 대해서는 『사기』 유후(留侯) 세가에서 조금 다른 기술이 있다.

> 한(漢) 원년(기원전 208) 정월 패공은 한왕이 되어 파촉에서 왕 노릇을 하게 되었다. 한왕은 장량에게 금 100일(鎰), 진주 2두(斗)를 하사했는데, 장량은 전부 항백(項伯)에게 가지고 가 바쳤다. 그 밖에 한왕도 장량을 통하여 항백에게 더 많은 선물을 하여, 한중의 땅을 영지로 추가해줄

것을 청원했다. 항왕은 이를 허락했다.

한중은 관중의 땅은 아니다. 전에 유방은 무관에서 관중으로 들어갔지만, 이 무관은 한중과 관중 사이에 있는 관이다.

파촉만을 영유한 경우에는, 정보는 모두 일단 진 지방을 통과한 뒤에 비로소 파촉의 땅에 도달하게 되어, 천하의 대세로부터 완전히 분리된다. 유방은 참으로 독 안에 든 쥐 신세가 되는 셈이다. 그러나 남정(南鄭)으로부터 한수(漢水)를 따라 내려가면 남양(南陽)에 이르고, 그곳에서부터는 유방이 입관했던 때의 경로를 거꾸로 밟아 중원으로 나올 수 있다. 한중이 영지로 추가된 데는 커다란 의미가 있었던 것이다.

한편, 여기서 한(漢) 원년이라고 『사기』가 말하고 있는 것은, 그가 항우에게 한왕으로 봉해진 초나라 의제(義帝) 원년(기원전 206) 정월을 기점으로 그 3개월 전인, 이 책에서 말하는 관중왕 원년 10월까지 한의 칭호를 거슬러 올라가 만든 후세의 역법(曆法)이다. 이 한나라 달력은 이제는 진 왕조의 그것을 계승하고 있는데, 10월이 한 해의 시작이고, 12월은 3개월째, 정월은 4개월째의 달이 된다.

『사기』 항우 본기는, 관중왕 유방 원년(기원전 206) 정월에 항우가 유방 등의 제후를 각지에 왕으로 분봉한 상황에 대하여 아래와 같이 기록하고 있다.

> 패공을 한왕으로서 파촉과 한중에서 왕 노릇하게 하고 남정에 도읍을 두도록 했다(이상은 파촉·한중왕〔巴蜀漢中王〕 유방).
>   관중을 셋으로 나누어 항복한 진나라의 장수를 왕으로 봉하여, 한왕 유방의 반격을 제지하도록 했다. 항우는 이에 장함을 옹왕(雍王)으로 삼아 진 지방 내의 함양으로부터 서쪽 지방에서 왕 노릇을 하고 폐구(廢丘)에 도읍을 두도록 했다. 장사(長史) 사마흔(司馬欣)이라는 자는 원래 약양(櫟陽)의 옥리(獄吏) 가운데 우두머리였지만, 일찍이 항량이 은혜를 받은 적이 있다. 도위(都尉) 동예(董翳)라는 자는 항우에게 항복하도록

장함에게 권한 사람이다. 이에 사마흔을 새왕(塞王)으로 삼아 함양의 동쪽에서 황하에 이르기까지의 땅에서 왕 노릇하고 약양에 도읍을 두도록 했다. 그 외에 동예를 적왕(翟王)으로 삼아 상군(上郡)에서 왕 노릇하고 고노(高奴)에 도읍을 두도록 했다[이상은 관중의 각 왕].

위왕(魏王) 표(豹)를 옮겨 서위왕(西魏王)으로 삼아 하동(河東)의 땅에서 왕 노릇하고 평양(平陽)에 도읍을 두도록 했다. 하구(瑕丘)의 신양(申陽)이라는 자는 장이(張耳)가 총애하는 신하인데, 전에 하남군(河南郡)을 항복시켜 초나라를 황하 근처에서 맞이했다. 이에 신양을 하남왕(河南王)으로 삼아 낙양에 도읍을 두도록 했다. 한왕(韓王) 성(成)은 원래의 수도인 양적(陽翟)에 도읍을 두도록 했다. 조나라 장군 사마앙(司馬卬)은 하내(河內)를 평정하는 데 자주 공적을 세웠으므로, 사마앙을 은왕(殷王)으로 삼아 하내에서 왕 노릇을 하고 조가(朝歌)에 도읍을 두도록 했다. 조왕(趙王) 헐(歇)을 옮겨 대왕(代王)으로 삼았다. 조나라의 상(相)인 장이(張耳)는 평소 현인으로 평판이 높고, 또 항우를 따라 입관했기 때문에 장이를 상산왕(常山王)으로 삼아 조(趙) 지방에서 왕 노릇을 하고 양국(襄國)에 도읍을 두도록 했다[이상은 조·위(趙魏)의 각 왕].

당양군(當陽君) 경포(黥布)는 초나라 장수로서 항상 군내에서 으뜸이었다. 이에 경포를 구강왕(九江王)으로 삼아 육(六)에 도읍을 두도록 했다. 파군(鄱君, 番君) 오예(吳芮)는 백월(百越)을 거느리고 제후를 도왔고, 또 항우를 따라 입관했기 때문에 오예를 형산왕(衡山王)으로 삼아 주(邾)에 도읍을 두도록 했다. 의제(義帝)의 주국(柱國) 공오(共敖)는 병사를 거느리고 남군(南郡)을 공격하여 공적이 많았으므로, 공오를 임강왕(臨江王)으로 삼아 강릉(江陵)에 도읍을 두도록 했다[이상은 남초(南楚)의 각 왕].

연왕(燕王) 한광(韓廣)을 옮겨 요동왕(遼東王)으로 삼았다. 연나라 장군 장도(臧荼)는 초나라를 따라 조나라를 구원하고, 계속해서 항우를 따라 입관했다. 그래서 장도를 연왕으로 삼아 계(薊)에 도읍을 두도록 했다[이상은 연·요동의 각 왕].

제왕(齊王) 전시(田市)를 옮겨 교동왕(膠東王)으로 삼았다. 제나라 장군 전도(田都)는 항우를 따라 함께 조나라를 구원하고, 계속해서 항우를 따라 입관했다. 그래서 전도를 제왕으로 삼아 임치(臨淄)에 도읍을 두도록 했다. 전에 진나라에 멸망된 제왕 건(建)의 손자인 전안(田安)은, 항우가 황하를 건너 조나라를 구원하려고 했을 때, 제북(濟北)의 몇 성을 함락시키고, 그 군대를 데리고 항우에 항복했다. 이에 전안을 제북왕으로 삼고 박양(博陽)에 도읍을 두도록 했다. 전영(田榮)이라는 자는 자주 항량에게 배반하고, 또 병사를 데리고 초나라를 따라 진나라를 공격하려 하지 않았기 때문에, 그에게는 영지를 주지 않았다[이상은 전제(田齊)의 각 왕].

성안군(成安君) 진여(陳餘)는 장군의 인장을 버리고 달아나 입관에 따르지 않았다. 그러나 평소부터 그가 현인이고 조나라에 공적이 있다는 말이 있었으므로, 그가 있던 남피(南皮)와 그 주위의 세 현을 그의 영지로 주었다. 파군(番君)의 장수인 매현(梅鋗)은 공적이 많았으므로 10만 호 분의 영지를 갖는 후(侯)로 봉했다[이상은 제후].

항왕은 스스로 서초(西楚)의 패왕(覇王)이 되어 9군(郡)에서 왕 노릇을 하고 팽성에 도읍을 두었다[이상 서초 9군의 패왕 항우].

이상이 항우 본기의 본문이다. 물론 원문은 단락 구분 없이 기록되어 있지만, 여기서는 각 왕이 분봉된 지역마다 한데 모아 단락을 지었고, 각 단락 뒤에 분봉된 지역을 기재했다. 진여(陳餘)와 매현(梅鋗)만은 후(侯)이고 나머지는 왕(王)이다.

이 유방을 포함한 18왕과 패왕 항우의 영지를 복원한 것으로서 현재 가장 신빙성이 높은 지도는 복단(復旦)대학의 저우전허(周振鶴)가 제작한 것이다. 저우전허의 복원도(復元圖)에 준거하면서, 여기에서는 지역마다의 분류를 추가하고, 나아가 이 분류를 동남과 서북이라는 두 개의 대지역으로 나누어 다음 쪽에 제시하겠다.

동북으로부터 서남에 걸쳐 그어진 이 분계선의 동남방에서 즉위한 제왕(諸王)은 모두 기본적으로 자력으로 그 지역의 왕이 되었다. 이 책에서는 이 지역을, 토착의 강자가 현지의 왕이 되었다는 의미에서 '토왕(土王)지역'이라 부르고자 한다.

서초 9군의 왕이 된 패왕 항우에 대해서는 굳이 설명할 필요가 없을 것이다.

토왕지역 북부에 위치하는 전(田)씨 성의 여러 왕은, 진섭의 초나라, 즉 장초(張楚)에서 파견된 주시(周市)가 이 지역에 들어왔을 때, 이에 반발하여 전국시대 제나라의 왕족 전담(田儋)이 적(狄)의 현령을 죽이고, 주시의 군대를 내쫓고 제왕이 되었던 것을 기원으로 삼는 자들이다.

토왕지역 남부의 구강왕(九江王) 경포(黥布)는 구강국의 도읍이 되었던 육현(六縣) 사람이다. 형산왕(衡山王) 오예(吳芮)는 원래 이 지역 소수민족의 유력자이고, 임강왕(臨江王) 공오(共敖) 역시 직접적인 증거는 없지만, 소수민족 출신의 강자인 것은 분명하다. 그가 공격한 남부, 이때 도읍으로 정한 강릉(江陵)은 모두 소수민족의 인구가 압도적으로 많은 지역이다. 진나라는 이 지역에 대하여 무리하고 강압적인 방식으로 지배했는데, 이에 대한 소수민족의 반감을 조직하는 데 성공한 자가 공오였다고 생각한다.

다음에 분계선의 서북방에서 왕위에 오른 각 왕은 외부인이든 아니면 현지 출신이든, 외부의 힘에 의해 현지의 왕이 된 자들이다. 이 책에서는 이 지역을 현지 이외의 호걸 혹은 현지 이외의 세력에 의하여 왕이 되었다는 의미에서 '객왕(客王)지역'이라고 부르고자 한다.

파촉과 한중의 왕이 된 유방에 대해서는 설명할 필요가 없을 것이다. 다만 파촉 지역은 진나라의 수백 년에 걸친 식민활동에 의하여 진나라 사람이 거주하는 지역이 산재하게 되었다고 하더라도, 원래는 거의 온전한 소수민족의 거주지역인 점에 주목하고 싶다.

진 지방에는 옹왕 장함, 새왕 사마흔, 적왕 동예 등 세 왕이 들어섰다. 그들은 원래 진나라 사람이었지만, 그들을 왕으로 세운 것은 서초의 패왕 항우이다. 덧붙여 말하면, 진나라가 이때 세 왕의 영역으로 분할되었기 때문에 후세에 이 지역을 삼진(三秦)이라고 부르게 되었다.

다음에 조, 위, 연, 요동의 각 왕의 경우는 사정이 조금 복잡하다. 간단

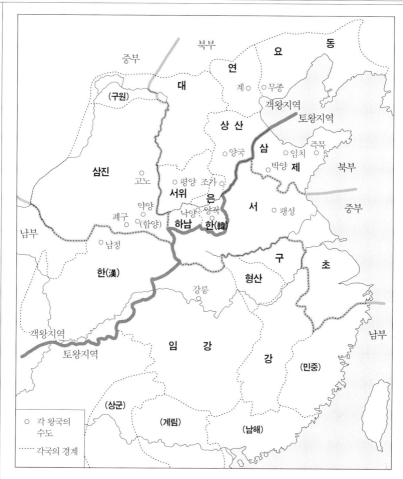

항우가 분봉한 각 왕국의 영역(周振鶴,「楚漢諸侯疆域示意圖」,『中華文史論叢』1984-4에 근거함).

	객왕(客王)지역	토왕(土王)지역
북부	한(韓), 하남(河南), 은(殷), 서위(西魏), 상산(常山), 대(代), 연(燕), 요동(遼東)	3제(三齊, 齊·膠東·濟北)
중부	3진(三秦, 雍·塞·翟)	서초(西楚)
남부	한(漢, 巴·蜀·漢中)	구강(九江), 형산(衡山), 임강(臨江)

하게 설명하면, 진섭의 장초국이 파견한 각 군의 영향하에 위(魏)와 조(趙)의 양국이 성립하고, 다시 이 움직임의 연장선상에서 연나라가 성립했다. 이 각국의 왕 대부분은 이 지역 출신자이기는 하지만, 그들은 외부세력의 영향하에 그 힘을 얻은 것이었다.

이처럼 이 시점에서 중국은 동북으로부터 서남에 걸쳐 그은 분계선에 의하여 두 개의 상이한 성격을 갖는 지역으로 나뉘게 되었다. 분계선의 동남방에서는 토착의 강자가 왕이 되고, 서북방에서는 외부의 강자가 동남쪽에서 몰려든 결과, 그들 혹은 그들이 선정한 인물이 왕이 되었다.

다시 말하면, 이 분계선의 동남방, 즉 토왕지역 쪽에서 현저한 군사적 활성화가 보였고, 이 토왕지역에서 형성된 군사력이 이 분계선의 서북방, 즉 객왕지역 쪽의 그것을 압도했던 것이다.

이런 사태는 중국 역사가 시작된 이래 적어도 문헌으로 확인하는 한 최초의 현상이었다.

그때까지 중국에서는 정치적·군사적으로 우위에 서서 주동적이고 공격적이었던 것은 항상 이 분계선의 서북방이었다. 좀 더 말하면, 중국의 서북방이 동남방을 군사적으로 압도하는 것이 중국역사의 기조이고, 현대에 이르기까지 2천 수백 년 동안 중국사의 기조이기도 하다.

항우와 유방 등의 초나라 집단이 진 제국을 타도한 것은, 이 기조에 반하는 움직임의 첫 번째 파도였다. 두 번째 파도는 거의 1,100년 뒤에 일어났다. 당말(唐末)의 민중반란에서 모습을 드러낸 주온(朱溫)이 오대(五代)왕조 최초의 국가인 후량(後梁)을 세웠던 것이다. 주온이 세운 후량은 단명으로 끝났지만, 그 법통은 다시 50년 정도 뒤의 송(宋) 왕조로 계승되었다. 세 번째 파도는 주온의 후량에서 거의 460년 뒤의 명(明) 왕조이다.

유방의 한, 주온의 후량, 주원장의 명, 이들 세 왕조에는 몇 가지 공통점이 있다. 하나는 모두 회수(淮水) 유역으로부터 일어났다는 점, 다른 하나는 그 개창자가 평민 출신이라는 점이다.

여기서 중국사를 조망하면, 원래 왕조의 흥기는 다음 세 가지 패턴 중 하나에 속한다.

첫째는 진 왕조처럼 일정 기간 지방정권으로 있다가, 전국의 패권을 장악하는 경우이다.

둘째는 원(元)과 청(淸) 두 왕조처럼 외부의 수렵·유목민족이 침입해 들어와서 새로운 왕조를 세우는 경우이다.

그리고 셋째가 이제 문제가 되고 있는 한, 후량, 명 왕조처럼 전 왕조의 폭정과 통치능력의 상실 결과, 민중반란을 시발점으로 새로운 왕조가 성립하는 경우이다. 첫째와 둘째의 경우가 기본적으로 북방왕조인 데 비하여, 셋째의 경우는 남방의 회수 유역에서 새로운 왕조가 일어나고 있다.

이들 북방계와 남방계의 왕조를 비교하면, 극도로 단순화시켜서 하는 말이지만, 북방왕조는 획일적인 정치제도와 군사체계를 기초로 하여, 위로부터의 일군만민(一君萬民)적인 지배체제를 채택한다. 반면 북방왕조의 지배에 대한 반란 속에서 탄생하는 남방계 왕조는 그 반작용으로서 밑으로부터의 집단적·동료적 결합의 강화와 그 연쇄체계를 통하여 지배를 수립한다.

남방왕조의 발상지는 시대를 내려감에 따라 남하하는 경향이 있다. 청(淸) 왕조의 쇠퇴로부터 중화인민공화국의 성립까지 약 150년에 걸치는 중국근현대사에서도, 광서(廣西)에서 일어난 태평천국의 반란, 광동(廣東)에서 시작하는 쑨원(孫文)의 삼민주의(三民主義)에 입각한 민족적 혁명운동, 절강(浙江) 재벌과 연계한 장제스(蔣介石)의 국민당, 마오쩌둥·류사오치(劉少奇) 등의 호남(湖南) 출신자와 주더(朱德)·덩샤오핑(鄧小平) 등의 사천(四川) 출신자를 주요 간부로 한 중국공산당에 이르기까지, 남방에서 일어난 혁명운동이 북방으로 파급되는 모습이 보인다.

현대사의 경우에는 근현대에 있어 자본주의 사회로부터의 영향과 그 수용 및 자본주의적인 각 세력에 의한 중국에 대한 압박이 여기에 추가된다. 따라서 단순하게 중화 2천년에 걸친 역사적 경향의 계속이라고는 말하기 어려운 요소가 있다. 그러나 한(漢) 왕조로부터 현대중국까지 남방에서 일어나 북방을 정복한 전국정권은 모두 민중봉기를 시발점으로 하는 한족(漢族) 중심의 정권이었다. 남북대립의 현상 그 기저에는 농경사회와 수렵·목축사회와의 대립관계가 가로놓여 있는데, 근대에 들어와 자본주의 사회의 문제가 새로운 요소로서 추가되었던 것이다.

이야기를 진 말의 전란으로 되돌리면, 거기에 보이는 기본적인 경향은 수백 년에 걸친 서북방 진나라의 침략과 지배에 대한 동남방 각국의 반작용이었다. 이때 반작용의 시발점이 되었던 것이 초나라였다. 이 초나라에서 항우와 유방이라는 두 청년영웅이 출현하여 천하를 통일했던 것이다.

한편 항우는 스스로 초나라 9군을 묶어 팽성에 수도를 두고, 서초의 패왕이라고 자칭했다.

진 제국은 해체되었고, 정치의 중심은 서초의 팽성에 있었다. 항우의 초나라는 초강대국이었지만 제국은 아니었고, 항우는 패왕이었지 황제는 아니었다.

항우는 제국의 수도 함양을 버리고 팽성으로 돌아왔다. 황제의 자리를 포기하고 여러 왕 중의 왕인 대왕의 자리를 취한 것이다.

수도의 선택은 승리의 열매에 대한 분배나 그 결과 성립하게 될 세계질서와 관련되는 중대 문제이다. 유방은 항우와의 전쟁에서 승리한 뒤, 처음에 수도를 함곡관에서 약 150km 동쪽에 위치한 낙양(洛陽)에 두려고 했다. 결과적으로는 함양에 가까운 같은 관중의 장안(長安)이 선정되어, 그 후 200년 동안 중국의 수도가 되었지만, 팽성을 수도로 삼는 정권 구상은 낙양을 수도로 삼는 그것과 마찬가지로 충분히 성립할 수 있었다. 오히려 대왕의 자리, 즉 서초의 패왕을 선택하는 한에서는 팽성을 수도로 하는 쪽이 자연스럽다. 그런데 『사기』는 "고향에서 비단옷을 입는 것"*만을 원한 시골뜨기 항우의 익살적인 그림을 그려 넣어, 이 문제에 결말을 짓고 있다.

여기서는 감히 이 문제에 끼어들지는 않겠다. 그것은 아무래도 항우의 전기에서 검토해야 할 문제이다. 다만 미리 탐색의 방향을 제시해둔다면, 전국시대 진나라의 관외(關外) 각 국에 대한 거의 150년에 걸친 교섭과 침략 속에서 생긴 문제, 즉 민족적 적대와 민족적 융합의 문제에 대한 매듭의 과정으로서, 이 시기의 정국을 관찰하는 작업으로부터 그 검토를 시작해야 할 것이다.

그리고 한마디 유방을 이해하는 입장에서 덧붙인다면, 그가 진 지방에서 법삼장을 공포하고, 법삼장을 헌법으로 하는 체제를 추구한 것은, 민족적 적대와 융합의 전사(前史)를 받아 해결과 통합으로 발을 내딛은 커다란 의미를 갖는 제일보로 평가할 수 있다.

한편, 진나라 병사를 죽게 내버려두고 왕에 임명된 세 사람에게 진나라 사람들은 냉담한 반응을 보였다. 그들을 삼진(三秦)의 왕으로 임명한 항우의 정책은, 지금까지 통제와 억압의 맹위를 떨치고 있던 진나라를 무장해제시키는 방책으로는 주효했지만, 융화와 가혹한 정치에 대한 결별을 내거는 유방 쪽으로 민심이 단숨에 기울어지게 하고 말았다.

의제(義帝)로 추대된 초나라 회왕의 항우에 대한 저항은 끝나지 않았던 것 같다. "서약한 대로 하라"는 명령을 항우가 완전히 묵살하지 않았던 것이 초나라 회왕에게 다소 자신감을 주었는지도 모른다.

항우는 의제로 격상된 회왕을 대왕의 지위로 다시 끌어내리려 했다. 항우는 여기서 냉혹한 수단을 취했다.

---

* 관중(關中)에 도읍을 두자는 의견에 대하여 항우가 했다는 말로 원문은 다음과 같다. "부귀해졌으면서도 고향에 돌아가지 않는다면, 마치 비단옷을 입고 밤에 돌아다니는 꼴이니 누가 알아준단 말인가!" (富貴不歸故鄕, 如衣繡夜行, 誰知之者!)

"천하가 처음으로 진나라의 무도한 지배에 반항하여 일어섰을 때, 명목적으로 옛 6국의 후예를 제후로 세워서 진나라를 토벌했다. 그러나 실제로 갑옷을 몸에 걸치고 손에 칼을 잡고 전쟁에 나아가 3년 동안 야영을 계속한 끝에 진나라를 멸망시키고 천하를 평정한 것은, 모두 장상(將相) 제군과 나 항적(項籍)의 힘이다. 의제는 이번 전쟁에서 공적은 없다. 그러나 일단 우리가 그를 초왕으로 받든 이상, 그에게도 영지를 주어 왕으로 삼도록 하겠다."

항우가 여러 장수에게 선언하자, 장수들은 그를 지지했다.

의제로 격상된 회왕은 제왕(諸王)보다 상위의 존재로서 고유의 영지는 갖고 있지 않았을 것이다. 그러나 항우는 이 단계에서 의제에게 영지를 주었다. 사정의 구체적인 경과는 사료에 기재되어 있지 않지만, 영지는 아마 남초(南楚)였을 것으로 추측된다.

『사기』 화식 열전의 개론 부분에서 사마천은, 초가 서초·동초·남초 등 세 지방으로 나누어진다고 말하고 있다. 서초는 패왕 항우의 영지에서 중심이 되었던 지역이다. 동초는 그가 항량과 함께 반란군을 일으킨 오(吳)나라를 비롯한 연해지대이다. 이 동초도 서초와 함께 항우의 직할지가 되었다.

마지막으로 남은 남초는 구강왕(九江王) 경포, 형산왕(衡山王) 오예, 임강왕(臨江王) 공오 등 세 왕의 영지가 되는 지역이다.

회왕은 형식적으로 서초의 패왕 항우와 함께 대왕(大王)으로서 남초를 그 영지로 지정받았다. 남초의 대왕인 회왕과 남초의 세 왕 사이의 관계는 당연히 미묘하게 되었다. 항우는 남초의 대왕이라는 지위로 떨어뜨린 회왕의 수도를 장사(長沙)의 상강(湘江) 상류에 위치한 침현(郴縣)으로 지정했다. 당시 침현은 완전히 소수민족 거주지였다.

옛날 제왕(帝王)은 천리 사방의 땅에 있었고, 대하(大河)의 상류에 도읍을 두고 있었다.

주(周) 왕조는 황하 상류 위수(渭水)의 사방 천리의 땅에서 왕 노릇을 하고 있었다. 이를 모방하여 초 지방의 대하(大河) 상류인 침현에 도읍을 두라고 강요하고 있는 것이다. 회왕의 집념을 지원해 온 측근들은 점차 그로부터 떨어져 나갔다. 항우는 힘이 빠진 상대에게 다시 일격을 가하는 식으로, 몰래 남초의 세 왕에게 회왕을 치라고 했다. 의제 아니 남초의 대왕 회왕은 구강왕 경포의 부하에 의해 침현에서 살해되었다.

항우에 의한 18왕의 봉건 8개월 후, 같은 해(기원전 206) 8월의 일이라고 『사기』 경포 열전에는 기록되어 있다.

항우는 18왕의 봉건을 확정한 뒤에도 관중에 남았는데, 4개월 뒤인 같은 해 4월에 이르러 제후를 각각 봉국(封國)으로 출발시켰다. 이 사이에 항우를 포함한 제후는 관중에 머물고 있었지만, 이미 행정관계의 문서를 비롯하여 통치를 위한 기본자료는 소하의 손에 의해 진나라 궁전에서 치워져 있었다. 항우군이 함양의 궁전에 불을 질렀기 때문에 유방 집단의 행위는 그 흔적이 모두 사라지고, 그들은 오로지 항우군의 도래를 기다리면서 패상(覇上)에서 야영하고 있었다는 전설만이 남게 되었다.

항우 집단은 물자를 조달하는 노하우가 없어 약탈을 계속했으므로 진나라 사람들의 원한은 점점 심해졌을 것이다. 진의 창고에 쌓여 있던 식량 등의 물자가 유방 집단에 의해 압류되었으므로, 은닉되어 있었을 가능성도 부정할 수 없다.

전에 항우는 홍문을 뒤로 하고 서쪽을 향해 가서 함양을 소탕했다.

> 함양의 진나라 궁전을 모두 불태우고, 지나가는 곳마다 파괴했다. 진나라 사람들은 크게 실망했지만, 그가 두려워 감히 복종하지 않을 수 없을 뿐이었다.

항우군이 함양의 진나라 궁전을 불태워버림으로써 타버린 벌판만이 남은 것이다.

한편 4월 유방도 또 제왕(諸王)과 함께 봉지(封地)로 향했다. 출발에 임하여, 『사기』 고조 본기는 극히 불가사의한 기술을 남기고 있다.

> 한왕이 봉국(封國)으로 가는데, 항왕이 병졸 3만을 주어 따르도록 했다. 초(楚)와 제후 가운데 흠모하여 따르는 자 수만 명이 두현(杜縣)의 남쪽에서부터 식중(蝕中)으로 들어갔다.

이 기사에 의하면, 항우는 한중으로 들어가는 유방에게 병졸 3만 명을 붙여준 셈이 된다. 전에 항우는 동맹군의 인의(仁義)를 배반하여 함곡관을 폐쇄했던 유방군을 섬멸하려고 했지만, 항백 즉 항계의 중재로 가까스로 유방의 항복을 받아들인 적이 있다. 그 항우가 유방에게 군사를 주었다는데 어떻게 된 일일까? 또 "초와 제후 가운데 흠모하여 따르는 자"가 가리키는 대상도 문제이다.

극히 상식적으로 해석하면, 이 초는 회왕의 초나라 군대 즉 실제로는 항우의 초나라 군대가 되겠지만, 유방군 또한 원래는 회왕의 초나라 군대의 일부였다. 따라서 초나라 군대란 회왕의 초나라 군대의 일부인 유방의 초나라 군대라는 의미일 것이다. 그렇다면 이와 대비되는 제후의 군대란 유방의 입관 후에 유방군에 편입된 관중의 병사인 것 같다. 관중의 병사는 항우의 입장에서 말하면, 장함·사마흔·동예 등 삼진(三秦)의 제후에 속해야 할 병사가 되기 때문이다.

이를 다시 부연 설명하면 다음과 같다.

패상에서 항우군과 대치하던 10만의 유방군은, 그가 데려온 초나라 병사와 입관 후 징발한 진나라 병사로 구성되어 있었다. 전에 추생이라는 자가 함곡관을 폐쇄하고 항우의 입관을 막으면, 관중은 유방의 차지가 된다고 권유할 때, "점차 관중의 병사를 징발하여 아군에 보태어 입관을 막으십시오"라고 말하자 유방은 "그 계책을 옳다고 여겨 이를 따랐다"고 『한서』에는 기록되어 있다. 따라서 10만에 달하는 유방군의 상당 부분은 새로 징발한 진나라 병사로 채워져 있었던 것이다.

이 10만의 유방군 가운데 "흠모하여 따르는 자 수만 명"이라는 것은, 역으로 말하면 상당수의 병졸이 이 한중으로의 이동에 따르지 않았음을 의미한다. 유방이 항우에게 항복하여 말하자면 유배와 같은 형태로 한중과 파촉의 왕이 되었을 때, 초나라 병사 중에서 유방으로부터 벗어나고 싶다고 생각한 자가 나왔다고 해서 이상할 것은 없다. 승리자인 항우 측이 유방군으로부터의 이탈을 암암리에 조장하고 있는 이상, 실제로도 일정 수의 이탈자가 나왔을 것이다.

특히 진 지방 사람들에게 파촉은 미개와 야만으로 상징되는 변경의 땅이었다. 전에 항우와 범증이 유방을 파촉의 왕으로 봉하려고 할 때, "파촉으로의 길은 험난하고, 진에서 추방된 사람들은 모두 촉에서 살고 있다"고 말했다. 유방이 진나라 사람들 사이에서 인기가 있었다고는 해도, 이 정도의 악조건이라면, 진 지방에서 새로 편입된 병사의 상당수가 유방군에서 빠져 나가고 싶다고 생각했을 것이다. 이를 간파한 항우는 유방이 부임하게 되었을 때, 희망하는 자, 즉 "흠모하여 따르는 자"만을 데리고 출발하도록 명했던 것이라고 생각한다.

다음에 항우가 유방에게 붙여준 병졸 3만의 성격이다.

일찍이 유방이 항량에게 군대를 빌리려 했을 때, 항량은 그에게 "오대부(五大夫)의 장수," 즉 고급장교 10명이 이끄는 병졸 5천 명을 주었다. 11장에서 본 바와 같이, 이것은 유방이 항량 군단의 일부로 편입되었음을 의미하고 있다. 이때 유방은 항우의 군문에 항복했다. 이로부터 생각해보면, 이 병졸 3만은 항우가 감시를 위해 붙인 감독군의 성격을 띠는 것이 아니었을까?

그렇다면 이 감독군은 누가 지휘했는가?

이런 군단의 지휘를 맡길 자는 항우 군단 내에서도 유력한 무장이어야 한다. 그런데 이 군대와 유방군 사이에 알력이 생긴 일은 사료에 기록되어 있지 않다. 이 군대의 지휘관은 실제로는 유방군과 공동보조를 취했을 것이고, 따라서 그는 뒤에 유방 집단의 간부로 변신했을 가능성이 높다.

이상의 조건을 충족시킬 만한 인물로는 항계, 즉 유방 집단 안에서는 유방의 형님이라는 뜻으로 '항백'(項伯)이라 불린 자말고는 달리 찾을 수 없다. 혹시 그가 장량의 뇌물을 받고, 유방을 위해 한중을 영지로 추가하도록 도모했을 때부터, 그들 사이에 묵계가 오고갔는지도 모른다. 항백은 그 이름을 전(纏)이라고 하지만, 『사기』의 연표에는 다음과 같이 기록되어 있다.

> 한왕은 항우와 홍문에서 불화가 있었는데, 항백 전(纏)이 그 어려움을 풀었다. 항우를 깨는 데 항전이 일찍이 공이 있었으므로, 사양후(射陽侯)로 봉을 받았다.

위 내용의 전반 부분은 항백이 홍문의 연회에서 유방의 목숨을 구하기 위해 활약한 사실을 말한다. 후반 부분도 다시 그때의 공적을 꺼냈다고 해석하지 못할 것은 없지만, 이것은 그 후 그가 항우와의 싸움에서 유방 측에 서서 공적을 올린 일을 가리키는 것 같다. 항백은 그 공에 의하여 사양후로 봉해졌던 것이다. 봉건이 행해진 것은 한 6년(기원전 201) 정월 병오 21일의 일로, 극히 이른 시기의 봉건에 속한다.

여기에서 언급해두어야 할 것은, 항우에게는 정식 백부 즉 '항백'(項伯)이 있었다는 사실이다. 유방이 팽성의 대패 이후 탕군(碭郡)의 수향(水鄉) 지대를 여기저기 도망쳐 다니고 있었을 때, 수하(隨何)의 활약으로 경포가 유방 측으로 돌아섰다. 항우는 항성(項聲)과 사마용차(司馬龍且)의 군대를 파견하여 경포를 격파했지만, 이때 '항백'이 "경포의 처자를 전부 죽였다"고 한다. 이 '항백'이 그 후 유방군에게 항복하여 항우군 공격에 참가할 기회를 얻었다고는 생각할 수 없기 때문에, 그는 홍문의 연회에서 유방을 도운 '항백' 즉 항계와는 다른 사람인 것 같다. 경포의 처자를 죽인 '항백'이란 전에 경포를 격파한 항성, 그 사람일 것이다.

여기서 조금 앞질러서 유방이 천하를 통일한 뒤에 행한 공신의 봉건 상황에 대하여 언급해두고자 한다.

유방은 천하를 통일한 후, 정세가 다소 안정된 한 6년 12월 갑신 28일(기원전 202)에 제1차 봉건을 행했다.

최초의 봉건 대상이 되었던 자는 조참, 근흡(靳歙), 왕흡(王吸), 하후영, 부관(傅寬), 소구(召歐), 설구(薛歐), 진비(陳濞), 진평, 진영(陳嬰) 등 10인이다. 하후영은 유방이 가장 마음을 준 전우이다. 설구와 왕흡은 풍읍 사람인데, 유방이 항우와의 싸움에 나섰을 때에는 재빨리 그들을 파견하여 항우의 점령지 풍읍에 남아 있던 유태공 등을 맞이하도록 했다. 또 근흡은 원래 근강(靳彊)이었다고 생각된다. 흡(歙)이라는 글자는 흡(吸)과 발음이 같기 때문에, 다음에 등장하는 왕흡의 흡이라는 글자에 이끌려서, 후세에 베껴 쓰는 과정에서 실수가 생겼던 것 같다. 근강은 번쾌·하후영·기신과 함께 홍문의 연회에서 유방과 생사를 같이한 자이다. 특히 봉건의 첫 번째 자리를 차지한 조참은, 소하와 함께 최초의 단계부터 유방을 도운 인물인 동시에, 동족인 조무상의 비극에도 불구하고 충절을 꺾지 않았던 인물로, 유방 집단의 모든 사람들이 첫 번째로 그 공적에 대한 표창을 요구했던 자이다.

말하자면, 이 봉건의 제1 집단은 공적도 그렇기는 하지만 유방과 가장 가까운 사람들이었다.

뒤이어 같은 해 정월 병술 초하루 즉 12월 갑신 28일에서 이틀 뒤, 여치의 두 오빠인 여택과 여석지가 봉건을 받았다. 이상에서 제후(諸侯)로 분봉된 자는 모두 12인이다.

제3차 봉건은 20일 후, 즉 정월 병오 21일에 행해졌다. 이때 분봉된 사람은 장량·항전·소하·역상(酈商)·주발·번쾌·관영·주창(周昌)·무유(武儒)·동설(董渫)·공총(孔聚)·진하(陳賀)·진희(陳豨) 등 쟁쟁한 13인이다.

제2 집단에는 여택, 제3 집단에는 소하와 장량이 포함되어 있다. 이 두 집단의 건국에 대한 공헌은 제1 집단을 능가한다. 여기까지 분봉된 제후의 총수는 25인이다.

한신, 팽월, 노관 등은 앞에서 제왕(諸王)으로 봉을 받았고, 유방과의 미묘한 관계로 인해 아직 분봉되지 않았던 옹치, 왕릉 등을 제외하면, 당시에 유방 집단의 주요 인물에 대한 봉건은 끝났다고 해도 좋다. 장량의 뒤, 소하의 앞에서 봉건된 항전의 공적은 지극히 높게 평가된 셈이다.

유방 집단을 멸망의 심연으로부터 구한, 홍문의 연회에서 활약한 항전의 공적은 확실히 크다. 그러나 이제는 새로운 왕조를 열어, 그 초대 황제가 된 유방에게 그다지 명예로운 일은 아니다.

항전의 또 다른 큰 공적은, 항우로부터 위임받은 유방 감독군의 권한을 결과적으로는 유방에게 넘긴 데 있는 게 아닐까?

이상에서, 한중왕으로서 한수(漢水) 상류의 남정(南鄭)을 향해 간 유방을 감시하기 위하여, 항우가 항전이 이끄는 3만의 군대를 붙여준 것, 이 군대가 항전과 함께 언제부터인가 유방 군단에 동화되어, 유방의 패업을 돕게 된 것, 항전은 항우 진영에서는 항렬 그대로 항계라고 불리지만 유방 측에서는 '항씨 백부님'이라는 의미에서 항백이라고 불렸던 것을 앞질러서 소개했다.

그러나 이것은 후일담이다. 유방이 한중으로 출발하던 시점에서는, 그의 원래 군대는 크게 축소되었고, 감시군대가 동행했다. 말 그대로 패잔병 집단이었다.

동서로 가로놓인 진령(秦嶺)산맥을 분수령으로 하는 협곡의 낭떠러지에는 이른바 잔도(棧道)가 만들어져 있었다. 잔도란 낭떠러지에 구멍을 뚫어 이 구멍에 건축자재를 질러 넣어 만든 차양 형식의 인공 도로이다. 옛날부터 촉의 잔도가 가장 유명하지만, 이 한중으로 향하는 산길에도 요소마다 잔도가 만들어졌다.

유방이 한중으로 들어갈 때, 장량은 통과 후에 이 잔도를 불태워버릴 것을 권했다. 관중으로 반격해 올 뜻이 전혀 없음을 보여주어 항우를 안심시키기 위해서였지만, 역으로 장함이나 사마흔 등이 항우의 뜻을 받아 한중으로 공격해 들어올 것에 대비하는 의미도 있었다.

이때 장량은 유방의 한중 행군을 배웅한 뒤, 다시 한왕(韓王) 성(成)을 따라 항우와 함께 동으로 향했다. 장량은 겉으로는 일관하여 한왕 성의 부하이고, 유방의 객인(客人)이라는 형식을 취했다. 이 시기 전국시대 6국을 부활시켜야 한다는 주장은 명분으로는 극히 유력했는데, 한나라 재상의 아들로서 한왕 성의 측근이라는 신분은, 항우와의 관계 속에서도 상당한 효과를 발휘하고 있었다.

항우의 군문에 항복하면서도, 회왕의 서약에 의해 형식적으로는 관중왕의 지위를 얻었고, 파촉과 관중에는 속하지 않는 한중의 왕이라는 지위까지 확보한다는 아슬아슬한 시나리오는, 항백의 진력도 있었지만, 장량의 명망 없이는 실현 불가능했다고 생각한다. 항우와 유방 사이에 선 장량은, 유방의 다음 단계로의 행동에 대해서도 큰 도움이 되었는데, 이 점에 대해서는 나중에 언급할 것이다.

파촉에 비하면 한중은 부족하나마 그런 대로 축복받은 땅이라고 할 만하다. 하지만 관중에서 가려면 표고 3,767m의 태백산(太白山)을 최고봉으로 하여 옥황산(玉皇山), 수양산(首陽山), 종남산(終南山) 등 3천 미터에 육박하는 산들이 이어지는 진령(秦嶺)을 남으로 넘어야 한다. 한수(漢水) 상류의 땅이고, 아직도 비경이라는 단어가 어울리는 협곡의 땅인 것이다.

수도 남정(南鄭) 즉 현재의 한중(漢中)시에서 한수를 따라 약 500km를 내려가면 비로소 호북(湖北)의 평야지대를 만난다. 그 직전의 남쪽으로 무당산(武當山)이 있는데, '기이한 봉우리와 험한 계곡'(奇峰險谷)으로 형용되는 경승지에 많은 도교 건축이 남아 있어 세계유산으로 등록되었다. 그 남방에는 원인(猿人)이라고도 하고 유인원(類人猿)이라고도 불리는 수

수께끼의 '야인'(野人)이 출몰하는 '원시삼림'의 땅인 신농가(神農架) 삼림
지구가 펼쳐져 있다.

한수는 이 부근에서 패현(沛縣)으로부터 위도로 약 2도 정도 남쪽으로
휘어지며 동으로 흐르고 있다. 진령(秦嶺)을 남으로 넘으면, 기후는 패현
주위와 큰 차이가 없고, 울창한 수목이 펼쳐져 있다. 다만 패현에서 팽성
(彭城, 현재의 서주[徐州])에 걸친, 온통 평야 속에 낮은 구릉이 산재하는
풍경과는 완전히 다른 협곡의 땅이었기 때문에, 동방으로부터 유방을 따
라 온 병사들은 고향에 대한 그리움이 절절했을 것이다.

유방이 일찍이 몸을 숨기고 있던 망·탕의 소택지대는 『사기』에 "산과
못의 바위 사이"라고 형용되어 있지만, 표고 156m의 망탕산(望碭山) 이
외에 100m를 넘는 구릉은 보이지 않는다. 한수는 3천 미터급인 북쪽의
진령과 남쪽의 대파(大巴)산맥 사이를 지나 동쪽으로 흐른다. 한중은 그
한수의 양측으로 펼쳐지는 산맥 사이의 땅이었다.

그런데 유방은 의연히 그에게 충성을 맹세하는 수만 명의 부대 및 항백
이 지휘하는 3만의 감독군대와 함께, 함양에서 곧장 두현(杜縣)으로 남하
하여, 식중(蝕中)이라 불리는 협곡지대를 다시 남하해서 한중으로 들어갔
다. 뒤에 자오도(子午道)라고 불리게 된 관중과 한중을 잇는 중요한 길이
다. 자(子)는 북을, 오(午)는 남을 가리키니, 남북의 길이라는 의미이다.

절벽에 옆으로 판 굴이 위에 한 열, 아래에 한 열로 늘어서 있고, 이 굴
에 수평으로 기둥을 질러 넣고 비스듬한 기둥을 더하여 만든 잔도는, 진군
시에는 말이나 수레를 버릴 수밖에 없다. 모든 군수물자는 병사의 양어깨
에 걸려 있으니, 행군은 극히 곤란했다. 늦봄이라서 신록이 우거지고 이름
도 모르는 꽃이 구색을 갖추고 있지만, 원숭이떼가 서로 내지르는 울음소
리는 패잔병의 가슴속에 고향을 그리워하는 마음을 북돋웠다.

함양에서 남하하여 한수의 중류로 나온 뒤, 다시 한수를 거슬러 올라가

남정(南鄭)에 도착하기까지, 직선거리로 도합 약 300km, 진령은 그 산등성이 길조차 표고가 2천 미터를 넘는다. 하루 10km 행군으로 30일, 초나라 의제 원년(기원전 206) 즉 한 원년 4월(양력 5월) 중순에 함양을 출발했다고 하면, 5월(양력 6월) 중순에 남정에 도착한 셈이 된다. 험준하고 구불텅구불텅한 도로사정을 생각하면, 실제로는 양력 7월 중순 무렵이지 않았을까?

행군 도중에 상당수의 병사가 도망쳤다. 남정에 도착해서도 남북이 높은 산으로 막혀 있는 협곡의 땅인 점에는 변함이 없다. 흘러간다고도 할 수 없을 정도로 천천히 흘러가는 패현 지방의 탁류에 익숙한 사람들은, 한수의 맑고 차가운 급류에서도 야만의 오랑캐 땅이라는 느낌을 받았다.

되돌아보면 유방의 관중 정복과 진왕 자영의 항복은, 유방 집단에게 왕조 창건의 꿈을 갖게 했다. 저 유방조차도 항우의 입관을 함곡관에서 저지한다면, 진실로 자기를 시조로 하는 새로운 왕조가 탄생하리라 생각했을 정도로 낙관적이었기 때문에, 군사 일변도의 여러 장수들 사이에 이런 몽상은 순식간에 확대되었다. 진나라 사람들의 환영을 받고, 유방 집단은 이미 천하의 지배자가 된 듯 환희 속에서 1개월 남짓을 보냈다. 그런데 갑자기 낙오자의 패잔부대로 전락해버린 것이다.

진 제국에 대한 승리의 열매 그 할당을 둘러싸고 초나라의 두 영웅, 32세의 유방과 27세의 항우가 대결했는데, 결과는 항우의 압승으로 끝났다. 그러나 아직 수만 명의 병사가 유방과 한중으로 행군을 함께 한 사실은, 그의 인망과 통솔력을 잘 말해주고 있다.

이런 고통스런 상황 속에서도 장량·하후영·노관·소하·번쾌 등은 사기가 드높았다.

장량의 자신감은 첫째는 정세가 그의 예측 그대로 전개된 점, 둘째는 유방의 자질이 천하의 왕자가 되기에 적합하다는 믿음이 지금까지 이상으로 확고하게 된 점에 의한다. 그는 천하 동향의 일반적 경향 속에서 유방의 관중 제패를 포착하고 있었다. 유방은 확실히 체면과 관중왕의 지위를 잃었다. 그러나 관중에 법삼장의 체제를 정착시켜 민족융화의 길을 열었고, 어찌되었든 항우와의 군사적 격돌을 회피하여 그 세력을 온존시킬 수 있었던 것은 새로운 전개로의 제일보가 될 것이다.

소하는 유방이 천하의 통치를 약속한 인재이고, 자기 또한 그를 도와 천하를 통치할 수 있다고 확신하고 있었다. 소하는 진나라 중앙의 '율령과 도서'를 가지고 나왔다. 만약 유방이 없었다면, 그가 이런 것을 생각할 리가 없었다. 유방이 있었기 때문에 천하통치를 염두에 두고 문서행정의 근간부분을 확보하려 했던 것이다. 유방의 지휘 아래에서 불과 1개월 남짓이었다고는 해도, 관중왕국을 운영한 경험은 그의 믿음을 더욱 확고하게 했다. 소하는 유방의 봉기 이래로 유방의 한쪽 팔로서 항상 군단의 모든 업무를 총괄해 왔다.

패공은 한왕이 되자 소하를 승상으로 삼았다.

이제 한왕국의 승상이 된 소하는, 잔도를 통하여 가져 온 진나라 중앙의 '율령과 도서'에 의거하여 한중·파·촉의 민정을 점검하고, 다가올 반격에 대비했다.

하후영·노관·번쾌의 경우는 다소 달랐다. 한마디로 말하면, 그것은 임협의 강한 연계에 의해 주어진 안심입명(安心立命)*의 경지라고도 할 수 있다. 유방과 만난 뒤부터 그들에게는 어떤 것으로도 대체할 수 없는 충실한 시간이 시작되었다. 어떤 위험도 그들을 움찔하게 하지 못했다. 그들은 자기의 생명을 연소시켜 이제까지 어느 누구도 가보지 못한 세계를 유방과 함께 만들어가고 있는 것이라고 느끼고 있었다.

특히 하후영은 유방과 함께 집단의 정신적 기둥이었다. 그가 유방과 다

---

* 마음을 편안히 하여 몸을 천명에 맡기고, 어떤 경우에도 동요하지 않는다는 뜻.

르다면 그것은 권력욕을 갖고 있지 않았던 점일 것이다.

하후영뿐 아니라 유방 집단의 구성원이 지닌 특징은, 그들이 권력욕을 유방에게 맡겨버린 것처럼 욕심이 없었다는 점이다. 원래 그 대부분이 임협의 무리 출신이었던 그들은, 물론 보통사람 이상으로 강한 권력욕의 소유자였다. 한 사람 한 사람은 유방이 그러했던 것처럼 갖은 권모술수를 부려 권력을 손에 넣는 데 인색하지 않았다. 그러나 집단이 정상적으로 기능하고 있는 경우에는, 구성원의 권력욕은 일단 유방에게 흡수되어버린다. 그리고 유방이 자기 한 몸으로 흡수한 거대한 권력을 열(熱)의 근원으로 해서 사업이 전개되면, 거기에서 얻어진 것이 다시 그들에게 권력이나 녹봉, 지위, 보물로서 주어진다는 느낌을 주었던 것이다. 여기서 8장에서 소개한 바 있는 진평의 유방 집단에 대한 관찰을 다시 인용한다.

"대왕은 오만하고 무례하시기 때문에, 청렴하고 기개와 절조가 있는 선비는 대왕에게는 가까이 오지 않습니다. 다만 대왕은 시원시원해서 작위와 영지를 아낌없이 부하에게 내려주시기 때문에, 완고하고 우둔하며 이익을 탐하고 부끄러움을 모르는 작자들은 대왕에게 모여들고 있는 것입니다."

이런 자들의 무욕은 순식간에 강한 욕심으로 바뀐다. 앞에서 한 6년(기원전 201) 12월부터 정월에 걸친 2개월 사이에 25명의 주요 공신을 봉한 일을 언급했다. 그러나 이후에는 "밤낮으로 공을 다투어 결론이 나지 않아 봉건을 행할 수 없는" 상황이 되었다. 강한 욕심이 부딪치자 권력 배분기능이 마비되었던 것이다. 그들은 이미 유방의 평가를 공정하다고 인정하지 않고, "여러 장수들은 왕왕 서로 낙양 남궁(南宮)의 중정(中庭) 모래 위에 앉아 이야기하고" "서로 모여 모반하려 했다"는 불온한 정세가 되었던 것이다.

이 사건은 장량의 예리한 관찰과 제언을 유방이 받아들임으로써 해결되었지만, 유방 집단의 강한 욕심과 무욕이 서로 뒤바뀌곤 하는 관계를 잘 보여주고 있다. 다시 말하면, 그들의 무욕은 유방에 의한 권력배분에 만족하고, 그것을 무조건적으로 받아들이는 데서 나오는 무욕이었다.

다만 하후영은 다소 달랐다. 관중왕이 되고, 뒤에 황제가 된 유방과 마주보고 있을 때에도, 그는 자기의 인격적 긍지를 버리지 않는 동료로서 대했다. 그 이외의 모든 유방 집단의 구성원이 유방을 아버지로 대할 때도, 변함없이 그만은 유방을 형님으로 대했다. 그는 유방이 권력을 갖는 데 만족하고, 그 유방과 대등하게 마주볼 수 있는 자신에게 만족하고 있었던 것이다.

유방의 패업에 대한 구체적인 공헌에 대해 말하자면, 소하·장량·한신 등 3인의 그것이 발군이었음은 흔들리지 않는 정론이다. 아마 이에 비견되는 공헌을 세운 자가 팽월일 것이다. 뒤이어 항우 편에서 유방 편으로 돌아선 맹장 경포, 권모술수로 말하면 진평, 그 뒤에 조참 이하의 무장 등이라고 할 수 있을까? 여기서는 하후영이 낄 자리가 없다. 그러나 유방조차 동요할 만한 위기에 직면해서도 전혀 흔들림 없는 자세를 보인 하후영은 유방으로서는 둘도 없는 전우였다.

이들의 지원을 받아 유방은 급속히 자신감을 회복했다.

함양으로부터의 좌천과 진령(秦嶺)의 깎아지른 절벽의 답파. 몇 개월 사이에 유방 자신도 변화가 생겼다. 관중 진공까지의 그는 진나라 타도를 목표로 삼았다. 어느 시기부터는 지나칠 정도로까지 먼저 입관하기 위한 경쟁에 정신을 집중시켜 왔다.

그러나 항우에게 굴복한 뒤 유방은 새삼 주위를 멀리서 바라보게 되었다. 자기는 지금까지 실은 천하의 일부밖에 보지 못했던 것은 아닌가 생각했다.

천하라는 관념이 당시의 이데올로기로 의식되기 시작한 것은 춘추 말기부터 전국 초기에 걸친 시기였다. 이 시대를 거슬러 올라가 200년 정도 이전의 이야기이다. 그리고 전국 중기 즉 100년 정도 이전에, 그것은 전국

시대 각국의 구체적인 상호관계를 내용으로 하는 실체가 있는 개념으로
이해되기 시작했다. 이제 진나라와 관동(關東) 각국의 항쟁 속에서, 그것
은 더욱 명확한 역학적 개념의 형태를 취하게 되었다. 천하가 보이지 않는
자는 천하를 취할 수 없다는 당연한 사실을 유방은 알아차리기 시작했다.

그의 목표는 초나라의 반란군으로서 항우와 함께 진 제국의 천하를 파
괴하는 것에서, 이제 항우에 대항하여 천하를 장악하는 것으로 바뀌었다.

항우는 거의 초나라 전체를 직접 관할하면서 천하를 호령하고 있다. 항
우의 전략은 진나라 황제와 제국의 지배토대를 해체하여, 초나라를 중심
으로 옛 6국이 병존하는 세계를 부활시키는 것이었다.

이제 진 지방은 민중에게 인망이 없는 장함·사마흔·동예 등 세 왕에 의
해 통치되고 있다.

진 지방을 장악하는 것이, 유방이 새로 세운 첫 번째 전략이 되었다. 진
지방을 손에 넣으면, 바로 얼마 전까지 천하를 호령하고 있던 전국시대 진
나라의 힘을 계승할 수 있다.

천하를 골똘히 생각하는 유방의 뇌리에 되살아난 것은, 장함군의 급습
을 받고 항량이 전사하여, 어쩔 수 없이 항우나 여신(呂臣)과 함께 팽성으
로 철수했을 때의 일이다. 팽성으로 돌아와 보니 이미 우이(盱台)에서 천
도해온 회왕이 있었다.

항량이 전사하여 결집의 중심을 잃은 군단에 대하여, 회왕은 여신의 부
친 여청(呂靑)을 상급 재상으로, 여신을 간부대신으로, 항우 등을 장군으
로, 유방 등을 군(郡)의 장관으로 임명했다. 그것은 누구의 눈으로 보더라
도 자연스런 인사이면서, 이를 말로 꺼낼 수 있는 입장에 있는 인물은, 형식
상으로는 회왕밖에 없는 상황 속에서의 실로 재빠른 주도권 장악이었다.

괴뢰로서 실권을 갖지 않았던 회왕이 여기에서 권력장악으로의 제일보
를 내디뎠던 것이다. 회왕은 뒤이어서 가장 먼저 관중에 들어간 자를 관중
의 왕으로 삼는다고 서약했다. 이 서약 덕택에 유방은 항우에게 항복하면

서도 한중의 왕이 될 수 있었다.

　권력장악의 입구에 섰을 뿐이었던 회왕의 서약이, 이제는 대의명분을 갖는 것으로서 절대적인 위력을 발휘했다. 유방은 천하의 추세에 대한 인식이 지도자로서 얼마나 중요한 역할을 하는가를 몸에 사무치도록 깨우쳤다. 좀 더 말하면, 회왕이 서약한 것처럼 대의명분을 갖는 구호를 내세워야만 천하의 추세에 대한 통찰은 현실적인 힘을 획득할 수 있다. 천하와 마주 대하기 위해서는 만민이 인정하는 대의를 내거는 퍼포먼스가 필요한 것이다.

　정장(亭長)시대에 과장된 유씨관(劉氏冠)을 만들었던 것처럼, 유방은 원래 퍼포먼스를 즐기는 자였다. 퍼포먼스는 지금까지 그의 집단 내의 주도권 견지와 강하게 연결되어 있었지만, 이 이후는 천하를 의식하여 행해지게 됨으로써, 유방은 천하를 다투는 한쪽의 영웅이 될 수 있을 것이다.

　천하를 움직이기 위해서는 미래의 것, 혹은 추상적인 것을 시발점으로해서 주도권을 획득할 필요가 있다. 구체적인 관계를 들고 나오면, 이해관계를 갖는 집단이나 개인의 즉각적인 반응을 끌어내어 갖가지 분규가 발생한다. 이 위험을 피하기 위해서는 구체적인 관계와는 다소 동떨어진 일종의 추상적인 합의를 만드는 것이 효과적이다. 유방은 자신도 명확하게 설명할 수는 없으면서도, 회왕의 고사를 따르는 그 의미에 눈을 뜨고 있었던 것이다.

16장
반격

18왕의 봉건이 끝나자 항우는 팽성으로 향했고, 유방은 진령을 남으로 넘어 한중으로 들어갔다.

그러나 오로지 군사적인 관점에서 행해진 초나라 대왕 항우의 봉건은 안정적인 질서를 만들어낼 수 없었다.

문제는 우선 제(齊) 지방에서 시작되었다. 진섭이 파견한 주시(周市)군이 제 지방으로 들어가자, 제의 왕족 가운데 한 사람인 전담(田儋)이 적(狄)에서 봉기하여 제왕(齊王)이 된 것에 대해서는 이미 살펴본 바 있다. 진나라 장군 장함이 위왕(魏王) 구(咎)를 임제(臨濟)에서 포위하자 위왕 구는 전담에게 구원을 요청했다. 임제는 위(魏)의 대량(大梁)에서 서북으로 약 40km 정도 되는 곳에 위치하여 제나라와는 멀리 떨어져 있지만, 전담은 직접 구원부대를 거느리고 임제로 들어갔다. 제나라는 향토의식이 강한 나라라서 먼 타국을 구원하러 가는 것은 아주 드문 일이었다.

장함은 위(魏)와 제(齊)의 연합군에게 야간 습격을 가하여 이를 괴멸시킨 뒤, 임제성 아래에서 전담의 머리를 베었다. 전담의 동생 전영(田榮)은 패잔병을 거느리고 동아(東阿)로 도망쳤지만, 장함은 급히 추격하여 동아를 포위했다. 동아는 수로에 의해 패현에서 팽성으로 통해 있었다. 항량은 스스로 병사를 거느리고 전영군을 구원하러 떠나, 장함군을 동아에서 격파하고, 서쪽으로 도주하는 장함군을 추격했다.

그러나 항량에게 구원을 받은 전영은 이 싸움에는 가담하지 않고 제나라로 돌아갔다. 이전에 전담의 죽음이 알려지자, 제인(齊人)은 전국시대 제나라의 마지막 왕인 전건(田建)의 동생 전가(田假)를 제왕(齊王)으로 세웠으므로, 전영은 우선 제나라로 돌아가 전가를 치고, 전담의 아들 전시(田市)를 제왕으로 옹립했던 것이다. 전가는 초나라로 망명했다.

항량군의 세찬 공격 앞에 일단 퇴각한 장함군은 대오를 정비하여 역습을 가했다. 항량은 전영에게 구원부대를 요청했지만, 전영은 초나라로 망명한 전가의 수급을 요구했다. 초나라가 이 요구를 거절하자, 전영은 구원부대 파견을 거절했다. 항량군은 얼마 후 장함군에게 패했고, 항량은 전사했다.

항우는 이 일을 원한으로 생각하고 있었다. 18왕의 봉건 때에 제 지방을 교동(膠東)·제(齊)·제북(濟北)으로 삼분하고, 항우에게 협력하여 장함군에게 포위된 조나라를 구원한 제나라 장군 전도(田都)를 제왕으로 삼고, 전시(田市)를 교동왕으로 옮겼다. 제북왕에는 마찬가지로 이때 항우에게 협력한 전안(田安)을 세웠다. 전안은 전건(田建)의 손자이다.

항량이 전사하고 1년여의 사투를 거쳐 진 제국을 무너뜨린 항우가 전영을 괘씸하게 생각한 것은 당연하다. 항우가 사투를 계속하고 있는 동안 전영은 시종일관 진나라 군대와 싸우지 않고, 제 지방에 남아 자기 세력의 부식에 노력했다.

진나라 군대와의 투쟁에 날을 보내고 있던 항우와는 달리 충분히 국내의 기반을 공고히 다진 전영을 제나라의 새로운 정권으로부터 배제한 것은, 향토의식이 강한 제 지방에 대한 배려가 부족했다고 해야 한다. 제북왕으로 봉해진 전안은 항우에게 협력하여 조나라 구원에 나섰다. 제왕으로 봉해진 전도도 항우에게 협력하여 조나라 구원에 나섰고, 장함의 항복 후에는 항우를 따라 진 지방으로 들어갔다. 이 제 지방의 두 왕에게는 현지의 지역기반이 없었다. 항우가 제 지방을 삼분한 것은 정세판단이 안이했다고 보아야 한다.

전영은 교동왕 전시와 제북왕 전안을 살해하고, 제왕 전도를 내쫓고 다시 삼제(三齊)를 통일하여 제왕이 되었던 것이다.

문제는 항우의 구원 덕택에 아슬아슬하게 망하지 않은 조나라에서도 일어났다. 조나라의 두 영웅 장이(張耳)와 진여(陳餘)는 전에 위(魏) 지방에 있었을 때, 진여가 장이를 아버지처럼 섬겨 문경(刎頸)의 벗이 되었다. 진여는 장이를 아버지처럼 생각하여 생사를 같이할 것을 맹세했던 것이다.

그러나 진나라 장함의 맹공 앞에서 이 약속은 너무나도 쉽게 무너져 양자는 불구대천의 원수가 되었다. 장이는 위(魏)의 대협(大俠)으로 알려져서 유방도 소년무뢰배 시기에 그를 형님으로 모셨다. 항우는 장이의 명성에 미혹되어 그를 조 지방에서 왕 노릇하게 했다. 그러나 이는 장이와 유방의 관계에 생각이 미치지 못한 점, 장이의 실력을 과대평가한 점에서 이중의 잘못을 범했다고 말할 수 있다.

사실상의 조왕(趙王)이 된 장이(張耳)에 비하여 겨우 세 현의 영지밖에 받지 못한 진여는 하열(夏說)이라는 유세객(遊說客)을 전영에게 보내어 설득했다.

> 항우는 천하의 주재자로서 불공평합니다. 이제 원래의 6국의 왕을 모두 형편없는 곳에 봉하고, 자신의 여러 신하와 장수들을 좋은 땅에 봉하여, 원래의 왕을 쫓아버렸습니다. 저희의 경우에는 원래의 조왕이 대(代)의 벽지(僻地)에 봉해진 상황입니다. 저는 이 불공평함을 받아들일 수 없습니다. 들리는 바에 의하면, 대왕께서는 항우에 대한 병사를 일으켜 항우의 불의를 용납하지 않는다고 합니다. 원컨대 대왕께서 저에게 병사를 빌려주신다면, 이를 가지고 상산왕 장이를 치고, 대로 쫓겨난 조왕을 복위시켜 조나라를 들어 제나라를 지키고자 합니다.

이 진여의 말은 자가당착에 빠져 있다. 진섭의 명을 받아 장이와 진여가 조나라를 항복시켰을 때, 그들은 전국시대 조왕의 자손을 제쳐놓고 동료인 무신(武臣)을 조왕에 옹립했다. 전영은 사실 전국시대 전씨의 여러 자손을 죽이고 제왕의 자리에 올랐던 자이기도 하다.

진말(秦末)의 전란은 진 제국의 가혹한 지배에 대한 투쟁이고, 우선은 진의 지배를 타도하여 전국시대의 각국을 부활시키는 것이, 전쟁의 공동 목표라는 의식이 군웅들에게 널리 퍼져 있었다. 군웅들뿐 아니라 그 밑에 있던 민중의 생각도 비슷했다.

그러나 전국시대 각국은 진의 지배에 대항할 힘이 없었기 때문에 멸망한 것이고, 실제로 진나라를 무너뜨린 세력도 항우이건 유방이건 지금까지의 옛 6국 지배층과는 다른 기반에서 나왔다. 확실히 항우 세력을 종래의 귀족 지배층에 대한 계승자로 파악하는 것은 일본 학계에서도 유력한 견해이긴 하지만, 종래의 귀족지배층에 이런 강렬하고 광범위한 활동을 할 수 있는 에너지는 남아 있지 않았다고 생각한다. 항우의 권력기반이 유방과 마찬가지로 상당히 다양했다는 점에 대해서는 지금까지 살펴보았다. 항우의 기반 가운데 일부는 종래의 귀족지배층의 기반과 일치하는 점도 있지만, 그것을 가지고 항우의 기반 전체로 확대하여 이해할 수는 없을 것이다.

진 제국의 타도와 전국시대 각국의 재현은 이 시기 거의 모든 사람들이 당연시하는 슬로건이었지만, 이 사업을 완수하는 힘은 이런 슬로건의 범위를 넘는 곳에서 작동하고 있었다. 현실과 이념의 미묘한 차이와 상호작용을 구체적으로 관찰하는 것이 이 시기의 역사를 그 기저로부터 이해하기 위해 필요하다.

이리하여 진여와 전영은 대의명분을 내걸면서 현실에서는 자신들이 내거는 대의와 모순되는 행동을 한 것이지만, 무조건 그들을 위선자로 부를 수는 없다. 그들에게는 이 모순이 모순으로 자각되지 않았던 것이다.

한편 전영의 제나라와 진여의 조나라 사이의 수향지대에서 팽월(彭越)이 병사를 일으켜 전영과 동맹을 맺었다. 이미 12장에서 살펴본 바와 같이 팽월은 수향, 즉 거야(鉅野)의 못에서 반은 부랑자, 반은 수상노동자인 악동들을 조직하여 봉기에 나서, 일찍이 유방군과 협력하여 장함군을 공격한 일이 있다. 진말(秦末)의 여러 세력 가운데 가장 민중성이 강했고, 6국의 부활을 외치는 당시의 분위기에 맞지 않았다고도 말할 수 있다. 또 그의 세력범위는 항우의 9군 속에 포함되어 있었기 때문에, 자기의 영지가 잠식되는 것을 싫어한 항우가 그를 봉건하고 싶지 않았던 것인지도 모른다.

전영·진여·팽월의 세력권은 객왕(客王)지역과 토왕(土王)지역의 동북쪽에서 분할선의 양측으로 펼쳐져 있었다. 이 지역은 일찍이 중원의 거의 중심부에 해당되던 지역인데, 이번 진나라와의 전쟁에서는 초나라에 의해 영도되고 있던 주요 전장에 대하여 부차적인 전장이 되어 있었다.

전영의 봉기에 대한 정보는 진령을 넘어 한중을 향해 가고 있던 유방에게 장량이 전해주었다.

이것은 좋은 소식이기는 했지만, 도망병이 이어지고, 항백이 지휘하는 감독군대 아래에 있던 유방으로서는 바로 대응할 수 없는 사태의 급진전이었다. 얼마 후 유방이 남정(南鄭)에 도착했을 무렵, 전영의 제왕 취임과 전영·진여·팽월의 연합, 말하자면 중원연합의 성립에 대한 정보가 들어왔다. 계속해서 전영의 격서(檄書) 즉 제왕(諸王)을 향한 항우와의 전쟁 궐기 호소문이 장량을 통해 전달되었다.

유방이 모르고 있는 사이에 항우와의 싸움을 위한 전쟁의 기회는 무르익고 있었다.

유방과 그 막하의 소하·하후영·노관 등은 장함·사마흔·동예의 수중에 있는 삼진(三秦)을 탈환하는 것은 어렵지 않다고 판단했다. 감시 역할을 하는 항백에게는, 관중을 탈환했을 때 장함 대신 옹왕의 지위를 준다고 넌지시 말하기로 했다. 이것으로 적어도 관중 공격시에 항백이 반대할 일은 없을 것이다. 장량의 통지에 의하면, 다시 천하를 다투는 것도 불가능하지는 않겠다고 생각했다. 그러나 항우군이 밀어닥칠 경우 그에 대항하는 데는 상당한 어려움이 생길 것이다.

전체적으로는 바람직한 정세가 전개되고 있었지만, 유방의 신변에는 정반대의 사태가 일어나고 있었다. 유방군이 남정에 도착해서도 병사들의 도망이 그치지 않았던 것이다.

남정에 이르렀다. 여러 장군들 가운데 행군 중에 도망한 자가 수십 명이었다.

『사기』의 기록이다. 병졸의 도망은 간부 장수들에게까지 미치고 있었던 것이다.

그리고 어느 날 유방으로서는 경천동지할 사건이 일어났다. 승상 소하가 없어졌다는 것이었다. 유방은 격분하고는 낙담했다. 소하는 봉기 이래 그의 부관으로서 모든 업무를 처리해왔다. 이 어려운 시기에 소하가 도망 갔다면, 유방 집단은 와해될 수밖에 없을 것이다.

며칠 지나서 소하가 돌아왔다. 유방은 "기뻐하면서도 화를 내며" 소하를 '욕'했다.

"자네는 왜 도망쳤던 것인가?"

"신은 도망갔던 것이 아니라 도망친 자를 좇아갔던 것입니다."

"대체 누구를 좇아갔다는 말인가?"

"한신입니다."

유방은 다시 발끈해서 '욕'했다.

"지금까지 도망친 장군들이 열 명도 넘는데, 자네는 한 번도 좇아간 적이 없었다. 한신 같은 조무래기를 좇아갔다는 것을 누가 믿는단 말인가?"

"지금까지 도망친 장군들 정도는 얼마든지 보충할 수 있습니다. 한신은 다릅니다. 그는 비할 데 없는 인물로, 나라에 둘도 없는 인재입니다. 폐하가 순순히 한중왕으로 지내실 작정이시면, 한신을 기용할 필요는 없습니다. 만약 다시 천하를 다툴 생각이시면, 한신 이외에 상담할 만한 인물은 없습니다. 폐하, 부디 결단을 내려주시기 바랍니다."

"나도 천하를 다투고 싶다. 어떻게 이런 곳에서 꽉 막혀 궁색하게 지낼 수 있겠는가? 자네가 그렇게까지 이야기한다면, 한신을 장군으로 발탁하도록 하지" 하고 유방이 말했다. 소하는 "그 정도로는 한신은 머물지 않을 것입니다"라고 했다.

"대장이면 되겠는가?"

"감사에 몸 둘 바를 모르겠습니다."

이에 유방이 바로 한신을 대장으로 임명하려 하자, 소하는 다시 말했다.

"폐하께서는 원래 오만하고 무례하다고 들었습니다만, 지금도 한신을 대장으로 임명한다면서, 어린아이 부르듯 하고 계십니다. 그렇게 한다면, 자부심이 강한 한신은 도망가고 말 것입니다. 만약 진정으로 한신을 대장으로 임명하실 생각이면, 길일을 택하여 목욕재계하고 제단을 설치하는 엄숙한 의례가 필요합니다. 그래야만 한신은 머물 것입니다."

유방이 이를 허락하자, 소하는 즉시 대장임명의 의식을 치를 집회 장소를 마련하기 위한 준비를 시작했다. 여러 장군들은 기대했다. 자기야말로 대장이 되리라 생각했기 때문이다.

당일 대장으로 임명된 자는 무명의 한신이었다. 여기에서 말하는 대장이란 모든 장군의 윗자리에 위치하는 장군으로서 『사기』의 다른 구절에서는 '상장군'으로 표현되어 있다. "전군이 모두 놀랐다"고 『사기』에는 기록되어 있다.

한신이 머리 숙여 절을 하는 의식이 끝나고 그가 착석하자, 유방은 즉시 물었다.

승상이 자주 장군을 언급했소. 장군은 과인에게 어떤 계책을 알려주시려오?

'과인'이란 전국시대의 국왕이 자칭하는 말이다. 신하에게 '장군'이라고 그 직함을 부르는 것도 평소의 유방과는 달리 극히 예의가 바르다. 상대에게 충분한 경의를 표시하는, 참으로 의식에 어울리는 말씨이다.

유방의 하문(下問)에 대하여 한신도 매우 진지하게 감사의 인사를 드렸다. 그는 전국시대 유세가(遊說家)가 된 것 같은 기분을 느꼈다. 한신은 단도직입적으로 문제를 제기했다.

"이제 폐하께서는 동으로 향해 가서 천하를 다투려고 하십니다만, 그 상대는 항왕(項王)이겠지요?"

"그렇소."

"대왕이 스스로 판단하실 때 용기와 자애 면에서 대왕과 항왕 중 어느 쪽이 낫다고 보십니까?"

유방은 "한참동안 입을 닫았다"가 말했다.

"내가 미치지 못할 것 같소."

한신도 이런 대답을 기대하고 있었다. 유방은 오만했지만, 중요한 순간에는 이런, 말하자면 무례한 질문에 진지하게 생각하고 진지하게 대답하는 것이 가능했다.

한신은 기뻐하며 다시 큰절을 올렸다. 이분 밑에서라면, 내 능력을 충분히 발휘할 수 있겠다.

한신은 자기의 판단에 확고한 신념을 갖고 있었다. 그는 천하경영의 능력을 살리기 위해 이미 항량이 회수를 건넜을 때, 항량군에 참가했다. 처음에는 항량을, 이어서 항우를 섬긴 그는 항우군 내에서 고참에 속했는데, 항우의 측근인 낭중(郎中)으로까지 승진했다. 그런 그가, 항우가 유방을 항복시켜 천하의 패왕이 된 시점에서, 항우를 단념하고 유방의 패잔군에 투신했던 것이다. 이 대담한 결단을 내린 것은, 항우가 그의 거듭된 건의를 받아들이지 않았기 때문이고, 또 천하의 주재자로서 항우의 능력에 의문을 갖게 되었기 때문이다.

전에 한신의 목숨을 구해주었던 하후영은, 그의 능력을 높이 평가해서 유방에게 추천했다. 유방은 그를 치속도위(治粟都尉), 즉 군수물자 관계의 한 부장(部將)으로 발탁했지만, 그다지 주의를 기울이지 않았다. 그런 그를 주목한 이가 소하이다. 소하는 한신의 의견에 주의 깊게 귀를 기울였다.

소하의 추천이 있었기 때문에, 이제 유방은 한신의 발언에 귀 기울이고 있는 것이다. 이것이야말로 그가 기다리고 기다리던 하늘이 내린 기회였다. 한신의 가슴이 부풀어 올랐고, 에너지가 온몸에 넘쳐흘렀다.

"저 한신 또한 대왕은 항왕에게 미치지 못한다고 생각합니다."

한신의 날카로운 눈동자가 조금 커지는가 싶더니 약간 젖은 듯이 보였다. 유방은 가만히 그 눈동자를 주시했다.

"그러나 저는 일찍이 항왕 휘하에 있었던 적이 있습니다. 항왕의 사람됨이 어떤지 말씀드려 볼까 합니다. 항왕이 노여움을 품고 질책할 때는 천 명이나 되는 부하도 두려워 감히 일어나지를 못합니다. 그러나 항왕은 현명한 장군을 임명하여 그 능력을 살려주지 못합니다. 이것은 필부(匹夫)의 용기에 불과합니다. 항왕은 사람을 대할 때 예의가 바르고 자애가 넘치며, 그 말투도 공손합니다. 그 사람이 병이 들면 눈물을 흘리며 위로하고, 자기의 음식을 나눠줍니다. 그러나 그가 공적이 있어 작위를 내려주어야 할 경우에는, 그 작위가 아까워 임명용 도장이 닳아 없어질 정도로 만지작거리면서 결단을 내리지 못합니다. 이는 이른바 아녀자의 인자함입니다."

항우의 용기는 '필부의 용기'이고, 항우의 인자함은 '아녀자의 인자'라는 말이다. 홍문의 연회에서 항우의 기력에 압도되었던 유방은 이제 살았다는 생각이 들었다.

한신은 참으로 왕자(王者)에게 비위를 맞추는 탁월한 유세 능력을 유감없이 드러낸 셈이지만, 그 자신에게는 그런 의식이 전무하다. 그는 2년여에 걸쳐 항우의 막하에 있었다. 그는 항우를 관찰한 결과를 가장 적확하게 표현하려 했을 뿐이었다.

정확하고 단정적으로 말한다. 이것은 한신만의 독특한 개성이었다. 그것은 중국인들 사이에서는 매우 특이한 개성이다. 일반적으로 중국인은 이렇게 정확하고 단정적인 표현을 좋아하지 않는다. '說話要活'(말을 하는 데는 활[活]해야 한다), 즉 말은 단정적으로 해서는 안되고 항상 여유가 있어 폭넓은 해석이 가능하도록 해야 한다고 생각한다. 이 넓은 세계에서는 무슨 일이 일어날지 아무도 모른다. 설령 백 분의 일, 천 분의 일의 가능성이 있더라도 예상과는 다른 사태가 일어날 수 있다는 점을 의식하고, 보험을 들어놓아야 한다는 것이 중국인의 인생관 밑바닥에 깔려 있는 사고방식이다.

한신은 이 점에서 특이한 인물이었다. 그것은 일종의 학자적이라고도 할 수 있는 감성이다. 그의 이런 말버릇은 사태를 냉철하고 정확하게 인식하려는 노력, 그 인식능력에 대한 자부심의 표현이다. 그러나 이런 표현방식은 주위의 속물이나 소인배들의 신경을 건드렸다. 유방은 거기에 그의 성격적인 약점, 사람이 당연히 갖고 있을 권력욕에 대한 일종의 망각을 간파했던 것이다.

자연스럽게 몸을 앞으로 내밀며 "이 자는 쓸 만하다"고 유방은 생각했다. 한신은 다시 말을 이었다.

> 항왕이 지나가는 곳마다 죽고 파괴되지 않는 것이 없습니다. 천하는 대부분 원한을 품고 백성은 따르지 않습니다. 다만 그 위력에 위협을 느낄 뿐입니다. 이름은 패자(霸者)라 하지만, 실제로는 천하의 인심을 잃어버렸습니다.

항우는 초나라 이외의 사람들에게 잔인하고, 그는 힘에 의하여 패자라는 칭호를 향유하고 있지만, 천하의 인심은 그를 떠났다고 한신은 말했다. 항우가 세운 삼진(三秦)의 왕인 장함·사마흔·동예 등에 대해서도 진나라 사람들의 원한은 골수에 사무쳐 있다. 그들이 항우에 항복했기 때문에, 그 밑의 20여 만 명의 병졸이 항우의 속임수에 빠져 매장되었다. 그런 그들이 뻔뻔하게도 진나라의 왕이 된 것이다.

> 대왕께서는 무관(武關)으로 들어와서 터럭만큼도 해를 끼치지 않았고, 진

나라의 가혹한 법을 없애고, 진의 백성과 법삼장만을 약속하셨습니다. 진의 백성 중에는 대왕이 진나라 왕이 되는 것을 바라지 않는 자가 없습니다.

"이제 대왕께서 동으로 향하신다면, 삼진(三秦)은 격문을 돌리는 것만으로 대왕의 영지가 될 것입니다"고 그는 말한다. 이 정도는 유방 등의 판단과 일치하고 있고, 새로운 맛은 없지만, 이제까지 오랫동안 항우의 진영에 있었고, 이제는 꽉 막혀 옹색한 처지에 있는 유방 군단에 스스로 투신해 온 자의 발언이라는 것만으로도 설득력이 있다. 이어서 한신은 생각지도 못한 것을 말하기 시작했다.

"왕의 군 간부와 병졸은 모두 산동(山東) 사람들입니다. 그들은 밤낮으로 발돋움하여 동방을 바라보며 고향에 돌아가기를 바라고 있습니다. 고향을 그리워하는 그들의 마음을 그대로 받아들여 동방 정벌군을 출동시킨다면, 큰 공을 세울 수 있을 것입니다. 천하가 평정되고 병졸이 한중(漢中)에 자리 잡게 되고 만다면 끝장입니다. 지금 바로 이때 동방을 향해 가서 천하를 다툴 결단만이 절실할 따름입니다."

이 경우의 '산동'은 관동(關東)과 거의 같은 의미이다. 관동 병사들의 고향에 대한 그리움이야말로 전투를 향한 그들의 에너지가 된다는 말이다.

이것은 말을 듣고 보면, 콜럼버스의 달걀이다. 이제까지 유방 등은 여러 장군에게까지 확산되는 도망병의 속출에 괴로워해 왔다. 도망의 이유인 고향을 그리워하는 그들의 마음이 바로 천하를 다투는 에너지가 된다고 한신은 말한다.

유방 등은 이제까지 삼진으로의 복귀, 관중왕으로의 복위라는 과거의 영광을 되찾는 데만 신경을 썼다. 한신은 이를 뛰어넘어 중원으로 치고 나가 천하 쟁탈을 목표로 하여 이제까지의 마이너스 요인을 적극적인 플러스 요인으로 바꾸라고 말했다.

유방은 한신의 진언에 크게 기뻐했다. 좀 더 빨리 한신의 말을 들었어야 했다. 유방은 한신의 계책을 수용하여 공격목표를 정하고, 이를 각 장군들에게 할당했다.

우선 문제가 된 것은 관중으로의 반격노선이다. 한중에서 관중으로 들어가는 데는 바로 얼마 전 그들이 더듬어 온 자오도(子午道)가 있지만, 이것은 이미 잔도(棧道)를 불태웠고, 복구에는 상당한 시간과 품이 든다. 또 자오도를 더듬어 가면, 함양을 바로 공격하게 되는데, 삼진의 각 왕은 일치 협력하여 방위선을 펼칠 것이다.

이제 다른 한 길은 포사도(褒斜道)이다. 이것은 진령(秦嶺) 남쪽 경사면을 흐르는 포수(褒水)를 원류(源流)까지 더듬어 간 곳에서 진령을 넘어 북쪽 경사면을 흐르는 사수(斜水)를 따라 관중 분지로 내려가는 길이다. 유방 등이 남정(南鄭)으로부터 직접 관중으로 향하는 포사도로 들어가는 것은 극히 자연스러운 일이지만, 포사도 또한 옹왕 장함의 도읍 폐구(廢丘) 근처로 나오게 된다. 폐구에서부터 함양까지는 손짓하여 부를 만한 거리이고, 이 경우에도 사마흔과 동예 두 왕이 움직일 가능성이 있다.

하나 더 생각할 수 있는 것은, 남정에서 포사도로 들어간 뒤 일단 서쪽으로 길을 밟아 현재의 봉현(鳳縣) 주위로 들어가, 고도(故道)를 통해 대산관(大散關)에서 진창(陳倉, 현재의 보계[寶鷄])으로 나오는 노선을 취하는 것이다. 이 노선에는 몇 개의 유리한 점이 있다.

우선 대산관으로 들어가기까지는 한중과 촉군(蜀郡)의 북부를 통하여 가게 되니 삼진 측에 정보가 새지 않는다. 유방이 한중왕이 될 것이 결정되자 소하는 바로 한중과 파촉의 명령계통에 대한 장악과 정비에 나서, 유방이 남정에 자리를 잡게 되었을 때는 이미 파촉 물자의 일부는 남정에 도착해 있었다. 소하의 활약으로 파촉과 한중의 잔도가 보수되어 있었던 것이다. 따라서 이 노선을 더듬어 가는 경우에는, 관중에 들어가기 직전까지 군수물자의 보급이나 병력의 보충이 용이하다.

게다가 진창은 옹왕 장함의 영지 서쪽 가장자리, 관중 분지 전체로 보면 그 가장 서쪽 가장자리에 위치하는 협소한 지형이기 때문에, 이 노선을 취하면, 옹왕 장함은 다른 두 왕 즉 새왕 사마흔과 적왕 동예의 응원을 받기 힘들다. 실제로 유방군이 이 노선을 더듬어 진창에서 관중 분지로 침입했을 때, 방어에 나섰던 것은 옹왕 장함의 부대뿐이었다.

덧붙이자면, 이 노선은 파촉에서 관중으로 들어갈 때는 반드시 경유해야 할 도로였다. 뒤에 삼국시대 촉(蜀)의 제갈량(諸葛亮, 공명〔孔明〕)이 관중을 향하여 반격할 때도 이 노선을 지나고 있다. 공명이 관중 분지의 서부에 둔전(屯田)을 만들어 자급체계를 취할 때 진을 쳤던 오장원(五丈原)은, 진창에서 더욱 동으로 관중 분지를 50km 정도 들어간 위수(渭水)의 남안(南岸), 포사도의 북측 출구 근처에 있다. 해발 650m라고 하지만, 산기슭으로부터의 높이는 약 120m에 불과한 작은 산이다.

관중으로의 반격방침이 결정되자, 침체되어 있던 군단의 분위기가 확 바뀌었다. 특히 무장들의 변화는 컸다. 그 중에서도 조무상(曹無傷)이 억울한 죄명을 뒤집어쓴 뒤로 어떻게 할 수도 없어 울적해하고 있던 조참(曹參)이 변했다. 조참 역시 조무상에게 모든 책임을 떠넘기는 것말고 유방 군단이 살아남을 수 있는 방도가 없었다는 점을 잘 알고 있었다. 오명을 뒤집어쓴 저 조무상은 미소를 지으며 형장으로 갔지만, 동족의 전우를 아무 근거도 없는 죄에 빠지게 하고서 살아남은 조참의 참담한 심정은 이루 말할 수 없었다.

조참만이 아니라 주발·주창·주가·관영·기신 등 역전의 무장들 얼굴에도 생기가 되돌아왔다. 지금까지도 비교적 씩씩했던 번쾌조차 더욱 기운이 넘쳐 몰라볼 정도로 인상이 바뀌었다.

유방 군단은 초여름에 함양을 출발하여 늦여름에 남정에 도착했다. 한신의 방침이 받아들여져 군단에 활기가 돌아온 것은, 가을 분위기가 점차 짓들 무렵이었다.

소하는 지금까지 이상으로 바쁘게 움직였지만, 유방은 소하가 급조한 왕궁에서 변함없이 유유하게 지냈다. 그의 일이라고 하면, 며칠에 한번씩 군단의 중추인 여택·하후영·노관 등에 소하와 조참 거기에 한신을 더한 전략회의를 여는 정도였다. 여택의 동생 여석지가 전략회의에 참가하지 않은 것은, 유방이 전에 관중에 들어간 시점에서 패현 풍읍으로 돌아와 유태공과 여공 및 그 가족들의 호위를 맡고 있었기 때문이다. 이에 대하여 항백 즉 항전은 처음부터 관여시키지 않았지만, 그는 전혀 개의치 않았다. 그로서도 유방의 전략회의에 참가하면, 뒤에 항우에게 책임추궁을 당할 때 곤란해지므로 보고서도 못 본 척하고 있었던 것이다.

　유방은 이 한왕의 궁전에 한신을 위해 방 하나를 마련했다. 이 급조한 궁전에서 유방은 옥검을 차고, 옥으로 만든 식탁에서 식사를 하고 있었지만, 한신의 방도 유방의 방과 똑같은 실내장식을 하고 같은 수준의 음식이 제공되고, 또 똑같은 옥검이 주어졌다. 더군다나 한신의 복장도 유방과 같은 것이었고, 유방의 수레에 동승할 수 있었다. 뒤에 언급하는 경포의 경우를 참고하면, 이것은 유방을 대왕으로, 한신을 왕으로 하는 것이 아니라 양자를 모두 왕으로서 동등한 대우를 하고 있었다고 추측된다.

　일개 신참에 대한 이런 대우에 유방 진영은 깜짝 놀랐다. 이는 평소 냉정한 한신 본인도 마찬가지였다. "이것이야말로 하늘이 정해주신 만남이다." 그는 자기를 알아주는 이 유방을 위해 일생을 바치겠다고 결심했다. 이때 한신의 마음속에 유방에 대한 강한 종속의식이 생겼다.

　유방 집단의 구성원 모두가 유방에 대한 강한 종속의식을 갖고 있었다. 한신의 경우는 조금 달랐는데, 이 종속의식이 마음속에 잠겨 보이지 않았다는 것이다. 일상적으로 유방과 접촉할 때 직접적으로 그것이 겉으로 드러나지 않았다. 예컨대 소하나 조참 혹은 번쾌의 경우에는, 그들의 유방에 대한 종속의식이 항상 감정 그대로 표출되었다. 거기에 동료로서의 따뜻함도 두려운 마음도 동시에 표현되지만, 한신의 경우는 조금 달랐다.

　필자는 앞장에서 유방 집단의 구성원으로 판단되는 특징으로 '무욕'을 들었다. 각자가 임협집단의 우두머리인 그들의 강렬한 권력욕이 유방에게 일단 맡겨지는 형태를 취하는 것이 아닐까 생각했던 것이다.

이에 반해 한신의 경우는 원래 욕심이 없었다. 그의 머릿속에는 천하의 정세와 전략이 소용돌이치고 있다. 설령 상대가 항우 정도의 무장이라도 그의 시뮬레이션에 따르면 상대의 군단은 괴멸하고, 그 권력도 소멸되어 버리고 만다. 한신의 눈에 권력은 환영과 같을 정도로 무력하다.

권력에 대한 그의 이런 생각이 현실의 권력과 상대할 때 한신의 개성은 독특한 색조를 띠었다. 그가 자기를 알아주는 유방에게 높은 평가를 받은 것은, 냉정한 판단을 내릴 수 있는 두뇌였다. 이 두뇌에 냉정한 판단의 기회를 주기 위해서는, 현실권력의 자장(磁場)에 담뿍 잠겨 그 속에서 행동하는 것을 삼가지 않으면 안된다.

그러나 한신 역시 현실에서는 유방 집단의 일원이었다. 그는 현실권력의 복잡한 힘의 관계 속에서 적당히 자기의 자리를 잡는 안목을 결여하고 있었다. 이것이 한신의 치명적인 약점 즉 아킬레스건이었다. 후술하지만, 일찍이 회음(淮陰) 읍에서 부랑배들이 그를 욕보인 것도 그 자신의 성격적인 약점에서 기인한다. 그리고 이제 권력자 유방의 눈은 이미 이 군사적 천재의 약점을 어렴풋하게나마 간파하기 시작하고 있었다.

유방 집단 내에서는 이 한신 외에 장량 그리고 뒤에 참가하는 진평이 권력에 대하여 다른 집단성원과는 다른 자세를 취하고 있었다. 그러나 이 세 사람의 권력에 대한 자세 또한 서로 크게 달랐다.

아무튼 한신의 진언은 남방의 산골에서 울적해 하고 있던 유방 집단 구성원들, 특히 무장들의 환영을 받았다. 유방의 한신에 대한 특별대우가 여기에 박차를 가했다. 한신이 유방 집단에서 처음부터 재능을 발휘할 수 있는 기회를 얻은 것은 한신으로서도 유방 집단으로서도 행운이었다.

이해(기원전 206) 8월 음력 중추에 유방군은 관중을 향하여 출발했다.

날씨가 따뜻한 진령(秦嶺)도 고도가 높아감에 따라 단풍빛깔이 선명해졌다. 유방군이 초여름에 한중을 향해 왔을 때에는 익숙하지 않았던 산악의 풍경도 이제는 때로는 일종의 반가움으로 다가왔다. 참으로 천고마비의 가을에 남정을 출발한 유방군의 사기는 드높았다.

유방군은 맹렬한 기세로 돌격하는 조참의 지휘 아래 진창에서 장함군을 격파했다. 동으로 달아나는 장함군을 호치(好畤)로 추격했고, 수도 폐구(廢丘)를 포위했다. 8월중에는 함양을 함락시켰다. 다시 여러 장군을 각 지방에 파견하여 관중 전역을 제압하고, 새왕 사마흔과 적왕 동예를 항복시켰다. 이듬해 연초에는 함곡관을 떠나 동으로 정벌 길에 나섰다. 이때 하남왕(河南王) 신양(申陽)이 항복했다.

유방은 순식간에 확대된 지배영역을 다지기 위하여 섬현(陝縣)에서 관외(關外)의 부로(父老)를 접견했다. 전에 유방은 관중의 부로와 호걸을 불러 모아 법삼장을 공포했지만, 이번에도 직접 부로들을 모아 그들을 어루만져 달랬던 것이다.

당시에 지역의 사회적 관계는 현(縣)이 기본적인 통할단위로 되어 있었다. 또한 중앙에서 현으로 파견한 관리들은 부임지에서 새로이 하급 관리를 지명하여 결정했다. 이 인선은 실제로는 부로들이 주도권을 쥐고 지역의 유력자 중에서 뽑고, 이를 중앙에서 파견된 관리가 추인하는 형식을 취했기 때문에, 지역의 호족이 현의 유력한 하급 관리가 되었다.

이런 상황 속에서 관중의 대왕 유방이 직접 부로들에게 호소한 것은, 이 군사정권의 민중에 대한 이해를 보여주는 것으로 환영을 받았다.

거기서는 관중의 경우와 마찬가지로 법삼장을 헌법으로 하는 유방 집단의 민중적 성격이 제시되었을 것이다. 그것은 진나라의 획일적이고 가혹한 법 지배에 피로감을 느끼고, 초나라 항우의 잔혹한 행위에 견딜 수 없었던 민중과 그 지도자들에게 일종의 유방 선풍을 불러일으켰다.

유방군이 관중에서 하남으로 치고 나왔을 무렵 진평(陳平)이 유방군에 가세한 것은, 유방군이 조직 면에서 강화되는 데 큰 도움이 되었다.

진평은 전에 항우가 하남왕으로 봉한 신양(申陽)의 영지이자 뒤에 하남군의 동쪽 가장자리가 되는 양무현(陽武縣) 호유향(戶牖鄕)에서 태어났다. 전국시대 위나라의 영역이고, 유방의 본적지인 위(魏) 지방의 대량(大梁)과도 그리 멀지 않다.

진평은 키가 크고 잘 생겼다. 중국에서는 예나 지금이나 겉모습으로 남자를 판단하는 경우, 일본 이상으로 키가 중요하다. 진평은 장가가기 전에는 형 부부와 함께 살고 있었지만, 그도 임협의 무리에 속했기 때문에 유방이나 한신과 마찬가지로 살림살이를 돌보지 않았다. 어떤 자가 형수에게 물어보았다.

"진평은 살림살이에 관심이 없어 가난한 듯한데, 저렇게 살찐 것은 어떤 음식을 먹기 때문인가요?"

형수는 평소에 진평이 집안일을 돌보지 않는 것을 탐탁지 않게 여기고 있었다.

"아니, 기울이나 쌀겨를 먹을 뿐인 걸요. 이런 식충이 시아주버니는 없는 편이 좋을 텐데."

이 말을 들은 형은 그녀를 내쫓았다. 진평은 한편 이 형수와 모종의 관계가 있었다고도 전해지고 있다.

진평의 용모와 폭넓은 교유관계를 유망하다고 보고, 동향의 부자인 장부(張負)가 자신의 손녀를 주었던 일에 대해서는 7장에서 살펴보았다. 진평이 가난했으므로, 장부는 혼인 때 신부집에 보내는 예물과 예식비용을 진평에게 빌려주었다. 혼인 후에도 장부는 진평을 도왔다.

> 돈 씀씀이가 더욱 커지고, 친구는 날로 늘어났다.

진평은 물 만난 물고기처럼 인간관계를 넓혀 갔던 것이다.

봉기에 성공한 진섭이 장초의 왕으로서 주시(周市)를 파견하여 위(魏) 지방을 어루만져 위로하고, 위구(魏咎)를 위왕으로 세웠다. 진평은 위구를 임제(臨濟)에서 만났는데, 결국 태복(太僕)으로 발탁되었다. 하후영이 유방 밑에서 태복으로 임명된 적이 있었는데, 이런 점에서 진평은 신참으로서는 특별한 대우를 받았다고 할 수 있다.

진평은 바로 위구에게 건의를 올렸지만 받아들여지지 않았다. 위구의 부하 가운데 그를 질투하여 중상모략을 하는 자가 있었다. 이런 연유로 진평은 망명을 하지 않을 수 없었다. 얼마 후 항우가 진나라 장함을 항복시켜 관중으로 향하자, 진평은 항우군에 참가하여 경(卿)의 작위를 받았다. 경은 고전적인 관제에서는 신하 중의 가장 고위직이고, 이 진평의 경우도 상당히 지위는 높았겠지만, 실무에는 관여하지 않았다고 어떤 주석에서는 말한다.

유방이 한중을 나와 삼진(三秦)을 공략하고 다시 동방을 노리게 되자, 과거 조나라 장군이었던 은왕(殷王) 사마앙(司馬卬)이 항우에게 반기를 들었다. 여기서 항우의 명을 받은 진평은 은왕을 공격했고, 은왕은 다시 항우에게 항복했다. 항우는 이 공적에 대한 보답으로 그를 도위(都尉)로 임명하고 금 20일(溢)을 주었다. 전에 유방은 금 100일을 장량에게 주어, 원래 파촉의 왕으로 봉해질 예정이었던 그의 영토에 한중을 추가시키기 위한 활동자금으로 쓰게 한 적이 있다. 이 100일이 결국 유방이 패자(霸者)가 될 수 있도록 길을 열어준 것이었다는 점을 고려하면, 20일은 역시 상당한 금액이었다고 할 수 있다.

그런데 전영(田榮) 등에 호응한 유방이 군대를 일으켜 관중을 평정하고, 함곡관을 나와 동으로 정벌에 나서자, 사마앙은 유방에게 항복했다. 항우는 진평의 공격으로 은왕이 항복했다는 정황에 의문을 갖고, 진평 등의 죄를 묻고자 했다. 두려움에 빠진 진평은 금 20일과 도위의 직인을 상자에 넣어, 사자(使者)를 보내어 항우에게 반납하고, 다시 망명하여 유방의 정벌군에 투신했다. 그는 옛 친구 위무지(魏無知)의 도움으로 수무(修武)에서 유방을 알현했다. 당시 유방은 팽성을 공격하러 가는 중이었다. 아마 위무지는 진평이 처음 위왕 구(咎)의 밑으로 몸을 맡겼을 때의 동료였을 텐데, 위(魏)라는 성을 보면 위나라 왕족의 한 사람이었을 가능성도 있다.

여기서 『사기』가 진평을 유방에게 소개한 인물의 이름을 들고 있는 것은 오히려 드문 예에 속하지만, 실제로는 그런 경우, 반드시 중간에서 역할을 하는 거간꾼이 있었다. 이 넓은 중국의 대지 위에서, 서로 수백 킬로미터 떨어진 장소에서 생활하고 있는 자들끼리 만나는 데는 거간꾼이 필수적이다. 더구나 유방과 같은 권력자가 보도 듣도 못한 자를 간단히 만날리는 없다.

일찍이 장량과 항백의 연줄이 궁지에 떨어진 유방을 구한 것처럼, 인간관계를 통하여 일을 처리함으로써 더욱 널리 신용할 만한 인간관계를 만들어 가는 것은, 정치가로서 매우 중요하다. 하물며 교통도 정보전달도 후세만큼 발달하지 못한 이 시기의 중국에서, 인간관계는 훨씬 큰 역할을 한다. 사실 애초에 유방 자신이 이런 인간관계에 의해 만들어지는 임협사회를 하나의 발판으로 하여 세력을 구축해 왔던 것이다.

이제 진평과의 의례적인 회견과 회식을 마쳤다.

파하노라. 숙소에 가서 쉬도록 하라.

　신은 일 때문에 온 것입니다. 드릴 말씀이 있는데 오늘을 넘겨서는 안 됩니다.

왕에게 신종(臣從)하는 사람은 그 신분을 막론하고 우선 한 번은 왕을 뵙게 된다. 이 최초의 회견이 끝났으므로 "숙소에서 가서 쉬도록 하라"고 말하는 유방에게 진평은 "내일이면 늦는 중대한 일이 있습니다"며 당일의 진언을 청했다. 유방이 흔쾌히 그의 신청을 받아들인 것은, 진평의 멋진 풍채도 그렇지만, 전에 항우 진영에서 투신해온 한신의 활약이 있었기 때문이었는지도 모른다.

진평의 말을 들은 유방은 크게 기뻐했다. 진평이 항우의 초나라에서 도위(都尉) 신분이었음을 안 유방은, 당일 진평을 '참승(參乘) 자격으로 자기의 수레에 동승시켜 호군도위(護軍都尉)의 지위를 주었다. 호군이란 전군을 감독하는 역할로 측근으로서 중요한 직위에 해당한다.

이를 알게 된 고참의 여러 장군들 중 격분하지 않는 자가 없었다.

"대왕은 어느 날 초나라로부터 정체도 모르는 한 병사가 망명해 왔다고 해서, 어떤 인물인지 살피지도 않고 대왕의 수레에 동승시키고, 이 신참에게 역으로 고참인 저희들을 감독케 하실 생각이십니까?"

유방은 이 말을 듣고는 오히려 더욱 진평을 총애했다. 유방은 평소 부하들의 건의를 기꺼이 받아들이는 태도를 취하고, 실제로도 잘 채택했지만, 자기에게 확신이 있는 경우에는 누구의 의견도 듣지 않고 독단적으로 처리했던 것이다.

여기서 시간을 조금 과거로 돌리면, 유방의 두 번째 관중 공격시에 소하는 한중에 남아 한중과 파촉에 포고를 내려 군수물자를 공급하는 데 노력했다. 다시 유방이 동방정벌을 단행하자, 소하는 관중으로 들어가 함양 대신 동방의 대도시 약양(櫟陽)을 수도로 하고 '법령과 규약'을 만들었다.

이것은 과거 법삼장(法三章)의 헌법 아래에서, 대체적으로 진나라의 '법령과 규약'을 계승하면서 약간 변경을 가한 것이다.

『사기』소상국 세가의 기록이다.

> 소하는 종묘·사직·궁전·현읍(縣邑)을 만들 계획을 세워 그때마다 바로 상주(上奏)했는데, 그의 상주는 모두 받아들여졌다. 다급해서 상주할 겨를이 없는 경우에는, 먼저 적절한 조치를 취하고 나중에 상주하는 것이 허용되었다.

종묘·사직·궁전·현읍이라는 기반시설을 포함한 광의의 행정적 기초는 전부 소하의 손에 의해 정비되었던 것이다.

그가 '종묘·사직'을 만들었다는 것은, 한 2년(기원전 205) 2월에 유방이 "진나라의 사직을 제거하고 다시 한나라의 사직을 세우도록 했다"는 고조 본기의 기사와 관련된다. 종묘는 위패를 모시는 곳이다. 사직의 사는 토지의 신, 직은 곡식의 신이라고 하지만, 이 시기의 어감으로는 사와 직 양자를 합쳐 일종의 토착신에 상당한다고 할 수 있다. 각각의 토지신이 현지민 중으로부터 숭배되고 있었던 것인데, 이들 각지의 토지신을 총괄하는 사직이 왕조에 설치되어 있었다. 전에 유방이 함곡관을 동으로 치고 나와 하남왕 신양(申陽)을 항복시키고, 섬현(陝縣)에서 부로를 접견한 일을 언급했지만, 이후 바로 진나라의 사직 대신 한나라의 사직이 세워졌던 것이다.

당시에 비로소 "진나라의 사직을 제거했다"고 하는 것이므로, 그때까지 진 지방에서는 진나라의 사직이 남아 있었다. 즉 이때에 유방의 한나라는 초나라의 대왕 항우 밑의 한 지방정권에서 통일왕조인 진나라의 사직을 계승한 전국 정권을 지향하고 있음을 천하에 선언한 셈이다.

지금까지 유방은 각 세력 간의 정치적 역학관계 속에서 원칙과 형식 혹은 대의명분이 갖는 중요성에 대한 인식 면에서 다소 불충분한 점이 있었다. 그러나 초나라 회왕의 서약이 발휘한 엄청난 효과를 절감한 유방은, 대의명분의 문제에 큰 관심을 기울이게 되었다.

소하는 원래 구체적이고 현실적인 요소에 주의를 기울이는 성격이었지만, 이 건에 대해서는 아마 두 사람의 견해가 일치했던 것 같다. 유방 등은 단순한 군사집단에 머무르지 않는 모습을 보이기 시작했던 것이다.

소하의 수완에 대하여 유방은 지금까지 이상으로 전폭적인 신뢰를 보냈다. 소하는 관중에 남고 유방은 중원을 향해 출발했지만, 소하는 뛰어난 행정수완을 마음껏 발휘했다.

소하의 공적 가운데 한 예로, 유방 집단이 정복한 제후국을 군현(郡縣)제도로 재조직한 점을 들 수 있다. 이 전에 새왕 사마흔, 적왕 동예, 하남왕 신양, 은왕 사마앙이 항복하고, 이제 다시 서위왕(西魏王) 표(豹)가 합류했다. 소하는 자진해서 유방 집단에 합류해온 서위왕 표의 영지를 제외한 네 왕의 영지를 농서(隴西), 북지(北地), 상(上), 위남(渭南), 하상(河上), 중지(中地), 하남(河南), 하내(河內)의 각 군(郡)으로 편성했다. 유방 집단이 동방정벌 와중에 유력한 부장(部將)을 제왕(諸王)으로 임명할 여유가 없었기 때문이기도 했지만, 유방과 소하는 이 기회를 이용하여 정복지의 행정제도를 의식적으로 옛 진 제국의 그것에 근접시키려 했던 것이다.

원래 소하는 진의 관리로서 매우 유능한 사람이었다. 그가 패현의 주이연(主吏掾, 공조연[功曹掾]) 즉 총무부장을 맡고 있었을 때, 감찰관이 그에게 사수군(泗水郡)의 졸사(卒史) 가운데 최고의 평가를 내린 적이 있다. 졸사란 군의 장관인 군수 휘하의 실무담당관을 가리킨다. 감찰관의 근무평가는 군을 단위로 행해지므로, 군 밑의 현의 관리도 그 대상이 된다. 그렇기 때문에 현의 실무관리였던 소하도 군의 졸사로 격이 매겨져 근무평가를 받았던 것이다. 군의 졸사 가운데 최고의 평가를 받으면, 현령이나 군수 등 고관으로 출세하는 길이 열리게 마련이지만 소하는 패현을 떠나고 싶지 않았으므로 이 인사결과를 고사했다.

소하는 진나라 관리로서 진의 행정과 법제상의 장점을 충분히 이해하고 있었지만, 초나라 사람의 입장에서 이 행정과 법제를 계승하여 재건하려고 했다.

소하는 이미 진의 승상과 어사의 관공서에서 율령과 도서를 압수하여 문서행정의 근간을 장악하고 있었지만, 유방 왕조의 입장에서 이것에 덧붙인 '법령과 규약'을 공포하고, 나아가 종묘, 사직, 궁전, 현읍 등 행정의 기반시설을 정비했으며, 그 기초 위에서 집권적인 지배체제의 근간으로 기능하는 군현제도를 정비했던 것이다.

그런데 유방은 함양을 함락시킨 시점에서 장군 설구(薛歐)와 왕흡(王吸) 등을 패현의 풍읍으로 파견했다. 부친 유태공과 여치, 뒤에 혜제가 된 아들 영(盈)과 뒤에 노원(魯元) 공주가 된 딸을 데려오도록 한 것이다.

유방이 진나라 이세황제 원년(기원전 209) 연말에 패현에서 봉기한 뒤 이미 4년에 가까운 세월이 지나고 있었다. 이제 그는 압도적인 힘으로 관동 6국을 지배하고 있던 과거의 진 지방을 장악했다. 소하의 능력과 진 지방 민중의 지지로 볼 때, 진 지역을 그 후배지로 한 천하 장악은 거의 확실한 것 같았다. 천하의 대왕이 된 자기의 모습을 부친에게 보여주고 싶었다.

한편 1년 전에 진의 궁전을 점령했을 때 정도(定陶)의 척희(戚姬)를 만난 뒤부터 여치에 대한 그의 감정에는 미묘한 그러나 결정적인 변화가 일어나고 있었다. 물론 그녀의 공적에 대한 평가와 감사하는 마음에는 변함이 없었다. 여씨가 진나라와의 싸움에 나섰을 때, 그 일족에서 영수를 뽑은 것이 아니라 유방이 특별히 선발된 것은, 여치의 강력한 추천이 효력을 발휘한 것임을 잘 알고 있었다.

그는 가족을 만나고 싶었다. 무엇보다 유방이 진 지방을 제압한 이상, 항우가 유방의 가족을 인질로 잡을 가능성도 컸다.

이보다 먼저 일단 유방을 수행하여 입관한 왕릉(王陵)은 항우의 18왕 봉건을 기회로 그의 원래 근거지였던 남양(南陽)으로 돌아가 있었다. 이 맹장에게 동행을 요청하기 위해 설구와 왕흡 등의 부대는 입관(入關)의 길을 거슬러가서 무관(武關)에서 남양으로 나왔다. 그들은 다시 남양에서 한(韓) 지방으로 들어가 패현으로 향하려고 했던 것이다. 설구·왕흡·왕릉은 모두 풍읍 출신이고, 유태공과는 속속들이 잘 아는 사이였다.

그러나 이 정보를 전해들은 항우가 한 지방과의 경계인 양하(陽夏)로 군대를 파견하여 방해했기 때문에, 설구와 왕흡의 부대는 오도 가도 못한 채 꼼짝도 할 수 없었다. 뒤에 함곡관을 나온 유방의 주력부대가 하남왕 신양을 항복시킨 시점에서, 한 지방의 항우군도 세력을 잃자, 설구와 왕흡의 부대는 겨우 패현을 향해 떠날 수 있었다.

이때 항우는 제(齊)의 전영(田榮) 진압에 주력했다. 이 전영에게, 상산왕 장이(張耳)를 구축한 조(趙)의 진여(陳餘) 그리고 항왕의 초나라 북쪽 변방의 제와 조의 중간쯤에 있는 양(梁) 지방의 팽월(彭越)이 호응했다. 그 외에 유방이 한중에서 관중으로 쳐 올라가 관중을 수중에 넣었다는 소식을 듣자 항우는 격노했다.

이때 다시 장량이 활약했다. 장량은 유방의 뜻을 받들어 항우에게 편지를 보냈다.

"한왕은 당연히 되었어야 할 관중왕(關中王)의 지위를 잃었기 때문에 그것을 되찾고 싶은 것 외에 다른 뜻은 없습니다. 만약 회왕의 서약을 지켜 유방을 관중의 왕으로 해주신다면, 감히 함곡관을 넘어 관동으로 진격하는 일은 없을 것입니다."

장량은 또 전영과 팽월이 항우에 대한 반란을 선언하고 유방과의 공동투쟁을 요청한 격서(檄書)를 항우에게 보내며 말했다.

"전영의 제나라는 진여의 조나라와 손을 잡고 초나라를 멸망시키려 하고 있습니다."

이것은 전영·진여·팽월에 대한 배신행위이다. 이 밀고를 받고 유방을 신용한 항우는, 유방군의 동향을 뒤돌아보지 않고, 제나라의 토벌에 전력을 기울이기로 했다.

말하자면 유방과 장량은 반초(反楚)투쟁에 나선 제와 조의 내막을 항우에게 폭로함으로써 항우의 방심을 유도한 것이다.

항우가 제나라에 대한 전쟁을 단행한 것은, 전영이 항량의 은혜를 받았으면서도 수수방관하여 항량을 전사하도록 몰아넣은 것을 분하게 여겼기 때문이다. 또 항우가 유방의 농간에 넘어간 것은 장량에 대한 그의 신뢰 때문이었다.

결국 항우의 행동을 결정한 것은 그의 감정이었다. 확실히 제나라의 배반에 대한 분노는 단순히 사사로운 원한만은 아니다. 그러나 항우에게는 그것을 공적인 문책행위로 전환시키기 위한 전제조건이라 할 수 있는, 정세에 대한 객관적인 판단력이 결여되어 있었다. 봉기한 이래 홍문의 연회, 유방의 한왕으로의 봉건 등 장량은 자주 항우와 유방 사이의 중개자 입장을 가장하면서 항상 유방의 위기를 구해 왔다. 나쁘게 말하면 장량은 항우의 자기에 대한 인격적 신뢰를 이용하여 항우를 배반해 온 것이다. 그러나 항우는 마지막까지 이를 알아채지 못했다. 항우의 마음속에는 진나라에 대한 투쟁의 용사이고 한(韓)나라에서 으뜸가는 명문의 공자인 장량에 대한 일종의 존경과 비슷한 감정이 있었다. 이 사적인 감정이 전체 판국에 대한 냉정한 판단력을 흐리게 했던 것 같다.

유방 또한 항우에 못지않은 감정적인 인간이었다. 그러나 그의 감정은 항상 그의 권력욕과 강하게 연결되어 있었다. 유방은 자기의 권력확대를 위해 감정을 자유로이 폭발시키는 것과 감정을 단단히 억제하는 것, 이 양쪽을 거의 천부적인 판단력으로 적절히 조절해 구사할 수 있었던 것이다.

유방은 전에 섬현의 부로들과 회견해서 그들을 어루만져 달랜 뒤 일단 관중으로 돌아가, 대오를 정비하여 항우와의 결전을 위해 다시 진 지방을 나왔다. 이때 하동(河東)에서 온 서위왕 표(豹)가 합류했다. 동년(기원전

205) 3월 유방은 계속해서 은왕 사마앙을 항복시켰다. 그의 세력권은 이제 관중 전 지역으로부터 하동·하남·하내, 즉 삼하(三河)의 땅까지 확대되었다.

한 원년(기원전 206) 8월에 한중을 출발한 뒤부터 동년 9월, 다음달인 2년 10월, 11월, 12월, 정월, 2월, 3월 등 8개월에 걸쳐 유방은 관중과 그 전방에 해당하는 삼하의 땅을 정복했다. 유방의 세력권은 이미 과거 진나라가 소유한 원래의 영역을 뛰어넘었다.

한 2년 3월에 유방군은 평음(平陰)의 나루터에서 황하를 남으로 건너 낙양에 도착했다.

『사기』 항우 본기에는 유방은 "다섯 제후의 병사를 거느리고" 팽성을 공격했다고 기록했다. 실은 이 다섯 제후가 어느 나라를 가리키는가에 대해서 옛날부터 논쟁이 있어 왔다.

지금까지 이 책에서는 『사기』 본문을 거의 그대로 소개하는 형식으로 유방과 제후의 싸움을 묘사해 왔다. 유방군은 새왕 사마흔, 적왕 동예, 하남왕 신양, 은왕 사마앙 등 네 왕을 차례로 항복시켰는데, 다시 서위왕 표의 군대가 가담하게 되었다. 따라서 이 '다섯 제후의 병사'는 그대로 이 다섯 왕의 병사라고 보는 것이 극히 상식적인 판단이다. 『사기』의 가장 오랜 주석의 하나인 서광(徐廣)의 주(注)도 그렇게 보고 있다.

그런데 이 간단한 문제가 후대에 논쟁의 표적이 되었다. 일본의 다키가와 가메타로(瀧川龜太郎) 박사의 『사기회주고증』(史記會注考證)에 의해 이 논쟁에 참가한 사람들의 이름을 모아놓으면 다음과 같다.

우선 서광, 배인(裵駰), 응소(應劭), 위소(韋昭), 여순(如淳). 이상은 고주(古注)이다.

뒤이어 안사고(顔師古), 사마정(司馬貞), 장수절(張守節), 유반(劉攽), 오인걸(吳人傑). 이상은 당인(唐人)과 송인(宋人)의 주이다.

마지막으로 왕념손(王念孫), 왕선겸(王先謙), 전조망(全祖望), 왕중(汪

中), 조익(趙翼), 양옥승(梁玉繩), 동교증(董敎增). 이상은 청대(淸代)의
주이다. 그 유명한 청조(淸朝) 고증학의 대가들이 여기에 이름을 올리고
있다. 당연한 일이지만, 이들 대가는 모두 지금까지의 설이 잘못되었고,
자기의 설이야말로 맞는 것이라며 새로운 설을 내놓았다.

고주(古注)의 논점은, 이때 이미 한왕(韓王) 신(信)이 부임해 있었으므
로 이를 어떻게 평가할까, 옹왕 장함은 한군(漢軍)에게 포위되어 고립되
어 있었으므로 그의 원래 영역에서 군대를 징발하는 것은 가능하기 때문
에, 그가 다섯 제후 속에 들어갈 가능성이 있고, 서위왕 표는 자발적으로
참가했으므로 다른 네 왕과는 다르다는 것으로서, 어느 것이나 고려할 만
한 문제이다.

그런데 당대(唐代)에 들어가면 양상이 바뀐다. 안사고는 이때 유방은
이미 관중을 제압하고 있었기 때문에, 다섯 제후란 그 외의 제후이므로 상
산(常山), 하남, 한(韓), 위(魏), 은(殷)이라고 했다. 상산왕 장이는 진여에
게 쫓겨나 유방 밑으로 도망쳐 들어왔지만, 그에게는 부하가 있었을 것이
므로, 이것을 다섯 제후의 하나로 넣을 수 있다는 것이다.

청대에 들어와, 양옥승은 한·위·제·조·형산(衡山)이라고 했다. 또 동
교증은 한·조·위·제·연(燕)이라고 했다. 즉 당시 상대국인 초와 이미 멸
망한 진을 뺀 전국시대 각 국의 후예라는 것으로, 동씨는 "천하를 거느리
고"라는 의미라고 보았다. 이때 항우는 제·조와 싸우고 있기 때문에 팽성
을 떠나 있었지만, 이 제·조도 유방이 거느리고 있었다는 것이다. 연이나
형산처럼 멀리 떨어져 있고, 그 사이에 이해관계가 착종하는 각국을 끼고
있는 나라가 유방의 군대에 참가하지 않는 것은 당연하다. 그런데도 그런
것을 무시하고 유방의 초나라에 대한 전쟁에 초나라 이외의 천하 각국이
모두 참가했다고 하는 것은 거의 폭론(暴論)에 가깝다. 유감스럽게 다키
가와 가메타로는 이 의견에 찬성하고 있다. 또 최근 일본의 『사기』 번역자
들에게도 이 견해가 주류인 듯하다.

이상과 같은 학설의 전개를 보고 아주 간단하게 알아차릴 수 있는 현상은, 고주가 거의 일치하여 관중 제왕(諸王)을 다섯 제후 속에 넣고 있음에 비하여, 시대가 내려감에 따라 다섯 제후의 범위가 확대되어, 결국 천하 전체가 유방에게 통솔되어 항우의 수도 팽성을 공격했다는 해석으로 기울고 있는 점이다.

이 현상의 배후에 있는 것은 유방만이 정통이고, 처음부터 천하가 유방을 지지했을 것이라는 확신인 듯하다. 그리고 이 확신을 만든 책임의 대부분은 『한서』에서 드러나는 역사인식의 틀에 있다고 생각한다. 『사기』에서는 항우 본기와 고조 본기를 세워서 양자의 역사적 위상을 기본적으로는 올바로 인식하고 있었다. 그런데 후한의 반고가 쓴 『한서』에 이르러 항우를 유방의 부하와 동급인 열전으로 떨어뜨림으로써 그 역사적 위상을 폄하해버렸다. 이것이 이런 인식에 이르는 복선이 되었다고 생각한다.

『한서』의 실제 기술내용은 거의 『사기』 그대로이지만, 틀에 변경이 가해졌기 때문에, 점차 이 시대에 대한 역사인식에 변화가 생기게 되었다. 말하자면 반고의 자기왕조 중심사관이 후세의 중화사상과 연결되어 역사상의 왜곡이 이루어진 것이다.

이 책에서 논해 온 유방의 출생문제, 휘(諱)의 문제, 가족관계 문제, 이것들은 모두 이런 역사인식의 변화와 관계가 있다. 필자가 이해하는 바에 의하면, 반고에 의해 깔린 노선은, 삼국시대의 위(魏)나라나 서진(西晉)·동진(東晉)의 신비주의 철학의 시대에 더욱 그 경향이 강화되어, 이후 시대를 따라 내려가며 전개되어 온 것이다.

그렇다면 이 다섯 제후는 원래 누구를 가리키는 것일까? 위에서 소개한 대논쟁의 권위를 두려워하지만 않는다면, 답은 간단하다.

이 책에서는 앞에서 유방이 점령한 지역이 농서(隴西), 북지(北地), 상(上), 위남(渭南), 하상(河上), 중지(中地), 하남(河南), 하내(河內)의 8군으로 편성되었던 점에 주의했다. 이 8군 가운데 농서·북지·상·위남·하상·중지의 6군이 원래의 삼진(三秦) 땅이고, 그 중에는 옹왕 장함의 영지도 포함되어 있었다. 이때 옹왕 장함은 폐구(廢丘)에 고립되어 유방군의 포위를 받고 있고, 그가 원래 지배하고 있던 지역은 이미 군현으로 재편성되어 있었다.

이상의 삼진 세 왕의 6군 땅에 더하여 하남군으로 편성된 하남왕 신양의 영역과 하내군으로 편성된 은왕 사마앙의 영역을 더한 다섯 왕 8군의 영역 즉 다섯 제후 8군의 병사를 유방은 장악하고 있었던 것이다.

이 다섯 제후 8군의 땅이 유방의 직접적인 명령이 통하는 영역이고, 이른바 다섯 제후의 땅이다. 여기에 원래 우군이었고, 유방이 직접 통솔하지는 않았던 서위왕 표의 병사를 더한 것이 당시 유방의 군대였다.

유방이 다섯 제후의 군대를 거느리고, 서위왕 표의 병사와 함께 평음의 나루터를 건너 낙양에 도착했을 때, 신성현(新城縣)의 '삼로'(三老)인 동공(董公)이 유방의 대열 앞에 엎드려, 초나라 의제(義帝)가 항우에게 살해된 사실을 상주했다. 이 시기 이(里)·향(鄕)·현(縣) 각각의 단위에서 부로가 민의 수렴 역할을 담당하고 있었던 것은 지금까지 몇 번 언급했는데, 부로를 대표하는 세 사람을 삼로*라고 한다.

유방은 지금까지도 부로와의 접촉을 중시해 왔다. 그것은 부로가 대표하는 민의를 중시하는 것과 관련이 있다. 유방은 고향 패현에서 부로에게 추대되어 패공(=패의 현령)이 된 이래, 관중에서는 법삼장을 부로와 약속하고, 관외(關外)의 섬현에서도 부로를 회유했다. 진 제국은 물론 기타의 각국에서도 유방처럼 부로들과의 접촉을 의식적으로 추구한 왕자(王者)는 없다.

---

* 삼로(三老)에 대해서는 『한서』 「고제기」(高帝紀) 상(上)에 "나이 50 이상으로 평소 덕행이 있으며 무리를 선행으로 이끌 만한 자를 뽑아 각 향(鄕)에 1인 씩 삼로를 두었고, 향의 삼로 가운데 1인을 현(縣)의 삼로로 선발했다"고 쓰여 있다.

　부로가 대표하는 민의를 존중했다는 것은 그의 본심이기도 하고 포즈이기도 하다.

　그의 행동이 항상 본심에 의거하고 있는 것은 사실이다. 그러나 그것은 100% 순수한 본심은 아니다. 그 자신은 자기가 항상 진심에 의거하고 본심에 따라 행동한다고 느끼고 있지만, 실제로는 이 본심에 의거하여 행하는 그의 포즈나 퍼포먼스가 그의 행동 속에서 큰 비중을 차지하고 있었던 것이다. 그러나 설령 포즈나 퍼포먼스가 99%이고, 순수한 본심이 1%밖에 안된다고 하더라도, 이 99%의 포즈나 퍼포먼스와 1%의 순수한 본심을 합쳐 이루어지는 현실의 행동 자체는 그의 본심이 추구하는 바이다. 따라서 이 커다란 100%의 본심과 작은 1%의 본심이 멋지게 융합하고 있는 데 그의 강함이 있었다.

　유방이 동공의 상언을 듣는 의식은 장중하게 행해졌다.

　실제로는 이러한 정보가 유방보다 먼저 일개 부로의 귀에 들어가는 일은 있을 수 없다. 동공의 상언 자체가 유방 혹은 유방 진영에 의해 만들어진 퍼포먼스일 가능성조차 없다고는 말할 수 없다. 어느 경우든 유방은 민의에 의거하여 항우의 무도를 책망한다는 대의명분을 손에 꽉 쥐었던 것이다.

　유방은 이 소식을 듣고 상반신을 벗고 크게 곡을 했다. 이것은 몸속에서 죽은 자가 나올 때의 의식이다. 나아가 유방은 의제를 위해 장례를 치를 것을 발표하고, 사흘 동안 스스로 이 장례에 임했다. 의식은 극히 엄숙하게 집행되었다. 유방은 변신의 귀재로, 장량이나 역이기(酈食其) 등이 급하고 바쁜 가운데 결정한 의식순서를 정성을 다하여 진행하는 동안, 어느덧 천하의 정의를 체현한 의인과 같은 모습을 했다.

　그의 장중한 말은 전군에 전해졌고, 그의 고양된 기분은 부하들을 전염시켰다. 그들은 격식에 맞춘 곡을 한 뒤 동방을 향하여 자랑스럽게 창을 들고 초나라 의제 즉 회왕을 위한 복수를 맹세했다. 전군의 사기는 단숨에 고양되었다.

유방은 다시 제후에게 사자를 보내어 알렸다.

"천하는 함께 의제를 세워 북면(北面)하여 섬겼다. 이제 항우는 의제를
내쫓고 강남에서 살해했다. 대역무도(大逆無道)하다. 과인은 친히 의제를
위해 발상(發喪)을 하니, 과인을 따르는 제후는 모두 하얀 상복을 입었다.
이제 과인은 관내(關內) 병사를 전부 동원하고, 삼하(三河)의 군사를 합쳐
남방의 장강과 한수(漢水)를 타고 내려갈 것이다. 원컨대 천하의 제후왕
(諸侯王)과 함께 초나라 의제를 죽인 자를 치고자 한다."

'과인'이란 앞장에서 본 바와 같이 고대부터 왕의 자칭인데, 여기서는
자기를 대왕으로 하여 각국 왕의 윗자리에 올려놓는 표현방식이 되고 있
다. 또 실제로 수도 팽성을 공격하기 위해서는 황하 혹은 제수(濟水)를 타
고 내려가야 한다. 그런데 여기서 장강과 한수를 따라 내려간다고 한 것
은, 항우가 의제의 수도를 장강 지류인 상강(湘江) 상류의 침현(郴縣)으로
지정했기 때문에, 이를 초나라의 진정한 수도라고 하여 항우의 팽성을 무
시한 표현방식이었다.

유방이 사방으로 보낸 사자도 큰 역할을 수행했다. 원래 중국에서는 힘
이 없는 자가 도리에 맞는 말을 하더라도, 당연하지만 아무도 듣지 않는
다. 역으로 힘이 있는 자는 도리가 없어도, 일시적으로는 그 힘을 유지할
수 있고, 그 지배는 당연한 것처럼 받아들여진다. 그러나 도리와 힘을 겸
비한 세력이 출현하면, 그의 전도는 극히 험난하게 된다. 그리고 이 경우
이른바 도리는, 상당히 형식적이어서 실질을 결여한 것일지라도 괜찮다.

유방은 이 기회를 이용하여, 다섯 제후의 병사를 거느리고 동방으로 출
정했는데, 그 군대는 56만 명에 달했다.

『사기』의 기록이다. 이제 유방은 8군 다섯 제후, 56만의 대군을 거느리
게 된데다 대의명분까지 내거는 데 성공했다. 그가 사자를 파견한 각 세력
은 앞 다투어 유방군을 맞이했다. 유방군은 아무도 없는 들판을 가는 것처

럼 화북(華北)평야를 동진해 갔던 것이다.

이때 항우는 제의 전영을 성양(城陽)에서 격파했다. 평원으로 도망친 전영은 결국 주민에게 살해되었다. 평원은 제나라의 서부, 조나라와의 경계에 위치하고 있다. 항우는 전영의 패잔병을 잔혹하게 탄압하고, 다시 제 지방 깊숙이 공격해 들어갔다. 전영의 동생 전횡(田橫)이 패잔병 수만 명을 모아 다시 성양에서 봉기했으므로, 항우는 제 지방에 남아 전투를 계속했다.

한 2년(기원전 205) 4월, 한군(漢軍)은 항우 부재의 팽성에 입성하였다. 그 당시 직속부대는 관중에서 징발된 진인(秦人)이 상당수를 차지하고 있었다.

전에 남양에서 무관으로 급히 갈 때, 정예군이 편성되었기 때문에 유방의 군대는 그 수가 줄어들 대로 줄어들어 있었다. 또 한중으로의 남하가 결정된 때도, 다시 험준한 산길을 경유하는 도중에 약간의 초인(楚人)이 도망쳤다. 그리고 삼진(三秦)으로의 역습과 점령을 통하여 대량의 진인(秦人)이 동원되었다. 더구나 다른 삼하(三河)의 제왕(諸王)이 거느리는 군대에는 초인의 모습은 거의 보이지 않았다.

유방 자신은 스스로 항상 초나라 사람이라고 여겼다. 이번 싸움은 초나라 사람인 유방이 같은 초나라 사람인 항우의 왕국에 가한 공격이었지만, 결과적으로는 북방군에 의한 초나라 수도의 점령이라는 느낌을 주었다. 북방인이 대부분을 점하고 있던 유방군은, 초나라 출신 간부의 통제를 거의 받지 않는 형태로 항우의 초나라 수도 팽성으로 쇄도해 갔던 것이다.

여기에서 드러난 것은, 북방인의 남방 초인에 대한 분노의 폭발이었다. 항우가 부재한 팽성을 이렇다 할 싸움도 없이 점령한 유방군은, 말단의 병졸에 이르기까지 강렬한 힘의 감각에 도취되어 정신을 잃고 있었다. 그들은 전승이라는 달콤한 술에 취하여 거의 통제 불능이었다. 초왕 항우의 궁전 내의 모든 것은 유방군의 것이 되었다.

그 보물과 미녀를 거두어, 날마다 높은 궁전에서 성대한 연회를 열었다.

『사기』의 기록이다. "술과 여자를 좋아한다"고 『사기』에 특필되어 있는, 마음껏 즐거움을 누리곤 하던 유방이었다. 미증유의 대승리 속에서 그 자신이 스스로를 잃어버리고 있었다.

이번에야말로 항우의 숨통을 끊었다고 유방은 생각했다. 장량을 비롯한 휘하의 두뇌들조차 대승리 속에서 경계심을 풀고 있었다.

다만 원래의 유방군 가운데 일부는 다소 냉정함을 잃지 않고 있었다. 여택(呂澤)군은 일찍이 근거지였던 하읍(下邑)에 머물고 팽성으로 들어가지 않았다. 왕릉(王陵)은 유방의 가족을 맞이한다는 임무를 충실히 지키면서 휘하의 군대를 풍읍에 주둔시키고 있었다. 한신도 군 전체의 통제는 포기하면서도, 직속부대에 대해서는 이 야단법석에 참가하지 못하도록 했다. 일부 군대에서는 평소의 군기가 지켜지고 있었던 것이다.

항우는 팽성 함락의 소식을 전횡과 싸우던 부대 안에서 들었다.

급보를 받은 항우는 순식간에 맹수의 야성을 회복했다. 그는 날카로워진 군사적 본능에 따라 행동했다.

초인(楚人) 나부랭이인 유방이 진인(秦人)을 중핵으로 하는 북방인 혼성부대를 거느리고 초나라를 유린했다. 항우의 뇌리에 팽성의 왕궁에서 술과 미녀에 취해 정신을 잃고 있는 유방과 다섯 제후의 56만 대군들이 벌이는 광란의 모습이 떠올랐다. 경계심을 잃고 무방비의 적군을 급습하는 데는 많은 군대가 필요하지 않다. 항우는 바로 부하들에게 제나라 군대에 대한 공격을 맡기고, 3만의 정예군을 편성하여 팽성으로 급히 달려갔다.

이때 항우는 전영을 격파하고, 제(齊)와 초(楚)의 국경지대에 병사를 되돌리고, "머물러 연속하여 싸웠지만, 전횡을 항복시키지 못했다"고 『사기』에 기록되어 있다. 따라서 항우는 아마 거야(鉅野)의 못 서쪽에 포진하는 전횡군과 맞서서 동쪽에 진을 펼치고 있었다고 추측된다. 그는 여기에서 남하하여 노현(魯縣)으로 들어가, 다시 사수(泗水)를 남으로 내려와 호릉(胡陵)으로 나왔다. 호릉은 패현의 북으로 접하고 있지만, 항우는 밤에 행군하여 패현 현성(縣城)의 서쪽을 몰래 빠져 나가, 팽성의 서쪽인 소현(蕭縣)으로 나왔다. 새벽에 항우의 3만 정예군이 서방에서 팽성의 유방군에게 덤벼들었다.

유방군은 허를 찔렸다. 만에 하나 항우군이 습격해 온다 해도, 북으로부터의 공격 이외에는 있을 수 없다고 철석같이 믿고 있었던 것이다. 유방군은 지금 일어나고 있는 사태를 전혀 이해할 수 없었다. 도망하기 바쁜 56만의 대군에게는 동료가 오히려 도망갈 길을 막는 방해자일 뿐이었다.

병사는 팽성으로 흘러 들어가는 곡수(穀水)와 사수(泗水)로 도망쳐 들어갔는데, 여기에서 "한의 병졸 10여 만 명이 죽었다." 완전히 붕괴된 유방군은 더욱 남방으로 도주하여, 평야에 산재하는 작은 구릉에 의거하여 전투태세를 정비하려 했다. 그러나 항우군은 조금도 머뭇거리지 않고, 다시 패잔병을 추격하여, 팽성 서남 약 50km의 수수(睢水) 강가에 있는 영벽(靈壁)에 이르렀다. 막다른 골목에 막힌 "한의 병졸 10여 만 명은 모두 수수로 우르르 들이닥쳐, 그 시체로 수수의 물길이 막혀버렸다."

유방군은 철저하게 무너졌다.

항우의 초나라 군대가 유방의 본영을 삼중으로 에워싸 유방도 이제는 끝장이라고 각오했을 때, 서북으로부터 큰바람이 불어와 "나무가 꺾이고, 집의 지붕이 날아가고, 돌멩이가 섞인 모래와 흙먼지가 불어와 주위는 한낮임에도 불구하고 시커멓게 되었다." 초군은 혼란에 빠지고, 유방은 수십 기(騎)와 함께 도망쳤다.

이때 초나라 장군 정고(丁固)라는 자가 집요하게 유방을 추격하여 팽성 서쪽에서 따라잡아, "근접거리에서 서로 붙어 싸웠다." 진퇴유곡에 빠진 유방은 "머리를 흩뜨리고" 뒤돌아보며 냅다 소리를 질렀다. "양현(兩賢)이 어찌 서로 곤혹스럽게 한단 말인가!"

'양현'이란 임협의 두 거물이라는 뜻이다. 정고의 조카는, "기개를 떨쳐 임협으로 초(楚)에서 유명한" 계포(季布)였다. 기개를 중시하는 임협의 무리로서 초에서 유명한 계포의 외삼촌이 바로 정고였다. 유방은 이제 여기까지라는 마지막 궁지에 몰린 때에, 정고에게 "서로 임협의 세계에서 살아가는 관계인데, 어째서 이렇게까지 나의 목숨을 노리는 것인가? 무사는 서로의 처지를 이해해서 도와줘야 하는 것이 아닌가!"라고 소리를 질렀던 것이다. 정고는 이에 "부하를 거두어 유방의 추격을 멈추었다."

이 일화가 『사기』에 기록된 것은 후일담이 있기 때문이다.

유방이 항우를 쓰러뜨리고 천하를 취하자, 정고는 유방에게 알현을 원했다. 여하튼 그는 유방의 목숨을 구해준 은인이다. 제후로 발탁되더라도 이상할 것은 없다. 그런데 유방은 정고를 결박하여 군중 사이를 끌고 다녔다.

"정고는 항왕의 신하로서 불충한 자이다. 항왕으로 하여금 그 천하를 잃게 한 자야말로 정고이다."

이리하여 유방은 정고를 참형에 처하여 내다버리고 말했다.

"후세에 신하된 자가 정고를 본받는 일이 없도록 하라."

유방은 정고에게 임협의 정을 호소하여 목숨을 건졌으면서도, 임협의 정을 부정했다. 어쨌든 정고가 눈감아주지 않았다면, 자기의 목숨을 부지하지 못했을 것임을 천하에 확실히 공표한 것이다.

어제까지 56만의 대군을 거느리던 유방은 이제는 수십 기의 부하를 데리고, 패현의 서쪽 교외의 풍읍으로 향했다. 풍읍에는 초나라와의 전쟁 전에 특명을 내려 보냈던 왕릉이 부친과 처 그리고 아들과 딸들을 보호하면서 주둔하고 있을 터이다. 겨우 수십 기를 데리고 항우의 3만 정예군에 쫓기는 신세가 된 유방이 곧장 풍읍을 찾아간 것은, 육친의 정에 이끌렸기 때문이라고 본다면 지나친 해석일까?

　　한편 항우는 바로 풍읍에 있는 유방의 가족을 연행하도록 군대를 보냈다. 유태공·여공·여치 등은 이때 인질이 되었다. 그런데 무슨 우연인지 유방은 가족과 떨어져 헤매고 있던 아들 영(盈)과 그 누이를 만났다.

　　유방은 그들을 자기의 마차에 태웠지만, 배후에서 적병이 추격해 왔다. 도망치는 말의 속도가 더디게 되자, 몇 번이나 두 아이를 마차에서 차서 떨어뜨렸다. 하지만 그가 아이를 떨어뜨릴 때마다, 마부인 하후영이 마차를 세우고, 그들을 주워 올렸다. 화가 나 제정신이 아니었던 유방은 하후영을 10여 차례나 칼로 베려 했다. 그러나 하후영은 개의치 않고 유유히 마차를 몰아 결국 위태한 지경을 벗어나 풍읍에 도착했다.

　　덧붙이자면, 팽성에서 대패를 맛본 유방이 찾아간 곳은 패(沛)였다고 한다. 단순히 패라고 하는 경우는 패의 현성(縣城)을 가리키는 것이 보통이지만, 풍읍 또한 패현의 한 취락이니, 이 패는 실은 풍읍을 가리킨다고도 해석할 수 있다. 그리고 『사기』 하후영 열전의 기술에 의하여, 이 경우에는 확실히 패가 풍읍을 지칭하고 있음을 확인할 수 있다.

　　하후영은 누구에게도 말하지 않았지만, 이 일은 어린 두 아이의 마음에 깊은 상흔을 남겼다. 그들 또한 어린 마음에 사실을 감추려고 했지만, 뒤에 여(呂) 황후가 알게 되었다. 원래 강하고 굳센 여후의 마음에 그것은 꽁꽁 언 강철로 만든 칼처럼 파고들어, 그 후 그녀가 죽기까지 풀리지 않았다.

　　왕릉은 항우의 한 쪽 군대와 대치하면서 풍읍을 굳게 지키고 있었다. 왕릉과 재회한 때, 유방은 이미 항우와 대항하는 패왕의 분위기를 회복하고 있었다. 왕릉의 보고를 주의 깊게 듣고 난 그는, 반란을 일으키기 직전에 몸을 숨기고 있었던 망·탕의 소택지로 돌아가, 과거의 동료와 합류하기로 방침을 정했다.

　　그들이 우선 향한 곳은 하읍(下邑)이었다. 하읍은 원래 여씨 일족의 근거지이고, 지금도 유방의 동방 정벌에 참가한 여택(呂澤)이 원래 그대로의 군대를 거느리고 주둔하고 있었다. 유방의 처남 여택은 뛰어난 무장이었다. 여택이 거느리는 정규군과 합류할 수 있었기에, 유방도 한숨을 돌릴 수 있었다.

『사기』 고조 본기는 "이때를 당하여 제후는 초나라가 강하고 한나라가 어그러짐을 보고, 모두 한나라를 버리고 다시 초나라를 섬겼다"고 기록하고 있다. 유방 진영에 남은 것은 소하가 장악하는 삼진(三秦)과 동맹군인 위표(魏豹)뿐이고, 그 밖의 제후들은 모두 항우의 지휘를 받았던 것이다. 패잔병의 두목이 된 유방이 하나의 군사세력으로 복귀할 수 있었던 것은 여택 덕분이었다.

그렇다고는 해도 하읍은 항우의 초나라에서 좁쌀만 한 거점에 불과했다. 『사기』 유후 세가에는 당시의 일이 매우 흥미 있게 기술되어 있다.

> [유방이 팽성 대전에서 항우에게 대패하고 하읍으로 몸을 맡겼을 당시] 유방은 말에서 내려 안장에 손을 올려놓고 물어보았다. "나는 관동의 땅을 장래성이 있는 자에게 주려고 한다. 누구에게 주면, 천하통일의 대업을 이룰 수 있을까?" 장량이 앞으로 나아가 말했다. "구강왕(九江王) 경포(黥布)는 초나라의 맹장입니다만, 항왕과의 사이가 좋지 않습니다. 팽월은 제왕(齊王) 전영과 손을 잡고 양(梁) 땅에서 항우와의 싸움에 나서고 있습니다. 이 두 사람에게 급사(急使)를 보내야 합니다. 한왕 폐하의 장군 중에는 한신만이 대사를 맡길 만하며 일방의 영웅이 될 만한 그릇입니다. 만약 폐하께서 관동의 땅을 주려고 생각하신다면, 이 세 사람에게 주어야 합니다. 그렇게 한다면 초나라를 쓰러뜨릴 수 있을 것입니다."

여기서 '준다'고 번역한 부분의 원어는 '捐'이다. 捐은 '義捐'이라고 할 때의 捐이다. 유방은 이때 천하를 원래 자신의 것이라고 전제한 뒤, 장래성이 있는 자에게 그 일부를 나누어주겠다고 큰소리를 친 것이다. 실제로는 이때 유방은 약간의 부하를 거느리고, 항우의 세력 일색으로 빈틈없이 박혀 있는 중원평야 속에서, 조금 남은 틈을 뚫고서 겨우 여택군이 주둔하는 수향(水鄕)에 도착해서 한숨을 돌린 참이었다. 이미 자기 것도 아닌 지역을 '준다'고 표현한 데에 그의 뻔뻔함이 드러나고 있다. 그런 의미에서 이 기사는 매우 흥미롭다.

다만 정말로 여기에 기록되어 있는 그대로의 일이 있었는지에 대해서는 검토의 여지가 있다.

말에서 내려 안장에 손을 올려놓고 천하의 형세를 논하는 유방은, 무대의 영웅처럼 시원시원하다. 유방이 정말 이 정도까지 억지로 연극을 했다면, 어디까지나 현실적인 부하들은 그에게 의심 가득한 눈길을 보내지 않았을까? 여기에 묘사된 유방의 모습은, 육가와 같은 글을 잘 짓는 측근이 나중에 창작해낸 전설이라고 판단해도 거의 틀리지 않을 것이다.

우선 한신의 경우, 그는 후에 위(魏)·조(趙)·제(齊)를 항복시키고, 천하를 실질적으로 항우와 유방과 함께 삼분하는 세력을 구축했다. 그러나 당시는 아직 그의 장래를 예견하게 하는 활약을 보여주지는 않았다.

팽월이 그 후의 역사 속에서 큰 역할을 했고, 또 최종적으로 유방에 대한 종속을 거부하지 않았다는 점도, 이 사료에서 묘사되는 내용과 일치하고 있다. 그러나 이 시점에서 팽월은 전횡에게 종속적인 입장에 있었으므로, 전횡의 이름이 아니라 팽월의 이름만이 기록되어 있는 데는 의문을 갖게 한다.

이리하여 이 사료에 묘사된 대화의 상당 부분이 사후 예언처럼 보이지만, 구강왕 경포에 관한 판단만은 거의 확실히 이즈음 이 소택지에서 이루어졌을 것으로 생각된다.

여기서 장량은 "구강왕 경포는 초나라의 맹장입니다만, 항왕과 사이가 좋지 않습니다"라고 말하고 있다. 경포는 항우의 초나라에서 극히 중요하고도 다소 특이한 인물이다.

원래 항우군의 고위간부는 대부분 항씨 일족, 처의 일족 혹은 항량이나 항우와 인연이 있는 인물이 차지하고 있다. 제나라의 유력한 무장이면서 뒤에 항우군에 참가한 사마용차(司馬龍且)와 같은 인물도 있지만, 그들은 소수파이고, 항우에 직속하여 스스로 독자적인 기반을 가지고 있지 않다.

이에 비하여 경포는 원래 초나라의 옛 수도 수춘(壽春)의 남부, 육현(六縣)의 건달이다. 이 근방은 오랜 전통을 갖는 비(非)한족 거주지이고, 경포 또한 그런 민족 출신이었는지도 모른다. 그는 어려서부터 임협의 무리로 알려졌다. 아마 이런 배경과도 관련하여 그는 독자적인 전투집단을 갖고, 항우로부터 고향인 구강에 봉해져 독자적인 영역을 지배하고 있었다. 이런 점에서 그는 유방과 퍽 비슷한 인물이었던 것처럼 보인다.

그는 초나라 군대의 관군(冠軍) 즉 글자 그대로 챔피언이고, 항우가 천하를 통일하기까지 항상 초나라 군대의 선봉장으로서 승리를 거두고 있었다. 그런 그가 항우의 천하통일 후 항우와 사이가 좋지 않음을, 유방 측의 정보망은 포착했던 것이다.

이유는 분명하지 않지만, 불화는 경포가 항우의 명을 받고 초나라의 의제 회왕을 강남에서 살해한 즈음부터 시작되었을 것으로 필자는 생각한다. 다만 그것이 경포의 정의감 때문인지, 권력욕 때문인지 혹은 항우의 천하 통치능력에 대한 회의 때문인지 현재로서는 판단하기 어렵다.

경포는 이때 항우가 내린 제나라 공격명령에 대하여 병을 이유로 참가하지 않고, 휘하에 있는 수천 명의 부대를 파견하는 데 그쳤다.

그런데『사기』의 기록을 액면 그대로 받아들이면, 유방은 이때 장량의 의견을 수용하여 천하삼분 계책 즉 항우가 한 쪽, 유방이 한 쪽, 경포·팽월·한신이 합해서 한 쪽으로 하는 계책을 세웠다는 것이지만, 실제로 경포를 이쪽으로 돌려세우는 중임을 누구에게 맡길까, 또 어떻게 하면 좋을까 이에 대한 좋은 생각이 떠오르지 않았다. 그는 엉겁결에 말했다.

"이것도 저것도 도움이 되지 않는구나. 그렇다면 천하를 얻을 수 없게 되었단 말인가!"

"대왕님의 말씀이 삼가 이해되지 않습니다."

앞으로 나온 것은 알자(謁者)인 수하(隨何)이다. 알자란 찾아온 손님을 접대하는 비서와 같은 자이다. 이 수하가 경포에게 돌아서도록 설득하는 대임을 자청했던 것이다.

수하는 언변이 뛰어났을 뿐 아니라, 현장의 분위기를 포착하는 일종의 독특한 능력을 갖추고 있었고, 담력도 있다. 유방은 기분이 좋아졌다. "20명의 사절단과 함께 경포에게 사자(使者)로 보냈다"고 『사기』에는 기록되어 있다.

이 사절단 파견의 시기와 장소에 대해서 『사기』 유후 세가에는, 유방이 패잔병을 거느리고 하읍에 몸을 맡기고 있을 때의 일이라고 기록했다. 그러나 『사기』의 다른 구절에서는, 조금 뒤 우(虞)에서의 일이라고 기록했다.

유방은 하읍에서 여택의 정규군과 합류한 뒤 하읍, 우현(虞縣), 탕현(碭縣) 및 망현(芒縣)을 삼각형의 정점으로 하는 탕군(碭郡)의 소택지대를 잠행하면서, 과거의 동료나 새로 이 지역으로 망명해온 유민들을 흡수해 갔다. 한동안 전투를 피하고, 항우의 눈으로부터 몸을 숨겨 태세를 정비한 다음, 단숨에 형양(滎陽)으로 달려가려고 계획했던 것이다.

그것은 풍읍에서 최초의 집단을 만들고, 다음에 하읍으로부터 망·탕에 이르는 소택지에서 임협의 결합을 확대했던, 과거에 걸었던 길을 재빨리 밟아가려는 것이었다.

이런 경과를 생각하면, 유방이 수하를 경포에게 사자로 파견한 것은, 그가 이 우(虞)의 소택지대에서 태세를 정비하고 있던 때의 일이라고 추측할 수 있다. 이에 이르러 유방은 겨우 천하의 형세를 다시 보고, 적극적인 대책을 마련할 여유가 생겼던 것이다. 『사기』 유후 세가의 기술은, 하읍에 이른 시점에서 유방은 이미 재기하여 천하를 경륜하는 자로서 행동했다고 생각하고 싶다는, 유방 집단의 심정적 요청에 따른 사후의 윤색이 이루어진 것 같다.

유방은 '20인의 사절단'을 편성했다. 그로서는 원래 100명을 넘는 사절단을 편성하고 싶었지만, 이미 그럴 여유는 없다. 그래도 그로서는 현대중국어에서 말하는 '擺架子', 즉 외면적인 위압을 위하여 최대한 준비하여 모양을 갖춘 셈이다.

수하의 방문을 받은 경포 측은 태재(太宰) 즉 주임 요리사에게 접대하도록 했다. 항우와의 관계가 미묘하게 꼬여 있던 경포는 유방과 좋은 관계를 유지하고 싶었다. 그렇다고 해서 현단계에서는 그 전도가 어떻게 될지 모르는 유방 집단에게 바로 한 패가 되겠다고 말할 기분도 들지 않았다. 그런 까닭에 물질적으로 최대한의 환대를 하는 정도에서 그치고 싶었던 것 같다.

이리하여 사흘 동안 수하는 산해진미를 대접받으면서 무료한 시간을 영빈관에서 보냈다.

나흘째가 되어 수하는 구강왕 경포의 태재에게 긴히 면회를 요청했다.

수하는 말했다.

"경포 대왕님이 신을 만나주시지 않는 것은, 분명 대왕님이 초는 강하고 한은 약하다고 생각하시기 때문이겠지요? 신은 실상이 참으로 그 반대임을 알려드리기 위하여 이곳에 온 것입니다. 만약 대왕님을 뵙고 말씀드려서 이를 납득하신다면 그것은 경포 대왕님이 원하시는 바가 될 것이고, 만약 신의 의견이 틀리다면, 대왕님께서는 저희들 20명을 공개처형 하시기 바랍니다. 그러면 대왕님이 초의 항우님에게 충성을 다하고 있다는 점을 더욱 확실히 하실 수 있을 것입니다."

수하로서는 성공할까 실패할까 큰 도박을 거는 것이지만, 확실히 경포로서는 손해 볼 것이 없는 거래였다. 경포는 이 신청에 흥미를 갖고 면회를 허락했다.

수하는 이 회담에 목숨을 걸었다.

이때 유방이 장악하고 있었던 것은, 하읍에 주둔하고 있던 여택의 정규군을 중핵으로 하는 소택지의 도적과 유민들이었다. 항우는 전횡과의 싸움에 우물쭈물하고 있지만, 항우군의 맹장 경포가 유방군 토벌에 나서면,

유방 측은 관중으로부터의 구원부대도 미처 쓰지 못하는 사이에 간단히 초토화되고 말 것이다.

정규전에 익숙한 항우와는 달리 경포는 수향 소택지의 건달 출신이어서 유방군의 속셈을 간파하고 있는 무장이다. 전력에 큰 차질이 생긴 지금, 경포는 유방에게 항우 이상으로 두려운 상대였다. 만약 경포가 이 감언에 넘어가지 않는다면, 유방군의 전도에 희망을 발견하는 것은 불가능하고, 유방과 그 지지자를 기다리는 것은 항우와 경포에 의한 포위 섬멸밖에 없다. 언변에 능한 수하 또한 같은 죽음이라면 의미 있는 죽음을 선택하려 했던 것이다.

일찍이 마오쩌둥은 항일전쟁에서 전군의 사기를 고무시키며 말했다. "누구든지 사람은 죽게 마련이다. 그러나 태산보다 무거운 죽음이 있는가 하면 새털보다 가벼운 죽음도 있다."

이것은 사마천이 벗인 임안(任安)에게 보낸 편지 속에서 자기의 심경을 이야기할 때 사용한 말이다. 사마천은 자기가 궁형(宮刑, 거세의 형벌)을 받으면서 아무렇지 않게 "꾹 참으면서 구차하게 사는 것"은, 자기의 마음을 적어 후세에 자기의 문장을 전하기 위해서라고 말하고 있다. 중국의 영웅호걸의 가슴속에 깃들어 있는 것은 이 마음이고, "태산보다 무거운 죽음"이라고 평가되는 것은 사회적인 의의가 있다고 인정되는 죽음이다.

수하는 열변을 토했다.

"대왕께서는 초나라의 항우님과 어떤 관계에 있으십니까?"

이처럼 누구도 구태여 말할 필요가 없을 만큼 명명백백한 사실이라고 생각되는 것에 의문을 품는 것이, 전국시대 이래의 유세객(遊說客)에게서 볼 수 있는 의례적인 모습이다.

"나는 항우님을 패왕으로 우러러 모시고 있소."

새삼 이 사실을 확인하는 경포의 어조에는 다소 씁쓸함이 섞여 있었다.

"대왕과 항우님은 의제 회왕님 밑에서 같은 대등한 제후이면서도 굳이 항우님에게 신하의 예를 취하시는 것은, 항우님의 세력이 강하고 나라를 맡기기에 충분하다고 생각하시기 때문이겠지요?"

수하는 의제 회왕을 정통으로 하는 체제 아래에서는, 항우와 경포가 대등했음을 우선 확인시켰다. 양자의 관계는 원래 주군과 신하의 관계는 아닌데, 경포가 항우에게 신하로 복종하고 있는 것은 단순한 힘의 관계일 뿐이라고 수하는 말한다. 따라서 경포가 항우를 배반하더라도 어떤 도의적 지탄을 받는 일은 없다는 것이 그의 논리이다.

의제 회왕은 확실히 항량이 세운 괴뢰이지만, 이 괴뢰에게 형식적인 정통성이 주어져 버린 이상, 천하를 통일한 항우라 하더라도 경포와 대등한 제후의 한 사람에 지나지 않다는 이야기이다.

중국에서는 현실의 이해에다가 대의명분이 있는 자가 승리한다. 경포는 항우 집단 밑에서 항상 으뜸으로 활약한 것에 의하여 현재의 지위를 얻었다. 그의 지위는 실질적으로는 항우가 준 것이고, 초의 의제 회왕이 준 것이 아니건만, 수하는 형식논리에 의하여 경포와 항우의 관계를 끊어버렸다.

그리고 중요한 문제는 이때 항우와 경포 사이에 불협화음이 생기고 있었다는 점이다. 만약 현실에서 이런 사태가 벌어지지 않았다면, 의제 회왕을 정통으로 한다는 형식논리를 내세우는 수하는, 바로 경포에 의해 체포되어 항우에게 보내져 처형되었을 것이다.

"항왕님은 제나라 토벌에 임하여 스스로 판축(板築)을 짊어지고 병졸의 선두에 섰습니다."

'판축'의 판은 성벽을 쌓을 때 황토의 틀이 되는 판자이다. 이 판자 사이에 황토를 채워 넣어 모양을 만들고, 이것을 '축' 즉 절굿공이로 다지면, 황토는 햇빛에 말린 벽돌처럼 단단해진다. 뒤에 성벽은 그 표면을 진짜 벽돌로 덮게 되었지만, 그 안측은 역시 이런 공법으로 만들었다. 항우는 전투에 임하여 부하와 고생을 함께 하고 있었던 것이다.

"이런 상황 아래에서는 대왕은 나라의 군대를 총동원하여 스스로 그들을 거느리고 초나라 군대의 선봉이 되어 싸우는 것이 도리겠지요. 애초에 한왕 유방님이 팽성을 공격한 이상, 항우님이 제나라에서 군대를 되돌리기 전에, 대왕은 나라의 모든 군대를 거느리고 회수를 건너 밤낮으로 한나라 군대와 싸우고 있어야 할 것입니다."

그런데 경포는 병사들을 붙잡고 형세를 관망하며 기회를 엿보고 있었다. 저 천성이 괄괄한 항우가 이 실수를 용서할 리는 없을 것이다. 수하는 경포의 아픈 곳을 찌른 뒤, 한나라 군대의 유리한 조건에 대하여 강한 어조로 계속 이야기했다.

그 위에 유방의 천하통일 후에 경포를 회남(淮南)의 땅에 봉할 것을 약속했다고『사기』는 기록하고 있다. 이것은 완전히 그림의 떡이다. 자기가 가지고 있지도 않고, 직접 자기의 힘으로는 손에 넣을 수도 없는 것을 약속했던 것이다. 우리들 보통사람들의 정서로는 애초에 어떻게 해서 유방이 이런 그림의 떡을 약속할 수 있는 입장에 있었는지 이해할 수 없지만, 유방은 천하 지배의 정통성을 초의 회왕 의제 한 사람에게 집약시켜, 이 의제를 살해한 항우를 꾸짖는 자기에게 정통성이 이양되었다는 논리에 서 있었다.

이때 항우와 유방을 제외하고, 자기가 천하를 지배할 입장에 서 있다고 주장하는 자는 어디에도 없었다. 항우가 서초의 패왕으로서 실력에 의한 천하 지배를 기도하고 있었음에 비해, 유방은 대의명분에 의거한 천하 지배를 주장한 점이 중요하다. 초나라 항우의 거대한 세력에 포위된 수향 소택지대에서, 관중의 구원부대와 합류할 수 있을지도 불분명한, 쫓겨 궁지에 빠진 새와 같이 된 상황 속에서, 유방은 천기를 끌어당기는 대의명분의 망을 쳤다. 설령 이 망이 거미줄처럼 가늘어서 소용이 없는 것이었다 해도, 이때 망을 쳤던 자는 유방 한 사람뿐이었다.

수하의 언변에 경포는 새로운 세상이 열리는 듯했다. 다만 경포에게는 이후 항우와의 관계를 잘 처리해 나갈 자신이 없었다. 그는 우선 유방과의 동맹을 검토하겠다는 것, 또 일이 중대하기 때문에 서로 이 비밀을 결코 누설하지 않겠다는 것을 수하와 확약했다.

이 시점에서 경포의 마음은 아직 정해지지 않았다. 항우로부터도 즉시 출정을 재촉하는 사자가 와 있었다.

수하는 도착 이래로 태재에게 뇌물을 주어, 가능한 한 많은 정보를 모으고 있었다. 항우의 사자가 와 있다는 소식을 알게 된 그는, 일생일대의 큰 도박을 걸기로 결심을 했다.

그는 항우의 사자가 명령을 준엄하게 전달하고 있는 석상으로 뛰어 들어가더니, 한술 더 떠서 그 사자의 상석에 유유히 앉았다. 뜻하지 않은 수하의 행동에 저 유명한 경포도 멍하니 그의 얼굴만 쳐다보았다. 수하는 말했다.

"구강왕 경포님은 이미 유방님의 진영에 참가하고 있다. 어떻게 초의 명령에 따를 수 있겠는가!"

경포는 경악했지만, 순간적으로 말이 나오지 않았다. 초의 사자는 씩씩거리며 자리를 박차고 말았다. 수하는 침착하게 말했다.

"경포님, 이제 여기까지입니다. 초의 사자를 없애십시오."

경포는 어쩔 수 없이 초의 사자를 죽이고, 군대를 동원하여 항우군을 공격했다. 이에 대하여 항우는 스스로 망·탕과 하읍의 소택지대에 있는 유방군을 치고, 항성(項聲)과 사마용차(司馬龍且)에게 경포군을 공격하도록 했다.

유방은 소수의 병사밖에 거느리지 못했지만, 망·탕과 하읍의 소택지대를 포위하고 있는 항우의 대군에 대응하여, 사정을 꿰뚫고 있는 수향의 지리(地利)를 이용하여 잘 싸웠다. 현대식으로 말하면 게릴라전에 돌입한 셈이지만, 소택지대에 산재하면서 어업과 약탈로 나날을 보내는 유민들이 유방군의 우군이 된 점이 컸다. 그러는 몇 개월 동안, 유방은 관중으로부터 오는 구원부대를 기다릴 시간을 벌 수 있었다.

한편 경포는 항성과 사마용차의 토벌군에게 패했다. 수하의 안내로 경포가 유방에게 투신했을 때, 유방의 사령부는 아직 소택지에 설치되어 있었다.

경포의 도착을 알게 된 유방은 의자에 걸터앉아 하녀에게 발을 씻게 하면서 접견했다. 원래라면, 대등한 제후 사이의 회견이었겠지만, 하인 다루듯 한 것이다.

(경포는) 크게 성을 내고 투신해 온 것을 후회하며 자살하려고 했다.

『사기』의 기록이다. 유방을 습격할 부하조차 없는 경포는 무력감에 빠져 자살하려고 했다. 그러나 회견을 마치고 숙소에 들어가자 "실내장식과 음식 및 시종이 한왕의 그것과 똑같았다." 즉 자기 숙소의 실내장식, 식사, 주위에서 시중을 들어주는 자가 완전히 유방의 그것과 똑같은 수준이었던 것이다.

다시 크게 기뻐했는데, 이는 원래 희망하던 수준을 넘는 것이었다.

그는 유방이 베풀어준 대우를 과분하다고 여겼던 것이다.

여기서는 상대의 입장과 심리를 꿰뚫어보는 유방의 심리 장악기술이 잘 드러나 있다. 그는 젊었을 때부터 시원시원하게 동료들에게 선심을 잘 썼다. 전에 한신에게 자기와 같은 왕의 대우를 해주어 큰 은혜를 베풀어주었지만, 여기서도 동일한 은혜를 베풀어줌으로써 상대에 대한 지배권을 획득했다. 대단히 계획적인 수순인 동시에 자기의 부하가 되는 자에 대한 애정이 있었던 것이다. 초나라 제일의 맹장이 항우 진영에서 이탈한 것은 이 시기 유방으로서는 최대의 성과였다.

유방이 형양(滎陽)으로 들어가자, 관중의 소하는 아래의 조치를 취했다.

관중의 노인이나 아직 호적에 성인으로 등록되지 않은 소년들을 대거 불러 모아 형양으로 보냈다.

소하가 유방 밑으로 보낸 관중 병사의 대부분은 노인과 소년이어서 직접적인 전투력으로서는 전혀 도움이 되지 않았지만, 소하의 노림은 다른 데 있었다. 유방이 팽성 공격시에 동원한 병력의 태반은 관중의 병졸이다. 팽성의 대패 이후 도망쳐 떠돌아다니는 도적이 되든가, 다시 유방군에 참가하든가 하는 양자택일에 임하여, 소하는 그들 가족을 형양으로 보냄으로써 결정적인 방향을 제시한 것이다. 이리하여 패전 후 유랑했던 병사들은 가족을 찾아 속속 형양으로 가서, 유방의 군대는 "다시 크게 활기를 띠었다."

거의 관중 병사의 진영으로 변한 형양의 군영에서, 패잔병을 모아 돌아온 한신이 지휘권을 확립한 것도 중요했다. 한신이 이끈 부대는 형양 남부의 "경(京)과 색(索) 사이에서" 초나라 군대를 격파하여 초나라 군대의 관중 진공을 저지했다. 유방은 중원 진출의 교두보로서 형양을 확보하는 데 성공했던 것이다.

팽성 대전에서 패하여 하읍과 망·탕의 소택지를 여기저기 도망쳐 다닌 후, 형양과 그 서방의 군사적 요충인 성고(成皐)에서 관중의 구원부대와 합류하여 태세를 정비하기까지의 몇 개월이 유방에게는 그 어느 때보다 곤란한 시기였다고 할 수 있다.

전에 홍문의 연회에서 항우에게 항복했던 때조차, 항우가 간단하게는 칠 수 없는 유리한 조건을 유방은 갖고 있었다. 그의 행동을 정당화하는 초나라 회왕의 서약이 있고, 최초로 관중에 진입하여 진나라를 항복시킨 실적이 있으며, 진나라 민중의 강한 지지가 있었다. 그에 대한 지지는 단순한 심정적인 차원에 머물지 않고, 부로와 진의 관리에 대한 장악을 통해 현실적인 기반을 이미 갖추었던 것이다. 그 밖에 백만의 대군이라고 부르는 항우군에는 미치지 못하더라도, 유방에게도 그 몇 분의 일 정도의 규모

나마 정규군이 따르고 있었다.

이때 그의 수중에 있던 군사는, 거의 천하의 반을 직접 지배하며 유방 등을 완전히 포위할 태세에 들어간 항우의 대군과는 인원수 면에서 비교가 되지 않을 정도로 차이가 났다. 그가 모을 수 있었던 병사의 수에 대해 추측할 단서는 전혀 남아 있지 않지만, 자진해서 유방군에 투신하려는 자는 많지 않았을 것이다.

그러나 유방이 몇 개월의 잠복기간을 버터내어, 형양과 성고에서 소하가 관중으로부터 파견한 구원부대와 합류할 수 있게 된 시점에서, 다시 항우와 대항할 최소한의 조건이 주어지게 되었다.

『사기』 경포 열전에서, 유방이 하읍에 있었을 때부터 경포를 거느리고 성고로 들어가기까지 몇 개월의 시간을 요했다고 기록하고 있는 것이, 당시의 실상을 잘 전해주는 것이라고 필자는 판단한다. 같은 『사기』의 연표에는, 유방은 그해 4월에 팽성에서 참패하여 도주했지만, 다음달에는 이미 형양으로 들어갔다고 기록하고 있다. 이것은 나중에 유방과 소택지대 무법자들의 연계를 삭제하려는 의도에서 고쳐 쓴 내용이라고 생각한다. 그런 시간표로는 관중의 구원부대는 시간 내에 도달할 수 없었을 것이다.

이 곤란한 시기에 그가 항우군의 소탕을 피하여 관중의 구원부대와 합류할 것만을 생각하고 있었을 리는 없다. 확실히 팽성에서 풍읍으로, 풍읍에서 하읍으로 소수의 부하를 데리고 도주를 계속한 그 최초의 며칠 동안, 그의 머릿속에는 목숨을 건 도망 외에는 아무 생각이 없었다. 그러나 앞에서 본 바와 같이, 하읍으로부터 그 서방의 소택지인 우(虞)로 군대를 옮긴 시점에서, 그는 다시 천하의 형세를 관망하면서, 그 속에서의 자기의 위치와 획득할 목표에 대하여 생각을 짜내기 시작했다.

소하, 장량, 한신 등 가장 뛰어난 부하들이 이구동성으로 유방은 하늘이 내린 인물이라고 하는 것은 이 점에 있다. 그는 항상 천하의 움직임을 조망하고 있었다. 그것은 그에 대하여 직·간접적으로 작용을 하는 주체로서의 천하인 동시에, 그가 주체로서 작용함으로써 변화하는 객체로서의 천하였다. 그는 항상 천하와 자기와의 쌍방향으로의 연계, 최근 타이완의 학계를 중심으로 많이 사용되고 있는 개념을 가지고 말하면 '호동(互動) 관계' 속에서 행동하고 있었던 것이다.

군사적 과제를 수행하는 것만이 아니라, 유방이 동시에 제국의 지배체제를 고려하고 있었던 점이 중요하다. 단순한 군사적 승리는 무상한 것이다. 서초의 패왕 항우조차 유방의 팽성 공격으로 한번은 파멸의 구덩이에 빠졌던 것을 유방은 잊지 않았다.

애초에 그가 형양과 성고에서 항우의 서진(西進)을 막는 데 성공한 첫 번째 요인은, 소하의 관중 장악과 전체 관중을 동원한 구원부대에 있었다. 그는 소하의 능력과 충성심을 믿고, 몇 개월에 걸친 소택지에서의 유격전을 감내하면서, 소하가 보내는 구원부대와 합류할 시간을 벌었다.

유방 자신은 협소한 형양과 성고의 땅에서 항우의 포위를 견뎠다. 그리고 이를 뒷받침하는 그 후배지가 된 관중의 지배는 전면적으로 소하에게 넘겼다. 생각해보면, 이 조치는 상당히 위험한 요소를 안고 있다.

이 시기 관중의 비중에 대해서는 『사기』 화식 열전에서 다음과 같이 기록하고 있다.

> 관중의 땅은 천하의 1/3의 면적을 점하고 있고, 인구의 비율도 또한 천하의 3/10에 지나지 않지만, 그 경제적 실력으로 말하면, 천하의 6/10을 점하고 있다.

유방이 진을 치고 있는 형양과 성고는 관중이라는 커다란 아귀 코끝의 '낚싯대'에 매달린 육질의 '미끼' 같은 존재에 불과하다. 양자 사이가 모종의 원인으로 절단 나는 일이 생기면, 육질의 미끼는 간단히 작은 물고기의 먹이가 되어버린다.

『사기』 소상국 세가의 기록이다.

한 3년(기원전 204) 한왕은 항우와 경·색 사이에서 대치했는데, 주상(主上)은 자주 사자를 보내어 승상을 수고롭게 했다.

즉 유방은 소하가 보내온 구원부대와 한신의 지휘 덕택에 형양 남방의 경현(京縣)과 색현(索縣) 부근에서 항우군의 공격을 저지하고 있을 때, 자주 함양으로 사자를 보내어 소하를 수고롭게 했다.

이때 포생(鮑生)이라는 자가 소하에게 지혜를 넣어주었다.

"주상께서는 넝마를 걸치고 야영하는 여유도 없는 나날 속에서, 일부러 몇 번이나 사자를 보내어 각하를 수고롭게 하고 있습니다. 이것은 주상께서 각하를 마음속으로 믿지 못하기 때문입니다. 이런 경우에는 각하의 자손과 형제 가운데 무릇 병사가 될 만한 자를 모두 형양으로 보내는 것이 좋습니다. 그러면 주상도 지금까지 이상으로 각하를 신용하게 되어 위험을 피할 수 있을 것입니다."

소하가 그의 의견을 따르자, "한왕은 크게 기뻐했다."

유방은 소하의 헌신적인 봉사를 받아 위기를 벗어나 천하를 노릴 조건을 갖추어가면서도, 이 충실한 자에게 의심을 품고 있었던 것이다.

유방은 여기서 이 육질의 미끼와 아귀 본체를 연결하는 조개관자에 철사를 집어넣듯 확고한 안전판을 마련하려 했다. 이에 대하여 『사기』 고조본기는 다음과 같이 기록하고 있다.

6월에 효혜(孝惠)를 태자로 세우고, 죄인을 크게 사면했는데, 태자에게 약양(櫟陽)을 지키도록 했다.

다시 이와 관련된 기록은 아래와 같다.

제후의 병사 가족 가운데 남성으로 관중에 남은 자는 모두 약양에 집합시켜 태자의 호위병으로 삼았다.

이것은 관동 출정에 임하여, 남은 제후의 병사 가족을 태자의 호위병으로 집중 배치함으로써, 태자의 권위를 높이는 동시에 그들을 일종의 인질로 삼아 출정 병사의 행동을 단속했던 것이다.

이리하여 유방을 대왕으로 하는 체제가 관중에서 공적인 승인을 받았다. 바꿔 말하면, 유방에 대한 반항은 단순한 인간관계에서의 배반에 그치는 것이 아니라, 대의명분에 배치되는 일이 되었던 것이다. 덧붙여 말하면, '櫟'이라는 글자에는 '역'과 '약'이라는 두 음이 있지만, 『사기』의 고주(古注)는 약양(櫟陽)의 '櫟'은 '藥'과 같은 음 즉 '약'이라고 하고 있다.

태자가 된 효혜(孝惠) 즉 뒤의 혜제(惠帝)로 즉위한 아들은, 이 몇 개월 전에 유방이 팽성에서 패전한 뒤 도망치던 도중 마차에서 몇 번이나 발로 차 떨어뜨렸던 아이이다. 그는 이때 7세였다. 이것은 인정상으로나 그 책무 면에서나 이중적으로 무리한 태자 즉위였지만, 그 속에는 사정이 하나 숨어 있었다.

효혜는 유방과 여치 사이에서 태어난 아들이다. 팽성의 대패로 여치와 유태공은 집사인 심이기와 함께 항우군에게 붙잡혀 인질이 되었다. 유방이 태자를 세웠을 때 즉 이해 6월에는 유방이 아직 형양에 도착하지 않았고, 그 군대의 중핵은 여택이 이끄는 정규군이었다. 유방의 봉기 이래 별거해 온 여치가 그대로 항우군의 인질이 된 상황에서는, 유방과 여씨 일족과의 끈은 약화되기 마련이다.

이런 사정을 감안하면, 이제 수향 소택지에서 항우군에게 포위되어 있던 유방이 이 인사를 단행한 것은, 당면의 군사 방면에서 중요한 인물인 여택을 확실히 자기에게 묶어두기 위한 방책이 아니었을까 생각한다. 유방은 미래 제국의 기초를 다지기 위한 방책으로서 이런 비상수단을 단행했던 것이다.

이때 이미 유방의 연인인 척희(戚姬)는 두 사람 사이의 가장 사랑하는 아들이 된 여의(如意)를 임신하고 있었던 것으로 추측된다. 장래에 그가 끔찍이 사랑하는 대상이 되는 아들을 젖혀두고, 몇 개월 전에 냉혹하게 내쳐버린 아들 효혜를 태자로 세운 것은, 그로서는 절박한 사정이라서 다른 것은 되돌아볼 여유가 없었던 씁쓸한 선택의 결과였다. 이윽고 척희가 낳은 아들에게 준 여의라는 이름은 "만사가 뜻한 대로 이루어지기를"이라는 뜻인데, 유방이 이 아이를 얼마나 총애하고 있었는가를 여실히 보여준다.

한편 이 효혜의 태자 책봉을 둘러싼 유방과 여씨 일족 특히 여택과의 관계에 대한 이해는 몇 년 전 당시 도쿄도립(東京都立)대학의 대학원생이었던 귀인(郭茵, 현재 규슈[九州] 대학 조교수)이 제출한 새로운 관점을 받아들인 것이다.

18장
한신의 활약

수하(隨何)의 분투 덕분에 유방은 경포(黥布)를 항우 세력과 분리시키는 데 성공했다. 한편에서는 중원에서 관중으로 들어가는 현관 입구에 해당하는 형양과 성고 일대에서, 소하가 관중에서 보내온 구원부대와 합류함으로써 유방은 먼저 태세를 정비할 수 있었다.

진 지방에서 참가한 자들은 형양으로 모여든 가족과의 연에 이끌려, 그 이외의 지역에서 참가한 일당은 약양에 집결되어 있는 가족과의 연에 이끌려, 패잔병도 상당수가 유방 진영으로 돌아왔다.

팽성 대전에서 참패를 당하고 도망치다 뿔뿔이 흩어진 패잔병을 불러 모으면서, 항우군의 공격을 피하여 수향의 소택지대를 배회한 경험은, 유방 집단의 핵심인물들 사이의 결속을 더욱 공고히 해주었다. 특히 한신의 작전 및 지휘에 조참이 새삼 마음으로부터 승복했고, 관영과 주발 등 유방 직계의 무장들도 그에게 한 수 접고 들어가게 된 점이 컸다.

유방 집단의 중추세력을 결속시키는 힘의 중요한 요소는 임협적 결합이고, 그것은 일견 상반되는 두 개의 성격, 즉 강고하지만 폐쇄적인 성격과 집단에 공헌하는 점이 명백하기만 하면 널리 인재를 받아들인다는 개방적인 성격을 동시에 갖고 있었다. 한신의 직속부대가 팽성 점령 후에도 엄정한 군기를 유지한 점이나 형양을 돌파하여 관중으로 공격해 들어가려고 한 항우군을 격파한 점에 의하여, 그는 유방 집단 내에서 크나큰 위신을 확립하게 되었다.

그러나 이 시점에서는 항우군이 압도적으로 우세했다. 백전백승의 항우가 지휘하는 초나라 군대가 유방군을 항복시키는 일은 이미 시간문제로 생각되었다.

유방군이 의지하는 것은 소하가 관중에서 보급하는 병사와 군수물자이고, 형양의 오창(敖倉)에 진나라 이래 보존되어 있는 막대한 곡물이었다. 그 밖에 기대할 수 있는 것은 제나라의 전횡(田橫), 조나라의 진여(陳餘) 혹은 거야(鉅野)의 소택지를 중심으로 게릴라전을 계속 수행하고 있는 팽월에 의한 항우군의 후방 교란이었다.

이제 유방의 세력은 실질적으로는 전국시대의 초강대국 진나라의 영역을 기반으로 하고 있다. 여기에 조나라에서 제나라에 걸친 화북세력이 호응하여 초나라와 대항한다는 도식을 세워보면, 거의 전국시대의 초나라를 중심으로 해서 위나라와 한나라에 일정한 영향력을 갖는 데 불과한 항우의 세력은 오히려 열세에 놓여 있다는 것이 유방 측의 낙관적인 전망이었다.

그러나 그는 초나라 민중의 강한 반진(反秦)의식을 계산에 넣지 않았다. 사실상 진나라의 후계자가 되어 초나라를 공격한 유방에 대하여 항우는 물론 초나라의 병사들도 대단한 적의를 갖고 있었다.

게다가 조나라에서 제나라에 이르는 세력의 호응을 기대하는 유방의 계산은 너무 안이했다. 그들은 애초에 진정으로 유방과 손을 잡을 생각이 없었던 것이다. 유방이 팽성에서 대패하자 조나라와 제나라는 유방과 손을 끊고 항우와 강화를 맺었다. 처음부터 진여의 조나라는 도망간 장이(張耳)를 받아들인 유방에게 호의를 갖고 있지 않았다. 팽월만은 장함(章邯)과의 싸움에서 동맹을 맺은 유방을 내치지는 않았는데, 그는 아직 독자적인 세력권을 확립하지 못한 일개 게릴라 세력에 불과했다.

이런 정세 속에서 유방군은 형양과 성고 일대를 사수하면서 항우군의 공격을 견뎌내고 있었다.

　전쟁국면에 중대한 변화를 가져온 것은 위왕 표(豹)가 유방을 버리고 초나라 항우에게 돌아선 것이다. 유방이 대패를 당한 때부터 그의 동맹군은 앞을 다퉈 항우군에게 항복했다. 위왕 표가 유방을 내치지 않은 것은 유방에게 커다란 버팀목이 되었지만, 그런 그가 부모의 병간호를 이유로 형양의 군영을 벗어나 본국으로 돌아가더니, 초나라 측으로 돌아섰던 것이다.

　위왕 표는 긴요한 순간에 곤경에 처한 유방을 버렸기 때문에 사서(史書)에서는 매우 부정적으로 묘사되어 있다. 그것이 과연 역사적 진상인가에 대해서는 검토의 여지가 있다.

　위왕 표가 즉위한 경과는 다음과 같다.

　위표(魏豹)와 형 위구(魏咎)는 전국시대 위나라의 왕족 출신이었다. 진나라 시황제가 위나라를 멸망시키자, 영릉군(寧陵君)으로 봉해졌던 위구는 서민으로 강등되었다. 진섭이 진(陳)을 수도로 하는 장초 정권을 세우자 위구는 진섭 밑으로 달려갔다.

　진섭이 위나라 사람 주시(周市)를 파견하자, 위나라 사람들은 진나라를 배반하고 주시 밑으로 결집했다. 진섭은 이에 주시를 위왕으로 세우려 했지만, 주시는 고사했다. 이때 진(陳)에 있던 위구를 불러들여 위왕으로 옹립했다.

　장함은 진섭을 격파한 뒤, 위구의 위나라 군대를 임제(臨濟)에서 포위했다. 위구는 장함군과 항복조약을 맺은 뒤, 위나라 민중에게는 죄가 없다면서 분신자살을 했다. 남은 위표는 초나라로 도망쳤다. 위표는 초나라 회왕에게 수천 명의 병사를 받아, 다시 위(魏) 지방에서 게릴라전을 펼쳐 "위 지방의 20여 성을 항복시키고," 다시 정예군대를 거느리고 항우를 따라 함곡관에서 관중으로 들어가, 항우에 의해 서위왕(西魏王)에 봉해졌다. 다만 항우는 이때 원래의 위 지방에서 동쪽 반분을 몰수하여, 대량(大梁)을 포함하는 요지를 자기가 직할하는 땅으로 삼아버렸다. 이로 인해 위표는 분하게 생각하고 유방에 협력했던 것이다.

위나라 민중을 구하기 위해 분신자살을 한 형 위구는, 확실히 위나라 왕족에 어울리는 죽음을 택했다. 동생 위표의 행동을 떠받치고 있던 것도 전국시대 위나라 왕족으로서의 긍지였다. 이 긍지를 발판으로 해서 그 또한 패하여 달아난 유방을 내치지 않고 형양으로 동행했던 것이다.

이미 본 바와 같이, 항우에게 공공연하게 반기를 들었던 제후는 제나라의 전횡과 조나라의 진여 두 사람에 지나지 않았고, 그들도 팽성에서의 유방의 참패 이후 유방한테서 떨어져 나갔다. 거야의 소택지를 중심으로 게릴라전을 전개하는 팽월의 세력만은 여전히 의지가 되고 있었지만, 그는 특정한 영역을 갖고 있지 않으므로 제후라고는 할 수 없었다. 버젓한 제후인 위표가 유방의 우군으로서 최대 위기에 빠진 유방을 계속 지원한 것은, 명실 공히 커다란 의미를 갖고 있었다. 그의 배반은 유방이 그 공적을 인정하여 정당하게 대우했더라면 피할 수 있었던 사태였다.

유방은 위표가 왜 자기를 버렸는가를 충분히 이해했다. 그는 바로 역이기를 불렀다.

뺨의 근육을 풀고 위표에게 가서 말하라. 그를 항복시킨다면, 내가 자네를 만 호로 봉하겠다.

유방은 말했다. "자네 한 번 뺨의 근육을 풀고 위표에게 가서 설득을 하고 오도록 하라. 만약 위표가 돌아온다면, 자네를 제후의 한 사람으로 발탁할 것이다."

"뺨의 근육을 푼다"는 것은 이 당시 유방의 말을 그대로 기록한 듯한 생생함을 느끼게 한다. 이것은 단순히 아첨하는 웃음을 지으라는 말은 아니다. 위표는 성격이 까다로운 면이 있다. 이 완고함을 녹여버릴 우정을 보여주라고 유방은 말했던 것이다. 유방은 위나라 왕족 출신이라는 위표의 자부심에 문제가 있다고 생각했다.

그러나 위표의 자부심 또한 그가 지닌 임협의 마음이 겉으로 드러난 것이다. 왕족의 자부심과 서민 출신인 유방의 자부심은 결국 가까워질 수 없었다. 한편 여기서 유방이 역이기에 대하여 위표에게 '진정한 임협의 마음'을 이해시킬 수 있다면, "자네를 만 호로 봉하겠다"고 말하고 있는 부분은 퍽 흥미롭다. 임협의 마음을 발휘하는 일이 유방에게는 확실히 보답할 만한 가치가 있는 것이었다.

유방의 명을 받은 역이기도 꽤 개성이 강한 인물이다.

『사기』에서 그는 시대의 변화를 이해하지 못하는 유자(儒者)의 역할을 하고 있다. 한 3년(기원전 204) 유방이 형양에서 항우의 초나라 군대의 맹공을 받고 있을 때, 역이기는 전국시대 6국의 제왕(諸王)의 자손을 6국의 왕으로 봉하면, 그들은 그 은혜를 감사히 여겨 유방을 대왕 혹은 황제로 모실 것이라는 건의를 했다.

포학한 진나라가 6국을 멸망시킨 결과 천하대란이 일어났다. 6국의 군주 혹은 그 자손을 각각 원래 국가의 군주 지위로 되돌리면 천하는 태평하게 되고, 그것이 만물의 이치라는 것은, 이즈음 가장 많이 제창된 정통적인 주장 혹은 유력한 명분이었다. 이 주장 내지 명분은 진초(秦楚)전쟁의 초기에는 나름대로 현실적으로 기능하고 있었다.

그러나 진나라의 천하통일에는 명확한 현실적 기초가 있었다. 이제 이 통일정책의 강행으로 인해 천하대란이 일어났지만, 진나라의 천하통일 이전으로 돌아가면 모든 것이 해결되는 그런 간단한 차원의 문제는 이미 아니다. 이 역이기의 건의는 장량의 반박으로 산산이 깨졌다. 역이기에 대한 후대의 이미지는 거의 이 사건에 의해 결정되었다고 해도 무방하다.

그러나 그는 유방이 초나라의 별동대로서 하남(河南)을 전전하고 있던 때에는, 유방에게 회견을 신청하여 진나라의 식량저장기지였던 진류(陳留)에 대한 공격이라는 매우 현실적인 방책을 유방에게 진언하는 한편, 동생인 역상(酈商)과 함께 전투에 참가하고 있었다.

양자가 처음으로 만날 때 유방의 의도적인 무례를 책한 것도 고지식한 일개 유자가 할 수 있는 행동은 아니다. 이것은 너무나도 유명한 사건이지만, 역이기의 사람됨을 이해하는 데 중요하다고 생각되므로, 굳이 소개해 두고자 한다.

역이기는 연줄을 통하여 고양(高陽)에서 유방을 처음으로 뵈었다.

이때 유방은 막 걸상에 걸터앉아 두 하녀에게 발을 씻기며 역이기를 알현했다. 역이기는 방에 들어갔지만, 이 모습을 보고 "장읍(長揖)하고 배(拜)하지 않았다."

'읍'(揖)이란 손을 뻗어 앞에서 깍지를 끼는 예의 방식인데, '배'(拜)보다 가벼운, 주객(主客)이 대등한 관계의 예의이다. 주인에 대하여 이런 대등한 예의를 행하는 객을 '평읍불배(平揖不拜)의 객'이라고 한다. 역이기는 유방이 정상적인 예를 취하지 않았기 때문에, 자기도 대등한 예의로 대응했던 것이다. 역이기는 다시 말했다.

"족하(足下)는 진나라를 도와 제후를 공격하고 있는 것이오? 아니면 제후를 거느리고 진나라를 깨뜨리려고 하는 것이오?"

"학자 조무래기 같은 놈! 대저 천하는 오랜 세월 진나라의 폭정에 고통을 받아 왔다. 그렇기 때문에 제후는 서로 힘을 합쳐 진나라를 공격하고 있는 것이 아닌가. 어떻게 진나라를 도와 제후를 공격한다는 따위의 엉터리 같은 말을 지껄이고 있는가!"

"만약 정의의 전쟁을 위해 동료를 모아 무도한 진나라를 치려고 한다면, 연장자를 알현하는 데도 도리에 맞는 방식을 취해야 할 것이오."

그러자 유방은 발 씻는 것을 멈추고, 벌떡 일어나서 복장을 단정히 하고, 역이기를 상석에 앉히고 조금 전의 무례를 사과했다고 한다.

이 역이기 역시 유방과는 다소 다른 형태의 임협적 정신의 소유자였다. 그리고 이 유방과는 다른 경로를 갖는 임협정신, 즉 예의범절을 중시하는 임협정신이, 이 시기 왕족 출신의 임협제후와 공감하는 바가 있었던 것이다. 유방이 그를 위나라로 보내고, 뒤에 제나라로 보낸 것은 아주 적확한 판단이었다.

그러나 위표는 역이기의 설득을 받아들이지 않았다.

"사람이 한 세상을 살아간다는 것은, 예를 들면 백마가 조그만 공간을 달려 빠져 나가는 것과 같은, 순식간의 일이다. 한왕 유방님은 오만하고 무례하여 사람을 사람으로 생각지 않는 분이다. 제후와 여러 신하들을 욕하는 것이 하인을 욕할 때와 다르지 않다. 위아래의 예절이라는 것이 없다는 말이다. 나는 이 짧은 일생을 그런 분하고 같이 보낼 생각이 없다."

"위아래의 예절이라는 것이 없"는 유방과는 교제하고 싶지 않다는 위표의 말에는 그의 본심이 담겨 있다. 위표 또한 임협의 무리였지만, 왕족 출신의 그는 거기에 예절이 없으면 견딜 수 없었던 것이다. 서민 출신의 임협과 왕족 출신의 임협은 그 가장 곤란한 시기를 함께 협력하며 지냈지만, 여기서 결국 결별했다. 다만 위표는 같은 기질을 가진 임협의 무리였던 역이기가 마음에 들었던지 자기의 솔직한 심정을 그대로 말했고, 다행이 거의 그대로 기록으로 남았던 것이다.

위왕 표에게는 유씨와의 이상한 인연에 대한 이야기가 전해지고 있다. 유방과 여치 사이에 태어난, 유방의 사후 그 뒤를 이은 혜제는 젊어서 세상을 떠났다. 그 후 나이 어린 소제(少帝) 공(恭)이 즉위하여 4년 만에 죽임을 당하고, 이어서 소제 홍(弘)이 즉위했지만 역시 4년 만에 죽임을 당했다. 이를 이어 즉위한 자가 문제(文帝)인데, 그 어머니가 실은 위왕 표의 후궁인데다 실제로 그의 총애를 받았던 것 같다.

이 설화에 대해서는 『사기』의 외척 세가에 당당히 기록되어 있다. 외척이란 황제의 모계 친족인데, 이 외척에 대한 기록인 외척 세가에 문제 모친의 기구한 운명이 기록되어 있다.

유방의 총애를 받은 수많은 여성 가운데 한 사람으로, 뒤에 박(薄) 태후라고 불리게 된 여성이 있었다. 유방의 정처는 여(呂) 황후였으므로, 그녀는 여후 생전에는 황후로 불린 적이 없었지만, 여후 사후에 그녀의 아들인 효문제(孝文帝) 즉 문제가, 효혜제 즉 혜제 및 소제 공, 소제 홍의 뒤를 이어 황제가 되었으므로, 그녀는 이 시점에서 황제의 모친으로서 황태후라고 불리게 되었던 것이다.

덧붙여 말하면, 이 효무제나 효혜제라는 것은 사후의 시호이다. 전한 황제의 시호는 유방을 제외하고 모두 효(孝)라는 글자가 들어 있으므로 이를 줄여서, 예를 들면 효혜제를 혜제, 효문제를 문제라고 부른다.

이 박 태후의 부친은 오(吳)나라 사람이었지만, 전국시대 위왕의 종실 여성이었던 위온(魏媼)과 관계를 맺어 박희를 낳았다. 이후 위나라는 진나라한테 멸망했지만, 제후가 진나라 지배에 저항하여 반란을 일으키고, 위표가 위왕이 되자 위온은 자기 딸을 위표의 후궁으로 들여보냈다.

일찍이 유방이 천하를 얻는다고 예언한 허부(許負)에게 위온이 딸의 관상을 보이자, 허부는 이 박희가 천자를 낳을 것이라고 예언했다. 이때 위표는 유방과 동맹을 맺고 항우의 초나라 군대와 싸우고 있었다. 그런데 이 예언을 듣고는, 자기와 박희 사이에서 태어난 아들이 천자가 될 것이라고 해석했다. 확실히 박희는 위표의 후궁에 있었으므로, 이 해석은 극히 자연스러웠다고 할 수 있다.

남몰래 놀라고 기뻐한 위표는 유방과 손을 끊고 본국으로 돌아가 자립하려고 했지만, 결국은 초나라와 손을 잡게 되었다.

이때 유방은 한신 등을 파견하여 위표를 격파했고, 포로가 된 박희를 "직실(織室)로 보냈다." 여죄수의 강제노동공장에 수용된 것이다. 호색한 이었던 유방은 즉시 여죄수의 방에 들어가 눈에 띄는 여성을 찾아보았다. 유방은 그녀를 눈여겨보았다가, '조'(詔)를 내어 후궁으로 들였지만, 그 후 1년 정도 그녀의 존재를 잊어버리고 있었다.

그 전에 젊은 박희는 위나라 후궁에서 관(管)부인 및 조자아(趙子兒)와 '서로 사랑'[相愛]했다. 그녀들은 "먼저 귀하게 되더라도 서로 잊지 않기,"

즉 "우리들 가운데 누가 귀한 신분이 되더라도 남은 두 사람을 잊지 않도록 하자"고 맹세를 했다. 그런데 관 부인과 조자아는 유방의 총애를 받게 되었지만, 박희는 완전히 잊힌 존재가 되어 있었다.

어느 날 유방이 하남궁(河南宮)의 성고태(成皐台)에서 유유자적하고 있을 때, 이 두 사람은 여죄수 출신으로 지금은 유방의 총애도 받는 일이 없는 가련한 박희와 맺은 과거의 약속을 상기하고는, 웃으면서 이야기를 나누고 있었다. 그녀들에게는 '신분이 다른 불쌍한 박희!' 정도의 기분이었을 것이다. 유방은 그녀들로부터 자세한 이야기를 듣고는 "가여운 마음에 박희를 불쌍하게 여겨 이날 그녀를 불렀다." 단 한 번 손을 댔을 뿐, 그 뒤 1년 남짓이나 방치해두고 있었던 박희가, 옛날 '서로 사랑'했던 동료로부터 신분이 다르다고 가벼이 여겨지는 데 연민의 정을 느꼈던 것이다. 이때 박희는 말했다.

"첩은 어젯밤 푸른 용이 저의 배에 올라타는 꿈을 꾸었습니다."

푸른 용이란 천자 유방을 말한다. 실제로는 이때 유방은 아직 천자는 아니었지만, 그는 말했다.

"이것은 임자가 귀하게 될 징조로군. 내가 임자를 위해 이 징조를 현실로 만들어주겠네."

이리하여 이 하룻밤의 관계로 태어난 자가 훗날 문제가 되었다.

황제가 되기 전에는 대(代)에 분봉되어 대왕(代王)으로 불렸던 그의 탄생을 둘러싼 비화이다.

『사기』는 그 다음에 "그 후 박희가 고조를 뵙게 되는 일은 거의 없었다"고 기록하고 있다.

유방은 평생 많은 여성을 사랑했지만, 황자(皇子)로 공인된 아들은 8명이다.

이 가운데 여치와의 사이에 태어난 효혜가 전한 왕조의 제2대 황제가 되었다. 유방은 가장 사랑한 척희(戚姬)와의 사이에서 태어난 아들인 여의(如意)를 황제의 자리에 앉히려고 노력했지만, 유방의 사후 척희와 여의는 여후에게 살해되었다. 『사기』는 척희의 참혹한 죽음에 대해 상세히 전하고 있다.

조(曹) 부인과의 사이에 태어난 장남 비(肥)는 제왕(齊王)이 되었다. 그 밖의 다른 아들들 또한 왕위에 올랐지만, 그 중에서도 대왕(代王)은 가장 불우한 존재였다. 박 부인 자신이 유방의 불과 몇 번의 일시적인 총애의 대상에 지나지 않았고, 이 황자가 분봉된 대(代)는 당시 흉노 방어를 위한 최전선에 해당했다. 전에 유방과 마음이 맞지 않는 둘째형이 분봉 받은 곳도 대였다.

이런 박복한 아들이 전한 왕조를 계승한 것은 유방을 둘러싼 애정과 질투, 황제의 자리를 둘러싼 권모술수가 소용돌이치는 와중에 여러 요인이 뒤얽혀서 일어난 기적적인 일이다.

덧붙여 말하면, 왕위에 오른 유방의 아들이 8명이었다는 기록 자체가 불가사의한 문제를 안고 있다. 장남 비는 조 부인의 아들, 효혜는 여후의 아들, 여의는 척희의 아들, 문제는 박 부인의 아들이다. 또 회남왕(淮南王) 장(長)의 모친은 조왕(趙王) 장오(張敖)의 후궁인 미인(美人, 왕의 비빈[妃嬪] 즉 여관[女官]의 지위)이다. 이상과 같이 유방의 부인으로 기록된 이 5인에게는 각각 한 명의 아들밖에 없다.

그 밖의 아들인 양왕(梁王) 회(恢), 회양왕(淮陽王) 우(友), 연왕(燕王) 건(建)은 각각 '제희'(諸姬)의 아들이라고 기록되어 있다. 이들 '제희' 가운데 복수의 아들을 가진 자가 있다는 기록은 남아 있지 않다.

또 유방의 딸로 기록되어 있는 것은 여후와의 사이에 태어난 노원 공주 한 사람뿐이며, 다른 딸에 관한 기록은 전혀 남아 있지 않다. 딸의 경우에는 실제로는 있었어도 기록으로 남지 않았던 데 불과할 가능성이 있지만, 『사기』는 어쨌든, 『한서』에서는 전한 왕조 황제의 딸 즉 '모모 공주'라고 불리는 그녀들에 대하여 상당히 상세하게 기록하고 있으므로, 『사기』가 누락해도 『한서』가 보충할 가능성은 있다. 그러나 유방의 딸에 대해서만큼은 『한서』에서도 노원 공주 오직 한 사람의 기록밖에 남아 있지 않은 것은 역시 이상하다.

이리하여 유방의 자식으로 인정된 것은 오직 한 명의 딸과 각각 생모를 달리 하는 8명의 아들뿐이었다고 생각된다. 만약 그렇다면, 거기에는 상당한 인간적 갈등이 숨겨져 있었을 가능성이 있다. 유감스럽지만, 현재에는 이 문제를 추적할 실마리가 전혀 남아 있지 않다.

여기서 뒤늦게나마 설명해야 할 것은, 앞에서 언급한 혜제와 문제 사이에 즉위했다가 살해된 두 어린 황제의 이야기이다. 최초의 소제 공(恭)을 즉위시켰다가 죽인 자는 여후이고, 다음의 소제 홍(弘)도 즉위시킨 자는 여후이지만, 여후 사후에 그를 죽인 것은, 유방의 서자로서 장자 비의 아들인 유홍거(劉興居)와 하후영(夏侯嬰)이다. 이 유씨 집안에서 일어난 참극의 씨앗 또한 이미 이즈음에 뿌려져 있었던 것이다.

이야기를 되돌리면, 박 부인과 문제의 고사는 박복한 몸에서 황제와 황태후로 올라간 그들 모자의 인연을 설명하기 위한 설화이고, 이를 그대로 믿을 수는 없지만, 완전히 지어낸 이야기는 아닌 것 같다. 이 설화에 의하면, 문제의 모친은 위표의 후궁이었다는 말이 된다. 그 '후물림'에게 태어난 아들이 전한 왕조 중흥의 시조 문제였다는 이야기는, 그 이후의 왕조에서는 절대로 정사(正史)에는 기재되지 않는 내용일 것이다. 그 의미에서는 아직 예교(禮敎)의식에 얽매어 속박되어 있지 않은 이 시기의 거침없는 분위기를 엿볼 수 있는 귀중한 설화이다.

이 설화는 위표가 배반하게 된 원인을 설명하고 있다. 즉 여기서 위표는 자기와 관계가 없는 예언을 지레짐작하여 유방을 배반한, 촐랑대는 경박한 인물로 꾸며지고 있는 것이다.

그런데 위표의 배반은 유방에게는 지대한 타격이 되었다. 문제는 두 가지였다.

첫 번째는 현실적인 위협이다. 이제 유방은 관중의 현관 입구에 해당하는 낙양 동방의 형양과 성고 일대에서, 관중 진공을 노리는 항우군을 막고 있다. 진여의 조나라가 위표와 손을 잡으면, 관중으로의 진공 노선이 만들어진다. 이제 진여는, 유방에게 몸을 맡긴 과거의 문경(刎頸)의 벗인 장이와는 불구대천의 원수가 되었기 때문에 항우, 진여, 위표 등 삼자 사이에 동맹관계가 맺어지지 않으리라는 법은 없다. 이 삼자를 연결하는 노선이 성립하면, 유방으로서는 생사가 걸리는 문제가 된다.

둘째로 명분의 문제가 있다. 전에 항우는 장이를 조나라의 왕(=상산왕〔常山王〕)으로 봉했다. 장이는 진여의 공격을 받고 유방 밑으로 망명했지만, 유방은 이를 흔쾌히 받아들여 잘 대우해주었다. 일찍이 유방은 위나라의 대협(大俠)이었던 장이의 도움을 받은 경위가 있지만, 다른 하나는 유방 밑에 제후가 결집하고 있다는 모양새를 요망했기 때문이기도 하다. 지금까지는 원래의 조나라 왕인 장이와 현재의 위나라 왕인 위표를 부하로 삼고 있다는 모양새가 만들어져 있었다. 그 위에 구강왕 경포(黥布)를 더하면, 유방의 권위는 항우에 필적하게 되지만, 그 형식적인 권위가 무너지게 되었다. 대의명분의 초석에 금이 가는 것이다.

위기를 맞이하여 유방은 중대결단을 내렸다. 항우군 방어의 핵심이었던 한신에게 위표의 토벌을 맡겼던 것이다.

한신은 회음(淮陰) 사람이다. 회음은 회수의 하류, 당시 황해의 해안까지 직선거리로 약 70km의 지점에 있다. 조금 올라간 상류에서 회수의 최대 지류인 사수(泗水)가 서북에서 회수로 흘러 들어오는데, 풍부한 수량을 자랑하는 회수는 느긋하게 회음의 북쪽을 흐른다.

시바 료타로(司馬遼太郎)가 한신이 물과 관련된 독창적인 전술을 많이 구사한 데 주목하여, 이를 그의 유소년기의 경험과 연결시켜 포착하고 있는 것은 탁견이다.

한신은 가난했다. 『사기』 회음후 열전의 기록이다.

> 가난하고 품행이 단정치 못하여, 추천을 받아 관리로 선발되지도 못했
> 다. 또 생계를 도모하거나 장사도 잘하지 못하여, 항상 남에게 빌붙어 먹
> 으니, 그를 싫어하는 자가 많았다.

그는 가난한데다가 건달이었기 때문에, 관리가 되기 위한 추천을 받지
못했다는 내용이다. 이것은 아마 사실일 것이다. 그러나 똑같이 "가난하고
품행이 단정치 못했던" 유방이 젊어서 정장(亭長)이 될 수 있었던 데 주목
할 필요가 있다.

정장이 되기 이전, 수배자가 되었던 유방이 일당을 데리고 자주 큰형
집에서 밥을 달라고 조른 일은 『사기』에 분명히 기록되어 있다. 실제로는
한신 이상으로 건달이었던 유방은 관리로 선발되었지만, 한신이 선발되지
못했던 것은, 유방이 항상 동료와의 연계 속에서 행동한 반면, 한신은 독
불장군으로 행동한 결과였다. 유방은 임협의 동료에게 명망이 있었지만,
한신에게는 없었다. 아니 한신은 그런 명망을 추구하지 않았다는 쪽이 정
확할 것이다. 명망이 있었던 유방은 소하 등의 유력자에게 추천을 받았지
만, 한신은 추천을 받지 못했던 것이다.

이후 『사기』에는 그가 회음 남창정(南昌亭)의 정장 집에 몇 개월 동안
기식(寄食)했는데, 정장의 처가 싫어하여 결국 쫓겨난 일이 기록되어 있
다. 유방이 전에 수완을 부렸던 것처럼, 경찰업무와 숙박자의 접대를 주요
한 임무로 하는 정장에게 무뢰배와의 양호한 관계는 필수이다. 별다른 재
주가 없던 한신이 몇 개월에 걸쳐 정장 집에서 기식할 수 있었던 것은, 그
자신이 정장 밑에서 구도(求盜) 등의 직무를 맡고 있었기 때문이었는지도
모른다. 뒤에 사마천의 벗이 된 임안(任安)은 빈곤했지만, 출세의 첩경으
로서 구도에서 정부(亭父), 그 위에 정장(亭長)이 되었다가 중앙의 대관으
로 승진했다. 한신의 경우는 유력자의 후원이 없고, 구도가 고작이어서 정

장도 되지 못했던 것 같다.

회수와 사수가 합류하는 회음으로는 천하의 정보가 흘러 들어왔다. 회수 유역과 사수 유역을 합친 넓은 의미의 회수 유역은 진나라에 대한 전쟁의 주요 무대였다.

진섭의 봉기에서 시작되는 초기의 진나라와의 전쟁은 기현(蘄縣)에서 진성(陳城, 영진〔郢陳〕)에 이르는, 회수 유역 서북부의 영수(潁水)와 수수(睢水) 유역에서 벌어졌다. 본서에서는 이 지역을 일단 영수·수수 벨트지대로 부르고자 한다. 사수 유역에 있었던 유방이 잘못 전해들은 여러 내용도 포함하여 다소 늦게 이 소식을 접한 데 비하여, 영수·수수 벨트지대와 사수계(泗水系) 초승달 모양의 수향 소택지대와의 교차점에 있던 한신은 더 일찍, 더 직접적으로, 따라서 더 정확하게 그 정보를 입수했던 것이다.

초기의 진나라와의 전쟁이 진의 장함에게 진압된 뒤, 새로운 전쟁의 무대는 사수 유역으로 이동했다.

사수 유역에는 항량이 진나라 군대를 격파한 동아(東阿), 팽월의 근거지인 거야(鉅野), 유방이 일어난 패현, 장량이 몸을 맡기고 있던 유현(留縣), 경구(景駒)를 초왕으로 옹립한 진가(秦嘉)가 근거를 두고, 뒤에 항우가 서초(西楚)의 수도로 정한 팽성, 항량과 항우가 유랑하다 머물렀던 하상(下相), 한신의 고향 회음과 진초(秦楚)전쟁의 주력이 되었던 많은 영웅과 연고가 있는 수향(水鄕)의 소택지가 늘어서 있다. 본서에서 말하는 사수계 초승달 모양의 수향 소택지대이다.

원래 초 지방인 회수의 상류지역으로부터 초 지방 동쪽 변경의 사수 유역으로, 진나라와의 전쟁이 벌어지는 핵심장소가 옮겨가는 상황은 시시각각 한신의 귀에 들려오고 있었다. 이들 정보에 옥석이 섞여 있었음은 당연하다.

이들 정보는 한신의 머릿속에서 막연하기는 하지만 일정한 이미지를 만들기 시작했다. 새로운 정보는 이 이미지와 어떻게 연결되는가에 따라서 취사선택되었다.

그는 어떤 정보에도 주의 깊게 귀를 기울였지만, 그 정보에 대하여 제 공자나 벗들과 서로 이야기를 나누는 일은 좀처럼 없었다. 과묵한 그가 감 상으로 보이는 의견을 말해도, 많은 사람들의 그때뿐인 무책임한 장광설 속에 묻혀버리고, 몇 번이나 머릿속에서 다듬은 정확하고 깊이 있는 정세 인식이나 판단은 허풍이라고 조소를 받았다. 그는 더 과묵해졌다. 그것은 유방이 하후영이나 노관 등과의 떠들썩한 논의 속에서 나름대로 천하의 이미지를 만들어간 것과 아주 대조적인 모습이었다.

그가 남 못지않은 임협이었던 것은, 남창의 정장이 몇 개월에 걸친 식 객으로 받아들인 점, 뒤에 항우군의 맹장이 되는 종리매(鍾離昧)와 일찍 부터 친교가 있었던 점에서도 추측할 수 있다. 남창의 정장이 그를 받아들 인 것은, 그의 정세판단이 항상 정확했기 때문이다. 정장이 주는 것보다 더 많은 것을 상대에게 주었던 한신은, 그 은혜를 고맙게 생각할 필요는 없었던 셈이다. 뒤에 한신이 초왕(楚王)의 신분으로서 회음을 그 영국(領 國)의 일부로 삼게 되었을 때, 그는 특별히 이 정장을 불러 '100전'을 주었 다. 아무리 당시라도 초왕이 옛날의 은혜에 보답하는 금액으로 '100전'은 작은 액수이다.

"자네는 소인배다. 모처럼 남을 도와주면서 도중에 내팽개치는 자이다" 라고 한신은 말했다.

남창의 정장에게 버림받은 한신은 회수의 강가에서 낚시를 하며 배고 픔을 달랬지만, 빨래를 하던 한 아낙이 불쌍히 여겨 먹을 것을 주었다. 그 녀는 수십 일에 걸쳐 먹을 것을 가져다주었다. 언젠가 반드시 후하게 보답 하겠다는 그에게, 그녀는 "보답을 바라는 것이 아니다"라며 성을 냈지만, 초왕이 된 한신은 그녀에게 '천금'을 주었다.

전에 여불위는 당시 조나라에 인질이 되어 있었던 왕자, 즉 진나라 시 황제의 부친인 자초(子楚)에게 천금을 주어, 그를 진왕으로 만드는 데 성공했다. 한신은 동일한 금액을 고마웠던 아낙에게 주었다. 과거의 약속을 지킨 것이다.

어느 것이나 한신답게 확실히 구분을 지었다. 유방이 순간순간의 감정과 수읽기로 행동한 것과는 크게 다르다. 한신에게는 그만의 도덕률과 신의가 있어, 시간이 지났다고 해서 좌우되는 일은 없었다. 청년 한신은 자기가 얼마 후 초왕 혹은 그에 준하는 존재가 될 것을 차분한 마음으로 확신했고, 흡사 자기가 이미 초왕인 것처럼 행동했으며, 초왕이 된 뒤에도 청년시대의 가치관에 따라 행동했던 것이다.

한신은 키가 컸다. 중원의 중국인에 비하면 대체로 키가 작은 초나라 사람 속에서, 그가 길고 큰 검을 허리에 차고 천천히 걸어가는 모습은 몹시 이채로웠다.

어느 날 회음 시내의 상설시장을 거닐고 있을 때, 몇 명의 부랑배들이 그의 앞을 가로막았다. 그 중의 한 사람이 한신에게 말했다.

"너는 키가 크고 칼을 자랑스러운 듯 허리에 차고 있지만, 실은 겁쟁이지?"

부랑배는 생각대로 되어간다는 듯 우쭐대며 말했다.

"네가 겁쟁이가 아니라면 이 어르신을 찔러봐라. 못하겠으면 이 어르신의 다리 가랑이 밑으로 빠져 나가야 할 것이다."

한신은 가만히 부랑배의 눈을 쳐다보았다. 순간적으로 부랑배의 표정이 움찔했다. 바로 이때 한신은 천천히 그 커다란 몸을 굽혀 부랑배의 가랑이 밑을 빠져 나갔다.

이것이 그 유명한 '한신이 가랑이 밑을 빠져 나간' 이야기이다.

"시장의 모든 사람들이 한신을 비웃으며 겁쟁이라고 했다"고 『사기』에는 기록되어 있다. 한신은 큰 뜻을 품은 자신이 이런 작은 일에 말려들기를 피한 것은 당연하다는 듯 태연해 했다.

『사기』에는 어떤 인물이 출세하기 전의 일화를 상세히 기록하고 있는

데, 특히 항우·유방·한신·진평의 경우가 현저하다. 그 뒤가 장량·팽월·경포이다. 그리고 이들 일화는 모두 영웅들의 인품과 생애를 이해하기 위한 중요한 단서가 되고 있지만, 특히 한신의 경우에는 출세 이전 시기의 일화가 그의 삶을 이해하는 귀중한 열쇠를 던져주고 있다.

유방은 한신을 사령관으로 하는 군단을 위나라에 파견했다. 이 군단에는 조참과 관영 등 유력한 무장이 참가했다.

뒤에 유방이 휘하의 무장에 대한 논공행상을 행할 때, 전원이 일치하여 조참의 군사적 공훈을 제일이라고 인정했다. 관영 또한 유방 집단에서 패현 출신으로 유방의 측근이었던 주발이나 번쾌와 거의 같은 급으로 평가되고 있는 무장이다. 주발이나 번쾌가 패현 출신인 유방이 어릴 적부터 키워온 무장이었던 데 비해, 관영은 패현에서 다소 떨어져 있는 형양 출신이다. 뒤에 장량이 유방의 논공행상을, "지금 폐하께서 천자가 되어 분봉하시는 자는 모두 소하와 조참 등 친하고 좋아하시는 오랜 친구"라고 비판한 점을 고려하면, 패현 출신이 아닌 관영이 주발이나 번쾌와 동등하게 평가되고 있다는 것은, 실제의 군사적 공훈은 관영이 다른 두 사람보다 뛰어났을 수도 있음을 뜻한다.

당시 한신 군단에는 최고의 무장이 배치되었다고 생각한다. 다만 약간의, 그러나 다소 중대한 유보도 필요하다. 예를 들어 사마천은 조참의 전기인 조상국 세가의 마지막 부분에서 그의 의견을 기록하고 있다.

> 재상 조참의 공성(攻城)과 야전(野戰)의 공적이 이처럼 많은 것은, 그가 한신과 행동을 같이 했기 때문이다. 한신이 모반했다고 매장된 뒤에 조참이 모든 공을 독점했던 것이다.

이것은 확실히 공정한 평가인 듯하다.

그런데 한신의 군대가 위나라를 향하자, 위표는 포판(蒲坂)에 대부대를 집결시키고 반대쪽 강기슭의 임진(臨晉)으로부터 한신군이 강을 건너오는 것을 저지하려고 했다. 포판은 남쪽으로 흘러 온 황하가, 동쪽으로 흘러 온 위수(渭水)와 합류하여, 동으로 물줄기가 바뀌기 직전의 동쪽 강가에 있다. 위표가 통치하고 있었던 곳은 남으로 흐르는 황하의 동쪽 강가 분수(汾水) 유역이었던 것이다.

남으로 흐르는 황하는 강폭이 좁고, 경사진 협곡을 탁류가 소용돌이치면서 흐르고 있어서, 강을 건너기 적합한 지점은 한정되어 있었다. 이 주위에서는 관중 쪽에서부터 보면, 임진에서 포판으로 향하는 나루터가 거의 유일하게 강을 건널 수 있는 곳이었다.

한신은 임진에 많은 군기를 세우고, 많은 수의 배를 모아 대부대를 집결시킨 것처럼 보이게 한 뒤, 그 상류의 하양(夏陽)에서 나무통으로 엮은 뗏목으로 도하를 강행했다.

하양의 마주보는 강기슭에는 황하로 들어가는 분수(汾水)가 흐르고 있고, 이 분수를 거슬러 올라가면 위표의 서위국 수도 평양(平陽)으로 직접 공격해 들어갈 수 있다.

한신은 우선 위표군이 주둔하고 있는 포판과 서위의 수도 평양 사이의 요충이며, 염지(鹽池)를 가까이 둔 안읍(安邑)을 제압했다. 안읍은 하동군(河東郡)의 행정소재지이다. 황급히 되돌아가서 한신군을 공격한 위표는, 만반의 준비를 하고 대기하고 있던 한신군이 친 그물망에 걸려 참패를 당하고, 위표는 항복했다.

덧붙이자면, 반고의 『한서』에는 『사기』에 실려 있지 않은, 이목을 끄는 기술이 있다.

> 위표는 그에게 전선 복귀를 요청한 역이기의 설득을 받아들이지 않았기 때문에, 한왕 유방은 한신을 좌승상으로 삼아 조참·관영과 함께 위나라를 공격하도록 했다. 역이기가 돌아오자 유방이 물어보았다. "위나라의 대장은 누구인가?" "백직(柏直)입니다." "그 자는 풋내기일 뿐이다. 한신의 적수가 못된다. 기장(騎將)은 누구인가?" "풍경(馮敬)입니다." "그 자

는 진나라 장군 풍무택(馮無擇)의 아들이다. 현명하지만, 관영의 적수는 아니다." "보병의 장군은 누구인가?" "항타(項它)입니다." "그 자는 조참의 적수가 아니다. 걱정할 것이 없겠다."

여기서는 한나라의 총대장인 한신과 위나라의 총대장인 백직, 한의 기장인 관영과 위의 기장인 풍경, 한의 보군 장군 조참과 위의 보군 장군 항타 등 세 쌍의 장군들의 그 기량을 각각 비교할 때, 어느 경우에도 한군이 낫기 때문에 한군의 승리는 틀림이 없다는 이야기이다. 전투가 벌어지는 장소로부터 천리나 떨어져 있는 유방이, 이 싸움의 각 요소를 손아귀에 쥐고 있는 것처럼 장악하고 있는 모습이 묘사되어 있다.

제법 잘 만들어진 이야기이기는 하지만, 거의 확실히 후세의 창작이거나 반고 자신의 창작인지도 모른다. 전투의 승패는 종합적인 관계에 의하여 정해지는 것으로서, 단순한 계산으로 판단할 수는 없다. 사실 한군의 승리는, 한신이 위표의 의표를 찔러 하양에서 도하를 강행하여 안읍에서 위표군을 기다리고 있던 시점에서 결정되었던 것이다.

이 창작 설화가 노리는 것은, 우선 유방의 군사적 재능과 부하의 장악력을 강조하는 데 있고, 다음으로는 후에 반란에 나선 한신의 공적에 대하여 조참과 관영의 그것을 상대적으로 높이 평가하려는 점에 있다.

이런 왜곡의 맹아는 이미 『사기』에도 보이고 있다. 『사기』는 이 싸움을 정면에서 묘사한 기사에서는, 당연히 한신을 주인공으로 하고 있지만, 외척 세가에서는 "한(漢)은 조참 등에게 위왕 표를 치게 했다"고 기록하고 있다. '조참 등'이라는 표현은 틀린 말은 아니라도 다소 편파적이다.

이야기를 되돌리면, 한신군이 승리했다는 보고를 받은 유방은, 과거의 조나라 국왕 장이를 파견하여 한신과 함께 다시 북방의 조(趙)와 대(代) 양국을 공격하도록 명했다. 한신이 위표를 공격한 것이 한 2년(기원전 205) 8월이고, 그 2개월 후인 윤9월에는 한신군은 대군(代軍)을 격파했다. 하양에서 대까지 직선거리로 약 630km이다. 매일 10km를 넘는 진군인데, 그동안 적어도 위표와의 전투와 대(代)의 하열(夏說)과의 전투가 있었다.

그들이 위나라와의 전쟁에서 승리하자, 유방은 그 정예 병사를 추리고 또 추려 형양으로 보내도록 했다. 계속해서 대나라와의 전투에서 승리했을 때도 마찬가지였다. 한신은 승리할 때마다 정예 병사를 유방에게 제공하고, 자기는 약한 병사에게 급한 대로 간단한 훈련을 시키고는 다음 전투를 향해 떠났던 것이다.

이 2개월 사이에 한신은, 거의 현재의 산서성(山西省)에 해당하는 태항(太行)산맥과 남으로 흐르는 황하에 끼여 있던 광대한 지역을 정복했다.

한신에 대하여 유방은, 다시 태항산맥 동쪽 산기슭의, 띠처럼 길게 늘어선 모양의 부채꼴 지형의 땅을 장악하고 있는 진여의 조나라 토벌을 명했다.

대나라를 항복시킨 한 2년 윤9월의 다음달, 즉 한 3년 10월에 유방의 명을 받은 한신은 남하하여 태원(太原)에 이르러 동으로 방향을 돌려 정형(井陘)의 협곡을 통과하여 조나라의 심장부로 돌진하려고 했다.

한신이 평정한 현재의 산서성에 해당하는 지역과 진여가 장악하고 있는 현재의 하북성에 해당하는 지역 사이에는 험준한 태항산맥이 솟아 있다. 두 지역을 연결하고 있는 것이 지구대(地溝帶)*에 해당하는 정형의 협곡이었다.

산서의 태원과 하북의 석가장(石家莊)을 잇는 이 정형의 협곡은, 천혜의 험준함이라고 불릴 만한 좁은 계곡 사이의 길이 이어지고 있다. 진여는 20만이라 칭하는 대군을 정형의 입구에 집결시켜 이를 기다렸다.

이좌거(李左車)가 진여에게 진언했다.

---

* 거의 나란히 뻗어 있는 단층 사이의 지반이 푹 꺼져 생긴, 좁고 긴 계곡으로 되어 있는 지대를 말한다.

"제가 들은 바에 의하면, 한나라 장군 한신은 황하를 서로 건너 위왕 표를 포로로 삼고, 우리 조나라가 대로 파견한 하열을 포로로 하여, 대의 알여(閼與)에서 우리 조나라 군대와 혈전을 벌였습니다. 이제 한신은 과거의 조왕 장이와 함께 우리 조나라를 항복시키려고 하고 있습니다. 그는 이 여세를 몰아, 고국을 멀리 떠나 싸우는 것, 즉 주위가 모두 적지 속에서의 전투이므로, 단기전으로 승부를 내려는 그의 날카로운 기세는 당해낼 수 없습니다."

그는 우선 원정군으로서 한신군의 장점을 강조했다. 그러나 원정군에는 당연히 약점이 있다.

"고국을 천리나 떠나온 군대는 병사에게 충분한 식량보급을 하기 어렵고, 적지의 땔감을 가까스로 모아서 취사연료로 삼는 상황에서는, 병사에게 충분한 음식을 제공할 수 없는 법입니다."

이좌거는 원정군의 군수물자보급의 약점에 주의를 환기시켰다.

"이제 정형의 길은 두 대의 수레를 나란히 하여 행군할 수 없고, 기마대도 대오를 갖출 수 없습니다. 이 좁고 긴 대열이 몇 백리에 걸친 좁은 협곡을 행진하게 될 것이므로, 당연히 식량 등을 운반하는 군수품 보급부대는 대열의 후미 쪽에 배치할 것으로 생각합니다. 원컨대 족하(足下)께서는 저에게 기습부대 3만을 빌려주십시오. 저는 샛길을 통하여 한신의 보급부대를 전방의 전투부대와 차단시키겠습니다. 족하는 아군의 진영 주위에 도랑을 깊이 파고, 벽을 높이 쌓아서 견고한 방어태세를 갖추고 결전을 피하시기 바랍니다. 한신군은 나아가 싸울 수도 없고, 물러나 퇴각할 수도 없습니다. 제가 거느리는 기습부대가 한신군의 후방을 차단한 뒤에는, 한신군의 식량보급은 곤란하게 될 것입니다. 이리하면 열흘 안에 장이와 한신 두 사람의 목을 따올 수 있을 것입니다."

이 이좌거의 의견은 참으로 급소를 정통으로 맞힌 것이었다.

그러나 유자(儒者)의 물이 든 진여는 평소 자기의 군대를 정의의 병사라고 부르면서 모략이나 간계를 좋아하지 않았다.

"내가 들은 바에 의하면, 병법에서는 적의 열 배면 상대를 포위하고, 두 배면 싸운다고 한다. 지금 한신의 군사는 수만이라고 하지만, 실제로는 수천에 지나지 않는다. 천리의 길을 답파하여 우리 군을 공격하는 것이므로, 지금은 지쳐 있을 것이다. 이런 약한 군대를 피하고 정면으로 공격하지 않는다면, 앞으로 더 큰 대군이 공격해 올 때에는 어떻게 해야 한단 말인가! 제후는 나를 비겁하다고 여겨 가벼이 보고 공격해 올 게 틀림없다."

한신도 보급부대에 대한 습격을 걱정하여 정형의 협곡에 들어가는 것을 망설이고, 첩자를 풀어 정보를 탐색했는데, 진여의 방침을 알고서는 크게 기뻐했다.

지금은 태항산맥이 민둥산이 되어버렸지만, 당시는 완만한 경사면은 물론 우뚝 솟은 절벽에도 나무가 띄엄띄엄 있었다. 낮에도 어두운 꾸불꾸불한 협곡을 행군하여, 출구에 해당하는 정형의 입구에서 불과 30리 즉 10km, 하루 행정의 거리에서 한신은 군대를 주둔시키고 야영을 했다.

한밤중에 한신은 군장을 줄일 대로 줄인 기습부대 2천 명에게 각자 붉은 색 기치(旗幟) 한 개씩 지참시켜, 지름길을 따라 조나라 군대를 내려다보는 낮은 산까지 가서, 거기서 몸을 숨기고 있도록 명했다.

"오늘의 결전에서 아군은 거짓으로 패하여 달아날 것이다. 조나라 군대는 달아나는 아군을 보고, 방벽을 비우고 좇아올 것이다. 너희들은 쏜살같이 말을 달려 조나라의 방벽으로 들어가, 방벽에 늘어서 있는 조나라의 기치를 뽑고 한나라의 붉은 기치를 세우도록 하라."

한신은 다시 2천 명에게 간단한 음식을 주면서 말했다. "오늘 조군(趙軍)을 깨뜨린 다음에 다시 천천히 회식을 하도록 하자!"

여러 장군은 한신의 말을 믿지 않았지만, "예!" 하고 대답했다.

그는 다시 1만의 병졸을 뽑아 먼저 가도록 하고 강을 건넌 곳에서 배수의 진을 펼쳤다. 배수의 진은 병법에서 경계하는 바이다. 여러 장군은 조나라 군대의 공격을 받으면, 도망갈 곳도 없어 섬멸되는 것이 아닐까 걱정했다. 한신은 말했다.

"조나라는 이미 유리한 곳을 선점하고 방벽을 구축하고 있다. 그들은 이 유리한 조건을 이용하여 천천히 결전에 나서려고 생각하고 있다. 또한 그들은 우리 본대가 협곡에서 나오기를 기다려, 수의 우위를 믿고 평야지대에서 아군을 섬멸시킬 작정을 하고 있다. 그들은 우리가 다시 협곡으로 철수하여 저항하면, 대군이 쓸모가 없어 어찌할 바를 모르게 될까 걱정하고 있기 때문에, 우리 대장의 기가 보이지 않는 한은 공격을 삼갈 것이다."

한신의 1만 병사가 배수의 진을 펼치자, 조군은 한신군이 병법에 무지하다고 여겨 크게 비웃었다.

새벽녘이 되어 한신은 대장의 기를 세워 진군의 북을 치면서 정형의 입구를 나왔다. 조군은 병영의 문을 열고 단숨에 공격을 가해 왔다. 잠시 동안의 격전 끝에 한신군은 일부러 기를 버리고 도망쳐서, 배수의 진을 펼치고 있는 우군 쪽으로 달려갔다. 조군은 계략이라고는 생각지도 못하고, 싸움은 자기들의 승리로 결정되었다고 생각하고, 전공을 세우려고 전군이 서로 앞을 다투어 방벽을 비워두고 추격했다.

한신군은 글자 그대로 배수의 군이어서 도망갈 곳이 없다. 필사적으로 싸우는 한신군을 조군이 공격해도 승부가 나지 않아 전투가 질질 끌게 된 틈을 타서, 2천의 기습부대가 단숨에 조의 방벽으로 달려 들어가, 조의 기를 뽑고 한의 적기로 바꾸었다. 조군은 한신군을 격파할 수 없어 일단 방벽으로 돌아오려 했지만, 방벽에는 2천 개의 적기가 온통 펄럭이고 있다.

불의의 일격을 당한 조군의 병사들은 이미 조의 장군들이 모두 한군에게 사로잡혔다고 착각하여 마구 도망쳐 달아나기 시작했다. 여러 장군은 도망가는 병사를 칼로 베면서까지 대오를 정비하려 했지만, 이미 불가능했다. 한신의 군대는 그들을 협공하여 조군을 크게 격파했다. 진여도 또한 남쪽으로 100여 킬로미터 도망갔지만, 거록(鉅鹿)의 북쪽 지수(泜水)가에서 붙잡혀 죽었다.

싸움이 끝나고 한신군의 여러 장군은 수급과 포로를 바치고, 승리의 연회를 열었다.

여러 장군은 한신에게 물었다.

"병법에는 오른쪽으로는 산이나 언덕을 등지고, 왼쪽으로는 강이나 못을 앞으로 하라고 되어 있습니다. 지금 장군은 역으로 배수의 진을 펼치고서는, 조군을 격파한 뒤에 회식을 하자고 말씀하셨습니다. 신등은 이해하지 못했지만, 결국은 승리를 거둘 수 있었습니다. 이것은 어떤 전술인지요?"

한신은 말했다.

"이것도 병법에 있는 전술인데, 제군들이 깨치지 못했을 뿐이다. 병법에는 '사지에 빠뜨린 뒤에 살리고, 멸망의 처지에 놓아둔 뒤에 살린다'고 하지 않던가! 게다가 내가 형양에서부터 데려온 부하들 가운데 고참의 정예 병사들 대부분은 유방님에게 돌려보냈다. 이제 내가 거느리고 있는 자들은 위(魏)와 대(代)에서의 승리로 얻은 신병이 대부분이다. 이는 전쟁에는 풋내기인 오합지졸을 데리고 싸우는 꼴이다. 당연한 결과로 절체절명의 상황으로 몰아서, 각자 자기의 목숨을 걸고 싸우도록 하는 것말고는 다른 수는 없다. 도망가면 살 수 있는 상황에서는 모두 도망쳐버려 아무런 도움이 되지 않았을 것이다."

"과연 그렇겠군요! 신등이 미처 몰랐던 바였습니다."

한신은 여러 장군을 헷갈리게 하는 일 없이, 그 질문에 허심탄회하게 대답하고 친절하게 설명하고 있다. 무장 한신의 진면목을 보여주는 대목이지만, 다른 영웅이라면 어떻게 대답했을까?

한신은 불과 3개월 사이에 멀리까지 내달려 위·대·조 등 3국을 항복시켜 버렸다. 화북의 형세는 크게 바뀌었다. 이런 승세를 타서 다시 남은 연과 제의 양국에 공격을 가할까, 일단 위·대·조 3국의 지배체제 공고화에 들어갈까, 혹은 항우와의 대항관계에서는 실질적으로 동맹국이나 다름없는 제나라에는 손을 대지 않고, 남하하여 직접 항우군에 압력을 가할까, 다음의 목표설정이 중요한 과제가 되었다.

한신은 진여에게 중요한 건의를 했던 이좌거를 예의를 갖추어 대하고 정중하게 의견을 물었다. 처음에는, 전쟁에서 패한 장군은 병법을 말하지 않는 법이라며 고사한 이좌거도, 한신이 진심으로 그의 판단을 존중하고 있음을 알고 의견을 말했다. 요컨대 한신군의 강함은 천하에 알려져 있으나, 실제로는 병사의 피로도가 심하다. 따라서 우선 병사를 쉬게 하고, 조나라의 지배체제를 공고히 하는 데 주의를 기울여야 한다. 아울러 연나라에 사자를 파견하여, 그 복종을 강제하고, 연나라가 복종하면 다시 제나라에 사자를 보낸다. 이것은 천하에 알려져 있는 한신군의 명성을 이용하는 방책이라고 말했다.

한신은 그의 의견에 따라 우선 연의 복종을 받아냈다. 그는 또 유방에게 사자를 보내어, 장이를 조왕에 세우도록 청하여 허락을 받았다.

당시 황하는 현재의 강어귀보다 약 150km 정도 서북에서 발해만(渤海灣)으로 흘러 들어가고 있었다. 그 하천이 흐르는 길과 현재의 황하가 흐르는 길 즉 당시의 제수(濟水) 사이에는 저습지대가 광활하게 펼쳐져 있었고, 인구는 극히 드물었다.

황하 이남은 그 동쪽 반분을 제나라가 확보하고, 서쪽 반분을 초나라가 장악하고 있다. 이보다 전에 황하 이북의 화북 대평원은 거의 역수(易水)를 경계로 그 남쪽을 조나라가, 그 북쪽을 연나라가 영유하고 있었지만, 이에 이르러 황하 이북의 대평원 전역에 한신의 패권이 확립되었다.

덧붙이자면, 저 연나라 태자 단(丹)이 시황제 암살을 노리고 내보낸 자객 형가(荊軻)도 이 역수 가에서 작별을 고하고 있다. 이즈음부터 역수는 연나라의 국경이 되어 있었던 것이다.

황하 이북을 장악한 한신에 대하여, 항우는 자주 기습군대를 보내어 황하를 건너 조나라를 공격했다. 한신은 점령지를 어루만져 안정시키는 공작을 하는 한편 남으로 병사를 보내어 항우군을 막았고, 다시 병졸을 징발해서는 형양의 유방에게 보냈다. 이리하여 한신은 마치 목장의 풀을 먹고 우유를 공급하는 암소처럼 신병을 징발해서는 휘하에 두고, 막하에서 훈련을 마친 고참병들을 형양으로 보내어 유방군을 지원토록 했던 것이다.

일찍이 한중의 남정(南鄭)에서 자기의 의견에 귀를 기울여 그 방책을 채택하고, 자기와 동등한 왕의 신분으로 두터이 대해준 유방에게 충성을 다하는 것은, 한신으로서는 극히 자연스런 행위였다. 기묘한 계책을 사용하여 약한 병사로 강한 병사를 깨뜨리는 데, 그는 더할 나위 없는 기쁨과 보람을 느끼고 있었다.

그동안 관중의 소하도 병사와 군수물자를 형양으로 계속 보냈다. 그러나 여전히 형양의 유방군은 부진을 면치 못하고 있었다.

19장
형양의 공방

앞에서 아귀의 코끝에 매단 육질의 미끼로 형용한, 형양 일대 유방군의 전방 거점에 대하여 항우의 초나라 군대가 가한 포위공격은 강력했다.

이미 언급한 바와 같이, 이때 유방군의 원래 중핵이었던 망·탕 이래의 고참 전사 비중은 현저히 줄어 있었다. 그 대신에 큰 비중을 점하게 된 것이, 원래는 유방의 적국이었던 관중의 삼진(三秦) 전사들이다. 소하가 진 지방의 노인과 아이들을 형양으로 보냈기 때문에 관중의 삼진 패잔병들은 속속 형양으로 모여들어 기세를 드높였다. 그러나 팽성 이래의 초인(楚人)을 중핵으로 하는 항우군의 정예병사에 대항하는 데는 역부족이었다.

한신이 지휘를 담당했던 형양 방위의 초기에는, 유방군도 야전에서 항우군을 깨뜨린 적이 있다. 하지만 한신이 위표 토벌을 향해 떠나자, 남은 유방군의 활동은 거의 수성(守城)에 그쳤다.

유방이 형양에서 진을 치고 항우를 막는다는 것 자체는 탁견이었다.

그는 젊었을 때 인부를 거느리고 함양으로 출장을 갔을 때, 이 지역을 통과하면서 이곳이 내륙의 수운(水運)과 육운(陸運)의 교차점이고, 황토 고원과 화북평야의 물자가 교환되는 결절점이 되고 있음을 실감했다.

그런데 팽성 대전에서 참패한 뒤, 바로 관중으로 도망쳐 들어가면, 진 지방의 왕인 유방이 초의 항우가 이끄는 천하의 군대와 대항한다는 도식에 빠져버리고 만다. 적어도 하남군(河南郡)을 장악하고, 하내군(河內郡)

을 강 너머로 마주보는 이 지점만 확보한다면, 삼진·하남·하내의 다섯 제후 8군을 거느리고 위왕 표를 동맹군으로 하는 대왕이라는 지위를 주장하는 것은 형식적으로 가능했다. 이런 명목적인 지위를 사수하는 것은, 천하의 동향 속에서 유방이 주도권을 잡기 위한 필요조건이었다.

그리고 이제 앞장에서 다소 앞질러서 소개한 바와 같이, 한신이 그 기적적인 활동을 통하여, 과거의 전국시대 위나라와 한(韓)나라의 황하 이북의 전체 영역 및 조나라 전체를 정복했다. 유방은 과거의 다섯 제후 8군의 땅을 훨씬 넘는 영토를 지배하는 대왕이 되었던 것이다.

한신이 조나라의 진여를 항복시킨 것은 『사기』의 연표를 믿는다면, 한 3년의 연초에 해당하는 10월(기원전 205)의 일이다. 즉 팽성에서 무참하게 궤멸되어 도주한 뒤부터 약 반년 만에, 한신은 이 광대한 영토를 장악한 것이다. 그리고 이미 본 바와 같이 한신은 그 전투의 한창 때에 유방에게 정예병사를 보냈다.

관중의 소하도 대규모의 병사와 군수품을 형양으로 보냈다. 형양의 유방군은 그동안 급속히 강화되었지만, 여전히 유방군은 부진을 면치 못했다.

다음은 『사기』 고조 본기의 기사이다.

> 이때 한왕 유방의 군대는 형양의 남쪽에 진을 치고, 용도(甬道)를 만들어 황하에 연결시켜 오창(敖倉)의 곡물을 취했다.

오창이란 이미 언급한 바와 같이, 진나라 시대에 식량을 대량으로 비축하기 위해 설치한 창고이다. 수운을 통하여 대량으로 운반해 온 식량을 비축하는 데는 건조한 상태를 요하므로, 창고는 강가의 약간 높은 언덕 위에 만들어져 있었다. 오창의 곡물을 형양에 공급하기 위하여 유방은 용도(甬道)를 만들었다. 용도란 양측에 방벽을 쌓아 왕래의 안전을 보장하는 도로이다.

반년 정도 일진일퇴의 공방전이 계속된 뒤, 이 용도는 자주 항우군에 의하여 끊기게 되었다.

항우 측은 전횡(田橫)과의 전투를 중지하고, 대상을 유방으로 압박해왔다. 전횡 측에서 보면, 한신이 맹세를 나눈 벗이었던 조나라의 진여를 항복시키고 황하 이북을 제압했기 때문에, 이에 대처할 필요가 생겼다. 항우와 전횡 쌍방에 긴장완화의 계기가 생긴 셈이다.

항우의 맹공으로 유방군은 궁지에 몰렸다. 용도가 기능하지 못하게 되었고, 항우군은 일거에 형양을 포위했다.

이렇게 되자, 유방 측에는 대응수단이 없었다. 유방을 초나라 사람에 대한 배반자로 간주하는 항우군의 전의는 치열했고, 한신에게도 황하를 건너 항우군을 격파하여 형양의 구원에 나설 힘은 없었다. 지금까지 그가 싸워온 서위·대·조에서는 각각의 왕이나 그 주변세력을 때리면 전투는 종결되었지만, 이번 초나라는 민중까지 반한(反漢)세력이 되어 있었다. 그들은 한나라를 진나라의 재판으로 여기고 있었던 것이다.

형양이 고립되면 소하도 손을 쓸 방법이 없었다. 오로지 보급기지로서의 관중을 보전하는 일을 맡아온 소하의 주위에 유력한 무장은 남아 있지 않았다. 함곡관에서 동방으로 향하는 험준한 산길을 통해 구원부대를 보내는 것 자체가 매우 위험한 도박이었다.

유방은 온갖 계책이 다하자 항우에게 강화를 제의했다. 다만 홍문정에서의 항복과는 달리, 이번은 형양 이서의 땅을 한의 영토, 이동의 땅을 초의 영토로 하는 조건을 붙인 강화이다.

『사기』 항우 본기에는 항우는 이를 받아들이려 했지만, 범증이 반대했다고 쓰여 있다. 범증이 이제 한을 이기는 것은 쉽지만, 여기서 눈감아주면 나중에 분명히 후회하게 된다고 말했으므로 항우도 생각을 바꾸었다는 것이다. 한편, 고조 본기는 극히 간략하게 항우는 이 강화를 받아들이지 않았다고 기록하고 있다.

대체로 『사기』에서는 범증은 항우 진영에서 최고의 지혜를 가진 자이고, 유방은 결국 천자가 될 인물이기 때문에, 이에 대하여 손을 써야 한다고 집요하게 주장하는 인물로 그려지고 있다. 한편, 항우는 강하고 용감하기는 하지만, 항상 유방의 책략에 고스란히 넘어가는 무능한 인간으로 묘사된다. 그런데 범증은 항우의 어리석은 행동을 간하는 입장에 있지만, 봉기시에 항량에게 스스로 초왕이 되지 말고, 전국시대 초왕의 자손을 찾아 옹립해야 한다고 주장한 것 외에는, 어떤 구체적인 제안을 하고 있지 않다. 이것은 유방 측의 두뇌인 장량이나 진평 혹은 한신 등과는 전혀 다른 묘사이다.

이것은 아마 『사기』 성립 이전에 만들어진, 범증을 유방의 천자 즉위를 예언하는 조커로 이야기를 구성해 가는 수법을 『사기』가 그대로 채택했기 때문일 것이다. 적대 진영의 두뇌가 유방의 천자 즉위를 예언하는 것 이상으로, 유방의 정통성을 보증하는 수법이 어디에 또 있겠는가?

이런 상황에서 보아, 항우는 처음부터 유방의 제의를 거부했을 가능성이 높다. 따라서 같은 『사기』에서도, 이 경우에는 고조 본기 쪽이 사실을 전하고 있다고 생각한다.

유방은 궁지에 몰렸지만, 이를 구한 자가 진평이다.

진평이 수무(修武)에서 유방군에 참가했을 때, 유방이 그를 전군의 감독을 담당하는 호군도위로 발탁했기 때문에, 고참 무장들의 분노를 샀던 점에 대해서는 17장에서 살펴보았다. 그 위에 팽성의 패전 후, 형양으로 각 군이 집결하자, 유방은 진평을 다시 발탁하여 부장군으로 삼았다.

당시에도 여러 장군은 잠자코 있지 않았다. 관영과 주발 등 토박이 무장들은 연달아서 유방에게 진평에 대한 중상모략을 했다.

"진평은 관(冠)을 장식할 보석 같은 미남이지만, 알맹이가 없는 단순한 장식물에 지나지 않습니다." 진평은 일찍이 형수와 간통했다. 그는 위나라에서도 초나라에서도 신용을 얻지 못하고, 마지막으로 우리 한나라에 투항해 왔지만, 여기서도 수상한 거동을 하고 있다. 진평은 "여러 장군의 금을 받는데, 금이 많은 자는 좋은 자리를 얻고, 금이 적은 자는 나쁜 자리를 얻는다." 뇌물에 따라 내부인사를 결정했다는 이야기이다.

"진평은 반역과 복종을 끊임없이 반복하는 난신적자입니다"라고 관영과 주발 등은 유방에게 호소했다.

결국 유방도 진평을 의심하여, 그를 소개한 위무지(魏無知)를 불러 문책했다. 위무지는 대답했다.

"신이 추천했던 것은 그의 능력입니다. 폐하가 물으시는 것은 그의 품행입니다. 이제 설령 목숨을 걸고 약속을 지키고, 목숨을 걸고 효행을 다하는 것과 같은 훌륭한 인물을 추천해드리더라도, 전장의 승부에 도움이 될 리는 없고, 그런 인물이 폐하에게 도움이 되지도 않을 것입니다. 신은 기묘한 계책을 낼 수 있는 자를 추천해드렸을 뿐입니다. 문제는 그의 계략이 정말로 나라에 도움이 되는가 여부입니다. 그가 형수와 간통했다든가, 뇌물을 받았다든가 하는 이야기는 검토할 만한 가치가 없는 사소한 일입니다."

유방은 직접 진평을 불러 문책했다.

"선생은 위나라의 관리로서 제대로 일을 하지 못했고, 초나라에서 관리가 되었다 쫓겨났으며, 지금은 우리에게 왔지만, 이것을 성실한 행동이라 할 수 있겠는가?"

진평은 대답했다.

"신은 위왕을 모셨지만, 위왕은 신의 말을 받아들일 수 없었습니다. 이에 신은 위나라를 떠나 항왕을 모셨지만, 항왕은 남을 믿지 못하는 분이었습니다. 항왕이 신임하는 자는 항씨 일족이 아니면 처남들이어서 기묘한 계책을 내는 자도 받아들이지 않습니다. 신은 이에 초나라를 떠났던 것입니다. 그런데 한왕이 인재를 잘 받아들인다는 소문을 믿고 대왕 밑으로 몸을 맡기게 되었습니다. 신은 제 몸뚱이말고는 무일푼으로 이곳에 왔습니다. 일을 위해서는 상응하는 자금도 필요합니다. 대왕을 도와드리는데, 만약 신의 계책에 채택할 만한 점이 있다고 생각하시면 써주십시오. 만약 도움이 되지 않는다고 생각하시면, 문제의 자금은 그대로 여기에 있으니, 전부 돌려드리고 신은 물러나겠습니다."

유방은 진평에게 사과하고, 호군도위의 자리에서 더 높여 호군중위(護軍中尉)로 임명하고, 지금까지와 마찬가지로 전군의 감독을 맡겼다. 이때는 여러 장군들도 납득하여 소란은 잠잠해졌다.

진평은 권모술수를 당연한 것으로 긍정하여 유방의 신임을 얻었다. 진평은 참으로 유방의 측근으로 적합한 인물이었다. 소하나 한신은 멀리 떨어진 곳에서 정성을 다하여 유방을 도왔다. 이에 비하여 신변에 있는 진평은 음지에서 유방의 분신으로서, 천하통일의 호신용 칼이 되었던 것이다.

이야기를 되돌리면, 유방은 강화 제의를 했지만, 항우에게 거부당했다. 식량보급이 끊긴 형양에서 고립된 유방군은 궁지에 빠졌다.

유방은 진평에게 자문을 구했다. 진평은 항우의 성격에서 비롯된 항우집단의 구조적 약점을 지적했다.

> 항우는 부하에 대한 은상(恩賞)이 인색하고, 그 은상에는 편차가 있는데다가 중상모략을 쉽게 믿습니다. 그 결과 항우가 진실로 신뢰할 수 있는 부하는 범증, 종리매(鍾離昧), 사마용차(司馬龍且), 주은(周殷) 등 그 수가 제한되어 있습니다. 이제 만약 신이 수만 근의 황금을 가지고 모략활동을 벌여, 군신 사이에 의혹을 부식시킨다면, 초나라 군대는 내부해체를 일으키게 될 것입니다. 이 기회를 이용하여 공격하면, 분명히 초나라를 격파할 수 있을 것입니다.

유방은 이를 지당하다고 여기고, 진평에게 황금 4만 근을 주었다.

전국시대 말기에 진나라의 천하통일을 막는 중심인물이 되어 있었던 위나라의 신릉군(信陵君)을 모략으로 매장하려고 했을 때, 진에서 사용한 황금이 1만 근이었다. 유방은 그 4배의 황금을 진평에게 주어 "마음껏 쓰도록 하고, 그 용도를 묻지 않았다."

진평의 이간 술책으로 항우군 내부에는, 고관들이 유방과 내통하고 있
는 것이 아닐까 하는 의혹이 생겨났다. 항우는 이를 확인하기 위해 유방군
진영에 사자를 파견했다. 이미 항우는 반은 진평 등의 올가미에 걸려든 셈
이었다.

항우의 사자가 찾아오자, 유방은 태뢰(太牢)의 음식을 사자에게 제공했
지만, 초의 사자를 보고 일부러 깜짝 놀란 시늉을 하며 말했다. "아니, 아
부(亞父)님의 사자라고 생각했는데, 항왕님의 사자였던가?" 그러고는 늘
어놓은 태뢰의 음식을 물리고, 변변치 않은 음식으로 바꾸었다.

태뢰의 음식이란 천자나 제후가 사직에 대한 제사를 올릴 때 상에 올리
는 소, 양, 돼지 등 세 종류의 고기를 갖춘 최고급 음식이다. 아부란 아버
지에 버금가는 자, 아버지에 준하는 자라는 의미로 항우의 군 내부에서 존
경의 대상이었던 범증에 대한 경칭이다.

항우의 사자가 돌아가 이 일을 보고하자, 과연 항우는 범증을 크게 의
심했다. 이때 범증은 단숨에 형양을 공략하도록 진언하고 있었지만, 범증
을 의심하기 시작한 항우는 내통을 걱정하여, 형양에 대한 즉각적인 공격
을 허락하지 않았다. 범증은 항우가 자기를 의심하고 있음을 알고 크게 분
노했다.

"천하의 일은 거의 끝장이 나게 되었구나! 이제는 대왕 스스로 알아서
하라 하시오. 나는 여기서 물러나겠소."

범증은 팽성으로 돌아가던 도중 등에 악성 종기가 생겨 팽성에 도착하
기도 전에 죽었다.

이상은 『사기』에 기록되어 있는 사건의 내력이다. 아마 실제로도 이와
비슷한 일이 있었을 것이다. 그러나 사자에 대한 접대의 변화 때문에 항우
가 범증을 의심했다는 것은, 너무나도 항우를 단순하고 유치하게 그리고
있어서, 중국의 역대 학자들 중에서도 의심을 품은 자가 있었다. 이렇게
유치한 계략으로는 어린아이도 속지 않을 터인데, 역대로 대단한 계략으

로 계속 이야기되어 온 것은 웃음거리라는 것인데, 역시 그 말 그대로인 것 같다. 실제로는 보다 악랄한 수법이 사용되었는데, 이를 은폐하고, 아울러 항우의 판단력을 폄하하기 위하여 이상과 같은 설화가 전해지게 되었다고 생각한다.

어쨌든 진평의 간계로 유방은 한 숨을 돌렸다. 그러나 아직 포위는 풀리지 않았고, 식량도 드디어 바닥을 드러냈다. 소하로부터의 증원도, 한신의 구원도 기대할 수 없는 상황 속에서 유방은 앉아서 죽음을 기다릴 수밖에 없는 독 안의 쥐가 되었다. 이 궁지에서 진평이 다시 기발한 계책을 올렸다.

계책이란 형양의 동문에서 유방으로 변장한 자가 초나라 군대에게 항복하는 사이에, 진짜 유방은 서문으로 도주하여 그대로 성고를 거쳐 관중으로 들어간다는 것이었다.

물론 항우군이 이런 빤히 들여다보이는 계략에 넘어갈 리가 없다. 그래서 도무지 이 세상에는 있을 수 없는 이상한 광경을 만들어내어, 이 순간을 이용하여 유방의 탈출을 성공시키려 한 것이 진평의 계획이었다.

이 사건에 대해서는 『사기』의 몇 군데에 기술이 있지만, 여기서는 가장 간결하게 나와 있는 고조 본기를 인용한다.

> 한군은 식량이 다 떨어졌다. 그래서 어느 날 밤, 여자 2천여 명을 동문으로 내보냈다. 그녀들은 갑옷을 걸치고 있었으므로, 성안의 한군에 의한 마지막 돌격이라고 생각한 초군은 이들을 포위하여 공격했다. 바로 이때 장군 기신(紀信)은 한왕의 마차를 타고, 한왕이 항복한다고 가장하고 성문을 나왔다. 초군은 속아서 일제히 만세를 불렀고, 성의 동쪽으로 모여들어 구경을 했다. 이에 유방은 수십 기(騎)와 함께 성의 서문으로 탈출할 수 있었다.

갑옷을 입고 대오를 갖추어 내어 보낸 2천여 명의 여성들이 어떤 기준으로 선발되었고, 그들에게 이 사태를 어떻게 설명했는가, 또 그녀들이 어떤 기분으로 성을 등지게 되었는가 등에 대해서는 『사기』는 아무 말도 하

지 않고 있다. 또 한나라 결사대의 돌격이라고 생각한 초군이 실은 여성만
의 부대였음을 알아차렸을 때, 어떤 행동을 취했는가에 대해서도 사료에
는 전혀 기록이 없다.

형양성에서는 이미 식량이 바닥나 있었다. 성안의 남녀는 모두 죽음을
각오하고 있었을 것이다. 초군의 면전에 희생물로 바쳐진 여성들에게는
한 줄기 삶의 빛이 비췄을 수도 없지는 않다. 오랫동안의 포위공격에 지친
초나라 병사들은, 병사라고 생각했던 것이 무저항의 여성임을 알았을 때,
순간적으로 비일상적인 세계에 빠졌을 것이다. 거기에 기신이 거짓으로
한왕의 마차를 타고 성문을 나왔다. 한왕의 마차가 나온 것일 뿐이라면,
초군은 그 포위태세를 풀지 않았을 것이다. 그러나 이 이상한 광경 속에서
한왕의 항복소식이 전해졌을 때, 초군 전체가 그 맡은 바 임무를 방기하고
동문으로 몰려들었던 것이다.

유방과 한군을 구한 이 엄청난 도박에는 두 명의 주인공이 있었다.

한 사람은 유방의 대역으로 초군에게 항복한 기신이다. 기신은 홍문의
연회 때 유방과 함께 회장을 탈출했다는 4인의 측근 가운데 한 사람이었
다. 다른 세 사람은 번쾌·하후영·근강(靳彊)이었다. 그의 항복에 대해서
는 항우 본기에 제법 상세하게 기록되어 있다.

> 기신은 노란색 지붕에, 왼손에는 조그마한 기를 위에 꽂은 창을 세운 천
> 자의 마차를 타고, 동승한 알자(謁者)에게 다음과 같이 외치도록 했다.
> "성안은 식량이 다 떨어졌습니다. 한왕은 항복합니다."

기신은 항우 앞으로 끌려갔다.

"한왕은 어디에 있느냐?"

"한왕은 이미 떠났소."

항우는 기신을 불에 태워 죽였다.

다른 또 한 명의 주인공인 진평에 대해서는 진승상 세가에 짧은 기사가
남아 있다.

진평은 이에 밤에 여자 2천 명을 형양의 동문으로 내보냈다. 초군은 이들을 공격했는데, 진평은 한왕과 함께 성의 서문으로 달아났다.

이상의 간략한 기사로 이 마술의 연출자는 진평이었음을 알 수 있지만, 당시 '수십 기'의 면면을 사료에서 엿볼 수는 없다. 다만 하후영, 번쾌, 근강 등 세 사람이 들어가 있었음은 거의 확실하다. 그 밖에 장량이나 역이기, 거기에 경포와 주발 등도 들어가 있었을 것이다.

이때 유방의 세력은 관중으로 들어가는 입구를 장악하고 있던 유방 자신의 세력, 관중의 소하 세력, 위(魏)·대(代)·조(趙)를 제압한 한신 세력 등 셋으로 나뉘어 있었다. 한신을 따랐던 조참과 관영 등도 한신이 조나라를 정복한 뒤 한동안 유방 밑으로 돌아간 적이 있다. 관중에 유력한 간부는 거의 남아 있지 않았던 것 같으므로, 유방이나 진평과 함께 형양에서 탈출한 수십 기에는 유력한 간부의 상당수가 포함되어 있었을 것이다.

진평의 기묘한 계책으로 유방 집단의 중핵들의 목숨을 건졌다. 진평에 대한 유방의 신뢰는 더욱 깊어졌고, 아울러 집단 내에서 진평의 위상도 확정되었다.

이때 유방은 형양 수비부대의 지휘를 주가(周苛), 종공(樅公), 위표(魏豹)에게 맡겼다. 위표는 한번 유방을 배반한 자이지만, 그를 수비부대의 수뇌부에 앉힌 것은, 제후를 휘하에 두고 장악하고 있음을 강조하고 싶었기 때문일 것이다. 그러나 주가와 종공은 반역했던 자와 함께 성을 지키는 것은 곤란하다고 여겨 위표를 살해했다.

유방은 무사히 관중으로 들어와 다시 동방원정군을 편성하여 형양으로 되돌아가려 했다.

이때 중요한 건의를 한 자가 원생(袁生)이다. 원생이란, 원이라는 이름의 선비 정도의 뜻이다. 『사기』에는 원앙(袁盎)이란 인물의 전기가 있는데, 거기서는 "부친은 과거의 군도(群盜)였다"고 기록되어 있다. 혹시 원생이란 이 원앙인지도 모른다.

"우리 한나라는 초나라와 형양에서 몇 년 동안 대치해왔는데, 늘 고전을 면치 못했습니다. 대왕이 무관으로 나아가시면, 항우는 분명히 병사를 남으로 이끌고 와서 맞이해 싸울 것입니다. 대왕이 성벽을 굳게 하고 지구전을 펼치시면, 그동안 형양과 성고의 아군은 태세를 정비할 수 있습니다. 한신에게는 하북과 조(趙) 지방을 견고히 하도록 하고, 연나라와 제나라의 세력을 규합하는 태세를 취해야 합니다. 그런 뒤에 대왕이 형양으로 들어가셔도 때를 놓칠 일은 없습니다. 이렇게 하면 초나라는 다방면으로 대비해야 하므로 그 힘이 분산되지만, 우리 쪽은 휴식을 취할 수 있습니다. 그 다음에 다시 싸우면, 반드시 초나라를 깨뜨릴 수 있을 것입니다."

유방은 이 계책에 따라, 그가 관중으로 들어온 경로를 역으로 더듬어 남양(南陽)으로 들어갔다. 이때 유방은 남방에 기반을 갖고 있던 경포에게 각지에 할거하는 세력에 대한 공작을 하도록 명했다.

천하의 전반적인 상황으로 눈을 돌리면, 형양 주변에서는 정세가 다소 유방에게 유리하게 전개되기 시작했다. 한신의 힘으로 위·대·조 등 형양의 북쪽 변방지역이 유방의 지배하에 들어왔기 때문이다.

그리고 이제 유방이 남양으로 들어가, 초나라의 옆구리를 찌르는 형국이 되었기 때문에, 정세는 새롭게 전개되려 했다. 유방 휘하의 경포는 초나라 남부를 기반으로 하고 있었는데, 항우로서도 방치할 수 없는 사태가 출현한 것이다.

유방 세력은 관중에서 중원으로의 출입구에 상당하는 형양과 성고를 중심으로 해서, 그 북방에 한신, 남방에 유방 이렇게 세 방면에서 항우의 초나라에 덤벼드는 꼴이 되었다.

적어도 형태상으로 보면, 정세는 단숨에 유방 측에 기운 것처럼 보인다. 그러나 가장 중요한 중앙부대는 식량조차 끊겨, 총대장인 유방이 목숨만 겨우 건져 도망쳤던 것과 같이 극히 약체이다.

그럼에도 불구하고 남양으로 나온 유방군은, 역전의 용장 수십 기 외에는, 새로이 관중에서 징발한 신군(新軍)이다. 이 시기의 관중은 천하 인구의 1/3을 가지고 있다고 일컬어지기는 하지만, 정예군은 우선 장함군에게 징발되고, 다음에 유방의 팽성 공격에서 소모되었으며, 형양 농성에 임해서도 소하는 최대한의 노력을 기울여 구원부대를 파견했다. 갑자기 도망쳐 돌아온 유방이 편성할 수 있었던 것은, 체력도 훈련상황도 열악한 졸병집단이다. 관중의 병력은 이미 고갈되어 있었다.

『한서』「식화지」(食貨志)에 의하면, 이 시기 농민들은 식량징발을 당하고 강제노역을 부담했으며, 게다가 약탈의 대상이 되기까지 하는 상황 속에서 기근이 크게 확산되고 있었다.

> 무릇 쌀은 1석당 5천 전이었다. 사람들은 서로 잡아먹고, 죽은 사람은 반을 넘었다.

식량이 다 떨어져 쌀 1석에 5천 전이었다. 평소의 수십 배에 달하는 가격이다. 사람들은 서로 죽여서 인육을 먹었다. 인구는 반 이상 줄었다.

유방은 진 지방의 민중에게 아이를 파는 것을 허가하고, 식량을 찾아 촉 지방과 한중 지방으로 이주시키는 정책을 펼쳤다. 이 기근이 어느 정도의 범위였는가는 명확하지 않지만, 촉과 한중으로의 이주라는 점에서 생각해보면, 진 지방이 생지옥의 양상을 드러내고 있었던 것은 확실하다.

유방은 겉으로는 항우를 압도하는 형세였지만, 내실은 이런 큰 문제를 안고 있었다. 만약 남양으로 진출한 약체의 유방군을 방치하고, 항우가 형양과 성고를 돌파하여 관중 공격으로 방향을 돌렸다면, 완전히 다른 결과가 되어 있었을 것이다.

항우가 관중을 공격하지 못했던 최대의 장애는 한신이었다. 황하 이북을 거의 전면적으로 장악하고 있던 한신 세력이 남하할 가능성을 계산에 넣을 필요가 있었던 것이다. 항우가 관중으로 들어가고, 한신이 남하하면, 초나라 세력은 동서로 양분된다. 항우는 그런 위험을 무릅쓰기보다는, 유방만 잡으면 된다고 생각했던 것이 아니었을까?

항우는 관중 공격이라는 방책을 포기하고, 남양으로 나온 유방을 직접 치기로 했다. 항우의 위엄과 명령에 복종하고 있는 초 지방의 서쪽 변두리로 나온 유방을 억누르는 것은 용이한 일로 보였을 것이다. 최근 몇 년 동안 유방의 술책에 농락되어 호되게 당해 온 항우의 개인적 감정도, 그가 그런 행동을 하게 된 커다란 요인이었음이 분명하다.

이제 한 번만 밀면 관중으로 들어가는 출입구를 함락시키는 지점까지 오게 된 항우는, 주력부대를 거느리고 유방이 주둔하는 남양의 군도(郡都) 완(宛)으로 향했다. 그런데 유방은 예정대로 정면대결을 피하고, 해자를 깊게 파고 성벽을 높게 올려 지구전을 꾀했다.

양군이 서로 노려보고 있는 가운데 정세에 변화가 일어났다. 지금까지 항우에게 눌려 꼼짝도 하지 못하고 있던 팽월이 움직였던 것이다.

> 팽월은 수수(睢水)를 건너 항성(項聲)·설공(薛公)과 하비(下邳)에서 싸웠다. 팽월은 크게 초군을 격파했다.

『사기』 고조 본기의 기록이다. 하비는 팽성에서 직선거리로 약 70km 지점에 있는 요충지인데, 장량이 시황제 저격에 실패한 뒤, 잠시 이곳에 몸을 숨긴 적이 있었다는 것은 이미 언급한 바 있다.

팽월의 원래 근거지는 거야(鉅野)의 못 주변으로, 이 책에서 말하는 초 승달 모양의 수향 소택지대의 북쪽 가장자리이다. 그것이 이제 이 수향 소택지대의 남쪽 가장자리, 초나라의 수도 팽성 부근에서 초나라 군대를 크게 격파했던 것이다. 항우군에게 억눌려 지하에 숨어 있던 팽월이, 이 지점에서 밖으로 나와 초군을 깨뜨렸다는 것은, 그의 지하조직이 이 일대를 거의 뒤덮을 만큼 확산되어 있었음을 말한다.

항우는 유방군에 대한 포위를 단념하고, 군대를 돌려 팽월을 공격했지만, 그 틈을 이용해 유방은 성고로 되돌아갔다. 항우는 팽월을 격파하고, 다시 서쪽을 향하여 형양을 함락시켜, 유방이 뒷일을 맡겼던 주가(周苛)와 종공(樅公)을 죽였다.

이때 주가의 선전에 감복한 항우가 그에게 말을 건넨 일은 2장에서 소개했다.

"우리 군의 장군이 되어주지 않겠는가? 나는 공을 상장군(上將軍)으로 삼아 3만 호의 인구를 갖는 영주로 봉하겠다."

이런 항우의 정중한 제안에 대해 주가는 욕을 했다.

"너는 빨리 한군에게 항복하라. 그렇게 하지 않으면 너는 한군의 포로가 될 것이다. 너 따위는 한나라의 적수가 아니다."

화가 난 항우는 주가를 솥에 넣어 종공과 함께 삶아 죽였다.

전에 기신은 자진해서 유방의 대역을 맡아 항우에게 죽임을 당했다. 군인도 아닌 수하(隨何)의 목숨을 건 활약으로, 경포가 유방 진영으로 넘어온 사실도 이미 본 바 있다.

유방은 확실히 휘하 여러 장군들의 마음을 잡고 있었다. 그들은 항상 유방을 위해 사지로 나아갔다. 여기에 유방의 강함이 있다. 유방이 이 정도로 인심을 얻었던 까닭을 설명하기는 어렵지만, 아마 유방 집단의 구성원들은, 유방에 의해 자신에게 삶의 보람이 주어졌다고 여기고 있었던 것이 아닐까 생각한다.

유방 집단의 구성원은 대개 사회의 하층 그것도 임협적 관계로 연결된 건달 출신이다. 지금까지 사회로부터 멸시당해 왔던 그들은, 유방과 함께 활동함으로써, 완전히 일변하여 사회를 지배하고 영도하는 입장에 서게 되었다. 이 인생역전이 그들에게 삶의 보람을 주고, 유방을 위해 목숨을 아끼지 않는 마음을 갖게 되었던 것은 아니었을까?

이리하여 항우가 형양을 함락시키고, 다시 유방이 방어를 하는 성고를 포위하자, 유방은 다시 도주했다. 『사기』고조 본기에 간략하게 다음과 같이 기록되어 있다.

한왕은 도망쳐 홀로 등공(滕公)과 동승하여 성고의 옥문(玉門)을 나와 북쪽을 향해 황하를 건너 수무(修武)까지 마차로 달려가서 그곳에 머물렀다.

등공은 하후영을 말한다. 옥문은 성고의 북문이다. 수무에는 조나라의 수도를 떠나 남하하여 유방군의 측면 지원을 맡고 있던 한신군의 총사령부가 있다.

이 사건에 대해서는 항우 본기의 기술도 거의 동일한데, 두 본기의 간단한 기술만으로는 당시 왜 유방이 마부 하후영만을 데리고 성고를 탈출했는지 잘 알 수 없다.

결과적으로 이 유방의 행위는 전에 형양을 도망쳤을 때와 마찬가지로 그에게 커다란 성과를 가져다주었다. 그러나 만일의 위험을 생각한다면, 일반 상황에서는 왕자(王者)인 자가 취할 행동은 아니다. 이 순간도 위험을 무릅쓰지 않으면 안될 정도로 전황이 절박했던 듯하다.

다만 당시 유방의 도주에는 분명한 목적 하나가 있었다. 『사기』 회음후열전에는, 계속해서 다음과 같이 기록되어 있다.

> 다음날 새벽 유방은 한의 사자라고 칭하며 장이·한신군의 군문(軍門)으로 달려 들어갔다. 장이와 한신은 아직 잠자리에서 일어나지 않았는데, 유방은 그들의 침실로 들어가, 그들의 인수(印綬)와 부절(符節)을 빼앗아, 전군의 총수임을 보여주는 이 인수와 부절을 가지고 여러 장군을 소집하여, 그곳에서 인사이동을 단행했다. 장이와 한신은 눈을 뜨고는 유방이 온 사실을 알고 크게 놀랐다.

군문 내의 모든 문제는 군을 통솔하는 장군의 전결사항이었다. "군중은 장군의 명령을 듣고, 천자의 조(詔)를 듣지 않는다." '군중'이란 밖의 일상 세계와는 다른 차원의, 군사적 요청에 의해서만 만들어진 세계이고, 일상 세계에서는 극히 당연한 행위가 사형으로 처벌되는 경우가 자주 일어난다. 그것을 결정하는 것은 최종적으로는 장군이지만, 일개 병졸조차 그런 권력을 휘두르는 경우가 없지는 않다. 유방은 이때 중요한 사자임을 증명하는 부절을 갖고는 있었겠지만, 특사라고 해도 취침 중의 장군 처소에 무단으로 들어갈 자격은 없다. 도중에 검문을 당해 체포될 가능성도 없었다고는 말할 수 없다. 만약 한신에게 다른 마음이 있었다면, '수상한 자'로 몰아 처단하는 것도 가능하다. 유방은 한신을 장악하는 데 절대적인 자신이 있었던 것 같다.

한신이나 장이가 일어나서 나오기 전에, 유방은 그들의 침실에서 빼앗아 온 인수와 부절로 한신군의 인사이동을 마쳤다.

유방은 장이에게는 "북방의 조(趙) 지방에서 병사를 더 거두도록 하고," 한신에게는 "아직 징발하지 않은 조나라 병사를 거두어 제(齊)를 공격하도록" 했다. 한편 유방 자신에 대해서는,

> 한왕은 한신의 군대를 얻어 바로 다시 떨쳐 일어났다.

고 기록되어 있다. 장이에게는 조나라 북부의 신병을 징발하도록 하고, 한신에게는 이 신병을 거느리고 제나라 공격에 나서도록 했으며, 자기 자신은 이미 한신 밑에서 훈련을 거친 고참 병사를 거느리기로 했다는 이야기이다.

한신은 이 무도하다고 해야 할 명령에 순순히 복종하여, 제나라에 대한 동방정벌을 위해 출발했다. 한편에서는 유방에 대한 일종의 귀속감정이, 다른 한편에서는 어려운 전투에 몰두하는 것에 대한 기쁨이, 그를 떠받들고 있었던 것 같다.

한신을 제나라 정복을 위해 파견한 유방은 곧바로 또 하나의 조치를 취했다. 그는 역이기를 제나라에 사자로 파견하여 화해와 동맹을 제안했던 것이다. 제나라는 간단히 이 제안을 받아들였다.

제나라와 유방의 관계가 끊어진 것은 유방이 팽성 대전에서 참패를 당하자 제나라가 '배반'했기 때문이다. 그러나 이 '배반'은 실질적으로 제나라가 유방의 종주권을 부인한 것에 불과했다. 실제로는 제나라에게 최대의 적은 항우의 초나라였다.

전에 전영(田榮)이 전사한 뒤, 그 동생 전횡(田橫)이 패잔병을 거느리고 항우와 싸웠지만, 그는 항우가 유방과 싸우러 들어갔던 덕택에 제나라 판도의 회복에 성공했다. 그는 전영의 아들 전광(田廣)을 제왕으로 옹립하고, 자기는 재상으로서 제나라의 전권을 장악하고 있었다. 제나라와 유방은 공통의 이해관계를 갖고 있었고, 제나라로서는 오히려 너무 늦은 관계 수복이었다.

한신은 동방 정벌 도중, 황하의 나루터인 평원(平原)의 진(津)에서 이 정보를 들었다. 한신은 군대를 멈추려 했지만, 막하의 유세객인 괴통(蒯通)이 진언을 했다.

"장군은 조칙을 받고 정식으로 제나라를 토벌하도록 되어 있었는데, 한왕은 몰래 밀사를 파견하여 제나라를 항복시켰습니다. 그럼에도 제나라 토벌을 중지하라는 조칙은 내려오지 않았습니다. 장군은 정식의 조칙 그대로 제나라 토벌에 나가지 않으면, 조칙을 위반하는 것이 됩니다. 이 상황에서는 가는 수밖에 없습니다. 게다가 일개 서생인 역이기가 사자로서 세 치 혀로 제나라 70여 성을 항복시켰습니다. 장군은 수만 명의 무리를 거느리고 1년 이상 걸려 조나라의 50여 성을 항복시켰습니다. 몇 년 동안 이룩한 장군의 공적이 어떻게 일개 학자 조무래기의 공적에 미치지 못한다고 하겠습니까?"

한신은 괴통의 의견을 받아들여 평원의 진에서 황하를 건너 제나라를 공격했다.

이때 유방으로부터 전쟁종결과 항우에 대한 연합의 제안을 받은 제나라 측은 축제로 떠들썩했다. 이것으로 몇 년 간 계속된 초나라의 위협이 물러가게 되었다고 생각했던 것이다. 완전히 방비를 푼 제나라는 한신군의 침입 앞에 어찌해볼 방법도 없었다. 평원으로부터 역성(歷城, 현재의 제남[濟南])을 향해 가면서 모두 항복을 받아낸 한신군은, 단숨에 제나라의 수도 임치(臨淄)를 공격했다.

제왕 전광은 역이기에게 배반을 당했다고 생각했다.

"네가 한나라 군대를 멈추게 할 수 있다면, 너를 살려주겠다. 그렇게 하지 못하면 솥에 넣어 삶아버릴 것이다."

역이기의 대답이 매우 흥미롭다.

"대사를 이루려고 하는 자는 작은 어긋남을 마음에 담아두지 않고, 훌륭한 덕이 있는 선비는 장황한 변명을 하지 않는 법이다. 이 어르신이 자네 때문에 말을 뒤집을 거라고 생각하는가?"

이것은 흡사 유방의 말과 같다. 천하통일이라는 대사 앞에서는 희생을 피할 수 없다. 천하통일이라는 커다란 가치 앞에서는 장황한 변명은 아무짝에도 소용없다. 유방의 천하통일을 위해서라면, 내 몸은 아까울 것이 없다고 역이기는 말하고, 삶겨 죽는 신세가 되었던 것이다.

여기서는 어긋남으로 인해 목숨을 잃게 된 그지만, 유방에 대한 원한은 보이지 않는다. 일찍이 "독서를 좋아"했으나, "집이 가난하여 실의에 빠져" 마을의 문지기로까지 전락했으면서도 지역의 유지와 대등한 예를 취하고, '미친 서생'이라 불렸던 역이기의 진면목이 그대로 드러나는 대목이다.

유방은 역이기에게 전쟁종결의 합의가 성립되면 바로 귀국하도록 명령했는지도 모른다. "제나라는 역이기의 평화조약을 받아들인 뒤, 역이기를 머물게 하여 술을 마음껏 마시게 했다." 즉 전쟁종결의 합의를 축하하는, 연일 계속되는 연회가 열렸다고 사료에는 기록되어 있으므로, 이런 법석대는 연회가 없었다면 역이기는 이미 귀국해 있었을 것이기 때문이다. 다만 그렇다고 하더라도, 유방은 전쟁종결 합의가 성립되어도 진군명령을 취소하지 않을 작정이라는 속셈은 전달하지 않았던 것 같다.

어쨌든 유방은 제나라를 속였다. 그러니까 한신에게 진격 중지명령을 내리지 않았던 것이다. 괴통의 판단은 정확했다. 만약 이때 한신이 제나라로의 진군을 중지시켰다면, 나중에 항명죄에 걸렸을 것이다.

제나라의 수도 임치는 맥없이 함락되고, 제왕 전광은 유수(濰水) 동쪽 강가의 고밀(高密)까지 단숨에 쫓겼다. 유수는 산동반도의 끝자락을 북으로 흘러 발해만으로 들어가는 강이다. 제나라의 국토는 태산을 포함하는 거대한 산지와 이를 둘러싼 평야, 산동반도 동부의 조그만 산지와 이를 둘러싼 평야라는 두 구획으로 구성되어 있는데, 이 유수는 바로 이 두 구획의 경계이다.

광대한 제나라의 서쪽 반분 지역을 석권한 한신에 대하여, 항우는 사마용차를 장군으로 삼아 20만이라고 호칭하는 대군을 파견하여 제나라를 구원하도록 했다.

한신을 격파할 수 있는가의 여부로 항우와 유방의 힘의 관계는 결정적으로 기울어지게 된다. 형양과 성고에서 유방을 최후까지 몰아붙였지만, 유방은 멋지게 몸을 휙 돌려 피했고, 그때마다 형세는 복잡하게 얽혀왔다. 항우가 얼마나 이번의 일전을 중시했는지 이해할 만하다.

이 시기 기록에 남아 있는 최대 병력은 홍문정에서 항우가 거느린 100만 명이다. 그 다음으로 유방이 팽성을 공격할 때의 규모가 8군 다섯 제후의 56만 명이었다. 그 뒤를 잇는 것이 항우와 유방의 마지막 결전시에 한신이 거느리고 있었던 30만 명이다. 다음에 진여가 한신에 대하여 동원한 20만, 제나라의 전간(田間)이 역성(歷城)에서 항우와 유방의 쌍방에 대하여 준비하고 있던 20만 명이다.

이상을 통해 보면, 사마용차가 거느리고 있던 20만이라는 병졸은, 일개 국가의 명운을 결정하는 시기에 동원할 수 있는 최대한의 수치였다고 추정할 수 있을 것 같다.

다만 주의해두고 싶은 것은, 여기서 든 수치는 유방의 56만 이외는 모두 '칭'(稱) 혹은 '호'(號)라고 기재되어 있어, 정확한 병사의 수를 나타내고 있지 않다는 점이다.

예를 들면, 홍문정에서 항우가 거느리고 있던 100만은 그렇게 호칭하고 있었을 뿐 실제로는 40만이었고, 이때 그와 대치했던 유방의 20만 또한 실제 숫자는 10만이었다고 전해지고 있다. 따라서 실제로는 유방이 팽성 공격시에 동원한 56만 명이 당시 동원한 수의 최대치였던 것 같다. 다만 '호칭'에는 자연히 일정한 기준이 있었을 터이고, 상대적으로 바라보는 경우, 확실히 어떤 객관성이 반영되어 있었을 것이다.

사마용차는 원래 제나라의 장군이고, 일찍이 항량이 제왕 전영(田榮)을 동아(東阿)에서 구원했을 때의 인연으로 초나라 진영에 참가한 자이다. 유방과 한신이 제나라를 감쪽같이 속여서 공격한 것에 대한 분노는 컸을 것이다.

사마용차가 거느리는 20만의 대군과 한신군은 유수를 끼고 대치했다.

그날 밤 한신은 몰래 준비한 1만 개 이상의 흙주머니로 강의 상류를 막았다. 다음날 아침 한신은 병사를 거느리고 유수를 건너 싸웠지만, 일부러 도망가는 척하며 군대를 철수했다. 초군은 서로 앞을 다투어 한신군을 쫓았다. 그때 한신은 상류의 흙주머니로 만든 둑을 터뜨렸다. 이리하여 "용차의 병사는 태반이 강을 건너지 못하고" 초군은 대패했다.

이후 한신이 제나라의 임시 왕이 될 것을 유방에게 청한 일, 격노한 유방을 장량과 진평이 눌러 막아, 유방이 이에 따랐다는 사건은 유명한 고사이다.

이보다 전에 유방은 한신을 제나라 토벌을 위해 파견하는 한편, 한신으로부터 거두어들인 정예병사를 거느리고 황하에 이르러, 강을 건너 항우군과 싸우려 했지만, 낭중 정충(鄭忠)의 건의를 받아들여, 황하 남쪽의 항우군에 대비하여 수비를 견고히 하고, 압력을 가하면서도 격돌은 피하는 전술을 택했다. 그리고 죽마고우 노관과 일족인 유가(劉賈)에게 2만 명의 보병과 수백 기의 기병을 주어 백마(白馬)의 진(津)에서 황하를 건너 초 지방으로 들여보냈다.

노관과 유가의 군대는 팽월과 협력하여 연현(燕縣) 성곽의 서쪽에서 초나라 군대를 격파했다. 연현은 과거 남연국(南燕國)의 땅으로, 백마의 진 서남쪽에 위치하므로, 북방의 연나라 땅은 아니다. 이리하여 노관·유가와 팽월의 연합군은 항우의 지배 아래에 있던 "양(梁)의 땅 10여 성을 항복시켰다."

그들은 초나라 측의 수비거점을 항복시킬 때마다 초나라 측이 비축하고 있던 식량을 불태워버렸다. 참다못한 항우는 스스로 병사를 거느리고 팽월을 공격했다. 팽월은 견딜 수 없어 도주했는데, 이 틈에 유방은 기회를 놓치지 않고 황하를 건너 다시 성고에 진을 쳤다.

20장

진하의 결전

한신이 제나라를 항복시키고, 지금까지 게릴라전을 벌여온 팽월이 노관과 유가 군대의 원조를 얻어 정규전으로 뛰어들게 되면서, 지금까지 항우의 주도 아래 있었던 천하의 형세는 크게 요동쳤다.

『사기』 항우 본기는 다음과 같이 기록하고 있다.

> 항우가 팽월군의 소탕을 위해 동으로 출정을 하자, 유방은 병사를 거느리고 황하를 건너 다시 성고를 빼앗아 광무산(廣武山)에 진을 펼치고 오창(敖倉)을 진영 내로 편입시켰다. 항우는 팽월의 세력을 진압하고 되돌아와, 양 부대는 광무산에서 동서로 나누어 포진하면서 몇 개월 동안 서로 노려보며 대치했다.

광무산은 동(東)광무산과 서(西)광무산으로 나뉘어 있고, 그 사이에 골짜기가 있다. 동광무산의 성터를 패왕성(覇王城), 서광무산의 성터를 한왕성(漢王城)으로 으레 부르고 있는데, 이 주변의 농민들은 지금도 철이나 동으로 만든 당시의 화살촉을 줍는 일이 자주 있다고 한다.

한신이 위·대·조·제 지방을 항복시키고, 팽월이 양(梁) 지방 전체로 세력을 확장하면서 천하의 형세는 확실히 유방 측으로 기울었지만, 형양과 성고를 중심으로 하는 국지적인 정세에 큰 변화는 없었다.

유방으로서는 황하 북방의 수무(修武)에서 계속 형세를 관망하면서 시간의 경과와 함께 서서히 항우를 압살하는 길을 취할 수도 있었지만, 항우와의 직접대결을 꾀했다. 한군 총수로서의 심지를 보여주었던 것이다.

이것은 당연히 항우가 바라던 바였다. 이리하여 이 몇 개월 동안 펼쳐진 두 영웅의 직접대결은 초한(楚漢)전쟁의, 말하자면 하이라이트가 되었다.

항우가 양 지방에서 철수하자, 팽월은 다시 군대를 일으켜 양 지방을 교란시켜 초나라 군대의 보급선을 끊었다. 화가 치밀어 오른 항우는 높은 대를 만들어 그 위에 유방의 부친인 유태공을 올려놓고, 유방에게 소리를 질렀다.

"지금 바로 항복하지 않는다면, 네 아비를 솥에 넣어 삶아 죽일 것이다."

유방은 응수했다.

"나는 항우 자네와 함께 회왕의 명을 받고 '서약하여 형제'가 되었다. 우리가 형제인 이상 나의 아버지는 바로 자네의 아버지이다. 자네가 무슨 일이 있어도 자기 아버지를 꼭 솥에 집어넣어야겠다면, 내게도 그 국을 한 그릇 나누어주면 좋겠네."

항우는 불끈했다. 애초에 회왕 아래에서 항우와 유방은 지위가 달랐다. 항우는 총사령관 항량의 조카이고, 유방은 그 항량의 신하이다. 양자가 '서약하여 형제'가 될 리가 없다.

권모술수에 능한 회왕이, "제군은 모두 형제가 된 셈치고 분발하라!"고 휘하 전체에게 말을 건 정도의 일은 있었는지도 모른다. 그러나 순간적으로 항우는 반박할 수 없었다.

유방의 대응은 절묘했다. '서약하여 형제'가 되었다고 양 진영의 눈앞에서 선언했는데, 그 현장에서 뒤집지 못했던 것이므로, 항우는 유태공을 삶아 죽일 권리를 상실한 셈이 되었다.

이 사건은 유방이 가족에게 냉담했던 실례로 자주 인용되지만, 필자는 그렇게는 생각하지 않는다. 유방이 부친에게 강한 애정을 가지고 있었던 것은 확실하다. 유방은 절묘한 대응으로 부친의 목숨을 구했던 것이다.

　두 영웅이 손짓하여 부르면 대답할 정도의 가까운 거리에서 서로 대면하게 되면서, 유방이 관중을 수복한 이래 거의 2년 반 만에 전란도 매듭이 지어지는 듯했다. 그러나 여기서도 전쟁국면은 교착상태로 꿈쩍도 하지 않았다. 젊은이는 전장에 내몰리고, 노인이나 소년은 군수물자 수송에 찌들어 있었다. 돌파구가 보이지 않는 전쟁상황 속에서 항우는 유방에게 소리를 질렀다.

　"천하가 흉흉하고 혼란으로 궁핍한 것이 몇 년째인데, 이는 다 우리 두 사람 탓이다. 원컨대 한왕과 대결하여 자웅을 겨루고자 한다."

　유방은 웃으면서 거부했다.

　"나는 지혜로 싸우는 것은 좋지만, 힘으로 싸우는 것은 사양한다."

　이에 항우는 초군 내에서 장사로 알려진 자를 내보내 한군에게 싸움을 걸었다. 그런데 한군 내에 북방 누번(樓煩)의 기마(騎馬)민족 출신으로, 그 출신지에서 누번이라고 불리던 자가 있었다. 활의 명수였던 그는, 싸움을 거는 초나라의 용자(勇者)를 세 발 연속해서 쏘아 사살했다.

　항우는 크게 노하여 스스로 투구를 쓰고 창을 들고는 싸움을 걸었다. 누번이 활을 쏘려고 하자, 항우는 눈을 딱 부릅뜨고 호통을 쳤다. 누번은 부들부들 떨면서 항우를 똑바로 쳐다보지도 활을 쏘지도 못했다. 성곽으로 도망쳐 들어간 그는, 안에 틀어박혀 한동안 나오지 않았다.

　유방이 상대를 묻자 항우라고 대답했다. 유방은 크게 놀랐다. 항우가 병사 한 명에 대한 상대로 스스로 출전한 이상, 유방도 잠자코 있을 수는 없었다.

　유방은 성벽을 나와 골짜기 너머의 항우를 질책했다.

　"나는 애초에 자네 항우와 함께 회왕의 명을 받았다. 먼저 관중에 들어간 자를 그 왕으로 삼는다는 것이었는데, 자네 항우는 이 서약을 어기고 나를 촉한의 왕으로 삼았다. 첫 번째 죄이다.

자네 항우는 경자관군 송의(宋義)를 회왕의 명이라고 속여 죽이고 그 자리를 빼앗았다. 두 번째 죄이다.

자네 항우는 조나라를 구원했지만, 그 구원에 성공한 시점에서 회왕에게 보고해야 했는데, 멋대로 제후의 군대를 협박해서 관중으로 들어갔다. 세 번째 죄이다.

회왕은 진 지방에 들어가서도 포악한 짓을 해서는 안된다고 명령을 내렸는데도, 자네 항우는 진나라 궁전을 불태워버리고, 진나라 시황제의 능묘를 파서, 그 재물을 자기 것으로 삼았다. 네 번째 죄이다.

게다가 항복해온 진왕 자영(子嬰)을 죽였다. 다섯 번째 죄이다.

속임수로 진의 자제 20만 명을 신안(新安)에 파묻어버렸으면서도, 그 장수를 왕으로 세웠다. 여섯 번째 죄이다.

자네 항우는 자기 장군들만 좋은 조건의 땅에 분봉하고, 원래의 국왕 자손을 내쫓았다. 이 때문에 장군들이 서로 다투어 그 주군을 배반했다. 일곱 번째 죄이다.

자네 항우는 의제(義帝)가 된 회왕을 팽성에서 내쫓고, 스스로 팽성에 도읍을 정했으며, 한왕(韓王)의 영지를 빼앗고 양(梁)과 초(楚)를 합쳐 왕이 되어 많은 영지를 차지했다. 여덟 번째 죄이다.

자네 항우는 사람을 시켜 몰래 의제를 강남에서 시해하도록 했다. 아홉 번째 죄이다.

애초에 부하의 신분으로 주인을 시해하고, 이미 항복한 자를 죽이고, 국정을 주관하는 데 불공평하고, 규약을 관장하면서 신의를 짓밟았다. 천하의 용납되지 못할 바로서 대역무도(大逆無道)하다. 열 번째 죄이다.

나는 정의의 군사를 일으켜 제후와 함께 이 흉악한 자의 죄를 묻기 위하여, 자네에게 형벌을 받은 무고한 죄인들을 거느리고 자네 항우를 공격하여 죽이려고 하는 것이다. 무엇이 아쉬워서 자네 항우와 결투를 해야 한단 말인가!"

유방이 실로 당당하게 말한 이런 이유의 태반은 형식논리에 의거한 억지이다.

항우가 회왕의 서약을 배반했다는 주장은 어쨌든 납득할 수는 있다. 그러나 홍문의 연회에서 항우의 주도권을 인정하고 정식으로 항복한 유방이, 이제 와서 다시 이를 끄집어내는 것은 이유로서 논리가 박약하다. 항우가 경자관군 송의를 살해하고, 초나라 군대를 이끌고 조나라의 구원에 성공하지 않았다면, 저 회왕도 유방도 벌써 진나라 군대에게 유린되어, 반역자로서 살해되고 말았을 것이다. 조나라 구원 후에 회왕에게 보고하지 않았다고 하지만, 유방 자신도 진나라 정복 후 회왕에게 보고한 흔적은 없다. 역으로 그는 맹약(盟約)을 주관하며 천하에 명령하는 입장에서, 제후를 관중으로 불러들였다. 항우가 전국시대 제왕(諸王)의 자손을 냉대했다고 하지만, 항우가 봉건을 할 때에는 제왕의 자손으로 왕이 된 자가 몇 명인가는 있었다. 그러나 나중에 유방이 봉건을 할 때에는 한 사람도 없었다.

항우에 대한 문책에서 그가 포학했다고 말한 것말고는 정당한 근거가 있는 것은 없었다고 말해도 무방하다. 그리고 그의 포학함도 또한 진나라의 포학함에 대항하는 과정에서 행해진 것이고, 유방 등은 결과적으로 그 수익자였다고 말해도 좋다.

그러나 여기서도 항우는 노여움을 이기지 못하여 조리 있는 반론을 펼칠 수 없었다. 그 결과 후세에 이르기까지 유방의 문책이 정당하다고 여겨지게 되었다.

유방의 멋진 퍼포먼스에 압도된 항우는 노여운 나머지 정면반박을 하지 못하고, 만에 하나 유방이 비겁한 수단을 취할지 몰라 숨겨놓았던 쇠뇌를 유방에게 쏘았다. 결과적으로는 항우 쪽이 비겁한 배역을 맡게 된 셈이 되었다.

유방은 가슴을 맞았지만, 순간 다리를 어루만지며 "무뢰배 같은 놈이 내 발가락을 맞췄다"고 외쳐 부하들을 안심시켰다.

유방은 진영으로 돌아와 병상에 누웠지만, 장량은 힘들더라도 군영 내를 돌며 그 노고를 달래도록 청했다. 유방이 중태임을 적과 아군에게 알리고 싶지 않았기 때문이다. 유방은 중상을 무릅쓰고 진영을 둘러보았지만, 상처가 깊어, 그는 한왕성으로는 돌아가지 않고 그대로 성고로 돌아갔다.

이렇게 몇 개월에 걸쳐 광무산에서 벌어진 두 영웅의 대결은 끝났다.

이즈음 항우는 사마용차가 한신군에게 참패했다는 보고를 접했다. 항우 역시 두려워 우이(盰台) 사람 무섭(武涉)을 한신에게 파견하여, 유방에게서 떨어져 나와 독립세력이 되도록 설득했지만 성공하지 못했다.

확실히 이때 한신의 위치는 매우 불안정했다. 무섭이 찾아오기 직전, 한신이 제나라의 왕으로 삼아줄 것을 청하여 유방을 격노시킨 일은 앞장에서 언급했다.

이때 유방은 관중에 사직을 설치하고, 명분상 다섯 제후에게 명령을 내리는 대왕의 신분으로 행세하고 있었으므로, 한신을 제왕으로 임명했다고 해서, 한신이 한의 대왕인 유방과 대등하게 될 리는 없다. 유방은, 한신과 동행했지만 전혀 공적을 올리지 못한 장이를 조나라의 왕으로 임명하는 데는 동의했다. 한신의 공적을 통해 볼 때, 그를 제왕(齊王)으로 임명하는 데에 명목상·형식상의 문제는 없었다.

오히려 최대의 문제는, 한신을 대국인 제나라의 왕으로 임명하는 데 유방이 걱정을 하고 있었던 점에 있다. 항우와 유방이 마지막 결전을 벌일 때, 한신은 30만의 대군을 이끌고 있다. 이 숫자는, 피곤에 찌든 10만의 항우군에게 일방적으로 밀려서 양하(陽夏)에서 농성태세에 들어간 유방 직속의 병사수를 능가했으리라 추측된다. 항상 유방에게 정예부대를 보내고 있으면서, 신병을 중심으로 하는 군사력으로 위·대·조·제 등의 강국을 순식간에 항복시킨 한신의 군사적 재능에, 유방은 질투와 두려움의 감정을 안고 있었던 것이다.

그 한신이 유방의 임명을 기다리지 않고, 기정사실로서 제왕의 지위를 요구해온 것을 유방은 용납할 수 없었다.

한편 한신 자신은 유방을 자기의 재능을 알아주는 존재라고 믿었다. 자기를 알아주는 자를 위하여 모든 것을 바치는 것은 남자의 본디부터 품고 있는 소망이다. 그럼에도 불구하고 그는 팽성 공격 이래, 유방의 군사적 지휘능력에 의문을 가지게 되었다. 유방이 천하를 통일하기 위해서는 자기가 필요하고, 자기 없이 한왕의 천하통일은 있을 수 없다고 확신하고 있었던 것이다.

이것은 위험한 징후였다. 한신의 마음과 머리 사이에는 균열이 생겼다. 그의 마음은 전면적으로 유방에게 복종하고 있다. 유방을 위해 무리한 난제를 푸는 것 자체가 삶의 보람이었다고 할 수 있다. 그러나 그의 머리는 유방의 능력이 자기보다 열등하다고 생각하게 되었다.

한신 막하의 유세객이고, 전에 그에게 제나라 공격을 권유한 괴통과, 그리고 이제 항우가 파견한 무섭 두 사람은, 마음이 머리를 따르도록 한신을 설득하려 했다. 확실히 이때 한신이 독립했다면, 그 세력은 유방의 한나라와 항우의 초나라 쌍방을 뛰어넘는 힘을 가질 수 있었을 것이다.

그러나 한신에게는 그런 권력욕이 없었다.

그는 군사적 천재였다. 그리고 정치적으로도 탁월한 판단력을 갖고 있었던 점은, 유방이 한중에 틀어박혀 있었을 때, 천하를 다투어야 하고, 다툴 조건이 갖추어져 있음을 재빨리 말한 것에서도 알 수 있다.

유방 군영에서 정치적 판단력이 뛰어난 자는, 그 외에 장량과 진평이 있다. 장량은 천하의 대세를 읽는 능력과 사람들 사이에서 임기응변의 요소가 승부를 가르는 그때그때의 정세를 파악하는 능력이라는 두 방면에서 탁월했다. 이에 비하여 진평은 오로지 후자의 경우에서 뛰어난 판단력을 가지고 있었다. 집단 내의 권력욕이 소용돌이치는 와중에서, 그는 항상 자기의 보신까지도 시야 속에 넣고 정확한 판단을 내리고 있었던 것이다.

한신은 아마도 진평과는 정반대의 인간이었을 것이다. 그의 천재적인 정치적·군사적 판단 속에는, 사적인 요소가 들어가 있지 않았다. 그는 상황을 정확하게 판단하여 적절한 대책을 제시하지만, 이 대책을 실행한 결과가 자기에게 어떻게 되돌아올지를 계산하지 않았다.

유방이 광무산에서 성고로 물러난 뒤에도 전선은 교착상태 그대로였다. 한신이 제나라를 정복함으로써 천하의 정세는 유방 측에 유리하게 전개되었지만, 제나라 입장에서 보면, 한신군이 감쪽같이 속여서 나라를 탈취해 간 셈이다. 제나라가 일치단결하여 항우의 초나라로 진격할 태세를 갖추는 데는 일정한 시간이 필요했다.

거의 1년에 걸친 지구전 속에서 조금씩 양자의 역관계를 역전시켜 간 것은, 식량보급을 비롯한 군수물자 조달 전선에서의 우열이었다. 유방 측의 배후에 있는 것은, 피폐해졌다고는 하더라도 당시 천하 인구와 영역의 약 1/3을 보유하고, 실질적인 경제력에서는 6/10이라는 진 지방이다. 이 진 지방은 소하가 완전히 장악하고 있었는데, 덕분에 군수물자 수송이 안전하게 이루어지고 있었다.

이에 비하여 초 지방에서부터의 수송로는 자주 팽월에게 위협을 받았다. 이윽고 탕군(碭郡) 일대에서 팽월의 패권이 확립되었다. 팽월 세력이 위나라 대량(大梁)의 동쪽 교외의 진류(陳留)와 외황(外黃)에서 수양(睢陽)으로 펼쳐짐에 따라 항우의 식량보급선은 위태로워졌다.

형양을 황하 이남에서의 물자수송의 정점으로 볼 경우, 북에서부터 순차적으로 황하, 제수(濟水), 수수(睢水) 그리고 홍구(鴻溝)가 이 정점으로 집중하는 수로(水路)이다. 이제는 이 수로 가운데 북의 황하와 제수는 한신이 장악하고, 수수는 팽월이 장악하고 있었다. 초 지방으로부터의 보급 경로 가운데 3/4은 한나라 측의 손에 넘어갔던 것이다.

특히 수수는 형양과 초나라의 수도 팽성을 연결하고 있다는 점에서 커다란 의미를 갖고 있었다. 수수를 팽월이 장악했기 때문에 초 지방은 기능 부전에 빠지고 말았다.

애초에 유방 측은 소하·한신·팽월이 각각 독자적인 판단으로 세력을 유지해 나가면서도 유방에게 복종하고 예속했다. 이에 비하여 항우의 초나라에서는 독자적인 판단으로 행동할 수 있는 자는 항우 외에는 없었다. 남방의 지반을 굳히기 위하여 회남(淮南)지역으로 파견되어 있던 주은(周殷)만이 일정한 활약을 보이고 있었다고 평가할 수 있겠지만, 이 주은 역시 한나라 측에서 파견한 경포에 의해 최후의 단계에서 항우를 배반하게 되었다.

항우는 유방이 자기 앞에서 그에게 직접대결을 걸어오는 한, 그를 쓰러뜨릴 것이라고 확신했다. 천하의 형세가 유방에게 기운 지금, 형양과 성고에서 형성된 전선(戰線)에는 그의 마지막 희망이 걸려 있었다.

그러나 팽월의 후방 교란으로 인해 군량이 고갈되어 갔다. 이제 팽월을 섬멸하지 않으면, 마지막 남은 기회마저 사라져 버릴 진퇴양난에 빠졌다.

항우는 대사마(大司馬) 조구(曹咎) 등의 간부를 불러 간절하게 뒷일을 맡겼다.

> 삼가 성고를 잘 지키시오. 설령 한나라가 도발해 오더라도 신중히 처신해서 맞받아 싸우지 말아야 하오. 그들이 동으로 진출하지 못하도록 하면 될 뿐이오. 내가 15일 안에 반드시 팽월을 죽이고 양(梁) 지방을 평정한 뒤 다시 장군을 따르겠소.

매우 정중한 부탁이다. "다시 장군을 따르겠소"라고 번역한 원문은 "復從將軍"이다. 이것은 신하이기는 하지만 연장자인 상대의 기분을 최대한으로 배려한 정중한 말이다. "동으로 진출하지 못하도록 하면 될 뿐", 즉 초나라 군대의 방어선을 돌파하는 일이 없다면 그것만으로 작전은 성공이라고 말한 것이다.

항우가 팽월군을 소탕하는 동안 유방에 대한 전선이 유지된다면, 초나라 군대에게는 희망이 있다고 확신했다. 그러나 이 항우의 간절한 소망이라고 해야 할 지령은 지켜지지 않았다.

유방군은 과연 몇 번이나 초군에게 도발했지만, 초군은 응하지 않았다. 그래서 한군이 고의로 사자를 보내서 초군을 모욕한바, 조구는 이를 참지 못하고 범수(氾水)를 건너 한군을 공격했다. 초군이 절반 정도 건넜을 즈음, 한군이 반격하여 크게 초군을 격파하고 "초나라의 재물을 모두 얻었다." 초나라의 군수품은 한군이 획득했고, 대사마 조구, 장사(長史) 예(翳), 새왕(塞王) 사마흔(司馬欣)은 범수의 강가에서 모두 목을 베어 자살했다.

이때 항우는 이미 팽월군을 진류와 외황에서 깨뜨리고, 탕군의 수부(首府) 수양(睢陽)에 이르렀지만, 보고를 듣고 급히 되돌아왔다. 한군은 초나라의 용장 종리매를 형양의 동쪽까지 추격하여, 한 걸음만 가면 초나라의 방어선을 돌파할 형국이 되었지만, 항우군이 돌아왔기 때문에 한군은 "모두 험준한 곳으로 달아나" 전선은 다시 교착상태에 들어갔다.

그러나 실정은 크게 변해 있었다. 항우는 군량이 바닥을 드러내 어쩔 수 없이 동방원정에 나섰는데, 그 틈에 약간의 비축마저 한군이 채어가, 이미 탈환한 양(梁) 지방을 버리고 전방 제일선으로 귀환해야 했다. 게다가 이즈음까지 제나라의 내정에 치중하고 있던 한신이 본격적으로 초나라 공격에 나서고 있었다. 항우는 더욱 심각한 상황에 빠지게 되었다.

항우의 생사를 가르는 급소를 거의 손에 쥐게 되었음을 확신한 유방은, 일단 관중으로 돌아가 수도 약양에서 성대한 연회를 열고 부로들을 위로하고, 죽인 새왕 사마흔의 목을 저잣거리에 내걸었다. 새왕의 수도는 이 약양이었다.

이때 유방은 약양에서 나흘 동안 머물렀다. "관중의 병사를 점점 더 동원했다"고 고조 본기에는 기록되어 있다. 새왕 사마흔의 목을 내건 것은 항우를 물리치기 위한 마지막 대대적 동원을 위하여 거행한 의식이기도

했다.

그런데 이번의 대규모 전투는 모든 사료에서 형양에서의 초한(楚漢) 공방에 대하여 구체적으로 기술된 마지막 내용이라고 할 수 있다. 그러나 그것이 행해진 시기를,『사기』항우 본기는 양군의 최종적 화의가 성립하기 직전의 일로, 고조 본기는 그 거의 1년 전인 광무산에서 유방이 문책하기 전의 일로 기록하고 있다.

필자는 이 시기의 전체 전쟁국면 상태로 보건대, 조구 등의 패배가 항우군에게 마지막 결정타를 먹인 것이라는, 항우 본기 쪽이 사태를 올바로 전하고 있다고 생각한다. 이 판단은 유방이 새왕 사마흔의 목을 약양의 저잣거리에 내건 시기를 통해 방증을 얻을 수 있다. 저잣거리에 목을 내건 것은, 그 당사자의 죽음을 관계되는 민중에게 보이기 위한 의식인데, 실제로 그 자를 죽인 때로부터 1년 뒤라면 그 목의 형태가 원형을 유지할 리 없었을 것이고, 목을 내거는 의식 그 자체의 효과도 현저히 떨어지게 될 것이기 때문이다.

전쟁국면의 최종적인 전환점이 된 이 마지막 대규모 전투가 일어난 것은 양(梁) 지방에서 활약을 펼친 팽월 때문이었다. 항우는 자기가 부재중에 일어난 이 대규모 전투에서 식량과 장비를 잃고 궁지에 빠졌다.

유방은 항우에게 부친 유태공 등을 돌려보낼 것을 요구했다.

> 이때 한나라 병사는 대부분 식량도 풍족했지만, 항우군 병사는 피곤했고 식량은 바닥을 드러내고 있었다. 한나라 측은 육가(陸賈)를 파견하여 항우를 설득하여 유태공의 반환을 요구했지만 항우는 거부했다.

이때 우선 한나라 측에서 항우 측에게 교섭을 벌였던 것은 사실인 것 같다. 그러나 유태공을 돌려달라는 이야기뿐이라면 애초에 교섭이 이루어지기 힘들므로, 거기에는 어떤 교환조건이 있었겠지만, 어떤 사서(史書)에도 이 교환조건에 대한 기록이 없다.

이후에 한나라 측이 다시 후공(侯公)이란 자를 파견하여 전쟁종결을 위한 새로운 조건을 내걸자, 항우는 이 조건을 받아들여, 유태공의 송환에 동의했다. 따라서 육가의 경우에도 어떤 조건이 제시되었는데, 항우가 받아들이기 힘든 것이었으므로 교섭이 결렬되었다고 추측할 수 있다.

이렇게 추측하는 것은, 이 후공이란 자가 행한 교섭에는 매우 이해하기 힘든 문제가 걸려 있기 때문이다.

우선 실제로 성립한 전쟁종결 합의조건이다.

> 한왕 유방은 다시 후공을 파견하여 항우를 설득했다. 항우는 이에 한과 약속을 했다. 그 내용은 천하를 반으로 나누어, 홍구(鴻溝)의 이서(以西)를 한의 영토로, 이동(以東)을 초의 영토로 한다는 것이었다. 이에 항우는 인질로 잡고 있던 한왕 유방의 부모와 처자를 돌려보냈다. 한군은 만세를 불렀다.

이미 유방의 모친은 사망했는데, 여기에서 '부모와 처자'라고 하고 있는 점에 대해서는 옛날부터 논란이 있어 왔다. 즉 이에 대해서는 양모라는 설과 단순히 가족을 나타내는 상투어라는 설 등이 있다.

이어서 이 후공에 관한 기사가 기록되지만, 이 기사는 난해한 동시에 중요한 문제를 담고 있으므로, 필자 자신의 번역문은 나중에 제시하도록 하고, 지금까지의 번역 가운데 가장 뛰어난 것으로 오다케 후미오(小竹文夫)·오다케 다케오(小竹武夫) 양씨의 번역을 우선 제시해두고자 한다.

> 한왕은 후공을 평국군(平國君)으로 봉했다. 평국군은 몸을 숨겨 다시 사람들과 만나려 하지 않았다. 사람들이 '그는 천하의 구변이 좋은 자로 가는 곳마다 그 나라를 기울게 했다'고 했기 때문에, '경국'(傾國)과 반대의 의미로 '평국'(平國)군으로 호칭한 것이다.

이 오다케 양씨가 "평국군은 몸을 숨겨 다시 사람과 만나려 하지 않았다"고 번역한 곳의 원문 "匿弗肯復見"은, 단순해서 이해하기 쉬운 구문이지만, 현실정황과의 관련 속에서 해석하는 데는 매우 난해한 바가 있다.

일반적인 번역서는 상당히 무리를 해서 이 부분의 이유를 달아 놓았다. 오다케 양씨가 번역문에 괄호를 붙여, "이 구절은 나중에 삽입된 것일까?"라고 주를 달아 놓은 것은, 양씨의 식견을 보여주는 대목이다.

후공이 말한 전쟁종결의 합의조건은 명확하게 홍구(鴻溝)에서 천하를 양분한 뒤, 그 서쪽을 유방의 영토, 동쪽을 항우의 영토로 한다는 내용이다.

우선 문제가 되는 것은, 이 천하 속에 한신이 정복한 조나라와 제나라, 혹은 홍구 동쪽에 위치하는 팽월의 활동범위가 포함되어 있는가의 여부이다. 글자 그대로 해석하면, 조나라와 제나라 및 팽월의 활동범위는, 홍구를 구획선으로 하는 천하의 동쪽 부분에 들어가는 셈이 된다. 설령 조나라와 제나라는 이미 어엿한 국가로서의 영역을 보유하고 있기 때문에, 여기에 포함되지 않는다고 강변을 하더라도, 적어도 팽월의 활동범위는 홍구 동쪽 즉 항우의 영토에 포함되게 된다. 이것만으로도 현상적으로는 항우에게 크게 유리한 조건이다.

다음의 문제는, 당시의 전쟁종결 합의조건과 1년 몇 개월 전에 유방이 궁지에 빠졌을 때 제시한 조건과의 비교이다. 과거의 조건에서는 형양의 서쪽이 한의 영토, 동쪽이 초의 영토였기 때문에, 이번 조건에서는 거의 영천군(潁川郡)과 진군(陳郡) 등 두 군이 한나라 측에 옮겨져 있는 데 지나지 않는다. 배경 속의 전쟁상황 변화를 염두에 두고서 두 합의조건을 비교하면, 이번 한나라 측에서 초나라 측에 제시한 조건은 너무나도 초나라 측에 유리하다고 말하지 않을 수 없다.

이로부터 추측되는 사태는 다음과 같은 것이다.

이번의 경우, 최초에 육가가 유태공 등의 송환을 요구했을 때에도 합의조건은 제시되었다. 그 조건은 현실의 역관계를 반영한, 초나라 측으로서는 혹독한 것이었기 때문에 교섭은 결렬로 끝났다. 그러나 어디까지나 유태공의 송환을 요구하는 유방의 강한 소망을 반영하여, 초나라 측에게 보다 유리한 조건이 후공을 통하여 새로 초나라 측에 제시되었다. 초나라 측은 이 조건을 받아들여 전쟁종결 합의가 성립했고, 유태공을 포함한 억류되어 있던 유방의 모든 가족이 돌아가게 되었다. 그러나 유방 측은 이 전쟁종결 약속을 파기하고, 초나라 측을 추격한 것이다.

『사기』도『한서』도, 스스로 꺼낸 전쟁종결 합의를 일방적으로 깨뜨린 이 사건에 관해서, 약속의 파기는 진평과 장량의 건의에 따른 것이라고 설명하고 있다. 그러나 이상의 전쟁종결 합의의 성립과정을 살펴보면, 한나라 측에는 처음부터 이 평화조약을 지킬 의도는 없었다고 추측된다.

앞에서 오다케 양씨의 번역을 소개한 구절은, 아래와 같이 부연해서 읽을 수 있을 것 같다.

> 한왕 유방은 이에 교섭을 맡았던 후공을 평국군으로 봉하고, 몸을 숨겨 이제는 초나라 사자를 만나게 하지 않았다. 그리고 "이 자는 천하에서 구변이 좋은 자이다. 그가 있는 곳이면, 적국을 멸망으로 빠뜨린다. 그래서 「평국군」, 즉 적국을 평정하는 자라고 칭하는 것이다"라고 부하들에게 말했다.

통상적인 해석은 교섭 후 후공이 유방 등으로부터 몸을 숨겼다는 것이지만, 후공의 행위는 철두철미 한나라 측의 이익에 따르는 것이었고, 그가 몸을 숨겼다면 초나라 측에 대한 것 이외에는 생각될 수 없다.

이 점에 관한 필자의 해석이 빗나갔다 하더라도, 어쨌든 유태공 등의 송환을 이루어냄으로써 후공은 '평국군'에 봉해졌다. '평국군'은 적국을 평정하는 자를 의미한다. 이 후공의 공적으로 유방은 겨우 항우를 공격하여 멸망시킬 수 있는 조건을 손에 넣었다.

이 1년 동안 항우에 대한 유방의 우위는, 밀려왔다가 물러나는 파도 속에서, 시간의 경과와 함께 서서히 확대되어 갔다. 그러나 유태공 등이 항우의 수중에 있는 한 유방 측은 최후의 공격을 단행할 수 없었다.

한 4년(기원전 203) 마지막 달 즉 9월에 유태공과 여치 등이 돌아왔다. 다음달인 10월이 한 5년의 첫 달이다. 한 4년 9월에서 3개월 후인 5년 12

월에는 항우가 죽는다. 이 사이에 형세의 전개에 소요된 날짜로부터 추측하면, 한군이 초군의 추격에 들어간 것은, 이 '거짓 평화조약'의 체결로부터 그리 오랜 시간이 걸렸다고는 생각할 수 없다.

유방군이 항우군을 공격하는 데에는 서로 관련하는 두 개의 중요한 문제가 있었다.

첫째, 일단 전쟁종결 합의를 제안했지만, 이를 일방적으로 파기한다는 문제이다. 이 점에 대해서는 『사기』도 『한서』도 유방은 원래 평화조약을 성실하게 지킬 작정이었지만, 장량과 진평의 의견을 받아들여 항우 토벌을 결의했다고 기록하고 있다. 그러나 이것은 후세 내지 외부에 대한 설명 혹은 변명에 불과하다. 내부에 대해서는 유방의 공적인 결정이 장량과 진평의 권유에 의해 뒤집어졌다는 설명방식은 곤란할 것이다.

둘째, 유방의 군대만으로는 항우군의 섬멸이 불가능하다는 문제가 있다. 팽월과 한신의 협력을 얻지 않으면, 평지에서의 전투에서 항우군을 깨는 것은 극히 곤란하다. 따라서 팽월과 한신의 두 군대와 합류하여 항우군을 공격하는 지점을 설정할 필요가 있다. 항우군이 초 지방 깊숙이 퇴각한 뒤에는 섬멸하기가 곤란하고, 역으로 너무 빨리 설정하면 팽월과 한신의 두 군대가 합류지점에 이르기까지의 시간을 보장할 수 없게 된다. 게다가 전쟁종결 합의 후 바로 약속을 깨는 경우, 팽월과 한신 두 군대를 납득시키는 데 어려움이 있다. 그래서 이 문제는 첫 번째 문제와도 관련된다.

다시 말하면, 유방 측이 먼저 말을 꺼낸 평화조약이 항우 측에게 수용되어, 유방의 가족이 돌아오자마자, 이를 파기하고 항우군의 추격으로 옮겨가는 것은, 팽월과 한신 두 군대뿐만 아니라 유방의 직속 군대에 대해서도 설득력 있는 이유를 제시하기 곤란하다. 그러나 역으로 평화조약의 성립과 항우군 공격 사이에 시간을 둔다고 문제가 해결되는 것도 아니다. 게다가 항우군이 초 지방에서 태세를 정비할 여유를 주는 결과가 된다.

이 난처한 상황을 어떻게 해결했는가를 엿볼 수 있는 사료는 현재 전혀 남아 있지 않다. 여기서는 여러 가지로 상정할 수 있는 사례 가운데, 필자가 추측하는 유방 측의 해결방법을 제시하고자 한다.

이 당시의 평화조약에서 유방 측은 홍구(鴻溝)의 서쪽을 영토로 하고, 항우 측은 동쪽을 영토로 하는 것이 결정되었다. 그래서 유방 측은 항우 측이 성실하게 협정을 이행하는지 확인하기 위하여 뒤쫓아 갈 것을 결정한다. 이를 위해 직속군대를 동원하는 한편, 팽월과 한신 두 군대에게 이 결정을 통고함과 동시에 항우군이 협정을 깨뜨릴 경우에 대비하는 태세를 바로 갖추도록 지령했다.

동방으로 귀환하는 초군의 경로는 제수(濟水)·수수(睢水)·홍구를 따라 내려가는 세 경로가 생각될 수 있다. 이 가운데 제수를 따라 내려가는 경로는 팽월과 한신이 장악하고 있고, 수수를 내려가는 경로는 팽월의 세력권 한가운데를 통과해야 한다. 따라서 항우에게는 홍구를 동남 방향으로 내려가는 제3의 경로밖에 남아 있지 않았다.

이 경로는 오직 하나 남아 있는 항우의 보급로였다. 그가 이 경로를 통하여 초나라로 귀환하는 것은 거의 확실하게 예상할 수 있다. 게다가 이 경로마저 자주 위협을 받아 항우군은 "병사는 피곤하고 식량은 끊기는" 상황이 되어 있었던 것이다.

이 경로의 서쪽은 한(韓)의 영역이다.

일찍이 유방이 팽성을 공격했을 때, 휘하의 한신(韓信)을 한왕(韓王)으로 봉했다. 이 한왕 신(信)은 한(韓)나라 왕족의 자손으로, 지금 제왕이 된 초 지방의 회음 출신 한신(韓信)과는 다른 사람이다. 한왕 신은 도망쳐온 유방군에 합류하여 형양을 지켰는데, 유방이 2천 명의 여성과 장군 기신을 희생해서 형양을 탈출했을 때는, 주가(周苛)와 함께 형양성에 잔류했다. 형양성이 초군에게 함락되자, 주가는 항우를 욕하여 살해되었지만, 한왕 신은 항우에게 항복했다.

이후 한왕 신은 초군으로부터 도망쳐 유방 밑으로 돌아갔는데, 유방은 이를 허락하고 다시 한왕으로 임명했다. 그러나 이것은 명목상의 임명이었고, 실제로는 유방 휘하에서 성고를 중심으로 하는 전방 제일선의 방위군에 참가하고 있었다.

이런 상황에서 보면, 홍구 서쪽의 한(韓)나라 일대는 명목상은 한(漢)의 진영에 속해 있었지만 실질적인 지배는 미치지 않았다고 추측된다. 바꿔 말하면, 홍구의 서쪽 평야지대야말로 항우가 겨우 우세를 지키고 있었던 지대였다.

한편 이 경로의 동쪽은 팽월의 영역이다. 항우는 당시 초나라로의 귀환 직전 팽월이 지배하는 양(梁) 지방 소탕에 나서고 있었다. 이미 본 바와 같이, 항우는 잔류부대를 거느리는 조구 등에게 15일 이내에 팽월을 죽일 것을 약속하고, 순식간에 진류와 외황으로부터 동으로는 수양(睢陽)까지를 평정했지만, 그의 경계를 담은 당부를 지키지 못했던 조구 등의 실책으로 잔류부대는 한군에게 크게 패했다.

항우가 평정하고 있던 양(梁) 지방을 방기하고 광무산의 전장으로 되돌아갔기 때문에, 이 지역은 다시 바뀌어서 팽월의 활동영역으로 돌아갔다. 팽월은 지체 없이 창읍(昌邑)을 중심으로 하는 '20여 성'을 점령했다고 한다. 전에 항우에게 항복한 양 지방의 성곽은 외황 이동(以東)의 '10여 성'이었기 때문에, 이때 팽성군은 항우의 소탕작전 이전을 상회하는 세력을 확립하고 있었던 셈이 된다.

이제 위험한 지경에 몰린 항우로서는 다시 팽월과 일을 얽는 것은 피하고 싶었다. 항우군은 팽월군이 세력을 만회한 홍구의 동측을 피하고, 홍구의 서쪽을 통과하여 동남 방향으로 퇴각할 것이 분명하다. 이에 대하여 홍구의 서쪽을 유방의 영지로 하는 평화조약에 대한 침범이라고 하여 그 잘못을 책망한다면, 항우군을 공격하는 이유가 되는 것이다.

이 경로 도중의 홍구 서쪽에는 일찍이 초나라의 수도이며, 진섭이 장초의 수도로 정했던 진(陳)이 있다. 이 진 부근에서 항우군을 공격하면, 그들은 진에 머물면서 항전할 것이다. 항우군을 놓칠 가능성은 낮다.

유방은 장량이나 진평과 함께 숙고한 끝에, 팽월이나 한신의 군대를 합쳐서 이 진(陳)에서 항우군을 포위·섬멸하는 방침을 세웠다. 팽월과 한신에게 새로이 사자를 파견하여, 약속을 어기고 홍구의 서방으로 들어가 진군한 항우군을 진에서 집결하여 섬멸하라고 전했다.

항우군의 위약을 책하여 뒤를 쫓아간 유방군은 진의 북방 약 35km의 양하(陽夏)에서 항우군을 따라잡아 전투의 서막을 열었다. 첫 번째 전투는 유방군이 본거지를 둔 양하와 항우군이 본거지를 둔 진의 딱 중간에 해당하는 고릉(固陵)에서 벌어졌다. 팽월군과 한신군은 이에 참가하지 않았는데, 유방군은 크게 패하여 양하로 철수한 뒤 농성에 들어갔다.

전에 유방은 충직하기 비할 바 없는 소하의 거취에 의심을 품은 적이 있었다. 이제 유방은 무엇보다도 한신의 배반을 두려워했다고 보아야 한다.

한신이 순식간에 제나라를 평정한 것은 유방이 쳐놓은 평화조약이라는 올가미의 성과였다고도 할 수 있다. 그러나 전에 조나라에서 진여의 20만 군대를 섬멸시킨 데 이어서, 항우가 보낸 역전의 맹장 사마용차가 거느린 20만 군대를 굴복시킨 것은, 누구도 흉내 낼 수 없는 한신의 천재적인 군사전략 때문이었다.

이제 만약 한신이 독립한다면, 3년에 걸친 초한전쟁으로 인해 피폐해진 초 지방은 순식간에 한신의 손에 떨어질 것이다. 그렇게 되면, 항우 세력이 풍전등화가 될 뿐 아니라, 홍구 강가의 진(陳)에서 서로 만나는 것은 유방군과 한신군이라는 이야기가 된다. 군사적 재능 면에서 유방이 한신의 적수가 아닌 것은 자명하다. 그 한신군이 팽월군과 함께 유방의 소집에 응하지 않은 것이다.

막다른 골목에 몰린 유방은 장량에게 자문을 구했다.

제후가 약속을 따르지 않는다. 이를 어찌해야 하는가?

여기서 유방이 "제후가 약속을 따르지 않는다"고 말하고 있는 것은 매우 흥미롭다. 이 시기 유방 자신이 제후인 팽월이나 한신에게 일방적으로 명령을 낼 수 있는 입장이 아님을 자각하고 있었던 것이다.

이때 팽월은 양 지방의 20여 성에서 징발한 '식량 10여 만 곡(斛)'을 유방군에게 보냈지만, 전투에 직접 참가해달라는 요청에 대해서는 다음과 같이 대답했다.

위(魏) 지방을 처음 평정했는데, 여전히 초(楚)의 움직임이 걱정되니 아직 떠날 수 없습니다.

여기서 말하는 '위 지방'이란 양 지방과 거의 같은 뜻이다. 이제 겨우 전면적으로 점령한 양 지방은 아직 매우 불안정한 상태에 있다. 그로서는 당연한 판단이다.

1곡(斛)은 10두(斗) 즉 100승(升)에 해당한다. 이즈음 1승은 약 0.2kg이다. 10여 만 곡을 15만 곡으로 가정하면, 300만kg 즉 3천 톤인데, 이것은 매우 많은 식량공급이다. 팽월은 이 시기 유방의 동맹군으로서 최대한의 노력을 아끼지 않았던 것이다.

한편 유방의 '약속'에 대한 한신의 반응에 대해서는 사서(史書)에 기록이 없다. 원래 팽월은 유방의 동맹자이고, 한신은 신하이다. 동맹자인 팽월한테서는 답장이 있고 직접적인 협력도 있었지만, 신하인 한신이 지시를 무시했던 만큼, 한신에 대한 유방의 평가는 바뀌게 되었음이 분명하다.

한신 측에서 말하면, 그의 제나라 지배는 불안정한 요소를 불식하는 데 일정한 시간이 필요했다. 점령의 배경에 일종의 사기에 해당하는 유방의 위약행위가 있었기 때문이다. 당시에도 유방이 똑같은 행위를 항우에게 펼친 것이 한신의 판단에 영향을 주었다.

제나라 진공시기에 유방의 사기행위로 인해 유방의 성실한 부하인 역이기가 희생물이 되어 솥에서 삶겨 죽었던 일은 앞장에서 보았다. 시바 료타로(司馬遼太郎)는 그의 책 『항우와 유방』에서, 한신과 역이기 사이에 일종의 독특하고 기묘한 우정이 싹트고 있었다고 말한다. 이것은 확실히 탁월한 문학가의 뛰어난 직감이라고 해야 할 것이다.

이 두 사람은, 한 쪽은 천재적인 무인, 다른 한 쪽은 우직하며 정열적인 유자(儒者)로서 판이하게 다른 삶을 살고 있었지만, 모두 이기적이지 않은 감성을 공유하고 있었다. 양자는 이런 점에서 "이익을 탐하여 염치가 없는 자"라고 진평이 형용한 것과 같은 유방의 부하 대부분이나, 항상 권력의 동향을 민감하게 읽고 행동을 바꾸어 간 진평 등과는 다른 유형의 인간이었다. 역이기는 유방의 모략에 희생되었고, 자기는 그의 죽음 위에서 제나라의 왕이 되었다는 의식이 항상 한신에게 붙어 다녔으리라 생각한다. 이제 다시 동일한 배신행위가 행해지려 하고 있다. 이는 한신의 충성심을 가렸을 것 같다. 과거 무섭의 권유나 괴통의 충언이 그의 뇌리를 스쳤을 것이다.

그러나 이때 주저함으로써, 그는 자기가 정치적으로 미숙하고 철저하지 못한 인간임을 드러낸 것이나 마찬가지였다. 유방 및 항우와 천하를 삼분하는 세력으로까지 성장한 그로서는, 이때 바로 유방의 지령대로 움직이든가, 아니면 항우에 대한 유방의 거듭되는 배신행위를 지탄하며 독립세력이 되든가, 양자택일의 길밖에 없었던 것이다.

그런데 유방의 상담에 대하여 장량은 다음과 같이 대답했다.

"초군은 참으로 무너지게 되어 있습니다만, 지금에 이르러서도 한신과 팽월 두 사람에게는 영지가 주어져 있지 않습니다. 이래서는 두 사람이 협력하려 하지 않는 것도 당연합니다. 폐하께서 이제 그들과 함께 천하를 나누어 가지려고 하신다면, 그들은 바로 달려올 것입니다. 그렇게 하지 않으면 앞으로 어떤 사태가 전개될지 모르겠습니다. 폐하가 진(陳)에서 동으로 바다에 이르기까지의 땅을 모두 영지로 삼아 한신에게 주고, 수양(睢陽)에서 북으로 곡성(穀城)에 이르기까지의 땅을 영지로 삼아 팽월에게 줄 것을 약속하고, 그들이 자기의 이익을 위해 싸우게 만든다면, 초를 깨뜨리는 것은 용이한 일입니다."

유방이 장량의 건의를 수용하여 한신과 팽월에게 이 취지를 통지한바, 두 사람은 바로 병사를 보낼 것을 약속했다고 『사기』에는 기록되어 있다.

한신에게 주기로 한 "진에서 동으로 바다에 이르기까지의 땅"이란 구체적으로는 거의 초 지방 전체에 해당한다. 한편 팽월에게 주기로 한 "수양에서 북으로 곡성에 이르기까지의 땅"이란 팽월이 이때 이미 자력으로 획득하고 있던 양 지방 전체에 해당한다.

이 당시 장량의 말이 『사기』에 기록된 그대로였는지 여부는 알 수 없다. 그러나 적어도 『사기』에 남아 있는 그의 말은 멋진 궤변이다.

유방은 한신에게 초 지방을, 팽월에게 양 지방을 줄 것을 약속했다. 그렇다면 제 지방은 누구에게 귀속되는 것일까?

한신이 전에 제의 임시 왕으로 삼아달라고 유방에게 청했을 때, 유방은 특별히 장량을 파견하여, 그를 제의 정식 왕으로 봉하는 의식을 행한 바 있다. 따라서 이번의 약속이 성실하게 이행되었다면, 한신은 종래의 제왕의 지위에다가 초왕의 지위를 얻게 되는 셈이다.

문제는 여기에서 장량이 "한신과 팽월 두 사람에게는 영지가 주어져 있지 않다"고 말했다고 되어 있는 부분이다. 이 말은 장량이 유방에게 한 말이기 때문에, 한신과 팽월에게 전해진 것은 "한신에게 초 지방을, 팽월에게 양 지방을 준다"는 약속뿐이다. 그러나 제 지방의 정식 왕인 한신은 제와 초의 영역 모두를 받는다고 생각했을 것이다.

그런데 일이 끝나자 유방은 한신한테서 제의 영역을 박탈하고 초의 영역만을 주었다. 그리고 이 위약행위는 장량의 "한신과 팽월 두 사람에게는 영지가 주어져 있지 않다"는 말로, 적어도 후세를 향해 정당화되었다. 『사기』에 기록된 이 장량의 발언은 사후에 삽입되었을 가능성이 있다.

이때 한신이 최초의 소집령에 응하지 않고, 이 단계에서 응했다는 것은, 그가 주저한 끝에 유방의 통치권을 인정했음을 의미한다. 유방은 이 머뭇거림을 용인하지 않았다.

결국 이런 경위를 거쳐, 한신과 팽월의 군대는 양하에서 농성하고 있는 유방군과 대치하는 항우군을 포위·섬멸하기 위해 급히 출동했던 것이다. 항우군은 진성(陳城)을 근거로 하고 있었다.

그런데 이상한 것은, 이 단계에서 갑자기 양군의 대결장소로서 '해하' (垓下)라는 지명이 나타나는 점이다. 해하는 진성의 동남동 약 260km 지점에 위치하는 작은 취락이다.

『사기』 항우 본기에 의하면, 유방의 약속을 믿은 한신과 팽월은 "청컨대 지금 군대를 보내겠습니다"고 답하고 '해하'에 이르렀다. 유가(劉賈)의 군대, 팽월의 군대, 경포를 받들어 항우를 배반한 초나라 장군 주은(周殷)의 군대도 모두 '해하'에 집결했다.

이상의 기술은 『사기』 고조 본기의 내용과 대동소이하다.

초나라 서부의 중심도시였던 진성을 목표로 집결할 예정이었던 유방 측의 각 군이, 왜 그곳에서 약 260km 떨어진 작은 취락에 모여든 것이었을까?

마음을 비우고 읽으면, 누구라도 이상한 생각이 드는 이 의문은, 실은 『사기』가 쓰인 이래 2천년 동안 극히 소수의 뛰어난 학자들만이 문제 삼은 '작은 문제'였다.

예를 들면, 일찍이 중국사회과학원 근대사연구소 소장을 역임한 판원란(范文瀾)은 당시의 상황으로 보아, 항우와 유방의 결전장소는 뒤를 쫓아온 유방이 항우의 반격을 받아 패했던 고릉에 가까운, 현재의 녹읍현(鹿邑縣) 부근이라고 주장했다. 이것은 극히 매력적인 견해였다. 판원란은 원래 중국 고전학의 각 방면에 뛰어난 업적을 남긴 실증적인 학자로서, 이 견해 역시 단순한 착상이 아닌 실증적 근거가 있었다고 생각한다. 다만 당시 판원란은 중국근대사로 연구의 무게중심을 옮기고 있었고, 또 이 견해가 그가 쓴 중국통사에 관한 저서 속에서 발표된 점도 있어서, 학계의 흥미를 끌지는 못했다.

최근 판원란의 견해를 출발점으로 해서 문제를 더욱 전면적으로 분석해서 획기적인 견해를 발표한 이가 북경대학의 신더융(辛德勇)이다.

신더융은 우선 당시의 지정학적 상황을 고려해보면 유방과 항우의 결전이 양하(陽夏) 부근에서 일어났을 가능성이 높은 점을 새로이 면밀하게 고증했다. 게다가 같은 『사기』에, 유방의 부하들이 진(陳) 혹은 '진하'(陳下)에서 항우와의 결전에 참가했다고 하는 사료가 상당수 존재하는 점에 주목했다. 당시 어떤 성(城)에서 혹은 어떤 성 아래(城下)라는 의미에서 '모하'(某下)라는 표현방식이 일반적이었다. 『사기』의 고조 본기나 항우 본기에서 말하는 '해하'(垓下)는, 원래 양하의 남으로 접하는 진성(陳城)의 성 아래, 즉 '진하'(陳下)를 뜻하는 것이 되어야 한다는 것이다.

당시 항우가 '진하'(陳下)에 있었다고 한다면, 그 북쪽의 양하의 유방군, 동쪽의 이향(頤鄉)의 관영군, 남쪽의 성보(城父)로부터 공격해 온 유가(劉賈)와 주은(周殷)의 군대는 세 방향에서 진성에 있던 항우의 군대를 포위하고 있었던 셈이 된다. 이 포위망의 서방만은 비워져 있지만, 항우가 서쪽으로 달아나면, 그 지역적 기반인 초 지방에서 완전히 분리되어 더욱 절망적인 상황으로 몰리게 된다.

이 신더융의 견해는 당시의 역사 혹은 전쟁사의 실상에 정확하게 조응한다. 당시의 주요 전투지점이었던 진성에서 멀리 떨어진 '해하'를 항우와 유방의 최후의 결전장으로 보아온 종래의 견해는 무너졌다고 말해도 좋다.

다만 본서에서 신더융과 견해를 달리하고 있는 것이 하나 있다. 신더융은 홍구 서쪽이 완전히 유방의 세력권이었고, '진하'란 홍구 서쪽의 진성 근방을 뜻한다고 보았다. 반면 필자는 홍구 서쪽의 한(韓)나라 영역에서는 반드시 유방의 패권이 확립되어 있지 않았고, 홍구 부근은 오히려 상대적으로 항우의 세력이 우세했다고 생각하며, 동시에 이때 항우는 홍구 서쪽 강가의 진성 바로 그곳에 주둔하고 있었던 것으로 이해하고 있다. 또 뒤에 언급하는 바와 같이 문헌사학 혹은 문헌비판의 입장에서 본다면, 이 신더용의 견해를 시발점으로 해서, 왜 같은 『사기』에서 양자의 결전장소를 '해하'라고 하는 기술과 '진하'라고 하는 기술이 혼재하고 있는가를 물을 수 있게 될 것이다.

그래서 신더용의 노력에 의하여 진면목을 회복한 마지막 결전의 모습은 다음의 지도와 같다.

유방과의 평화조약에 따라 항우군은 형양과 성고의 전방 제일선에서 철수하여 홍구를 따라 동남방향으로 퇴각하던 중 유방군의 추격을 받았다. 유방군은 양하에 이르러 팽월·한신, 한신 휘하의 관영을 비롯하여 유가·경포·주은 등의 여러 군대를 진성 주변에 집결시켜 항우군을 섬멸하려고 했다. 그러나 팽월군과 한신군은 이 싸움에 참가하지 않았고, 다른 군대의 집결도 늦었다. 반면에 일찍이 초나라 수도 진성에서 전열을 정비한 항우군은 고릉에서 유방군에 반격을 가하여 대승을 거두었다.

유방은 어쩔 수 없이 양하에서 농성했고, 팽월과 한신에게 전선 참가의 대가로 각각 양 지방과 초 지방의 왕위를 준다고 약속하여 양자의 참가를 얻어냈다. 유방은 이보다 앞서 경포에게도 회남왕의 지위를 약속했는데, 경포를 받들어 항우를 배반한 주은 등도 유가와 함께 남쪽에서부터 전선으로 달려왔다.

한 5년(기원전 202) 12월에 유방은 "제후의 군대와 함께 초군을 공격하여 항우와 해하에서 승부를 냈다"고 『사기』 고조 본기는 기록하고 있다. 이미 본 바와 같이 해하는 진하, 즉 진성을 의미한다.

제왕 한신은 30만의 병사를 이끌고 직접 항우군을 공격했다. 한신의 부하인 공(孔) 장군 공희(孔熙)는 좌익군, 비(費) 장군 진하(陳賀)는 우익군을 통솔했다. 한왕 유방의 군대는 그 후방에 포진하고, 강후(絳侯) 주발,

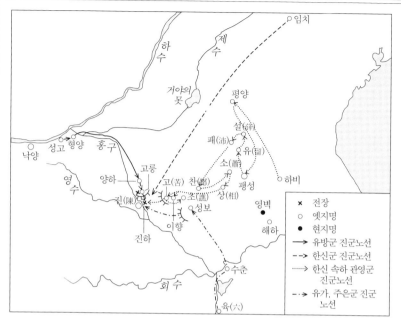

진하의 싸움(辛德勇, 「「論所謂'垓下之戰'應正名爲'陳下之戰'」에 실린 지도에 의거).

　　극포후(棘蒲侯) 시무(柴武) 등이 한왕 유방의 군대 그 후방에 대기했다. 항우군의 병사는 약 10만이다. 제왕 한신의 군대가 우선 항우군과 싸웠지만 불리하여 퇴각했다. 공장군과 비장군의 병사가 양 날개에서 초군을 에워싸고 돌격하자, 초군은 불리한 형국이 되었고, 일단 퇴각한 제왕 한신의 군대가 다시 공격태세에 돌입하여 초군을 해하(즉 진하)에서 크게 깨뜨렸다.

　　즉 이때 항우군은 한신군만으로 깨진 것이다. 양적으로 열세에 몰렸던 데다가 대패를 당한 항우는 어쩔 수 없이 진성에서 농성을 했다.

　　진성은 항성(項城)에서 북으로 약 40km 지점에 위치한다. 항성은 항우가 어린 시절을 보낸 항씨 조상 대대로 내려온 땅이다. 불과 5년 전에는 관동 각 국의 반란을 진압한 듯 보였던 진나라 명장 장함의 군대를 조(趙)지방에서 격파하여 반진(反秦)세력에 기사회생의 기회를 주었고, 4년 전에는 서초(西楚)의 패왕으로 천하를 호령한 항우가, 이제 조상 대대로 내려온 땅에서, 유방이 거느리는 제후의 병사에게 포위되어 몸을 움직일 수가 없다.

아래는 항우 본기의 기록이다.

> 항왕은 해하[즉 진하]에 방벽을 쌓아 한군을 막았다. 병사는 적고 식량은 떨어졌다. 한군 및 제후의 병사는 이를 몇 겹으로 에워쌌다. 어느 날 밤 항우군의 사면을 둘러싼 한군 진영에서 초나라의 노래가 들려왔다.

한군의 진영 일각에서 그리운 초나라 노래가 들려왔다. 노랫소리는 점점 커지더니 사방의 군영 전체가 초나라 노래를 불렀다. 동료인 초인(楚人)마저 모두 적이 되었는가 생각한 항우는 크게 놀랐다.

> 한은 이미 초를 전부 얻었는가? 어떻게 초인이 이렇게 많단 말인가!

유방군의 모든 병졸이 초나라 노래를 불렀다. 한군은 이미 초 지방을 전부 정복한 것일까? 사방에서 부르는 초나라 노래를 들은 항우는, 밤에 자리에서 일어나 군영의 장막 안에서 술을 마셨다.

『사기』에 전해지는 항우와 우(虞)미인이 작별하는 그 유명한 장면은 아래와 같다.

> 항왕은 곧 밤에 일어나 장막 안에서 술을 마셨다. 우(虞)라는 이름의 미인은 항상 곁에 있었고, 추(騅)라는 이름의 준마는 늘 타고 다녔다. 이에 이르러 항왕은 비분강개하며 스스로 가사를 지어 노래를 불렀다. "힘은 산을 뽑고, 기운은 세상을 덮었건만, 시세가 불리하여 추(騅)도 앞으로 나아가지 않는구나. 추가 앞으로 나아가지 않으니 어찌해야 한단 말인가! 우(虞)야 우(虞)야, 너를 어찌해야 한단 말이냐!" 몇 차례 노래를 부르니, 미인은 이에 노래로 화답했다. 항왕의 눈물이 몇 줄기 떨어지니, 좌우에서 모두 통곡하며 감히 고개를 들지 못했다.

이날 밤 항왕은 800기를 거느리고 포위를 뚫고 남으로 도망쳤다. 새벽에 한군이 이를 눈치챘다. 관영이 5천 기를 거느리고 추격했다.

항우는 회수를 건너 진성의 동남동 약 280km의 동성(東城)까지 달아났지만, 결국 스스로 목을 베었다. 항우의 시체를 빼앗기 위해 달려든 한나라 병사들은 "서로 짓밟아서" "서로 죽인 자가 수십 명"이었다. 최종적으로 다섯 명이 각각 항우의 몸을 일부씩 손에 넣었다. 이 다섯 명이 입수한 사체를 합쳐보니 딱 일치했다.

이리하여 이 다섯 명, 즉 여마동(呂馬童)·왕예(王翳)·양희(楊喜)·양무(楊武)·여승(呂勝)이 포상으로 제후에 봉해졌다.

되돌아보면, 한 2년(기원전 205) 4월 팽성에서 항우군에게 결정적인 타격을 입었던 유방은, 하읍(下邑)과 망·탕의 수향 소택지대에 몸을 숨기고서 병력의 재결집을 꾀한 뒤, 관동에서 관중으로 들어가는 길목에 해당하는 형양과 성고 일대에 방어선을 펼쳤다. 소하가 관중에서 보내준 구원부대의 도움을 받아, 가까스로 이 지역에서 항우의 대군과 대치하는 데 성공했다.

이후 한 3년(기원전 204)에는 전쟁국면은 항우군이 우세한 가운데 교착상태에 들어갔다. 2천 명의 여성과 기신 및 주가 등의 희생 아래, 형양에서 관중으로 유방이 도주한 것을 계기로, 약간이기는 하지만 천하의 전쟁상황에 변화가 생기기 시작했다. 이때 유방은 건의를 받아들여 한창 전투가 벌어지고 있던 형양과 성고로 복귀하지 않고 남양으로 나갔다. 항우가 이를 쫓는 사이에, 팽월이 양 지방에서 세력을 넓힌 것이 첫 번째 전기가 되었다.

뒤이어 성고로 복귀한 유방은 황하 북쪽의 수무(修武)로 달려가, 조나라의 중추지역을 벗어나 유방군을 지원하기 위해 남하하고 있던 한신의 군대를 빼앗아, 그 일부를 유가와 노관에게 주어 팽월과 협동작전을 취하도록 했다. 그 결과 '양(梁) 지방 10여 성'이 항복한 것이 전쟁국면의 두 번째 전기가 되었다.

한편 유가는 유방의 먼 친척이고, 죽마고우 노관은 유방의 침실에까지 출입하는 동료였다. "소하와 조참 등은 그 공적에 의해 예우를 받고 있지만, 친애라는 점에서는 노관에 미치는 자가 없었다"고 말해지고 있듯이, 그는 유방의 형제와 다름없는 존재였다. 유방의 인사는 항상 적재적소의 능력주의를 관철해 왔지만, 여기에 이르러 신변의 인재를 등용하는 여유가 생긴 듯하다.

팽월과 유가·노관 군대의 협동작전으로 양(梁) 지방에 대한 항우의 지배는 흔들렸다. 항우가 그에 대한 토벌을 수행하고 있는 동안, 유방은 다시 성고로 들어가, 다시 광무산에서 진을 쳤다. 항우 또한 양 지방에서 돌아와, "함께 광무산에서 서로 대치하기 몇 개월"이었다. 사태의 추이를 통해 보면, 거의 한 3년(기원전 204)의 연말부터 4년의 연초에 걸친 일이었다고 추측된다.

『한서』의 기년(紀年)을 참조해도, 유방은 한 3년 5월에 형양을 탈출하여, 성고에서 관중으로 들어간 뒤, 남양으로 나와 항우군에게 도발을 했는데, 팽월의 활약으로 항우가 양 지방으로 향한 틈을 타, 같은 달 다시 성고로 들어갔다. 유방은 7월에 성고에서 황하를 건너 수무로 달아나, 한신의 군대를 접수하여 세력을 회복하고, 다시 성고로 들어갔는데, 이 이후 양군은 동서의 광무산에서 몇 개월 동안 대치했다. 대치가 시작된 시기에 대해서는 『한서』에도 분명히 나와 있지 않지만, 그 서술로 미루어보면, 한 3년 9월 전후의 일이었다고 추측할 수 있다. 『한서』의 기년을 전면적으로 신용할 수는 없지만, 이 부분에 대해서는 거의 실상과 정확하게 조응하고 있는 것처럼 보인다. 동서 광무산에서 두 영웅의 직접대결은 한 3년 9월부터 4년 10월 혹은 11월까지의 2개월 내지 3개월 사이의 일이었던 것 같다.

이때 유방은 서광무산, 항우는 동광무산에 포진하여, 오늘날에는 '홍구'(鴻溝)라는 이름으로 불리고 있는 골짜기를 사이에 두고 대치했다. 이 홍구는, 양자가 마지막 평화조약에서 서로의 경계선으로 삼은 홍구(鴻溝)

와는 다르다. 이곳에서 유방은 득의의 화술로 항우를 몰아붙였고, 항우는 홧김에 유방을 저격했다. 이로 인해 결과적으로 항우는 비겁한 자라는 오명을 뒤집어쓰게 되었다. 이 사건은 각각 다른 형태로 양군의 사기에 미묘하지만 커다란 영향을 주게 되었던 것 같다.

유방은 관중으로 돌아가 요양했다. 이후의 1년간은 번쾌가 장군으로서 서광무산의 수비군을 지휘하면서 항우와 대치했다.『사기』번쾌 열전에는 "장군으로서 광무를 지키기를 1년"이라고 기록되어 있다.

지금까지 유방은 항상 최전선에서 항우와 대치해 왔다. 양자의 직접대결이 초한(楚漢)항쟁의 전쟁국면에서 중심이고, 유방이 반초(反楚)세력의 맹주(盟主)라는 것의 증거는 여기에 있었다. 그러나 항우가 감행한 저격 사건으로 인해 유방이 직접대결의 장에서 벗어나더라도 아군의 사기에 부정적인 영향을 줄 염려는 없게 되었다. 즉 항우는 유방의 부하인 번쾌와 대등한 존재가 되어버렸던 것이다. 이리하여 한 4년(기원전 203)의 1년 동안, 유방은 직접적인 전쟁국면에서 몸을 빼서 천하의 형세를 냉정하게 판단할 조건을 확보했다.

이 초한전쟁의 망중한에, 하남궁(河南宮)의 성고태(成皐台) 후궁에서 관(管) 부인과 조자아(趙子兒)의 대화를 들은 유방이, 불쌍한 박희(薄姬)를 불러 하룻밤을 함께 보내고, 그 결과 훗날 문제(文帝)가 태어났다는 이야기는 18장에서 이야기했다. 이 하남궁이 성고에 있었는지, 낙양에 있었는지는 확실하지 않지만, 아마 이즈음 유방은 직접적인 군사업무에서 벗어나 낙양을 중심으로 해서 제왕(帝王)으로서의 생활을 보내고 있었던 것 같다.

한편, 유방과 항우의 직접대결 주위에서는 중대한 변화가 생겨나고 있었다. 한 2년(기원전 205)의 연말경에 유방이 파견한 한신은 위표를 항복시키고, 다시 이듬해 연초에 조나라를 항복시켰다. 천하의 형세는 유방 측으로 기울고 있었다. 관중의 소하, 형양과 성고의 유방, 위·대·조를 묶은 한신 등 세 세력의 연합으로, 대국적으로 보면 유방 세력의 종합적 역량은 항우군의 역량을 능가했다. 그리고 소하와 한신은 항상 최대한의 노력을 기울여 유방군에 대한 군사보급에 힘썼다.

결국 한 4년 연초에 이르러 한신은 제나라를 정복했다. 이리하여 천하 삼분의 형세가 성립했다. 그리고 집요하게 저항한 제나라에 대한 지배를 거의 1년에 걸쳐 공고히 다진 한신이 항우와의 전선에 직접 참여하게 되었다. 이로써 유방이 팽성을 공격한 이래 2년 반 남짓 지속된 초한항쟁은 싱거운 마지막 장면을 맞이했던 것이다.

전한의 성립과 고쳐 쓴 역사

한 5년 12월(기원전 203) 지금까지 '해하'(垓下)의 싸움이라고 불려 온 진하(陳下)의 싸움은 한군의 대승리로 끝났다. "참수가 8만 급, 드디어 대략 초 지방을 평정했다"고 『사기』 고조 본기에 기록되어 있다.

진성에서 괴멸된 초군은 사방으로 흩어졌다. 유방은 제후를 거느리고 패잔병을 추격하여 노(魯)나라에 이른 뒤, 정도(定陶)로 돌아와 한신의 군사지휘권을 박탈했다.

당시의 일에 대한 『사기』 고조 본기의 기술은 아래와 같다.

> 정도로 돌아와, 말을 달려 제왕(齊王)의 성에 들어가 그 군을 빼앗았다.

같은 사건에 대한 『사기』 회음후 열전의 기술은 아래와 같다.

> 항우가 깨진 뒤, 고조는 기습하여 제왕의 군을 빼앗았다.

아마 이쪽이 실상에 가까울 것이다.

유방은 항우군 섬멸의 공로자였던 한신의 군대를 습격했다. 이것은 유방의 계획적인 행동이었다고 생각된다. 이미 사방으로 흩어져 무력하게 된 항우군을 직접 '제후의 군대'를 거느리고 추격했던 일도 그 복선인 것 같다. 만일의 경우에는 제후를 끌어들이려고 생각하고 있었던 것이다.

물론 정면으로 격돌하면 쌍방 간에 엄청난 희생이 생긴다. 표면적으로는 한신을 방문한다고 통지해두고, 소수의 병사를 거느리고 그의 군영으로 갑자기 쳐들어간 듯하다.

그렇다 치더라도 "기습했다"고 한(漢) 왕조의 정사인 『사기』에 기록되어 있는 점이 중요하다. 유방은 한신군을 기습하여 그 지휘권을 탈취했던 것이다.

유방의 권력욕과 상황 판단능력, 거기에 더하여 결단력은 한신을 능가하고 있었다. 한신의 군사지휘권을 박탈하는 데 성공한 순간, 유방의 권력은 온 천하에 미치게 되었다.

진하의 싸움에서 승리한 다음달, 즉 한 5년(기원전 202) 정월에 제후·장군·재상은 일치해서 유방을 황제로 추대했다. 『한서』 「고제기」(高帝紀)에서는 이 상서를 한신, 한왕 신(信), 경포, 팽월, 오예(吳芮), 장오(張敖), 장도(臧荼)의 연명에 의한 것이라고 한다. 아마도 그대로였을 것이다. 이 제후와 신하의 연명 상서에 대해 유방은 말했다.

"황제란 현자가 앉는 자리로 나는 알고 있다. 지금 나의 덕은 황제가 되기에 부족하다. 유명무실한 행위는 내가 좋아하는 바가 아니다. 황제의 자리는 사양하고자 한다."

여러 신하들은 이구동성으로 말했다.

"대왕은 낮은 신분에서 몸을 일으켜 포악한 진 왕조를 타도하고 사해를 평정하셨습니다. 대왕은 또한 커다란 은혜를 베풀어, 공적이 있는 자에게는 영지를 주고 왕후(王侯)로 봉건을 해주셨습니다. 지금 대왕이 신하인 저희들보다 높은 지위인 황제의 자리에 오르지 않으신다면, 저희 신하의 신분 또한 가짜가 되어버립니다. 신하인 저희들은 목숨을 걸고 대왕의 황제 취임을 원하는 바입니다."

유방은 세 번 사양을 했지만, 제후·장군·재상이 물러나질 않자, "어쩔 수 없이" 말했다.

제군이 반드시 이로써 편하다고 한다면, 국가가 편하도록 하겠다.

"제군이 반드시 내가 황제가 되는 것이 국가를 위한 것이라고 한다면, 나도 국가를 위해 황제가 되기로 하겠다"고 유방은 말한 것이다.

이리하여 여러 신하들의 추대를 받은 유방은 '범수(氾水)의 양(陽)'에서 황제에 즉위했다. 범수의 양이란 정도(定陶)를 말한다. 『사기』의 연표에 의하면, 때는 한 5년 2월 갑오의 일이었다.

유방이 세 번 사양한 것은 하늘·땅·사람에 대하여 그 의지를 확인한 셈이다. 그것은 단순한 겸양은 아니다. 그의 황제 즉위가 대중의 바람이고, 대지의 요구이며, 하늘의 뜻임을 여러 신하들의 의지를 통해 확인한 것이다.

황제에 즉위한 유방은 바로 제후의 봉건의식에 들어갔다. 『사기』 고조본기에서 그는 말했다.

> 의제(義帝)에게는 후사가 없다. 제왕(齊王) 한신은 초의 풍속에 친숙하니 초왕(楚王)으로 옮기고 하비(下邳)에 도읍을 두도록 하라. 건성후(建成侯) 팽월을 양왕(梁王)으로 삼아 정도에 도읍을 두도록 하라. 전의 한왕 신은 한왕(韓王)으로 삼아 양적(陽翟)에 도읍을 두도록 하라. 형산왕(衡山王) 오예를 장사왕(長沙王)으로 옮겨 임상(臨湘)에 도읍을 두도록 하라. 파군(番君)의 장군 매현(梅鋗)은 공이 있었을 뿐 아니라 짐을 따라 무관(武關)으로 들어갔으므로 파군〔오예〕에게 덕이 있다. 회남왕(淮南王) 경포, 연왕(燕王) 장도, 조왕(趙王) 장오는 모두 옛날과 같이 하라.

항우에게 시해된 초의 회왕 의제에게는 자손이 없다. 제왕 한신은 초인(楚人)이고 초의 풍속에 매우 친숙하므로, 제왕 대신에 초왕으로 봉한다. 팽월은 양왕으로 하고, 원래의 한왕 신은 그대로 한왕으로 봉한다. 파군 형산왕 오예의 부장인 매현은 유방의 관중 진공시에 행동을 같이 했으므로 오예를 장사왕으로 봉한다. 이미 봉한 회남왕 경포, 연왕 장도, 조왕 장이의 아들 장오는 모두 그대로 왕위를 인정한다는 이야기이다.

유방의 황제 즉위는 제후·장군·재상의 본심에서 나온 요구였다. 그들은 황제가 된 유방이 새삼 신분을 확인해줄 것을 바랐던 것이다. 유방은 요구에 응하여 바로 그들을 분봉했다.

이때 봉을 받은 제왕(諸王)에게는 '단서철권'(丹書鐵券), 즉 붉은 글씨로 쓴 쇠로 만든 문서가 내려졌다. 육가의 『초한춘추』에 의해 전해지는 그 내용은 다음과 같다.

> 황하가 띠와 같이 되고, 태산이 숫돌같이 된다 하더라도, 한(漢)의 종묘가 있는 한, 너는 대대로 끊이지 않을 것이다.

세상이 바뀌어, 저 도도히 흐르는 황하가 띠처럼 가늘게 되고, 저 하늘에 솟아 있는 태산이 숫돌처럼 얇아지는 일이 있더라도, 한나라에 종묘가 이어지는 한, 너의 자손은 너의 지위를 이어받을 것이라고, 이 '단서철권,' 즉 영원히 전해져야 될 서약서에는 기록되어 있었다. 장중한 의식을 통해 서약서를 받은 제왕은 감격의 눈물로 목이 메어, 한 왕조에 대한 복종의 결심을 다졌을 것이다. 고조 본기에는 다음과 같이 기록되어 있다.

> 천하가 크게 정해졌다. 고조는 낙양에 도읍을 두었고, 제후는 모두 신하로 예속했다.

유방의 황제 즉위에 대한 여러 신하의 청원은 한 5년(기원전 202) 정월의 일이고, 정도(定陶)에서의 즉위와 낙양 천도는 같은 해 2월의 일이다. 전에 진나라 이세황제 원년 7월(기원전 209년 8월)에 시작된 천하의 동란은, 한 5년 2월(기원전 202년 2월)에 이르러 거의 종식되었다. 햇수로 8년, 만 6년 반에 걸친 전란이었다.

이즈음 일찍이 항우가 임강왕(臨江王)으로 세웠던 공오(共敖)의 아들 환(驩)이 반란을 일으켰지만, 몇 개월 후에 진압되었다. 이해 5월 유방은 징발되었던 병사들의 귀향을 허락했다. 이때 그들에 대한 우대조치와 공적을 올린 자에 대한 특전을 철저히 내려주도록 명령했다.

유방은 낙양의 남궁(南宮)에서 여러 신하들을 모아 성대한 연회를 열었다. 너그러워져 솔직한 기분이 된 그는, 신하들에게 물어보았다.

"열후(列侯)와 제장(諸將)들이여, 짐에게 숨김없이 진짜 생각을 말해주길 바란다. 내가 천하를 취한 이유는 무엇이고, 항우가 천하를 잃은 이유는 무엇인가?"

일찍이 유방이 고향에서 형으로 섬긴 임협의 선배 왕릉이 일동을 대표하여 대답했다.

"폐하는 사람을 깔보고 모욕하는 반면 항우는 매우 자애롭고 사람을 아꼈습니다. 그러나 폐하는 부하에게 성곽을 공격하도록 해서 영지를 점령하면, 공적에 보답하여 그 영지를 주십니다. 폐하는 천하와 이익을 나누어 가지는 것입니다. 이에 반해 항우는 현명한 자와 능력이 있는 자를 질시하고, 공적이 있는 자를 호되게 닦아세우고, 뛰어난 자를 의심하고, 부하가 전투에서 승리하더라도 그 공적에 보답하지 않고, 부하가 영지를 획득해도 그 영지를 주는 일이 없었습니다. 이것이 항우가 천하를 잃은 까닭입니다."

"유방은 시원시원하게 아낌없이 준다." 이것은 유방 집단, 특히 그 직속 집단 구성원의 공통된 인식이었다.

다만 그 시원시원함은 손이 미치는 한의 모두를 자기의 지배대상으로 하지 않으면 안되는 강렬한 권력욕과 연결되어 있었다. 그런데 그의 권력욕은 단순한 탐욕이 아니라, 현실의 역관계에 대한 직관적 통찰력과 기민한 조직능력으로 뒷받침되고 있었다. 그 독특한 능력에 의하여, 예를 들면, 팽성의 싸움에서 항우에게 참패한 직후, 재빨리 재기하여 천하를 자기의 손바닥 안의 것으로 해서 다음 행보를 구상할 수 있었던 것이다. 그것은 확실히 '천부적'이라고 해야 할 능력이었다.

"자네는 하나만 알고 둘은 모르는 것이다. 군영의 장막 안에서 계책을 세워 천 리나 떨어진 전장에서 승리를 얻는 능력에서 나는 장량에게 미치지 못한다. 국가의 질서를 유지하고 백성을 어루만지며 군수물자 공급을 확보하고 그 안정적인 수송을 실현하는 능력에서 나는 소하에게 미치지 못한다. 백만 대군을 지휘하여 적과 싸우면 반드시 이기고, 적의 진영을 공격하면 반드시 함락시키는 점에서 나는 한신에게 미치지 못한다. 이 세 사람은 모두 천하의 인걸이다. 그러나 나는 이 세 사람의 위에 서서 그들을 기용할 수 있었다. 이것이 내가 천하를 얻은 이유이다. 항우는 범증이라는 오직 한 사람의 걸출한 신하조차 잘 쓰지 못했다. 이것이 그가 나에게 진 이유이다.”

장량, 소하, 한신 이 세 사람은 인간세계의 영웅호걸이고, 유방 자신은 하늘이 내린 영웅호걸이라는 말이다.

앞에서 여러 신하는 유방은 ‘세미’(細微) 즉 낮은 신분에서 몸을 일으켰다고 말했다. 후세에는 결코 있을 수 없을 이 솔직한 말이 남아 있는 점에 『사기』의 매력, 이 시대의 매력이 드러나 있지만, 이와 같이 상주한 여러 신하가 상류계층 출신일 리는 없다.

한(韓)나라의 재상 집안에서 태어난 장량을 특별하다고 한다면, 조참과 소하는 지방관리 출신이고, 기타 여러 신하들에 이르러서는 “낮은 신분에서 몸을 일으킨” 유방보다 더 비천한 계층 출신이다. 그런 그들이 열후(列侯)와 제장(諸將)이 되었다. 이 기적은 그들의 목숨을 건 분투와 협력의 성과이다. 성대한 연회의 밤은 황제와 신하들의 흡족한 기분 속에서 지나가고 있었다.

팽성 대전 후 항우와의 2년 반 남짓에 이르는 대결의 초점은 항상 형양·성고·광무산 일대의 관중을 방어하는 전방의 제일선이었다. 그 마지막 해에 유방은 광무산 전투의 지휘를 번쾌에게 맡기고, 낙양의 궁전에서 장량이나 진평 등을 모아 보다 넓은 시야에서 전쟁국면을 검토할 기회를 갖는 여유를 얻었던 것으로 보인다.

낙양에는 그가 진왕의 궁전에서 발견한 정도(定陶)의 척희(戚姬)를 비롯한 후궁이 있었다. 이즈음부터 낙양은 일종의 수도로서의 기능을 발휘하기 시작했던 것이다. 전란이 거의 종식된 지금 유방이 낙양을 수도로 선정한 것은 극히 자연스러웠다.

그러나 낙양은 원래 관중 방어선과의 연계관계에서 일종의 수도와 같은 기능을 수행했다. 낙양에 수도를 둔다는 것은, 앞으로도 왕조 내부에 전투공동체적 관계는 계속 끌어안고 가겠다는 것을 의미한다.

유방은 계속 낙양에 도읍을 두려고 했다. 관동 즉 함곡관 이동의 중원 출신자가 다수를 점하고 있던 정권 중추의 간부들은 이를 강하게 지지했다.

그러나 이때 제나라 사람 유경(劉敬)이란 자가 관중의 지리적 우월성을 말했고, 장량도 지정학적 견지에서 이 안을 강하게 지지했다. 여기서도 장량의 주장에는 설득력이 있었다. 유방은 결국 이 안을 수용했는데, 그날 출발하여 관중으로 들어갔다.

수도를 관중으로 옮기는 것은 유방과 무장들과의 밀월에 종지부를 찍는 것을 의미한다.

군사 방면에서 최고이자 초월적 지위에 선 유방은 황제로 취임했다. 그리고 이제 수도를 관중으로 옮기는 과정에서, 행정 방면에서의 초월성까지도 서서히 획득해 갔다.

다만 그가 행정 방면에서 초월성을 획득하는 과정은, 이제까지 인질로 항우 진영에 붙잡혀 있던 여후(呂后)가 돌아와, 이에 강하게 관여하게 됨으로써 복잡한 양상을 띠었다. 여후의 권력 강화는 후계문제와도 얽혀 정권구조에 커다란 영향을 미치게 되었다.

물론 이것은 나중의 일이다. 여기서는 낙양을 벗어난 유방 정권이 관중 중심의 지배체제를 구축하는 것과 병행하여, 전우들의 숙청이 진행된 사실을 지적하고자 한다.

앞에서 본 바와 같이 유방은 유력 공신들을 제후로 봉건을 했을 때, 한 왕조가 존속하는 한 그들의 지위를 영원히 보장할 것을 맹세했다. 유방과 그들의 끈을 생각하면, 이 서약이 일시적인 퍼포먼스에 불과했다고는 말할 수 없다.

그러나 7년 후인 한 12년(기원전 195) 유방이 신하와의 사이에 주고받았다고 말해지는, 이른바 백마(白馬)의 맹세에는 다음과 같은 기록이 있다고 한다.

유씨가 아닌데 왕이 되는 자는 천하가 함께 이를 친다.

이때 파군 장사왕 오예의 왕위를 이어받은 오신(吳臣)이 아직 왕위를 유지하고 있었다. 설령 소수민족의 왕이고, 다른 제왕(諸王)과는 다른 사정이 있었다 해도, 그가 왕위를 유지하고 있었던 것은 사실이다. 따라서 이 백마의 맹세에 대해서도 약간의 의문이 남는다. 그러나 어찌되었든, 그때까지 장사왕을 제외한 제왕이 왕위를 빼앗긴 것은 확실하다.

또 본서에서는, 유방은 자신이 사랑한 자들에게 한 왕조를 잇게 하지 못하고, 하룻밤의 우발적인 충동으로 태어난 불우한 문제(文帝)가 뒤에 황제가 되었던 점에 주목해야 한다고 지적한 바 있다. 거기에는 그의 가족을 갈라놓는 무시무시한 권력투쟁이 얽혀 있었다.

이런 것들은 모두 관중으로의 천도 이후에 전개된 역사이지만, 그 씨앗은 이미 지금까지의 과정에서 뿌려져 있었던 것이다.

마지막으로 유방을 둘러싼 역사적 사실과 그 기록으로서의 역사서 사이의 긴장이 담긴 상호관계에 대해 약간의 분석을 해보고자 한다.

첫째는 연호 혹은 역법의 문제이다.

중국에서 역법의 해석은 복잡하고 난해한 문제였지만, 최근에 히라세 다카오(平勢隆郎)가 행한 일련의 연구로 상황이 크게 바뀌었다.

극히 간단하게 정리하면 다음과 같다.

이 시기의 역법 그 존재형태에 대해서는 중국 전체에서 거의 동일하게 인식했다. 현재의 우리는 예를 들면 오늘부터 500일 후의 날짜가 몇 년 몇 월 몇 일이 되는가는 간단하게 계산할 수 있다. 당시에도 역법에 대해서는 동일하게 인식했기 때문에, 마찬가지의 작업은 간단히 이루어졌다. 그러나 문제는 이 역법체계 속에서 어느 날을 해의 시작으로 하는가, 그것이 지역적인 할거집단마다 달랐다는 점이다.

해가 시작하는 날은 정월(正月) 초하루(朔日)이므로 이를 정삭(正朔)이라고 한다. 그리고 각 지역의 할거집단은 그 우두머리들의 결정에 따라 공통의 정삭을 사용한다. 이를 "정삭을 받든다"고 칭한다.

아래는 이해를 돕기 위한 예이다.

미국·프랑스·일본·중국이 2007년에 일제히 원호(元號)를 세워 원년(元年)을 설정하게 되었다고 일단 가정하고, 미국이 독립선언을 한 7월 4일이 있는 7월 1일을 정삭으로 하고, 프랑스도 파리 축제를 하는 7월 14일이 있는 7월 1일을 정삭으로 하고, 일본이 메이지(明治) 개원(改元)을 한 9월 8일이 있는 9월 1일을 정삭으로 하고, 중국이 국경절(國慶節)인 10월 1일을 정삭으로 했다고 치자.

이 경우 2007년 10월 1일은 중국의 원년 정월 초하루가 되지만, 이날은 동시에 일본의 원년 2월 1일, 프랑스의 원년 4월 1일, 미국의 원년 4월 1일이 된다.

이리하여 예를 들면 프랑스 신문이 날짜를 기재할 때, 이날을 프랑스 원년 4월 1일로 쓰겠지만, 만약 프랑스 속국이 있다고 하면, 그날의 신문날짜 또한 마찬가지로 원년 4월 1일이 된다. 또한 원래 독립국이었던 나라가 프랑스 속국이 되었다고 하면, 그 나라의 신문날짜는 프랑스의 "정삭을 받들어" 고쳐서 기입하게 된다.

히라세는 이 "정삭을 세운다" 혹은 "정삭을 받든다"는 문제를 정통(正統) 관념의 문제로 종합적으로 파악하여, 중국 고대의 역법 이해에 획기적인 새로운 경지를 열었다.

다만 문제를 이 시기로 범위를 좁혀서 생각하면, 히라세는 이 정통 관념의 문제로부터, 진나라 멸망 직후 혹은 얼마 후 초나라의 의제, 항우, 유방이 각각 제위(帝位)에 올라 원호를 세웠다고 보았다. 반면 호리 도시카즈(堀敏一)는 이 시점에서 항우와 유방은 제위에 오른 적이 없다고 했다. 필자는 항우와 유방이 이 시점에서 각각 대왕(大王)의 지위로 원호를 세웠다고 생각한다.

필자의 생각으로는 "정삭을 세운다"는 것은 우선 그 집단의 관념적 정체성에 관한 문제이다. 즉 "정삭을 세운" 집단은 정통 관념의 구축을 통하여 집단의 관념적 정체성의 포용성을 강화하고, 그 실력에 따라 이윽고 유일한 제국(帝國)으로서 배타적인 일원적 포용성을 확립하는 것이다.

역법의 문제는 이렇게 원래는 단순한 문제이지만, 사료상에서는 다원적인 달력이 설명도 없이 출현하기 때문에, 실제에는 매우 이해하기 어려운 복잡한 문제가 된다.

여기서는 문제를 가장 단순하게 다루기 위해, 달력의 문제를 어떤 집단이 공식문서에서 날짜의 기준으로 삼는 측면에서만 살펴보기로 한다. 바꿔 말하면, 복잡한 문제가 일어나는 것을 피하기 위하여, 그 집단이 지닌 관념적 정체성의 실제 모습을, 그 집단 내의 인사기록으로서의 당안(檔案) 즉 공적 이력서에서 날짜의 기준이 되는 '정삭'의 존재형태를 통해 이해하고 싶은 것이다.

다음에 이런 관념을 토대로 유방 집단의 인사기준이 되었던 '정삭'의 변화 문제를 정리하고자 한다.

여기서 아주 중요한 사료를 제시한다. 이것은 지하에서 출토된 와당(瓦當) 즉 기와에 기록된 문자이다. 이를 해석하면 다음과 같다.

한 3년에 크게 천하를 합쳤다.

우선 오른쪽 반분을 위에서 아래로, 이어서 왼쪽 반분을 마찬가지로 위에서 아래로 읽은 것이다. 앞에서 언급한 바와 같이 『사기』 등 문헌사료에

의하면, 한이 천하를 통일한 것은 이
른바 한 5년이었다. 청동기처럼 골
동품적 가치가 있는 것이라면 모르
겠지만, 단순한 기와에 새겨진 문자
가 위조되는 일은 우선 없을 것이기
때문에, 이것은 분명히 '한 3년'에 천
하가 통일되었음을 보여주고 있다.

　이 기와를 통해 보면 유방이 천하
를 통일한 시기가, 당시에 '한 3년'으
로 알려졌다는 점은 확실하다.

"惟漢三年大幷天下"(한 3년에 크게 천하를 합쳤
다). 趙力光 編,『中國古代瓦當圖錄』, 文物出版社,
1988에서.

　이 사실은『사기』나『한서』에 기록되어 있는 날짜 즉 기년(紀年)은 뒤에
다시 설정된 것임을 시사하고 있다. 17장에서 필자는 유방이 이른바 한 2
년(기원전 205) 2월에 진나라의 사직을 없애고 한나라의 사직을 세운 사실
에 주목한 바 있다. 이 사실은 이때 진 제국을 계승하는 한 왕조의 출발점
이 확정되었음을 의미한다. 그때까지의 이른바 한나라는 단순히 항우에
의하여 봉해진, 한중의 남정(南鄭)을 도읍으로 하는 일개 지방정권에 지
나지 않았다. 그러나 이때 진나라의 사직을 이어받은 한나라의 사직을 세
움으로써 전국 왕조로서 한 왕조의 기점(起點)이 정해졌던 것이다.

　당시 지방왕국으로서의 한나라는 10월을 해의 시작으로 하는 진나라의
역법을 계승하고 있었다. 따라서 한나라의 사직이 세워졌던 이른바 한 2
년의 다음 연도의 시작 즉 이른바 한 3년 10월이 전국왕조가 된 유방왕조
의 원년이 되었다. 그리고 이후 유방의 천하통일까지, 이 역법이 실제로는
유방 집단의 정식 역법이 되었던 것이다.

　문제를 유방 집단에 한정하면 이하와 같다.

　이미 소개한 바와 같이 유방 집단에서는 실무능력이 극히 뛰어났던 소
하가 처음 시작단계부터 집단의 문서행정을 지휘했다. 특히 날짜, 인명,

장소, 사건명칭, 각종 행정단계 등이 명기된 문서를 통하여 집단행동의 핵심부분을 파악했다. 이 날짜기재의 기준이 되는 역(曆)은 유방 집단의 성격변화에 따라 달라졌다.

최초에 유방이 봉기했을 때의 역은 진나라의 역 그대로든가 혹은 유방 집단의 봉기 시점을 기점으로 하는 역이었을 것이다. 그때가 진나라 이세 원년(기원전 209) 9월이었기 때문에, 이 시점에서는 진나라 역을 그대로 사용하고, 다음달인 10월을 예를 들면 패공(沛公) 원년 10월로 하는 것이 가장 산뜻하지만, 실제로 어떠했는가는 불분명하다.

그 후 진가(秦嘉)가 옹립한 초왕(楚王) 경구(景駒)에게 예속한 시점, 항량(項梁)에게 예속한 시점, 또 항량이 초나라 회왕을 세운 시점 등 역은 몇 번인가 변화했을 가능성이 있다.

적어도 항량이 초나라 회왕을 옹립한 시점에서는, 유방 집단도 초나라 회왕의 역을 사용했을 가능성이 높다. 이어서 유방이 관중으로 들어가서 진나라의 항복을 받은 시점에서, 예를 들면 관중왕(關中王)의 자격으로 '패왕(沛王)의 역'을 만들었을 가능성은 있다. 여기서 '패왕의 역'이라는 가상의 명칭을 사용한 것은, 왕조의 국호는 그 왕조가 처음 일어난 지점 혹은 최초로 영지를 받은 지점의 지명을 사용하는 것이 통례이기 때문이다. 『사기』에서는 여기서 가칭 '패왕의 역'이 시작하는 진나라 이세 4년 10월을 한 원년 10월로 하고 있다. 그러나 유방 집단이 한(漢)이라고 칭한 것은 적어도 그들이 항우에게 한으로 봉건을 받은 이후의 일이기 때문에, 이것은 시대를 거슬러 올라가는 것이다. 초나라 의제 회왕의 원년 정월에는 유방은 한왕으로 분봉되고 있었으므로, 당시가 유방이 본래의 한왕 자격으로 공포한 역의 기점이 된다.

그 다음에 이 '패왕의 역' 2년 2월에 진나라의 사직을 없애고 한나라의 사직을 세웠던 것을 기점으로 이듬해, 즉 '패왕의 역' 3년 10월을 유방왕조의 원년 10월 말하자면 '관중대왕'(關中大王) 원년 10월로 한 역이 있다. 앞에서 제시한 기와에, 이 역에 입각한 날짜가 기입되어 있는 것은, 이 역이 당시 실제로 사용되고 있었음을 말해주고 있다.

이른바 한 3년 10월, 실은 '패왕의 역' 3년 10월에 해당하는 '관중대왕' 원년 10월은, 원래 전국왕조인 한 왕조의 원년 10월이 된다. 따라서 실제에 의거해 말하면, 한 왕조의 달력이 개시된 시기는 가장 이른 시기까지 거슬러 올라가더라도, 이 '관중대왕' 원년 10월 즉 서력으로 기원전 205년이었던 것이다. 그러나 뒤에 유방이 천하를 통일하자, 진나라 역 뒤에 초나라 회왕의 역이 들어오거나, 항우의 역이 들어오는 것이 허용될 수 없게 되고, 진나라 역의 뒤를 한나라 역이 곧바로 이어받는 형식의 역이 채용되었다. 즉 이 책에서 말하는 '패왕의 역'을 그대로 한나라 역으로 대체했던 것이다.

현재 우리가 사용하는 연표는, 그 어느 것이나 한 왕조의 어떤 시기에 초나라 회왕의 역이나 항우의 역을 없애고 다시 만든 역을 채용하고 있다. 그러나 이 '패왕의 역'은 이른바 초나라 회왕의 서약에 의하여 정당화되고 있다 하더라도 관중왕의 역에 불과하다. 게다가 이 관중왕의 지위와 그것에 의거한 역은 홍문의 연회에서 유방이 항우에게 항복함으로써 단절되어 버렸다. 따라서 '패왕의 역'을 그대로 한나라의 역으로 대체한, 전한(前漢) 왕조의 어떤 시기에 시작하여 현재에 이르기까지 답습되고 있는 역은, 적어도 그 역사의 실상과는 유리되는 것이다.

이와 같이 당시에 실제로 존재한 각종 역은, 그 후 별도의 역으로 통일되어 그대로 적용되고, 다시 역사의 전개에 따라 또 새로운 역으로 통일되어 고쳐 써 가게 된다.

현재 증거가 남아 있는 한에서도, 『사기』의 「공신후자연표」에 유방이 봉기한 해를 '전원년'(前元年)이라고 한 경우가 있다. 그리고 이후 이 책에서 말하는 '패왕의 역' 원년 10월, 즉 서력으로 기원전 207년 10월을 그대로 한 원년 10월로 대체하여 적용한 것이, 현재의 『사기』나 『한서』에 남겨진 역법이다. 그것은 후세의 정리 결과 성립한 새로운 역법이다.

이상 역법의 문제에 대하여 다소 지나칠 정도로 자세하게 설명을 한 것은, 전통 중국사회가 그 기저에서 다원적인 사회이고, 이 다원적인 사회가 통일된 때에, 새삼 이 통일적인 입장에서 과거의 역사가 고쳐 쓰이는 것을, 역법이라는 차원에서 검증하기 위해서였다.

역사 왜곡의 메커니즘은 중국의 사서(史書) 전체를 덮고 있다. 『사기』가 실은 중국의 사서 중에서 이런 왜곡이 가장 적은 예외적인 책이라고 할 수 있지만, 그럼에도 불구하고 여전히 이상과 같은 문제가 존재하고 있다.

둘째는, 항우와 유방의 마지막 결전장소가 '진하'(陳下)에서 '해하'(垓下)로 바꿔 쓰인 것에 관한 문제이다. 앞장에서 서술한 바와 같이, 말하자면 『사기』의 천고의 비밀이 신더융(辛德勇)에 의해 폭로된 셈이지만, 여기서 문제는 이 왜곡이 언제, 누구의 손에 의해 행해졌는가 하는 점이다.

우선 문헌사학의 상궤로 돌아가 『사기』 속에서 이 결전의 장소를 '해하'라고 표기하는 부분과 '진하' 혹은 '진'이라고 표기하고 있는 부분을 그 문맥에 의거하여 검토하기로 한다.

이미 언급한 바와 같이 이 문제에 관한 가장 중심적인 사료는 『사기』의 항우 본기와 고조 본기인데, 그 기술은 거의 일치하고 있다. 즉 한신, 유가, 팽월, 주은, 경포 등이 해하에서 '모였다'(會) 혹은 '크게 모였다'(大會)고 한다.

좀 더 확실히 하기 위해 전기가 없는 주은을 제외하고, 여기에 등장하고 있는 한신·유가·팽월·경포의 전기를 보면, 경포가 항우를 해하에서 "깨뜨렸다"고 기록한 것 외에는 어느 경우에나 해하에서 '모였다' 혹은 '크게 모였다'고 기록하고 있다.

이에 비해 결전의 장소를 진 혹은 진하로 표기하고 있는 사료에서는 다음과 같이 언급하고 있다.

고달(蠱達)이 "항우군을 진하에서 깨뜨렸다."

번쾌가 "항적(項籍)을 진에서 포위하여, 크게 이를 깨뜨렸다."

하후영이 "다시 유방을 수레에 모시고, 그를 수행하여 항적을 치고, 추격하여 진에 이르렀다."

관영이 "한왕과 이향(頤鄕)에서 만나, 유방을 따라 항적의 군대를 진하에서 공격하여 격파했다."

근흡(靳歙)이 "항한(項悍)을 제양(濟陽) 아래에서 공격했고, 돌아와 항적을 진하에서 공격하여 격파했다."

진하에서 싸운 이들 무장들은, 해하에서 싸운 무장들을 일류라고 한다면, 대개 이류에 해당한다. 그러나 해하의 경우에는 경포를 제외하면, 싸움에 관한 구체적인 기술이 전혀 없이 다만 '모였다' 혹은 '크게 모였다'고만 기록되어 있음에 비하여, 진하의 경우에는 상당히 상세하게 싸움의 상황이 기재되어 있다.

이상의 상황은, 원래 모두 진 혹은 진하라고 적혀 있었던 기록이, 어느 시점에서 해하로 정정된 것임을 추측하게 한다. 이 정정은 우선 항우 본기와 고조 본기에서 이루어지고, 다음에 거기에 등장하는 무장 모두에 대하여, 그 전기에서 같은 정정이 이루어졌을 것이다. 그러나 거기에 이름이 나오지 않는 2선급의 무장에 대해서는 정정이 되지 않았던 것 같다.

이런 추측을 뒷받침하는 것은 이 싸움의 중심인물이었던 한신에 관한 기록이다. 이미 본 바와 같이 한신에 대해서는, 항우 본기와 고조 본기 및 그 자신의 전기 모두에 걸쳐서, 해하에서 '모였다' 혹은 '크게 모였다'고 기록하고 있다. 그러나 조참의 전기인 조상국 세가에는 다음과 같이 기록하고 있다.

한신은 제왕의 신분으로 군대를 거느리고 진에 이르러 한왕과 함께 항우를 격파했다. 한편, 조참은 제에 머물러 아직 복속하지 않은 지역을 평정했다.

조참의 전기에는 진하를 해하로 고치는 바꿔 쓰기가 미처 이루어지지 못했던 듯하다.

이리하여 원래 진하였던 유방과 항우의 결전장소가, 어느 순간 일제히 해하로 바뀌 쓰인 것으로 상정되는 것이다. 우선 문제는 『한서』의 경우 어떤가 하는 것이지만, 실제로 『한서』를 보면 거의 『사기』와 마찬가지이므로 이 바꿔 쓰기는 『사기』 성립 이전 혹은 『한서』 성립 이후에 행해진 것으로 보인다.

다음에 왜 이런 바꿔 쓰기가 행해졌는가 하는 점에 대해서는 훨씬 추적이 곤란하다.

다만 모든 사료에서 결전장소가 그대로 진하라고 기재되는 경우, 진하에서 항우군의 반격을 만나 양하에서 농성하고 있던 유방군이 한신의 원조 덕분에 가까스로 숨을 돌리게 된 점, 항우군 섬멸의 공로는 전부 한신에게 돌아가는 점이 너무나도 명백하다. 이렇게 되어서는 유방의 체면이 서지 않기 때문에, 이 과정을 애매하게 해두고 싶다는 의도가 작동한 것이 아닐까 하는 추측은 가능하다. 17장에서 이른바 '다섯 제후'의 면면에 대한 해석이, 시대가 바뀌면서 변화한 점을 언급했지만, 이처럼 기술을 애매하게 해놓으면, 후세에 항우군은 유방군에게 반격을 받아 도망가서, 진하와 멀리 떨어져 있는 해하에서, 한신에게 최후의 일격을 맞았다는 이야기가 출현하는 것을 기대할 수 있다.

이 추측은 그다지 근거가 있는 것은 아니다. 다만 만약 이런 추측이 가능하다면, '해하'로의 고쳐 쓰기는 한 왕조 성립 이후부터 『사기』 성립 이전에 한 왕조의 중앙에서 채택한 새로운 전사(戰史) 해석으로부터 비롯된다고 생각할 수 있다. 그 경우 표면적인 사료는 모두 결전장소를 해하라는 설을 채택했지만, 그 세부에서 진하에서의 결전을 증명하는 사료를 그대로 남겨둔 것은, 사마천으로서는 최대한의 저항을 한 셈이 된다.

『사기』의 기사에 상당한 중복과 모순이 있다는 점은 옛날부터 지적되어

왔다. 전통중국의 학문에서는, 이런 중복과 모순을 정리한 『한서』 쪽이 낫다는 것이 정설이었다. 그러나 필자와 같은 이해에 선다면, 『사기』의 기사에 중복과 모순이 남아 있는 것은, 사마천이 뛰어난 역사가였던 증거이고, 『사기』야말로 역사의 진실을 찾는 실마리를 간직하고 있다는 말이 된다.

애초에 사마천이 입수할 수 있었던 자료 자체에 일정한 왜곡이 내포되어 있어서, 이미 역사의 실상에서 벗어나 있었는데, 『한서』에서 때로는 의도적으로, 때로는 강제적인 바꿔 쓰기를 함으로써 사실과의 괴리는 한층 커지게 되었다.

역사 왜곡은 중국사에서 기본적인 문제의 하나이지만, 그것은 결국 연호문제의 경우와 마찬가지로, 중국사에서 다원성과 통일성의 상극으로부터 생기는 것 같다. 『사기』나 『한서』의 경우, 역사기술에 보이는 여러 모순이나 혼란은, 다원적인 요소가 서로 충돌하는 가운데 진행된 진나라에서 한나라로의 이행의 역사가, 그 최종결과로 탄생한 한 왕조의 통일성이라는 입장에 입각하여 고쳐 쓰인 데서 유래한다고 생각한다.

후기

이 책의 구상이 싹튼 것은 내가 근무하고 있던 도쿄도립(東京都立)대학이 메구로(目黑)의 옛 학교건물에서 하치오우지(八王子)의 새로운 건물로 옮길 무렵이다.

그 이후 『사기』의 본기(本紀)부터 시작해서 세가(世家)·열전(列傳)과 관련사료를 천천히 십 몇 년에 걸쳐 고쳐 읽어 왔다. 몇 번이나 『사기』를 고쳐 읽어 나가는 과정에서 홍문(鴻門)의 연회라든가, 이른바 백마(白馬)의 맹세라든가, 초나라 회왕(懷王)의 서약이라든가, 혹은 유방이 여후(呂后)에게 남긴 예언적 유언이라든가, 종래 이 시기의 역사를 생각할 때 중심적 요소가 되어 온 것에 의문이 솟아올랐다.

이 책은 『사기』 고쳐 읽기의 결과로 쓴 최종보고서 같은 것이다.

이 과정에서 몇 번이나 생각이 바뀌었다. 예를 들면, 처음에 가장 의심스러웠던 초나라 회왕의 서약의 존재에 대해서는 기본적으로 긍정하게 되었지만, 역으로 홍문의 연회를 비롯한 기타의 요소에 대해서는 더 많은 의문을 가지게 되었다.

아울러 사마천의 『사기』 기술을, 약 200년 뒤의 인물 반고의 『한서』 기술과 일일이 비교하고, 『사기』와 『한서』에 대한 후세의 주석내용이 어떻게 변해갔는가를 더듬어보면서, 더욱 입체적으로 실상을 볼 수 있게 되었다.

이 책에서 내 노력의 중심은, 시간적으로나 공간적으로 다원·중층적이면서도 통일적인 관계 속에서 전개되어 온 중국사의 실상에 입각한 역사상을 읽어내는 것이었다.

대부분의 경우, 중국사는 실체적으로는 다원·중층적인데, 관념적 혹은 형식적으로는 통일적이라는 모습을 취하지만, 또한 역으로 실체로서 존재하는 중앙집권적 행정구조와 명분으로서의 지방자치라는 모습을 취하기도 한다. 이런 특질을 지닌 중국의 역사에 다가가기 위하여, 스스로 짐짓 '다원·중층적 투시법'이라고 명명하고 있는 사료에 대한 구성적 이해를 시도해 보았다.

이 책에서는 이 방법으로 꽤 대담한 역사복원을 행했고, 그 중 일부는 역사학의 범위를 넘는다는 비판을 감수해야 할지도 모르겠다.

예를 들면, 진나라 군대가 위나라 대량(大梁)을 포위했을 때, 대량에서 풍읍(豐邑)으로 피난한 난민 가운데 조참(曹參)의 일족을 발견하고, 다시 그들과 조참, 조무상(曹無傷) 및 유방이 최초로 혼인한 상대였던 조(曹) 부인이 친척이었다고 한 것, 혹은 유방이 정장(亭長)의 신분으로 처음 함양으로 출장을 갔을 때의 동료 정장 가운데 한 사람인 왕흡(王吸)이라는 자의 이름을 들어, 그를 왕릉(王陵)의 친척으로 본 것은, 모두 사료상의 직접적인 근거는 없다. 그러나 이와 비슷한 사태 혹은 같은 의미를 갖는 사태가 분명히 일어나고 있었을 것이라는 점은, 거의 이해를 구할 수 있지 않을까 생각한다.

다행히 최근에 새로운 시각으로 『사기』에 접근하여 새로운 역사상을 제시하는 뛰어난 연구가 일본과 중국 양국에서 전개되고 있다. 이들 여러 연구 속에서 필자 자신은 본서의 참고문헌에서 소개한 후지타 가쓰히사(藤田勝久), 히라세 다카오(平勢隆郎), 귀인(郭茵), 톈위칭(田余慶), 신더융(辛德勇) 등 여러분의 연구로부터 특히 큰 자극을 받았다. 이를 기록하여 그 학은(學恩)에 감사하고자 한다.

필자는 이 책의 구상이 다져진 2004년 5월에 중국사회과학원 역사연구소의 도움을 받아, 새삼 패현과 팽성(彭城, 현재의 서주[徐州])을 중심으로 하는 실지조사를 벌였다. 이 책에 게재한 패현에서 위나라 대량(大梁, 현재의 개봉[開封])에 이르는 수로(水路)의 후신인 풍패(豊沛) 운하 등에 대한 사진은 그때 얻은 성과의 일부이다.

필자가 패현에 도착한 것은 5월 15일이었는데, 그 다음날 아침, 조사에 동행해주었던 산동성(山東省) 사회과학원 외사처(外事處)의 야오

2004년 5월 16일, 패현에서. 왼쪽 아래는 유방 탄신 축제의 애드벌룬(저자 촬영)

둥팡(姚東方) 부처장(副處長), 패현 교외처(僑外處)의 왕쉐자(王學稼) 과장(科長) 등과 아침을 먹은 뒤 식당을 나왔을 때, 문득 하늘을 쳐다보니, 참으로 용으로밖에 형용할 수 없는 구름이 솟아오르고 있었다.

이날 패현에서는 유방 탄신 2,250주년 축제를 벌이고 있었는데, 촬영한 사진의 아래쪽에는 축제의 애드벌룬이 찍혀 있다. 이 순간의 불가사의한 감동을 생각하며, 그 사진을 싣는다.

한편 본서에 실린 광동성(廣東省) 개평(開平)의 화교 저택 사진과 무관(武關)의 사진 2장은, 몇 해 전부터 친구인 중국면류문화연구소(中國麵類文化研究所) 사카모토 가즈토시(坂本一敏) 소장이 촬영한 것이다. 모두 매우 진귀한 사진인데, 게재를 허락해준 사카모토 소장님에게 깊은 감사의 말씀을 드린다.

2004년 11월
사타케 야스히코

참고문헌

시대 전반에 관한 저서

關野雄, 『中國考古學研究』, 東京大學出版會, 1956.

堀敏一, 『中國通史』, 講談社學術文庫, 2000.

宮崎市定, 『東洋における素朴主義の民族と文明主義の社會』, 平凡社東洋文庫, 1989.

─────, 『中國史』上下, 岩波書店, 1977, 1978.

西嶋定生, 『秦漢帝國─中國古代帝國の興亡』, 講談社學術文庫, 1997.

小倉芳彦, 『入門 史記の時代』, ちくま學藝文庫, 1996.

松丸道雄外編, 『中國史1』, 山川出版社, 『世界歷史大系』, 2003.

林已奈夫編, 『漢代の文物』, 京都大學人文科學硏究所, 1976. 朋友書店, 1996覆印.

平勢隆郎, 『新編史記東周年表─中國古代紀年の研究序章』, 東京大學出版會, 1995.

平勢隆郎・尾形勇, 『中華文明の誕生』, 中央公論社, 『世界の歷史』第2卷, 1998.

鶴間和幸, 『ファーストエンペラ─の遺産─秦漢帝國』, 講談社『中國の歷史』第3卷, 2004.

직접 관련되는 저서

高島俊男, 『中國の大盜賊 完全版』, 講談社現代新書, 2004.

郭沫若著, 野原四郎・佐藤武敏・上原淳道譯, 『中國古代の思想家たち』上下, 岩波書店, 1953-57.

堀敏一, 『漢の劉邦─ものがたり漢帝國成立史』, 研文出版, 2004.

宮崎市定,『史記を語る』, 岩波新書, 1979.

吉本道雅,『史記を探る―その成り立ちと中國史學の確立』, 東方書店, 1996.

吉川忠夫,『秦の始皇帝』, 講談社學術文庫, 2002.

藤田勝久,『司馬遷とその時代』, 東京大學出版會, 2001.

―――,『司馬遷の旅―「史記」の古跡をたどる』, 中公新書, 2003.

福井重雅,『陸賈「新語」の研究』, 汲古書院, 2002.

―――,『漢代儒教の史的研究―儒教の官學化をめぐる定說の再檢討』, 汲古書
院, 2005.

司馬遼太郎,『項羽と劉邦』全3冊, 新潮文庫, 1984.

相田洋,『異人と市―境界の中國古代史』, 研文出版, 1997.

小竹文夫・小竹武夫譯,『史記』全8冊, ちくま學藝文庫, 1995.

小川環樹・今鷹眞・福島吉彥譯,『史記世家』全3冊, 岩波文庫, 1980-1991.

―――,『史記列傳』全5冊, 岩波文庫, 1975.

水澤利忠・尾崎康・小澤賢二解題, 覆印國寶南宋本『史記』全12冊, 汲古書院,
『古典研究會叢書 漢籍之部』, 1996-1998.

野口定男・近藤光男・賴惟勤・吉田光邦譯,『史記』全3冊, 平凡社,『中國古典文
學大系』, 1968-1971.

永田英正,『項羽―秦帝國を打倒した剛力無雙の英雄』, PHP文庫, 2003.

奧崎裕司,『項羽・劉邦時代の戰亂』, 新人物往來社, 1991.

李開元,『漢帝國の成立と劉邦集團―軍功受益階層の研究』, 汲古書院, 2000.

伊藤德男,『「史記」と司馬遷』, 山川出版社, 1996.

―――,『史記十表に見る司馬遷の歷史觀』, 平河出版社, 1994.

籾山明,『秦の始皇帝―多元世界の統一者』, 白帝社, 1994.

田中謙二・一海知義,『史記』全3冊, 朝日選書, 1996.

貝塚茂樹,『史記―中國古代人人』, 中公新書, 1963.

平勢隆郎,『「史記」2200年の虛實―年代矛盾の謎と隱された正統觀』, 講談社,
2000.

―――,『中國古代の豫言書』, 講談社現代新書, 2000.

河地重造,『漢の高祖』, 人物往來社, 1966.

鶴間和幸,『始皇帝の地下帝國』, 講談社, 2001.

―――,『秦の始皇帝―傳說と史實のはざま』, 吉川弘文館, 2001.

특히 관련성이 강한 논문(日文)

江村治樹, 「『賢』の觀念より見たる西漢官僚の一性格」, 『東洋史研究』34-2, 1977.

高木智見, 「古代中國における肩脫ぎの習俗について」, 『東方學』77, 1989.

────, 「古代中國の儀禮における三の象徵性」, 『東洋史研究』62-3, 2003.

高村武幸, 「前漢末屬吏の出張と交際費について─尹灣漢墓簡牘『元延二年日記』と木牘七·八から」, 『中國出土資料研究』3, 1999.

郭茵, 「呂太后の權力基盤について」, 東京都立大學人文學部, 『人文學報』325, 2002.

────, 「劉邦期における官僚任用策」, 東京都立大學人文學部, 『人文學報』335, 2003.

────, 「諸呂の亂における齊王と大臣たち」, 『中國史學』14, 2004.

────, 「漢初の南北軍─諸呂の亂を手がかりに」, 『東洋學報』82-4, 2001.

宮崎市定, 「遊俠に就いて」, 『アジア史研究』第1卷, 東洋史研究會, 1957.

楠山修作, 「呂公についての一考察」, 追手門學院大學, 『東洋文化學科年報』10, 1995.

大櫛敦弘, 「關中·三輔·關西─關所と秦漢統一國家」, 『海南史學』35, 1997.

────, 「步行と乘車─戰國秦漢期における車の社會史的考察」, 高知大學人文學部人間文化學科, 『人文科學研究』10, 2003.

────, 「秦代國家の穀倉制度」, 『海南史學』28, 1990.

稻葉一郎, 「秦始皇帝の巡狩と刻石」, 『書論』25, 1989.

東晋次, 「中國古代の社會的結合─任俠的習俗論の現在」, 『中國史學』7, 1997.

────, 「漢代任俠論ノート(一)(二)(三)」, 『三重大學敎育學部硏究紀要』51·52·53, 2000-2002.

藤田勝久, 「『史記』呂后本紀にみえる司馬遷の歷史思想」, 『東方學』86, 1993.

────, 「『史記』項羽本紀と秦楚之際月表─秦末における楚·漢の歷史評價」, 『東洋史研究』54-2, 1995.

────, 「戰國·秦代の軍事編成」, 『東洋史研究』46-2, 1987.

────, 「秦始皇帝と諸公子について」, 『愛媛大學法文學部論集　人文科學編』13, 2002.

上田早苗, 「漢初における長者─『史記』にあらわれた理想的人間像」, 『史林』55-3, 1972.

增淵龍夫,「戰國秦漢時代における集團の約について」,『中國古代の社會と國家』, 岩波書店, 1996.

───,「漢代における民間秩序の構造と任俠的習俗」,『中國古代の社會と國家』, 岩波書店, 1996.

貝塚茂樹,「漢の高祖」,『貝塚茂樹著作集』第6卷, 中央公論社, 1977.

특히 관련성이 강한 논문(中文)

甘懷眞,「中國古代君臣關係的敬禮及其經典詮釋」,『臺大歷史學報』31, 2003.

辛德勇,「論所謂"垓下之戰"應正名爲"陳下之戰"」, 中國社會科學院,『歷史研究所學刊』第1集, 2001.

田余慶,「說張楚─關於"亡秦必楚"問題的探討」,『歷史研究』1989-2.

周振鶴,「兩漢時期方言區劃」,『中國歷史文化區域研究』, 復旦大學出版社, 1997.

옮긴이의 말

한고조(漢高祖) 유방(劉邦)에 대해 적어도 그 이름 정도는 들어보지 않은 사람이 거의 없을 성싶다. 이처럼 유방은 우리에게 그 누구 못지않게 '친숙'한 인물이다. 하지만 막상 우리글로 된 그의 전기(傳記)가 아직 보이지 않는다는 지적에 새삼 놀랄 분이 적지 않을 듯하다. 자연 그에 대한 이미지는 대부분 전문(傳聞) 아니면 직·간접적인 관련서적들 속의 단편적인 내용이 이러저러하게 조합된 결과라 해도 과언이 아니다. 옮긴이 역시 예외가 아니었다. 그런데 이와 같이 제한된 정보를 통해 접한 유방에 대한 첫인상은 솔직히 '영웅' 항우(項羽)나 한신(韓信) 등에 비해 그다지 매력적인 인물이 아니었던 것으로 기억한다. 물론 생각해보면, 주지하는 바와 같이 '세미'(細微), 즉 한낱 보잘것없는 신분의 유방이 그 '영웅'들을 휘하에 거느리거나 제압하여 결국 개국황제의 자리에까지 나아간 사실 자체가 유방이라는 한 인물의 그릇을 충분히 웅변해준다. 다만 그 그릇이 얼마나 크고 단단하며 또 어떻게 만들어졌는지 그 실체가 구체적으로 다가오지는 않았던 것 같다. 이와 같은 정보의 부족이 유방에 대한 이미지 형성 및 그 왜곡에 다소 영향을 끼쳤음은 말할 나위도 없다. 이러한 점에서 사타케 야스히코 교수의 『유방』(中央公論新社, 2005)은 우선 이 방면의 지적 갈증을 해소하는 데 도움을 주는 절호의 책이다.

이 책에서 저자가 보여주는 유방의 면모는 각각의 상황 속에서 구체적으로 다가온다. 무엇보다 일관성과 필연성을 갖춘 유방의 언행에 대한 상세한 묘사가 인상적이다. 천부적인 '정치가'인 유방의 성공요인으로 흔히 거론되는 그의 대국적인 안목과 인재 장악능력은 시간의 추이 속에서 성장·단련되어 온 것임이 설득력 있게 그려지고 있다. 그 가운데에는 막연히 짐작만 했던 부분이 세밀하게 기술되어 있을 뿐 아니라, 주도면밀한 성격과 함께 대의명분을 선점하고 민심의 지지를 유도하는 교묘한 여론조작 등 미처 생각지 못했던 유방의 새로운 모습도 적지 않다. 물론 저자는 이 부분을 포함하여 이 책의 곳곳에서 때로는 직접적인 근거사료의 제시 없이 과감한 해석을 통한 역사의 복원을 시도하고 있는데, 이는 후기에서도 밝힌 바 있지만, 엄밀한 의미에서 역사학의 범위를 넘어서는 것이다. 하지만 저자의 해석과 설명은 일관된 흐름 속에서 자연스럽게 녹아든 것 같다. 그 가장 중요한 이유는, 사소한 에피소드와 언행조차도, 그것이 당시 역사의 전체상과 긴밀한 연관 속에서 그 필연성이 성공적으로 제시되고 있기 때문일 것이다.

  그러나 이 책을 유방의 개인사 차원으로 이해해서는 곤란하다. 출생과 가족관계에 대한 분석에서 출발하여 제위(帝位)에 오르기까지 유방이 밟아간 생애의 궤적을 시간대별로 다루고 있기 때문에 이를 얼핏 유방의 '성공이야기'쯤으로 생각하기 쉽지만, 그러한 기대는 일찌감치 접는 편이 좋다. 오히려 저자의 주요한 목표는, 역사의 다양한 시점에서 왜곡된 유방의 행적을 관련 사료에 대한 전면적이고 종합적인 재검토를 통하여 바로잡음으로써 그 실상에 접근하는 데 있다. 특히 저자는 스스로 탁월한 역사서로 높이 평가하는 『사기』조차 유방과 유방집단에 의한 한(漢)나라 건국과정의 '역사왜곡'의 결과라는 뚜렷한 관점을 가지고 있다. 어떤 면에서 역사왜곡은 중국의 역사학에서 오랜 '전통'이라고도 할 수 있는데, 사실상 그 원형이 어떠한 메커니즘 속에서 진행되었는지가 저자 특유의 냉정하고 예리한 시각으로 유장하게 때로는 긴박하게 서술되고 있다. 그러한 점에서

이 책은 비판적 사료해석의 모범이다.

당시 현장에서 혹은 사후에 광범위하고 교묘하게 진행된 역사왜곡이 저자에 의해 진지하되 거침없이 폭로되는 현장을 확인하는 대목에서 독서의 즐거움은 배가될 것이다. 그 폭로의 결과 제시되는 것은 새로운 역사상(歷史像)이다. 저자가 드러내는 크고 작은 새로운 역사상은 실로 다종다양하다. 물론 그 가운데에는 저자의 과감한 가설과 시각에 의해 도출된 부분도 있는 만큼, 독자에 따라서는 전적으로 동의하기 힘든 부분도 없지 않을 것이다. 그러나 대부분은, 저자가 본문에서도 언급한 바 있는, '콜럼버스의 달걀'처럼 읽으면서 저절로 무릎을 탁 하고 치게 되는 경우가 많지 않을까 싶다. 예를 들어, 저자는 『사기』의 대표적인 역사왜곡 사례로 홍문(鴻門)의 연회를 들고 있다. 『사기』 중에서도 가장 문학성이 뛰어나다는 「항우 본기」, 그 중에서도 상황을 마치 눈앞에서 보는 듯 생생하게 그리고 있는 홍문의 연회에 대한 묘사가 기본적으로 허구라는 것이다. 그 이유로 저자는 군문(軍門)의 엄격함 등 제반 상황논리를 제시하고 있는데, 이 장면을 읽으면서 마치 오래된 미제사건이 한 순간에 풀리는 듯한 쾌감이 드는 것은 결코 옮긴이만은 아닐 듯하다.

이 책이 번역되어 나오기까지 많은 분들의 도움을 받았다. 먼저 이 책의 번역을 처음 권유하신 박원호 선생님을 비롯하여 저자인 사타케 교수는 번역과정에서 옮긴이의 여러 차례에 걸친 서면질의에 대해 일일이 상세하고도 명쾌한 답변을 해주셨다. 또 번역원고를 꼼꼼히 읽고 오류를 정정해주는 한편 여러 귀중한 조언을 해주신 이유성 박사에 대한 고마움도 빼놓을 수 없다. 마지막으로 이산출판사 편집부에서는 교정과 윤문 작업을 통하여 누락된 잘못을 바로잡아 주었다. 그 밖의 도움을 주신 모든 분들께 깊은 감사의 뜻을 전하며, 그럼에도 불구하고 아직 남아 있을 번역상의 미숙 등 모든 문제에 대한 책임은 온전히 옮긴이에게 있음을 밝혀둔다.

무엇보다 원서의 생동감 넘치는 표현이 번역과정에서 얼마나 전달되었는지, 또 혹시 원의의 훼손은 없었는지 걱정이 되지만, 독자들이 이 책을 음미하는 과정에서 역사학적 상상력의 진정한 재미와 깊이를 조금이라도 감지하는 계기가 된다면, 옮긴이로서 이보다 더 큰 보람은 없을 것이다.

2007년 5월
권인용